Daniele Ganser

NATO-Geheimarmeen in Europa

Für Bea
Ich werde immer bewundern, wie Du gemäß den Prinzipien von Klarheit, Wahrheit und Weisheit lebst.

Welchen Unterschied macht es für die Toten, die Waisenkinder und die Obdachlosen, ob dieser Wahnsinn der Zerstörung im Namen von totalitären Staaten oder unter dem heiligen Namen von Freiheit und Demokratie durchgeführt wird?

Mahatma Gandhi (1896–1948)

Das Anwachsen der Vergehen unserer Geheimdienste deutet auf ein fundamentales Versagen unserer Institutionen hin.

US-Senator Frank Church (1976)

Daniele Ganser

NATO-Geheimarmeen in Europa

Inszenierter Terror und verdeckte Kriegsführung

Aus dem Englischen übersetzt von Carsten Roth

orell füssli Verlag

15. Auflage 2018

Aus dem Englischen übersetzt von Carsten Roth

Für die deutsche Ausgabe:
Orell Füssli Verlag, www.ofv.ch

Umschlagabbildung: Landkarte und Flammen von: istockphoto.com
Umschlaggestaltung: Andreas Zollinger, Zürich
Druck und Bindung: CPI books GmbH, Leck

ISBN 978-3-280-06106-0

Die Deutsche Nationalbibliothek verzeichnet diese Publikation in der Deutschen Nationalbibliografie; detaillierte bibliografische Daten sind im Internet unter www.dnb.de abrufbar.

Inhaltsverzeichnis

Vorwort

von Prof. Georg Kreis
Direktor des Europainstitutes der Universität Basel

Das vorliegende Buch befasst sich mit den NATO-Geheimarmeen, welche in den 1950er-Jahren aufgebaut wurden und die im Falle einer Besetzung Westeuropas durch die Sowjetunion den Widerstand gegen die Besatzer hätten anführen, aber auch innenpolitische Stabilität sichern sollen. Die «Gladio»-Organisation wurde im Juli 1990 bekannt, als im Rahmen einer Ermittlung gegen rechtsextreme Terroraktivitäten im Archiv des italienischen Geheimdienstes entsprechende Hinweise gefunden wurden.

Die Forschung zum Buch basiert auf einer Doktorarbeit. Es ist selten, dass eine schweizerische Doktorarbeit auf dem hart umkämpften internationalen Markt für Sachbücher mehrere Tausend Mal verkauft wird. Diesem beachtlichen Buch über den Terror und die NATO-Geheimarmeen ist dies gelungen. Dass es sich hierbei um eine Doktorarbeit aus dem Fachbereich Geschichte handelt, unterstreicht, wie wichtig die historische Forschung nicht nur für unser Verständnis der Vergangenheit, sondern auch der Gegenwart ist.

Es ist auch selten, dass eine schweizerische Doktorarbeit zur Zeitgeschichte im Original nicht auf Deutsch, sondern auf Englisch verfasst wird und danach als Sachbuch zuerst in Großbritannien und in den USA auf den Markt kommt. Auch dies ist diesem wichtigen Buch gelungen, wodurch es von Anfang an über die Landesgrenzen der Schweiz hinaus bekannt werden konnte. Im Januar 2005 wurde das Werk vom Frank Cass Verlag in London und New York erstmals publiziert.

Noch seltener ist es, dass eine Schweizer Doktorarbeit nach der Publikation in acht Sprachen übersetzt wird. Auch dies ist dieser brisanten Forschung geglückt, die nun endlich auf Deutsch, der Muttersprache des Autors, erhältlich ist. Schon im August 2005 lag die Übersetzung ins Italienische vor. Im Oktober 2005 erschien das Buch auf Türkisch. Im Juli 2006 auf Slowenisch. Im November 2006 in gekürzter Fassung auf Russisch. Im Mai 2007 auf Griechisch. Im August 2007 auf Französisch. Gegenwärtig wird das Buch in Tallinn ins Estnische übersetzt.

Die akribische und umfangreiche Forschung wurde während vier Jahren an zwei Universitäten durchgeführt. Einerseits an der ältesten Universität der Schweiz, der 1460 gegründeten Universität Basel, wo ich die Forschung betreute. Anderseits an der modernen und erst etwas mehr als hundert Jahre alten, aber sehr einflussreichen London School of Economics and Political Science (LSE) in England, wo Professor Jussi Hanhimäki die Arbeit von Daniele Ganser begleitete.

Dass diese Forschung derart erfolgreich verlaufen würde, war zu Beginn der Arbeit keineswegs zu erwarten. Als mir der junge Doktorand Daniele Ganser im Jahre 1998 seinen ersten Forschungsplan vorlegte, war ich als Doktorvater eher skeptisch. Denn wie kann ein Historiker das Geheime und Verborgene, ja auch das Kriminelle der internationalen Politik untersuchen und sauber aufarbeiten, wo doch per definitionem die geheimen Dokumente für die Forschung nicht zugänglich sind, und zwar gerade in den sensibelsten Bereichen, also der verdeckten Kriegsführung und globalen Militärstrategie? Diese dürftige Quellenlage stellte das Forschungsprojekt vor fast unüberwindbare Hürden, und bei einigen Passagen der Forschung würde man wünschen, dass noch mehr Quellen zugänglich gewesen wären.

Dass Daniele Ganser sich trotzdem dieses schwer dokumentierbaren Themas angenommen hat, macht das Buch für die historische Forschung besonders wertvoll. Denn nicht jedes Thema, das es gleichsam verdienen würde, kann auch behandelt werden. Es kommt sogar recht oft vor: Je wichtiger das Thema, desto schwieriger ist dessen Erschließung wegen der prekären Quellenlage und seiner anspruchsvollen Konzeptionalisierung. Dies führt oft dazu, dass einerseits weniger Relevantes, aber gut Bearbeitbares mit viel akademischem Aufwand untersucht wird und andere, für unser Wissen wichtige Dinge aus gegenteiligen Gründen unbearbeitet bleiben. Ganser ist es gelungen, auch ohne Zugang zu «Geheimpapieren» ein solides, das heißt hohe Glaubwürdigkeit erlangendes Bild der sehr dubiosen Vorgänge zu erarbeiten.

Ein solches Anbieten von diskutierbaren Vorgängen der Vergangenheit nennt man Historisierung, und damit meint man nicht ein nostalgisches Entrücken in ferne Zeiten, sondern im Gegenteil ein Bewahren vor Vergessen und Heranholen an die Gegenwart. Dass dies im Falle von «Gladio» sehr berechtigt ist, werden alle Leserinnen und Leser bestätigen, die sich nun der Lektüre dieses Buches zuwenden.

Basel, im Februar 2008

Danksagung

Als ich zu Beginn des Jahres 1998 ein Thema für meine Doktorarbeit im Fachbereich Geschichte suchte, begann ich mich für das Phänomen Gladio zu interessieren, von dem ich nie zuvor gehört hatte. Nach einigen Recherchen stellte ich fest, dass sich nur sehr wenige Arbeiten mit dem Phänomen der geheimen NATO-Armeen befasst hatten, obwohl das Thema für die aktuelle politische, gesellschaftliche und militärische Geschichte Westeuropas und der USA weiterhin von großer Bedeutung ist. So gab es zum Beispiel keine einzige englischsprachige Studie zu diesem Thema, obschon gerade London und Washington eine zentrale Rolle beim Aufbau und der Kontrolle der Geheimarmeen gespielt hatten. Und auch in Deutschland, Österreich und der Schweiz war kaum etwas über die Geheimarmeen bekannt. Die offizielle Geschichtsschreibung hatte sich nie mit dem Thema befasst, und so schien es, als hätte es dieses Phänomen nie gegeben.

Die komplexe Struktur dieses Netzwerks und die Geheimnisse, welche es umgaben, begannen mich immer mehr zu interessieren. Doch gute Freunde innerhalb der Wissenschaft rieten mir davon ab, dieses Thema für meine Dissertation auszuwählen. Sehr vernünftig argumentierten sie, dass ich wohl kaum Zugang zu den Archiven der NATO und der Geheimdienste erhalten würde. Weiterhin glaubten sie, dass diese Forschung sich wohl auf zu viele Staaten, zu viele verschiedene Sprachen und einen zu großen Zeitraum erstrecken müsste. Aus diesem Blickwinkel schien die Angelegenheit eindeutig: Gladio war kein geeignetes Thema für meine Doktorarbeit.

Wegen meiner großen Neugier und meines wissenschaftlichen Interesses für das Thema, eines gewissen Maßes an jugendlichem Eigensinn und vor allem eines hilfsbereiten Umfeldes, wählte ich trotz der widrigen Umstände genau dieses Forschungsprojekt für meine Doktorarbeit und widmete die nächsten drei Jahre meines Lebens den Gladio-Recherchen. Zu Beginn basierten meine Entschlossenheit, dieses Projekt weiter zu verfolgen, und die Fähigkeit, meine beratenden Professoren zu überzeugen, lediglich auf einem einzigen historischen Originaldokument aus dem italienischen Geheimdienst SIFAR, das vom 1. Juni 1959 stammte und den Titel trug «Die Spezialeinheiten des SIFAR und die Operation Gladio». Dieses Dokument bewies, dass während des Kalten Krieges in Italien eine mit dem CIA und der NATO verbundene Geheimarmee mit dem Decknamen Gladio bestanden hatte.

Rückblickend muss ich gestehen, dass meine Freunde recht gehabt hatten, denn viele Hürden, die sich während der Jahre meiner Recherchen ergaben, hatten sie richtig vorhergesehen. Der zu untersuchende Bereich war sehr groß, sowohl hinsichtlich der Anzahl der Staaten wie des Zeitrahmens. Anfangs konzentrierte ich mich auf Italien, wo Gladio 1990 enttarnt worden war. Auf der Grundlage der italienischen Quellen und zahlreicher Querverweise stellte ich jedoch schnell fest, dass die Geheimarmeen nicht nur in Italien, sondern in allen 16 NATO-Staaten existiert hatten. Meine Weltkarte im Büro, wo ich mit Stecknadeln alle Verweise einzeichnete, zeigte deutlich an, dass das Forschungsfeld stetig erweitert werden musste.

Weitere Recherchen führten zur Schlussfolgerung, dass von den 16 NATO-Staaten Island, das selbst keine Streitkräfte hatte, und Kanada, das weit entfernt von der sowjetischen Grenze liegt, vernachlässigt werden konnten. Ich war ein wenig erleichtert, dass ich es nur noch mit 14 Untergrundarmeen zu tun hatte. Doch dann erkannte ich, dass es während des Kalten Krieges auch in den vier neutralen Staaten Schweden, Finnland, Österreich und meinem Heimatland Schweiz geheime Stay-behind-Armeen gegeben hatte, die indirekt mit den amerikanischen und englischen Geheimdiensten und der NATO in Verbindung standen. Die Existenz der Schweizer Geheimarmee P26 und ihre Verbindungen zum englischen Geheimdienst MI6 waren 1990 durch die PUK EMD und 1991 durch den Bericht Cornu bestätigt worden. Zu diesem Thema gäbe es noch einiges darzulegen. In diesem Buch präsentiere ich indes nur Fakten, die sich auf NATO-Staaten beziehen. In einem zukünftigen Buch wird sich vielleicht die Gelegenheit ergeben, auf das sensible Thema der geheimen Stay-behind-Armeen in den neutralen Staaten und ihr Verhältnis zur NATO einzugehen.

Zudem erwies es sich auch als sehr schwierig, an Originaldokumente über die Geheimarmeen und die verdeckte Kriegsführung zu gelangen. Es war höchst erschreckend zu sehen, wie verschiedene Regierungen, die NATO, die CIA und andere Geheimdienste sich strikte weigerten, das Thema Geheimarmeen aufzuarbeiten, obschon das Parlament der Europäischen Union dies explizit gefordert hatte. Geheime Dokumente wurden der Wissenschaft und der Öffentlichkeit nicht zugänglich gemacht. Und auch meine expliziten Nachfragen bei der NATO, beim MI6 und bei der CIA wurden wiederholt abgewehrt. In den USA nutzte ich ein Gesetz, den Freedom of Information Act (FOIA), um von der CIA Dokumente zu den Geheimarmeen zu bekommen. Der FOIA-Fall «Ganser versus CIA» ist noch immer nicht abgeschlossen, aber Dokumente habe ich von der CIA keine bekommen. Mir wurde klar: Niemand wollte über die Gladio-Geheimarmeen sprechen.

Neben sehr wenigen historischen Originaldokumenten musste sich die Untersuchung daher auf zahlreiche Sekundärquellen stützen. Dazu zählten parlamentarische Berichte, die internationale Presse, Bücher und Dokumentarfilme. Es ist müßig zu sagen, dass solch zweitrangige Quellen für einen Historiker kein Ersatz für wichtige Originaldokumente von NATO und CIA sein können, und alle künftigen Recherchen müssen unbedingt darauf abzielen, an diese historischen Originaldokumente zu gelangen. Wenn jedoch die hier präsentierten Fakten es erstens der historischen Forschung in Zukunft ermöglichen, einen Überblick über ein Phänomen zu gewinnen, das ansonsten unzugänglich geblieben wäre, und wenn zweitens durch diese Arbeit Prozesse in Gang gesetzt werden, die dazu führen, dass Originaldokumente zugänglich werden, dann sind damit wichtige Ziele dieses Buches erreicht.

Dass die Jahre intensiver Recherche trotzdem zu einem hoffentlich wertvollen Buch führten, verdanke ich professioneller internationaler Hilfe und Unterstützung, die ich erfahren durfte. Vor allem möchte ich mich bei meinen beiden akademischen Beratern für ihren wirklich wertvollen Beistand bedanken: Professor Georg Kreis von der Universität Basel und Professor Jussi Hanhimaki vom Graduate Institute of International Studies in Genf, der zuvor an der London School of Economics and Political Science (LSE) lehrte, wo wir uns während meines Forschungsaufenthaltes in London auch kennenlernten. Ihre Erfahrung im Bereich der wissenschaftlichen Forschung half mir sehr auf meinem eigenen Weg.

Im September 2001 schloss ich meine Forschung ab und bestand die Doktorprüfung an der Universität Basel insigni cum laude. Es schien ein eigenartiger Zufall der Geschichte zu sein: Da hatte ich mich während Jahren mit

Geheimarmeen, der verdeckten Kriegsführung der NATO und inszeniertem Terror beschäftigt, ohne dass damals dafür ein breiteres öffentliches Interesse bestanden hatte, und just in dem Moment, als meine Forschung abgeschlossen war, stieg mit den Anschlägen vom 11. September 2001 und der darauf folgenden erstmaligen Aktivierung der NATO sowohl das Interesse am Terror wie auch an der NATO und ihrer «dunklen Seite», wie es der Spiegel in einer Rezension meiner Forschung formulierte. Dieses Interesse hat bis heute nicht nachgelassen, weshalb ich in den folgenden Jahren meinen Studenten am Historischen Seminar der Universität Basel und am Historischen Seminar der Universität Zürich auch Kurse zum 11. September angeboten habe.

Viel über verdeckte Kriegsführung und Geostrategie habe ich selber vom Amerikaner William Blum aus Washington gelernt, der kritisch über die CIA geschrieben hatte und damals als Erster meine Aufmerksamkeit auf Gladio lenkte. Herzlichen Dank schulde ich auch Professor Noam Chomsky in Boston, der mich nicht nur zu meinen Recherchen ermutigte, sondern mir auch während unserer Treffen in den USA und in der Schweiz zu wertvollen Kontakten verhalf. In Cambridge fand ich bei Professor Christoph Andrew Unterstützung zu meinen Recherchen, während Professor Christopher Simpson in Washington meine Aufmerksamkeit auf interessante Kontakte in den USA lenkte. In London kopierte ich zahlreiche wertvolle Dokumente am Statewatch Institute, wo Trevor Hemmings mir bewies, wie man mit wenig Geld hervorragende Arbeit leisten kann. Ohne diese Hilfe aus den USA und aus Großbritannien wäre es mir nicht möglich gewesen, das Netzwerk der Geheimarmeen zu durchleuchten.

Zwischen dem Abschluss der Doktorprüfung und der Publikation der Dissertation vergeht immer eine gewisse Zeit. Im Januar 2005 war es dann so weit, und meine historische Forschung ist in London und Washington erstmals auf Englisch vom Frank Cass Verlag publiziert worden. Es folgten Übersetzungen ins Italienische, Türkische, Griechische, Slowenische, Französische und Russische. Als ich während eines Vortrages gefragt wurde, warum denn das Buch noch nicht auf Deutsch, meiner Muttersprache, erhältlich sei, erwähnte ich, dass dazu noch ein Druckkostenzuschuss fehle. Ich war sehr überrascht und erfreut, als wenig später ein Schweizer Zuhörer, der anonym bleiben möchte, zusammen mit Bekannten, die er angeschrieben hatte, das notwendige Geld sammelte, weil er das, wie er mir schrieb, «sehr wichtige Buch» auch im deutschen Sprachraum zugänglich machen wollte. Auch diese wichtige Unterstützung möchte ich hier herzlich verdanken. Es waren hiernach Alex Aepli, der Geschäftsführer des Orell Füssli Verlages in Zürich, und Frau Pia Hiefner-Hug, Programmleiterin Sachbücher bei Orell Füssli, welche zusammen mit dem Übersetzer Carsten Roth und der Lektorin Esther Hürlimann das hier vorliegende Buch realisierten, wofür ich ihnen herzlich danken möchte.

Bei meiner Arbeit war ich davon überzeugt, dass Sprachbarrieren nicht zu Forschungsgrenzen werden dürfen. Da ich aber selber nur fünf der behandelten Sprachen beherrschte, war ich auf Hilfe angewiesen. In den Niederlanden bedanke ich mich bei Dr. Paul Koedijk und Dr. Cees Wiebes, bei Frans Kluiters, die Mitglieder der Netherlands Intelligence Studies Association sind und mir während meiner Zeit in Amsterdam freundlicherweise wertvolles Material zu Gladio zur Verfügung gestellt haben. Mein Dank geht auch an Micha de Roo, der mir bei der Übersetzung aus dem Niederländischen beistand. In Dänemark möchte ich mich bei Professor Paul Villaume von der Universität Kopenhagen bedanken, der mir ebenfalls interessantes Material zur Verfügung stellte, und bei Eva Ellenberger von der Universität Basel, die mir half, die dänischen Texte zu verstehen. In Norwegen möchte ich mich bei meinem Freund Pal Johansen für die wunderbare Zeit an der London School of Economics and Political Science und für die Übersetzung der norwegischen Texte bedanken. In Österreich unterstützten mich der Journalist Markus Kemmerling und die politische Zeitschrift *Zoom* bei meinen Recherchen. In Basel half mir Ali Burhan Kirmizitas, wichtige Texte über Gladio in der Türkei zu finden und diese zu übersetzen. Der Wissenschaftler Ivo Cunha stellte mir freundlicherweise Fakten über Gladio in Portugal und Spanien zur Verfügung, während mir meine Kommilitonen Baptiste Blanch und Francisco Bouzas mit den Übersetzungen aus dem Portugiesischen und dem Spanischen behilflich waren. In Deutschland möchte ich mich beim Journalisten Leo Müller bedanken, der früh zu Gladio publizierte, aber auch bei Erich Schmidt Eenboom vom Forschungsinstitut über Frieden und Politik. Mein Freund und Kollege Martin Kamber brachte letztlich die Energie auf, sich durch eine frühere, viel längere Version des Textes zu pflügen, wonach er mir den guten Rat gab, den Text zu kürzen. Bedanken möchte ich mich auch bei Ruth Eymann, welche mir ihre schöne und ruhige Wohnung in einem entlegenen Tal nahe Sils Maria in den Schweizer Bergen zur Verfügung stellte, wo ich den Text in grosser Ruhe überarbeiten konnte.

Nicht zuletzt wurde meine völlige Freiheit der Forschung durch die großzügige finanzielle Unterstützung der Swiss National Science Foundation, der Janggen-Pöhn-Stiftung in St. Gallen, der Max-Geldner-Stiftung in Basel und der Freiwilligen Akademischen Gesellschaft in Basel ermöglicht. Besonderer Dank gilt meiner Mutter, meinem Vater und meiner Schwester, die mich immer dabei unterstützten, meine echten Interessen zu verfolgen. Auch meinen Freunden Sherpa Hänggi, Marcel Schwendener, Tobi Portmann, Däne Aebischer, René Ab Egg, Laurenz Bolliger, Philipp Schweighauser, Niko Bally, Yves Pierre Wirz und Andi Langlotz möchte ich danken für die vielen anregenden und auch kontroversen Diskussionen über internationale Politik, über globale Trends und Probleme und unser persönliches Streben nach Glück und Erfüllung im Leben.

Daniele Ganser
Historisches Seminar Universität Basel im Dezember 2007

Abkürzungen

ACC	Allied Clandestine Committee
AN	Avanguardia Nazionale
AP	Aginter Press
BCRA	Bureau Central de Renseignement et d'Action
BDJ	Bund Deutscher Jugend
BfV	Bundesamt für Verfassungsschutz
BI	Bureau Inlichtingen
BND	Bundesnachrichtendienst
BUPO	Bundespolizei
BVD	Binnenlande Veiligheidsdienst
CAG	Centro Addestramento Guastatori
CCC	Cellules Communistes Combattantes
CCUO	Comité Clandestin Union Occidentale
CERP	Centre d'Entrainement des Reserves Parachutistes
CESID	Centro Superior de Informacion de la Defensa
CGT	Confédération Générale du Travail
CIA	Central Intelligence Agency
CIC	Counter Intelligence Corps
CIG	Central Intelligence Group
COI	Coordinator of Strategic Information
COS	CIA Chief of Station
CPC	Clandestine Planning Committee
DCI	Democrazia Christiana Italiana
DCI	Director of Central Intelligence
DDO	CIA Deputy Director of Operations
DDP	CIA Deputy Director of Plans

DGER	Direction Générale des Etudes et Recherches
DGS	Direction General De Seguridad
DGSE	Direction Générale de la Sécurité Extérieure
DIA	Defence Intelligence Agency
DO	CIA Directorate of Operations
DP	CIA Directorate of Plans
DST	Direction de la Surveillance du Territoire
ETA	Euskadi Ta Askatasuna
FBI	Federal Bureau of Investigation
FDP	Fronte Democratico Popolare
FHO	Fremde Heere Ost
FE	Forsvarets Efterretningstjieneste
FJ	Front de la Jeunesse
FM	Field manual
GESTAPO	Geheime Staatspolizei
IDB	Inlichtingendienst Buitenland
ISI	Inter Services Intelligence
I&O	Intelligence en Operations
JCS	Joint Chiefs of Staff
KGB	Committee of the Security of the State
KKE	Greek Communist Party
KPD	Kommunistische Partei Deutschland
LOK	Lochos Oreinon Katadromon
MAH	Milli Amele Hizmet
MfS	Ministerium für Staatssicherheit (Stasi)
MHP	Milli Hareket Partisi
MI5	Security Service
MI6	Secret Intelligence Service (SIS)
MIT	Milli Istihbaarat Teskaliti
MRP	Mouvement Republicain Populaire
NATO	North Atlantic Treaty Organization
NIS	Norwegian Intelligence Service
NOS	NATO Office of Security
NSA	National Security Agency

NSC	National Security Council
NSDAP	Nationalsozialistische Deutsche Arbeiterpartei
OACI	Organisation Armée contre le Communisme International
OAS	Organisation de l'Armée Secrète
OeWSGV	Österreichischer Wander-, Sport- und Geselligkeitsverein
OG	Organisation Gehlen
OHP	Ozel Harp Dairesi
OKK	Ozel Kuvvetler Komutanligi
OMPAM	Organizzazione Mondiale del Pensiero e dell'Assistenza Massonica
ON	Ordine Nuovo
OPC	CIA Office of Policy Coordination
OSP	Office of Special Projects
OSS	Office of Strategic Projects
P26	Projekt 26
P27	Projekt 27
P2	Propaganda Due
PCF	Parti Communiste Francais
PCI	Partito Communisto Italiano
PIDE	Policia Internacional e de Defesa do Estado
PKK	Parlamentarische Kontrollkommission
PSI	Partito Socialisto Italiano
RAF	Rote Armee Fraktion
ROC	Rocambole
RPF	Rassemblement du Peuple Français
S/B	Stay-behind
SAC	Service d'Action Civique
SACEUR	Supreme allied Commander Europe
SAD	Sezione Addestramento Guastatori
SAS	Special Air Service
SAZ	Sectie Allgemene Zaken
SDECE	Service de Documentation Extérieure et de Contre-Éspionage
SDRA	Service de Renseignements et d´Action
SECED	Servicio Central de Documentation de la Defensa
SEIN	Servicio Informacion Naval

SGR	Service Général de Renseignement
SHAPE	Supreme Headquarters Allied Powers Europe
SID	Servicio Informazioni Difesa
SIFAR	Servizio di Informazioni delle Forze Armate
SIS	Secret Intelligence Service (MI6)
SISDE	Servizio Informazioni Sicurezza Democratica
SISMI	Servizio Informazioni Sicurezza Militare
SOE	Special Operations Executive
SPD	Sozialdemokratische Partei Deutschland
SPG	Special Procedures Group
SS	Schutzstaffel
TD	Technischer Dienst
TMBB	Tripartite Meeting Belgian/Brussels
UNA	Untergruppe Nachrichtendienst und Abwehr
UNO	United Nations Organization
VALPO	Valtion Poliisi
WACL	World Anticommunist League
WNP	Westland New Post

Einführung

Als der Kalte Krieg endete, zwangen juristische Untersuchungen über mysteriöse terroristische Aktionen in Italien den italienischen Premierminister Giulio Andreotti im Jahr 1990 zu bestätigen, dass in Italien und in anderen Staaten quer durch Europa, die der North Atlantic Treaty Organization (NATO) angehörten, eine geheime Armee existierte. Koordiniert durch die Abteilung für verdeckte Kriegsführung der NATO wurde nach dem Ende des Zweiten Weltkriegs diese geheime Armee durch den US-amerikanischen Geheimdienst Central Intelligence Agency (CIA) und den britischen Secret Intelligence Service (MI6 oder SIS) eingerichtet, um den Kommunismus in Westeuropa zu bekämpfen. Das geheime Netzwerk, das nach den Enthüllungen des italienischen Premierministers von Richtern, Parlamentariern, Wissenschaftlern und Journalisten in ganz Europa untersucht wurde, hatte in Italien den Decknamen «Gladio» (das Schwert). In anderen Ländern hatte das Netzwerk andere Decknamen, beispielsweise «Absalon» in Dänemark, ROC in Norwegen und SDRA8 in Belgien. In allen Ländern führten militärische Geheimdienste die antikommunistische Armee innerhalb des Staates in enger Zusammenarbeit mit der CIA oder dem MI6, was den Parlamenten und der Bevölkerung vorenthalten wurde. Nur die führenden Mitglieder der Exekutive, zu denen auch Premierminister, Präsidenten, Innenminister und Verteidigungsminister zählten, waren in die Verschwörung eingebunden. Das «Allied Clandestine Committee» (ACC), zuweilen wurde es auch euphemistisch als «Allied Coordination Committee» (ACC) bezeichnet, und das «Clandestine Planning Committee» (CPC) des Supreme Headquarters Allied Powers Europe (SHAPE) der NATO, koordinierten das Netzwerk auf internationaler Ebene. Das letzte bestätigte geheime Treffen des ACC mit Repräsentanten der europäischen Geheimdienste fand am 24. Oktober 1990 in Brüssel statt.

Als Einzelheiten dieser Tätigkeit bekannt wurden, schloss die Presse daraus, dass «diese Geschichte direkt aus einem Polit-Thriller zu stammen scheine».[1] Die geheimen Armeen wurden von der CIA und dem MI6 mit Maschinengewehren, Sprengstoff, Munition und Hightech-Kommunikationsmitteln ausgestattet, die in Waffenverstecken in Wäldern, auf Wiesen und in unterirdischen Bunkern in ganz Westeuropa verborgen wurden. Leitende Offiziere des geheimen Netzwerks wurden unter der Leitung der amerikanischen Green Berets Special Forces in den Vereinigten Staaten von Amerika und den britischen SAS-Spezialeinheiten in England ausgebildet. Zu den geheimen Gladio-Soldaten, die in den strikt antikommunistischen Teilen der Gesellschaft rekrutiert wurden, zählten sowohl moderate Konservative wie auch Rechtsextreme, etwa ehemalige Mitglieder der SS in Deutschland oder die berüchtigten rechtsradikalen Terroristen Stefano Delle Chiaie und Yves Guerain Serac in Italien und Frankreich. In ihrem strategischen Aufbau war die Geheimarmee eine direkte Kopie der britischen Special Operations Executive (SOE), die während des Zweiten Weltkriegs mit Fallschirmen in feindliches Territorium abgesprungen war und hinter den feindlichen Linien einen geheimen Krieg geführt hatte.

Im Falle einer sowjetischen Invasion in Westeuropa hätten die geheimen Gladio-Soldaten ein sogenanntes «Stay-behind-Netzwerk» gebildet, das hinter den feindlichen Linien operiert und örtlich begrenzte Widerstandsbewegungen im feindlichen Territorium aufgebaut hätte. Sie hätten abgeschossene Piloten evakuiert und die Nachschublinien und die Produktionszentren der Besatzungsmächte mit Sprengstoffanschlägen sabotiert. Die sowjetische Invasion fand jedoch nie statt. Nach Meinung der geheimen Kriegsstrategen in Washington und London waren die damals zahlenmäßig starken kommunistischen Parteien in den Demokratien Westeuropas die reale und akute Gefahr. Also griff das Netzwerk in vielen Staaten auch ohne eine sowjetische Invasion zu den Waffen und focht einen geheimen Kampf gegen die politischen Kräfte der Linken. Die geheimen Armeen, wie die nunmehr zugänglichen sekundären Quellen vermuten lassen, waren an einer ganzen Reihe terroristischer Operationen und Verletzungen der Menschenrechte beteiligt, die sie den Kommunisten in die Schuhe schoben, um die Linke bei Wahlen zu diskreditieren und zu schwächen. Die Operationen zielten immer darauf ab, unter der Bevölkerung möglichst viel Angst zu schüren. Das reichte von Bombenmassakern in Eisenbahnen und auf Märkten (Italien) über die Anwendung systematischer Folterung von Regimegegnern (Türkei), die Unterstützung rechtsradikaler Staatsstreiche

(Griechenland und Türkei) bis hin zur Zerschlagung oppositioneller Gruppen (Spanien und Portugal). Als die geheimen Armeen entdeckt wurden, weigerte sich die NATO ebenso wie die Regierungen der USA und Großbritanniens zu dem, was die Presse «das bestgehütete und schädlichste politisch-militärische Geheimnis seit dem Zweiten Weltkrieg»[2] nannte, eine klare Stellung zu beziehen.

I

Ein Terroranschlag in Italien

In einem Waldstück in der Nähe des italienischen Dorfes Peteano explodierte am 31. Mai 1972 eine Autobombe. Die Bombe tötete drei Mitglieder der Carabinieri, der paramilitärischen Polizeikräfte Italiens, und verletzte einen schwer. Die Carabinieri wurden durch einen anonymen Anruf an den Tatort gelockt. Bei der Untersuchung des verlassenen Fiat 500 hatte einer der Carabinieri die Motorhaube geöffnet und damit die Explosion der Bombe ausgelöst. Ein anonymer Anruf bei der Polizei brachte die Roten Brigaden, eine kommunistische Terrorgruppe, mit der Tat in Verbindung. Die Roten Brigaden versuchten damals die Machtverteilung zwischen den Vertretern des Staates in Italien durch Geiselnahmen und kaltblütige Attentate zu verändern. Die Polizei griff sofort hart gegen die italienische Linke durch und verhaftete etwa 200 Kommunisten. Mehr als zehn Jahre lang glaubte die italienische Bevölkerung, das terroristische Attentat bei Peteano sei von den Roten Brigaden verübt worden.

Dann, im Jahr 1984, eröffnete der junge italienische Richter Felice Casson den lange ruhenden Fall neu, nachdem er zu seiner Überraschung eine ganze Serie von Fehlern und Fälschungen entdeckt hatte, die die Gewalttat von Peteano umgaben. Richter Casson fand heraus, dass es auf dem Schauplatz des Attentats keinerlei polizeiliche Untersuchungen gegeben hatte. Er fand auch heraus, dass der Bericht, in dem damals behauptet wurde, der benutzte Sprengstoff sei jener gewesen, der normalerweise von den Roten Brigaden benutzt wurde, eine Fälschung war. Marco Morin, ein Experte der italienischen Polizei für Sprengstoffe, hatte ganz bewusst eine falsche Expertise erstellt. Er war Mitglied der rechtsextremen italienischen Organisation «Ordine Nuovo» und trug im Kalten Krieg seinen Teil dazu bei, den Einfluss der italienischen Kommunisten zu bekämpfen. Richter Casson konnte – im Gegensatz zu Morins Expertise – beweisen, dass der Sprengstoff, der in Peteano Verwendung fand, C4 war, der stärkste damals verfügbare Sprengstoff, der auch von der NATO verwendet wurde. «Ich wollte, dass in diese Jahre der Lügen und Geheimnisse neues Licht kam, das ist alles», erzählte Casson Jahre später Journalisten in seinem winzigen Büro in einem Gerichtsgebäude aus dem 18. Jahrhundert am Ufer der Lagunen von Venedig. «Ich wollte, dass Italien einmal die Wahrheit erfahren sollte.»[1]

Kurz vor dem Terroranschlag in Peteano, am 24. Februar 1972, hatte eine Gruppe von Carabinieri zufällig ein unterirdisches Waffenlager in der Nähe von Triest entdeckt, in dem sich Waffen, Munition und C4 befanden, genau jener Sprengstoff, der auch in Peteano zur Anwendung kam. Die Carabinieri glaubten, sie hätten das Waffenlager eines kriminellen Netzwerks entdeckt. Jahre später konnten die von Richter Casson eingeleiteten Untersuchungen rekonstruieren, dass sie in eines der über hundert unterirdischen Waffenlager der mit der NATO in Verbindung stehenden geheimen Stay-behind-Armeen gestolpert waren. Diese Armeen wurden in Italien mit dem Decknamen Gladio, das «Schwert», bezeichnet. Casson fand heraus, dass der italienische militärische Geheimdienst und die Regierung damals viel getan hatten, um die Entdeckung von Triest und vor allem den größeren strategischen Zusammenhang geheimzuhalten.

Als Casson die mysteriösen Fälle von Peteano und Triest weiter untersuchte, entdeckte er mit Erstaunen, dass nicht die italienische Linke, sondern italienische rechtsgerichtete Gruppen und der militärische Geheimdienst in den Anschlag von Peteano verwickelt waren. Cassons Untersuchungen enthüllten, dass die rechtsorientierte Organisation Ordine Nuovo sehr eng mit dem italienischen militärischen Geheimdienst SID (Servizio Informazioni Difesa) zusammengearbeitet hatte. Gemeinsam hatten sie den Terroranschlag von Peteano durchgeführt und dafür dann die militante italienische Linke, die Roten Brigaden, fälschlich verantwortlich gemacht. Richter Casson identifizierte Vincenzo Vinciguerra, ein Mitglied von Ordine Nuovo, als den Mann, der die Bombe von Peteano gelegt hatte. Weil er der letzte Mann einer langen Kommandokette war, wurde Vinciguerra Jahre nach dem Verbrechen festgenommen. Er legte ein Geständnis ab und bezeugte, dass er von einem ganzen Netzwerk von Sympathisanten in Italien und dem Ausland gedeckt worden war, die ihm versichert hätten, dass er nach dem Angriff flüchten könne. «Ein ganzer Mechanismus wurde aktiv», erinnerte sich Vinciguerra, «das heißt, die Carabinieri, der Innenminister, die Zollbehörden und der militärische sowie der zivile Geheimdienst akzeptierten die ideologischen Überlegungen, die hinter diesem Angriff standen.»[2]

Vinciguerra wies zu Recht darauf hin, dass sich der Terrorakt von Peteano während eines besonders unruhigen geschichtlichen Zeitraums ereignete. Mit Beginn der Flower-Power-Revolution in den späten 60er-Jahren wurden in den USA und in Westeuropa die Studentenproteste gegen Gewalt im Allgemeinen und den Krieg in Vietnam im Besonderen sowie die ideologische Schlacht zwischen der politischen Linken und der politischen Rechten intensiver. Ein großer Teil der Bevölkerung engagierte sich in linksgerichteten gesellschaftlichen Bewegungen, die sich in gewaltfreien Protestformen äußerten, etwa in Demonstrationen, zivilem Ungehorsam und vor allem in hitzigen Diskussionen. Im italienischen Parlament sympathisierten die starke kommunistische Partei (Partito Communisto Italiano, PCI) und in geringerem Maß die italienische sozialistische Partei (Partito Socialisto Italiano, PSI) mit der Bewegung. Sie kritisierten die Vereinigten Staaten, den Vietnamkrieg und vor allem die Machtverteilung in Italien, denn trotz der zahlenmäßigen Stärke im Parlament erhielt die PCI keine Ministerposten zugeteilt und wurde somit absichtlich von der Regierung ausgeschlossen. Auch die italienische Rechte wusste, dass dies eine offensichtliche Diskriminierung und Verletzung der grundlegenden demokratischen Prinzipien war.

Es war in diesem Klima, als die extreme Linke und die extreme Rechte damit begannen, Terror einzusetzen. Auf der Seite der Linken waren die italienischen kommunistischen Roten Brigaden und die Rote Armee Fraktion (RAF) in Deutschland die bekanntesten Terrorgruppen in Westeuropa. Gegründet von Studenten der Universität von Trento und mit geringer bis keiner militärischen Ausbildung zählten Margherita Cagol, Alberto Franceschini und Alberto Curcio zu den Roten Brigaden. Ebenso wie die RAF waren sie überzeugt, dass Gewalt angewendet werden musste, um die bestehende Machtstruktur zu verändern, die sie als ungerecht und korrupt empfanden. Wie bei der RAF richtete sich der Terror nicht gegen Massenansammlungen von Menschen, sondern gegen sehr sorgfältig ausgewählte Einzelpersonen, die sie als Repräsentanten des «staatlichen Apparates» betrachteten, wie etwa Bankiers, Generäle und Minister, die sie entführten und oftmals auch ermordeten. In den Operationen, die vor allem in den 70er-Jahren stattfanden, waren die Roten Brigaden in Italien für 75 Tote verantwortlich. Dann wurden sie aufgrund ihrer nur begrenzten militärischen und strategischen Fertigkeiten und

Erfahrungen festgenommen, vor Gericht gestellt und in Gefängnisse gebracht.

Auf der anderen Seite des Spektrums des Kalten Krieges griff auch die extreme Rechte zur Gewalt. In Italien gehörten die geheimen Gladio-Soldaten, der militärische Geheimdienst und faschistische Organisationen wie Ordine Nuovo dem Netzwerk an. Im Gegensatz zum Terror der Linken zielte der Terror der Rechten darauf ab, die gesamte Gesellschaft in Angst und Schrecken zu versetzen, und deshalb zündeten sie ihre Bomben wahllos mitten in der Bevölkerung, um dann die Schuld auf die Kommunisten zu lenken. Der Terroranschlag von Peteano, so fand der Richter Casson heraus, zählte zu dieser Art von Verbrechen und setzte damit einen Prozess fort, der schon 1969 begonnen hatte. In diesem Jahr waren kurz vor Weihnachten an öffentlichen Orten in Mailand und Rom vier Bomben explodiert. Die Bomben töteten 16 Menschen und verstümmelten und verwundeten 80 Opfer, von denen die meisten Bauern waren, die nach einem Markttag ihre bescheidenen Verdienste bei der Nationalen Landwirtschaftsbank an der Piazza Fontana in Mailand einzahlen wollten. Entsprechend der geheimen Strategie wurden dafür fälschlich die Kommunisten und die extreme Linke verantwortlich gemacht, Spuren wurden verwischt und Festnahmen folgten sofort. Der große Teil der Bevölkerung hatte kaum die Möglichkeit, die Wahrheit zu erfahren, da der militärische Geheimdienst weitgehend bemüht war, das Verbrechen zu verschleiern. In Mailand war eine der Bomben wegen eines Versagens des Zeitzünders nicht explodiert, doch wurde sie sofort nach der Entdeckung noch vor Ort vom Geheimdienst zerstört, während Teile einer Bombe in der Villa des bekannten linksgerichteten Verlegers Giangiacomo Feltrinelli versteckt wurden.[3]

«Die offiziellen Zahlen besagen, dass es allein im Zeitraum zwischen dem 1. Januar 1969 und dem 31. Dezember 1987 in Italien 14 591 politisch motivierte Gewaltakte gab», erinnert sich der italienische Senator Giovanni Pellegrino, Vorsitzender der parlamentarischen Untersuchungskommission zur Untersuchung der Sache Gladio und anderer Massaker, an die höchst gewalttätige Zeit in der jüngsten Geschichte Italiens. «Es lohnt sich, sich daran zu erinnern, dass diese ‹Aktionen› 491 Tote und 1181 Verletzte hinterließen. Das sind die Zahlen eines Krieges, die es in keinem anderen europäischen Land gab.[4] Dem Massaker auf der Piazza Fontana von 1969 und dem terroristischen Angriff von Peteano im Jahr 1972 folgten in Italien weitere schreckliche Massaker, als am

28. Mai 1974 mitten in einer antifaschistischen Demonstration in Brescia eine Bombe explodierte, die acht Todesopfer forderte und 102 Verletzte. Am 4. August 1974 explodierte eine weitere Bombe im Italicus-Express, der von Rom nach München unterwegs war, wobei 12 Personen getötet und 48 Personen verletzt oder versehrt wurden. Die Gewalttaten fanden an einem sonnigen Nachmittag am italienischen Nationalfeiertag ihren Höhepunkt, als am 2. August 1980 eine gewaltige Explosion den Warteraum der zweiten Klasse des Bahnhofs in Bologna erschütterte, wo bei der Detonation 85 Menschen getötet und weitere 200 Menschen schwer verletzt wurden. Das Massaker von Bologna zählt seither zu den größten terroristischen Angriffen, die Europa im 20. Jahrhundert erlebt hat.

Im Gegensatz zu den Roten Brigaden, die letztlich hinter Gittern landeten, entkamen die Terroristen der Rechten nach jedem Massaker auf mysteriöse Weise, weil, wie Vinciguerra ganz richtig sagte, der Sicherheitsapparat des italienischen Staates und der militärische Sicherheitsdienst sie beschützten. Als es gelang, den Terroranschlag von Piazza Fontana Jahre später zur italienischen Rechten zurückzuverfolgen, wurde Franco Fredo, ein Mitglied des Ordine Nuovo, befragt, ob er rückblickend das Gefühl hat, dass mächtige Personen auf höheren Ebenen der Hierarchie ihn manipuliert hätten. Freda, ein erklärter Bewunderer von Hitler, der *Mein Kampf* in italienischer Sprache in seinem kleinen Verlag veröffentlicht hatte, antwortete, dass sich seinem Verständnis nach niemand der Manipulation entziehen kann. «Das Leben eines jeden wird von denen manipuliert, die mehr Macht haben», erklärte der rechtsgerichtete Terrorist. «In meinem Fall muss ich akzeptieren, dass ich eine Marionette in den Händen von Ideen war, allerdings nicht in den Händen von Männern aus dem Geheimdienst hier [in Italien] oder aus dem Ausland. Das heißt, dass ich freiwillig meinen eigenen Krieg führte und dem strategischen Plan folgte, den ich selbst entwickelt habe. Das ist alles.»[5]

Im März 2001 vermutete General Giandelio Maletti, der ehemalige Chef der italienischen Gegenspionage, dass neben der Gladio-Geheimarmee, dem Geheimdienst und einer Gruppe rechter Terroristen, auch das Weiße Haus in Washington und der amerikanische Geheimdienst CIA die Massaker unterstützt hatten, die die italienischen Kommunisten diskreditieren sollten. In einer Gerichtsverhandlung gegen Rechtsextremisten, die angeklagt wurden, in das Massaker an der Piazza Fontana verwickelt gewesen zu sein, sagte Maletti aus: «Die CIA wollte entsprechend den Anweisungen ihrer Regierung einen italienischen Nationalismus aufbauen, der in der Lage war, alles aufzuhalten, was seiner Meinung nach zur Linken neigte, und zu diesem Zweck könnte man den Rechtsterrorismus genutzt haben.» «Man hatte den Eindruck, dass die Amerikaner alles tun würden, um zu verhindern, dass Italien nach links abgleiten würde», erklärte der General und fügte hinzu: «Vergessen Sie nicht, dass Nixon im Amt war, und Nixon war ein seltsamer Mensch. Er war ein intelligenter Politiker, doch auch ein Mann mit ziemlich unorthodoxen Initiativen.» Rückblickend zeigte sich der 79 Jahre alte Mann kritisch, bedauerte aber auch: «Italien wurde behandelt, als sei es ‹eine Art von Protektorat› der USA. Ich schäme mich, wenn ich daran denke, dass wir immer noch besonders überwacht werden.»[6]

Bereits in den 70er- und den 80er-Jahren wurde das italienische Parlament, in dem die kommunistische und die sozialistische Partei einen großen Anteil an der Macht hatten, zunehmend durch die Tatsache alarmiert, dass eine scheinbar endlose Kette von mysteriösen Massakern das Land schockierte, ohne dass weder die Terroristen noch die dahinter stehenden Menschen identifiziert werden konnten. Obwohl Gerüchte unter der italienischen Linken bereits zu dieser Zeit besagten, dass diese mysteriösen Terrorakte eine Form einer nicht erklärten geheimen Kriegsführung der Vereinigten Staaten gegen die italienischen Kommunisten darstellten, konnte diese Theorie nie bewiesen werden. Dann richtete der italienische Senat im Jahr 1988 eine spezielle investigative parlamentarische Untersuchungskommission unter dem Vorsitz des Senators Libero Gualtieri ein, und zwar unter dem vielsagenden Namen «Parlamentarische Kommission des Italienischen Senats zur Untersuchung des Terrorismus in Italien und der Gründe, weshalb die für die Massaker verantwortlichen Personen nicht identifiziert werden konnten: Terrorismus, die Massaker und der politisch-historische Kampf.»[7] Die Arbeit der parlamentarischen Untersuchung erwies sich als äußerst schwierig. Zeugen hielten ihre Aussagen zurück. Dokumente wurden vernichtet. Und die Kommission selbst, die aus den sich bekämpfenden Parteien der italienischen Linken und der italienischen Rechten bestand, war geteilter Meinung darüber, was genau der historischen Wahrheit in Italien entsprach, und man war sich nicht einig darüber, welche der heiklen Untersuchungsergebnisse der Öffentlichkeit bekannt gegeben werden sollten.

Richter Casson, der inzwischen von den Aussagen von Vincenzo Vinciguerra, des Terroristen von Peteano, und den Dokumenten, die er entdeckt hatte, überzeugt war, begann die komplexe militärische Strategie zu verstehen, die angewendet wurde. Nach und nach verstand er, dass er es nicht mit privatem, sondern mit staatlichem Terrorismus zu tun hatte, der von den Steuergeldern bezahlt wurde. Unter dem Titel «Strategie der Spannung» war es das Ziel der Massaker, in der Bevölkerung Spannungen zu erzeugen. Die Rechtsextremisten und ihre Unterstützer innerhalb der NATO befürchteten, dass die italienischen Kommunisten zu mächtig würden. Deshalb versuchten die geheimen rechtsorientierten Soldaten zu «destabilisieren, um zu stabilisieren», verbanden sich mit den Gladio-Armeen und führten die Massaker aus, die dann den Linken angelastet wurden. «Soweit es die Geheimdienste betrifft, ist der Peteano-Angriff ein Teil dessen, was unter der Strategie der Spannung zu verstehen war», erklärte Richter Casson die Strategie in einer BBC-Dokumentation über Gladio. «Das heißt also, innerhalb des Landes Spannungen zu erzeugen, um damit konservative, reaktionär-soziale und -politische Tendenzen zu fördern. Während diese Strategie umgesetzt wurde, war es erforderlich, diejenigen zu schützen, die dahinterstanden, weil Beweise für ihre Beteiligung entdeckt worden waren. Zeugen hielten Informationen zurück, um rechte Extremisten zu schützen.»[8] Der rechtsextreme Terrorist Vinciguerra, der, wie andere auch, Kontakte zur Gladio-Abteilung des italienischen militärischen Geheimdienstes hatte und wegen seiner politischen Überzeugung getötet hatte, sagte aus: «Man musste Zivilisten angreifen, die Menschen, Frauen, Kinder, unschuldige Menschen, unbekannte Menschen, die weit von jeglichem politischen Spiel entfernt waren. Der Grund war ganz einfach. Man wollte diese Menschen, die italienische Öffentlichkeit dazu bringen, sich an den Staat zu wenden, um höhere Sicherheit zu fordern. Dies ist die politische Logik, die hinter all diesen Massakern und Bombenattentaten steht, die ungesühnt bleiben, weil der Staat sich nicht selbst schuldig sprechen kann oder sich selbst für das, was geschehen ist, verantwortlich machen kann.»[9]

Die Ungeheuerlichkeit dieses teuflischen Plans wurde nur langsam aufgedeckt, und auch heute noch gibt es Lücken, denn vor allem fehlen die Originaldokumente. «Mit dem Massaker von Peteano und all den anderen, die noch folgten», erklärte Vinciguerra 1984 vor Gericht, «sollte man nun wissen, dass es eine echte und lebendige Struktur gab, verborgen und versteckt, mit der Fähigkeit, der Empörung eine strategische Richtung zu geben.» Diese Struktur, sagte er, «liegt innerhalb des Staates selbst. In Italien existiert eine geheime Macht parallel zu den Streitkräften, die aus Zivilisten und Militärs besteht, mit einer antisowjetischen Einstellung, um auf italienischem Boden einen Widerstand gegen eine russische Armee zu organisieren.» Ohne den Decknamen zu nennen, entlarvte diese Aussage die Existenz der mit der NATO in Verbindung stehenden geheimen Stay-behind-Armee Gladio. «Es ist», enthüllte Vinciguerra, «eine geheime Organisation, eine Super-Organisation mit einem Netzwerk, das über Kommunikationsmöglichkeiten, Waffen und Sprengstoff verfügt, und auch über Männer, die ausgebildet sind, diese Möglichkeiten zu benutzen.» Vinciguerra deckte auf, «dass diese Geheimorganisation, die, weil die sowjetische Invasion ausblieb und vielleicht auch nicht eintreten würde, auf Geheiß der NATO die Aufgabe übernommen hatte, im politischen Gleichgewicht des Landes einen Linksruck zu verhindern. Und das tat sie auch, mit der Hilfe der offiziellen Geheimdienste und der politischen und militärischen Kräfte.»[10]

Mehr als zwei Jahrzehnte sind vergangen, seit der Rechtsterrorist Vinciguerra seine weitreichenden Aussagen gemacht hat, die zum ersten Mal in der Geschichte Italiens sowohl die Untergrundorganisation Gladio als auch die NATO direkt mit den terroristischen Massakern in Verbindung brachte, unter denen das Land gelitten hatte. Erst jetzt, Jahre später, versteht eine größere Öffentlichkeit nach den Untersuchungen, was Vinciguerra wirklich meinte, da die Existenz des geheimen Stay-behind-Netzwerks bestätigt wurde und die Waffen und der Sprengstoff ausgegraben wurden. Ist Vinciguerra deshalb eine glaubwürdige Quelle? Die Ereignisse nach der Gerichtsverhandlung lassen vermuten, dass er vertrauenswürdig ist. Die geheime Armee wurde im Jahr 1990 aufgedeckt. Als weiteren Hinweis darauf, dass der Rechtsterrorist die Wahrheit gesagt hatte, verlor Vinciguerra nach seiner brisanten Aussage sofort allen Schutz der höheren Stellen, den er in den Jahren zuvor genießen durfte. Dies im Gegensatz zu anderen Terroristen aus dem rechtsradikalen Milieu, die mit dem italienischen militärischen Geheimdienst zusammengearbeitet hatten und frei herumlaufen konnten. Vinciguerra hingegen wurde nach seinen Enthüllungen lebenslänglich verurteilt und ins Gefängnis gesteckt.

Doch Vinciguerra war nicht der Erste, der die Beziehungen zwischen Gladio, der NATO und den Massakern herstellte, er war nicht der Erste, der die Gladio-Verschwörung in Italien enthüllte. Im Jahr 1974 war der italienische investigative Richter Giovanni Tamburino im Verlauf seiner Untersuchungen des Rechtsterrorismus so weit wie niemand zuvor gegangen und hatte General Vito Miceli, den Chef des militärischen Geheimdienstes SID, verhaften lassen und ihn angeklagt wegen «Förderung, Einrichtung und Organisation einer geheimen militärischen und zivilen Verbindung, die darauf abzielte, einen bewaffneten Aufstand zu provozieren, um so eine illegale Änderung der Verfassung und der Regierung herbeizuführen.»[11]

Miceli, der zuvor für das NATO Security Office verantwortlich war, enthüllte wütend in seiner Verhandlung vor Gericht am 17. November 1974 die Existenz der Gladio-Armee, die als eine Spezialeinheit des militärischen Geheimdienstes SID getarnt war: «Eine Super-SID unter meinem Kommando? Natürlich! Aber ich habe diese nicht selbst aufgebaut, um einen Staatsstreich durchzuführen. Es waren die Vereinigten Staaten und die NATO, die mich beauftragt hatten, dies zu tun!»[12] Wegen seiner hervorragenden transatlantischen Beziehungen kam Miceli billig davon. Er wurde gegen eine Kaution entlassen und verbrachte sechs Monate in einem Militärkrankenhaus. Gezwungen durch die Untersuchungen von Richter Casson, enthüllte Premierminister Andreotti 16 Jahre später vor dem Parlament das Geheimnis um Gladio. Das verärgerte Miceli außerordentlich. Kurz vor seinem Tod im Jahr 1990 rief er aus: «Ich bin ins Gefängnis gegangen, weil ich die Existenz dieser supergeheimen Organisation nicht enthüllen wollte. Und nun kommt Andreotti und erzählt es dem Parlament!»[13]

Im Gefängnis erklärte der Peteano-Bomber Vinciguerra Richter Casson, dass nicht nur Ordine Nuovo, sondern auch andere bekannte italienische rechtsextreme Gruppen wie die Avanguardia Nazionale mit dem militärischen Geheimdienst und der geheimen Gladio-Armee zusammengearbeitet hätten, um die politische Linke in Italien zu schwächen: «Der terroristischen Linie folgten getarnte Menschen, solche, die dem Sicherheitsapparat angehörten, oder solche, die mit dem Staatsapparat durch Informationsaustausch oder Zusammenarbeit verbunden waren. Ich sage, dass jede einzelne Gewalttat, die seit 1969 folgte, in eine einzige organisierte Matrix passte.» Vinciguerra, Rechtsterrorist und Mitglied des Ordine Nuovo, erklärte, dass er und seine rechtsextremen Freunde rekrutiert wurden, um mit der Gladio-Geheimarmee zusammenzuarbeiten und die blutigsten Operationen durchzuführen: «Die Avanguardia Nazionale ebenso wie Ordine Nuovo wurden als Teil einer antikommunistischen Strategie in die Schlacht einbezogen. Diese Strategie stammte nicht aus Organisationen, die von den Institutionen der Macht abwichen, sondern vom Staat selbst und insbesondere aus dem Umkreis der staatlichen Beziehungen innerhalb der atlantischen Allianz.»[14]

Richter Casson war über das, was er herausfand, alarmiert. In einem Versuch, diesen faulen Kern innerhalb des Staates auszulöschen, verfolgte er die Spuren der mysteriösen Gladio-Untergrundarmee, welche die italienische Politik während des Kalten Krieges manipuliert hatte. Im Januar 1990 beantragte er die Erlaubnis der höchsten italienischen Behörden, in den Archiven des italienischen militärischen Geheimdienstes Servizio Informazioni Sicurezza Militare (SISMI) zu recherchieren, der bis 1978 als SID bekannt war. Im Juli 1990 stimmte der Premierminister Andreotti zu und erlaubte Richter Casson, in den Archiven des Palazzo Braschi, dem Hauptsitz des SISMI in Rom, zu recherchieren. Im Palazzo Braschi entdeckte Casson die Dokumente, die erstmals bewiesen, dass in Italien eine geheime Armee mit dem Decknamen Gladio als Unterabteilung des militärischen Geheimdienstes existierte und die Aufgabe der verdeckten Kriegsführung hatte. Darüber hinaus fand Casson Dokumente, die sowohl die größte militärische Allianz der Welt, die NATO, als auch die einzige verbleibende Supermacht der Welt, die Vereinigten Staaten, mit Gladio, Subversion und rechtsextremen Terroristen in Italien und auch in anderen westeuropäischen Staaten in Zusammenhang brachten. Diese Kenntnisse bedeuteten für Casson, dass er sich einige Zeit in höchster Lebensgefahr befand. Dessen war er sich bewusst, denn italienische Richter mit zu viel Wissen wurden zuvor schon auf der Straße erschossen: «Von Juli bis Oktober 1990 war ich der Einzige, der etwas wusste [über die Operation Gladio] und das hätte für mich sehr unglücklich ausgehen können.»[15]

Da Casson überlebte, löste sich der Knoten. Auf der Grundlage der Dokumente, die er entdeckt hatte, nahm Casson Kontakt zur parlamentarischen Untersuchungskommission auf, die unter der Leitung von Senator Libero Gualtieri die Massaker und den Terrorismus untersuchte. Gualtieri und seine Kollegen aus dem Senat waren wegen Cassons Recherche und deren Ergebnisse höchst besorgt. Sie waren einverstanden, dass die Untersuchung der Geheimarmee Gladio in die Arbeit der Kommission einbezogen wurde, denn sie war der Schlüssel sowohl zu den Massakern als auch den Gründen, weshalb sie so lange Jahre mysteriös blieben. Am 2. August 1990 gaben die Senatoren dem Chef der italienischen Exekutive, Premierminister Giulio Andreotti, den Auftrag, «das Parlament innerhalb von sechzig Tagen über die Existenz, die Charakteristik und den Zweck einer parallelen und geheimen Struktur zu informieren, von der gesagt wird, sie habe innerhalb unseres militärischen Geheimdienstes mit dem Ziel operiert, das politische Leben des Landes zu bestimmen.»[16]

Am nächsten Tag, dem 3. August 1990, stellte sich der Premierminister der parlamentarischen Untersuchungskommission, und zum ersten Mal in der italienischen Nachkriegsgeschichte bestätigte er als aktives Mitglied einer italienischen Regierung, dass eine mit der NATO in Verbindung stehende geheime Sicherheitsstruktur im Land existiert habe. Andreotti versicherte den Senatoren, er würde der parlamentarischen Untersuchungskommission innerhalb von 60 Tagen einen schriftlichen Bericht über die geheime Sicherheitsstruktur vorlegen. «Ich werde der Kommission einen sehr genauen Bericht vorlegen, den ich beim Verteidigungsministerium schon in Auftrag gegeben habe. Es geht um die Aktivitäten auf der Basis der Planungen der NATO, die für den Fall eines Angriffs und der Okkupation von Italien oder Teilen von Italien erstellt worden sind. So weit ich von den Geheimdiensten informiert wurde, gab es diese Aktivitäten bis etwa 1972. Danach wurde entschieden, sie seien nicht mehr notwendig. Ich werde der Kommission alle erforderlichen Dokumentationen zur Verfügung stellen, sei es über das Problem im Allgemeinen, sei es über die speziellen Untersuchungsergebnisse des Richters Casson im Zusammenhang mit seinen Untersuchungen des Peteano-Terroranschlags.»[17]

Im Alter von 71 Jahren, also zur Zeit seiner Aussage zu Gladio, kann Giulio Andreotti nicht unbedingt als typische historische Quelle angesehen werden. Denn er blickte auf eine lebenslange politische Karriere zurück, zu der es wahrscheinlich in keinem westeuropäischen Land eine Parallele gibt. Als führender Repräsentant der konservativen Christlich Demokratischen Partei (Democrazia Cristiana Italiana, DCI), die als ein Bollwerk gegen die PCI während des Kalten Krieges fungierte, erfreute sich Andreotti der Unterstützung durch die Vereinigten Staaten. Er kannte alle amerikanischen Präsidenten persönlich, und von vielen – innerhalb und außerhalb Italiens – wurde er als mächtigster Politiker in Italiens Erster Republik (1945–1993) angesehen.

Obgleich die Regierungen in Italiens zerbrechlicher Ersten Republik in kurzen Abständen wechselten, hatte es Andreotti während des gesamten Kalten Krieges sehr schlau eingerichtet, dass er in zahlreichen Koalitionen an der Macht blieb, und konnte sich somit als dominante Präsenz in der italienischen Regierungsresidenz im Palazzo Chigi in Rom halten. Andreotti wurde 1919 in Rom geboren und im Alter von 35 Jahren Innenminister. Danach stellte er einen Rekord ohnegleichen auf, als er sieben Mal Premierminister wurde und weitere 21 Mal als Minister diente, davon sechs Mal als Außenminister. Seine Bewunderer verglichen ihn mit Julius Caesar und nannten ihn den «göttlichen

Giulio», während seine Kritiker ihn als den wesentlichen Dreher am Rad im Hintergrund anklagten und ihm den Spitznamen «Onkel» verliehen. Angeblich war Andreottis Lieblingskrimi der Film *Gute Freunde,* weil Robert de Niro darin sagte: «Lasse niemals deine Freunde im Stich und halte den Mund.» Die meisten Menschen in Italien waren damit einverstanden, dass dies ein Teil seiner Strategie war, die es dem göttlichen Giulio ermöglichte, eine ganze Reihe von Intrigen und Verbrechen in Italien zu überleben, obwohl er selbst in viele davon verwickelt war.[18]

Als er die Operation Gladio und die geheimen Armeen der NATO eingestand, hatte «der Onkel» sein Schweigen gebrochen. Als die Erste Republik mit dem Ende des Kalten Krieges zusammenbrach, wurde der mächtige Andreotti, zu dieser Zeit schon ein alter Mann, wegen des Vorwurfs der Manipulation der politischen Institutionen vor zahlreiche Gerichte in Italien gezerrt, auch wegen der Kooperation mit der Mafia und weil er geheime Aufträge vergeben hatte, die zu Anschlägen auf seine Gegenspieler führten. «Das Justizsystem spielte verrückt», rief der damals im Amt befindliche Premierminister Silvio Berlusconi, als die Berufungsgerichte in Perugia im November 2002 Andreotti zu 24 Jahren Gefängnis verurteilten. Als die Richter Morddrohungen erhielten und unter Polizeischutz gestellt werden mussten, unterbrachen die TV-Kanäle ihre Übertragungen aus den Fußballstadien und meldeten, dass Andreotti für schuldig befunden wurde, 1979 dem Mafia-Boss Gaetano Badalamenti den Auftrag zur Ermordung des Enthüllungsjournalisten Mino Pecorelli gegeben zu haben, damit die Wahrheit über den Mordanschlag an Aldo Moro, den Parteivorsitzenden der PCI, vertuscht werden konnte. Die katholische Kirche versuchte, den guten Ruf des göttlichen Giulio zu retten, als Kardinal Fiorenzo Angelini, nachdem er von der erschütternden Nachricht erfahren hatte, erklärte: «Auch Jesus Christus wurde vor seiner Wiederauferstehung gekreuzigt.» Dennoch endete Andreotti trotz all der Aufregung nicht hinter Gittern, als die Verurteilungen im Jahr 2003 widerrufen wurden und «der Onkel» wieder frei war.

Während der ersten Enthüllungen um Gladio vor den italienischen Senatoren am 3. August 1990 hatte «der Onkel» mit Bezugnahme auf die Hintergrundarmee schlau behauptet, dass «solche Aktivitäten bis ins Jahr 1972 reichten», um so den persönlichen Schaden zu begrenzen, der ihm drohte. Denn im Jahr 1974, als Verteidigungsminister, war Andreotti aktenkundig geworden, als er zu einer juristischen Untersuchung der rechtsradikalen Massaker anmerkte: «Ich kann sagen, dass die Führung der Geheimdienste wiederholt und einstimmig die Existenz einer verborgenen Organisation jeglicher Art und Größe ausschloss.»[19] Im Jahr 1978 machte er vor Gericht eine ähnliche Zeugenaussage, als über eine von Rechten ausgelöste Bombenexplosion in Mailand verhandelt wurde.

Als die italienische Presse aufdeckte, dass die geheime Gladio-Armee nicht etwa vor langer Zeit, nämlich im Jahr 1972, aufgelöst worden war, sondern immer noch aktiv war, brach Andreottis Lügengerüst zusammen. Darauf, im August und September 1990, übermittelte Andreotti, wie selten zuvor im Amt, internationale Botschaften, suchte Kontakte und konferierte mit zahlreichen Botschaftern.[20] Als internationale Unterstützung ausblieb, ging der Premierminister aus Angst um seine Macht in die Offensive und versuchte, die Verantwortung des Weißen Hauses der Vereinigten Staaten hervorzuheben, aber auch die Verantwortung zahlreicher anderer Regierungen in Westeuropa, die alle nicht nur an der Konspiration im geheimen Krieg gegen die Kommunisten beteiligt waren, sondern auch aktiv mit Geld, Waffen und Agenten daran teilnahmen. Um die Aufmerksamkeit auf die Beteiligung ausländischer Regierungen zu lenken, verwendete Andreotti eine effektive, wenn auch etwas seltsame Strategie. Am 18. Oktober 1990 beauftragte er seinen Boten, schnellen Schrittes die wenigen Meter von der Regierungsresidenz im Palazzo Chigi in Rom zur Piazza San Macuto zu gehen, wo die parlamentarische Kommission residierte. Der Bote übergab Andreottis Bericht mit dem Titel «Der sogenannte ‹parallele SID› – Der Fall Gladio» dem Sekretär am Empfang. Ein Mitglied der parlamentarischen Kommission, Senator Roberto Ciciomessere, hörte zufällig, dass Andreottis Bericht angekommen sei, und ging an die Rezeption. Nachdem er den Text durchgeblättert hatte, war er höchst überrascht, denn darin lieferte Andreotti nicht nur eine kurze Beschreibung der Operation Gladio, sondern gestand im Gegensatz zu seiner Aussage vom 3. August ein, dass die geheime Organisation Gladio immer noch aktiv sei.

Senator Ciciomessere bat um eine Fotokopie, doch dies wurde ihm verweigert, da nach den bestehenden Vorgehensweisen zunächst der Präsident der Kommission, Senator Gualtieri, den Bericht lesen sollte. Allerdings bekam Gualtieri die erste Version von Andreottis Bericht über Gladio nie zu lesen. Denn genau in dem Augenblick, als Gualtieri drei Tage später dabei war, das heikle Dokument in seine Aktenmappe zu legen, um es nach Hause zu nehmen und es über das Wochenende zu lesen, klingelte das Telefon. Der Premierminister selbst war am Apparat und sagte dem Senator, er wolle den Bericht sofort zurückhaben, «weil einige Passagen überarbeitet werden müssen». Gualtieri war verärgert, stimmte jedoch zögernd zu und schickte ihn, nachdem Fotokopien angefertigt worden waren, zurück in Andreottis Palazzo Chigi.[21] Die ungewöhnlichen Manöver Andreottis verursachten in Italien einen Aufruhr und erhöhten die Aufmerksamkeit. Die Zeitungen titelten «Operation Giulio» als Wortspiel mit «Operation Gladio» und zehntausende verärgerte, verschreckte und wütende Menschen marschierten, von der PCI organisiert, in einer der größten Demonstrationen der letzten Jahre durch das Zentrum von Rom und skandierten: «Wir wollen die Wahrheit!» Die Demonstranten trugen gleichlautende Banner mit sich. Einige hatten sich als Gladiatoren verkleidet. Achille Occhetto, der Führer der PCI, sagte der Menschenmenge auf der zentralen Piazza del Popolo, dass dieser Marsch die Regierung zwingen würde, die lange Zeit zurückgehaltenen dunklen Geheimnisse zu enthüllen: «Wir sind hier, um Wahrheit und Transparenz zu erhalten.»[22]

Am 24. Oktober hatte Senator Gualtieri Andreottis Bericht über den «parallelen SID» wieder in seinen Händen. Um zwei Seiten gekürzt, umfasste dieser letztgültige Bericht nunmehr nur noch zehn Seiten. Senator Gualtieri verglich diese Seiten mit den Fotokopien, die von der ersten Version angefertigt worden waren, und stellte sofort fest, dass heikle Teile, insbesondere über die internationalen Verbindungen und zu ähnlich geheimen Organisationen in anderen Ländern, entfernt worden waren. Weiterhin wurde von der geheimen Parallelorganisation, von der zuvor in der Gegenwartsform geschrieben wurde, was bedeutete, dass sie weiterhin bestehe, nun in der Vergangenheitsform berichtet. Die unbeholfene Strategie Andreottis, ein Dokument einzureichen, es wieder zurückzufordern, es abzuändern, nur um das geänderte Dokument erneut einzureichen, konnte nichts verheimlichen. Beobachter stimmten darin überein, dass dieses Manöver zwangsläufig die Aufmerksamkeit auf die geänderten Teile lenken würde und somit auf die internationale Dimension der Affäre, nur um Andreotti ein wenig zu entlasten. Die anderen angeschuldigten Länder hüllten sich vorerst in Schweigen und hofften, der Skandal werde vergehen.

In seinem schriftlichen Bericht erklärte Andreotti, dass Gladio als ein geheimes Widerstandsnetzwerk innerhalb der NATO-Staaten eingerichtet wurde, um bei einer eventuellen sowjetischen Invasion im Untergrund zu kämpfen. Nach dem Krieg hatten der italienische militärische Geheimdienst Servizio di Informazioni delle Forze Armate (SIFAR), der Vorläufer des SID, und die CIA eine «Übereinkunft in Bezug auf die Organisation und Aktivität des geheimen Netzwerks» unterzeichnet, in der die Geheimarmee als «Stay Behind» bezeichnet wird. «Darin», so Andreotti, «werden alle vorhergehenden Verpflichtungen, die Italien und die USA betreffen, bestätigt.» Die Zusammenarbeit zwischen der CIA und dem italienischen militärischen Geheimdienst wurde, wie Andreotti in diesem Dokument erklärte, von geheimen Abteilungen der NATO überwacht und koordiniert: «Als die geheime Widerstandsorganisation gegründet wurde, wurde Italien zur Teilnahme aufgefordert ... an der Arbeit des CCP (Clandestine Planning Committee) von 1959 teilzunehmen, das innerhalb des Geltungsbereichs des SHAPE (NATO-Hauptquartier der Alliierten Mächte Europas) operierte ...; im Jahr 1964 trat der italienische Geheimdienst auch dem ACC bei (Allied Clandestine Committee).»[23]

Die geheime Armee Gladio, so enthüllte Andreotti, war gut bewaffnet. Die Ausrüstung wurde von der CIA zur Verfügung gestellt und in 139 Verstecken im ganzen Land in Wäldern, auf Wiesen und sogar in Kirchen und Friedhöfen vergraben. Laut der Erklärungen von Andreotti enthielten die Waffenlager von Gladio «transportable Waffen, Munition, Sprengstoff, Handgranaten, Messer und Dolche, 60-mm-Mörser, etliche rückstoßfreie 57-mm-Gewehre, Gewehre für Scharfschützen, Funkgeräte, Ferngläser und diverse Werkzeuge».[24] Andreottis sensationelle Aussage führte nicht nur zu einem Aufschrei in der Presse und in der Bevölkerung wegen der Korruption der Regierung und der CIA, sondern auch zu einer Jagd nach den verborgenen Waffenlagern. Pater Giuciano erinnert sich an den Tag, als die Presse kam und in seiner Kirche nach den versteckten Lagern von Gladio suchte, mit zwiespältigen Gefühlen: «Ich wurde am Nachmittag vorgewarnt, als zwei Journalisten von *Il Gazzettino* mich fragten, ob ich etwas über Waffenlager in meiner Kirche wusste. Sie begannen hier zu graben und fanden sofort zwei Kisten. Dann besagte der Text auch, dass 30 Zentimeter vom Fenster entfernt ein weiteres Versteck sei. Also kamen sie und begannen zu graben. Eine Kiste wurde zur Seite gestellt, weil sie eine Phosphorbombe enthielt. Sie schickten die Carabinieri hinaus, während zwei Experten diese Kiste öffneten. Zwei andere Kisten enthielten Maschinengewehre. Alle Gewehre waren neu und in hervorragendem Zustand. Sie waren nie benutzt worden.»[25]

Im Gegensatz zur Aussage des Rechtsterroristen Vinciguerra aus den 80er-Jahren betonte Andreotti in seinem Bericht von 1990, dass der italienische militärische Geheimdienst im Allgemeinen und die Mitglieder von Gladio im Besonderen nichts mit dem Terror zu tun hatten, unter dem Italien zu leiden hatte. Er erklärte, dass alle «Gladiatoren» vor ihrer Rekrutierung intensive Tests durchlaufen mussten und auf der Grundlage «gewissenhaften Vorgehens» entsprechend dem Secret Service Act ausgewählt wurden, um ihre «bedingungslose Treue zu den Werten der antifaschistischen republikanischen Verfassung»[26] sicherzustellen und zudem jeden auszuschließen, der eine administrative oder politische Position innehatte. Darüber hinaus verlangte das Gesetz, wie Andreotti erklärte, dass «die Personen, die die Vorauswahl bestanden hatten, keine Vorstrafen haben dürfen, nicht aktiv in der Politik engagiert sein und auch nicht Mitglied irgendeiner Art von extremistischer Bewegung sein konnten.»[27]

Die Enthüllungen Andreottis über den «parallelen SID» schockierten Italien. Für viele war eine geheime Armee aus CIA und NATO in Italien und auch im Ausland kaum denkbar. War eine derartige Struktur überhaupt legal? Die italienische Tageszeitung *La Stampa* kommentierte scharf: «Keine Staatsräson wäre es wert, aufrechterhalten zu werden, die eine geheime militärische Struktur deckt oder verteidigt, die aus ideologisch ausgewählten Personen besteht – abhängig von oder zumindest unter dem Einfluss einer fremden Macht –, die vorgeblich als Instrument politischer Bemühungen dient. Es gibt für diesen Fall keine andere Definition als Hochverrat und Angriff auf die Verfassung.»[28] Im italienischen Senat klagten die Repräsentanten der Grünen Partei, der Kommunisten und der Unabhängigen Linken Partei die Regierung an, die Gladio-Einheiten zur inländischen Überwachung und zu Terrorakten zur Beeinflussung des politischen Klimas benutzt zu haben. Vor allem die Kommunistische Partei Italiens (PCI) war überzeugt, dass nicht ausländische Armeen, sondern während der gesamten Nachkriegszeit sie selbst das wahre Ziel der Gladio-Armeen waren. Kommentatoren erklärten, dass «mit diesem mysteriösen parallelen SID, der dazu eingerichtet wurde, einen unmöglichen Staatsstreich durch die Linke im Keim zu ersticken, ein Staatsstreich durch die Rechte ermöglicht wurde ... Wir können nicht hinnehmen, dass ... dieser Super-SID nur als militärisches Instrument angesehen wird, das bestimmt war, im Fall einer feindlichen Okkupation zu operieren. Der einzige Feind ist und war schon immer die italienische kommunistische Partei, das heißt also, ein interner Feind.»[29]

Premierminister Andreotti war nicht bereit, die ganze Schuld allein zu tragen, und trat noch an dem Tag, an dem er den Gladio-Bericht übergeben hatte, vor das italienische Parlament und erklärte: «Jeder Regierungschef wurde über die Existenz von Gladio informiert.»[30] Dies verursachte massive Verlegenheit und kompromittierte unter anderen den ehemaligen sozialistischen Premierminister Bettino Craxi (1983–1987), den ehemaligen Premierminister Giovanni Spadolini von der Republikanischen Partei (1981–1982), der zur Zeit der Enthüllungen Andreottis Senatspräsident war, den ehemaligen Premierminister Arnaldo Forlani (1980–1981), der 1990 als Generalsekretär der regierenden DCI fungierte, und vor allem den ehemaligen Premierminister Francesco Cossiga (1978–1979), der 1990 Staatspräsident Italiens war. Die hochrangigen Amtsinhaber wurden durch Andreotti mit in den Abgrund gezogen und reagierten konfus. Craxi behauptete, er sei nicht informiert gewesen, bis er mit einem Dokument zu Gladio konfrontiert wurde, das er selbst als Premierminister unterzeichnet hatte. Spadolini und Forlani litten ebenfalls unter totalem Gedächtnisschwund, mussten jedoch später zu ihren Aussagen kleinere Ergänzungen machen. Spadolini betonte zur Erheiterung der italienischen Öffentlichkeit, dass es einen Unterschied gäbe zwischen dem, was er als ehemaliger Verteidigungsminister, und dem, was er als ehemaliger Premierminister gewusst habe. Lediglich Francesco Cossiga, seit 1985 Präsident, bestätigte stolz seine Beteiligung an der Verschwörung. Während eines offiziellen Besuchs, den er Schottland abstattete, betonte er, er sei «stolz und glücklich» über seinen Anteil, diese geheime Armee als stellvertretender Verteidigungsminister der DCI in den 50er-Jahren ins Leben gerufen zu haben.[31] Er erklärte, dass alle Gladiatoren gute Patrioten gewesen seien, und bezeugte, dass «ich es als große Ehre betrachte und als einen Akt des Vertrauens, dass ... ich mit dieser heiklen Aufgabe betraut wurde ... Ich muss sagen, dass ich stolz darauf bin, dass wir dieses Geheimnis 45 Jahre lang bewahrt haben.»[32] Mit dieser positiven Einstellung zur entarnten Geheimarmee, die mit Terrorismus in Verbindung stand, befand sich der Präsident nach seiner Rückkehr nach Italien mitten in einem politischen Sturm und Forderungen aus allen Parteien nach seinem sofortigen Rücktritt oder nach einem Verfahren zur Amtsenthebung wegen Hochverrats. Richter Casson war kühn genug, das Staatsoberhaupt Cossiga aufzufordern, vor dem Untersuchungsausschuss auszusagen. Der Präsident jedoch, nun nicht mehr glücklich, weigerte sich verärgert und drohte, die gesamte parlamentarische Untersuchung des Falles Gladio einzustellen: «Ich werde das Gesetz, das dieses Mandat prolongiert, ans Parlament zurückverweisen, und sollte dieses ihm wieder zustimmen, werde ich den Text erneut überprüfen, um zu sehen, ob Bedingungen vorliegen, diesen extremen Regress durch eine absolute (präsidiale) Zurückweisung zu unterbinden.»[33] Diesem Angriff fehlte jegliche verfassungsgemäße Grundlage, und die Kritiker begannen, die geistige Gesundheit des Präsidenten in Frage zu stellen. Drei Monate vor dem Ende seiner Amtszeit trat Cossiga im April 1992 von seinem Amt als Präsident zurück.[34]

In einer öffentlichen Ansprache vor dem italienischen Senat am 9. November 1990 betonte Andreotti wiederum, dass die NATO, die Vereinigten Staaten und zahlreiche Länder in Westeuropa, darunter Deutschland, Griechenland, Dänemark und Belgien in diese «Stay-behind-Verschwörung» verwickelt gewesen seien. Um diesen Punkt zu beweisen, wurden geheime Dokumente der Presse zugespielt, und das italienische politische Magazin Panorama veröffentlichte das gesamte Dokument «Der parallele SID – Operation Gladio», das Andreotti der parlamentarischen Kommission ausgehändigt hatte. Als Frankreich versuchte, seine Beteiligung am internationalen Netzwerk Gladio zu leugnen, erklärte Andreotti gnadenlos, dass Frankreich auch an der letzten Konferenz des geheimen Nato-Zentrums ACC teilgenommen habe, die nur wenige Wochen zuvor, am 23. und 24. Oktober, in Brüssel stattgefunden hatte. Daraufhin erklärte auch Frankreich peinlich berührt, dass es an Gladio beteiligt gewesen sei. Die internationale Dimension des Geheimnisses konnte nicht mehr geleugnet werden, und der militärische Skandal überschwemmte ganz Westeuropa. Entsprechend der geografischen Zonen der Mitgliedsländer der NATO überquerte der Skandal danach den Atlantik und erreichte auch die Vereinigten Staaten von Amerika. Eine italienische parlamentarische Untersuchungskommission, die Gladio und die italienischen Massaker untersuchte, zog im Jahr 2000 den Schluss: «Diese Massaker, diese Bomben, diese militärischen Aktionen wurden von Männern innerhalb italienischer staatlicher Einrichtungen organisiert oder gefördert oder unterstützt und, wie kürzlich aufgedeckt wurde, auch von Männern aus dem Umfeld der Geheimdienste der USA.»[35]

2

Ein Skandal schockiert Westeuropa

Journalisten ausländischer Zeitungen saßen im Sommer 1990 im Presseklub in Rom und beklagten sich, dass ihre Zeitungen absolut keinen Nerv hatten, über die heikle Gladio-Story und ihre internationale Dimension zu berichten. Denn die Enthüllungen des italienischen Premierministers Giulio Andreotti am 3. August vor den italienischen Senatoren über die Existenz einer geheimen, mit der NATO in Verbindung stehenden «Stay-behind-Armee», die über ganz Europa hinweg bestand, waren zu einem besonders störenden Augenblick aufgedeckt worden. Andreotti hatte seine weitreichende Enthüllung genau am Tag nach dem 2. August 1990 bekanntgemacht, als Iraks Diktator Saddam Hussein in Kuwait einmarschiert war und es besetzt hatte. Die Herausgeber der Zeitungen und militärische Berater in Paris, London und Washington befürchteten, dass die Gladio-Story das Image zahlreicher westlicher Demokratien ernsthaft beschädigen und vor allem die Vorbereitung auf den Zweiten Golfkrieg destabilisieren könnte. Denn am 2. August hatten die Vereinigten Staaten, Großbritannien und Frankreich, «alarmiert durch die Invasion von Kuwait», im Einverständnis mit China und Russland im Sicherheitsrat der Vereinten Nationen die Resolution 660 beschlossen, die anordnete, «dass Irak sofort und bedingungslos seine Truppen auf die Positionen vom 1. August 1990 zurückziehen solle».

Westliche Medien und Medien auf der ganzen Welt konzentrierten sich danach auf die «Golf-Story» und berichteten, wie die Vereinigten Staaten unter Präsident George Bush sen. in der größten militärischen Aktion seit dem Zweiten Weltkrieg eine große Koalition von Ländern anführten, unter ihnen Deutschland, Frankreich, Großbritannien, Belgien, Italien und die Niederlanden, die in der Operation «Desert Storm» im Januar und Februar 1991 Saddam Hussein aus Kuwait vertrieben.[1] Daraus entstand die etwas spezielle Situation, dass die globalen Medien das Publikum mit zwei Geschichten bedienten: einem «sauberen» Krieg im Golf und dem Gladio-Skandal in Europa, der sich nicht ereignete.[2]

Nach den Enthüllungen des italienischen Premierministers Giulio Andreotti überschritt der Skandal die italienische Grenze, als am 30. Oktober der ehemalige sozialistische Premierminister von Griechenland, Andreas Papandreou der griechischen Tageszeitung *Ta Nea* gegenüber bestätigte, dass auch er im Jahr 1984 in Griechenland eine geheime NATO-Struktur entdeckt hatte, ganz ähnlich der italienischen Gladio-Geheimarmee, die er dann auflösen liess. Leidenschaftliche Forderungen nach einer parlamentarischen Untersuchung der geheimen Armee und ihrer vermuteten Beteiligung am rechtsorientierten Militärputsch von 1967 folgten in Griechenland, wurden jedoch von der im Amt befindlichen konservativen Regierung vereitelt. Der Verteidigungsminister Varvitsiosis erklärte, dass ein ehemaliger griechischer Militärattaché in Washington, der in der NATO arbeitete, die Anklagen untersuchen würde. Varvitsiosis beteuerte: «Die Regierung hat nichts zu befürchten.»[3]

Von Griechenland aus schwappte der Skandal über nach Deutschland, wo der Abgeordnete Manfred Such von den Grünen, nachdem er aus der Tageszeitung TAZ von dem Skandal erfahren hatte, von der Regierung Helmut Kohls offiziell einen Kommentar zur vermuteten Existenz von Gladio-Strukturen in Deutschland verlangte. Während das Verteidigungsministerium eine Strategie überlegte, wie mit der Forderung umgegangen werden solle, schockierte der Private Fernsehsender RTL die deutsche Öffentlichkeit in einer Sondersendung über Gladio mit der Aufdeckung, dass ehemalige Mitglieder von Hitlers Spezialeinheit SS im deutschen Gladio-Netzwerk gedient hätten, während auch in zahlreichen anderen Ländern Rechtsextremisten für diese antikommunistische geheime Armee rekrutiert wurden.

Die Spannungen stiegen sogar noch weiter, als der deutsche Regierungssprecher Hans Klein danach öffentlich auf sehr konfuse Weise erklärte, dass «das deutsche Gladio, anders als behauptet wurde, keine geheime Kommandogruppe oder eine Guerilla-Einheit sei». Er fügte hinzu, wegen strikter Geheimhaltung könne er über Einzelheiten nicht sprechen.[4] Kleins Verlautbarungen verursachten unter den oppositionellen Sozialdemokraten und Grünen einen Aufschrei, und der Bundestagsabgeordnete Hermann Scheer, der verteidigungspolitische Experte der deutschen Sozialdemokraten (SPD), kritisierte, dass dieses mysteriöse rechtsextreme Netzwerk sehr wohl eine Art von «Ku-

Klux-Klan» sein könnte, der eher gegen die Bevölkerung und die Opposition als gegen eine unwahrscheinliche sowjetische Invasion gerichtet sei. Scheer bestand darauf, dass, «um zu vermeiden, dass eine Vertuschung die Spuren verwische», sobald wie möglich eine Untersuchung von Gladio durchgeführt werden müsse.[5] «Diese Affäre ist ein Fall für den Generalbundesanwalt», erklärte Scheer, «weil die Existenz einer bewaffneten militärischen Geheimorganisation außerhalb aller Kontrolle der Regierung oder des Parlaments nicht mit der Verfassung kompatibel sei. Aus diesem Grund müsse strafrechtlich verfolgt werden.»[6]

Der sozialdemokratische Bundestagsabgeordnete Wilfried Penner, Mitglied der Parlamentarischen Kontrollkommission (PKK) über die deutschen Geheimdienste, betonte, dass er niemals von einem geheimen NATO-Netzwerk und «den mafiösen Verfilzungen» gehört habe, wobei er hervorhob, «dass diese Schweinerei öffentlich, vor aller Augen» behandelt werden müsse.[7] Auch Burkhard Hirsch, Kontrolleur der Regierung in geheimdienstlichen Angelegenheiten und Mitglied der PKK, war «äußerst besorgt», denn «wenn etwas so lange Zeit geheim bleibt, dann sagt mir meine Lebenserfahrung, dass an dieser Affäre etwas faul sein muss».[8] Danach löste sich der Ruf nach einer vollständigen Untersuchung unter den deutschen Sozialdemokraten plötzlich in Luft auf, als die amtierende Regierung aufdeckte, dass auch sozialdemokratische Minister, als sie im Amt waren, das Geheimnis gedeckt hatten, worauf trotz der Proteste der Grünen Partei die Affäre ganz still hinter verschlossenen Türen behandelt wurde.

In Belgien wandte sich der sozialistische Verteidigungsminister Guy Coeme am Abend des 7. November an eine erstaunte Öffentlichkeit, als er bestätigte, dass eine geheime, mit der NATO in Verbindung stehende Armee auch in Belgien existiert habe. Mit einem ausdrücklichen Hinweis auf den Terror in Brabant in den 80er-Jahren, bei dem Menschen von mysteriösen Männern in Schwarz in mehreren Supermärkten erschossen wurden, ergänzte der Verteidigungsminister: «Außerdem möchte ich wissen, ob es eine Verbindung zwischen den Aktivitäten dieses geheimen Netzwerks und der Welle von Verbrechen und Terror gibt, unter der unser Land während der letzten Jahre zu leiden hatte.»[9] Höchst beunruhigt erklärte der mit den Schlagzeilen der Presse konfrontierte belgische Premierminister Wilfried Martens: «Ich war jetzt elf Jahre lang Premierminister, doch war mir nie bewusst, dass es solch ein geheimes Netzwerk in unserem Land gab.» Die Journalisten bemerkten, dass der Premierminister, der «unter anderen Umständen so selbstsicher» war, «überhaupt nicht entspannt» wirkte.[10] Daraufhin entschied das belgische Parlament, einen speziellen Ausschuss einzurichten, um die belgische «Stay-behind-Organisation» zu untersuchen, und präsentierte ein Jahr später, nachdem das Netzwerk aufgelöst wurde, einen wertvollen 250-seitigen öffentlichen Bericht.[11]

Die belgischen Parlamentarier entdeckten, dass die geheime NATO-Armee immer noch aktiv war. Sie fanden heraus, dass ein Geheimtreffen von Generälen, die die geheimen «Stay-behind-Armeen» in zahlreichen Ländern Westeuropas führten, im mit der NATO in Verbindung stehenden Hauptquartier von Gladio, ACC, am 23. und 24. Oktober 1990 stattgefunden hatte. Die Konferenz des ACC fand in Brüssel unter dem Vorsitz von General Raymond Van Calster, dem Chef des belgischen militärischen Geheimdienstes SGR (Service Général de Renseignement), statt. Der General war wütend, als Journalisten der Spur folgten und sein Telefon die ganze Zeit läutete. Erst belog er die Presse, als er am 9. November rundweg verneinte, dass er die internationale ACC-Konferenz geleitet habe, und behauptete, Gladio sei eine rein italienische Affäre. Später gestand er ein, dass nach dem Zweiten Weltkrieg tatsächlich auch in Belgien ein geheimes Netzwerk eingerichtet worden war, «um für den Fall einer sowjetischen Invasion Informationen zu sammeln».[12] Während er ärgerlich darauf beharrte, dass es keine «direkte Verbindung zur NATO» gegeben habe, weigerte er sich später, weitere Einzelheiten offenzulegen, und betonte gleichzeitig: «Wir haben nichts zu verbergen.»[13]

In Frankreich versuchte die Regierung des sozialistischen Präsidenten François Mitterand weitere Peinlichkeiten zu vermeiden, als am 9. November ein Beamter niedrigeren Ranges offiziell behauptete, dass die Geheimarmee in Frankreich «schon längst aufgelöst worden ist».[14] Außerdem verbreitete General Constantin Melnik, der Chef des französischen Geheimdienstes zwischen 1959 und 1962, dass die französische Gladio wahrscheinlich nach dem Tode Stalins im Jahr 1953 aufgelöst worden war und sicherlich nicht mehr existierte, als de Gaulle Präsident von Frankreich wurde (also nach 1958).[15] Die französische Presse schlug sich auf die Seite der Regierung, die sich auf den Golfkrieg vorbereitete, und unterließ es, heikle Fragen zu stellen, und somit «erhielt eine Affäre, die in den anderen europäischen Tageszeitungen Schlagzeilen machte, in Paris nur eine kleine Notiz ganz unten auf der ersten Seite».[16]

Der italienische Premierminister Andreotti erschütterte die französische Verschleierung gnadenlos, als er am 10. November 1990 mit einigem Vergnügen erklärte, dass auch Frankreich an der letzten Konferenz des ACC, des Direktoriums von Gladio, am 23. Oktober 1990 in Belgien teilgenommen hatte. Etwas betreten versuchte der französische Verteidigungsminister Jean Pierre Chevènement danach den Schaden zu begrenzen, indem er behauptete, dass die französische Geheimarmee völlig passiv gewesen sei: «Soweit mir bewusst ist, hatte sie niemals mehr als die Rolle eines Schläfers eingenommen und eine Rolle der Kontaktpflege.» Als er von einem Rundfunkjournalisten gefragt wurde, ob sich Frankreich nach Spekulationen um inländische terroristische Aktivitäten der geheimen Gladio-Armee einem ähnlichen politischen Tumult ausgesetzt sehe wie Italien und Belgien, antwortete der Verteidigungsminister ganz ruhig: «Das glaube ich nicht.»[17] Der Journalist merkte an, die Regierung unternehme jede Anstrengung, um zu verhindern, dass die Enthüllungen um Gladio als «inländische Ungeheuerlichkeit» betrachtet würden.[18]

In Großbritannien erklärte der Sprecher des Verteidigungsministeriums der nachfragenden Presse gegenüber Tag für Tag: «Ich denke nicht, dass wir über Sicherheitsangelegenheiten diskutieren.» Und: «Es handelt sich um eine Sicherheitsangelegenheit. Wir sprechen nicht darüber.» Und: «Wir lassen uns nicht in die Diskussion um Sicherheitsangelegenheiten hineinziehen.»[19] Als die Presse das Thema Gladio weiterhin auf die Tagesordnung brachte, versuchte der britische Verteidigungsminister, Tom King, die inzwischen sehr Besorgnis erregende Affäre mit einem saloppen Witz zu erledigen: «Ich bin nicht sicher, welcher speziellen heißen Kartoffel Sie hinterherjagen. Es hört sich wunderbar aufregend an, doch ich fürchte, ich weiß davon nichts. Über den Golf weiß ich mehr.»[20] Wegen der Vorbereitungen auf die Operation «Desert Storm» und den Krieg gegen den Irak drängte das englische Parlament nicht auf eine parlamentarische Untersuchung oder auf eine offene parlamentarische Debatte, sondern unterstützte die Regierung des Premierministers John Major. Auch im Sommer 1992 gab es immer noch keine offizielle britische Erklärung zu Gladio, so dass der britische Journalist Hugh O'Shaugnessy klagte: «Die Ruhe in Whitehall und das fast völlige Fehlen von Neugierde unter den Abgeordneten über eine Affäre, in der England im Mittelpunkt stand, ist bemerkenswert.»[21]

In den Niederlanden entschloss sich Premierminister Ruud Lubbers, der schon seit 1982 im Amt war, am 13. November zu diesem heiklen Thema einen

Brief an das Parlament zu schreiben, in dem er die Existenz einer geheimen Armee auch in den Niederlanden bestätigte. Doch betonte er, dass diese «nie unter der Aufsicht der NATO oder ihrer Organisationen gestanden» habe.[22] Danach weihten Lubbers und sein holländischer Verteidigungsminister Relus Ter Beek den parlamentarischen Ausschuss für Geheimdienste und Verteidigung hinter verschlossenen Türen in die heiklen Einzelheiten der niederländischen Gladio ein. «Die nachfolgenden Premierminister und Verteidigungsminister haben es immer vorgezogen, die anderen Kabinettsminister oder das Parlament nicht zu informieren», erklärte Lubbers dem Parlament und fügte hinzu, er sei stolz darauf, dass etwa 30 Minister das Geheimnis für sich behalten hätten. Während die Abgeordneten die inhärente Gefahr einer geheimen Armee, die weder dem Parlament noch der Öffentlichkeit bekannt war, kritisierten, entschloss man sich, weder einen parlamentarischen Ausschuss zur Untersuchung des Netzwerks einzurichten noch einen Bericht zu veröffentlichen. Hans Dijksdaal von den oppositionellen Liberalen meinte dazu: «Es beunruhigt mich nicht besonders, dass es so etwas gab und vielleicht sogar noch gibt. Allerdings habe ich Probleme damit, dass das Parlament bis gestern Abend nichts davon erfuhr.»[23]

Im benachbarten Luxemburg stellte sich Premierminister Jacques Santer am 14. November 1990 dem Parlament und bestätigte, dass auch in Luxemburg eine geheime Armee existierte, die mit der NATO in Verbindung stand. «Die einzigen Aktivitäten dieser Personen, und dies gilt für die gesamte Zeit, in der das Netzwerk existierte, waren auf Übungen zur Vorbereitung ihrer Missionen begrenzt. Dazu zählte auch das individuelle Verhalten in einem feindlichen Umfeld und wie die Aktionen mit den alliierten Ländern koordiniert werden könnten», behauptete Santer steif und fest.[24] Die Forderung des Abgeordneten Jean Huss der luxemburgischen Grünen Alternativen Partei, der als Erster eine offene Debatte im Parlament zu diesem Thema gefordert hatte und nun die Einrichtung einer parlamentarischen Untersuchungskommission zu diesem Thema forderte, wurde abgelehnt.

Als die internationale Presse schrieb, dass «in Portugal, in Lissabon, eine Radiostation berichtete, dass Zellen dieses Netzwerks, die mit der Operation Gladio in Verbindung standen, während der 50er-Jahre aktiv wurden, um die rechtsgerichtete Diktatur von Dr. Salazar zu verteidigen», reagierte die an der Macht befindliche Regierung mit einer glatten Lüge.[25] Der portugiesische Verteidigungsminister Fernando Nogueira erklärte am 16. November 1990, dass er von der Existenz einer Abteilung von Gladio in Portugal nichts gewusst habe, und behauptete, dass weder in seinem Verteidigungsministerium noch im Generalstab der portugiesischen Streitkräfte «irgendwelche Informationen hinsichtlich der Existenz oder Aktivitäten jeglicher Gladio-Strukturen in Portugal bekannt waren».[26] Ein General im Ruhestand widersprach der Behauptung der Regierung, und unter der Bedingung, dass er anonym bleiben dürfe, bestätigte er gegenüber der Presse, dass auch in Portugal eine parallele Armee existiert habe, «die dem Verteidigungsministerium, dem Innenministerium und dem Ministerium für koloniale Angelegenheiten unterstand».[27] Im Nachbarland Spanien, das ähnlich wie Portugal während des größten Teils des Kalten Krieges eine rechtsgerichtete Diktatur war, welche die Opposition mit Terror und Folter bekämpfte, hielt es Alberto Oliart, Verteidigungsminister zu Beginn der 80er-Jahre, für kindisch zu fragen, ob auch unter General Franco eine geheime rechtsgerichtete Armee im Land existierte, denn «hier war Gladio die Regierung».[28]

In Dänemark war der Verteidigungsminister Knud Enggaard wegen des öffentlichen Drucks gezwungen, sich dem Folketing, dem dänischen Parlament, zu stellen, wo er am 21. November die Behauptung zurückwies, dass «irgendeine» von der NATO unterstützte CIA-Organisation in Dänemark eingerichtet wurde. «Weitere Informationen über eine geheimdienstliche Operation im Falle einer Besetzung sind Geheimsache, sogar unter höchster Geheimhaltung», betonte der Verteidigungsminister, «und deshalb darf ich vor dem dänischen Parlament keine weiteren Informationen geben.» Der Abgeordnete Pelle Voigt, der die Frage nach Gladio im Parlament gestellt hatte, bemerkte, dass «die Antwort des Verteidigungsministers widersprüchlich und als indirekte Tatsache zu werten ist, dass auch Dänemark sein geheimes Netzwerk hatte».[29] Daraufhin fand die Diskussion über die Geheimarmee hinter verschlossenen Türen im Ausschuss des dänischen Parlaments statt, der mit der Überwachung des Geheimdienstes betraut war.

Als die Presse in Norwegen die Regierung mit Fragen zu Gladio konfrontierte, wurde sie mit dem wahrscheinlich kürzesten Kommentar abgefertigt, den eine Regierung auf dem Kontinent zur geheimen Armee abgegeben hat. Der Sprecher des Verteidigungsministeriums Erik Senstad verwies auf 1978, als nach der Aufdeckung der norwegischen «Stay-behind-Armee» der Verteidigungsminister Rolf Hansen die Existenz einer Geheimarmee gegenüber dem Parlament eingestanden hatte. Der Konteradmiral Jan Ingebristen, der 1985 als

Vorsitzender des Geheimdienstes Norwegian Supreme Defence Command zurückgetreten war, behauptete mitten in der Kritik der Öffentlichkeit fest, dass es nur logisch gewesen sei, dass diese Armeen geheim bleiben mussten: «Daran gibt es nichts Verdächtiges. Dies sind Truppen, die in besetzten Gebieten hinter den feindlichen Linien zurückbleiben müssen, und deshalb ist es erforderlich, dass sie weiterhin streng geheim bleiben.»[30]

In der Türkei nahm die regierende Elite am 3. Dezember zum Thema Gladio Stellung, als General Dogan Beyazit, Präsident der operativen Abteilung des türkischen Militärs, und General Kemal Yilmaz, Chef der türkischen Spezialeinheiten, der Presse gegenüber die Existenz einer geheimen NATO-Armee in der Türkei bestätigten, die vom «Special Warfare Department» geführt wurde und «die Aufgabe hatte, im Falle einer kommunistischen Okkupation den Widerstand zu organisieren».[31] Während die Generäle betonten, dass alle Mitglieder der türkischen Gladio gute «Patrioten» waren, hoben die Presse und der ehemalige Premierminister Butent Ecevit hervor, dass die Geheimarmee, Konter-Guerrilla genannt, wiederholt in Folterungen, Massaker und Anschläge verwickelt war, ebenso in Staatsstreiche, unter denen das Land zu leiden hatte, und auch eingesetzt wurde, um die kurdische Minderheit im Land zu bekämpfen. Darauf weigerte sich das regierende Militär, Fragen des Parlaments und ziviler Minister zu beantworten. Zudem warnte der türkische Verteidigungsminister Giray, dass «Ecevit besser sein verdammtes Maul halten soll».[32]

Als die Konter-Guerrilla ihre Operationen fortsetzte, bemerkte sogar das Außenministerium der Vereinigten Staaten in seinem Bericht über die Menschenrechte, dass in der Türkei «prominente und glaubwürdige Menschenrechtsorganisationen, kurdische Führer und einheimische Kurden versicherten, dass die Regierung den Mord an Zivilisten duldet oder sogar ausführt». Der Bericht des Außenministeriums merkte auch an, dass «Menschenrechtsorganisationen über die verbreitete und glaubhafte Überzeugung berichteten, dass eine Konter-Guerilla in Verbindung mit den Sicherheitskräften zumindest einige mysteriöse Morde ausgeführt habe». In den Vereinigten Staaten versuchte die Journalistin Lucy Komisar weitere Informationen zu erlangen, doch fand sie heraus, dass ihre Regierung sich kaum von den türkischen Generälen unterschied, wenn es um militärische Geheimnisse ging. «Zur Rolle Washingtons teilte mir das Pentagon nicht mit, ob es dem Warfare-Department immer noch finanzielle oder andere Mittel zur Verfügung stellt; tatsächlich beantwortete es keine einzige Frage dazu.» Komisar wurde wiederholt abgewiesen: «Von Beamten wurde mir verschiedentlich gesagt, man wisse darüber nichts, es sei schon zu lange her, als dass darüber noch Aufzeichnungen verfügbar seien, oder dass das, was ich beschrieb, eine Operation der CIA sei, über die sie keine Auskünfte geben könnten.» Ein Historiker des Pentagon sagte: «Oh, Sie meinen die Stay-behind-Organisation. Das ist geheim.»[33]

Das Thema der Konter-Guerilla jedoch löste sich nicht in Luft auf. Am 3. November 1996 hatte ein schwarzer Mercedes auf einer abgelegenen Autobahn in der Nähe des türkischen Dorfes Susurluk, etwa 100 Meilen südlich von Istanbul, mit stark überhöhter Geschwindigkeit einen Zusammenstoß mit einem Traktor und wurde dabei zertrümmert. Ein prominentes Mitglied der türkischen Konter-Guerilla, ein hoher Polizeibeamter und ein Mitglied des Parlaments wurden bei diesem Zusammenstoß getötet. Für viele war dies der materielle Beweis dafür, wie eng die gesamte Regierung in den schmutzigen Krieg der Konter-Guerilla verwickelt war. Tausende protestierten gegen den Vorfall bei Sursuluk und verlangten, dass das Land «von den Banden» gesäubert werden müsse. Im Januar 1998 musste der Premierminister Mesut Ylmaz Millionen von Fernsehzuschauern über die Ergebnisse einer siebenmonatigen parlamentarischen Untersuchung über den Skandal von Susurluk informieren. «Es ist die Anatomie einer riesigen Schweinerei», begann er seine Stellungnahme und gestand danach ein, dass es «innerhalb des Staates ein Exekutionskommando gab», wobei «alle Teile des Staates sich bewusst waren, was da vorging».[34]

Angesichts der weitreichenden Enthüllungen in ganz Westeuropa wurde der Gladio-Skandal auch vom Europäischen Parlament am 22. November 1990 diskutiert. Zu dieser Zeit zählte die EU zwölf Staaten, von denen alle von dem Skandal betroffen waren. Die zwölf Staaten hatten die Kooperation untereinander weitestgehend intensiviert und waren dabei, den gemeinsamen europäischen Markt ohne Grenzen für Personen, Güter, Dienstleistungen und Kapital einzurichten, während die Sicherheitspolitik und Verteidigungsangelegenheiten in der neuen Organisation weiterhin in der hoheitlichen Kontrolle eines jeden EU-Mitgliedsstaates verblieben. «Herr Präsident, meine Damen und Herren, es gibt eine grundlegende Moral und politische Notwendigkeit für das neue Europa, das wir stufenweise aufbauen», eröffnete der italienische Parlamentarier Falqui die Diskussion im Europäischen Parlament an diesem Tag. «Dieses Europa wird keine Zukunft haben, wenn es nicht auf Wahrheit, auf voller Transparenz seiner Institutionen gegründet ist, eingedenk der dunklen Anschläge auf die Demokratie, die die Geschichte vieler europäischer Staaten selbst in der jüngsten Vergangenheit auf den Kopf gestellt haben.» Falqui bestand darauf, dass «es, meine Damen und Herren, keine Zukunft geben wird, wenn wir nicht die Vorstellung beseitigen, dass wir in einer Art von Doppelstaat gelebt haben – einem offenen und demokratischen, während der andere geheim und reaktionär war. Deshalb wollen wir wissen, welche und wie viele Gladio-Netzwerke in den vergangenen Jahren in den Mitgliedsstaaten der Europäischen Gemeinschaft bestanden haben.»[36]

Der französische Parlamentarier Dury teilte diese Besorgnis und erklärte vor den europäischen Delegierten: «Was uns im Zusammenhang mit der Gladio-Affäre irritierte, war, dass diese Netzwerke unsichtbar und jenseits jeglicher Kontrolle durch die demokratischen politischen Instanzen bestehen konnten. Das, so denke ich, ist das grundlegende Problem, das immer noch besteht.» Dury kam zum Schluss, dass die Geschichte der Gladio-Armeen untersucht werden müsste: «Was uns betrifft, so glauben wir, dass in diese ganze Affäre Licht gebracht werden muss, damit wir alle Auswirkungen erkennen und einen Fortbestand dieser Verhältnisse verhindern können. Zudem soll vermieden werden, dass in anderen Organisationen ähnliche Versuchungen auftreten.» Auch die Rolle der NATO, so Dury, sollte untersucht werden, obwohl «ich, was die Verantwortung der NATO und des SHAPE anbelangt, nicht glaube, dass man von einer Verschwörung sprechen sollte», sagte Dury. «Doch glaube ich, dass wir diesen Geist des Nachfragens aufrechterhalten müssen und auch das Anliegen, dass alles an die Öffentlichkeit gebracht wird. Wir wissen sehr gut, dass einige Personen von Gladio auch in NATO-Ausschüssen sitzen.» Deshalb zog er den Schluss: «Ich habe das Gefühl, dass es ein Teil unserer demokratischen Pflicht ist, ein sauberes Licht auf all diese Probleme werfen zu können.»[37]

«Herr Präsident, das Gladio-System operierte vier Jahrzehnte lang unter verschiedenen Namen», so der griechische Parlamentarier Ephremidis im Parlament der EU. «Gladio operierte im Geheimen, und wir haben das Recht, anzunehmen, dass jeglicher Terrorismus, der sich in diesen vier Jahrzehnten in unseren Ländern ereignete, sei es aktiv oder passiv, mit den Geheimarmeen zu tun hatte.» Ephremidis kritisierte das gesamte Stay-behind-Netzwerk scharf: «Es ist Tatsache, dass es von der CIA und der NATO aufgebaut wurde, die, während sie vorgaben, die Demokratie verteidigen zu wollen, diese tatsächlich unterminierten und sie für ihre eigenen ruchlosen Zwecke nutzten.» Mit einem ausdrücklichen Hinweis auf die Verwicklung der griechischen Gladio in den Putsch von 1967 kritisierte er, dass «die Demokratie, die wir genießen durften, nur eine Fassade war und es immer noch ist.» Und er ermutigte das Europäische Parlament, die Angelegenheit weiterzuverfolgen: «Die feinen Einzelheiten müssen aufgedeckt werden, und wir selbst müssen einen speziellen Unterausschuss zur Ermittlung einrichten, Anhörungen abhalten und die ganze Angelegenheit so weit publik machen, dass alle notwendigen Schritte unternommen werden können, um unsere Länder von derartigen Geheimorganisationen zu befreien.»[38]

Der französische Abgeordnete De Donnea nahm eine andere Perspektive ein, als er erklärte: «Herr Präsident, am Ende des Zweiten Weltkrieges war es völlig legitim, dass unsere Staaten Geheimdienste einrichteten, deren Zweck es war, im Untergrund Netzwerke des Widerstands vorzubereiten, die für den Fall der Okkupation durch die Streitkräfte des Warschauer Paktes aktiviert werden konnten.» Folglich betonte der französische Parlamentarier: «Deshalb müssen wir allen Anerkennung zollen, die während des Kalten Krieges in diesen Netzwerken arbeiteten.» Für De Donnea war klar, dass die heimlichen Armeen geheim bleiben mussten, «denn damit diese Netzwerke effektiv bleiben konnten, war es offensichtlich erforderlich, sie geheim zu halten», während er gleichzeitig Klarheit über die vermeintlichen Verbindungen zu terroristischen Aktivitäten haben wollte: «Nachdem ich dies gesagt habe, gilt: Wenn es ernsthafte Hinweise oder Verdachtsmomente gibt, dass einige oder alle Netzwerke in bestimmten Ländern illegal aktiv wurden, es im Interesse eines jeden liegt, dass diese Angelegenheiten öffentlich gemacht werden und die Schuldigen bestraft werden.»[39]

Der niederländische Abgeordnete Vandemeulebroucke traf mit seiner Zusammenfassung die Gefühle vieler Europäer: «Diese Affäre hinterlässt einen schalen Geschmack, weil sie schon so lange andauert, wie die Europäische Gemeinschaft existiert, und weil wir behaupten, eine neue Form der Demokratie zu erschaffen.» Vandemeulebroucke betonte, es sei vor allem die Heimlichkeit der ganzen Affäre, die ihm als Parlamentarier Sorgen bereite, denn «die Budgets für diese geheimen Organisationen wurden ebenfalls geheim gehalten. Sie wurden in keinem Parlament diskutiert, und wir möchten unsere Besorgnis über die Tatsache zum Ausdruck bringen, dass ... es nun herauskommt, dass es Zentren gibt, in denen Entscheidungen gefällt und durchgeführt werden, die in keiner Weise einer demokratischen Kontrolle unterliegen.» Der niederländische Parlamentarier schloss: «Ich möchte damit vehement gegen die Tatsache protestieren, dass das amerikanische Militär, gleich ob über das SHAPE, die NATO oder die CIA, glaubt, es könnte sich in das einmischen, was wir unser demokratisches Recht nennen.» Während er anerkannte, «dass wir im Europäischen Parlament auch keine Kompetenz in Angelegenheiten des Friedens und der Sicherheit haben», forderte er eine Kompromissresolution, dass «in jedem der zwölf Mitgliedsländer parlamentarische Untersuchungsausschüsse eingerichtet werden, so dass wir völlige Klarheit erlangen.»[40]

Nach der Debatte entschied das Parlament der EU, eine Resolution zur Gladio-Affäre zu verabschieden, in der die Parlamentarier das Gladio-Phänomen kritisierten und in sieben Punkten als Präambel zur Resolution versuchten, die wichtigsten Merkmale des Gladio-Phänomens zusammenzufassen:

1. «In Anbetracht der Enthüllungen durch mehrere europäische Regierungen über die 40-jährige Existenz eines geheimen und parallelen Geheimdienstes und über bewaffnete Operationen in mehreren Mitgliedsstaaten der Europäischen Gemeinschaft,
2. wo diese Organisation sich über 40 Jahre lang jeglicher demokratischen Kontrolle entziehen konnte und von den Geheimdiensten der betroffenen Staaten, die mit der NATO zusammenarbeiteten, geführt wurde,
3. befürchten wir die Gefahr, dass solche geheimen Netzwerke illegal auf die internen Angelegenheiten von Mitgliedsstaaten Einfluss genommen haben und es auch immer noch tun.
4. Indessen waren in mehreren Mitgliedsstaaten militärische Geheimdienste (oder deren unkontrollierte Abteilungen) in schwere Fälle von Terrorismus und Verbrechen verwickelt, wie durch mehrere gerichtliche Ermittlungen festgestellt wurde.
5. Während diese Organisationen völlig außerhalb des Gesetzes operierten und dies auch weiterhin tun, unterliegen sie keinerlei parlamentarischer Kontrolle, und sehr häufig kommt es vor, dass Personen in höchsten Regierungsämtern und in höchsten Verfassungsorganen über diese Angelegenheiten völlig im Dunkeln gelassen wurden.
6. Den verschiedenen Gladio-Organisationen hingegen stehen unabhängige Waffenarsenale und militärische Mittel zur Verfügung, was ihnen eine unbekannte Schlagkraft verleiht, wodurch die demokratischen Strukturen der Länder, in denen sie operieren oder operierten, aufs Spiel gesetzt werden.

7. Wir sind äußerst besorgt über die Existenz von Organisationen, die Entscheidungen treffen und ausführen, sich aber außerhalb jeglicher parlamentarischen Kontrolle befinden, völlig geheim sind und dies in einer Zeit, in der eine umfangreichere Zusammenarbeit der Gemeinschaft auf dem Gebiet der Sicherheit ständig zur Diskussion steht.»

Danach, als ersten Kritikpunkt nach der Präambel, «verurteilt die Resolution des EU-Parlaments die heimliche Schaffung manipulierender und operativer Netzwerke und fordert eine vollständige Untersuchung der Art, der Struktur, der Ziele und aller anderer Aspekte dieser Geheimorganisationen oder jeglicher Splittergruppen, ihre Nutzung zu illegalen Einflüssen auf die internen politischen Angelegenheiten der betroffenen Länder, das Problem des Terrorismus in Europa und die mögliche heimliche Absprache unter den Geheimdiensten der Mitgliedsstaaten oder mit denen von Drittländern». Im zweiten Punkt «protestiert die EU energisch gegen die Annahme gewisser amerikanischer Militärs, im SHAPE und in der NATO, welche glauben, das Recht zu haben, ein heimliches Netzwerk von Geheimdiensten und operativen Einheiten in Europa etablieren zu dürfen». Als dritten Punkt der Resolution «fordert die EU die Mitgliedsstaaten auf, alle geheimen militärischen und paramilitärischen Netzwerke abzubauen». In einem vierten Punkt «fordert die EU von den Gerichtsbarkeiten der Länder, in denen die Präsenz solcher militärischer Organisationen festgestellt wurde, ihre Zusammenstellung und ihre Operationsweise vollkommen aufzuklären und jegliche Aktionen zu klären, die sie unternommen haben, um die demokratischen Strukturen des Mitgliedsstaates zu destabilisieren». Weiterhin bittet die EU in einem fünften Punkt «alle Mitgliedsstaaten, die erforderlichen Maßnahmen zu ergreifen, falls erforderlich durch die Einrichtung parlamentarischer Untersuchungsausschüsse, eine vollständige Liste der auf diesem Gebiet aktiven Organisationen zu erstellen und gleichzeitig deren Verbindungen zu entsprechenden staatlichen Geheimdiensten und ihren Verbindungen, falls vorhanden, zu terroristischen Gruppen und/oder anderen illegalen Vorfällen zu beobachten». In einem sechsten Punkt wendet sich die EU an den EU-Ministerrat, vor allem die Kommission der Verteidigungsminister, und «verlangt von den Ministerräten umfassende Unterrichtung über die Aktivitäten der Geheimdienste und der operativen Dienste». Im siebten Punkt verlangt die Resolution des Parlaments «von seinem zuständigen Ausschuss eine Anhörung abzuhalten, um die Rolle und den Einfluss der Gladio-Organisation und ähnlicher Einrichtungen klarzustellen». Nicht zuletzt spricht die Resolution ausdrücklich die NATO und die Vereinigten Staaten an, dass das Europäische Parlament «seinen Präsidenten beauftragt, diese Resolution an die Kommissionen, den Rat, den Generalsekretär der NATO, die Regierungen der Mitgliedsstaaten und die Regierung der Vereinigten Staaten zu übermitteln».[41]

Der Hund bellte laut, aber er biss nicht zu. Von den acht Aktionen, die vom Europäischen Parlament gefordert wurden, wurde nicht eine zufriedenstellend durchgeführt. Nur Belgien, Italien und die Schweiz untersuchten ihre geheimen Armeen im Rahmen einer parlamentarischen Untersuchungskommission und veröffentlichten einen ausführlichen und in die Einzelheiten gehenden öffentlichen Bericht. Und obwohl die Resolution an die entsprechenden Abteilungen der EU, der NATO und der Vereinigten Staaten übermittelt wurde, unterstützten weder der NATO-Generalsekretär Manfred Wörner noch der amerikanische Präsident Bush senior eine detaillierte Untersuchung, noch lieferten sie eine öffentliche Erklärung für ihre Handlungen.

3

Das Schweigen der NATO, der CIA und des MI6

Zur Zeit der Entdeckung von Gladio in den 90er-Jahren bestand die NATO, die größte militärische Allianz der Welt, aus 16 Staaten: Belgien, Dänemark, Deutschland, Frankreich, Griechenland, Großbritannien, Island, Italien, Kanada, Luxemburg, Norwegen, Portugal, Spanien, den Niederlanden, Türkei und den Vereinigten Staaten, wobei Letztere eine dominante Position innerhalb der Allianz einnahmen. Die NATO reagierte mit Verwirrung auf die Enthüllungen des italienischen Premierministers Andreotti und fürchtete um ihr Image, als die Stay-behind-Armeen mit Massakern, Folter, Staatsstreichen und anderen terroristischen Operationen in einigen Staaten Westeuropas in Verbindung gebracht wurden.

Nach fast einem Monat des Schweigens verneinte die NATO am Montag, dem 5. November 1990 kategorisch Andreottis Angaben hinsichtlich der Beteiligung der NATO an Operationen von Gladio und den geheimen Armeen. Der höchstrangige Sprecher der NATO, Jean Marcotta, sagte im SHAPE im belgischen Mons, dass «die NATO niemals einen Guerillakrieg oder Geheimaktionen in Betracht gezogen hat. Sie hat sich immer mit den militärischen eigenen Angelegenheiten und der Verteidigung der alliierten Grenzen» beschäftigt.[1] Dann, am Dienstag, dem 6. November erklärte ein NATO-Sprecher, dass die Verneinung vom Vortag falsch gewesen sei. Der Sprecher hinterließ den Journalisten lediglich ein kurzes Kommuniqué, aus dem hervorging, dass die NATO niemals zu geheimen militärischen Angelegenheiten Stellung nehmen würde und Marcotta überhaupt nichts hätte sagen sollen.[2] Die internationale Presse protestierte angesichts der lausigen Kommunikationspolitik der militärischen Allianz und berichtete: «Als über den ganzen Kontinent hinweg ein Schock dem anderen folgte, gab ein NATO-Sprecher ein Dementi heraus: Man wisse nichts über Gladio oder Stay-behind. Daraufhin wurde ein Kommuniqué mit sieben Wörtern veröffentlicht, das lediglich besagte, dass das Dementi ‹falsch› gewesen sei. Nichts weiter.»[3]

Als das Vertrauen in die NATO schwand, wurden die Schlagzeilen immer kritischer: «Untergrundgruppen der NATO könnten Verbindungen zu Terroristen gehabt haben».[4] «Ein geheimes NATO-Netzwerk erwies sich als subversiv: Die Kommission findet heraus, dass Gladio, der Untergrundzweig der Allianz in Italien, zu einem Konzentrationspunkt für faschistische Elemente wurde, den man gegen Kommunisten einsetzte. So wurden etwa terroristische Angriffe angezettelt, um repressive Gesetze zu rechtfertigen.»[5] «Die in Bologna verwendeten Bomben kamen von einer NATO-Einheit.»[6] Ein Diplomat der NATO, der unbedingt anonym bleiben wollte, erörterte vor der Presse: «Weil dies eine Geheimorganisation ist, würde ich nicht erwarten, dass man sehr viele Fragen beantwortet, selbst wenn der Kalte Krieg nun vorüber ist. Wenn es irgendwelche Verbindungen zu terroristischen Organisationen gab, so ist diese Art von Informationen vermutlich sehr tief begraben. Falls nicht, was sollte daran falsch sein, wenn man Vorsichtsmaßnahmen ergreift für den Fall, dass die Sowjets angreifen würden?»[7]

Unmittelbar nach dem PR-Debakel vom 5. und 6. November hielt der NATO-Generalsekretär Manfred Wörner am 7. November eine Konferenz zur Information über Gladio ab, die hinter verschlossenen Türen stattfand und an der nur die NATO-Botschafter teilnahmen. «Das SHAPE, das leitende Organ des militärischen Apparates der NATO, koordinierte die Aktionen von Gladio», berichtete die spanische Presse nach dieser Konferenz. Wörner bat angeblich um Zeit, um eine Untersuchung hinsichtlich der Aussage, dass die NATO nichts über Gladio wisse, welche die NATO am Vortag herausgegeben hatte, durchführen zu können. «Diese präzisen Angaben wurden im Rahmen der Atlantic-Council-Konferenz auf Botschafterebene präsentiert, die entsprechend einiger Quellen am 7. November stattfand.» Der höchstrangige Offizier der NATO in Europa, der amerikanische General John Galvin, hatte bestätigt, dass das, was die Presse berichtet hatte, zum großen Teil richtig sei, aber dennoch geheim bleiben müsse. «Während dieser Konferenz hinter verschlossenen Türen berichtete der Generalsekretär, dass die befragten Herren vom Militär – genauer gesagt General Galvin, der ranghöchste Kommandeur der alliierten Streitkräfte in Europa – angedeutet hätten, dass das SHAPE die Gladio-Operationen koordiniert hätte. Von da an war es die offizielle Position der NATO, keinen weiteren Kommentar zu offiziellen Geheimnissen abzugeben.»[8]

Entsprechend den Quellen, die anonym zu bleiben wünschten, war das Sicherheitsbüro der NATO angeblich in die Operation Gladio verwickelt.[9] Mit seinem Hauptquartier in Brüssel war das geheime Sicherheitsbüro seit der Gründung der Allianz im Jahr 1949 ein integraler Bestandteil der NATO. Das NATO-Sicherheitsbüro koordiniert, beobachtet und setzt die NATO-Sicherheitspolitik um. Der Direktor des Sicherheitsbüros ist der erste Berater des Generalsekretärs zu Themen der Sicherheit, leitet den Sicherheitsdienst des NATO-Hauptquartiers und ist für die gesamte Sicherheitskoordination innerhalb der NATO verantwortlich. Am wichtigsten ist jedoch, dass der Sicherheitsdirektor auch Vorsitzender des Sicherheitsausschusses der NATO ist, in dem die Leiter der Geheimdienste der Mitgliedsländer sich regelmäßig treffen, um Angelegenheiten wie Spionage, Terrorismus, Subversion und andere Bedrohungen zu diskutieren, auch den Kommunismus in Westeuropa, der die Allianz beeinflussen könnte.

In Deutschland berichtete der Forscher Erich Schmidt Eenboom, dass sich die Leiter mehrerer westeuropäischer Geheimdienste, darunter die von Spanien, Frankreich, Belgien, Italien, Norwegen, Luxemburg und Großbritannien, Ende 1990 mehrmals getroffen hatten, um eine Desinformationsstrategie gegen die sich ausbreitenden Enthüllungen über Gladio zu entwerfen.[10] Höchstwahrscheinlich fanden diese Treffen im verschwiegenen Sicherheitsbüro der NATO statt. «Die Tatsache, dass die geheimen Gladio-Strukturen durch einen internationalen Ausschuss koordiniert wurden, in dem nur die Mitglieder der verschiedenen Geheimdienste vertreten waren», so die portugiesische Tageszeitung *Expresso,* «führt zu einem anderen Problem, ob nämlich die Souveränität der einzelnen Staaten verletzt wurde.» Vor allem die militärischen Geheimdienste entzogen sich während des Kalten Krieges jeglicher demokratischer Kontrolle. «Offensichtlich haben verschiedene europäische Länder ihre Geheimdienste nicht kontrolliert», während die NATO sehr enge Verbindungen zu den militärischen Geheimdiensten aller Mitgliedsstaaten pflegte. «Daraus kann abgeleitet werden, dass die NATO offensichtlich einer Doktrin begrenzten Vertrauens folgt. Eine derartige Doktrin behauptet, dass verschiedene Regierungen nicht ausreichend gegen Kommunisten vorgehen würden und es deshalb auch nicht Wert waren, über die Aktivitäten der geheimen Armeen der NATO informiert zu werden.»[11]

Unter der Schlagzeile «Manfred Wörner erklärt Gladio» verbreitete die portugiesische Presse weitere Einzelheiten über das NATO-Treffen vom 7. November. «Der deutsche NATO-Generalsekretär Manfred Wörner erklärte den Botschaftern der 16 alliierten NATO-Staaten die Funktion des geheimen Netzwerks, das in den 50er-Jahren geschaffen wurde, um im Falle einer sowjetischen Invasion den Widerstand zu organisieren.» Hinter verschlossenen Türen «bestätigte Wörner, dass das militärische Kommando der alliierten Streitkräfte SHAPE die Aktivitäten des Gladio-Netzwerks koordinierte, welches von den Geheimdiensten in den verschiedenen Ländern der NATO eingerichtet worden war über einen 1952 ins Leben gerufenen Ausschuss, dem gegenwärtig General Raymond Van Calster, der Chef des belgischen militärischen Geheimdienstes, vorsteht». «Die Struktur wurde vor 1947 zuerst in Italien aufgebaut und verbreitete sich danach nach Frankreich, Belgien, Großbritannien, Holland, Luxemburg, Dänemark, Norwegen und Griechenland», berichtete die Zeitung weiter. «Der Generalsekretär sagte auch, dass das SHAPE ‹falsche Informationen› streute, als es die Existenz eines solchen geheimen Netzwerks leugnete, doch weigerte er sich, die zahlreichen Widersprüche zu erklären, in die sich die verschiedenen Regierungen verwickelt hatten, als sie die Existenz des Gladio-Netzwerks in ihrem jeweiligen Land entweder leugneten oder bestätigten.»[12]

Die Presse bat inmitten des Skandals wiederholt den höchsten zivilen Beamten der NATO, Generalsekretär Manfred Wörner, um eine Erklärung oder wenigstens um einen Kommentar. Doch Wörner stand für Interviews nicht zur Verfügung, da die Allianz niemals Aussagen zu militärischen Geheimsachen mache.[13] Der Begriff «militärisches Geheimnis» wurde zu einem Fixpunkt der weiteren Diskussionen unter Journalisten, die begannen, nach im Ruhestand befindlichen NATO-Beamten zu suchen, die eventuell bereit waren, die gesamte Affäre zu kommentieren. Joseph Luns, ein 79-jähriger Diplomat im Ruhestand, der von 1971 bis 1984 Generalsekretär war, erzählte den Reportern in einem Telefoninterview, das er aus seinem Appartement in Brüssel führte, dass er nichts über das Netzwerk wusste, bis er kürzlich darüber in den Zeitungen las: «Ich habe davon nie etwas gehört, obgleich ich in der NATO eine doch sehr hohe Position innehatte.» Luns räumte jedoch ein, dass er gelegentlich über verdeckte aktive Operationen in Kenntnis gesetzt worden war, wobei er behauptete, dass «es unwahrscheinlich, jedoch möglich» sei, dass Gladio ohne seine Kenntnis und hinter seinem Rücken betrieben wurde.[14]

«Die einzige internationale Organisation, die jemals funktioniert hat, war die NATO, und zwar deshalb, weil es eine militärische Allianz war und wir die

Führung innehatten», bemerkte der amerikanische Präsident Richard Nixon vielsagend.[15] Richtig daran war, dass, obgleich die NATO ein europäisches Hauptquartier in Belgien hatte, das wirkliche Hauptquartier das Pentagon in Washington war. Während der gesamten Geschichte der NATO war der höchste militärische Kommandeur für das europäische Territorium, der SACEUR (Supreme Allied Commander Europe), immer ein amerikanischer General, der vom SHAPE in der belgischen Stadt Casteau aus operierte. Den Europäern war gestattet, die NATO mit dem höchsten zivilen Beamten, dem Generalsekretär, zu repräsentieren. Doch seit der amerikanische General Eisenhower zum ersten SACEUR nominiert wurde, blieb das höchste militärische Amt in Europa immer einem amerikanischen General vorbehalten.[16]

Der im Ruhestand befindliche CIA-Beamte Thomas Polgar bestätigte nach der Entdeckung der geheimen Armeen in Westeuropa, dass diese von «einer Art Gruppe zur unkonventionellen Kriegsplanung» koordiniert wurden, die mit der NATO in Verbindung stand.[17] Dies wurde auch von der deutschen Presse bestätigt, die hervorhob, dass diese verschwiegene Abteilung der NATO während des gesamten Kalten Krieges von den USA dominiert wurde. «Die Missionen der Geheimarmeen werden von der Special Forces Section in einem strikt abgesicherten Flügel des NATO-Hauptquartiers in Casteau koordiniert», berichtete die deutsche Presse. «Eine graue Stahltür, die, wie ein Tresorraum einer Bank, nur durch eine spezielle Zahlenkombination geöffnet werden kann, verhindert unberechtigten Personen den Zutritt. Beamte anderer Abteilungen, die dorthin eingeladen werden, werden gleich hinter der Tür an einem dunklen Tresen kontrolliert. Die Special Forces Section wird ausschließlich von amerikanischen oder britischen Offizieren geführt, und die meisten umlaufenden Papiere tragen den Aufdruck ‹Nur für Amerikaner›.»[18]

Angesichts der Stärke der kommunistischen Parteien in manchen westeuropäischen Ländern hat sich die NATO seit ihrer Gründung in den Jahren nach dem Zweiten Weltkrieg auf geheime unorthodoxe Kriegsführung eingelassen. Nach den Erkenntnissen der belgischen parlamentarischen Untersuchung von Gladio ging diese geheime unorthodoxe Kriegsführung sogar der Gründung der Allianz voraus. Von 1948 an wurde die unorthodoxe Kriegsführung von dem sogenannten «Clandestine Committee of the Western Union» (CCWU) koordiniert. Nach Presseberichten «waren alle Gladio-Nationen Mitglieder des CCWU und nahmen, vertreten durch einen Repräsentanten ihres entsprechenden Geheimdienstes, regelmäßig an deren Treffen teil. Die

Geheimdienste stehen im Allgemeinen in direktem Kontakt mit den S/B-Strukturen.»[19]

Als 1949 der Nordatlantik-Pakt unterzeichnet wurde und daraus die NATO entstand, wurde die CCWU heimlich in den neuen internationalen militärischen Apparat integriert und operierte seit 1951 unter dem neuen Namen CPC. Zu dieser Zeit hatten das europäische NATO-Hauptquartier und auch das CPC ihren Sitz in Paris. Ebenso wie die CCWU zuvor war das CPC mit der Planung, Vorbereitung und Führung von verdeckten Operationen befasst, die durch Stay-behind-Armeen und Spezialtruppen ausgeführt wurden. Nur Beamte mit Zugang zu den höchsten NATO-Geheimnissen durften das Hauptquartier des CPC betreten, wo sich während des Jahres unter der Führung von CIA- oder MI6-Experten die Leiter der westeuropäischen Geheimdienste in regelmäßigen Abständen trafen, um die Maßnahmen der verdeckten Kriegsführung in Westeuropa zu koordinieren.

Als der französische Präsident Charles de Gaulle die NATO aus Frankreich vertrieb, musste das europäische Hauptquartier der militärischen Allianz zum Ärger des Pentagons und des amerikanischen Präsidenten Lyndon Johnson von Paris nach Brüssel umziehen. Heimlich zog auch das CPC nach Belgien um, wie die belgische Gladio-Untersuchung herausfand.[20] Die historische Vertreibung der NATO aus Frankreich offenbarte, was bis dahin als die weitestreichenden Einblicke in die dunkleren Geheimnisse der militärischen Allianz galten. «Die Existenz von geheimen NATO-Protokollen, in denen sich die Geheimdienste der unterzeichnenden Länder verpflichteten, zu verhindern, die kommunistischen Parteien an die Macht kommen zu lassen, tauchten erstmals im Jahr 1966 auf», berichtet der Wissenschaftler Philip Willan, der sich mit verdeckten Aktionen beschäftigte, «als Präsident de Gaulle sich entschloss, Frankreich aus der vereinigten Kommandostruktur zu lösen, indem er die Protokolle als einen Eingriff in die nationale Souveränität verurteilte.»[21]

Während die Originalkopien der geheimen antikommunistischen Protokolle Geheimsache bleiben, gab es weiterhin Spekulationen um den Inhalt, die nach der Entdeckung der geheimen antikommunistischen Stay-behind-Armeen zunahmen. Der amerikanische Journalist Arthur Rowse behauptet in seinem Artikel über Gladio, dass «eine geheime Klausel im ersten NATO-Übereinkommen von 1949 forderte, dass ein Land, bevor es dem Bündnis beitreten konnte, schon eine nationale Sicherheitsbehörde eingerichtet haben musste, um Kommunisten durch geheime zivile Kader zu bekämpfen».[22] Der italienische Experte für Geheimdienste und verdeckte Aktionen, Guiseppe de Lutiis, fand heraus, dass Italien, als es 1949 Mitglied der NATO wurde, nicht nur den Atlantikpakt unterzeichnete, sondern auch Geheimprotokolle, die vorsahen, dass eine inoffizielle Organisation geschaffen würde, «welche die Aufgabe hatte, Italiens Ausrichtung am Westblock unter allen Umständen zu garantieren, selbst wenn die Wähler eine andere Einstellung zeigen».[23] Auch der italienische Gladio-Forscher Mario Coglitore bestätigte die Existenz geheimer NATO-Protokolle.[24] Ein ehemaliger NATO-Geheimdienstmitarbeiter, der darauf bestand, nicht namentlich genannt zu werden, ging nach den Enthüllungen von 1990 so weit zu behaupten, dass die geheimen NATO-Protokolle ausdrücklich Rechtsextreme schützten, die im Kampf gegen den Kommunismus nützlich erschienen. Der amerikanische Präsident Truman und der deutsche Bundeskanzler Adenauer hatten angeblich «im Mai 1955 ein geheimes Protokoll mit den USA über den Beitritt Westdeutschlands in die NATO unterzeichnet, in dem man übereingekommen war, dass die Westdeutschen Behörden von der Verfolgung bekannter rechtsgerichteter Extremisten Abstand nehmen würden».[25]

Der italienische General Paolo Inzerilli, der die italienische Gladio von 1974 bis 1986 kommandierte, betonte, dass die «omnipräsenten Vereinigten Staaten» das geheime CPC dominierten, das den geheimen Krieg leitete. Das CPC wurde nach den Aussagen von Inzerilli «auf Geheiß des Supreme Commander of NATO Europe gegründet. Es war die Nahtstelle zwischen Supreme Headquarters allied Powers Europe (SHAPE), der NATO und den Geheimdiensten der Mitgliedsstaaten, wenn es um die verdeckte Kriegsführung ging.»[26] Die Vereinigten Staaten dominierten zusammen mit ihren Juniorpartnern Frankreich und Großbritannien das CPC und bildeten innerhalb des Komitees eine sogenannte Exekutivgruppe. «Die Konferenzen fanden durchschnittlich ein- bis zweimal jährlich in Brüssel im Hauptquartier des CPC statt und die verschiedenen Themen auf der Tagesordnung wurden mit der Exekutivgruppe und den Militärs diskutiert», berichtete Inzerilli.[27]

«Unsere Stay-behind wurde zusammen mit den anderen entsprechenden geheimen europäischen Strukturen durch das CPC, das Koordinations- und Planungskomitee des SHAPE koordiniert», offenbarte der italienische General Gerardo Serravalle. Der Vorgänger von General Inzerilli, General Serravalle, kommandierte die italienische Gladio von 1971 bis 1974 und berichtete, dass «die Mitglieder des CPC in den 70er-Jahren die für die geheimen Strukturen verantwortlichen Beamten von Großbritannien, Frankreich, Deutschland, Belgien, Luxemburg, den Niederlanden und Italien waren. Diese Repräsentanten der geheimen Strukturen trafen sich einmal jährlich in einer der Hauptstädte.»[28] Während der Konferenzen waren immer hochrangige Beamte der CIA anwesend. «Bei den Konferenzen der Stay-behind waren die Repräsentanten der CIA immer anwesend», erinnerte sich Serravalle. «Sie hatten kein Stimmrecht und kamen vom CIA-Hauptquartier der Hauptstadt, in der die Konferenz stattfand.» Weiterhin waren die «Mitglieder des US Forces Europe Command anwesend, ebenfalls ohne Stimmrecht».[29] «Die ‹Directive SHAPE› war die offizielle Bezugnahme, wenn nicht sogar die echte alliierte Stay-behind-Doktrin», erklärt Serravalle in seinem Buch über Gladio und betont, dass die Aufzeichnungen des CPC, die er gelesen hatte, die aber geheim bleiben, vor allem «über das Training der Gladiatoren in Europa berichten, wie sie von den geheimen Hauptquartieren im Fall einer völligen Okkupation des nationalen Territoriums aktiviert werden, und über andere technische Fragen wie beispielsweise, um die wichtigste zu nennen, die Vernetzung der unterschiedlichen Kommunikationssysteme zwischen den Stay-behind-Stützpunkten».[30]

Nach dem CPC wurde innerhalb der NATO in den frühen 50er-Jahren ein zweiter Kommandoposten aufgebaut, der als ein Stay-behind-Hauptquartier fungieren sollte und ACC genannt wurde. Wie das CPC war auch das ACC direkt mit dem von den USA kontrollierten SACEUR verbunden. Nach den Ergebnissen der belgischen Gladio-Untersuchungen wurde das ACC angeblich 1957 gegründet, «verantwortlich für die Koordination der Stay-behind-Netzwerke in Belgien, Dänemark, Frankreich, Deutschland, Italien, Luxemburg, Holland, Norwegen, Großbritannien und den USA». In Friedenszeiten hatte das ACC nach dem belgischen Gladio-Bericht die Aufgaben, Direktiven für das Netzwerk auszuarbeiten, die heimlichen Fertigkeiten zu entwickeln und Stützpunkte in Großbritannien und den Vereinigten Staaten zu organisieren. In Kriegszeiten sollte es Stay-behind-Operationen in Verbindung mit dem SHAPE planen; Organisatoren sollten geheime Stützpunkte aktivieren und von dort aus Operationen leiten.»[31]

Der italienische Gladio-General Inzerilli behauptet, dass «die Beziehungen im ACC sich deutlich von denen im CPC unterschieden». «Die Atmosphäre war eindeutig entspannt und freundlich im Vergleich zu der im CPC.» Das ACC, das «aufgrund einer Anordnung von SACEUR an das CPC» gegründet wurde, wurde angeblich «eine Unterabteilung» des CPC».[32] Vermutlich diente dieses Gremium vor allem als Forum, in dem Gladio-Know-how unter den zahlreichen Leitern der Geheimdienste ausgetauscht wurde: «Das ACC war hauptsächlich ein technisches Komitee, ein Forum, in dem Erfahrungen ausgetauscht wurden, in dem man über die verfügbaren Mittel oder erprobte Mittel sprach, in dem Informationen über Netzwerke ausgetauscht wurden und so weiter», erinnert sich der italienische Gladio-Kommandeur Inzerilli. «Es war von gegenseitigem Interesse. Jeder wusste, dass, wenn für eine Operation ein Experte für Sprengstoff, Telekommunikation oder Repression fehlte, man ohne Probleme ein anderes Land ansprechen konnte, weil die Agenten gleich ausgebildet waren und die gleichen Materialien benutzten.»[33]

Die wichtigsten Materialien, die alle ACC-Mitglieder benutzten, waren die sogenannten Harpoon-Funkgeräte. Sie wurden in den 80er-Jahren im Auftrag des Gladio-Zentrums der NATO von der deutschen AEG-Telefunken entwickelt und hergestellt, was etwa 130 Millionen Mark kostete und ein älteres, veraltetes Kommunikationssystem ersetzte. Das Harpoon-System konnte über eine Entfernung von 6000 Kilometer hinweg verschlüsselte Funkbotschaften senden und empfangen und verband somit die verschiedenen Stay-behinds auch über den Atlantik hinweg. «Das einzige materielle Element, das alle Mitglieder des ACC benutzten, ist das berühmte Harpoon-Funkgerät», enthüllte der belgische Gladio-Agent Van Ussel in den 90er-Jahren, der während seiner aktiven Zeit in den 80er-Jahren selbst Harpoon-Stationen benutzte. Nach seinem Verständnis «wurde das System regelmäßig zur Übermittlung von Botschaften zwischen den Funkstützpunkten und den Agenten genutzt (vor allem im Rahmen von Funkübungen), doch hauptsächlich war es dazu gedacht, eine zentrale Rolle bei der Übermittlung von Aufklärungserkenntnissen im Fall einer Besetzung zu spielen».[34] Es gab eine ACC-Basis in den europäischen Staaten und eine in Großbritannien, von wo aus die Einheiten in den besetzten Ländern aktiviert und kommandiert werden konnten. Angeblich unterrichteten ACC-Handbücher die Gladiatoren über verdeckte Operationen, die Verschlüsselung und Kommunikationstechnik der Frequenzwechsel, aber auch über Abwürfe aus der Luft und Luftlandungen.

Die Präsidentschaft des ACC rotierte alle zwei Jahre unter den Mitgliedsstaaten und lag im Jahr 1990 bei Belgien. Die ACC-Konferenz vom 23. und 24. Oktober leitete Generalmajor Raymond Van Calster, der Chef des belgischen militärischen Geheimdienstes SGR. General Inzerilli erinnerte sich, dass es «im Gegensatz zum CPC im ACC keinen festen und vorherbestimmten Vorstand gab. Die Präsidentschaft im Komitee wechselte alle zwei Jahre im Rahmen einer Rotation unter den Mitgliedern in alphabetischer Reihenfolge», und somit entfiel «die Vormacht der Großmächte». Inzerilli zog die Mitarbeit im ACC der Mitarbeit im CPC vor, das von den USA stärker dominiert wurde, und bezeugte: «Ich muss sagen, auch nachdem ich die Erfahrung machte, zwei Jahre lang Präsident des ACC zu sein, insgesamt war es wirklich ein Komitee, in dem nicht diskriminiert wurde.»[35]

Künftige historische Forschungen über Geheimarmeen und das Stay-behind-Netzwerk der NATO müssen sich auf die Protokolle und Aufzeichnungen des ACC und des CPC konzentrieren. Diese sind heute nicht zugänglich. Auch nach Jahren der Entdeckung des höchst geheimen Netzwerks ist die offizielle Antwort der NATO, etwa wie im Jahr 1990, durch Schweigen und Leugnen charakterisiert. Als der Autor im Rahmen seiner Recherchen im Sommer 2000 Kontakt zu den NATO-Archiven suchte und um weitere Informationen über Gladio und speziell über ACC und CPC bat, antwortete die militärische Allianz: «Wir haben unsere Archive überprüft und können keine Spur der von Ihnen genannten Komitees finden.» Als der Autor beharrlich blieb, antwortete die Abteilung des NATO-Archivs: «Ich möchte noch einmal bekräftigen, dass die Komitees, auf die Sie sich beziehen, innerhalb der NATO niemals existiert haben. Außerdem war die Organisation, die Sie mit ‹Gladio› bezeichnen, nie ein Teil der militärischen Struktur der NATO.»[36] Dies war eine freche Lüge. Danach rief der Autor das Sicherheitsbüro der NATO an, durfte jedoch nicht mit dem Direktor sprechen und auch dessen Namen nicht erfahren, da dies Geheimsache wäre. Frau Isabelle Jacobs vom Sicherheitsbüro informierte den Autor, es sei unwahrscheinlich, dass er Antworten bekäme, die sich auf das heikle Thema Gladio beziehen, und riet dem Autor, die Fragen zu Gladio schriftlich über die Botschaft seines Heimatlandes einzureichen.

Somit übermittelte die Schweizer Mission bei der NATO in Brüssel die Fragen des Autors zu Gladio an die NATO, wobei der Schweizer Botschafter bedauerte: «Weder mir selbst noch meinen Mitarbeitern ist die Existenz der geheimen NATO-Komitees, wie sie in Ihrem Brief erwähnt werden, bekannt.»[37] «Welches ist die Verbindung der NATO zum Clandestine Planning Committee (CPC) und zum Allied Clandestine Committee (ACC)? Welche Rolle spielen das CPC und das ACC? Welches ist die Verbindung des CPC und des ACC zum Sicherheitsbüro der NATO?», hatte der Autor schriftlich nachgefragt und am 2. Mai 2001 von Lee McClenny, dem Chef des NATO-Presse- und Mediendienstes eine Antwort erhalten. McClenny behauptete in seinem Brief, dass «weder das Allied Clandestine Committee noch das Clandestine Planning Committee in irgendeiner Literatur über die NATO, die ich gesehen habe, vorkommen, weder als Geheimsache noch als nicht geheim». Er fügte hinzu, dass «ich außerdem niemanden gefunden habe, der hier arbeitet und diese beiden Komitees kennt. Ich weiß nicht, ob ein solches Komitee oder solche Komitees jemals bei der NATO existiert haben könnten, doch derzeit gibt es sie nicht.»[38] Der Autor blieb hartnäckig und fragte: «Weshalb hat der führende Sprecher der NATO, Jean Marcotta, am Montag, dem 5. November 1990, kategorisch jegliche Verbindungen zwischen der NATO und Gladio geleugnet, worauf am 7. November ein anderer NATO-Sprecher erklären musste, dass Marcottas Aussage von zwei Tagen zuvor falsch gewesen sei?» Worauf McClenny antwortete: «Ich kenne keinen Zusammenhang zwischen der NATO und der Operation Gladio. Außerdem kann ich keine Aufzeichnungen finden, dass jemand mit dem Namen Jean Marcotta jemals Sprecher für die NATO war.[39] Und dabei blieb es.

Die CIA, der mächtigste Geheimdienst der Welt, war nicht kooperativer als die größte militärische Allianz der Welt, was das heikle Thema Gladio und Fragen zu Stay-behind anbelangte. Die CIA wurde 1947 gegründet, zwei Jahre vor der Etablierung der NATO. Die hauptsächliche Aufgabe während des Kalten Krieges war es, den Kommunismus durch verdeckte Aktionen auf der ganzen Welt zu bekämpfen und den Machtbereich der Vereinigten Staaten auszudehnen. «Mit verdeckten Operationen», definierte Präsident Nixon einmal die Taktik, «meine ich Aktivitäten, die, obwohl sie dazu gedacht waren, die offiziellen US-Programme und die US-Aussenpolitik zu fördern, so geplant und ausgeführt wurden, dass die Hand der Regierung der Vereinigten Staaten für nicht autorisierte Personen nicht erkennbar war.»[40] Historiker und politische Analysten haben seither in Einzelheiten beschrieben, wie die CIA zusammen mit amerikanischen Spezialeinheiten in stillen und nicht erklärten Kriegen in zahlreichen Ländern Lateinamerikas politische und militärische Entwicklungen beeinflusste. Am bekanntesten sind der Sturz von Jakobo Arbenz, dem Präsidenten Guatemalas, im Jahr 1954, der fehlgeschlagene Versuch, Kubas Fidel Castro im Rahmen der Invasion in der Schweinebucht 1961 zu stürzen, das Attentat auf Ernesto Che Guevara im Jahr 1967 in Bolivien, der Sturz des chilenischen Präsidenten Salvador Allende und die Amtseinsetzung des Diktators Augusto Pinochet im Jahr 1973 sowie die finanzielle Unterstützung der Contras in Nicaragua nach der Revolution der Sandinisten im Jahr 1979.[41]

Außerhalb von Lateinamerika führte die CIA zahlreiche verdeckte Operationen in Asien und in Afrika durch, darunter waren die bekanntesten der Sturz der Regierung Mossadegh im Iran im Jahr 1953, die Unterstützung der weißen südafrikanischen Polizei, die 1962 zur Verhaftung von Nelson Mandela führte, die Unterstützung von Osama bin Ladens Al Kaida in Afghanistan nach der sowjetischen Invasion von 1979 und die Unterstützung von Pol Pot, dem Führer der kommunistischen Roten Khmer, nach der Niederlage in Vietnam im Jahr 1975 von Stützpunkten innerhalb Kambodschas aus. Wer diese Operationen der CIA genau studiert, kommt zum Schluss, dass die Abteilung für verdeckte Aktionen der CIA als eine terroristische Organisation bezeichnet werden muss. Weil «Terrorismus» nach der Definition des FBI «eine ungesetzliche Anwendung von Macht oder Gewalt gegenüber Personen oder Vermögen zur Einschüchterung oder Nötigung einer Regierung, der Zivilbevölkerung oder eines Teils davon zur Förderung politischer oder gesellschaftlicher Ziele» ist.[42]

Als Mitte der 70er-Jahre das Parlament der Vereinigten Staaten realisierte, dass die CIA und das Pentagon ihre Macht fast jenseits aller Kontrolle ausgedehnt und diese auch bei mehreren Gelegenheiten missbraucht hatten, bemerkte der amerikanische Senator Frank Church sehr weise: «Die zunehmenden Vergehen der Geheimdienste reflektieren ein eher allgemeines Versagen unserer wichtigsten Behörden.» Senator Church leitete zu dieser Zeit eine von drei entscheidenden Untersuchungen des amerikanischen Parlaments über die Geheimdienste der Vereinigten Staaten, die in der zweiten Hälfte der 70er-Jahre ihre Abschlussberichte präsentierten und die bis heute zu den verlässlichsten Dokumenten über die geheime amerikanische Kriegsführung zählen.[43] Die gesamte Auswirkung der Untersuchung durch den amerikanischen Kongress war jedoch marginal, und die Geheimdienste, unterstützt vom Weißen Haus, missbrauchten ihre Macht weiterhin, wie der Iran-Contra-Skandal von 1986 deutlich zeigte. Dies führte die Historikerin Kathryn Olmsted von der University of California zur «zentralen Frage»: Weshalb schreckten die meisten Mitglieder der Presse und des Kongresses, nachdem sie die Untersuchung begonnen hatten, davor zurück, diese verdeckte Art der Politik in Frage zu stellen?»[44]

Während die Diskussion um die Existenz oder Nicht-Existenz einer «geheimen Regierung» in den USA andauert, zeigen die Beweise um Gladio, dass die CIA und das Pentagon während des Kalten Krieges wiederholt außerhalb der demokratischen Kontrolle operierten und auch nach dem Kalten Krieg für ihre Aktionen nicht verantwortlich gemacht wurden. Admiral Stansfield Turner, der Direktor der CIA in der Zeit von 1977 bis 1981, weigerte sich im Dezember 1990 in einem Fernsehinterview in Italien strikt, Fragen zu Gladio zu beantworten. Als die Journalisten mit Bezug auf die Opfer der zahlreichen Terroranschläge in Italien beharrlich blieben, riss sich der ehemalige CIA-Direktor verärgert das Mikrofon ab und schrie: «Ich sagte, keine Fragen über Gladio!» Und damit war das Interview beendet.[45]

Im Ruhestand befindliche Beamte mittleren Ranges waren gesprächiger, als es um die Geheimnisse des Kalten Krieges und illegale Operationen der CIA ging. Unter ihnen war Thomas Polgar, der 1981 nach einer 30-jährigen Karriere in der CIA in den Ruhestand ging und 1991 gegen die Berufung von Robert Gates als Direktor der CIA aussagte, weil dieser den Iran-Skandal vertuscht hatte. Als er zu den geheimen Gladio-Armeen in Europa befragt wurde, erklärte er unter ausdrücklicher Bezugnahme auf das CPC und das ACC, dass die Stay-behind-Programme von «einer Art unkonventioneller Planungsgruppe zur Kriegsführung koordiniert wurden, die auch in Verbindung zur NATO stand». In den geheimen Hauptquartieren «haben sich die Leiter der nationalen geheimen Armeen alle paar Monate in verschiedenen Hauptstädten getroffen». Polgar versicherte, dass «jeder nationale Geheimdienst dies mit unterschiedlicher Intensität machte», und gestand ein, dass «in den 70er-Jahren in Italien einige Leute ein wenig über die Charta hinausgingen, die sich die NATO gegeben hatte».[46] Der Journalist Arthur Rowse, ehemals bei der *Washington Post,* zog später in einem Essay über Gladio in Italien «die Lehren aus Gladio»: «So lange die amerikanische Öffentlichkeit nichts von diesem dunklen Kapitel der amerikanischen Auslandsbeziehungen weiß, werden die dafür verantwortlichen Organe nur wenig Druck verspüren, um ihr Verhalten zu ändern. Das Ende des Kalten Krieges», stellte Rowse fest, «veränderte in Washington nur wenig. Die Vereinigten Staaten ... erwarten immer noch eine echte nationale Diskussion über die Mittel und die Ergebnisse und die Kosten unserer nationalen Sicherheitspolitik.»[47]

Auf Recherchen über die verdeckten Aktionen der CIA und den Kalten Krieg spezialisiert, reichten die Wissenschaftler des unabhängigen und nicht der Regierung zugehörigen National Security Archive, ein Forschungsinstitut an der George-Washington-Universität in Washington, am 15. April 1991 einen Antrag nach dem Freedom of Information Act (FOIA) bei der CIA ein. Entsprechend dem FOIA-Gesetz müssen alle Abteilungen der US-Regierung die Beantwortung von Fragen der Öffentlichkeit hinsichtlich der Legalität ihrer Aktionen übernehmen. Malcolm Byrne, der stellvertretende Direktor für Recherchen am National Security Archive, bat die CIA «um alle Aufzeichnungen der Behörde, die etwas mit ... den ursprünglichen Entscheidungen der Regierung zu tun haben, wahrscheinlich aus der Zeit zwischen 1951 und 1955, um irgendwelche verdeckten Armeen finanziell oder anderweitig zu unterstützen oder mit ihnen zusammenzuarbeiten, über irgendwelche verdeckte Armeen, Netzwerke oder andere Einheiten, die eingerichtet wurden, um eine mögliche Invasion Westeuropas durch von Kommunisten dominierte Länder abzuwehren, oder über die Durchführung von Guerilla-Aktivitäten in westeuropäischen Staaten für den Fall, dass sie von Kommunisten, Linken, von durch die Sowjetunion gesponserten Parteien oder Regimes dominiert würden». Außerdem betonte Byrne: «In Anbetracht des oben Genannten möchte ich Sie bitten, in Ihre Suche auch alle Aufzeichnungen einzubeziehen, die sich auf Aktivitäten beziehen, die unter dem Namen ‹Operation Gladio› bekannt sind, insbesondere solche, die in Deutschland, Frankreich oder Italien durchgeführt wurden.»[48]

Byrne hob sehr richtig hervor, dass «alle Aufzeichnungen, die er als Ergebnis des Antrags erhielt, wesentlich zum öffentlichen Verständnis der amerikanischen Außenpolitik in der Zeit nach dem Zweiten Weltkrieg beitragen würden, ebenso zum Verständnis der Rolle geheimdienstlicher Informationen, Analysen und Operationen in der Politik der Vereinigten Staaten zu dieser Zeit». Dennoch verweigerte die CIA die Zusammenarbeit und antwortete am 18. Juni 1991: «Die CIA kann die Existenz oder Nicht-Existenz von Aufzeichnungen, die Ihrem Antrag entsprechen, weder bestätigen noch leugnen.» Als Byrne gegen die Weigerung der CIA, jegliche Informationen zu Gladio zur Verfügung zu stellen, Berufung einlegte, wurde diese abgewiesen. Die CIA begründete die Weigerung zu kooperieren mit zwei umfassenden Ausnahmen im FOIA-Gesetz, die Dokumente schützen: Sie sind entweder «regelrecht nach einem Befehl der Exekutive im Interesse der nationalen Sicherheit oder der Außenpolitik zur Verschlusssache erklärt worden» (Ausnahme B) oder «die gesetzlich festgelegten Pflichten des Direktors, Spionagequellen und -methoden vor Offenlegung zu schützen, ebenso die Organisation, Namen, offizielle Titel, Honorare oder die Anzahl der bei der Behörde Beschäftigten, dies in Übereinstimmung mit den National Security Act von 1947 und entsprechend dem CIA-Gesetz von 1949» (Ausnahme B3).

Als europäische Beamte versuchten, vom CIA Dokumente zu bekommen, waren sie kaum erfolgreicher. Im März 1995 reichte die Kommission des italienischen Senats unter der Leitung von Senator Giovanni Pellegrino nach der Untersuchung von Gladio und der Terroranschläge in Italien einen Antrag nach dem FOIA-Gesetz bei der CIA ein. Die italienischen Senatoren baten die CIA um alle Aufzeichnungen, die etwas mit den Roten Brigaden und der Moro-Affäre zu tun haben, um herauszufinden, ob die CIA tatsächlich die Roten Brigaden infiltriert hatten, bevor diese Aldo Moro, den ehemaligen Premierminister und späteren Parteivorsitzenden der DCI, im Jahr 1978 ermordet hatten. Die CIA verweigerte die Zusammenarbeit, führte die Bedingungen für die FOIA-Ausnahmen B1 und B3 an, lehnte im Mai 1995 die Herausgabe aller Daten ab und antwortete, dass man «die Existenz einer CIA-Dokumentation, Ihre Anfrage betreffend, weder bestätigen noch dementieren» könne. Die italienische Presse betonte, wie befremdlich dies doch sei, und die Schlagzeilen lauteten: «Die CIA wies die Forderung zur Zusammenarbeit mit der parlamentarischen Kommission über die Geheimnisse des Kidnappings zurück. Für die USA ist Moro ein Staatsgeheimnis.»[49]

Die zweite Gladio-Anfrage bei der CIA durch Beamte einer europäischen Regierung kam im Januar 1996 von Österreich, nachdem höchst geheime CIA-Gladio-Waffenlager auf Bergwiesen und in Wäldern des neutralen Alpenstaates entdeckt worden waren. Beamte der amerikanischen Regierung erklärten, dass die Vereinigten Staaten die Kosten für das Ausheben und die Wiederherstellung des durch die CIA-Waffenlager entstandenen Schadens übernehmen würden.[50] Die österreichische Kommission unter Michael Sika vom Innenministerium zur Untersuchung des Skandals präsentierte am 28. November 1997 den Abschlussbericht über die CIA-Waffenlager und erklärte, «dass es keine absolute Sicherheit über die Waffenlager und deren beabsichtigte Nutzung gibt». Somit «wäre, um eine gründliche Klarstellung zu erzielen, Zugang zu den relevanten Dokumenten, insbesondere in den USA, wünschenswert».[51] Oliver Rathkolb von der Universität Wien, ein Mitglied der Untersuchungskommission, reichte deshalb einen FOIA-Antrag ein, um Zugang zu den relevanten CIA-Dokumenten zu erhalten. Doch im Jahr 1997 lehnte der Vorsitzende des CIA-Agency-Release-Panels auch Rathkolbs Antrag ab und begründete die

Absage mit den Ausnahmen B1 und B3 und ließ die Österreicher lamentieren, dass die CIA für ihre Aktionen keine Verantwortung übernähmen.

Weil die FOIA-Anfragen die einzige Möglichkeit sind, an irgendwelche CIA-Gladio-Dokumente zu gelangen, reichte der Autor am 14. Dezember 2000 eine FOIA-Anfrage bei der CIA ein. Worauf die CIA zwei Wochen später die Anfrage des Autors ausweichend beantwortete: «Die Anfrage Gladio betreffend, ... die CIA kann die Existenz oder die Nicht-Existenz von Aufzeichnungen zu Ihrer entsprechenden Anfrage weder bestätigen noch dementieren.» Die CIA-Koordinatorin für Information und Geheimhaltung, Kathryn I. Dyer, erklärte in ihrem Brief mit Bezug auf die FOIA-Ausnahme B1 und B3, dass sie keine Dokumente zu Gladio herausgeben könne.[52] Der Autor legte gegen diese Entscheidung der CIA Einspruch ein und argumentierte, dass «die Dokumente, die zurückgehalten werden, nach dem FOIA-Gesetz offengelegt werden müssen, weil die Ausnahmen zur Geheimhaltung B1 und B3 sich vernünftigerweise nur auf CIA-Operationen beziehen können, die immer noch geheim sind.» Mit den Daten seiner Recherchen bewies der Autor, dass dies nicht mehr der Fall ist, und schloss daraus: «Mrs. Dyer, Sie weiten die Ausnahmen B1 und B3 in diesem Zusammenhang unangemessen aus. Unklugerweise entziehen Sie der CIA eine eigene Stimme und die Möglichkeit, in einem Diskurs zur Gladio-Enthüllung Stellung zu beziehen, der mit Sicherheit stattfinden wird, gleichgültig, ob die CIA entscheidet, sich daran zu beteiligen oder nicht.»[53]

Im Februar 2001 antwortete die CIA, dass «Ihr Einspruch akzeptiert wurde und Maßnahmen für die Berücksichtigung von geeigneten Mitgliedern des Agency Release Panel getroffen werden. Sie werden über die getroffenen Entscheidungen unterrichtet.» Gleichzeitig betonte die CIA, dass das Agency Release Panel mit Eingaben nach dem Prinzip vorgeht, dass diese in der Reihenfolge des Eingangs bearbeitet werden und das bisher vorliegende Arbeitspensum sich schon auf 315 Eingaben belaufe.[54] Die Gladio-Eingabe des Autors war damit auf die lange Bank geschoben. Bis heute, dem Erscheinungstermin der deutschen Ausgabe meiner Untersuchung, hat das CIA Agency Release Panel dem Autor keine Gladio-Dokumente zugänglich gemacht.

Der britische Geheimdienst MI6 war die dritte Organisation – nach NATO und CIA –, die zentral in die Stay-behind-Aktionen verwickelt war. Der MI6 bezog 1990 in der Gladio-Affäre keine Stellung und folgte der schon fast legendären Besessenheit zur Geheimhaltung der britischen Geheimdienste, da zu diesem Zeitpunkt noch nicht einmal zugegeben wurde, dass MI6 existierte. Erst 1994, nach der Verabschiedung des neuen Geheimdienstgesetzes, wurde offiziell bestätigt, dass der MI6 Geheiminformationen beschafft und an verdeckten Aktionen im Ausland teilnimmt. Während die britischen Beamten und der MI6 überhaupt jeglichen Kommentar zu Gladio verweigerten, bestätigte das konservative Parteimitglied Rupert Allason, Redakteur des *Intelligence Quarterly Magazine* und unter dem Pseudonym Nigel West Autor mehrerer Bücher über die britischen Geheimdienste, auf dem Höhepunkt des Gladio-Skandals der Nachrichtenagentur *Associated Press* gegenüber in einem Telefoninterview, dass «wir sehr stark verwickelt waren und es ... in diesen Netzwerken auch noch immer sind». West erklärte, dass die Briten «sicherlich finanzielle Hilfe leisteten und mit den Amerikanern» mehrere Netzwerke unterhielten und durch den MI6 zusammen mit der CIA an der Sache beteiligt waren: «Die treibenden Kräfte waren die Briten und amerikanische Geheimdienste.» West sagte, nach 1949 wurden die Stay-behind-Armeen vom Kommandozentrum Special Forces der NATO koordiniert, innerhalb dessen auch die britischen SAS-Spezialeinheiten eine wichtige Rolle spielten.[55]

«Großbritanniens Rolle bei der Einrichtung von Stay-behinds in ganz Europa war absolut wesentlich», berichtete der britische BBC in seiner Nachtausgabe von *Newsnight* mit einiger Verspätung am 4. April 1991. Der *Newsnight*-Sprecher John Simpson kritisierte, dass der MI6 und das britische Verteidigungsministerium alle Informationen zum Thema zurückhielten, während «andere europäische Länder wie Belgien, Frankreich, Holland, Spanien, Griechenland, Türkei die Enthüllungen über die Existenz von Stay-behind-Armeen veröffentlichten. Selbst im neutralen Schweden und in der Schweiz gab es öffentliche Diskussionen. Und in einigen Fällen wurden Untersuchungen durchgeführt. Hier in Großbritannien ist jedoch nichts. Außer den gewohnten Kommentaren des Verteidigungsministeriums, dass man Angelegenheiten der nationalen Sicherheit nicht diskutiert.»[56] Simpson berichtete, dass die Briten seit dem Fall der Berliner Mauer mit Faszination und Entsetzen von der Konspiration und den Terrorakten der Stasi erfahren hatten, der Securitate und anderen Geheimdiensten in Osteuropa. «Könnte auch unsere Seite etwas Vergleichbares getan haben? Sicherlich nicht!», bemerkte Simpson mit ironischem Unterton und lenkte die Aufmerksamkeit der Zuschauer auf die westlichen Geheimdienste: «Gerade jetzt waren die angeblichen Missetaten der geheimsten

Dienste der NATO ans Licht gekommen. In Italien untersucht eine parlamentarische Kommission die Aktivitäten einer geheimen Armee, die vom Staat aufgebaut wurde, um sich einer möglichen sowjetischen Invasion widersetzen zu können. Die Untersuchung führte zur Aufdeckung von ähnlichen geheimen Einheiten in ganz Europa. Doch die italienische Gruppe mit dem Namen Gladio steht unter dem Verdacht, in eine Serie terroristischer Bombenattentate verwickelt zu sein.»[57]

Der BBC gelang es nicht, britische Regierungsbeamte zu einer Stellungnahme zu Gladio zu bewegen, und die offizielle Bestätigung, dass MI6 darin verwickelt war, kam erst Jahre später und durch einen ziemlich ungewöhnlichen Kanal an die Öffentlichkeit: ein Museum. Das Imperial War Museum in London eröffnete im Juli 1995 eine neue Dauerausstellung unter dem Titel «Geheime Kriege». «Was man in dieser Ausstellung sehen kann, war jahrelang ein Teil der am besten gehüteten Geheimnisse des Landes», wurden die Besucher schon am Eingang begrüßt. «Die Ausstellung wurde hier erstmals der Öffentlichkeit zugänglich gemacht. Und das Wichtigste daran ist, es ist die Wahrheit ... Die Fakten sind unglaublicher und erstaunlicher als eine erfundene Geschichte.» Eine unauffällige Bemerkung in einem der Fenster, das dem MI6 gewidmet war, bestätigte, dass «zu den Vorbereitungen auf einen Dritten Weltkrieg der MI6 Stay-behind-Gruppen aufgekauft hatte, die im Falle eines sowjetischen Vormarsches nach Westeuropa hinter den feindlichen Linien operieren sollten.» Im selben Fenster trug eine Kiste voller Sprengstoff den Kommentar: «Eine Sprengstoffkiste, die vom MI6 entwickelt wurde, um sie auf potenziell feindlichem Gebiet zu verstecken. Sie konnte jahrelang vergraben bleiben, ohne dass der Inhalt sich verschlechterte.» Und neben einem kleinen Buch über Sabotagetechniken für Stay-behind-Gruppen konnte man einen Text lesen: «In der britischen Besatzungszone von Österreich waren junge Offiziere der Royal Marine von ihren normalen Aufgaben befreit, um in den Bergen Nachschublager anzulegen und mit einheimischen rekrutierten Agenten Verbindung aufzunehmen.»[58]

Ehemalige Beamte des MI6 betrachteten die Ausstellung sofort als ein Zeichen dafür, dass sie nunmehr über die höchst geheime Gladio-Operation sprechen durften. Einige Monate nachdem die Ausstellung eröffnet wurde, bestätigten die ehemaligen Offiziere der Royal Marine, Giles und Preston, die einzigen MI6-Agenten, die neben einem Foto «in den österreichischen Alpen 1953–1954» namentlich erwähnt wurden, dem Autor Michael Smith, dass während der letzten 40er-Jahre und anfangs der 50er-Jahre die Briten und Amerikaner Stay-behind-Einheiten in Westeuropa aufgebaut hätten, um sich auf eine erwartete sowjetische Invasion vorzubereiten. Giles und Preston waren zu dieser Zeit nach Fort Monckton in der Nähe des englischen Portsmouth abkommandiert, wo der MI6 die Gladiatoren zusammen mit den SAS-Spezialeinheiten ausbildeten. Sie wurden im Kodieren, dem Gebrauch von Pistolen und in verdeckten Operationen unterrichtet. «Wir mussten Übungen durchführen, gingen mitten in der Nacht ins Freie und taten so, als würden wir Eisenbahnzüge in Bahnhöfen sprengen, ohne dass der Bahnhofsvorsteher oder die Kofferträger uns sahen», erinnerte sich Preston an seine eigenen Übungen. «Wir krochen herum und taten so, als legten wir Ladungen auf der rechten Seite der Eisenbahnlokomotive mit der Absicht, sie in die Luft zu jagen.»[59]

Giles erinnerte sich ebenfalls daran, dass sie an Sabotageaktionen auf britische Eisenbahnen teilnahmen, die dem öffentlichen Verkehr dienten, beispielsweise während der Übung bei Eastleigh Marshalling Yards: «Wir legten Ziegelsteine, die Plastiksprengstoffe simulierten, in Eisenbahnloks. Ich erinnere mich an unendliche Reihen von Dampflokomotiven, alle mit dickem Schnee bedeckt, die in Wolken von Dampfschwaden standen», erinnerte sich Giles. «Draußen waren Hundestaffeln. Die Wächter kamen entlang, und ich hatte mich tatsächlich zwischen den Zylindern dieser Maschinen versteckt, als sie vorbeigingen. Wir haben auch die Schmierzylinder am Ende der Achsen geöffnet und Sand hineingestreut. Nach ungefähr 75 Kilometern wurde der Stahl durch die Reibung des Sandes glühend rot und überhitzt.»[60] Den Agenten machte es überhaupt nichts aus, dass die Lokomotiven im öffentlichen Verkehr liefen: «Das war nicht mein Problem. Wir übten für die Realität», erklärte Giles. «Ich musste in Greenwich einen zehntägigen Kurs absolvieren, wobei ich lernte, Personen zu verfolgen und andere Personen, die mich verfolgten, abzuschütteln», erinnerte sich Preston. «Eben all das, was in der Welt der Geheimdienste Anwendung findet.» Dann wurden sie nach Österreich geflogen, um Agenten anzuwerben und auszubilden. Sie «überprüften die unterirdischen Bunker, voller Waffen, Kleidung und Vorräte der österreichischen Gladio, die vom MI6 und der CIA eingerichtet worden waren.»[61] Als der Autor im Jahr 1999 das Hauptquartier des MI6 an den Ufern der Themse besuchte, war er nicht allzu überrascht, als man ihm sagte, der MI6 würde niemals militärische Geheimnisse kommentieren.

4

Der geheime Krieg in Großbritannien

Eine abschließende und genaue Darstellung über den Kalten Krieg wird wohl nie verfasst werden, da sich Geschichtsbilder und Gesellschaften immer weiterentwickeln. Doch Wissenschaftler in zahlreichen Ländern stimmten überein, dass das auffälligste Charakteristikum des Kalten Krieges, soweit man es vom Westen her betrachtet, der Krieg gegen den Kommunismus auf globaler Ebene war. In diesem Kampf, der die Geschichte des 20. Jahrhunderts charakterisierte wie wenige andere Ereignisse, verlor die ehemalige Supermacht der Welt, Großbritannien, die Führungsposition an die Vereinigten Staaten. Letztere nutzten ihren Kampf gegen den Kommunismus, um ihre Macht Jahrzehnt um Jahrzehnt zu vergrößern. Und nach dem Zusammenbruch der Sowjetunion im Jahr 1991 und dem Ende des Kalten Krieges dominierten die USA die Welt wie nie ein anderes Imperium zuvor.

Das konservative Establishment in Großbritannien war höchst besorgt, als im Jahr 1917 zum ersten Mal in der Geschichte der Menschheit in einem entfernten, jedoch sehr großen Agrarland ein kommunistisches System entstand. Nach der Revolution in Russland beschlagnahmten die Kommunisten ganze Fabriken und erklärten, dass die Produktionsmittel von nun an im Besitz des Volkes seien. Die Investoren verloren in vielen Fällen alles. In seinem Buch *Origins of the Cold War* beobachtete der Historiker Denna Frank Fleming, viele der sozialen Veränderungen, die mit der russischen Revolution einhergingen, einschließlich der radikalen Abschaffung sowohl der Kirchen als auch des Landadels, «könnten von den Konservativen der Welt akzeptiert worden sein, doch die Verstaatlichung der Industrie, des Geschäftslebens und des Landes – niemals». Das Beispiel der Russischen Revolution durfte nirgendwo jemals wiederholt werden. «J. B. Priestley sagte einmal, dass der Verstand der Konservativen in England auf dem Höhepunkt der russischen Revolution plötzlich eingefroren ist und seither nicht mehr aufgetaut ist.»[1]

Im Westen weitgehend unbekannt, begann der Krieg gegen den Kommunismus schon nach der Russischen Revolution, als Großbritannien und die Vereinigten Staaten Geheimarmeen gegen die neu gegründete Sowjetunion, einen Staat im «Babyalter», schickten. Zwischen 1918 und 1920 ergriffen London und Washington Partei für die russische Rechte und finanzierten zehn militärische Interventionen gegen die UdSSR auf sowjetischem Boden, doch keine konnte die neuen Herrscher stürzen, sondern sie schufen bei der kommunistischen Elite und bei Diktator Stalin großes Misstrauen, was die Motive des kapitalistischen Westens anbelangte.[2] In den folgenden Jahren verstärkte die Sowjetunion ihren Sicherheitsapparat, wurde letztlich zu einem totalitären Staat und nahm routinemäßig Ausländer auf ihrem Territorium fest und bezichtigte sie der Spionage für den Westen. Als die Schwierigkeiten, den Kommunismus in Russland zu stürzen, offensichtlich wurden, konzentrierten sich Großbritannien und seine Verbündeten auf die Strategie, zu verhindern, dass der Kommunismus auf andere Länder übergriff.

Im Juli 1936 inszenierte der spanische Diktator Franco einen Staatsstreich gegen die linksgerichtete Regierung, und im darauf folgenden Bürgerkrieg besiegte er die Opposition und die spanischen Kommunisten, während er sich der stillen Unterstützung der Regierungen in London, Washington und Paris erfreute. Zu den Gründen, weshalb Adolf Hitler nicht schon sehr früh gestoppt wurde, zählte sicherlich, dass er den richtigen Feind hatte: den sowjetischen Kommunismus. Während des spanischen Bürgerkriegs durften Hitler und Mussolini die spanische Opposition bombardieren. Nachdem Hitler den Zweiten Weltkrieg begonnen hatte, führte er in den Jahren 1941, 1942 und 1943 drei massive Offensiven gegen Russland, die dem russischen Kommunismus fast den Todesstoß versetzten. Mit mehr Opfern als jedes andere Land im Zweiten Weltkrieg verlor die Sowjetunion über 15 Millionen Zivilisten und 5 Millionen Soldaten, während weitere 14 Millionen Menschen verwundet wurden.[3] Russische Historiker haben später behauptet, dass die Vereinigten Staaten, die während des Zweiten Weltkriegs 300 000 Soldaten verloren, als sie Europa und Asien befreiten, es trotz Moskaus dringender Bitte vorsätzlich unterließen, gegen Hitler im Westen zusammen mit Großbritannien eine zweite Front aufzubauen, was die Nazi-Truppen natürlich gezwungen hätte, an zwei Fronten zu kämpfen, wodurch die Angriffe auf die UdSSR geschwächt worden wären. Erst nach Stalingrad wendete sich das Blatt, die Rote Armee besiegte die Deutschen und marschierte nach Westen. Die russischen Historiker glauben, dass die Alliierten erst dann aktiv wurden, als sie befürchteten, Boden zu verlieren, sehr schnell eine zweite Front aufbauten und nach der Invasion in der Normandie im Jahr 1944 in Berlin auf die sowjetische Armee trafen, wo sie diese stoppten.[4]

Britische Historiker bestätigten einige der Intrigen, welche sie anwendeten, um das Empire aufzubauen und zu verteidigen. «In der Neuzeit war England immer ein Zentrum der Subversion – als solches auch anderen bekannt, nicht aber sich selbst», beobachtete der britische Historiker Mackenzie nach dem Zweiten Weltkrieg. «Somit ergibt sich ein eigenartiges zweiseitiges Bild: Für die Außenwelt war England ein Sinnbild von Intrigen, Raffinesse und perfekter Geheimhaltung, für sich selbst hingegen schien es vor allem einfach, arglos und wohlmeinend.»[5] Mackenzie behauptet, dass die legendäre geheime Kriegsführung der Briten «in die Geschichte der kleinen Kriege zurückgeht, die zum britischen Imperium führten.»[6] Kurz vor dem Ausbruch des Zweiten Weltkriegs kamen die Strategen im Verteidigungsministerium in London zum Schluss, dass ihre verdeckten Aktionen «auf der Grundlage der Erfahrungen beruhen müssen, die wir in Indien, im Irak, in Irland und in Russland gemacht haben, was bedeutet, dass eine Kombination von Guerilla- und IRA-Taktiken entwickelt werden müsste.»[7]

Im März 1938, kurz nachdem Hitler Österreich an das Deutsche Reich angeschlossen hatte, wurde im MI6 eine neue Abteilung gegründet. Man gab ihr den Namen Abteilung D, und sie hatte die Aufgabe, subversive Operationen in Europa zu entwickeln. Abteilung D begann systematisch Stay-behind-Sabotagegruppen in Ländern einzurichten, die durch die deutsche Invasion bedroht waren.[8] Als 1940 die deutsche Invasion im Süden Englands zu drohen schien, «machte sich die Abteilung D daran, ohne irgendjemanden darüber zu informieren, in ganz England Waffenlager anzulegen und Agenten anzuwerben. Der britische Inlandsgeheimdienst MI5 wurde ziemlich beunruhigt, als er Berichte über die Aktivitäten der Abteilung D erhielt und mehrere ihrer Agenten als Spione verhaftet wurden, bevor die Wahrheit aufgedeckt wurde.»[9] Die Anwerbung und Organisation von Stay-behind-Agenten durch Mitglieder der Abteilung D machte auf jeden Beobachter einen geheimnisvollen Eindruck. «Das Erscheinen dieser Fremden [der Agenten der Abteilung D] in ihrer zivilen Kleidung, in unheimlichen schwarzen Limousinen und dem allgemeinen Eindruck des Geheimnisvollen verursachte unter der einheimischen Bevölkerung Beunruhigung», erinnert sich das ehemalige aktive SOE-Mitglied Peter Wilkinson. Die Geheimagenten «erzürnten auch untergeordnete militärische Kommandeure, weil sie sich weigerten, ihre Anwesenheit zu erklären oder ihr Tun zu diskutieren, außer dass sie sagten, es sei höchst geheim».[10] Ein halbes Jahrhundert später enthüllte die Ausstellung «Geheime Kriege» im Imperial War Museum in London der Öffentlichkeit, wie «die Abteilung D des MI6 der Doktrin des Stay-behind folgend auch in England Widerstandsarmeen aufbaute, die ‹Auxiliary Units› genannt wurden und mit Waffen und Sprengstoffen ausgerüstet waren». Diese ersten britischen Gladio-Einheiten «erhielten eine spezielle Ausbildung und hatten den Auftrag, hinter den feindlichen Linien zu bleiben (stay behind), falls die Deutschen die Insel besetzen würden. Sie operierten von geheimen Verstecken und Waffenlagern aus und konnten Sabotageaktionen und Guerillakriege gegen deutsche Invasoren ausführen.»[11] Ob dieser Plan in der Praxis funktioniert hätte, kann niemand wissen, da die deutsche Invasion ausblieb. Doch im August 1940 schützte «eine ziemlich marode Organisation» die verletzlichsten Strände entlang der Nordseeküste Englands und Schottlands bei einer Invasion.[12]

Die Abteilung D des MI6 betrieb Kriegsführung, die auf Großbritannien begrenzt war. Dies änderte sich, als der britische Premierminister Winston Churchill die Schaffung einer Geheimarmee unter dem Namen SOE (Special Operations Executive) anordnete, die «Europa in Flammen setzen sollte, indem sie den Widerstandsbewegungen zur Seite stand und subversive Operationen in vom Feind besetzten Gebieten ausführen sollte».[13] Das Memorandum des Kriegskabinetts des Premierministers vom 19. Juli 1940 verzeichnet, dass «der Premierminister nach Konsultationen mit den betroffenen Ministern außerdem entschieden hat, dass eine neue Organisation aufgebaut werden soll, die unverzüglich alle Aktionen durch Subversion und Sabotage gegen den Feind jenseits des Kanals koordinieren soll». SOE wurde dem Kommando des Labour-Ministeriums für ökonomische Kriegsführung unter der Leitung von Hugh Dalton unterstellt. Nachdem die deutschen Truppen Frankreich eingenommen hatten und nicht mehr aufzuhalten schienen, bestand Minister Dalton darauf, dass gegen Deutschland ein geheimer Krieg in den besetzten Gebieten geführt werden müsse: «Wir müssen in den vom Feind besetzten Gebieten Bewegungen organisieren, vergleichbar mit der Sinn-Fein-Bewegung in Irland, mit den chinesischen Guerillas, die nun gegen Japan operieren, mit den spanischen ‹Irregulars›, die im Feldzug Wellingtons eine wichtige Rolle spielten, oder – man kann es ruhig eingestehen – mit den Organisationen, welche die Nazis selbst auf erstaunliche Art in fast allen Ländern der Welt aufgebaut haben.» Es schien logisch, dass die Waffen der geheimen Kriegsführung von den Engländern nicht vernachlässigt werden durften, und Dalton betonte: «Diese ‹Demokratische Internationale› muss verschiedene Methoden anwenden, einschließlich Industriesabotage, militärische Sabotage, Arbeiteraufstände und Streiks, stetige Propaganda, terroristische Aktionen gegen Verräter und deutsche Führer, Boykotte und Aufstände.» Deshalb musste unter strengster Geheimhaltung von waghalsigen Männern des britischen Militärs und der Geheimdienste ein Widerstandsnetzwerk eingerichtet werden. «Was wir brauchen, ist eine neue Organisation zur Koordination, Kontrolle und Hilfestellung der Nationalisten in den unterdrückten Ländern, die selbst auch aktiv werden. Wir brauchen absolute Geheimhaltung, eine gewisse fanatische Begeisterung, Bereitschaft, mit den Menschen unterschiedlicher Nationalität zusammenzuarbeiten, und absolute politische Zuverlässigkeit.»[14]

Unter Minister Dalton wurde das operative Kommando Generalmajor Sir Colin Gubbins unterstellt, einem kleinen, schmächtigen und drahtigen Highlander mit einem Oberlippenbart, der später auf den Aufbau der britischen Gladio großen Einfluss hatte.[15] «Das Problem und der Plan waren es, die Menschen in den besetzten Ländern zu ermutigen und in die Lage zu versetzen, die deutschen Kriegsaktionen an jedem möglichen Punkt durch Sabotage, Subversion, Bummelstreiks, plötzliche Überfälle und so weiter zu stören», beschrieb Gubbins die Aufgabe der SOE, «und dort gleichzeitig geheime Truppen aufzubauen, die organisiert, bewaffnet und ausgebildet werden, um ihre Aufgabe erst dann zu übernehmen, wenn der Schlussangriff erfolgte.» Die SOE war eine Blaupause von Gladio, die schon mitten im Zweiten Weltkrieg entstanden war. «Ganz einfach gesagt, gehörte es zu diesem Plan, viele Menschen und jede Menge an Waffen und Sprengstoff in das besetzte Gebiet zu liefern», fasste Gubbins seinen ehrgeizigen Plan zusammen.[16]

Die Special Operations Executive (SOE) beschäftigte einen großen Teil des Stabes der Abteilung D und wurde somit eine große selbstständige Organisation mit über 13 000 Männern und Frauen in ihren Reihen, operierte weltweit und in enger Zusammenarbeit mit dem MI6. Obwohl die SOE, stationiert in Indien und Australien, auch Operationen in Ostasien durchführte, war jedoch Westeuropa Hauptschauplatz dieser Operation, wo man sich auf die Einrichtung nationaler geheimer Armeen konzentrierte. Die SOE förderte Sabotage und Subversion in vom Feind besetzten Gebieten und etablierte Zellen von ausgebildeten Männern, die den Widerstandsgruppen bei der Zurückeroberung der betreffenden Länder helfen sollten. «Die SOE war fünf Jahre lang das hauptsächliche Organ britischer Aktionen in der internen Politik Europas», vermerkte der Bericht des British Cabinet Office, «es war ein extrem leistungsfähiges Instrument», denn es konnte sehr viele Aufgaben übernehmen und «während SOE tätig war, konnte sich kein europäischer Politiker der Illusion hingeben, die Briten seien nicht interessiert oder tot».[17]

Offiziell wurde die SOE nach dem Krieg im Januar 1946 aufgelöst, und der Kommandeur Gubbins wurde von seinen Aufgaben entbunden. Doch Sir Steward Menzies, der dem MI6 zwischen 1939 und 1952 vorstand, war nicht bereit, ein derart wertvolles Instrument wie diese geheime Armee einfach wegzuwerfen, und daher stellte er sicher, dass die britischen verdeckten Operationen auch im Kalten Krieg fortgesetzt wurden. Der ehemals geheime Kabinettsbericht über die SOE erklärte richtig, dass «es ziemlich sicher ist, dass die SOE in irgendeiner Form in einem künftigen Krieg neu gegründet werden muss».[18] Die langfristigen Ziele für die SOE und ihren Nachfolger wurden von den britischen Stabschefs bereits am 4. Oktober 1945 provisorisch genehmigt, und so ordnete die Abteilung Special Operations des MI6 die Schaffung eines Netzwerks an, das in der Lage sein sollte, sich im Fall eines Krieges rasch auszubreiten und die geheimen operativen Pläne der britischen Regierung im Ausland umzusetzen. «Priorität bei der Lösung dieser Aufgabe hatten Länder, die in den ersten Phasen eines Konfliktes mit der Sowjetunion wahrscheinlich zuerst überrannt werden würden, bisher jedoch noch nicht von der Sowjetunion dominiert wurden.»[19] Westeuropa blieb also auch nach dem Ende des Zweiten Weltkriegs der zentrale Schauplatz für die britische Kriegsführung.

Nachdem die SOE am 30. Juni 1946 aufgelöst wurde, wurde innerhalb des MI6 eine neue Abteilung «Special Operations» (SO) errichtet und dem Kommando von Generalmajor Colin Gubbins unterstellt. Nach Meinung des niederländischen Forschers über Geheimdienste, Frans Kluiters, förderte der MI6 aktiv den Aufbau geheimer antikommunistischer Armeen, als «Special Operations begannen, Netzwerke in Westdeutschland, Italien und Österreich einzurichten. Diese Netzwerke (Stay-behind-Organisationen) hätten im Fall einer sowjetischen Invasion aktiviert werden können, um verdeckte Informationen zu sammeln und aktive Sabotageakte durchzuführen.»[20] Gubbins sorgte auch nach 1945 dafür, dass Personal aus dem SOE in den Ländern Deutschland, Österreich, Italien, Griechenland und der Türkei blieben; denn SOE und seine Nachfolger hatten «politische Bedenken, die über den einfachen Sieg über Deutschland hinausgingen». Der ausdrückliche Befehl von 1945 «machte klar, dass die Hauptfeinde der SOE der Kommunismus und die Sowjetunion waren», denn die britischen Interessen in Europa «schienen vom Kommunismus und der Sowjetunion bedroht zu sein».[21] Einige Jahre später, in einem Versuch, parlamentarische Unterstützung für die fortwährenden heimlichen Operationen zu erhalten, drang der britische Außenminister Ernest Bevin vor dem britischen Parlament am 22. Januar 1948 darauf hin, spezialisierte bewaffnete Einheiten aufzubauen, die gegen sowjetische Subversion und sowjetische «fünfte Kolonnen» zum Einsatz kommen sollten. Ausgewählte Parlamentarier wussten schon zu diesem Zeitpunkt, dass diese Vorschläge bereits in die Tat umgesetzt worden waren.

Als auch die Vereinigten Staaten den Feind von Großbritannien zu ihrem Feind erklärten, waren die militärische Zusammenarbeit und die der Geheimdienste zwischen den beiden Ländern sehr eng. Auf Befehl des Weißen Hauses in Washington baute Frank Wisner, der Direktor der Abteilung für verdeckte Aktionen der CIA, dem Office of Policy Coordination (OPC), geheime Stay-behind-Armeen in ganz Europa auf und arbeitete dabei sehr eng mit der Abteilung für Special Operations des MI6 unter Colonel Gubbins zusammen. Die CIA und der MI6 sollten in einem ersten Schritt «die überlebenden Geheimeinheiten der Achsenmächte in Deutschland und Norditalien neutralisieren» und danach einige der besiegten Faschisten für die neue antikommunistische Geheimarmee rekrutieren, wie die französischen Wissenschaftler Roger Faligot und Rémi Kauffer, die sich mit Geheimdiensten beschäftigen, beobachteten. «Und in der Tat, durch die OPC der CIA und die SOB (Special Operations Branch) der SIS haben die Geheimdienste der demokratischen Länder, die soeben den Krieg gewonnen hatten, danach versucht, einige ihrer Kommandos gegen ihren früheren sowjetischen Verbündeten zu wenden.»[22]

Außer dem MI6 und der CIA und deren entsprechende Abteilungen für verdeckte Aktionen SOB und OPC kooperierten auch die britischen und amerikanischen militärischen Spezialkräfte sehr eng. Die britischen SAS-Spezialeinheiten und die amerikanischen Green Berets, die ausgebildet wurden, um spezielle Missionen in vom Feind besetzten Gebieten durchzuführen, waren bei zahlreichen Gelegenheiten im Kalten Krieg Waffenbrüder, und bildeten zusammen auch die Stay-behind-Armeen aus. Die früheren Offiziere der Royal Marine Giles und Preston, die beim Aufbau der österreichischen Gladio mitgewirkt hatten, bestätigten, dass Gladio-Rekruten zum alten napoleonischen Fort Monckton an der Küste in der Nähe von Portsmouth in England geschickt wurden, wo der MI6 seine Agenten zusammen mit den britischen SAS-Spezialeinheiten ausbildete. Sie selbst hatten an diesen Gladio-Ausbildungen teilgenommen und erhielten dort Ausbildung in Geheimcodes, der Anwendung von Pistolen und verdeckten Operationen.[23] Unter denen, die vom SAS ausgebildet wurden, war Decimo Garau, ein Ausbilder des italienischen Gladio-Stützpunktes Centro Addestramento Guastatori (CAG) in Capo Maragiu auf Sardinien. «Ich war eine Woche lang auf Einladung der Spezialtruppen in England in Pool. Ich war eine Woche lang dort und trainierte ein wenig mit ihnen», bestätigte der Ausbilder Garau nach der Enthüllung von Gladio im Jahr 1990. «Ich sprang über dem Kanal mit dem Fallschirm ab. Ich trainierte ein wenig mit ihnen, und ich kam gut mit ihnen zurecht. Danach war ich in Hereford, um zusammen mit den SAS-Spezialeinheiten eine Übung zu planen und durchzuführen.»[24]

Die Briten hatten zu dieser Zeit die meiste Erfahrung mit verdeckten Aktionen und geheimer Kriegsführung. Ihre SAS-Spezialeinheiten hatten sie schon 1942, mitten im Zweiten Weltkrieg, in Nordafrika gegründet. Diese hatten die Aufgabe, tief hinter den feindlichen Linien zuzuschlagen. Der wohl gefährlichste Feind der britischen SAS-Spezialeinheiten während des Krieges war die deutsche Spezialeinheit SS, die von Heinrich Himmler geführt wurde und bereits vor dem Beginn des Zweiten Weltkriegs gegründet wurde. Wie alle Spezialeinheiten war auch die deutsche SS eine Elitekampftruppe mit speziellen Insignien – glänzende schwarze Uniformen, dekoriert mit einem Totenkopf und einem silbernen Dolch –, die sich den normalen Streitkräften überlegen fühlte und sich den Ruf «fanatischer Killer» verdiente. Nach der Niederlage Nazi-Deutschlands wurde die SS zu einer kriminellen Organisation erklärt und im Tribunal von Nürnberg im Jahr 1946 aufgelöst.

Nach dem Sieg wurden auch die SAS-Spezialeinheiten am Ende des Krieges im Oktober 1945 aufgelöst. Dennoch, als der Bedarf an höchst geheimen schmutzigen Tricks und Himmelfahrtskommandos so schnell stieg, wie die globale Macht des britischen Imperiums schwand, wurden die SAS-Spezialeinheiten wieder ins Leben gerufen und kämpften 1947 hinter den Linien in Malaysia. Von ihrem Hauptquartier, «dem Kindergarten» in Hereford in England, folgten zahlreiche SAS-Operationen, die sehr lautlos verliefen, darunter eine Operation im Jahr 1958 im britischen Protektorat Oman, wo SAS-Einheiten mit der Hilfe des diktatorischen Sultans eine linksgerichtete Guerilla besiegten. Diese Operation sicherte angeblich die künftige Finanzierung des Regiments, denn, wie ein SAS-Kommandeur es sah, sie hatten gezeigt, dass «sie schnell und diskret in einen Krisenherd geflogen werden konnten und auch in einem entfernten Gebiet operieren konnten, ohne dass die Medien darüber wussten oder berichteten, eine Fähigkeit, die von der damaligen konservativen Regierung sehr geschätzt wurde».[25] In ihrer bekanntesten Operation stürmten SAS-Einheiten im Jahr 1980 die iranische Botschaft in London. 1982 im Falklandkrieg operierten sie wesentlich geheimer. In ihrem größten Einsatz seit dem Zweiten Weltkrieg dienten SAS-Einheiten 1991 im Golf und bildeten 1998 zusammen mit den Green Berets heimlich die Streitkräfte der Kosovo Liberation Army (KLA) aus und bewaffneten sie auch vor und nach den NATO-Bombardements der serbischen Provinz im Jahr 1999.

Der konservative britische Parlamentarier Nigel West wies ganz richtig darauf hin, dass ebenso wie die amerikanischen Green Berets «auch der britische SAS in der Operation Gladio eine strategische Rolle gespielt hätte, falls die Sowjets in Westeuropa einmarschiert wären», da in diesem Fall SAS und Green Berets mit den Gladio-Geheimarmeen kooperiert hätten.[26] Beide paramilitärischen Einheiten arbeiteten eng zusammen. Als ein Zeichen der engen Kooperation trugen die amerikanischen Spezialeinheiten inoffiziell seit 1953 die charakteristischen Green Berets, um ihre SAS-Vorbilder zu imitieren. Der «ausländische» Kopfschmuck verursachte bei vielen höheren Offizieren der amerikanischen Armee große Besorgnis. Und erst Präsident Kennedy, ein großer Enthusiast verdeckter Aktionen und Spezialeinheiten, etablierte während seines Besuchs in Fort Bragg, dem Hauptquartier der amerikanischen Spezialeinheiten im Oktober 1961, die Insignien in den USA offiziell, so dass sie seither als Markenzeichen der bekanntesten Abteilung der vielen amerikanischen Spezialkräfte gelten. Die Hochachtung der USA vor den älteren und angeseheneren britischen SAS-Spezialeinheiten dauerte viele Jahre. Das Hauptquartier in Hereford wurde als das «Mutterhaus» betrachtet, und die Offiziere der amerikanischen Spezialeinheiten gewannen zu Hause an Prestige, wenn sie am britischen Zentrum für geheime Kriegsführung ihre Prüfung abgelegt hatten. Auch die Briten kultivierten die transatlantische Allianz der Spezialeinheiten und ernannten 1962 den Kommandeur der amerikanischen Green Berets, Generalmajor William Yarborough, zum Ehrenmitglied der SAS-Spezialeinheit.

Bereits zwei Jahre vor der Aufdeckung von Gladio im Jahr 1990 enthüllte die BBC die heimliche Zusammenarbeit zwischen den britischen und den amerikanischen Spezialeinheiten einem größeren Publikum in einer Dokumentation mit dem Titel «Die Entfesselung des Bösen». Darin deckte die BBC auf, wie die britischen SAS-Spezialeinheiten und die amerikanischen Green Berets in den letzten 30 Jahren in größerem Umfang Gefangene gefoltert hatten, etwa in Kenia, in Nordirland, im Oman, in Vietnam, im Jemen, auf Zypern und auch in anderen Ländern. Der ehemalige Offizier der Green Berets, Luke Thomson, erklärte dem Publikum vor der Kamera, dass amerikanische Spezialeinheiten in Fort Bragg zusammen mit dem SAS ein gemeinsames Trainingsprogramm durchführten. Der Journalist Norton Taylor, der britische Produzent von «Die Entfesselung des Bösen» und prominenter Reporter während des Gladio-Skandals zwei Jahre später, kam zur Erkenntnis, dass Folterung «weitaus verbreiteter und ein wenig näher ist, als wir glauben mögen».[27] In einer anderen höchst geheimen Operation trainierten die amerikanischen Green Berets die des Genozids beschuldigten Roten Khmer in Kambodscha, nachdem der Kontakt durch Ray Cline, einen hochrangigen CIA-Agenten und Berater Ronald Reagans in besonderen Angelegenheiten, hergestellt worden war. Als der Iran-Contra-Skandal im Jahr 1983 begann, bat Präsident Reagan, der eine weitere unangenehme Enthüllung befürchtete, die britische Premierministerin Margret Thatcher, die Angelegenheit zu übernehmen. Thatcher schickte im Geheimen SAS-Einheiten, um die Truppen Pol Pots auszubilden. «Zuerst gingen wir 1984 nach Thailand», sagten leitende Offiziere des SAS später aus, «die Yankees (Amerikaner) und wir arbeiten zusammen; wir stehen uns sehr nahe, wie Brüder. Ihnen gefiel das ebenso wenig wie uns. Wir unterrichteten die Roten Khmer in vielen technischen Angelegenheiten», erinnert sich der Offizier. «Zuerst wollten sie in die Dörfer gehen und die Leute einfach zerhacken. Wir rieten ihnen davon ab.» Die SAS-Offiziere fühlten sich bei dieser Operation nicht wohl und «viele von uns hätten gern die Seiten gewechselt, wenn wir dazu nur die geringste Gelegenheit gehabt hätten. Wir waren stinksauer. Wir hassen es, mit Pol Pot in einen Topf geworfen zu werden. Ich sage Ihnen: Wir sind Soldaten und keine Kindermörder.»[28]

«Meine Erfahrung mit geheimen Operationen ist, dass sie selten lange geheim bleiben», resümiert Feldmarschall Lord Carver, der Chef des britischen Generalstabs und spätere Chef des britischen Verteidigungsstabs, was auch als Anmerkung zu Gladio verstanden werden konnte. «Wenn man einmal auf diesem schlüpfrigen und steilen Pfad einen Schritt nach unten geht, dann besteht die Gefahr, dass die Spezialeinheiten anfangen könnten, das Recht in die eigenen Hände zu nehmen, wie es die Franzosen in Algerien machten und vielleicht auch zuletzt in der Greenpeace-Affäre in Neuseeland», als der französische Geheimdienst Service de Documentation Extérieure et de Contre-Espionage (SDECE) am 10. Juli 1985 das Greenpeace-Schiff Rainbow Warrior versenkte, da Greenpeace gegen die französischen Nukleartests im Pazifik demonstrierte.[29] Heikel war natürlich auch der Einsatz der SAS-Einheiten in Nordirland, wo die Iren in der Republik Irland den SAS als terroristische Organisation betrachteten. «Es gibt überzeugende Argumente», behaupten Kritiker, «dass selbst aus der Sicht der Briten der SAS eher ein Teil des Problems in Nordirland war als ein Teil der Lösung.»[30]

Als der Gladio-Skandal im Jahr 1990 aufkam, beobachtete die britische Presse, dass «es nunmehr klar ist, dass die elitären SAS-Spezialeinheiten bis zum Hals in dem NATO-Komplott steckten und mit dem MI6 zusammen als Trainingsarmee für Guerillakriegsführung und Sabotage fungierten». Insbesondere die britische Presse bestätigte, dass «in Großbritannien eine italienische Stay-behind-Einheit trainierte. Die Beweise lassen heute vermuten, dass dies bis weit in die 80er-Jahre andauerte», und fügte hinzu: «Es ist bewiesen, dass der SAS die geheimen Verstecke baute, in denen die Waffen im britischen Sektor von Westdeutschland gelagert wurden.»[31] Einige der besten Fakten zur geheimen britischen Beteiligung resultierten aus der Schweizer parlamentarischen Untersuchung der Schweizer Stay-behind-Armee P26. «Britische Geheimdienste arbeiteten eng mit einer bewaffneten Schweizer Untergrundorganisation (P26) in einer Reihe von heimlichen Übereinkünften zusammen, die einen Teil eines europäischen Netzwerks von Widerstandsgruppen bildeten», informierte die Presse ein verblüfftes Publikum in der neutralen Schweiz. Der Schweizer Richter Cornu hatte die Aufgabe, die Angelegenheit zu untersuchen, und in seinem Bericht «beschreibt er die Zusammenarbeit der Gruppe (P26) mit den britischen Geheimdiensten als intensiv, wobei die Briten wertvolles Know-how zur Verfügung stellten. Britische Berater – möglicherweise vom SAS – besuchten geheime Ausbildungseinrichtungen in der Schweiz.» Paradoxerweise wussten die Briten mehr über die geheime

Schweizer Armee als die Schweizer Regierung, denn «die Aktivitäten der P26, ihre Codes und der Name des Leiters der Gruppe, Efrem Cattelan, waren dem britischen Geheimdienst bekannt, doch die Schweizer Regierung wurde, dem Bericht zufolge, im Dunkeln gelassen. Er besagt, dass Dokumente mit Einzelheiten über die geheimen Übereinkünfte zwischen den Briten und der P26 niemals gefunden wurden.»[32]

Während der 60er-, 70er- und 80er-Jahren trainierten die Schweizer Gladiatoren in England unter Ausbildern der britischen Spezialeinheiten. Zum Training, so sagte der Schweizer Instruktor Alois Hürlimann, gehörten auch nicht simulierte, also echte Operationen gegen Aktivisten der IRA, wahrscheinlich in Nordirland. Hürlimann behauptete im Verlauf einer Konversationsstunde eines Englischsprachkurses in der Schweiz in ziemlich schlechtem Englisch, dass er im Mai 1984 in England an geheimen Übungen teilgenommen habe, im Verlauf derer auch ein echter, nicht simulierter Angriff auf ein Waffendepot der IRA stattgefunden habe, bei dem er in voller Kampfbekleidung teilgenommen habe und in dem mindestens ein IRA-Aktivist getötet wurde.[33]

Höchst interessant ist, dass die Schweizer Cornu-Untersuchung im Jahr 1991 aufdeckte, dass irgendwo in England das Kommando- und Kommunikationszentrum der Gladio mit den typischen Harpoon-Geräten errichtet worden war. Im Jahr 1984 war in einem «Joint Working Agreement», das 1987 durch ein «Technical Support Memo» ergänzt wurde, ausdrücklich die Rede von Ausbildungszentren in Großbritannien, von der Einrichtung eines Schweizer Sendezentrums in England und von der Kooperation der beiden Geheimdienste in technischen Belangen. Leider, wie Richter Cornu feststellte, «konnten weder das Joint Working Agreement noch das Technical Support Memo gefunden werden». Der für den Schweizer militärischen Geheimdienst (UNA) Verantwortliche erklärte, dass «er sie im Dezember 1989 den britischen Geheimdiensten ausgehändigt habe, ohne davon eine Kopie zu behalten».[34] «Die Kader der Schweizer Organisation hielten die Briten für die besten Spezialisten in diesem Bereich», schloss die Schweizer Regierung in ihrem Bericht.[35]

Ein ungenannter ehemaliger Geheimdienstbeamter der NATO behauptete nach der Entdeckung der geheimen Armeen Ende 1990, dass «es zwischen den Briten und den Amerikanern eine Arbeitsteilung gab, wobei Großbritannien die Verantwortung für Operationen in Frankreich, Belgien, Holland, Portugal und Norwegen übernommen hat und die Amerikaner sich um Schweden, Finnland und den Rest Europas kümmerten».[36] Diese Arbeitsteilung jedoch gestaltete sich nicht in jedem Land einfach, wie der Fall Italien zeigt. General Umberto Broccoli, einer der ersten Direktoren des italienischen militärischen Geheimdienstes SIFAR, schrieb am 8. Oktober 1951 an den italienischen Verteidigungsminister Efisio Marras, er möchte die Themen, die die italienischen Stay-behind-Armeen und die Ausbildung der Gladiatoren betreffen, diskutieren. Broccoli erklärte, dass die Briten solche Stay-behind-Netzwerke bereits in den Niederlanden, in Belgien «und wahrscheinlich auch in Dänemark und Norwegen» errichtet hätten. Broccoli war glücklich, bestätigen zu können, dass Großbritannien «uns seine enormen Erfahrungen in diesem Bereich zugänglich gemacht hat», und die Amerikaner hätten «angeboten, aktiv mit unserer Organisation zusammenzuarbeiten, indem sie Personal, Material (wahrscheinlich kostenlos oder fast kostenlos) und vielleicht auch finanzielle Mittel zur Verfügung stellen». Broccoli hob hervor, wie nützlich es wäre, sieben speziell ausgewählte italienische Offiziere für eine Spezialausbildung von November 1951 bis Februar 1952 nach England zu schicken, denn diese Offiziere würden nach ihrer Rückkehr die Ausbildung der italienischen Gladiatoren leiten. Der Chef des militärischen Geheimdienstes Broccoli bat den Verteidigungsminister Marras, «diesem Kurs seine Zustimmung zu geben, weil, was den Briten noch nicht bekannt ist, ich mit dem amerikanischen Geheimdienst eine Übereinkunft getroffen habe, dass wir an diesem Kurs teilnehmen werden».[37]

Die britische Gladio-Ausbildung war nicht kostenlos, machte aber doch eine beträchtliche Summe aus, und Broccoli gestand, dass «man von Kosten in der Höhe von 500 Millionen Lira ausgehen kann, die man nicht dem Budget der SIFAR entnehmen könne und die deshalb aus den Budgets der Streitkräfte beglichen werden sollten».[38] Der MI6, wie Broccoli darlegte, hatte die Ausbildung italienischer Offiziere an die Bedingung geknüpft, dass Italien von den Briten Waffen kauft. Zur gleichen Zeit jedoch, man könnte es als einen Kampf um Einfluss interpretieren, bot die reiche CIA Gladio-Waffen kostenlos an. Letztlich entschieden sich die Italiener, das Beste von beidem zu nehmen. Sie schickten ihre Offiziere zur höchst angesehenen britischen Spezialausbildung, doch gleichzeitig machten sie mit den Amerikanern einen geheimen Handel, worauf die USA ihnen die Waffen kostenlos lieferten. Die Briten waren gar nicht begeistert. Und als General Ettore Musco, der Nachfolger von Broccoli an der Spitze der SIFAR, das britische Fort Monckton nahe Portsmouth besuchte, wo die Gladio-Ausbildung stattfand, war die Atmosphäre gespannt: «1953 bemerkten die Briten, dass sie an der Nase herumgeführt worden waren, und machten General Musco ärgerlich Vorwürfe und protestierten, dass sein Geheimdienst sich voll und ganz den Amerikanern ausliefert.»[39]

Der Wettstreit zwischen der CIA und dem MI6 um Einfluss in Europa war nicht auf Italien begrenzt. Ende 1990 erklärte der belgische Verteidigungsminister Guy Coeme, nachdem die Geheimarmeen aufgedeckt worden waren, dass «die Beziehung zwischen den britischen und den belgischen Geheimdiensten auf Kontakte zurückzuführen waren, die zwischen Herrn Spaak und dem Leiter des britischen Geheimdienstes (Menzies) und auf ein Absprache zwischen den Vereinigten Staaten, Großbritannien und Belgien gründeten».[40] Die «ménage à trois» hatte auch ihre komplizierten Seiten, weil der MI6 und die CIA sicher sein wollten, dass Belgien nicht einen dem anderen vorziehen würde. Der Chef des MI6, Steward Menzies, schrieb deshalb am 27. Januar 1949 an den belgischen Premierminister Paul Henri Spaak: «Ich war erfreut, mit Ihnen persönlich bestimmte Probleme besprechen zu können, die unsere beiden Länder betreffen, die ich als wirklich sehr wichtig betrachte und die mir in letzter Zeit einige Sorgen bereiteten.» Daraufhin betonte er, «dass beide Länder ihre Kooperation bezüglich Cominform und potenzieller feindlicher Aktivitäten» verstärken und «die Vorbereitung angemessener Aufklärung sowie aktive Organisationen im Falle eines Krieges» aufnehmen sollten. Insbesondere «sollten in naher Zukunft spezielle Offiziere nach Großbritannien kommen und zusammen mit meinem Geheimdienst die technischen Belange dieser Angelegenheiten erlernen». Menzies war sehr besorgt, dass Spaak das Gladio-Geschäft mit der CIA und nicht mit dem MI6 machen würde, und so hob er hervor, dass er «der Beteiligung der Vereinigten Staaten an der Verteidigung Westeuropas immer höchste Bedeutung eingeräumt hat. Ich bin jedoch überzeugt, dass alle Bemühungen, die amerikanischen nicht ausgeschlossen, in ein harmonisches Ganzes integriert werden müssen. Sollten die Amerikaner weiterhin vorhaben, mit Ihrem Geheimdienst gewisse Vorbereitungen auf die Erfordernisse eines Krieges zu treffen, dann betrachte ich es als wesentlich – und ich denke, dass ich Ihre Zustimmung habe –, dass diese Aktivitäten mit meinen eigenen Aktivitäten koordiniert werden sollten.»

Daraufhin bezog sich Menzies speziell auf das Clandestine Committee of the Western Union (CCWU), das seit 1948 die verdeckte Kriegsführung koordinierte, bis 1949 der Nordatlantikpakt unterzeichnet wurde und die NATO die Koordination von Gladio übernahm. «Eine solche Kooperation», betonte Menzies in seinem Brief an Spaak, «wird darüber hinaus unerwünschte Nachwirkungen bei den Stabschefs der Western Union verhindern. Ich habe dem Leiter des amerikanischen Geheimdienstes bereits angedeutet, dass ich bereit bin, Pläne für eine detaillierte Kooperation mit ihm auf dieser Basis auszuarbeiten, und deshalb schlage ich vor, dass alle Projekte, die von ihnen [den Amerikanern] formuliert werden, an Washington zurückverwiesen werden sollten, um in einer folgenden Diskussion zwischen den britischen und den amerikanischen Diensten in London geklärt zu werden.» Menzies erwähnte auch, dass die belgische Geheimarmee gut ausgerüstet werden müsse und dass der Bedarf an Ausbildung und Material in naher Zukunft steigen wird. «Ich habe bereits Maßnahmen ergriffen, um bestimmte Ausbildungsstätten für Offiziere und andere Personen, die vom Leiter Ihres Geheimdienstes bestimmt werden, bereitstellen zu können. Ich kann Muster neuer Ausrüstung anbieten, die jetzt in Produktion gehen (etwa W/T-Sets), die in naher Zukunft für geheime Aktionen erforderlich sein werden.» Einiges von dem Material könnte, wie der Chef des MI6 es sah, kostenlos an die belgische Gladio abgegeben werden, während andere Ausrüstungen bezahlt werden müssen: «Solch spezialisierte Ausrüstung würde geschenkt oder geliehen, doch schlage ich vor, dass dies mit den Verhandlungen über eher konventionelle Arten neuen Materials (beispielsweise Kleinwaffen und andere militärische Waren) einhergehen sollte, die Bezahlung sollte Gegenstand freundlicher Verhandlungen zwischen den britischen und den belgischen Geheimdiensten sein.» Natürlich musste die Einrichtung der belgischen Gladio unter äußerster Geheimhaltung geschehen, und Menzies schloss seinen Brief mit der Aussage: «Ich brauche wohl nicht ausdrücklich zu betonen, dass ich darauf vertraue, und Sie wünschen es ebenso wie ich, dass diese Korrespondenz als höchst geheim angesehen wird und dass sie keinen Dritten ohne unser gemeinsames Einverständnis zugänglich gemacht wird.»[41]

Etwa zwei Wochen später antwortete Spaak Menzies und erklärte in seinem Brief, dass er zwar froh sei, Hilfe von britischer Seite zu erhalten, jedoch müsse er ihn darüber informieren, dass die Amerikaner in dieser Angelegenheit auch an Belgien herangetreten seien und dass er es deshalb für wichtig hielte, dass zuerst die Briten und Amerikaner dieses Thema unter sich ausmachten. «Ich bin Ihrer Meinung», schrieb der belgische Premierminister, «dass es höchst wünschenswert wäre, wenn die drei Geheimdienste (der britische, amerikanische und belgische) eng zusammenarbeiten würden.» Spaak war sich des Wettstreits um Einfluss zwischen dem MI6 und der CIA bewusst und merkte an, dass, «wenn zwei von ihnen, die Amerikaner oder die Briten, eine Zusammenarbeit verweigerten, die Situation des belgischen Geheimdienstes äußerst heikel und schwierig wäre. Deshalb denke ich, dass es nicht zu vermeiden ist, dass Verhandlungen zwischen London und Washington auf höchster Ebene erforderlich sind, um diese Frage zu lösen.»[42]

In Norwegen war Vilhelm Evang, der Geheimdienstchef, die zentrale Figur sowohl für die Einrichtung von Stay-behind-Armeen als auch für den Aufbau des ersten norwegischen Geheimdienstes, den Norwegian Intelligence Service (NIS). Evang, Doktor der Naturwissenschaften aus Oslo, war dem kleinen Geheimdienst der norwegischen Regierung 1942 in seinem Exil in London beigetreten. Zurück in Norwegen baute Evang mit hervorragenden Beziehungen zu den Briten den NIS im Jahr 1946 auf und führte ihn 20 Jahre lang als Direktor. Im Februar 1947 traf Evang einen namentlich nicht genannten britischen Offizier des MI6 mit «engen Beziehungen zu zentral platzierten Kreisen der Verteidigung und des Militärs», wie Evang sich in seinen Notizen erinnerte. «Ihre Überlegungen haben die Engländer dazu gebracht, sich stark für den Aufbau einer Verteidigung in Ländern zu interessieren, die feindlich besetzt waren. Es hat den Anschein, als ob die Niederlande, Frankreich und Belgien dabei sind, eine mehr oder weniger feste Organisation für eine Untergrundarmee einzurichten.»[43]

Auch im benachbarten neutralen Schweden hatten die Briten zusammen mit der amerikanischen CIA eine dominante Rolle in der Ausbildung der einheimischen Gladio-Kommandeure gespielt, wie in Schweden von Reinhold Geijer, einem ehemaligen schwedischen Berufssoldaten, aufgedeckt wurde. Er wurde 1957 für das schwedische Gladio-Netzwerk angeworben und arbeitete jahrzehntelang als Regionalkommandeur. Fast 80 Jahre alt, erinnerte er sich im schwedischen Fernsehsender TV 4, wie die Briten ihn in verdeckten Aktionen in England ausgebildet hatten. «1959 ging ich über London auf eine Farm außerhalb von Eaton. Dies geschah unter striktester Geheimhaltung, beispielsweise mit einem gefälschten Reisepass. Ich durfte nicht einmal meine Frau anrufen», erinnerte sich Geijer. «Das Ziel der Ausbildung war es zu lernen, wie man tote Briefkästen nutzt, geheime Botschaften verschickt und empfängt und andere Übungen im Stile von James Bond. Die Briten waren sehr hart. Manchmal hatte ich das Gefühl, dass wir es ein wenig übertrieben.»[44]

Als die geheimen Armeen in ganz Westeuropa Ende 1990 entdeckt wurden und das Licht sich auch auf die früher verborgene britische Beteiligung an der Operation konzentrierte, weigerte sich die Regierung von John Major, Stellung zu beziehen. «Ich fürchte, ich werde nicht über Sicherheitsangelegenheiten diskutieren», sagte der Regierungssprecher der wissbegierigen britischen Presse Tag für Tag.[45] Das britische Parlament wollte keine offene Debatte oder parlamentarische Untersuchung, und noch im Sommer 1992 bedauerte der Journalist Hugh O'Shaughnessy, dass «die Stille in Whitehall und die fast vollkommen fehlende Neugierde unter den Abgeordneten an einer Affäre, in die Großbritannien so zentral verwickelt war, doch sehr bemerkenswert ist».[46] Es wurde der BBC überlassen zu vermerken, dass «Englands Rolle beim Aufbau der Stay-behinds in ganz Europa absolut grundlegend war». In ihrer *Newsnight*-Sendung vom 4. April 1991 betonte die BBC die kriminelle Dimension der Geheimarmeen und berichtete, dass, wenn «die Masken fallen, man nur noch den blanken Horror sieht». Die BBC fand sehr richtig heraus, dass die Geheimarmeen sich außer an ihrer Stay-behind-Aufgabe auch an politischen Manipulationen beteiligt hatten: «Ebenso wie das Schwert des Gladiators zweischneidig war, gab es auch zwei Seiten in der Geschichte des modernen Gladio.» Die Frage ist, so wurde die Dokumentation fortgesetzt, «wurde Gladio mit all seinen versteckten Vorräten an Waffen und Sprengstoff von seinen Mentoren ... für interne Subversionen gegen ... die Linke benutzt? Waren die Agenten des Staates wirklich verantwortlich für eine ungeklärte Welle von terroristischen Morden?» Und welche Rolle spielte Großbritannien dabei? «Wir haben Beweise, dass schon bei Beginn von Gladio», erklärte der italienische Parlamentarier Sergio de Julio vor laufender Kamera, «Offiziere zur Ausbildung nach England geschickt wurden. Sie hatten die Aufgabe, das erste Samenkorn der Organisation Gladio zu sein. Also haben wir Beweise für die Kooperation, sagen wir einmal, für die Kooperation zwischen Großbritannien und Italien.»[47]

Peter Marshall, Journalist der BBC, interviewte den italienischen General Gerardo Serravalle, der die italienische Gladio von 1971 bis 1974 kommandiert hatte, und fragte ihn direkt nach der Rolle der Briten. Der italienische General bestätigte, dass die Zusammenarbeit mit den Briten sehr intensiv war: «Ich lud sie [die Briten] ein, weil wir ihre Stützpunkte in England besucht hatten – die Stay-behind-Stützpunkte [Englands] –, und im Gegenzug sprach ich eine Einladung aus. «Der Journalist Marshall fragte: «Wo liegt denn der britische Stay-behind-Stützpunkt?» Daraufhin lachte General Serravalle und antwortete: «Es tut mir leid, aber ich werde Ihnen nicht sagen, wo er liegt, denn das unterliegt der Geheimhaltung Ihres Landes.» Dann fragte Marshall, um eine konkrete Antwort zu erhalten: «Aber Sie waren von den Briten beeindruckt?» Worauf Serravalle antwortete: «Ja, das war ich. Weil er [der britische Geheimdienst] sehr effizient, sehr gut organisiert ist, und auch der Stab war hervorragend.»[48]

Ein Jahr später griff die BBC das Thema Gladio noch einmal auf und strahlte drei ausgezeichnete Dokumentarfilme von Allan Francovich über Gladio aus. Nur wenige hatten so viel Erfahrung mit der Produktion von Dokumentationen über heikle Themen wie der Filmemacher Francovich. Für seinen Film «On Company Business», worin er die dunklen Seiten der CIA aufdeckte, erhielt er 1980 beim Berliner Filmfestival Berlinale den International Critics Award für den besten Dokumentarfilm. Und 1995 präsentierte er mit seinem Dokumentarfilm «The Maltese Double Cross» die Verbindung zwischen dem Absturz des PanAm-Fluges 103 über Lockerbie 1988 und dem versehentlichen Abschuss des Iran-Air-Fluges 655 durch das amerikanische Kriegsschiff Vincennes im selben Jahr. «Jene Kreuzritter der Wahrheit sind extrem selten, die sich immer wieder in persönliche Gefahr begeben, so wie Francovich es tat», erinnerte sich sein Freund Tam Dalyell an den großartigen Dokumentarfilmer, nachdem Francovich, als er am 17. April 1997 in die USA einreiste, im Zollbereich des Flughafens von Houston in Texas unter mysteriösen Umständen an einem Herzinfarkt starb.[49]

Hauptsächlich auf der Grundlage von Interviews und fast ausschließlich auf Gladio in Italien und Belgien konzentriert, zeigen die von der BBC ausgestrahlten Dokumentarfilme von Francovich eine ganze Reihe von Gladio-Schlüsselfiguren wie Licio Gelli, den Kopf der P2, den italienischen rechtsextremen Aktivisten Vincenzo Vinciguerra, den venezianischen Richter und Entdecker der Gladio Felice Casson, den italienischen Gladio-Kommandeur General Gerardo Serravalle, Senator Roger Lallemand, Leiter der belgischen parlamentarischen Untersuchung von Gladio, Decimo Garau, den ehemaligen italienischen Ausbilder auf dem sardischen Gladio-Stützpunkt, William Colby, den ehemaligen Direktor der CIA und Martial Lekeu, ein ehemaliges Mitglied der belgischen Gendarmerie, um nur einige zu nennen.[50]

«Die Stay-behind-Organisationen sind meiner Meinung nach ganz einfach deshalb entstanden, weil man sichergehen wollte, dass im schlimmsten Fall, wenn eine kommunistische Partei an die Macht käme, es einige Agenten gäbe, die uns Hinweise geben würden, uns sagen würden, was vor sich geht, und anwesend sein würden», erklärte beispielsweise Ray Cline, stellvertretender Direktor der CIA von 1962 bis 1966, gegenüber Francovich. «Es ist nicht unwahrscheinlich, dass auch einige rechtsextreme Gruppen rekrutiert wurden und zu Stay-behind-Agenten ausgebildet wurden, die uns wirklich Hinweise gegeben hätten, wenn sich ein Krieg angebahnt hätte. Und deshalb ist es in Ordnung, wenn man Leute vom rechten Flügel zwar nicht zu politischen Zwecken, jedoch für geheimdienstliche Zwecke nutzt», sagte Cline in diesem Film weiter.[51] Die Zeitungen in London berichteten am Tag nach der Ausstrahlung des Films, dass es «eines dieser Programme war, das eigentlich Regierungen zu Fall bringen sollte. Aber das sofortige totale Vergessen, welches beim Fernsehen üblich ist, führte dazu, dass über die brisante Sendung von den Zeitungen am nächsten Tag überhaupt nicht berichtet wurde.»[52]

Die Quellen zu Großbritannien zeigen, dass die Engländer über ihre Präsenz in der NATO, ihren Auslandsgeheimdienst MI6 und ihre Spezialeinheiten SAS zusammen mit den Amerikanern eine ganz zentrale Rolle beim Aufbau der internationalen Geheimarmeen eingenommen haben. Ob Großbritannien über diese Netzwerke gezielt Terroranschläge in anderen Ländern ausführen ließ, ist bis heute ungeklärt, weil die britische Regierung sich strikt weigert, die Stay-behind-Geheimarmeen zu untersuchen oder auch nur zu kommentieren. Das Thema Terrorismus blieb indes auf tragische Weise auch in Großbritannien auf der Agenda: Am 7. Juli 2005 explodierten in London in einem Bus und in drei Untergrundbahnen Bomben, welche 56 Todesopfer und 700 Verletzte forderten. Für den Anschlag wurden militante Muslime verantwortlich gemacht.

5

Der geheime Krieg in den Vereinigten Staaten von Amerika

Nach der Niederlage Deutschlands und Italiens befahl der amerikanische Präsident Harry Truman der amerikanischen Luftwaffe, Atombomben auf die Städte Hiroshima und Nagasaki abzuwerfen, worauf die Kapitulation Japans 1945 den Zweiten Weltkrieg beendete. Während Westeuropa in Ruinen lag, blühte die Wirtschaft in den USA. Doch trotz der militärischen und wirtschaftlichen Stärke fürchtete das Weiße Haus die Vorstellung, dass der Weltkommunismus unaufhaltbar voranschreiten könnte. Nachdem die USA und Großbritannien zwischen 1918 und 1920 wiederholt, jedoch vergeblich in die Sowjetunion vorgestoßen waren, diente die militärische Allianz mit der Roten Armee während des Zweiten Weltkriegs nur dazu, Hitler und Mussolini zu besiegen und Europa zu befreien. Sofort nach dem Krieg brachen die Feindseligkeiten zwischen den ehemaligen Waffenbrüdern wieder auf, und sie wurden im Kalten Krieg zu erbitterten Feinden. Als die USA nach dem Krieg Westeuropa sicherten und in Griechenland gegen die Linken kämpften, sicherte Stalin die Ostfront, von der aus Russland in zwei Weltkriegen angegriffen worden war. Truman verfolgte aufmerksam und mit großem Unbehagen die Errichtung kommunistischer Marionettenregime in Polen, Ostdeutschland, Ungarn, Rumänien und in der Tschechoslowakei, als Stalin entsprechend der Doktrin der begrenzten Souveränität die Länder in Osteuropa unter die Kontrolle einheimischer Oligarchen, der brutalen sowjetischen Streitkräfte und des sowjetischen Geheimdienstes KGB stellte. Truman war ebenfalls davon überzeugt, dass auch in den nominellen souveränen Demokratien von Westeuropa die kommunistischen Parteien heimlich bekämpft und geschwächt werden müssten.

Die CIA versuchte auch in China eine Geheimarmee aufzubauen, um das

Voranschreiten des Kommunismus zu stoppen, doch das gelang nicht, als Mao und die Chinesische Kommunistische Partei 1949 die Kontrolle übernahmen. Der ehemalige CIA-Direktor William Colby erinnerte sich: «Ich habe mich immer gefragt, ob das Stay-behind-Netz, das wir aufgebaut haben, auch unter sowjetischer Herrschaft funktioniert hätte. Wir wissen, dass die Anstrengungen, die wir zur Organisation solcher Netze in letzter Minute 1950 in China und in Nordvietnam 1954 unternahmen, vergeblich waren.» Nach dem Korea-Krieg, der im Jahr 1950 an der fragilen Grenze, zwischen dem von den Amerikanern kontrollierten Südkorea und dem kommunistischen Nordkorea ausbrach, versuchte die amerikanische Armee den kommunistischen Einfluss in Nordkorea einzudämmen, doch auch das misslang. Weiterhin versuchte die CIA mit verdeckten Operationen und Geheimarmeen in einer Reihe von Ländern Osteuropas die Kontrolle zu gewinnen, versagte aber auch in diesen Ländern. «Wir wissen, dass unsere Bemühungen, sie [antikommunistische Armeen] von außen zu organisieren, in den 50er-Jahren durch die Geheimpolizei in Polen durchbrochen und untergraben wurden, so wie es auch in Albanien der Fall war», erinnerte sich Colby an die Bemühungen der CIA, im Ostblock antikommunistische Armeen aufzubauen.[1]

In den Ländern der «Dritten Welt», in Afrika, Lateinamerika und Teilen von Asien, wurden Variationen von Kommunismus und Sozialismus sehr beliebt als eine Möglichkeit, den Reichtum gleichmäßiger zu verteilen und von den kapitalistischen Industrieländern der «Ersten Welt» unabhängig zu werden. Im Iran legte Mossadegh ein sozialistisches Programm vor und versuchte, Teile des Ölreichtums an die Bevölkerung zu verteilen. Nachdem Indien die Unabhängigkeit von England errungen hatte, begann auch in Afrika ein linksgerichteter antikolonialer Kampf, der 1960 seinen Höhepunkt fand, als Kamerun, Togo, Madagaskar, Somalia, Niger, Tschad, Kongo, Gabun, Senegal, Mali, die Elfenbeinküste, Mauretanien und die Zentralafrikanische Republik ihre Unabhängigkeit erklärten. In Südostasien zeigten sich auf den Philippinen und in Vietnam nach dem Rückzug der japanischen Besatzungstruppen starke linke und kommunistische antikoloniale Bewegungen, was zuerst in Vietnam zum «Französischen Krieg» führte und danach zum «Amerikanischen Krieg», der erst 1975 mit dem Sieg der vietnamesischen Kommunisten endete.

Nach Meinung der Kalten Krieger im Weißen Haus endete der Krieg nicht schon 1945, sondern wechselte ganz einfach auf ein geheimes und leises Niveau, als die Geheimdienste ein wichtiges Instrument der Staatsmacht wurden. Der amerikanische Präsident Roosevelt folgte Ende 1944 dem Vorschlag von William Donovan, der während des Krieges den amerikanischen Geheimdienst Office of Strategic Services (OSS) geleitet hatte, und versuchte auch für Friedenszeiten einen amerikanischen Geheimdienst einzurichten, um geheime Operationen in fremden Ländern gegen Kommunisten und andere ausgewiesene Feinde der Vereinigten Staaten auszuführen. Doch Edgar Hoover, Direktor des amerikanischen Geheimdienstes FBI, widersetzte sich diesem Plan Roosevelts, weil er befürchtete, dass sein eigenes FBI welches auch geheime Operationen ausführte, an Einfluss verlieren könnte. Deshalb spielte Hoover Kopien von Donovans Memo und Roosevelts Ausführungsbefehl einem Reporter der Tageszeitung *Chicago Tribune* zu, worauf am 9. Februar 1945 die Schlagzeilen lauteten: «Ein neuer Regierungsbeschluss plant ein Super-Spionagesystem – Spürhunde würden uns und die Welt ausschnüffeln – die Welt und auch unser Land wird ausspioniert – eine Super-Gestapo wird in Betracht gezogen.» Die *Tribune* berichtete, dass «in hohen Kreisen, wo das Memorandum oder der Entwurf zirkuliert, die vorgeschlagene Einheit unter dem Namen ‹Frankfurters Gestapo› bekannt ist, in Anlehnung an den Richter Frankfurter des Supreme Court und den gefürchteten deutschen Geheimdienst Gestapo». Der Artikel enthüllte, dass der neue Geheimdienst dazu ausersehen war, einen geheimen Krieg zu führen, und «... subversive Operationen im Ausland ... durchführen soll ... und Militär- und Marinepersonal erhalten soll, das zur Ausführung erforderlich wäre».[2]

Da die Erinnerungen an den deutschen Geheimdienst Gestapo immer noch lebendig waren, waren die amerikanischen Bürger alarmiert, und der Aufschrei des Volkes machte Donovans Initiative effektiv zunichte – zur Freude des FBI-Direktors Hoover. Zuerst wurde der Plan aufs Eis gelegt. Doch schon bald wurden die Diskussionen um einen neuen Geheimdienst auf hoher Ebene unter äußerster Geheimhaltung fortgesetzt. Nach Roosevelts Tod etablierte Präsident Harry Truman im Januar 1946 mit einer präsidialen Anordnung die neue Central Intelligence Group (CIG) als neuen amerikanischen Geheimdienst für Friedenszeiten. Dieses Ereignis wurde im Weißen Haus mit einer bemerkenswert exzentrischen Party gefeiert. Truman beschenkte seine Gäste mit schwarzen Mänteln, schwarzen Hüten, schwarzen Oberlippenbärtchen und hölzernen Dolchen und gab bekannt, dass der erste CIG-Direktor Admiral Sidney Souers «Direktor des zentralisierten Schnüffelns» werden sollte.[3]

Die Central Intelligence Group blieb eine schwache Interimslösung, und Truman bemerkte bald, dass die geheime Hand des Weißen Hauses gestärkt werden musste. Deshalb wurde im Juli 1947 der «National Security Act» (das nationale Sicherheitsgesetz) erlassen, wodurch sowohl die «Central Intelligence Agency» (CIA) als auch der «National Security Council» (NSC) geschaffen wurden. Dieses Mal wurde die «amerikanische Gestapo» von der Presse nicht kritisiert. Vom Präsidenten selbst, dem Vizepräsidenten, dem Außenminister, dem Verteidigungsminister, dem Direktor der CIA, dem nationalen Sicherheitsberater, dem Vorsitzenden des Vereinigten Generalstabs und anderen hochrangigen Personen und Spezialberatern besetzt, «hat sich der National Security Council zu etwas entwickelt, das man ohne Übertreibung den mächtigsten Stab in Washington nennen kann».[4] Wie es in der Geschichte schon oft geschehen war, führte die Konzentration der Macht zu Missbrauch, diesmal im Weißen Haus und im NSC. Auch im 21. Jahrhundert bleibt der NSC «eine ganz spezielle Einrichtung, von der man weiß, dass sie sich in der Vergangenheit jenseits der Grenze der Legalität bewegt hat».[5]

Besonders wichtig ist, dass der National Security Act eine «legale» Grundlage für amerikanische verdeckte Aktionen und geheime Kriege gegen andere Länder bot, weil die CIA den Auftrag erhielt, «geheimdienstliche Funktionen und Aufgaben durchzuführen, wie sie der National Security Council im Interesse der nationalen Sicherheit von Zeit zu Zeit anordnet».[6] Es war nicht ironisch gemeint, doch dieser Satz war eine fast perfekte Kopie von dem, was Hoover im Jahr 1945 öffentlich gemacht hatte. Die vage Formulierung trug einerseits dazu bei, dass man vorgeben konnte, dass amerikanische verdeckte Aktionen auf einer soliden gesetzlichen Grundlage beruhten, und andererseits vermied man dadurch, mit zahlreichen Gesetzen, einschließlich der Verfassung und vielen internationalen Verträgen, zu brechen. Der stellvertretende CIA-Direktor Ray Cline nannte den unrühmlichen Satz zu Recht «eine elastische, allumfassende Klausel».[7] Und Clark Clifford erklärte später, dass «wir sie (die verdeckten aktiven Operationen) nicht namentlich erwähnten, weil wir das Gefühl hatten, es würde unseren nationalen Interessen schaden, wenn wir die Tatsache bekanntmachten, dass wir uns an derartigen Aktionen beteiligen würden».[8]

Das erste Land, das vom Weißen Haus mit dem neu geschaffenen Instrument der CIA ins Visier genommen wurde, war Italien. Das erste nummerierte Dokument, das vom NSC herausgegeben wurde, NSC 1/1 vom 14. November 1947, analysierte, dass «die italienische Regierung, die ideologisch zur westlichen Demokratie neigt, schwach ist und das Ziel ständiger Angriffe der starken kommunistischen Partei ist».[9] Deshalb wurde in einer der ersten geheimen Konferenzen des neu geschaffenen NSC am 19. Dezember 1947 die Verfügung NSC 4-A erlassen, die CIA-Direktor Hillenkoetter befahl, eine breit angelegte Reihe von verdeckten Aktionen in Westeuropa zu unternehmen, um bei den anstehenden Wahlen einen Sieg der Kommunisten zu verhindern. NSC 4-A war ein streng geheimes Dokument, da amerikanische heimliche Aktionen in Westeuropa besonders heikel waren. Es gab davon nur drei Kopien, von denen Hillenkoetter eine «im Büro des Direktors streng bewachte, wo Mitglieder seines Stabes, ‹die es nicht wissen mussten›, keinen Zugang erhalten konnten». Eine zweite Kopie lag bei George F. Kennan im Außenministerium.[10] Der «Grund für eine so große Geheimhaltung war allen klar», hielt die Geschichte der CIA fest, denn «es gab zu dieser Zeit in diesem Land Bürger, die entsetzt gewesen wären, hätten sie von der Existenz von NSC 4-A erfahren».[11]

Die Operationen in Italien schwächten die Kommunisten und waren ein Erfolg. Präsident Truman begeisterte sich für geheime Aktionen als ein Mittel der Staatskunst und drängte darauf, dass die Macht der CIA auf diesem Gebiet über Italien hinaus ausgedehnt werden müsse. Deshalb stimmte der NSC am 18. Juni 1948 der berüchtigten Direktive NSC 10/2 zu, welche die CIA ermächtigte, verdeckte Aktionen in allen Ländern der Welt durchzuführen und innerhalb der CIA eine Abteilung für Geheimaktionen zu schaffen, die den Namen «Office of Special Projects» (Büro für spezielle Projekte) trug, eine Bezeichnung, die schon bald zum weniger auffälligen «Office of Policy Coordination (OPC)» (Büro für politische Koordination) umbenannt wurde. NSC 10/2 wies an, dass das OPC «verdeckte Operationen planen und durchführen» solle. Mit «verdeckten Operationen» bezeichnete der NSC alle Aktivitäten, «die von dieser Regierung gegen feindliche fremde Staaten oder Gruppen angeordnet oder unterstützt werden, oder freundschaftlich verbundene Staaten oder Gruppen unterstützen, die aber so geplant und durchgeführt werden müssen, dass jegliche Verantwortung der Vereinigten Staaten nicht autorisierten Personen verborgen bleibt und dass die amerikanische Regierung, wenn sie dennoch aufgedeckt würden, immer plausibel erklären könnte, sie habe mit der Sache nichts zu tun». Insbesondere verdeckte Operationen sollen entsprechend NSC 10/2 «alle heimlichen Aktivitäten umfassen, die etwas mit Propaganda, wirtschaftlicher Kriegsführung und präventiven direkten Aktionen zu tun haben, einschließlich Sabotage, Antisabotage, Zerstörung und Maßnahmen zur Evakuierung, auch Subversion gegenüber feindlichen Staaten, einschließlich der Unterstützung von Untergrundbewegungen im Widerstand, Guerillas und Flüchtlingsbefreiungsgruppen, und der Unterstützung einheimischer antikommunistischer Elemente in bedrohten Ländern der freien Welt». Die Direktive NSC 10/2 deckte also auch die Einrichtung antikommunistischer Gladio-Armeen in Westeuropa ab, jedoch wurde konventionelle Kriegsführung ausdrücklich ausgeschlossen, ebenso wie Operationen zur Aufklärung und Gegenaufklärung: «Nicht zu diesen Operationen gehören bewaffnete Konflikte durch nationale Einheiten der Armee, Spionage, Gegenspionage und verdeckte Operationen für militärische Zwecke.»[12] Alles in allem unterschied sich die geheime NSC 10/2 ganz beträchtlich von den Werten und Prinzipien, die Truman in seiner bekannten «Truman-Doktrin» im März 1947 öffentlich zum Ausdruck gebracht hatte.

Die relativ kurze Zeit von fünf Jahren, die dem Ende des Zweiten Weltkriegs folgte, hatte somit die Einrichtung eines mächtigen amerikanischen geheimdienstlichen Komplexes erlebt, der, weitestgehend außerhalb der Kontrolle der amerikanischen Bürger, sowohl innerhalb als auch außerhalb des Landes operiert. «Als ich die CIA aufbaute, dachte ich nie daran, dass sie auch in Friedenszeiten in geheime Dolch-Aktionen einbezogen würde», behauptete Truman, nachdem er in den Ruhestand getreten war.[13] Und 1964, acht Jahre vor seinem Tod, betonte Truman noch einmal, er habe nie beabsichtigt, dass die CIA «als eine internationale Agentur operieren und in seltsame Aktivitäten verwickelt sein würde». Doch zu dieser Zeit war der Krieg der Geheimdienste schon lange nicht mehr unter Kontrolle. «Während seines 20-jährigen Ruhestands schien Truman zuweilen erstaunt, sogar etwas entsetzt über die Größe und die Macht der Geheimdienste, die er in die Welt gesetzt hatte», fasste der britische Historiker Christopher Andrew die Gefühle des Präsidenten im Ruhestand zusammen.[14]

Auch George Kennan, ein begeisterter Anhänger verdeckter Aktionen und glühender Antikommunist innerhalb des politischen Planungsstabes des Außenministeriums unter der Truman-Administration, hatte die Genehmigung des NSC 10/2 und die verdeckten Operationen der CIA in Italien und darüber hinaus heftig unterstützt. Dennoch war er sich wie Truman des heiklen Pfades bewusst, den die Vereinigten Staaten damit verfolgten. «Letztlich ist die größte Gefahr, die uns im Umgang mit dem Problem des sowjetischen

Kommunismus drohen kann, dass wir uns selbst ebenfalls das erlauben, was diejenigen tun, mit denen wir uns anlegen», schrieb Kennan in seinem berühmten langen Telegramm über die Sowjetunion mit Hinweisen auf eine geheime Regierung, auf totalitäre Strukturen und die Manipulation ausländischer Regierungen.[15] Dreißig Jahre später gab Kennan als alter Mann zu: «Es hat nicht ganz so funktioniert, wie ich es mir vorgestellt habe.»[16]

Um zu garantieren, dass ein plausibles Dementi aufrechterhalten werden konnte, blieb die Mehrheit der Mitschriften der NSC-Konferenzen, ebenso wie die Mehrheit der NSC-Analysen und Entscheidungen für die Forschung nicht zugänglich. Dennoch überprüfte der amerikanische Kongress nach der Watergate-Krise die CIA und den NSC kritisch und fand heraus, dass «die nationalen Wahlen in Europa im Jahr 1948 eine erstrangige Motivation für die Errichtung des OPC waren». Die Gefahr des Kommunismus in Westeuropa beeinflusste somit den Beginn der verdeckten Operationen der CIA nach dem Zweiten Weltkrieg. «Durch finanzielle Zuwendungen an Zentrumsparteien und sich entwickelnde Medien versuchte das OPC die Wahlergebnisse zu beeinflussen – mit ansehnlichem Erfolg», befanden die amerikanischen Senatoren in ihrem Abschlussbericht, der 1976 veröffentlicht wurde. «Diese Aktivitäten bildeten die Basis für verdeckte politische Aktionen in den nächsten 20 Jahren. Bis 1952 waren allein in einem europäischen Land 40 verschiedene Projekte heimlicher Aktionen in vollem Gange.» Auf den ausdrücklichen Wunsch des Pentagons zählte zur Arbeit der CIA-Abteilung für verdeckte Operationen auch der Aufbau der geheimen Gladio-Armeen in Westeuropa: «Bis 1950 waren die paramilitärischen Aktionen des OPC (die auch als Präventivmaßnahmen bezeichnet wurden) auf Planungen und Vorbereitungen für Stay-behind-Netzwerke für den Fall eines künftigen Krieges begrenzt. Auf Wunsch der Stabsleitung konzentrierten sich diese geplanten Operationen, wieder einmal, auf Westeuropa und waren dazu gedacht, die NATO-Streitkräfte bei einem sowjetischen Angriff zu unterstützen.»[17]

George Kennan wählte Frank Wisner als den ersten Kommandeur der CIA-Abteilung für verdeckte Aktionen (OPC) aus, einen Rechtsanwalt, der seine Kanzlei an der Wall Street hatte und aus dem Bundesstaat Mississippi stammte. Er hatte auch schon während des Zweiten Weltkriegs OSS-Abteilungen in Istanbul und Bukarest kommandiert.[18] Wisner und andere amerikanische OPC-Offiziere «waren meist weiße (männliche) angelsächsische Patrizier aus alten Familien mit altem Geld ... und sie hatten irgendwie traditionelle britische

Verhaltensweisen gegenüber den farbigen Rassen der Welt in den Genen».[19] Wisner hütete die höchst geheime NSC-10/2-Charta sehr gründlich. «Immer, wenn jemand aus dem OPC in der NSC 10/2 lesen wollte, musste er ein spezielles Dokument unterzeichnen, bevor ihm Zugang gewährt wurde. Dann wurde ihm eine der zwei oder drei Kopien der Direktive ausgehändigt, die Wisner in einem Safe in seinem Büro aufbewahrte.»[20] Der Geist im neuen amerikanischen Zentrum für verdeckte Aktionen (OPC) war aggressiv, begeistert, verschwiegen und moralisch sorglos, und Wisner bestand in einer der ersten OPC-Konferenzen mit Hillenkoetter und Kennan am 6. August 1948 darauf, dass es ihm erlaubt sei, NSC 10/2 in vollem Umfang zu nutzen und ihm ein «breiter Handlungsspielraum» bei der Wahl seiner «Methoden bei Operationen» zur Verfügung stand. Wisner wollte seine verdeckten Aktionen, so wie er es sah, ohne Beschränkungen durch moralische Regeln oder «irgendwelche bestehenden Methoden» durchführen. Hillenkoetter und Kennan stimmten dem zu.[21]

Als Direktor des OPC wurde Wisner zum Chefarchitekten des Netzwerks der Geheimarmeen in Westeuropa. «Frank Wisner vom OPC beauftragte seinen Adjutanten Frank Lindsay, das Stay-behind-Netzwerk in Europa zu koordinieren», enthüllte die belgische Presse nach der Aufdeckung der geheimen Gladio-Armeen. Wie Wisner hatte Lindsay sein Handwerk im amerikanischen Geheimdienst OSS während des Zweiten Weltkriegs in Jugoslawien erlernt und kannte die kommunistischen Taktiken aus erster Hand. Lindsay, so hoben die belgischen Enthüllungen hervor, «schickte William Colby (der die CIA von 1973 bis 1976 leitete) in die skandinavischen Länder und Thomas Karamessiness nach Griechenland, wo er später mit der Unterstützung des KYP, des griechischen Geheimdienstes, rechnen konnte».[22]

Als die Vereinigten Staaten ihre internationalen verdeckten Operationen intensivierten, wuchs das OPC, und am Ende von Wisners erstem Dienstjahr hatte er 300 Angestellte und sieben Leitstellen in Übersee, die sich in zahlreichen unterschiedlichen geheimen Missionen engagierten. Drei Jahre später, im Jahr 1951, war das OPC auf 2812 vollbeschäftigte Mitarbeiter, 47 Leitstellen in Übersee mit weiteren 3142 vertraglich gebundenen Agenten angewachsen, und das Budget war im gleichen Zeitraum von 4,7 auf 82 Millionen Dollar pro Jahr gestiegen.[23] Selbst Bedell Smith, der im November 1950 Hillenkoetter als Chef der CIA ersetzt hatte, vertrat im Mai 1951 die Ansicht, dass «der Bereich der verdeckten Operationen der CIA inzwischen weit über das hinausgeht, was im NSC 10/2 beabsichtigt war».[24] Die Ausweitung der verdeckten Aktionen war so drastisch, dass der ziemlich abgebrühte Smith «sich über die Größe und die Wachstumsrate des OPC-Budgets Sorgen machte».[25]

Allen Dulles, der Smith als Direktor der CIA im Jahr 1953 ersetzte, war davon überzeugt, dass die verdeckten Aktionen ein ausgezeichnetes Mittel für den Kampf gegen den Kommunismus seien und die Interessen der USA klammheimlich im Ausland förderten. Er beobachtete die Arbeit des OPC-Direktors Frank Wisner und seines Adjutanten Frank Lindsay, der in Bezug auf die Geheimarmeen sehr eng mit Gerry Miller, dem Chef des westeuropäischen CIA-Büros, zusammenarbeitete. Miller rekrutierte zusammen mit anderen hochrangigen CIA-Beamten CIA-Agenten, die nach Westeuropa geflogen werden sollten. Sie hatten die Aufgabe, Stay-behind-Netze aufzubauen. Unter denen, die rekrutiert wurden, war auch William Colby, der später CIA-Direktor werden sollte. Wie viele andere geheime Soldaten war Colby während des Zweiten Weltkriegs dem OSS beigetreten und sprang per Fallschirm über dem besetzten Frankreich ab, um dort mit der «Resistance» zusammenzuarbeiten. Während des Krieges wurde er noch einmal ins Ausland geschickt, als er kurz vor dem Kriegsende über Norwegen absprang, um dort Transportwege in die Luft zu jagen. Im April 1951 saß Colby vor Millers Schreibtisch. Die beiden Männer kannten einander gut, weil Miller während des Zweiten Weltkriegs Colbys Vorgesetzter bei OSS-Operationen in Norwegen war. Ihrem Verständnis nach hatte der Krieg nie aufgehört, und Miller teilte Colby der Einheit von Lou Scherer in Westeuropas skandinavischer CIA-Niederlassung zu: «Also gut, Bill, dann leg mal los», sagte Miller. «Was wir wollen, ist eine gute und solide Aufklärung und ein Widerstandsnetzwerk, auf das wir uns verlassen können, falls die Russen jemals diese Länder übernehmen sollten. Wir haben einige Pläne im Anfangsstadium, doch müssen diese noch ausgefeilt und umgesetzt werden. Du wirst für Lou Scherer arbeiten, bis wir sehen, was noch getan werden muss.»[26]

Colby wurde von der CIA dahingehend instruiert, dass er den Aufbau des Gladio-Netzwerks in Skandinavien unterstützen solle – «denn wie sich herausstellte, war einer der hauptsächlichen Arbeitsbereiche des OPC die Planung für die nicht unwahrscheinliche Möglichkeit einer sowjetischen Invasion in Westeuropa. Und für den Fall, dass es den Russen gelingen würde, ein oder alle Länder des Kontinents zu übernehmen, erklärte Miller, wollte das OPC in der Lage sein, gut bewaffnete und gut organisierte Partisanenaufstände gegen die

Eindringlinge aktivieren zu können», schreibt Colby in seinen Memoiren. «Dieses Mal, sagte Miller, wollten wir wirklich die Widerstandskapazitäten vor der Besetzung an Ort und Stelle haben, tatsächlich sogar vor einer Invasion. Wir waren entschlossen, diese jetzt zu organisieren und mit Vorrat zu versorgen, da wir noch genug Zeit haben, um uns richtig und ohne viel Risiko vorbereiten zu können», beschrieb Colby das, was seiner Meinung nach eine ehrenhafte Operation war. «Somit hatte das OPC quer durch die Länder Westeuropas ein wichtiges Aufbauprogramm durchgezogen, welche ein wahrscheinliches Angriffsziel der Sowjets waren. In der Sprache der Geheimdienste wurden sie Stay-behind-Netzwerke genannt, verborgene Infrastrukturen von Anführern und Ausrüstung, ausgebildet und bereit, als Sabotage- und Spionagekräfte aktiv zu werden, wenn es an der Zeit war.» Zu diesem Zweck schickte Miller CIA-Agenten in alle Länder Westeuropas, «und die Aufgabe, die Miller mir zugewiesen hatte, waren die Planung und der Aufbau solcher Stay-behind-Netzwerke in Skandinavien».[28]

Innerhalb der NATO wurde die Kommandozentrale im Pentagon in Washington in allen Einzelheiten über die geheimen Armeen in Westeuropa informiert, als in Westeuropa der SACEUR, immer ein amerikanischer Offizier, die geheimen Armeen und die Kommandozentralen CPC und ACC genau überwachte. Ein internes Pentagon-Dokument aus dem Jahr 1957, einst streng geheim, doch 1978 freigegeben, enthüllt die Existenz einer CPC-Charta, welche die Aufgaben des CPC innerhalb der NATO, des SHAPE und der europäischen Geheimdienste definiert. Die CPC-Charta selbst gilt allerdings noch immer als streng geheim und für die Forschung nicht zugänglich. Das fragliche Dokument ist ein Memorandum, datiert vom 3. Januar 1957, für den amerikanischen Generalstab, verfasst vom amerikanischen General Leon Johnson, dem Repräsentanten der Vereinigten Staaten beim militärischen Komitee der NATO. Darin kommentiert General Johnson die Beschwerden des damals amtierenden SACEUR, General Lauris Norstad, über die schlechte Qualität der geheimdienstlichen Informationen, die Letzterer während der Suez-Krise im Jahr 1956 erhalten hatte: «SACEUR ist der Überzeugung, dass die vom SHAPE erhaltenen geheimdienstlichen Informationen von nationalen Behörden den Spannungen der letzten Zeit nicht angemessen waren. Er stellt fest, dass jegliche Nachprüfung geheimdienstlicher Unterstützung für das SHAPE auch die Frage enthalten sollte, wie der Zufluss an Informationen vergrößert und beschleunigt werden könnte.»

In diesem Zusammenhang überlegte SACEUR Norstad, ob das CPC dazu genutzt werden könnte, die Situation zu verbessern. Der amerikanische NATO-General wollte also das Gladio-Netzwerk nutzen. «Außerdem schreibt SACEUR im Verweis a, dass es im Verweis b, der Charta des SHAPE Clandestine Planning Committee (CPC), keine Bestimmung gebe, welche die Untersuchung von heimlichen Aktivitäten in Friedenszeiten verbietet. Er empfiehlt ausdrücklich, dass das SHAPE CPC autorisiert sein sollte, a) die dringenden nachrichtendienstlichen Anforderungen des SHAPE in Friedenszeiten zu überprüfen, b) Möglichkeiten zu untersuchen, wie die nationalen Geheimdienste zu einer Verbesserung des geheimen Informationsflusses an das SHAPE beitragen können.» Im Gegensatz zu NATOs SACEUR Norstad glaubte General Johnson, dass die Charta des CPC es verbiete, dass das Gladio-Netzwerk in solcher Weise genutzt werde. Norstad schrieb in seinem Memorandum: «Während es im Verweis b [der CPC-Charta] nichts gibt, das eindeutig verbietet, dass das CPC die verschiedenen geheimdienstlichen Aktivitäten in Betracht zieht, glaube ich, dass dies eine ungerechtfertigte Ausdehnung der Aktivitäten des CPC ist. Es ist meine Interpretation des Verweises b [der CPC-Charta], dass das CPC einzig zu dem Zweck geschaffen wurde, in Friedenszeiten die Mittel zu planen, mit denen die Anforderungen des SACEUR zu Kriegszeiten erfüllt werden könnten. Mir scheint es, dass der ganze geheimdienstliche Informationsfluss bis hin zum SHAPE, gleichgültig aus welcher Quelle, von den normalen Geheimdiensten übernommen werden sollte.» Daraus schloss der General: «Ich empfehle, dass Sie einer Erweiterung des Spielraums der Aktivitäten des SHAPE CPC nicht zustimmen werden ... Leon Johnson.»[29]

Das Pentagon, das als eigentliches «Gladio-Zentrum» bezeichnet werden kann, war nicht nur über die NATO, sondern auch über die amerikanischen Spezialeinheiten in den geheimen Krieg gegen die Kommunisten in Westeuropa verwickelt, da diese zusammen mit dem SAS die Mitglieder des Stay-behind-Netzwerks ausbildeten. Als der Geheimdienst für Kriegszeiten OSS nach dem Krieg aufgelöst worden war, verfügten die Amerikaner für kurze Zeit über keine militärischen Spezialeinheiten, bis diese mit Hauptquartier in Fort Bragg, in Virginia, im Jahr 1952 wieder neu eingerichtet wurden. General McClure baute in Fort Bragg ein Zentrum für psychologische Kriegsführung auf, und im Sommer 1952 begann die erste Einheit der Special Forces etwas irreführend unter der Bezeichnung «10. Special Forces Group» unter Colonel Aaron Bank ihre Ausbildung. Die 10. Special Forces Group wurde entsprechend dem OSS organisiert und erbte deren auszuführende Missionen, vergleichbar mit den britischen SAS-Spezialeinheiten, also Sabotage-Missionen, und die Rekrutierung, Ausrüstung und Ausbildung von Partisanen, um das Widerstandspotenzial sowohl in Osteuropa als auch in Westeuropa zu nutzen.[30]

Colonel Bank betonte, dass die Ausbildung der Special Forces die «Organisation von Widerstandsbewegungen und die Arbeit der einzelnen Bestandteile beinhalte, ebenso wie die Guerilla-Kriegsführung, die selbst einen umfassenden Bereich darstellt, wozu nicht nur Organisation, Taktik und Logistik zählen, sondern auch spezielle Zerstörung, Kommunikation per Codes und Funk, Überlebenstraining, die Fairbairn-Methode zum Einzelkampf und instinktives Schießen».[31] Das Flugblatt zur Rekrutierung für junge Männer, die sich dafür interessierten mitzumachen, unterstrich, dass die Bewerber für die amerikanischen Special Forces idealerweise auch europäische Sprachen beherrschen sollten. Aufgeführt wurde: «ein Mindestalter von 21 Jahren, der Rang eines Sergeants, oder höher, eine Ausbildung als Fallschirmspringer oder die Bereitschaft zur Ausbildung zum Fallschirmspringer, Sprachkenntnisse (europäische Sprachen) und/oder Reiseerfahrungen in Europa, ein hervorragender Lebenslauf und so weiter.» Alle mussten bereit sein, mit Fallschirmen abzuspringen und hinter den Linien in Uniform oder als Zivilist bekleidet zu operieren.[32]

Das besiegte Deutschland war die erste Nation, in welche die neu geschaffenen amerikanischen Special Forces abgeordnet wurden. Im November 1953 errichtete die 10. Special Forces Group ihren ersten Stützpunkt in Übersee in einem ehemaligen Nazi-SS-Gebäude, das 1937 während Hitlers Herrschaft erbaut wurde, die Flint-Kaserne im bayerischen Bad Tölz. Später wurden für die Einsätze der amerikanischen Special Forces auch Stützpunkte in Panama errichtet, und die Einsätze in Südostasien wurden von einem Stützpunkt in Okinawa aus auf dem Territorium des besiegten Japan geleitet. Nach dem Gladio-Skandal im Jahr 1990 wurde bekannt, dass Gladiatoren im Lager der 10. Special Forces Group in Bad Tölz in Deutschland ausgebildet wurden und dass europäische Gladiatoren aus zahlreichen Ländern ihre Spezialausbildung auch von den Green Berets in Fort Bragg in Amerika erhalten hätten.[33]

Der italienische Gladio-Kommandeur General Serravalle berichtete, dass im Jahr 1972 die italienischen Gladiatoren von den Green Berets nach Bad Tölz eingeladen worden seien.[34] «Ich habe die 10. Special Forces Group in Bad Tölz in der alten ehemaligen SS-Kaserne mindestens zweimal besucht. Ihr

Kommandeur war Ludwig Fastenhammer, ein Rambo, wie er im Buche steht», erinnert sich der italienische Gladio-General. «Während der Einsatzbesprechungen, in denen die Missionen erklärt wurden, die ich bereits erwähnt habe (Aufstandsbekämpfung, Hilfe für einheimische Widerstandsgruppen und so weiter), fragte ich mehrmals, ob zwischen ihrer Einheit und den verschiedenen Stay-behind-Einheiten, insbesondere Gladio, ein operativer Plan für die Zusammenarbeit existiere.» Serravalle dazu: «Man braucht kein Diplom einer Militärakademie, um festzustellen, dass, wenn die Einheit X dazu gedacht ist, in Kriegszeiten im Bereich Y unter der Aufsicht einer geheimen Einheit Z Unterstützung zu bieten, dazu bereits zu Friedenszeiten mindestens Pläne und Vereinbarungen wenigstens in einem embryonalen Zustand zwischen X und Z erstellt werden müssen.» Die Existenz operativer Pläne zwischen den amerikanischen Green Berets und den britischen SAS-Spezialeinheiten und Gladio schien wahrscheinlich. «Doch es gab keine solchen Pläne», beschwerte sich Serravalle. «Und so hätten die Spezialeinheiten von Bad Tölz im Kriegsfall unser Land infiltriert, um sich am Widerstand und an Aufständen zu beteiligen. Wie sollten unsere Gladiatoren sie empfangen? Mit Gewehrschüssen, da bin ich ganz sicher, weil sie sie für Spetznaz hielten, die Spezialeinheiten der Roten Armee. Der Partisanenkrieg hat uns gelehrt, dass man im Zweifelsfall zuerst schießt und dann nachsieht, wer da am Boden liegt.»[35]

Die ganze Zeit über arbeiteten die amerikanischen Spezialeinheiten eng mit der Abteilung für verdeckte Aktionen der CIA zusammen, die ihre Bezeichnung von OPC in «Directorate of Plans» (DP) geändert hatte, und Wisner war zum stellvertretenden Planungsdirektor befördert worden. Zusammen mit dem CIA-Direktor Allen Dulles intensivierte er die verdeckten Aktionen weltweit. Dulles genehmigte Attentatsversuche auf Castro und Lumumba ebenso wie LSD-Experimente der CIA an unwissenden Personen, von denen sich einige von Wolkenkratzern stürzten und Selbstmord begingen. Zusammen mit Wisner organisierte er den Sturz des iranischen Präsidenten Mossadegh im Jahr 1953 und den Staatsstreich gegen Arbanez, den sozialistischen Präsidenten von Guatemala, im Jahr 1954. Im Jahr 1956 wies Wisner in einem Verweis auf den linken indonesischen Präsidenten Sukarno den Chef seiner Fernostdivision, Alfred Ulmer, an, dass «es an der Zeit ist, Feuer unter Sukarnos Füße zu halten».[36] Die begeisterten Anhänger verdeckter Aktionen, Wisner und Dulles, kannten keine Grenzen, was sie weltweit mit ihren geheimen Kriegen und Terroranschlägen erreichen könnten, doch als die heimlichen Operationen gegen die kubanische Regierung unter Fidel Castro versagten – am bekanntesten ist die gescheiterte Invasion in der Schweinebucht im Jahr 1961 –, war Präsident Kennedy verärgert, feuerte Dulles und nominierte John McCone als neuen Direktor der CIA.

Allen Dulles war in seiner Zeit als Direktor der CIA das Gehirn hinter den geheimen antikommunistischen Armeen. Als die geheimen Gladio-Armeen in ganz Europa im Jahr 1990 entdeckt wurden, erklärte ein ungenannter ehemaliger Geheimdienst-Offizieller der NATO, dass «obwohl die Stay-behind-Armee-Operationen offiziell erst 1952 begannen, das ganze Netzwerk schon lange Zeit bestanden hatte, eigentlich seit es im Kopf von Allen Dulles geboren wurde».[37] Während des Zweiten Weltkriegs war der spätere CIA-Chef in Bern, in der unbesetzten Schweiz stationiert, und von dort aus hatte er die Strategien für verdeckte Aktionen gegen die Nazis koordiniert und unterhielt Kontakte sowohl zum amerikanischen OSS als auch zu den britischen Geheimdiensten. Die Leitung der geheimen Armeen in Westeuropa waren sein Handwerk und seine Leidenschaft. «Allen Dulles», so hoben belgische Berichte während der Gladio-Aufdeckung hervor, «sieht im (Gladio-)Projekt ... neben dem Widerstand gegen eine russische Invasion ein Instrument, mit dem er die Kommunisten davon abhalten konnte, in den betreffenden Ländern an die Macht zu kommen!»[38]

Als die geheimen Kriege der CIA sich weltweit immer mehr ausdehnten, litt Wisner zunehmend an psychischen Leiden, da seine Seele keinen Frieden mehr finden konnte. Allen Dulles «vertrat die Theorie, dass Wisners Schwierigkeiten aus der Art seines Berufes stammten».[39] Wisner erwies sich als immer unfähiger, das «schmutzige Geschäft» der CIA in Europa, Afrika, Lateinamerika und Asien auszuführen und wurde 1958 durch Richard Bissel ersetzt. Er leitete die Abteilung für verdeckte Aktionen in den folgenden vier Jahren, bis 1962 Richard Helms stellvertretender Direktor für Operationen wurde. Zu dieser Zeit verschlechterte sich der psychische Zustand des Gladio-Architekten Wisner derart, dass er sich im Jahr 1965 erschoss.[40] Im selben Jahr wurde Richard Helms befördert und wurde Direktor der CIA. Bei Wisners Begräbnis lobte Helms die Arbeit Wisners im Rahmen verdeckter Aktionen, wobei er ihn «unter die Pioniere einordnete, welche die nicht immer freudvolle Verantwortung zu tragen hatten ... seinem Land im Dunkeln zu dienen».[41] Helms selbst sah sich 1970 der unangenehmen Situation ausgesetzt, die Rolle der CIA im Putsch gegen den linkslastigen Präsidenten Salvador Allende in

Chile beschreiben zu müssen. Der amtierende CIA-Direktor Helms belog die Senatoren ganz offen, als er leugnete, dass die CIA versucht hatte zu verhindern, dass der linksgerichtete Allende zum Präsidenten gewählt würde: «Ich musste all diese Projekte genehmigen – ich hätte es wissen müssen.» Als die Lüge entlarvt wurde, musste Helms im Februar 1973 als Direktor der CIA seinen Hut nehmen und wurde vom amerikanischen Senat mit einer Geldstrafe von 2000 Dollar wegen Meineids belegt.[42]

Auf Helms folgte James Schlesinger, dann William Colby an der Spitze der CIA. Nach den Einzelheiten, die William Colby in seinen Memoiren beschrieb, blieb er der berühmteste CIA-Agent der Operation Gladio. Doch auch seine Biografie endete mit einer Tragödie. Nachdem er geholfen hatte, die Gladio-Netzwerke in Skandinavien aufzubauen, wurde der Kalte Krieger William Colby an den Stützpunkt in Rom versetzt, um den Kommunismus in Italien zu bekämpfen und das heimliche CIA-Gladio-Netzwerk zu fördern. Im Kalten Krieg bewegte er sich von einem Schlachtfeld aufs nächste, verließ 1959 Italien, ging nach Saigon und leitete von da aus die verdeckten Aktionen der CIA in Vietnam und in Laos. Darunter war auch die Operation Phoenix der CIA, bei der die Untergrundorganisation der Vietcong zerstört und deren Mitglieder liquidiert werden sollten. Vor dem amerikanischen Kongress gestand Colby 1971, dass mehr als 20 000 Menschen getötet wurden, während er für Phoenix verantwortlich war. Doch er weigerte sich zu kommentieren, ob die meisten von ihnen tatsächlich an den Folgen von Folterungen gestorben waren: «Ich möchte nicht beschwören, dass niemand in einem Programm wie diesem getötet oder exekutiert wurde. Ich glaube, das ist wahrscheinlich geschehen – leider.»[43] Im Jahr 1973 änderte die Abteilung für verdeckte Aktionen der CIA ihren Namen und nannte sich fortan «Directorate of Operations» (DO), und Colby ersetzte Thomas Karamessiness als neuen stellvertretenden Direktor für Operationen. Später beförderte Präsident Nixon Colby zum Direktor der CIA, eine Position, in der Colby blieb, bis er 1976 in den Nachwehen des Watergate-Skandals vorzeitig zurücktreten musste. Colby ertrank 1996 im Alter von 76 Jahren in einem Fluss in Maryland.

George Bush senior wurde Colbys Nachfolger als CIA-Direktor unter Präsident Ford und kontrollierte in dieser Funktion im Auftrag des Weißen Hauses in Washington die geheimen Aktionen des Netzwerks in Westeuropa. Danach wurde George Bush senior unter Präsident Ronald Reagan zum Vizepräsidenten der USA befördert und setzte so die finanzielle Förderung der geheimen Kriege fort, am auffälligsten jener der brutalen Contras in Nicaragua, welche die CIA bewaffnete und finanzierte. 1990, als der italienische Premierminister Andreotti die geheimen Armeen der CIA in Westeuropa aufdeckte, war George Bush amtierender Präsident der Vereinigten Staaten von Amerika und gerade damit beschäftigt, den Krieg gegen Saddam Hussein im Irak vorzubereiten. Als die Bevölkerung in ihrer Einstellung zu einem Krieg im Golf lauwarm blieb, wurde ein schmutziger Trick angewandt, um Gefühle von Hass und Rache aufzuwirbeln. Ein 15-jähriges Mädchen, das nur als «Nayirah» vorgestellt wurde, bezeugte am 10. Oktober 1990 vor dem amerikanischen Ausschuss für Menschenrechte unter Tränen, dass sie, als sie als ehrenamtliche Kinderschwester in einem Krankenhaus in Kuwait Dienst tat, gesehen hat, wie brutale irakische Soldaten nach der Invasion des Landes ins Krankenhaus kamen, Babys aus den Brutkästen genommen und «auf den kalten Boden gelegt hätten, damit sie sterben».[44] Die Geschichte von den Brutkästen löste in der amerikanischen Bevölkerung einen Aufschrei der Empörung aus, und Präsident Bush wiederholte sie in zahlreichen Ansprachen, wobei er behauptete, 312 Babys seien auf diese Weise ums Leben gekommen. Bush wirkte so überzeugend, das Amnesty International damals ebenfalls über diese Geschichte berichtete. Erst als der Krieg vorüber war, wurde aufgedeckt, dass dieses Mädchen niemals in Kuwait gearbeitet hatte, sondern die Tochter des kuwaitischen Botschafters in den Vereinigten Staaten war, eine Tatsache, die den Organisatoren des Hearings vor dem Kongress am 10. Oktober bekannt war. Amnesty International zog seine Unterstützung der Geschichte mit großem Bedauern zurück, und Middle East Watch erklärte im Februar 1992, dass es sich bei dieser Geschichte «eindeutig um Kriegspropaganda gehandelt hat».[45] Mehr als ein Jahrzehnt später wühlte George Bush junior noch einmal die Gefühle von Angst und Rache auf, als er irreführend erklärte, dass der Irak chemische, biologische und atomare Waffen herstelle und Präsident Saddam Hussein mit den terroristischen Angriffen vom 11. September 2001 in Verbindung brachte.

Im Dezember 1990 entkam Bush senior nicht der scharfen Kritik des Europäischen Parlaments. In einer Resolution, die dem Weißen Haus und der Administration zugestellt wurde, verurteilte die EU den geheimen Krieg der Vereinigten Staaten und des Weißen Hauses aufs Schärfste. Die Europäische Union machte klar, dass sie «die heimliche Einrichtung manipulativer und operativer Netzwerke verurteilt und eine umfassende Untersuchung über Art,

Struktur, Ziele und alle anderen Aspekte dieser Geheimorganisationen oder Splittergruppen, ihre Nutzung zur illegalen Einmischung in interne politische Angelegenheiten der betroffenen Staaten, das Problem des Terrorismus in Europa und die möglichen geheimen Absprachen zwischen Geheimdiensten der Mitgliedsstaaten oder auch Drittländern verlangt». Vor allem «protestiert die EU energisch gegen die Haltung verschiedener Militärs beim SHAPE und in der NATO, sie hätten das Recht, die Errichtung von verborgenen Geheimdiensten und operativen Netzwerken in Europa zu unterstützen».[46]

Wegen seiner großen Erfahrung mit geheimen Operationen war sich Präsident Bush senior all dieser heiklen Operationen und des Terrors der Geheimarmeen, die darin verwickelt waren, sehr wohl bewusst und weigerte sich deshalb strikt, dazu Stellung zu nehmen. In Unkenntnis der Dimension des Skandals unterließ es auch der amerikanische Kongress, heikle Fragen zu stellen. Weiterhin stellten auch die Medien in den USA keine kritischen Nachforschungen an. In einem der wenigen amerikanischen Artikel zum Thema Gladio in der *Washington Post* wurde unter der Schlagzeile «Die CIA organisierte eine Geheimarmee in Europa – Paramilitärische Streitkräfte wurden für den Fall einer sowjetischen Okkupation aufgebaut» ein ungenannter Beamter der amerikanischen Regierung, «der mit Gladio vertraut ist», zitiert. Er habe gesagt, dass «Gladio nur eine italienische Operation ist. Wir haben keinerlei Kontrolle darüber.» Und fügte hinzu: «Wenn es Behauptungen gibt, die CIA sei in terroristische Aktivitäten in Italien verwickelt, dann ist das absoluter Unsinn.»[47] Wie die folgenden Untersuchungen in Europa enthüllten, war jede einzelne Behauptung in dieser Stellungnahme der CIA falsch.[48]

6

Der geheime Krieg in Italien

Der Antikommunismus der Vereinigten Staaten dominierte die tragische Geschichte von Italiens Erster Republik (1945–1993). Die Beweise, die während der letzten Jahre entdeckt wurden, zeigen auf, dass die Gladio-Armee des italienischen militärischen Geheimdienstes zusammen mit rechtsextremen Terroristen tief in diesen geheimen und nicht erklärten Krieg verwickelt war. Obschon es nie zu einer sowjetischen Invasion kam, führte die geheime antikommunistische paramilitärische Einheit, aufgebaut von der CIA, inländische Operationen durch und manipulierte das politische System. Eine parlamentarische Untersuchung durch den italienischen Senat über Gladio und eine Serie von Terroranschlägen kam nach dem Ende des Kalten Krieges zu dem Schluss, dass in Italien «die CIA sich zu Friedenszeiten eines Maximums an Diskretion erfreuen konnte», weil Italien während der Zeit der Ersten Republik «in einer schwierigen und manchmal tragischen Grenzsituation lebte. Diese Grenze des Kalten Krieges markierte die Grenzlinie zwischen den sich bekämpfenden Ideologien. Auf der linken Seite dieser Grenze standen die außerordentlich populäre und starke kommunistische Partei PCI, unterstützt durch geheime finanzielle Zuwendungen aus der Sowjetunion, und die starke sozialistische Partei PSI.[1] Auf der rechten Seite der Grenze operierten die CIA und der italienische militärische Geheimdienst mit seiner Gladio-Armee und einer Reihe rechtsradikaler Terroristen, politisch unterstützt durch die konservative DCI.»[2]

Während des Zweiten Weltkriegs wurde Italien vom faschistischen Diktator Benito Mussolini geführt, dem Hitler zur Seite stand. Nach der Niederlage der Achsenmächte trafen sich der amerikanische Präsident Franklin D. Roosevelt, der britische Premierminister Winston Churchill und der Führer der Sowjetunion Josef Stalin im Februar 1945 in der sowjetischen Stadt Jalta, um die künftige Form Europas zu diskutieren und in einer wichtigen Entscheidung über Italien wurde die Halbinsel unter den Einflussbereich der Vereinigten Staaten gestellt. Um die Stärke der italienischen Kommunisten zu begrenzen, stellte sich die CIA an die Seite der Mafia und rechtslastiger Extremisten. «Die Mafia deshalb», erklärte der CIA-Agent Victor Marchetti, «weil ihre antikommunistische Art eines der Elemente ist, welches die CIA benutzt, um Italien zu kontrollieren.»[3] Bereits während des Zweiten Weltkriegs hatte Earl Brennan, der Chef des amerikanischen Geheimdienstes zu Kriegszeiten (OSS) in Italien, dem amerikanischen Justizministerium geraten, die 50-jährige Gefängnisstrafe für den Mafia-Boss Charles «Lucky» Luciano zu reduzieren, um einen geheimen Deal zu ermöglichen: Im Tausch gegen seine Freilassung versorgte Luciano die amerikanische Armee mit Listen einflussreicher sizilianischer Mafiosi, welche die Vereinigten Staaten unterstützen würden, wenn die US-Armee 1943 in Sizilien landen würde. Nach dem Krieg war die CIA «sehr glücklich darüber, die heimliche Freundschaft mit der sizilianischen Mafia weiter unterhalten zu können». «Wegen des Kampfes gegen den Kommunismus in Italien und auf Sizilien überließen die Amerikaner die Insel tatsächlich der Herrschaft des Mobs, die noch bis heute besteht.»[5]

Die amerikanischen Truppen, die dieses Land befreiten und die Diktatur in eine zerbrechliche Demokratie umformten, wurden von den Italienern mit Flaggen, Brot und Wein willkommen geheißen. Dennoch wurden «die Alliierten wegen der Situation in der italienischen Politik, insbesondere wegen des starken kommunistischen Einflusses, der sich auch auf die Situation in Griechenland und Jugoslawien übertragen könnte, nervös». Deshalb wurde ein wohlüberlegter politischer Wandel vollzogen, als London und Washington plötzlich jeglichen Nachschub an die von Kommunisten dominierten Partisanen einstellten, die wegen ihres heldenhaften Widerstands gegen den Faschismus in der Bevölkerung großen Respekt genossen. «Dieser Politikwechsel war deprimierend» sowohl für die britischen und amerikanischen Verbindungsoffiziere, die hinter den feindlichen Linien mit den Kommunisten gegen Mussolini und Hitler gekämpft hatten, «als auch für die Italiener».[6] Die Depression wuchs, als die italienischen Kommunisten Zeugen wurden, wie die Vereinigten Staaten heimlich sogar besiegte Faschisten und Rechte für den Sicherheitsapparat des Staates rekrutierten, «da der virulente Antikommunismus – selbst ein Bestandteil der faschistischen Anziehungskraft – nunmehr populär wurde».[7]

«Es ist nicht unwahrscheinlich, dass einige rechtslastige Gruppen rekrutiert und zu Stay-behinds ausgebildet wurden, denn die würden uns wirklich Hinweise gegeben haben, falls ein Krieg beginnen sollte», bestätigte später Ray Cline, Vize-Direktor der CIA von 1962 bis 1966, in einer Dokumentation über Gladio. «Und so ist es in Ordnung, wenn man Rechte zur Gewinnung geheimdienstlicher Informationen einsetzt, so lange man sie nicht politisch ausnutzt.»[8] Weit entfernt davon, den Einfluss der italienischen Rechten zu begrenzen und sie nur zur Informationsbeschaffung einzusetzen, erhielt diese die Schlüssel der Macht. Als ein Bollwerk gegen den Kommunismus gründeten die Amerikaner die Christlich Demokratische Partei DCI, «durchsetzt mit Kollaborateuren, Monarchisten und einfach unverbesserlichen Faschisten».[9] Alice de Gasperi von der DCI wurde Premierminister und regierte von 1945 bis 1953 mit acht verschiedenen Kabinetten. «Eine ernsthafte Säuberungsaktion wurde nie durchgeführt, wodurch ermöglicht wurde, dass ein großer Teil der alten faschistischen Bürokratie überlebte.»[10] Zusammen mit dem Innenminister Mario Scelba überwachte Premierminister de Gasperi persönlich «die Wiedereinstellung von Personal, das mit dem faschistischen Regime zusammengearbeitet hatte».[11]

Prinz Valerio Borghese, der den Spitznamen «der schwarze Prinz» trug, zählte zu den berüchtigtsten Faschisten, die von den USA rekrutiert wurden. Als Kommandeur einer mörderischen Kampagne gegen Partisanen unter Mussolini während der Salo-Republik verfügte Borghese mit seiner 1941 gegründeten Decima MAS (XMAS) über ein Korps, das aus 4000 Spezialkräften zusammengestellt und offiziell vom Nazi-Kommando anerkannt wurde. Es war darauf spezialisiert, Kommunisten aufzuspüren und zu töten – es waren Hunderte. Am Ende des Krieges ergriffen die Partisanen Borghese und wollten ihn gerade erhängen, als am 25. April 1945 Admiral Ellery Stone, der amerikanische Prokonsul im besetzten Italien und enger Freund der Familie Borghese, den OSS-Angestellten und später gefeierten CIA-Agenten James Angleton anwies, Borghese zu retten. Angleton kleidete Borghese in die Uniform eines US-Offiziers und begleitete ihn nach Rom, wo er wegen seiner Kriegsverbrechen vor Gericht gestellt wurde. Aufgrund des Schutzes durch die USA wurde Borghese in letzter Instanz für «nicht schuldig» erklärt. Der CIA-Agent Angleton erhielt von der amerikanischen Armee den Orden Legion of Merit, und in den folgenden Jahren machte er eine Karriere als Chef der Gegenspionage. Er wurde zur «amerikanischen Schlüsselfigur, die alle rechtsgerichteten und neofaschistischen politischen und paramilitärischen

Gruppen der Nachkriegszeit in Italien kontrollierte».[13] In einer typischen Entwicklung eines Kalten Kriegers wechselte nach der Niederlage von Mussolini und Hitler «für Angleton nur der Feind», wie sein Biograf bemerkt. «Nun ersetzten Hammer und Sichel das Hakenkreuz.»[14]

In Washington wurden 1947 der amerikanische NSC und die CIA gegründet, und Italien, «weil es ständig Angriffen einer kommunistischen Partei ausgesetzt war», hatte das Pech, das erste Land der Welt zu sein, das Ziel eines lautlosen und unerklärten geheimen Krieges der CIA wurde. Die Aufgabe der CIA war ganz einfach: Sie sollte verhindern, dass die italienischen Linken die ersten nationalen Wahlen nach dem Zweiten Weltkrieg am 16. April 1948 gewinnen. Der amerikanische Präsident Harry Truman machte sich große Sorgen, weil die PCI, die größte kommunistische Partei in Europa, und die sozialistische PSI für die Wahlen ein Wahlbündnis geschlossen hatten, die Fronte Democratico Popolare (FDP). Beobachter erwarteten, dass die FDP die Mehrheit im italienischen Parlament gewinnen würde, da bei den vorhergehenden Kommunalwahlen die FDP ihre Muskeln spielen ließ und nach der von den USA unterstützten DCI immer den zweiten Rang belegte. Deshalb pumpte das OPC, die Abteilung für verdeckte Aktionen der CIA, das unter Frank Wisner die geheimen Gladio-Armeen in Europa aufgebaut hatte und leitete, zehn Millionen Dollar in die DCI. Gleichzeitig wurden die Kommunisten und Sozialisten zum Ziel von Schmutzkampagnen. Neben anderen schmutzigen Tricks verbreitete die CIA anonyme Wurfzettel, mit denen das Privat- und Sexualleben der kommunistischen Kandidaten verleumdet wurde. Ebenso wurden sie mit faschistischem und antichristlichem Schmutz beworfen. Diese Taktik, bestimmte Positionen zu erobern und sie der Kontrolle der DCI zu unterstellen, war bis auf zwei Fälle der mehr als 200 zu wählenden Mandate erfolgreich. In der «Schlussrunde» gewann die DCI mit 48 Prozent der Wählerstimmen 307 Sitze im italienischen Parlament, während die linke FDP-Koalition unerwartet nur 13 Prozent erzielte und mit 200 Stimmen der Verlierer war.[15] Proteste der Bevölkerung und der Linken wurden mit strengen Repressionen beantwortet, was zu einer «erstaunlich hohen Anzahl von Opfern während Demonstrationen und Landbesetzungen führte».[16]

Der amerikanische Präsident Harry Truman war zufrieden und wurde ein begeisterter Befürworter von verdeckten Aktionen. In seiner vieldiskutierten «Truman-Doktrin» bestand er im März 1947 darauf, dass «wir uns weigern werden, eine Regierung anzuerkennen, die einem Land durch Gewalt oder durch eine ausländische Macht aufgenötigt wurde». Dabei erklärte er, dass die amerikanische Außenpolitik auf «Rechtschaffenheit und Gerechtigkeit» basiere und «mit dem Bösen keine Kompromisse machen» werde.[17] Dennoch war das Ergebnis der italienischen Wahl nichts anderes als ein manipulativer Sieg jenseits von «Rechtschaffenheit und Gerechtigkeit» für die von den USA gesponserte DCI. Es wäre gut möglich gewesen, dass Italien zur gleichen Zeit wie Griechenland einen Bürgerkrieg erlebt hätte. Während der Wahlen und danach waren amerikanische Kriegsschiffe in der Region, und die amerikanische Armee war immer noch im Land. George Kennan, der Chef des politischen Planungsstabs im Außenministerium, der die Aufgabe hatte, langfristige Programme zu entwickeln, damit die USA ihre außenpolitischen Ziele erreichen, empfahl für den Fall eines kommunistischen Wahlsiegs die sofortige Invasion.[18] Der italienische Präsident Francesco Cossiga bestätigte nach den Gladio-Enthüllungen, dass während der Wahlen von 1948 eine paramilitärische Truppe der DCI bereitstand, um im Fall eines kommunistischen Sieges eingreifen zu können. Bewaffnet mit einem Stern-Maschinengewehr, Magazinen und «verschiedenen Handgranaten» war Cossiga persönlich Mitglied dieser paramilitärischen Einheit. «Ich war bewaffnet bis auf die Zähne, und ich war nicht der Einzige.» Die paramilitärischen Einheiten der DCI hatten «die Waffen mit Geld gekauft, das ihnen die Partei zur Verfügung gestellt hatte».[19]

Nachdem die PCI erfolgreich von der Regierung ausgeschlossen worden war, wurde es Italien unter der von den USA gestützten DCI-Regierung erlaubt, am 4. April 1949 der neu geschaffenen NATO als einer der Gründungsstaaten beizutreten. Nur wenige Tage zuvor, am 30. März 1949, wurde in Italien der erste militärische Geheimdienst nach dem Krieg in enger Zusammenarbeit mit der CIA gegründet. Dieser Geheimdienst wurde im Verteidigungsministerium angesiedelt und SIFAR genannt. General Giovanni Carlo wurde zu seinem ersten Direktor ernannt. Während Italiens Erster Republik manipulierte der SIFAR wiederholt die italienische Politik und rekrutierte und lenkte über die Abteilung «Büro R» die antikommunistische Stay-behind-Armee.[20] «Der zeitgleiche Beitritt zur NATO und der Aufbau eines Geheimdienstes war mehr als reiner Zufall», beobachtete der Geheimdienstexperte Philipp Willan ganz richtig, «und vermittelt einen Einblick in die grundsätzliche Absicht des italienischen Geheimdienstes nach dem Krieg und die Absichten derer, die dessen Wiedergeburt unterstützten».[21]

Der Geheimdienst SIFAR wurde von Anfang an «durch ein höchst geheimes Protokoll reguliert, das Italien von den USA aufgezwungen wurde, was eine reale und völlige Verleugnung der italienischen Souveränität darstellte». Entsprechend diesem Protokoll, das mit den Planungen der NATO koordiniert wurde, zählten zu den Pflichten des SIFAR gegenüber dem Hauptquartier der CIA angeblich die Bereitstellung aller geheimdienstlichen Erkenntnisse und die Bereitschaft, sich durch die USA überwachen zu lassen, vor allem was die Personalauswahl des SIFAR anbelangte, die immer von der CIA genehmigt werden musste.[22] In Wirklichkeit war der SIFAR kein souveräner italienischer Geheimdienst, sondern massiv von der CIA beeinflusst. Oder, wie Paolo Taviani, Verteidigungsminister von 1955 bis 1958, es im Verlauf der Gladio-Untersuchung ausdrückte: Der italienische Geheimdienst wurde von den «Jungs in der Via Veneto» geführt und finanziert, also von der CIA in der Botschaft im Herzen Roms.[23] Auch den italienischen Senatoren entging die Dominanz der CIA nicht, und sie kritisierten, dass «Gladio durch eine Übereinkunft zweier Geheimdienste eingerichtet wurde, einem besonders wichtigen Geheimdienst, also der CIA, und einem weit weniger wichtigen Geheimdienst, dem italienischen Geheimdienst».[24]

1951 wurde General Umberto Broccoli zum Direktor des SIFAR ernannt und konferierte als Mitglied eines «geheimen Komitees» regelmäßig mit Repräsentanten der CIA, den Repräsentanten der NATO-Kommandos für Südeuropa, auch mit Repräsentanten der italienischen Armee, Marine und Luftwaffe.[25] Der SIFAR musste die Stabilität Italiens garantieren, weil die NATO die starke italienische PCI fürchtete. Die geheime Gladio-Armee war das zentrale Element zur Erreichung dieses Ziels. Am 8. Oktober 1951 schrieb Broccoli an den italienischen Verteidigungsminister Efisio Marras betreffend die Ausbildung der Gladiatoren in Großbritannien und die Versorgung mit Waffen und Sprengstoff durch die CIA. Broccoli erklärte in seinem Brief, dass der britische SIS die Ausbildung von Gladio-Offizieren angeboten habe, allerdings unter der Bedingung, dass Italien bei den Briten auch Waffen kaufe. Zur gleichen Zeit hatte die CIA die Waffen kostenfrei angeboten, verfügte jedoch nicht über die Erfahrung bei der Ausbildung wie die Briten. Die Italiener entschieden sich für das Optimum und schickten die Gladio-Offiziere des SIFAR in die höchst angesehenen britischen Schulen zur Spezialausbildung, während sie heimlich gratis die Waffen von den Vereinigten Staaten nahmen. 1953 bemerkten die Briten, dass sie zum Narren gehalten worden waren, und wandten sich verärgert an General Musco, den Nachfolger von Broccoli als Chef des SIFAR, und protestierten, dass «sein Geheimdienst sich mit Haut und Haar den Amerikanern ausliefert».[26]

Als Unterstützer der heimlichen antikommunistischen Politik der NATO nahmen Repräsentanten des SIFAR an den geheimen Gladio-Konferenzen der NATO-Kommandozentralen ACC und CPC teil. Kurz vor seinem Rücktritt führte Italiens Präsident Cossiga in einem großen Fernsehinterview aus, dass «aus der Besorgnis heraus, was mit Europa geschehen könnte, wenn eine Invasion stattgefunden hätte», die geheime Gladio-Armee in Italien im Jahr 1951 aufgebaut worden sei. «Es wurde vereinbart, dass drei Staaten, die USA, Großbritannien und Frankreich, ständige Mitglieder sein würden, und alle anderen wären dann dem System angeschlossene Mitglieder. Damit waren Dänemark, Norwegen, Holland, Belgien, Luxemburg, Griechenland und die Türkei gemeint», erklärte Cossiga mit Bezug auf die mit der NATO verbundene Gladio-Kommandozentrale CPC. «Italien wurde eingeladen, ein assoziiertes Mitglied zu werden. Doch Italien lehnte diese Einladung ab und forderte stattdessen, ständiges Mitglied zu werden, erhielt damals aber keine Antwort. 1956 kam Deutschland hinzu.» Der Präsident betonte ausdrücklich, dass diese Operationen unter strengster Geheimhaltung durchgeführt wurden. «Es war die normale Politik der NATO, die Existenz von allem zu leugnen, was zuvor als geheim eingestuft worden war.»[27]

In einem streng geheimen Dokument des National Security Council, das von Truman am 21. April 1950 unterzeichnet wurde, bestand der amerikanische Präsident darauf, dass «Italien ein Schlüsselland für die amerikanische Sicherheit ist», und deshalb müssen die USA «darauf vorbereitet sein, all ihre politische, wirtschaftliche und, falls erforderlich, militärische Macht einzusetzen», um die PCI zu stoppen. «Für den Fall, dass die Kommunisten mit legalen Mitteln erfolgreich in die Regierung eintreten würden, und auch für den Fall, dass die Regierung sowohl der inländischen wie auch der ausländischen kommunistischen Bedrohung keine starke Opposition entgegensetzen kann, müssen die Vereinigten Staaten darauf vorbereitet sein, Gegenmaßnahmen zu ergreifen», notfalls auch in Form einer Invasion, wenn «Teile Italiens nach einer bewaffneten Revolte unter kommunistische Kontrolle fallen würden». Die amerikanische Planung für die anstehenden Wahlen in Italien sah vor, dass in der ersten Phase die «amerikanische militärische Präsenz im Mittelmeerraum verstärkt würde. In der zweiten Phase, ‹der Alarm-Phase›, würden amerikanische Truppen «auf Bitten der italienischen Regierung und in Abstimmung mit Großbritannien und den anderen NATO-Ländern in Italien eindringen». Die Truppen würden als Demonstration der Stärke «auf die Zonen der Halbinsel verteilt, die von der Regierungspartei kontrolliert werden». Und zuletzt in «der dritten Phase, roter Alarm» würde «die amerikanische Armee in ausreichender Stärke in Sizilien oder Sardinien landen, oder auch in beiden Regionen», um «das Territorium gegen den einheimischen kommunistischen Widerstand zu besetzen».[28]

Die Befürchtungen Washingtons erreichten einen Höhepunkt, als am Wahltag im Juni 1953 trotz der verdeckten Aktionen der CIA die von den USA gesponserte DCI mit 40 Prozent der Stimmen im Parlament 43 Mandate verlor und nur noch über 261 Mandate verfügte. Die linke Koalition aus Sozialisten und Kommunisten erhöhten gegenüber 1948 ihre Stärke auf 35 Prozent und 218 Mandate. Die CIA intensivierte ihren geheimen Krieg, denn «es gab gute Gründe zu befürchten, dass, wenn sich der Trend der Zeit von 1948 bis 1953 fortsetzen würde ..., dann würde die Kombination der Wählerstimmen für Sozialisten und Kommunisten so weit wachsen, dass sie die stärkste politische Kraft in Italien wären», wie William Colby, der später unter Nixon Direktor der CIA werden sollte, richtig analysierte.[29] 1955 kam der hochrangige CIA-Offizier Carmel Offie, ein enger Mitarbeiter des amtierenden CIA-Chefs Allen Dulles, nach Italien, und zusammen mit dem Chef der CIA-Niederlassung Gerry Miller erklärten sie in der amerikanischen Botschaft Claire Booth Luce, der Botschafterin der USA in Rom, sie solle den italienischen Verteidigungsminister Paolo Emilio Taviani dazu drängen, General Giovanni De Lorenzo zu befördern. Seit Januar 1956 leitete General De Lorenzo, ein solider Antikommunist, den SIFAR und die geheimen Armeen der Gladio.

Mit seinem Oberlippenbart, der Brille und dem barschen militärischen Auftritt erschien De Lorenzo wie das Stereotyp eines Generals der alten Schule. In einem streng geheimen Dokument vom 26. November 1956, das von De Lorenzo unterzeichnet ist, bestätigte er «frühere Vereinbarungen» zwischen der CIA und dem SIFAR und betonte, dass die Operation Gladio gut vorankomme.[31] Das Dokument enthielt höchst sensible Fakten, wurde aber trotzdem der Untersuchung des italienischen Senats vorenthalten. «Die Übereinkunft zwischen dem SIFAR und der CIA von 1956, welche die Stay-behind-Organisation betrifft, kann nicht veröffentlicht werden, da es beiderseits als geheim eingestuft wird», erklärte der amtierende SIFAR-Chef Admiral Fulvio Martini den verblüfften Senatoren, die fälschlicherweise angenommen hatten, dass der SIFAR der italienischen Legislative unterstand und nicht der CIA. «Die Aufhebung der Geheimhaltung des Dokuments, die ich bereits am 13. Dezember 1990 beantragt habe», erörterte Martini, «unterliegt notwendigerweise der Zustimmung der anderen beteiligten Partei.»[32] Die CIA gab diese Zustimmung nie.

Zu den wichtigsten Projekten des SIFAR zählte Direktor De Lorenzo den Bau eines neuen Hauptquartiers für die geheime Armee, wofür die CIA 300 Millionen Lira zur Verfügung gestellt hatte. SIFAR und CIA hatten vereinbart, dass aus Gründen der Geheimhaltung und der Funktionsweise die Gladio-Zentrale nicht auf dem italienischen Festland, sondern auf einer der größeren Inseln vor der italienischen Westküste im Mittelmeer gebaut werden sollte. Dafür wurde Sardinien ausgewählt und Land aufgekauft. Colonel Renzo Rocca vom SIFAR, Chef des Büro R, das Gladio leitete, wurde mit der Verantwortung betraut, die Errichtung des neuen Gladio-Standorts zu überwachen, in dem antikommunistische Soldaten von Experten der amerikanischen und der britischen Spezialeinheiten ausgerüstet und ausgebildet wurden.[33] Das Gladio-Hauptquartier wurde «Trainingszentrum für Saboteure» (CAG) genannt und lag in Cap Marragiu in der Nähe des Dorfes Alghero. Hinter Mauern und elektrischen Hochsicherheitszäunen wurde ein kleiner Hafen angelegt, unterirdische Bunker, starke und weit reichende Funkstationen wurden aufgebaut, Unterwasseranlagen für die Ausbildung von Froschmännern wurden eingerichtet, auch zwei kleine Start- und Landebahnen für Flugzeuge und ein Landeplatz für Helikopter gehörten dazu. Hinzu kamen verschiedene spezialisierte Gebäude, die Schießübungen, dem Training mit Sprengstoffen, aber auch dem Unterricht in Theorie dienten.[34]

«Ich war 1959 zum ersten Mal in Cap Marragiu», bestätigte der Gladiator Ennio Colle nach der Entdeckung der Geheimarmee. Am 27. November 1990 hatte Colle einen Brief des Direktors des SISMI (dem Nachfolger des SIFAR) erhalten, der ihn darüber informierte, dass «die Stay-behind-Struktur aufgelöst wurde». Gladiator Colle sagte aus, dass die Mitglieder der geheimen Einheit über das größere internationale Netzwerk im Dunkeln gelassen wurden, und sie hätten nicht einmal gewusst, wo sie ausgebildet wurden: «Ich wusste nicht, wo ich war, weil wir in Flugzeugen mit schwarzen Fensterscheiben transportiert wurden.» Decimo Garau, ein Gladio-Ausbilder am CAG, der selbst in Großbritannien ausgebildet wurde, bestätigte gegenüber Journalisten, dass italienische Gladiatoren im wahrsten Sinne des Wortes im Dunkeln gelassen wurden: «Sie kamen in einem getarnten Flugzeug und wurden in einem getarnten Bus transportiert. Dann stiegen sie vor ihren Quartieren aus, und die Ausbildung begann.»[35]

«Meine Aufgabe war, ganz einfach gesagt, zu verhindern, dass Italien bei den nächsten Wahlen im Jahr 1958 von den Kommunisten übernommen wurde», enthüllte der CIA-Agent William Colby in seinen Memoiren. Im Herbst 1953 kam er nach Rom und diente unter dem Chief of Station (COS) des CIA Gerry Miller. Mit den geheimen Gladio-Armeen wollte die CIA «verhindern, dass die militärische Verteidigung der NATO politisch von subversiven fünften Kolonnen überlistet würde, der Partito Communista Italiano (PCI)», was nach Colby «bei weitem die größte verdeckte politische Aktion der CIA war, die bisher unternommen wurde». Neben den Kommunisten wurden auch die italienischen Sozialisten von der CIA mit Schmutzkampagnen angegriffen, und Washington finanzierte weiterhin die DCI. «Ich musste dafür sorgen, dass wir nicht vom christdemokratischen Vogel in der Hand zu den sozialistischen Vögeln auf dem Baum schwenken.» Colby war erfolgreich, und 1958 gewann die DCI mit 42 Prozent der Wählerstimmen und 273 Sitzen im Parlament an Stärke, während die Kommunisten nur auf 23 Prozent und 140 Sitze kamen. Die Sozialisten kamen auf 14 Prozent und 84 Sitze.[36]

Ähnlich wie der amerikanische Präsident Dwight Eisenhower war Colby von den verdeckten Aktionen der CIA fasziniert, nachdem die CIA zusammen mit dem MI6 im Jahr 1953 die Regierung Mossadegh im Iran und 1954 in Guatemala den Sozialisten Alvarez gestürzt hatte. In Italien war die Manipulation der Wahl und die geheime Finanzierung der DCI «so effektiv, dass die italienischen Empfänger unserer Hilfe nicht einmal sicher waren, woher sie kam», berichtete Colby stolz. «Die politischen Operationen in Italien und mehrere ähnliche Aktionen, die in späteren Jahren nach diesem Muster abliefen, besonders in Chile, werden scharf kritisiert», sagte Colby rückblickend. «Heute kann nicht geleugnet werden, dass Einmischungen dieser Art illegal sind. Nach den Gesetzen der meisten Länder, auch nach den amerikanischen, ist es einer ausländischen Macht strikt verboten, sich an internen politischen Prozessen einer anderen Nation zu beteiligen.» Allerdings, so argumentierte der Kalte Krieger, kann die «Hilfe an demokratische Gruppierungen in Italien, damit sie einer von der Sowjetunion unterstützen subversiven Kampagne entgegentreten können, durchaus als ein moralischer Vorgang bezeichnet werden.»[37]

Das Pentagon, das diese Einschätzung teilte, befahl in einer streng geheimen Anweisung, dass in der «Operation Demagnetize» die CIA zusammen mit den militärischen Geheimdiensten in Italien und in Frankreich «politische, paramilitärische und psychologische Operationen beginnen würde», um die scheinbar magnetische Anziehungskraft des Kommunismus in diesen beiden Ländern zu schwächen. Die Anweisung der US-Stabschefs vom 14. Mai 1952 lautete, dass «die Begrenzung der Stärke des Kommunismus in Italien und in Frankreich ein Ziel mit höchster Priorität darstellt». Dieses Ziel musste durch den Einsatz aller Mittel erreicht werden, auch durch die Einbeziehung eines geheimen Krieges und terroristischer Operationen. «Die italienische und die französische Regierung dürfen nichts von dem Plan ‹Demagnetize› wissen, denn es ist ganz klar, dass dieser Plan mit deren nationaler Souveränität in Konflikt geraten würde.»[38]

Als Colby von Italien aus zur CIA-Niederlassung in Vietnam versetzt wurde, setzte der SIFAR-Direktor De Lorenzo seine Schlacht gegen die PCI und die PSI fort. Unter dem Titel «Die Spezialeinheiten des SIFAR und der Operation Gladio» spezifizierte ein streng geheimes Dokument des italienischen Verteidigungsministeriums vom 1. Juni 1959, das nun für die historische Forschung zugänglich ist, wie die militärische Planung für verdeckte Kriegsführung und verdeckte Operationen der NATO durch das CPC, das in direkter Verbindung zum SHAPE stand, koordiniert werden sollten. Das Dokument unterstrich, dass die NATO neben einer sowjetischen Invasion «interne Subversion» befürchtete und in Italien besonders eine wachsende Macht der PCI. «Auf der nationalen Ebene gab es die Möglichkeit eines wie oben beschriebenen Notfalls, die weiterhin der Grund für spezielle Aktivitäten des SIFAR ist. Diese speziellen Aktivitäten werden von der Sektion SAD Büro R ausgeführt», – so bestimmte es das Dokument unter Bezugnahme auf die geheime Gladio-Armee. «Parallel zu dieser Entscheidung entschied der Chef des SIFAR mit der Zustimmung des Verteidigungsministers, die bisher bestehenden Vereinbarungen, die zwischen dem italienischen Geheimdienst und dem amerikanischen Geheimdienst eingegangen wurden, zu bestätigen, insbesondere, was die gegenseitige Kooperation im Zusammenhang mit der S/B-Operationen (Stay-behind) anbelangt, um eine gemeinsame Operation zu realisieren.» De Lorenzos Gladio-Dokument schloss daraus, dass die Übereinkunft zwischen der CIA und dem SIFAR vom 26. November 1956 «das Grundlagendokument der Operation Gladio darstellte (den Namen, der diesen Operationen gegeben wurde, haben beide Geheimdienste gemeinsam entwickelt)».[39]

Als John F. Kennedy im Januar 1961 Präsident wurde, änderte sich die Politik gegenüber Italien, weil Kennedy, anders als seine Vorgänger Truman und Eisenhower, mit der italienischen sozialistischen Partei PSI sympathisierte. Er stimmte einer Analyse der CIA zu, dass in Italien die «Stärke der Sozialisten auch ohne Hilfe von außen ein deutliches Zeichen dafür sei, dass Italien eine sozialistische Demokratie wünsche».[40] Dennoch stießen Kennedys Pläne sowohl beim amerikanischen Verteidigungsministerium als auch bei der CIA auf heftigen Widerstand. Der Außenminister Dean Rusk berichtete Kennedy mit Entsetzen, dass beispielsweise Riccardo Lombardi von der PSI öffentlich die Anerkennung des kommunistischen China und den Abbau der amerikanischen Stützpunkte in Italien gefordert habe, einschließlich des NATO-Marinestützpunktes in Neapel, und erklärt habe, dass Kapitalismus und Imperialismus bekämpft werden müssten. «Sollte dies die Partei sein, mit der die USA etwas zu tun haben sollten?»[41]

Botschafter Frederick Reinhardt von der amerikanischen Botschaft in Rom debattierte mit CIA-Landeschef Thomas Karamessiness, wie Kennedy zur Vernunft gebracht werden könne. Vernon Walters, ein unbelehrbarer Kalter Krieger, «der direkt oder indirekt in den Sturz von mehr Regierungen verwickelt war als alle anderen Mitglieder der amerikanischen Regierung»,[42] beriet sie. Walters erklärte, wenn Kennedy zuließe, dass die PSI die Wahlen gewinne, die USA das Land besetzen sollten. Karamessiness schlug etwas geschickter vor, dass die Truppen in Italien, die einer Öffnung nach links entgegenstanden, verstärkt werden sollten.[43] «Die absurde Situation entwickelte sich derart, dass Präsident Kennedy den Außenminister und den Direktor der CIA gegen sich hatte.»[44]

Am Wahltag im April 1963 wurde der Albtraum der CIA wahr: Die Kommunisten wurden gestärkt, während alle anderen Parteien Sitze verloren. Die von den USA unterstützte DCI fiel auf 38 Prozent zurück, das schlechteste Ergebnis seit der Gründung der Partei nach dem Krieg. Die PCI holte 25 Prozent, und zusammen mit den 14 Prozent der triumphierenden PSI sicherte sie sich einen überwältigenden Sieg, da zum ersten Mal in der Zeit der Ersten Republik die vereinigte Linke im Parlament dominierte. Die Anhänger der italienischen Linken feierten in den Straßen das Novum, dass die Sozialisten in der italienischen Regierung unter Premierminister Aldo Moro vom linken Flügel der DCI einen Ministerposten bekamen. Präsident Kennedy war höchst erfreut und entschied sich im Juli 1963 zur großen Freude vieler Italiener, Rom zu besuchen. Der Flughafen war von Menschen übersät, und wieder einmal wurden die Amerikaner mit Flaggen und Freudenrufen begrüßt. «Er ist ein wunderbarer Mensch. Er scheint viel jünger zu sein, als er wirklich ist. Er lud mich ein, die USA zu besuchen», erklärte Pietro Nenni, der Vorsitzende der Sozialisten begeistert.

Kennedy hatte Italien erlaubt, nach links zu rücken. Als die Sozialisten Posten im Kabinett erhielten, verlangten auch die Kommunisten, entsprechend dem Wahlergebnis mit Posten im Kabinett belohnt zu werden, und im Mai 1963 demonstrierte die große Gewerkschaft der Bauhandwerker in Rom. Die CIA war alarmiert, und Mitglieder der geheimen Gladio-Armee, verkleidet als Polizisten und Zivilisten, zerschlugen die Demonstration, wobei mehr als 200 Demonstranten verletzt wurden.[46] Doch für Italien sollte das Schlimmste erst noch kommen. Im November 1963 fiel Präsident Kennedy in Dallas, Texas, unter mysteriösen Umständen einem Attentat zum Opfer. Fünf Monate später führte die CIA mit dem SIFAR, der geheimen Gladio-Armee und der paramilitärischen Polizei einen rechtsgerichteten Staatsstreich durch, der die italienischen Sozialisten zwang, ihre Posten im Kabinett aufzugeben, die sie erst seit kurzer Zeit innehatten.

Der Putsch lief unter dem Decknamen «Piano Solo» und wurde von General Giovanni De Lorenzo angeführt, den Verteidigungsminister und DCI-Mitglied Giulio Andreotti vom Chef des SIFAR zum Chef der italienischen paramilitärischen Polizei, der Carabinieri, befördert hatte. In enger Zusammenarbeit mit den Experten für geheime Kriegsführung der CIA, Vernon Walters, William Harvey, Chef der CIA-Niederlassung in Rom, und Renzo Rocca, dem Direktor der Gladio-Einheiten innerhalb des militärischen Geheimdienstes SID (früher SIFAR), ließ De Lorenzo den geheimen Krieg eskalieren. Zuerst benutzte Rocca seine Gladio-Armee, um die Büros der DCI und die Büros einiger Tageszeitungen zu bombardieren, wonach sie die Linken der Terrorakte beschuldigten, um sowohl Sozialisten als auch Kommunisten zu diskreditieren.[47] Als die Regierung nicht erschüttert wurde, instruierte De Lorenzo am 25. März 1964 in Rom seine geheimen Soldaten, dass sie auf sein Signal hin «die Regierungsgebäude, die wichtigsten Kommunikationszentralen, die Hauptquartiere der linken Parteien und die Standorte der Zeitungen, die den Linken nahestanden, ebenso wie die Zentralen der

Radio- und Fernsehstationen besetzen sollten. Die Zeitungsagenturen sollten ausdrücklich nur so lange besetzt werden, bis die Druckmaschinen zerstört waren und die Publikation von Zeitungen unmöglich gemacht wurde.»[48] De Lorenzo betonte, dass die Operation mit «höchster Kraft und Entschlossenheit durchgeführt werden soll, ohne jegliche Zweifel und ohne zu zögern», und machte seine Männer «fiebernd und scharf»,[49] wie die Gladio-Untersuchung ergab.

Die Gladiatoren waren mit Listen ausgestattet, auf denen mehrere Hundert Namen von Personen aufgeführt waren, die meisten davon Sozialisten und Kommunisten, welche sie suchen, finden und festnehmen sollten, um sie auf die Insel Sardinien zu deportieren, wo die geheime Gladio-Zentrale als Gefängnis dienen sollte. Das Dokument über «Die Spezialtruppen des SIFAR und die Operation Gladio» hatte spezifiziert, dass «das operative Hauptquartier, das Trainingslager für Saboteure CAG, von einem besonders ausgeklügeltem Sicherheitssystem geschützt und mit Installationen und Einrichtungen ausgerüstet werden soll, die für einen Notfall geeignet sind».[50] In einer Atmosphäre höchster Anspannung war die geheime Armee bereit, den Putsch zu beginnen. Dann, am 14. Juni 1964, gab De Lorenzo das Startzeichen, und als er mit seinen Truppen mit Panzern, bewaffneten Mannschaftswagen, Jeeps und Granatwerfern in Rom eindrang, führten die NATO-Truppen ein großes militärisches Manöver in dieser Region durch, um die italienische Regierung einzuschüchtern. Listig behauptete der General, dass diese Zurschaustellung der Kräfte am Vorabend des 150. Jahrestags der Gründung der Carabinieri stattfand, und begrüßte die Truppen zusammen mit dem fieberhaft antikommunistischen Präsidenten Antonio Segni vom rechten Flügel der DCI mit einem Lächeln. Die italienischen Sozialisten bemerkten, dass mit dieser Parade etwas nicht stimmte, denn nach der Parade wurden die Panzer und Granatwerfer nicht zurückgezogen, sondern blieben während des Mai und fast den ganzen Juni 1964 über in Rom.[51]

Premierminister Aldo Moro war alarmiert und traf sich heimlich mit General De Lorenzo in Rom. Natürlich war es ein «äußerst ungewöhnliches Treffen zwischen einem Premierminister mitten in einer politischen Krise und einem General, der plante, ihn durch ein strengeres Regime zu ersetzen».[52] Nach dem Treffen verließen die sozialistischen Minister still und leise ihre Posten und schickten ihre gemäßigten Parteikollegen in eine zweite Regierung unter Moro. «Plötzlich realisierten die politischen Parteien, dass sie ersetzt werden können.

Im Falle eines Machtvakuums, das aus dem Versagen der Linken hätte resultieren können, wäre eine Notstandsregierung die einzige Alternative gewesen», erinnerte sich Pietro Nenni von der sozialistischen Partei Jahre später, was «in der Realität eine rechtsgerichtete Regierung bedeutet hätte».[53] Nach dem Putsch wurden die Spuren der Gladio verwischt. Mehrere Jahre später, im Juli 1968, wollten Ermittlungsbeamte den Gladio-Kommandeur Renzo Rocca vernehmen. Der Gladiator war bereit zu kooperieren, doch am Tag vor seiner Zeugenaussage wurde er, durch einen Pistolenschuss in den Kopf getötet, in seiner Privatwohnung in Rom aufgefunden. Einem Richter, der begann, die Spur des Attentats zu verfolgen, wurde von seinen Vorgesetzten der Fall entzogen.[54] «Es besteht kein Zweifel, dass diese Operation etwas mit den Interessen zu tun hatte, die gewisse Abteilungen der amerikanischen Regierung verfolgten», konnte der italienische Gladio-Untersuchungsausschuss nur noch beklagen, während der Historiker Bernard Cook «Piano Solo» ganz richtig als «eine Blaupause von Gladio» bezeichnete.[55] Der italienische Gladio-Forscher Ferraresi schloss nach der Entdeckung der geheimen Armee, dass «die wirklich kriminelle Art des Plans heute endlich erkannt wurde», und bedauerte, dass «Piano Solo» wegen seiner Blockierung und Vernichtung des Programms der ersten linken Koalition – vielleicht der einzige echte Versuch einer reformistischen Regierung in der gesamten Nachkriegszeit Italiens – einen enormen Einfluss gehabt hatte.[56]

Neben der Durchführung des Putsches beobachtete General De Lorenzo im Auftrag von CIA-Landeschef Thomas Karamessines heimlich die gesamte italienische Elite. Vor allem sammelte er Material über «irreguläres Verhalten» wie etwa außereheliche und homosexuelle Beziehungen sowie regelmäßige Kontakte zu weiblichen und männlichen Prostituierten. In der Umgangssprache der Amerikaner ermöglichte dies der CIA und dem SIFAR, der italienischen Elite «die Hoden zu quetschen». Die Drohung der Veröffentlichung kompromittierender Einzelheiten in den folgenden Jahren trug dazu bei, dass Politiker, Kleriker, Geschäftsleute, Gewerkschaftsführer, Journalisten und Richter gleichermaßen erpresst werden konnten. De Lorenzo ging so weit, dass er im Vatikan und im Palast des Premierministers Mikrofone installieren ließ, damit die CIA Gespräche auf Italiens höchster Ebene verfolgen und aufzeichnen konnte. Die Entdeckung der geheimen Operation kam wie ein Schock über die italienische Bevölkerung, als eine parlamentarische Untersuchung, die den SIFAR betraf, aufdeckte, dass Akten mit Texten und Bildern über das Leben von mehr als 157 000 Personen angelegt worden waren. Einige Akten waren riesig. Das Dossier über Professor Amintore Fanfani, einen Senator der DCI, der zahlreiche Ministerämter ausgeübt hatte und auch Premierminister war, bestand aus vier Aktenordnern, ein jeder so dick wie ein Lexikon.

«Von Personen, die wir ausspionierten, machten wir mit Teleobjektiven Nahaufnahmen, mit geheimen Systemen wurde ihre Korrespondenz kontrolliert, wir zeichneten ihre Telefongespräche auf, dokumentierten mit Bildern ihre außerehelichen Beziehungen oder ihre sexuellen Vorlieben.» Die parlamentarische Kommission unter Aldo Beolchini versäumte nicht festzuhalten, dass «spezielle Daten, die zur Einschüchterung genutzt werden konnten», aufgezeichnet wurden.[57] Vor dem parlamentarischen Untersuchungsausschuss war De Lorenzo gezwungen einzugestehen, dass die USA und die NATO ihm befohlen hatten, diese Akten anzulegen.[58] Dieses Geständnis traf auf die wütende Kritik des parlamentarischen Ausschusses. «Der schwerstwiegende Aspekt dieser ganzen Affäre besteht in der Tatsache, dass ein bedeutender Teil der geheimdienstlichen Tätigkeit des SIFAR», so notierten die Parlamentarier, «darin bestand, Informationen für die NATO-Länder und den Vatikan zu sammeln.» Die Senatoren waren schockiert. «Diese Situation ist mit der Verfassung nicht vereinbar. Es ist eine offenbare Verletzung der nationalen Souveränität, eine Verletzung der Grundregeln der Freiheit und Gleichheit der Bürger und eine ständige Bedrohung des demokratischen Gleichgewichts unseres Landes.»[59]

Der stille Krieg der CIA war jedoch außerhalb der Kontrolle der italienischen Parlamentarier. Als der Name des diskreditierten militärischen Geheimdienstes von SIFAR zu SID geändert wurde und General Giovanni Allavena zum neuen Direktor ernannt wurde, befahlen die Parlamentarier De Lorenzo, alle Geheimakten zu vernichten. Das tat er auch, aber erst, nachdem er sowohl CIA-Landeschef Thomas Karamessines als auch dem SID-Direktor General Giovanni Allavena Kopien hatte zukommen lassen. Dies war ein bemerkenswertes Geschenk, weil es dem Besitzer ermöglichte, Italien von innen her heimlich zu kontrollieren. 1966 wurde General Allavena durch General Eugenio Henke als Direktor des SID ersetzt, blieb aber in der heimlichen Schlacht gegen die italienische Linke aktiv. 1967 trat Allavena der geheimen antikommunistischen Loge der Freimaurer bei, die in Italien «Propaganda Due» oder kurz P2 genannt wurde. Dem Direktor der Loge, Licio Gelli, brachte er als besonderes Geschenk eine Kopie aller 157 000 Akten mit.

Jahre später wurde aufgedeckt, wie sehr der P2-Direktor Licio Gelli und die

CIA die italienische Politik manipuliert hatten, um die Kommunisten von der Macht fernzuhalten. Gelli wurde 1919 geboren und hatte keinen Schulabschluss, weil er im Alter von 13 Jahren von der Schule flog, da er den Schuldirektor geschlagen hatte. Als 17-Jähriger meldete er sich freiwillig bei den Schwarzhemden und zog für Franco in den Spanischen Bürgerkrieg. Während des Zweiten Weltkriegs war er Oberstabsfeldwebel in der faschistischen Division Hermann Göring der SS und entkam kurz vor Kriegsende nur knapp den linksgerichteten italienischen Partisanen, indem er zur amerikanischen Armee floh. Frank Gigliotti von der amerikanischen Freimaurerloge rekrutierte Gelli persönlich und beauftragte ihn in enger Zusammenarbeit mit der CIA-Niederlassung in Rom mit dem Aufbau einer antikommunistischen Parallelregierung in Italien. «Es war Ted Shackley, der Direktor für alle verdeckten Aktionen der CIA in den 70er-Jahren in Italien», so bestätigte ein interner Bericht über den italienischen Terrorismus, «der den Chef der Freimaurerloge Alexander Haig vorstellte». Nach diesem Dokument autorisierten Nixons militärischer Berater Alexander Haig, Kommandeur der amerikanischen Truppen in Vietnam und danach von 1974 bis 1979 SACEUR der NATO, sowie Nixons nationaler Sicherheitsberater Henry Kissinger, «Gelli im Herbst 1969, 400 hochrangige italienische Offiziere und Offiziere der NATO für seine Loge anzuwerben».[60] Gellis Kontakte zu den Vereinigten Staaten blieben während des ganzen Kalten Krieges hervorragend. Als Zeichen des Vertrauens und des Respekts wurde Gelli 1974 zu den Feierlichkeiten der Amtseinführung von Präsident Ford eingeladen und war 1977 noch einmal bei der Amtseinführung von Präsident Carter anwesend. Als Ronald Reagan im Jahr 1981 Präsident wurde, war Gelli stolz darauf, in Washington in der ersten Reihe sitzen zu dürfen. Er war Washingtons Mann in Italien, und wie er es sah, rettete er das Land vor den Linken: «Ich habe eigentlich einen Orden verdient.»[61]

Im April 1981 brachen richterliche Beamte im Zusammenhang mit einer Untersuchung eines Kriminalfalles in die Villa von Licio Gelli in Arezzo ein und entdeckten die Akten der P2, deren Existenz bisher unbekannt war. Eine parlamentarische Untersuchung unter Tina Anselmi enthüllte daraufhin zur größten Verblüffung der meisten Italiener, dass die konfiszierte Mitgliedsliste der verschwiegenen antikommunistischen P2 mindestens 962 Mitglieder aufführte, wobei die Zahl der gesamten Mitglieder auf 2500 geschätzt wurde. Die vorliegende Mitgliederliste las sich wie ein «Who is who in Italien» und enthielt nicht nur die konservativsten, sondern auch einige der mächtigsten Mitglieder der italienischen Gesellschaft: 52 davon waren hochrangige Offiziere der paramilitärischen Polizei Carabiniere, 50 waren hochrangige Offiziere der italienischen Armee, 37 waren hochrangige Offiziere der Finanzpolizei, 29 waren hochrangige Offiziere der italienischen Marine, 11 waren Polizeipräsidenten, 70 waren einflussreiche und wohlhabende Industrielle, 10 waren Vorstandvorsitzende von Banken, 3 waren amtierende Minister, 2 waren ehemalige Minister, einer war der Vorsitzende einer politischen Partei, 38 waren Mitglieder des Parlaments und 14 waren hochrangige Richter. Andere, auf einer niedrigeren Stufe der gesellschaftlichen Hierarchie, waren Majore, Direktoren von Krankenhäusern, Rechtsanwälte, Notare und Journalisten. Das prominenteste Mitglied war Silvio Berlusconi, der im Mai 2001 zum Premierminister Italiens gewählt wurde – zufällig fast genau 20 Jahre nach der Aufdeckung der Loge P2.[62]

«Wir sind zum endgültigen Schluss gekommen, dass Italien wegen der Einmischung des amerikanischen Geheimdienstes und der internationalen Freimaurerei ein Land mit begrenzter Souveränität ist», betonte später Antonio Bellochio, kommunistisches Mitglied der Anselmi-Kommission, und beklagte sich, dass zur Zeit der Regierung von Ronald Reagan die italienischen Parlamentarier aus Angst davor zurückschreckten, auch die Verbindungen der P2 nach den USA zu untersuchen. «Wenn die Mehrheit der Kommission bereit gewesen wäre, unserer Analyse zu folgen, dann hätte sie eingestehen müssen, dass sie Marionetten der Vereinigten Staaten von Amerika sind, was sie niemals zugeben wird.»[63] Die Untersuchungskommission stellte fest, dass auch in Deutschland, Spanien, Frankreich, Argentinien, Australien, Uruguay, Irland, Griechenland, Indonesien und den meisten anderen Ländern der Welt Freimaurerlogen existieren, das Hauptquartier der Freimaurer sich jedoch in den USA befindet, wo es etwa 5 Millionen Mitglieder gibt.[64] «Wenn die Demokratie ein System ist, das nach Regeln und festen Verfahrensweisen funktioniert, durch welche die Parameter definiert werden, innerhalb derer Politik gemacht werden darf, was geschieht dann, wenn es neben diesem System ein anderes gibt, dessen Regeln mysteriös und dessen Abläufe unbekannt sind, dessen Macht enorm groß ist und das in der Lage ist, sich selbst gegen die offiziellen Institutionen der Demokratie durch eine Mauer von Geheimhaltung zu schützen?», fragten die Parlamentarier besorgt und kritisierten diese «gefährliche Seite außerparlamentarischer Aktivitäten» aufs Schärfste.[65]

Die von den USA finanzierte antikommunistische Parallelregierung P2 und die ebenfalls von den USA finanzierte antikommunistische Parallelarmee Gladio kooperierten während Italiens Erster Republik sehr eng. Licio Gelli, der nach der Enttarnung der P2 der Festnahme entkam und nach Südamerika floh, bestätigte nach dem Ende des Kalten Krieges gern, dass die geheime Armee aus überzeugten Antikommunisten bestand. «Viele kamen von den Söldnern, die im Spanischen Bürgerkrieg gekämpft hatten, und viele kamen aus der faschistischen Salo-Republik. Sie wählten Personen aus, die sich schon als Antikommunisten erwiesen hatten. Ich weiß, es war eine gut aufgebaute Organisation. Wäre die Stärke der Kommunisten in Italien gewachsen, hätte Amerika uns beigestanden, wir hätten einen weiteren Krieg ausgelöst und wären aus der Luft großzügig mit Waffen versorgt worden.»[66] Die Gladiatoren waren gut bezahlt, erläuterte Gelli, denn die USA steckten viel Geld in das Netzwerk: «Die Amerikaner zahlten hohe Summen, den Gegenwert eines hervorragenden Einkommens. Und sie garantierten die finanzielle Hilfe für die Familie für den Fall, dass ein Gladiator getötet würde.»[67]

«Das Ziel von Gladio und anderer ähnlicher Organisationen, die in allen Ländern Westeuropas existierten, war es, einer Invasion der Roten Armee entgegenzutreten, oder wenn kommunistische Parteien an die Macht kämen, einen Staatsstreich durchzuführen», betonte Gelli die doppelte Funktion des geheimen Netzwerks. «Dass die PCI während all der Jahre nie an die Macht gekommen ist, obwohl sie es oft versucht hat, ist das Verdienst der Organisation Gladio.»[68] Der Gladio-Forscher Francovich fragte Gelli mit ausdrücklichem Bezug auf die zahlreichen Terroranschläge, unter denen Italien gelitten hatte: «Wie weit wären Sie in Ihrer Kampagne gegen den Kommunismus gegangen?» Worauf Gelli nur vage antwortete: «Ja, der Feind Nummer eins war der Kommunismus [Stille]. Wir waren eine Gemeinschaft von Glaubensgenossen. – Wir konnten keine Ungläubigen zulassen. – Wir wollten den Kommunismus auf seinem Weg aufhalten, den Kommunismus eliminieren, den Kommunismus bekämpfen.»[69]

Da auch nach dem Tode Kennedys, während der Regierung von Präsident Lyndon Johnson, die italienischen Kommunisten und die Sozialisten sehr beliebt blieben und bei den Wahlen gute Ergebnisse erzielten, setzte die italienische Rechte zusammen mit der CIA ihren geheimen Krieg fort. Nach dem erfolgreichen Putsch Solo Piano organisierte der Gladio-Kommandeur auf Geheiß von CIA und SIFAR im Jahr 1965 in Rom einen öffentlichen Kongress der extremen Rechten mit dem Thema «Konterrevolutionäre Kriegsführung und die Verteidigung Italiens gegen den Kommunismus mit allen Mitteln». Das Alberto-Pollo-Institut, eine rechtsgerichtete Denkfabrik, fungierte für CIA und SIFAR als Terrororganisation, weil diese nicht öffentlich auftreten konnten, als die Konferenz im luxuriösen Hotel Parco dei Principi in Rom vom 3. bis zum 5. Mai 1965 abgehalten wurde. Die Rechtsextremisten bekräftigten auf der Konferenz die Ansicht, dass «der Dritte Weltkrieg bereits vor der Tür steht, selbst wenn er mit niedriger militärischer Intensität geführt wird». Unter den Rednern betonte der Rechtsextremist Eggardo Beltrametti, dass es «ein Kampf bis zum letzten Blutstropfen wird und es unser Ziel ist, die kommunistische Bedrohung zu eliminieren, ganz gleich wie. Wir würden gewaltlose Methoden vorziehen, doch dürfen wir uns nicht weigern, auch andere Formen des Kampfes in Betracht zu ziehen.»[70] Die italienische parlamentarische Untersuchung von Gladio fand heraus, dass Rechtextremisten sich während der nunmehr berüchtigten Konferenz im Parco dei Principi wiederholt auf eine mysteriöse bewaffnete Parallelstruktur bezogen hatten, die, wie erst später entdeckt wurde, nichts anderes als Gladio war.[71]

Richard Nixon, der im Januar 1969 Präsident der Vereinigten Staaten wurde, teilte die Analyse der Rechtextremisten in Italien ebenso wie Richard Helms, der von Juni 1966 bis Februar 1973 Direktor der CIA war und während dessen Amtszeit Pinochet durch einen Staatsstreich Diktator von Chile wurde. Bei der Wahl von 1968 wurde erneut der Albtraum der CIA in der amerikanischen Botschaft in Rom wahr, denn die Kommunisten hatten zusammen mit den Sozialisten mehr Stimmen erhalten als die DCI, während Demonstrationen gegen den Vietnamkrieg und Demonstrationen gegen Gewalt die Straßen beherrschten. Der Rückschlag kam, als Julio Valerio Borghese, ein führender italienischer Faschist, der vom CIA-Agenten James Angleton nach dem Zweiten Weltkrieg gerettet worden war, in enger Zusammenarbeit mit der CIA in Rom in der Nacht vom 7. Dezember 1970 den zweiten rechtsextremistischen Gladio-Staatsstreich in Italien auslöste. Diese geheime Operation trug den Decknamen «Operation Tora Tora» – nach dem japanischen Angriff auf die amerikanischen Schiffe in Pearl Harbour am 7. Dezember 1941. Der Plan des Staatsstreichs sah vor, dass in der Endphase die Kriegsschiffe der USA und der NATO eingreifen sollten, die bereits in Alarmbereitschaft im Mittelmeer warteten.

Ebenso wie Piano Solo im Jahr 1964 sollten bei dieser Operation linke Politiker, Gewerkschaftsführer, führende Journalisten und politische Aktivisten verhaftet und per Schiff nach Sardinien gebracht und im Gladio-Gefängnis eingesperrt werden. Mehrere Hundert bewaffnete Männer unter Borgheses Kommando verteilten sich über das Land, während sich Elitetruppen in Rom sammelten. Im Dunkel der Nacht gelang es einer paramilitärischen Einheit unter dem Kommando des berüchtigten internationalen Rechtsextremisten Stefano Delle Chiaie, mit Hilfe der Polizeiwachen in das Innenministerium einzudringen. Die Verschwörer eroberten eine Packung mit 180 Maschinengewehren und brachten sie mit einem Lastwagen für ihre Komplizen aus dem Ministerium. Eine zweite Einheit, wie die Gladio-Untersuchung ergab, hatte unter dem rechtsextremen Fallschirmspringer Sandro Saccucci die Aufgabe, politische Funktionäre festzunehmen. Eine dritte bewaffnete Gruppe, darunter Carabinieri, die schon bei der Operation Piano Solo mitwirkten, wartete in einer Sporthalle in der Via Eliana in Rom auf ihr Einsatzkommando. Eine geheime Einheit unter dem Kommando von General Casero war dabei, das Verteidigungsministerium in Rom zu besetzen. Eine voll bewaffnete Truppe von Männern unter dem Kommando von General Berti, ausgestattet mit Handschellen, war nur wenige Hundert Meter von der Radio- und Fernsehzentrale entfernt. Eine Gruppe von Verschwörern war auf dem Weg, Sesto San Giovanni zu besetzen, einen Arbeitervorort von Mailand und Kern der kommunistischen Wahlhelfer, wo die CIA heftigen Widerstand erwartete.[72]

Italien war am Rande eines rechtsgerichteten Staatsstreichs. Doch es kam nicht so weit. Kurz vor ein Uhr nachts, in den dunklen Stunden des 8. Dezember, erhielt Borghese, der Anführer des Umsturzes, einen geheimnisvollen Anruf, und der Gladio-Putsch wurde gestoppt. Die Verschwörer kehrten in ihre Kasernen zurück, und strategische Positionen, die bereits erobert waren, wurden verlassen. Was war geschehen? In Chile und in Griechenland wurden nach einem Staatsstreich rechte Regierungen eingesetzt, nachdem die politische Linke an den Urnen gewonnen hatte. Weshalb wurde der rechtsradikale Staatsstreich in Italien gestoppt? Mitglieder der italienischen Mafia, die die CIA rekrutiert hatte, um die Verschwörer zu unterstützen, sagten später vor Gericht aus, dass der sowjetische Geheimdienst vom geplanten Umsturz erfahren hatte, worauf sowohl Washington als auch die NATO bemerkten, dass zahlreiche sowjetische Schiffe im Mittelmeer kreuzten. «Es war nichts geschehen, und der Umsturzversuch wurde nicht durchgezogen, teilweise, weil zu dieser Zeit viele sowjetische Schiffe im Mittelmeer kreuzten», sagte das hochrangige Mitglied der Mafia, Tommaso Buscetta, vor dem Mafia-Richter Giovanne Falcone im Jahr 1984 aus.[73] Während Luciano Liggio, ein anderes Mitglied der Mafia, bedauerte: «Sie sagten mir, dass die Geheimdienste und die Amerikaner hinter der Operation stünden. Ich sagte ihnen, sie sollten verschwinden, ich sei nicht interessiert, und das Ergebnis war, dass ich in Bari zu lebenslänglich verurteilt wurde.»[74]

Nach den Planungen der CIA und von Borghese wäre Italien und der Rest der Welt am 8. Dezember 1970 aufgewacht und hätte festgestellt, dass auf der Halbinsel eine neue rechte konservative Regierung eingesetzt wurde. «Die politische Formel, mit der wir 25 Jahre lang regiert worden sind und die uns an den Rand des wirtschaftlichen und moralischen Zusammenbruchs gebracht hat, hört auf zu bestehen», plante Borghese die Bevölkerung an diesem Morgen im Fernsehen zu begrüßen. «Die bewaffneten Truppen, die Ordnungskräfte, die kompetentesten und angesehensten Männer der Nation stehen zu uns, und wir können Ihnen versichern, dass die gefährlichsten Feinde, um es ganz klar zu sagen, diejenigen sind, die unser Vaterland unter die Sklaverei einer ausländischen Macht bringen wollten. Und diese wurden nunmehr unschädlich gemacht.» Danach hatten Borghese und seine Verschwörer beabsichtigt, ihr Regierungsprogramm umzusetzen, das unter anderem beinhaltete: «Die Erhaltung der gegenwärtigen militärischen und finanziellen Verpflichtungen gegenüber der NATO und die Vorbereitung eines Plans, den Beitrag Italiens zur Atlantischen Allianz zu erhöhen», ebenso wie eine spezielle Verabredung mit den USA, einen italienischen militärischen Beitrag im Vietnamkrieg zu leisten![75] Da der Coup nicht stattfand, wurde dieser Regierungsplan nie im Fernsehen vorgetragen.

Wer aber tätigte den mysteriösen Telefonanruf nach Mitternacht und stoppte damit die Gladio-Armee? Der CIA-Direktor William Colby deutete ausdrücklich an, es sei Präsident Nixon selbst gewesen. In seinen Memoiren bestätigt Colby, dass «sie [die CIA] in zweiter Linie auf direkte Anordnung von Präsident Nixon einen Staatsstreich anstrebte».[76] Für Nixon war die Welt ein Schlachtfeld, auf dem die Kommunisten drohten, die Macht zu übernehmen. Er kannte keine Skrupel und bombardierte zur Zeit der Operation Tora Tora neben Vietnam auch das neutrale Kambodscha, wo Tausende ums Leben kamen.[77] Die Verwicklung von Nixon in die Angelegenheit wurde in Italien auch von Remo Orlandini vermutet, einem reichen rechtslastigen italienischen Geschäftsmann, der stark in die Operation Tora Tora involviert war. Im Hauptquartier des SID diskutierte er den Putsch vertraulich mit dem Hauptmann Antonio Labruna. Labruna fragte Orlandini nach «der Unterstützung aus dem Ausland». Orlandinis Antwort war kurz, aber vielsagend: «NATO. Und Westdeutschland. Auf militärischer Ebene, weil wir Zivilisten nicht vertrauen.» Labruna fragte nach: «Sie müssen mir Namen nennen, alle, weil ich ziemlich viel über die internationale Szene weiß.» Worauf Orlandini entgegnete: «Sehen Sie, für Amerika steht Nixon und auch sein Gefolge.» Das Signal, den Gladio-Putsch zu stoppen, war angeblich von hochrangigen NATO-Offiziellen gekommen, sagte Orlandini aus und Labruna behauptete weiter: «Und genau deshalb sage ich Ihnen, dass Sie nicht die geringste Ahnung vom Ausmaß und Ernst der Angelegenheit haben.»[78]

Giovanni Tamburino, ein mit der Untersuchung befasster Ermittler der italienischen Stadt Padua, recherchierte die Operation Tora Tora kritisch, und zu seiner größten Überraschung entdeckte er schon damals die Beteiligung einer mysteriösen geheimen Armee, die sich später als Gladio erwies. Danach nahm er Vito Miceli fest, den amtierenden Direktor des SID, der zuvor das Sicherheitsbüro der NATO in Brüssel geleitet hatte, wegen «Förderung, Einrichtung und Organisation einer geheimen militärischen und zivilen Vereinigung, mit dem Ziel, einen bewaffneten Aufstand zu bewirken, um so zusammen mit anderen eine illegale Veränderung der Verfassung des Staates und der Regierungsform herbeizuführen».[79] Seine Fakten ließen vermuten, dass eine mysteriöse bewaffnete Organisation innerhalb des Geheimdienstes SID existierte, doch da der wirkliche Deckname Gladio noch nicht entdeckt worden war, bezeichnete man diese Struktur während der Vernehmung als «Super-SID». Vor Gericht rief der verärgerte Miceli am 17. November 1974: «Ein Super-SID unter meinem Befehl? Natürlich! Aber ich habe den Staatsstreich nicht selbst organisiert. Es waren die USA und die NATO, die mich aufgefordert haben, das zu tun!»[80] Als sich das Gerichtsverfahren hinzog, war Miceli im Jahr 1977 gezwungen zu erläutern: «Es gab schon immer eine gewisse streng geheime Organisation, das war der Staatsführung bekannt, und die Organisation operierte unter dem Verantwortungsbereich der Geheimdienste. Sie war in Aktivitäten eingebunden, die nichts mit der Sammlung von Information zu tun hatten ... Wenn Sie Einzelheiten wissen wollen, dann kann ich sie Ihnen geben.»[81] 1990, als Premierminister Andreotti das Geheimnis um Gladio vor dem Parlament lüftete, war Miceli höchst verärgert, und kurz vor seinem Tod schimpfte er über Andreottis Enthüllung.[82]

Außer Miceli wurde auch Hauptmann Amos Spiazzi verhaftet, weil er in der Nacht des Borghese-Putsches seine Gladiatoren in Mailand versammelt hatte, um die kommunistischen Gewerkschaften zum Schweigen zu bringen. «Am Tag des Borghese-Putsches, am Abend des 8. Dezember 1970, erhielt ich einen Befehl, eine Übung zur Aufrechterhaltung der öffentlichen Ordnung durchzuführen, wobei ich zuverlässige Männer einsetzen sollte», erinnerte sich Spiazzi in einem Dokumentarfilm der BBC über Gladio an den Putsch. «Wir sollten gewisse vorgegebene Örtlichkeiten überwachen, die bei einem Aufstand gefährdet sein könnten», erklärte er in seinem Haus, vor einem Bild sitzend, das ihn selbst in Uniform mit zum Hitlergruß erhobener Hand zeigte. «Zu dieser Zeit wusste ich nur von einer Struktur, die aus Leuten bestand, die mit Sicherheit Antikommunisten waren, die jedoch nur aktiviert werden konnte, falls die Nation einer Invasion ausgeliefert war», erklärte der Rechtsextremist die geheime Gladio-Armee. «Ich wurde 1974 festgenommen und befand mich in einer peinlichen Situation. Der Richter befragte mich pausenlos, bis ich feststellte, dass er etwas sondierte, von dem er glaubte, es wäre etwas Revolutionäres oder etwas Verfassungsfeindliches. Für mich war es eine Organisation für die nationale Sicherheit.»[83] Der Rechtsextremist Spiazzi war verwirrt. «Meine Vorgesetzten und der Richter gehörten demselben System an. Konnte ich dem Richter gewisse Dinge erzählen? Nein, wegen der militärischen Schweigepflicht.» Also bat Spiazzi den Richter, mit dem SID-Direktor Vito Miceli sprechen zu dürfen, der Spiazzi unbeholfen verbot, die Wahrheit über Gladio zu erzählen. «Er gab mir Zeichen, überhaupt nichts zu sagen [Spiazzi bewegt seine Hand und imitierte damit das Nein-Signal, das Miceli vor Gericht gab]. Der Richter bemerkte dies. Und so sagte er tatsächlich mit seinen Gesten «Ja» [zur Existenz von Gladio], während er mit seinen Worten «Nein» signalisierte.[84] Letztlich wurden 145 Tora-Tora-Verschwörer wegen krimineller Vergehen angeklagt, von denen nur 78 wirklich vor Gericht gebracht wurden. Von diesen wiederum wurden nur 46 von einem römischen Gericht verurteilt, jedoch von einem höheren Gericht wieder freigelassen. In diesem gewaltigen juristischen Skandal kamen alle Gladiatoren unbeschadet davon.

Zum Leidwesen der CIA und der Nixon-Administration konnte der abgebrochene Tora-Tora-Staatsstreich die italienische Linke nicht aufhalten. Bei den Wahlen von 1972 sicherte sich die von den USA unterstützte DCI mit 39 Prozent der Wählerstimmen nur einen sehr kleinen Vorsprung gegenüber der kommunistischen PCI und der sozialistischen PSI, die zusammen 37 Prozent erreichten.[85] Dies trotz der Tatsache, dass der US-Botschafter Graham Martin auf Anordnung Nixons in verdeckte Operationen, Bestechungen und die Unterstützung der DCI 10 Millionen Dollar investierte. Dies ergab eine Untersuchung der CIA durch das amerikanische Parlament unter dem Vorsitz des Kongressmitglieds Ottis Pike. Während Moskau die PCI finanziell unterstützte, unterstützte Washington großzügig die DCI, so Pike: «CIA-Berichte ergeben, dass die USA über die letzten 20 Jahre hinweg insgesamt etwa 65 Millionen Dollar an Wahlhilfe für die DCI ausgegeben haben.»[86]

Da die italienischen Kommunisten und Sozialisten bei Wahlen weiterhin sehr stark blieben und einen großen Teil des italienischen Parlaments kontrollierten, war es offensichtlich, dass sie an der Regierung beteiligt werden sollten. Ebenso klar war jedoch, dass sich der amerikanische Präsident einer solchen Öffnung nach links kategorisch widersetzte, denn er befürchtete die Enthüllung von NATO-Geheimnissen. Nach dem Watergate-Skandal wurde Nixon, der begeisterte Anhänger verdeckter Aktionen, am 8. August 1974 zum Rücktritt gezwungen, Vizepräsident Gerald Ford zog am nächsten Tag ins Weiße Haus und erklärte: «Unser langer nationaler Albtraum ist nun vorüber.»[87] Dies wurde auch in Italien vernommen, wo viele auf einen neuen Anfang hofften, und deshalb flog der amtierende italienische Außenminister Aldo Moro von der DCI zusammen mit dem italienischen Präsidenten Giovanni Leone im September 1974 nach Washington, um die Einbeziehung der italienischen Linken in die Regierung zu diskutieren. Ihre Hoffnungen wurden zunichte gemacht. Ford verzieh Nixon all seine kriminellen Vergehen, die er in seiner Amtszeit im Weißen Haus begangen hatte, und behielt die Schlüsselfiguren der Nixon-Administration im Amt. In einer heftigen Konfrontation mit Henry Kissinger, der unter Nixon als nationaler Sicherheitsberater des Präsidenten gedient hatte und nun, unter Ford, die mächtige Position des Außenministers innehatte, wurde den italienischen Repräsentanten mitgeteilt, dass die italienische Linke unter keinen Umständen an der italienischen Regierung beteiligt werden dürfe. Italien musste innerhalb der NATO fest und stark bleiben. Dieser Besuch lastete schwer auf Aldo Moro, der bereits den Piano-Solo-Putsch und den Tora-Tora-Putsch der Gladio durchlebt hatte und sich deshalb hinsichtlich des Einflusses der Vereinigten Staaten auf Italiens Erste Republik keinen Illusionen hingab.

Nach seiner Rückkehr nach Italien war Moro tagelang krank und überlegte, ob er sich nicht ganz aus der Politik zurückziehen sollte. «Dies war eine der seltenen Gelegenheiten, als mein Mann mir genau erzählte, was ihm gesagt wurde, natürlich ohne die betreffenden Namen zu nennen», bezeugte Moros Ehefrau Eleonore später. «Ich will versuchen es zu wiederholen: Du musst aufhören zu versuchen, alle politischen Kräfte in diesem Land zu einer direkten Zusammenarbeit zu vereinen, sagten sie ihm. Entweder du hörst damit auf, oder du wirst dafür teuer bezahlen müssen.»[88] Bei den nationalen Wahlen im Juni 1976 sicherte sich die PCI das beste Resultat, das sie bei Wahlen bisher erzielt hatte, erreichte 34,4 Prozent und schlug damit die DCI deutlich. Konsequent fand der amtierende Vorsitzende der DCI Aldo Moro den Mut, das Veto der USA zu Fall zu bringen. Am 16. März 1978 packte er die Dokumente des «historischen Kompromisses» (compromesso storico) in seine Aktentasche und befahl seinem Fahrer und seinen Leibwächtern, ihn zum Palast des italienischen Parlaments in Rom zu bringen, wo er seinen Plan vortragen wollte, die italienischen Kommunisten in die Exekutive einzubinden. Moros Auto näherte sich der Straßenkreuzung, wo sich die Via Mario Fani und die Via Stresa in dem Wohnviertel, in dem er lebte, kreuzten, als plötzlich ein weißer Fiat um die Ecke kam und den Weg versperrte. Moros Fahrer musste abrupt bremsen, und das nachfolgende Begleitfahrzeug rammte das Heck von Moros Wagen. Zwei Männer aus dem weißen Auto und weitere vier Männer, die auf der Straße gewartet hatten, eröffneten das Feuer auf Moros fünf Leibwächter. Nach seiner Rückkehr aus Amerika war Moro unsicher geworden und hatte ein schusssicheres Fahrzeug beantragt, doch der Antrag wurde abgewiesen. Und so durchdrangen die Schüsse das Auto und trafen seine Leibwächter, die sofort tot waren. Einer von ihnen war noch in der Lage, zwei Schüsse zurückzufeuern, wurde jedoch zusammen mit zwei anderen Leibwächtern, die noch am Leben waren, aus nächster Nähe erschossen. Moro selbst wurde entführt und mitten in Rom 55 Tage lang als Geisel gehalten. Danach fand man die von Schüssen durchsiebte Leiche Moros im Kofferraum eines verlassenen Autos im Zentrum von Rom, das symbolisch zwischen den Parteizentralen der DCI und der PCI geparkt war.

Italien war geschockt. Der militärische Geheimdienst und der amtierende Premierminister Giulio Andreotti beschuldigten sofort die linksradikalen Roten Brigaden dieses Verbrechens und griffen hart gegen die Linke durch. 72 000 Straßensperren wurden errichtet und 37 000 Häuser wurden durchsucht. Millionen von Bürgern wurden in weniger als zwei Monaten verhört. Während Moro gefangen gehalten wurde, verbrachte seine Frau Eleonore diese

Tage unter großer Qual im engsten Familienkreis und mit Freunden und bat selbst Papst Paul VI., einen langjährigen Freund ihres Mannes, um Hilfe. «Er sagte mir, er würde alles Erdenkliche tun, und ich wusste, dass er es versuchte, doch stieß er auf große Opposition.»[89] Der gefangene Moro selbst verstand, dass er das Opfer eines politischen Verbrechens geworden war, bei dem die politische Rechte und die Vereinigten Staaten die Roten Brigaden instrumentalisierten. In seinem letzten Brief bat er darum, dass niemand aus der korrupten DCI bei seinem Begräbnis anwesend sein solle. «Küsse und umarme jeden an meiner statt, Angesicht zu Angesicht, Auge zu Auge, Haar an Haar», schrieb er an seine Frau und seine Kinder. Er war sich dessen bewusst, dass er sterben würde. «Jedem sende ich durch deine Hände eine enorme Zärtlichkeit. Sei stark, meine Süße, in dieser absurden und unbegreiflichen Prüfung. Dies sind die Wege Gottes. Bringe mich all unseren Verwandten und Freunden mit großer Zuneigung in Erinnerung, und dir und ihnen allen sende ich meine wärmste Umarmung als Versprechen meiner ewigen Liebe. Ich würde gern wissen, mit meinen kleinen, sterbenden Augen, wie wir einander jenseits des Todes erscheinen werden.»[90]

Die Kommission des Senats, die Gladio und die Terroranschläge untersuchte, verdächtigte die CIA und den italienischen militärischen Geheimdienst, einschließlich seiner Gladio-Eingreiftruppen, das Verbrechen an Moro begangen zu haben. Deshalb eröffneten sie den Fall noch einmal, doch stellten sie erstaunt fest, dass fast alle Akten über die Entführung und Ermordung Moros auf mysteriöse Weise aus den Archiven des Innenministeriums verschwunden waren. Die Akten enthielten alle offiziellen Einträge über Telefonanrufe, Briefe, die zwischen Moro und der Regierung gewechselt wurden, Kontakte zu den Sicherheitskräften und Protokolle der Konferenzen, die während der 55-tägigen Entführung Moros stattgefunden haben. Die Kommission des Senats kritisierte scharf, dass «die Dokumente des Krisenstabs des Innenministeriums verschwunden sind», was aufzeigte, dass «die Betrachtung der Moro-Affäre in größerem Zusammenhang gesehen werden muss», da «die historischen Vorgänge dieser Zeit berücksichtigt werden müssen», und kam zum Schluss, dass das Attentat auf Moro «ein kriminelles Projekt war, bei dem die Roten Brigaden höchstwahrscheinlich nur das Instrument eines größeren politischen Systems sind».[91] Der Senat verfolgte aufmerksam und kritisch, dass im Jahr 1978 «die Administration der Vereinigten Staaten sich zunächst völlig weigerte, bei der Untersuchung über die Geiselnahme zu helfen, und später einen einzigen Experten für Entführungen schickte, der unter der Leitung des Innenministeriums arbeitete».[92]

Die tragische Geschichte Italiens erreichte ihren Höhepunkt, als zu Nixons Amtszeit die politische Rechte Terror, Blut und Panik in Italien verbreitete und das Land an den Rand eines Bürgerkriegs brachte. Die Terroristen versteckten Bomben auf öffentlichen Plätzen und beschuldigten die Kommunisten, um sie und die Sozialisten bei Wahlen zu schwächen. «Die vermutete Verbindung zum Terroranschlag in Bologna ist möglicherweise die gravierendste aller gegen Gladio gerichteten Anklagen», lauteten die Schlagzeilen in der britischen Presse, als im Jahr 1991 der parlamentarische Untersuchungsausschuss zu Gladio und den Terroranschlägen ein anonymes Memorandum erhielt, das den Hinweis enthielt, dass die Bombe von Bologna angeblich aus dem Waffenlager von Gladio stammte.[93] General Gerardo Serravalle, der die Gladio-Einheiten innerhalb des SID in Italien von 1971 bis 1974 kommandierte, bestätigte später mit großem Bedauern, dass Gladio-Mitglieder manchmal «aus einer passiven, post-invasiven Logik in eine Logik des Angriffs wechseln, in die Logik eines Bürgerkriegs».[94] Als er in einem Interview mit der BBC gefragt wurde, weshalb er bei dieser offenkundigen Gefahr, nicht entschieden habe, das Netzwerk aufzulösen, antwortete Serravalle: «Nun, die Auflösung ist eine politische Entscheidung, es lag nicht in meinem Kompetenzbereich, die Operation Gladio zu beenden.»[95]

Es war die CIA, die Italiens geheime Armee kontrollierte, und als General Serravalle seine Bedenken gegenüber den Operationen der geheimen Armee in Italien zum Ausdruck brachte, traf er bei Howard Stone, dem Chef des CIA-Stützpunktes in Rom, auf heftigen Widerstand, der darauf die finanziellen Hilfeleistungen der CIA einstellte. «Als ich das Kommando übernahm, bemerkte ich, dass die amerikanische Finanzierung, die in bilateralen Vereinbarungen festgelegt wurde, insbesondere die Lieferung von Material und Rüstung an uns, aufgehört hatte.» Serravalle war verärgert und bat Stone, ins Gladio-Hauptquartier nach Sardinien zu kommen. Der CIA-Landeschef kam mit dem CIA-Beamten Mike Sednaoui, und Serravalle sagte zu ihnen nach eigenen Angaben: «So sieht unsere Ausbildung aus und so weiter. Sie können uns helfen, unser ganzes Potenzial zu erreichen. Weshalb haben Sie Ihre Hilfe eingestellt? Wenn dies die Haltung Ihrer Regierung ist, dann akzeptieren wir das. Aber Sie sind uns eine Erklärung schuldig.» Danach stellte er fest, «dass die CIA, so wie sie von diesen Beamten repräsentiert wurde, nicht wirklich am Ausbildungsniveau interessiert war, sondern wesentlich mehr am Thema der internen Kontrolle. Das heißt, unsere Möglichkeiten, Unruhen auf der Straße zu begegnen, der Umgang mit landesweiten Streiks und vor allem einem eventuellen Aufstieg der kommunistischen Partei. Mister Stone erklärte ziemlich eindeutig, dass die finanzielle Unterstützung durch die CIA völlig von unserer Bereitschaft abhängig ist, diese, sagen wir, internen Maßnahmen umzusetzen, sie zu programmieren und zu planen.»[96]

«Es zeichnet sich ohne den Schatten eines jeden Zweifels ab, dass Elemente der CIA in der zweiten Hälfte der 60er-Jahre eine gewaltige Operation begannen, um unter Anwendung aller Mittel linke Gruppen und Bewegungen auf europäischer Ebene zu bekämpfen», schlossen die offiziellen Untersuchungen des italienischen Senats über Gladio und die Massaker in ihrem 370-seitigen Abschlussbericht. «Das endgültige Bild, das sich aus der Analyse ergibt, ist das eines Landes, das mehr als 40 Jahre lang in einer schwierigen Grenzsituation gelebt hat. Offenbar hatten die Spannungen, die diese 40 Jahre charakterisierten und Gegenstand der Analyse waren, auch soziale und deshalb interne Wurzeln. Allerdings hätten solche Spannungen niemals so lange gedauert und hätten nicht derartige Dimensionen angenommen, wie es der Fall war, und der Weg zur Wahrheit wäre nicht so oft blockiert worden, wenn die interne politische Situation nicht von einem internationalen System, in das Italien eingebunden war, fremdbestimmt und überwacht worden wäre.»[97] Damit waren die USA gemeint.

Wegen der Brutalität der Geschichte der Ersten Republik Italiens – die nach Aussagen offizieller Personen in den Terrorjahren zwischen 1969 und 1987 die enorm hohe Anzahl von 491 toten Zivilisten, 1181 Verletzten und Verstümmelten gefordert hatten – war dies eine zu harmlose Formulierung für diejenigen Senatoren im Gladio-Ausschuss, die der italienischen Linken angehörten. Unter dem Vorsitz von Senator Pellegrini setzten sie deshalb ihre Nachforschungen fort, befragten Zeugen und bewerteten Dokumente. Im Juni 2000 legten sie ihren 326 Seiten umfassenden Abschlussbericht vor und zogen den Schluss, dass «diese Terroranschläge, diese Bomben, diese militärischen Aktionen von Männern innerhalb staatlicher Institutionen Italiens organisiert oder gefördert oder unterstützt wurden und, wie erst kürzlich entdeckt wurde, von Männern, die mit Strukturen der amerikanischen Geheimdienste in Verbindung standen».[98]

Um diese weitreichende Schlussfolgerung zu stützen, enthielt der Gladio-Bericht von 2000 die Zeugenaussagen ausgewählter Gladiatoren. Der geheime

Soldat Giuseppe Tarullo, der 1961 zur SIFAR kam, hatte den Senatoren gegenüber ausgesagt, dass neben den Vorbereitungen auf eine Invasion es ihre Aufgabe war, die italienischen Kommunisten unter Kontrolle zu halten: «Unter uns sprachen wir auch über die interne Aufgabe von Gladio. Es wurde gesagt, dass die Struktur und ihre ausländischen Verbindungen auch gegen eine inländische Subversion unter Mithilfe von Spezialeinheiten eingesetzt würden. Unter einheimischer Subversion verstanden wir den Austausch einer Regierung, die den Willen der herrschenden Macht nicht respektierte.»[99] Der Gladiator Giuseppe Andreotti erklärte es den Senatoren so: «Das Gebilde Gladio war die Antwort auf eine interne Logik in dem Sinn, wie ich bereits gesagt habe, dass Gladio auf die Machtübernahme eines Regimes reagieren musste, das von der Bevölkerung gehasst wird, ... also Diktaturen der Rechten oder der Linken.»[100]

Der Gladiator Manlio Capriata, der im SIFAR den Rang eines Generals innehatte und das Büro R von Februar bis Juni 1962 geleitet hatte, sagte vor den Senatoren aus: «Ich bestätige, dass die Abteilung V, also die Organisation S/B (Stay-behind) und damit auch das CAG (Gladio Centro Addestramento Guastatori in Sardinien) eine antisubversive Funktion hatte, falls die Kräfte der Linken an die Macht kommen sollten.»[101] Nun waren ausreichend Beweismittel ans Tageslicht gekommen, und das Kommissionsmitglied Senator Valter Bielli zog die Schlussfolgerung: «Ich bin überzeugt, dass die Intervention der Amerikaner in Italien nunmehr eine historisch belegte Tatsache ist.» Die Clinton-Administration in Washington war in großer Verlegenheit und weigerte sich im Sommer 2000, einen Kommentar abzugeben, während eine Quelle aus der amerikanischen Botschaft in Rom, die nicht genannt werden will, erklärte: «Dies sind Behauptungen, die in den letzten 20 Jahren aufgekommen sind, und es ist überhaupt nichts wahr daran.»[102]

Senator Bielli blieb standhaft und machte klar, dass «sie einschritten, um zu verhindern, dass die kommunistische Partei durch demokratische Mittel an die Macht kommt. Die kommunistische Bedrohung gibt es schon lange nicht mehr, und es wäre angemessen, wenn die Amerikaner selbst uns bei der Aufklärung helfen würden, was in der Vergangenheit geschehen ist.» Während die Sowjetunion ihre Archive öffnete, blieben jene der Amerikaner verschlossen. «Während des Kalten Krieges war der Osten kommunistisch dominiert, doch auch der Westen wurde in gewissem Sinn zu einer amerikanischen Kolonie», bedauerte Bielli. Aldo Gianulli, ein Historiker, der als Berater für den parlamentarischen Untersuchungsausschuss über Gladio und den Terrorismus arbeitete, betonte ganz richtig, dass die Stay-behind-Organisationen heute international auf der Basis von NATO-Dokumenten untersucht werden müssten: «Das wirkliche Thema ist es heute, Zugang zu den Archiven der NATO zu erhalten.»[103]

7

Der geheime Krieg in Frankreich

Die Invasion und die Besetzung Frankreichs durch die deutsche Armee im Zweiten Weltkrieg waren die traumatisierendsten Erfahrungen Frankreichs des letzten Jahrhunderts. Paris war schon am 14. Juni 1940 gefallen. Während rechtsgerichtete Teile der französischen Militärs und die politische Elite unter General Philippe Pétain mit Hitlers Besatzungsarmee kollaborierten und in Vichy eine faschistische Regierung einsetzten, floh General Charles de Gaulle nach London und erklärte der französischen Bevölkerung per Radio, dass er die legitime Regierung Frankreich repräsentiere. De Gaulle bestand darauf, dass der Krieg gegen die Besatzer fortgesetzt werden müsse und werde. Um in Frankreich geheimdienstliche Informationen zu sammeln, eine Verbindung mit der französischen Widerstandsbewegung aufzubauen und im feindlich besetzten Gebiet Sabotageoperationen durchzuführen, schuf er den französischen Geheimdienst BCRA (Bureau Central de Renseignement et d'Action). BCRA-Agenten sprangen mit Fallschirmen über Frankreich ab und führten ihre geheimen Missionen unter sehr hohen Verlusten durch. Bei ihren Missionen, der Ausbildung und der Ausrüstung war das BCRA, das noch vor dem Kriegsende wieder aufgelöst wurde, ein Vorläufer der geheimen französischen Stay-behind-Armee, und viele geheime Soldaten des Kalten Krieges hatten zuvor als BCRA-Agenten gekämpft. Nach der Invasion in der Normandie am 6. Juni 1944 und der Befreiung Frankreichs, die von den Vereinigten Staaten angeführt wurde, kehrte General de Gaulle triumphierend nach Paris zurück und wurde Premierminister. General Pétain, der mit Hitler kollaboriert hatte, wurde zum Tode verurteilt, später begnadigt und zu lebenslänglicher Gefängnisstrafe verurteilt.

Das Ende des Zweiten Weltkriegs war die Geburtsstunde der Vierten Französischen Republik, die durch eine höchst instabile politische und militärische

Situation gekennzeichnet war und in der verschiedene Parteien um Einfluss rangen.[1] Auf der linken Seite stand die französische kommunistische Partei PCF (Parti Communiste Français), die wegen ihrer Führungsrolle beim Widerstand gegen die faschistischen Kollaborateure von Vichy bei der Bevölkerung sehr beliebt war und die sich die Macht in der Nachkriegsregierung sichern wollte. «Die PCF hatte enormes Ansehen und eine Art von Vormachtstellung gewonnen, weil sie die Speerspitze des Widerstands darstellte ... Ihre patriotische Glaubwürdigkeit war unbestritten.»[2] Auf der rechten Seite des Parteienspektrums standen die militärischen Kollaborateure von Vichy und mächtige Gruppen der französischen Wirtschaft, die am vehementesten die Vorstellung ablehnten, dass Frankreich unter kommunistische Kontrolle geraten könnte, ganz gleich ob eine solche Situation durch einen kommunistischen Staatsstreich oder durch eine demokratische Wahl mit einem Sieg der PCF entstünde. Besonders die Vereinigten Staaten, ebenso wie Großbritannien, waren strikt gegen die PCF, die sie als stark von Moskau abhängig betrachteten. Deshalb, ähnlich wie in Italien, wurde auch in Frankreich nach 1945 ein geheimer Krieg fortgesetzt, und zwar zwischen der PCF und kommunistischen Gewerkschaften auf der einen Seite und der CIA und Teilen des französischen politischen, militärischen und polizeilichen Apparats auf der anderen Seite.

«Zu Beginn wollte sie [die CIA] die Linke daran hindern, an die Macht zu kommen, und vor allem wollte sie, dass die Kommunisten auf keinen Fall an einer Regierung beteiligt würden. Für die CIA hatte dies offenbar allerhöchste Priorität – wie in allen Ländern der atlantischen Allianz», kommentierte später der ehemalige CIA-Agent Philip Agee diesen geheimen Kalten Krieg in Frankreich.[3] Denn nirgendwo in Westeuropa, mit Ausnahme von Italien, waren die Kommunisten in den Nachkriegsjahren so stark wie in Frankreich. Washington befürchtete, dass Moskau die PCF drängen könnte, die Macht in Frankreich durch einen Putsch zu übernehmen. Doch Stalin, das Staatsoberhaupt der Sowjetunion, ermutigte die PCF, nicht eine derartige Strategie zu verfolgen, und obwohl die jungen und begeisterten französischen Kommunisten etwas Abenteuerlicheres im Sinne hatten, beabsichtigte die alte und etablierte Führung der PCF nicht, durch Gewalt an die Macht zu kommen. Sie sahen ganz richtig, dass sie dies in ein politisches Ghetto führen würde, wenn sie nicht einfach von der amerikanischen Armee, die nach der Befreiung von Westeuropa immer noch in Frankreich stationiert war, plattgetreten würden. Die PCF konnte mehr gewinnen, wenn sie sich an die demokratischen Wahlprozeduren hielt.

Premierminister de Gaulle nahm zwei kommunistische Minister in sein neu gebildetes Kabinett auf und konnte dadurch, im November 1944, die starke französische kommunistische Widerstandsarmee überzeugen, ihre Waffen friedlich niederzulegen. de Gaulle versprach im Gegenzug faire und demokratische Wahlen. Die Kommunalwahlen im Frühjahr 1945 brachten der PCF einen überwältigenden Sieg. Sie erhielten mit 30 Prozent die meisten Wählerstimmen. Die beiden anderen Mitbewerber, die neu gegründete MRP (Mouvement Républicain Populaire) und die französischen Sozialisten, wurden mit 15 und 11 Prozent der Wählerstimmen Zweiter und Dritter. Dieses Muster wurde bei den ersten Nationalwahlen am 21. Oktober 1945 bestätigt, als die siegreiche PCF 26 Prozent der Wählerstimmen und 160 Sitze in der Nationalversammlung bekam. Die Sozialisten kamen mit 24 Prozent der Wählerstimmen und 142 Mandaten auf den zweiten Platz, während die MRP mit 23,6 Prozent auf den dritten Platz kam. Zusammen hatten die beiden linksgerichteten Parteien eine absolute Mehrheit.

Trotz des eindeutigen Wahlsiegs und trotz seiner Versprechen weigerte sich Premierminister de Gaulle, der PCF Schlüsselministerien im Kabinett zu geben. Die PCF protestierte vehement, als ihnen nur vier kleinere Ministerien zugewiesen wurden – das Wirtschaftsministerium, das Rüstungsministerium, das Ministerium für industrielle Produktion und das Arbeitsministerium – und die Ernennung des kommunistischen Generalsekretärs Maurice Thorez zum Staatsminister. In einer dramatischen Machtprobe benutzten die Kommunisten ihre Macht im Parlament und verurteilten scharf den französischen Krieg zur Wiedererlangung der Kontrolle über die Kolonie Vietnam. Die kommunistische Parlamentarierin Jeanette Vermeersch kritisierte, dass die Franzosen in den brennenden Dörfern Vietnams «die gleiche Art von Schreckenstaten begehen», die auch die Nazis nur wenige Jahre zuvor in Frankreich begangen hätten. Nach dieser Bemerkung brach im Parlament ein Tumult aus, und der Parlamentspräsident stellte fest: «Madame, ich sage Ihnen ganz höflich, dass ... Sie sowohl diese Versammlung als auch die Nation auf unerträgliche Weise beleidigen!» Als Vermeersch hartnäckig blieb, erwiderte der Präsident konsterniert: «Madame, ich habe nie geglaubt, dass eine Frau so viel Hass aufbringen kann.» Worauf Vermeersch entgegnete: «Ja, ich hasse. Ich hasse, wenn ich an die Millionen von Arbeitern denke, die Sie ausbeuten. Ja, ich hasse die Mehrheit dieser Versammlung!»[4]

Die konservativen Mitglieder der französischen Gesellschaft waren wegen der Radikalität der PCF in großer Sorge und schockiert, als die PCF als Protest gegen ihre unfaire Repräsentation in der Exekutive zwei Gesetzesvorlagen einbrachte. Eine davon begrenzte die Macht der Exekutive, während die andere das militärische Budget um 20 Prozent kürzte. Als diese beiden Gesetzesvorlagen das von den Kommunisten dominierte Parlament passierten, trat de Gaulle am 20. Januar 1946 aus Protest zurück. Doch der Kampf um die Macht in Frankreich ging weiter, als die PCF vorschlug, die Ministerien der Exekutive unter den Kommunisten und den Sozialisten aufzuteilen, denn nichts anderes würde den Willen des französischen Volkes angemessener zum Ausdruck bringen, wie die demokratischen Wahlen gezeigt hätten. Doch die Sozialisten widersprachen dem. Sie realisierten ganz klar, dass Frankreich genau wie Italien zur gleichen Zeit nur über begrenzte Souveränität verfügte, weil die USA einem linken französischen Regime niemals die wirtschaftliche Hilfe nach dem Marshall-Plan gewähren würden, die Frankreich so dringend benötigte.

Die Position des Weißen Hauses in Washington widersprach zunehmend dem demokratischen Wählerwillen der Franzosen. Denn auch am 10. November 1946 ging die PCF aus den französischen Parlamentswahlen mit fast 29 Prozent der Stimmen als stärkste Partei hervor, während sowohl Republikaner (MRP) als auch Sozialisten leicht verloren. Die Faszination und die Stärke des Kommunismus in Frankreich blieben ungebrochen. In Westeuropa wurde die PCF hinsichtlich ihrer Stärke und ihres Einflusses nur von der starken italienischen PCI erreicht. In der Schweiz war die Kommunistische Partei verboten, die britische Kommunistische Partei war nur sehr klein und der starken britischen Labour Party untergeordnet, und auch in Belgien hielten die vergleichsweise einflussreichen Kommunisten nur wenige wichtige Ministerien. Die PCF jedoch hatte etwa eine Million Mitglieder. Ihre Tageszeitung, die *l'Humanité,* war zusammen mit ihrem abendlichen Gegenstück *Ce Soir* die am weitesten verbreitete Zeitung in Frankreich, und die PCF kontrollierte auch die größten Jugendorganisationen Frankreichs (zu denen auch die «Union des Jeunesses Républicaines» zählte) und ebenso die größten und wichtigsten Gewerkschaften (darunter auch die große Confédération Générale du Travail, CGT).

Der amerikanische Botschafter in Frankreich, Jefferson Caffrey, ein überzeugter Antikommunist, schickte Woche für Woche alarmierende Berichte an den amerikanischen Präsidenten Truman ins Weiße Haus. Washington und der amerikanische Geheimdienst waren davon überzeugt, dass die PCF in einem geheimen Krieg angegriffen und besiegt werden müsse. General Hoyt Vandenberg, der Direktor der CIG (der Vorgänger der CIA), warnte Truman am 26. November 1946 in einem Memorandum, dass die PCF wegen ihrer Stärke die Macht ergreifen könnte, wann immer sie wollte: «Wenn man einsieht, dass eine französische Regierung nicht ohne Beteiligung der Kommunisten gebildet werden kann, versichert Botschafter Caffrey ..., dass die Kommunisten nunmehr ausreichend stark sind, um in Frankreich die Macht zu ergreifen, wann immer es ihnen beliebt.» Vandenberg hob hervor, dass die amerikanischen Geheimdienste jedoch darauf hinwiesen, dass die PCF nicht beabsichtige, ihre Stärke zur Machtergreifung durch einen Staatsstreich in Frankreich zu nutzen. «Das Ausbleiben der Machtergreifung durch die Kommunisten unter diesen Umständen», fuhr Vandenberg fort, «ist erstens darauf zurückzuführen, dass sie es vorziehen, mit legalen Mitteln die Macht zu erlangen, und zweitens auf die Tatsache, dass dies der derzeitigen Politik des Kremls widerspräche.»[5]

Auf Initiative der Vereinigten Staaten und der britischen SAS-Spezialeinheiten hin wurde in Frankreich unter dem Decknamen «Plan Bleu» eine geheime Armee zusammengestellt, deren Aufgabe es war, die PCF heimlich daran zu hindern, an die Macht zu gelangen. Der «Blaue Plan» zielte mit anderen Worten darauf ab, dass Frankreich daran gehindert wurde, rot zu werden. Victor Vergnes, einer der geheimen Soldaten Frankreichs, der für die Geheimarmee «Blauer Plan» angeworben wurde, erinnerte sich, dass in der Zeit unmittelbar nach dem Kriegsende die Anregung dazu von den Briten gekommen sei. «Zu dieser Zeit lebte ich in Sètes, im Haus des Kommandeurs Benet, einem DGER-Offizier, der früher bei Missionen in Indien aktiv war. Während dieser Zeit fanden in seinem Haus viele Konferenzen statt.» Der britische SAS, der auf geheime Kriegsführung spezialisiert war, nahm zum neu gegründeten französischen Geheimdienst Direction Générale des Etudes et Recherches (DGER) Kontakt auf und vereinbarte mit ihm den Aufbau einer Geheimarmee in der Bretagne im Norden Frankreichs. «Eines Tages», erinnerte sich Vergnes, «nachdem er von Leutnant Earl Jellicoe vom SAS besucht worden war, sagte er zu mir: ‹Wir bauen eine Geheimarmee auf, auch im Gebiet der Bretagne.›»[6]

Die Zellen der Geheimarmee verteilten sich bald über ganz Frankreich. Darunter waren viele Agenten des DGER. Es war bemerkenswert, dass zum DGER unter Direktor André Devawrin auch Mitglieder des kommunistischen

Widerstands gehörten. Konservative Agenten und vor allem die USA betrachteten die Anwesenheit von Kommunisten im DGER als ein Sicherheitsrisiko. Dies betraf vor allem die höchst geheimen Operationen, die die französischen Kommunisten zum Ziel hatten, etwa den Plan Bleu. Deshalb wurde der DGER 1946 wieder aufgelöst und durch einen neuen militärischen Geheimdienst SDECE unter dem überzeugten Antikommunisten Henri Alexis Ribière ersetzt. Mit der Ersetzung der DGER durch den SDECE verloren die Kommunisten eine wichtige Schlacht im geheimen Krieg in Frankreich, da der SDECE ihr gefährlichster Gegner wurde. Ausgebildete Antikommunisten aus dem griechischen Bürgerkrieg wurden angeworben, als der SCEDE nach rechts rückte. «Die Angloamerikaner hatten engen Kontakt zu den Konspiratoren, vor allem zu Earl Jellicoe, der gerade von seinem antikommunistischen Einsatz aus Griechenland zurückgekehrt war.»[7]

Da Frankreich sehr unter den großen kommunistischen Streiks zu leiden hatte, die das gesamte Land lähmten, sammelten Agenten des Plan Bleu bei reichen Industriellen heimlich Geld, um ihren geheimen antikommunistischen Krieg zu finanzieren. «Ich traf die Brüder Peugeot in ihren Büros», erinnerte sich Vergnes an seine heimlichen Kontakte zur französischen Autoindustrie. «Wir diskutierten, was im Fall einer Besetzung getan werden sollte und über Generalstreiks in den Firmen. Zwei Monate lang haben wir an den Einzelheiten eines Aktionsplans gearbeitet. Wir wurden in Sektionen aufgeteilt. Wir hatten Autos, Garagen und Hotels.»[8] Als bei Renault in der Fabrik, in der die Autos produziert wurden, ein großer Streik ausbrach, der von der PCF und der CGT unterstützt wurde, verstärkten sich die Spannungen in Frankreich. Der sozialistische Premierminister Paul Ramadier ordnete an, die Löhne einzufrieren, während die Arbeiter im Gegenzug höhere Löhne forderten. Es ging Auge um Auge. Die Kommunisten stimmten gegen Ramadiers Einfrieren der Löhne, während die Sozialisten Ramadier drängten, nicht zurückzutreten, worauf der Premierminister Ramadier in einem unerwarteten Manöver am 4. Mai 1947 mit seiner Macht als Premierminister die Kommunisten aus seinem Kabinett entfernte. Höchst überrascht nahmen die Kommunisten diese Aktion dennoch mit stoischer Ruhe hin und gingen, weil sie glaubten, dass dies nur vorübergehend sei. Doch über 30 Jahre lang sollte die PCF nicht in den Sitzungssaal der französischen Exekutive zurückkehren. Erst später wurde entdeckt, dass Washington heimlich in diesen lautlosen Putsch verwickelt war. «General Revers, der französische Stabschef, berichtete später, dass die amerikanische Regierung Ramadier gedrängt hatte, die kommunistischen Minister zu entlassen.» Insbesondere «die Sozialisten diskutierten diese Angelegenheit zuvor schon mit Botschafter Caffery», der den französischen Sozialisten klarmachte, dass die amerikanische Wirtschaftshilfe im Umfang von Millionen nicht gewährt werde, solange Kommunisten in der Exekutive blieben.[9]

Einen Monat nachdem die Kommunisten aus der Regierung entfernt worden waren, griffen die Sozialisten die militärische Rechte und die CIA an und deckten die geheime Armee des Plan Bleu auf. Am 30. Juni 1947 lüftete der französische sozialistische Innenminister Edouard Depreux das Geheimnis und erklärte der verblüfften Bevölkerung, dass in Frankreich eine geheime rechtsextremistische Armee hinter dem Rücken der Politiker aufgebaut worden war, die den Auftrag hatte, die französische Regierung zu destabilisieren. «Gegen Ende des Jahres 1946 erfuhren wir von der Existenz eines schwarzen Widerstandsnetzwerks, das aus Widerstandskämpfern der extremen Rechten bestand, aus Vichy-Kollaborateuren und aus Monarchisten», erklärte Depreux. «Sie hatten einen geheimen Angriffsplan mit dem Decknamen ‹Plan Bleu›, der gegen Ende Juli oder am 6. August [1947] in die Tat umgesetzt werden sollte.»[10]

Entsprechend den weitreichenden Behauptungen des französischen Innenministers hatten die CIA und der MI6 zusammen mit französischen rechtsextremistischen Paramilitärs geplant, im Sommer 1947 einen Staatsstreich durchzuführen. Als Konsequenz der Enthüllungen folgten verschiedene Verhaftungen und Untersuchungen. Unter den inhaftierten Verschwörern war Earl Edme de Vulpian. Sein Schloss «Forest» in der Nähe von Lamballe im Norden Frankreichs hatte als Hauptquartier für die letzten Vorbereitungen des Putsches gedient. Der mit der Untersuchung beauftragte Kommissar Ange Antonini fand im Schloss «schwere Waffen, Schlachtbefehle und Operationspläne». Die Pläne enthüllten, dass es eine wesentliche Komponente des geheimen Krieges der Plan-Bleu-Verschwörer war, das ohnehin schon angespannte politische Klima weiter eskalieren zu lassen. Man wollte Terrorakte ausführen, die Schuld daran auf die Linken schieben und somit geeignete Bedingungen für ihren Staatsstreich schaffen, eine «Strategie der Spannung», vergleichbar mit den geheimen antikommunistischen Kriegen in Griechenland, Italien und in der Türkei. «Es war sogar geplant, ein Attentat auf de Gaulle zu verüben, um die öffentliche Abscheu zu vergrößern», sagt der französische Geheimdienstexperte Faligot.[11]

Während eingestanden wurde, dass in Frankreich in der Nachkriegszeit ein geheimer Krieg in allen Details geplant worden war, widersprachen andere Quellen der Behauptung kategorisch, dass die Verschwörer 1947 tatsächlich einen rechtsextremen Staatsstreich durchgeführt hätten. «Als der Innenminister Depreux das Dossier zum Plan Bleu aufdeckte, beabsichtigte er, der Rechten einen Schlag zu versetzen, nachdem er zuvor der Linken einen Schlag versetzt hatte», behauptete Luc Robet, der selbst direkt in die Verschwörung verwickelt war, und bezog sich auf den Rausschmiss der Kommunisten aus der Exekutive einen Monat zuvor. «Außerdem war es ein Schachzug, um die französische Armee zu schwächen, die eine Mentalität entwickelt hatte, ihre eigene Politik zu betreiben.»[12] Überraschend war, dass die Untersuchung, welche Rolle der SDECE dabei gespielt hatte, vom SDECE-Direktor Henri Ribière selbst geleitet wurde. Er kam zu dem Schluss, dass die CIA und der MI6 die Schuld trugen, da sie den Plan Bleu gefördert hätten, obwohl sie angeblich niemals einen Staatsstreich im Sinn gehabt hätten. «Die Waffen, die im ganzen Land gefunden wurden, waren teilweise von London und Washington bezahlt worden. Doch wurden sie zur Verfügung gestellt, um gegen die Kommunisten vorzugehen, und nicht, um einen Staatsstreich durchzuführen», berichteten die Ermittler.[13]

Der amerikanische Botschafter Caffery, der den geheimen Krieg gegen die Kommunisten in Frankreich genau beobachtet hatte, meinte, die CIA habe beabsichtigt, nach dem Putsch, der die Kommunisten Ende 1947 aus der Exekutive entfernt hatte, die starke kommunistische Gewerkschaft CGT, das wahre Rückgrat der kommunistischen Macht in Frankreich, ins Visier zu nehmen. Der amerikanische General Vandenberg hatte in seinem Memorandum an Präsident Truman ganz richtig betont, dass «die Fähigkeiten der Kommunisten nicht unterschätzt werden dürfe, durch die CGT oder dergleichen wirtschaftlichen Druck auszuüben, wie Botschafter Caffery meint, da die Gewerkschaften eine Garantie gegen den Ausschluss der Kommunisten aus der Regierung darstellen».[14] Der CIA gelang es, eine Spaltung in der von Kommunisten dominierten CGT zu bewirken, indem sie die moderate Force Ouvrière abspaltete, die sie Anfang der 50er-Jahre mit mehr als einer Million Dollar jährlich unterstützte.[15] Diese geheime Operation verringerte die Stärke der PFC deutlich.

Nicht zuletzt hatte der geheime Krieg der CIA in der Vierten Republik auch die französische Polizei zum Ziel. Nachdem im Frühjahr 1947 die kommunistischen Minister aus der französischen Regierung ausgeschlossen worden waren, wurde die gesamte Verwaltung von Kommunisten gesäubert, während die Antikommunisten in die Polizei versetzt wurden. Einer der bekanntesten unter ihnen war Kommissar Jean Dides, der während des Zweiten Weltkriegs sehr eng mit dem amerikanischen OSS zusammengearbeitet hatte und nun zum Kommandeur der geheimen französischen paramilitärischen antikommunistischen Polizeieinheit unter dem Innenminister Jules Moch befördert werden sollte. Die Botschaft der USA war von den bisherigen Fortschritten sehr angetan und telegrafierte Anfang 1949 an das Außenministerium, dass Frankreich, «um die Gefahr des Kommunismus zu bekämpfen, Zellen von gemäßigten, jedoch effizienten Polizisten organisiert habe ... Auch in Italien werden solche antikommunistischen Polizeieinheiten unter der Kontrolle des Innenministers Mario Scelba eingerichtet, die Kommandeuren der ehemals faschistischen Polizei unterstehen.»[16]

Zusammen mit anderen Kommandeuren der antikommunistischen Polizeikräfte, die in den geheimen Krieg in Westeuropa einbezogen waren, nahm Dides regelmäßig an den Konferenzen von «Paix et Liberté» teil, einer großen CIA-Frontorganisation unter der Führung des französischen Antikommunisten Jean-Paul David.[17] Der amerikanische Historiker Christopher Simpson vermutete, dass Einheiten zur Durchführung verdeckter Aktionen wie etwa Paix et Liberté während des geheimen Krieges gegen die Kommunisten mit «mehr als einer Milliarde Dollar jährlich» von der CIA unterstützt wurden.[18] Mit mehreren Abteilungen in Europa führte Paix et Liberté Operationen der CIA im Bereich der psychologischen Kriegsführung in Westeuropa durch und verbreitete antikommunistische Propaganda, indem man Poster druckte, Radioprogramme sponserte, Druckschriften an verschiedene Verteiler ausgab und gelegentlich Demonstrationen organisierte. Die italienische Abteilung von Paix et Liberté nannte sich «Pace et Libertà», wurde von Edgardo Sogno geleitet und hatte ihr Hauptquartier in Mailand. Im Jahr 1995 fanden die Ermittler des italienischen Senats im Rahmen der Untersuchungen von Gladio und geheimer Kriegsführung heraus, dass Paix et Liberté unter direktem Auftrag der NATO operierte. Angeblich hatte der französische Außenminister George Bidault 1953 im NATO-Rat vorgeschlagen, dass Paix et Liberté die Reorganisation des NATO-Geheimdienstes leiten und als Zentrale und Antrieb für die Koordination internationaler Aktionen gegen Cominform dienen sollte.[19] Irwin Wall urteilte in seiner Geschichte über den Einfluss der Vereinigten Staaten auf Frankreich in der Nachkriegszeit, dass Paix et Liberté zusammen «mit der Force

Ouvrière sich in den 50er-Jahren am meisten an der Aufgabe der CIA beteiligte, nichtkommunistische Massenorganisationen zu fördern».[20]

Der geheime Krieg gegen die Kommunisten endete nicht, als Plan Bleu aufgedeckt und 1947 aufgelöst wurde. Ganz im Gegenteil sorgte der französische sozialistische Premierminister Paul Ramadier dafür, dass die Führungskräfte des militärischen Geheimdienstes, denen er vertraute, trotz des Skandals nicht gehen mussten. Als sich der Sturm gelegt hatte, befahl er Henri Ribière, dem Chef des SDECE, und Pierre Fourcaud, dem stellvertretenden Direktor des SDECE, Ende 1947, unter dem Decknamen «Rose des Vents» (Windrose), dem sternförmigen offiziellen Symbol der NATO, eine neue antikommunistische Geheimarmee aufzubauen. Der Deckname war gut gewählt, denn als 1949 die NATO ihr Hauptquartier in Paris errichtete, koordinierte das SDECE seinen antikommunistischen Geheimkrieg sehr eng mit der militärischen Allianz.[21] Die geheimen Soldaten verstanden, dass die Kompassrose in ihrem ursprünglichen maritimen Zusammenhang das Muster darstellt, das unter der Kompassnadel liegt und entsprechend der Festlegung des Kurses die erforderlichen Kurskorrekturen anzeigt, die vorgenommen werden müssen, wenn das Schiff in Gefahr gerät oder vom Kurs abkommt.

Als die geheime Kooperation mit den USA im April 1951 intensiviert wurde, eröffnete das SDECE eine Niederlassung in Washington.[22] Entsprechend der Gesamtplanung der CIA und der NATO für die geheime antikommunistische Kriegsführung in Westeuropa hatte die Windrose-Armee innerhalb des SDECE die Aufgabe, in der französischen Vierten Republik subversive kommunistische Elemente ausfindig zu machen und zu bekämpfen. Außerdem musste sie Evakuierungsvorbereitungen treffen und für geeignete Exilbasen im Ausland Vorsorge treffen. Sie war für Sabotage-, Guerilla- und Informationsbeschaffungsoperationen unter feindlicher Besatzung ausgebildet. Frankreich war in zahlreiche geografische Stay-behind-Zonen aufgeteilt, denen geheime Zellen zugeordnet waren, wobei jede Zone von einem SDECE-Offizier überwacht wurde. Eine Exilbasis für die französische Regierung war in Marokko eingerichtet worden, und das SDECE schickte einige seiner auf Mikrofilm aufgenommenen Archive nach Dakar im Senegal.[23]

Das vielleicht berühmteste Mitglied der Armee der französischen antikommunistischen Windrose war François Grossouvre, der 1981 Berater für geheime Aktionen des sozialistischen Präsidenten François Mitterand wurde. Während des Zweiten Weltkriegs war Grossouvre einer faschistischen, von der Vichy-

Regierung unterstützten Miliz beigetreten, wobei er später behauptete, er habe diese im Auftrag der Résistance infiltriert. Nach dem Krieg rekrutierte ihn der militärische Geheimdienst für die geheime Armee der Windrose. Der SDECE-Agent Louis Mouchon, der selbst viele Geheimsoldaten für das Netzwerk rekrutiert hatte, erinnerte sich, wie der Kontakt zu Grossouvre hergestellt wurde: «Unser in Lyon verantwortlicher Mann, Gilbert Union, der während des Krieges Missionen für das BCRA durchgeführt hatte, war ein leidenschaftlicher Autofahrer und war zu dieser Zeit auf der Straße tödlich verunglückt. Um ihn zu ersetzen, hatte das SDECE 1950 François de Grossouvre rekrutiert.» Mouchin führte aus, dass Grossouvre nicht nur wegen seiner Erfahrungen aus der Kriegszeit ausgewählt wurde, sondern ebenso wegen seiner Kontakte: «Sein Unternehmen, die A. Berger & Cie Zuckergesellschaft, bot reichlich Gelegenheiten, Fassaden aufzubauen, hinter denen sich die Geheimdienste verstecken konnten. Er hatte wirklich hervorragende Kontakte.»[24]

Als Sonderberater von Präsident Mitterand beeinflusste Grossouvre die französische geheime Kriegsführung anfangs der 80er-Jahre, wurde jedoch 1985 aus seinem Hauptverantwortungsbereich entlassen, als sein geheimnisumwitterter Stil für Mitterands seriösere Kollegen nicht mehr erträglich war. Dennoch blieben die Beziehungen zu Mitterand angeblich gut, und als Präsident Mitterand Ende 1990 nach den Entdeckungen über Gladio in ganz Europa das französische Gladio-Netzwerk auflösen musste, «hatte er zuerst seine graue Eminenz François Grossouvre konsultiert».[25] Als Grossouvre starb, war seine Beteiligung am geheimen Krieg kein Geheimnis mehr. «Er wurde für den französischen Spionagedienst rekrutiert und half bei der Organisation von Gladio, einem von Amerika unterstützten Plan zur Schaffung einer bewaffneten Widerstandsbewegung in Westeuropa gegen eine russische Invasion in Europa», schrieb der britische *Economist* in seinem Nachruf, nachdem sich Grossouvre am 7. April 1994 im Alter von 76 Jahren auf dramatische Weise im Elysée-Palast erschossen hatte.[26]

Während der französischen Vierten Republik hatte der CIA-Offizier Edward Barnes als Verbindungsoffizier zur französischen Stay-behind Windrose gedient, bis er das Land 1956 verließ. Nach der Entdeckung der geheimen Armeen im Jahr 1990 erinnerte er sich, wie nicht nur Washington, sondern auch viele Franzosen höchst besorgt waren, dass es den starken französischen Kommunisten gelingen könnte, das Land zu dominieren. «Es gab wahrscheinlich viele Franzosen, die bereit sein wollten, falls etwas passieren sollte.» Einer sowjetischen Besatzung zu widerstehen war nach Barnes Meinung das wichtigste Motiv der französischen Gladio, während die Förderung antikommunistischer politischer Aktivitäten in Frankreich «eher eine zweitrangige Überlegung war».[27] Nach Barnes bestand das französische Stay-behind-Programm aus «mehreren Dutzend Männern», die von der CIA individuell ausgewählt worden waren, jeder von ihnen sollte sein eigenes Netzwerk rekrutieren. Wenn jeder Gladiator wie in anderen Gladio-Ländern zehn weitere Männer rekrutierte und ausbildete, dann umfasste das französische Gladio-Programm gemäß Barnes etwa 500 geheime Soldaten.

Die genaue Anzahl der Teilnehmer am geheimen Krieg gegen die Kommunisten ist sehr schwierig zu bestimmen. Der *Intelligence Newsletter,* der in Paris verlegt wird, berichtete nach der Entdeckung der geheimen CIA-Armeen, dass «ein Direktor des französischen Geheimdienstes zu dieser Zeit angeboten habe, der CIA etwa 10000 bewaffnete ‹patriotische› Soldaten außerhalb der Reihen der französischen Armee zur Verfügung zu stellen», die darin ausgebildet seien, in einem geheimen Krieg zu intervenieren, «für den Fall, dass eine kommunistische Regierung an die Macht käme». Nach Barnes Aussagen hatte die CIA «keine Übersicht, wie viele Leute aus dem Wald kommen würden. Es gab keine Möglichkeit, dies zu berechnen. Diejenigen, die ich getroffen habe, waren Landwirte, Städter, Händler.» Viele brauchten keine große Ausbildung, da sie Kriegsveteranen waren und während des Zweiten Weltkrieges im BCRA gedient und geheime Operationen hinter feindlichen Linien ausgeführt hatten.[28]

Um die materielle Unabhängigkeit der geheimen Soldaten garantieren zu können, legte die CIA zusammen mit dem SDECE im ganzen Land geheime Gladio-Waffenlager an. «Alle Arten von Sachen waren an entlegenen Orten versteckt, fast alles, wovon die Leute glaubten, dass sie es brauchen könnten.» Dazu zählten Waffen, Sprengstoff, Goldmünzen und Fahrräder, während Funkausrüstung und Codes die höchste Priorität hatten. Um das Netzwerk absolut geheim zu halten, wurde das Need-to-know-Prinzip, das die Informationen auf die kleinstmögliche Anzahl von Leuten begrenzte, strikt befolgt. Barnes betonte, dass er «aus Angst, dass er selbst auffliegen oder er die anderen verraten könnte», nur etwa zehn CIA-Rekruten treffen konnte. «Man konnte nicht einfach hingehen und sagen: Grab das Zeug aus, Joe. Es gab wahrscheinlich alle Arten von Sachen, die schiefliefen. Einige der Jungs haben die Sachen nicht dort vergraben, wo sie es angegeben haben.»[29]

Das italienische Verteidigungsministerium wusste, dass das SDECE zusammen mit der CIA eine geheime Armee gegen die Kommunisten unterhielt. General Umberto Broccoli schrieb im Oktober 1951 an den Verteidigungsminister Marras, dass in den Niederlanden, Belgien, Norwegen geheime Armeen existierten und dass auch «Frankreich schon solche Operationen in Deutschland und Österreich organisiert hat, aber auch im eigenen Land bis hin zu den Pyrenäen».[30] Wie weit die französische geheime Armee in die Regionen von Deutschland und Österreich, die nach ihrer Niederlage im Zweiten Weltkrieg besetzt worden waren, vorgedrungen waren, bleibt unklar, doch Schätzungen gehen dahin, dass geheime Operationen auf die entsprechenden Besatzungszonen begrenzt waren, die von den französischen Truppen kontrolliert wurden, bis sich die Alliierten aus diesen beiden Ländern zurückzogen. Der italienische Premierminister Giulio Andreotti bestätigte im Oktober 1990 in seinem Bericht «Der parallele SID – Der Fall Gladio», dass die geheimen antikommunistischen Armeen ständig mit der NATO in Verbindung standen, und führte aus, dass «Widerstands-Netzwerke durch Großbritannien in Frankreich, den Niederlanden, in Belgien und wahrscheinlich auch in Dänemark und Norwegen organisiert worden waren. Die Franzosen kümmerten sich um ihre Besatzungszonen in Deutschland und Österreich, aber auch um ihr eigenes Territorium bis hin zu den Pyrenäen.»[31]

Ein streng geheimes Memorandum des amerikanischen Generalstabs vom 14. Mai 1952 mit dem Titel «Operation Demagnetize» legte in allen Einzelheiten dar, wie «politische, paramilitärische und psychologische Operationen» entsprechend der Direktive angewendet werden sollen, um «die Stärke der kommunistischen Partei in Italien zu mindern» und auch «um die Stärke der kommunistischen Partei in Frankreich zu mindern».[32] «Das Endziel des Plans ist es, die Stärke der kommunistischen Parteien zu verringern, ihre materiellen Mittel, ihren Einfluss in den italienischen und französischen Regierungen und besonders in den Gewerkschaften», spezifizierte das geheime Papier aus dem Pentagon, «um so weit wie möglich die Gefahr zu reduzieren, dass der Kommunismus in Italien und in Frankreich erstarken und die Interessen der Vereinigten Staaten in diesen beiden Ländern gefährden kann.» Die geheimen CIA-Armeen wurden in diesem strategischen Zusammenhang vom SDECE unterrichtet und ausgebildet, denn, wie das Papier ausführt, «die Begrenzung der Stärke der Kommunisten in Italien und in Frankreich sind ein Ziel von höchster Priorität. Dieses Ziel muss unter Anwendung aller Mittel erreicht werden.» Der Krieg musste unbedingt geheim bleiben, und «die italienischen und französischen Regierungen brauchen vom Plan Demagnetize nichts zu wissen, denn es ist klar, dass der Plan mit deren jeweiliger nationalen Souveränität in Konflikt geraten könnte».[33]

Die Ausbildung der geheimen Soldaten der Windrose fand in verschiedenen Teilen Frankreichs und auch im Ausland in enger Zusammenarbeit mit französischen Spezialtruppen statt. Vor allem das bestens ausgebildete französische Fallschirmspringerregiment für Spezialoperationen «11th Demi-Brigade Parachutiste du Choc» oder kurz 11th du Choc war direkt beteiligt. Die Beziehung zur geheimen Armee war eng und freundschaftlich und in mehreren Fällen dienten Offiziere des 11th du Choc auch als Mitglieder der geheimen Windrosen-Armee. So wie der britische SAS geheime Operationen und schmutzige Tricks für den MI6 ausführte, diente auch das französische 11th du Choc nach dem Zweiten Weltkrieg als die eiserne Faust des SDECE. Nach Aussagen des französischen Gladio-Autors Brozzu-Gentile «waren alle Ausbilder des französischen Stay-behind Angehörige des SDECE, oder sie standen dem Geheimdienst sehr nahe».[34] In der Zeit des Gladio-Skandals von 1990 enthüllte die französische Presse, dass die französischen Gladiatoren ihre Ausbildung im Waffengebrauch, in der Manipulation mit Sprengstoffen und in der Überwachung und Anwendung von Sendern im Centre d'Entrainement des Réserves Parachutistes (CERP) der 11th du Choc in Cercottes in der Nähe von Orléans im Süden von Paris, im Ausbildungszentrum der 11th du Choc im Fort Montlouis in den Bergen der Pyrenäen nahe der französisch-spanischen Grenze und auch im Ausbildungszentrum der 11th du Choc in Calvi an der Nordküste der französischen Mittelmeerinsel Korsika, ganz in der Nähe des italienischen Gladio-Hauptquartiers auf der Insel Sardinien, erhalten hätten.[35]

Als führende militärische Einheit in der geheimen Kriegsführung spezialisiert auf schmutzige Tricks operierte das 11th du Choc vor allem in Indochina und in Afrika, als Frankreich nach dem Zweiten Weltkrieg sich vergeblich bemühte, die Kolonien Vietnam und Algerien zu behalten. «Die Einheit, die die schmutzigen Tricks ausführte, die eiserne Speerspitze des geheimen Krieges in Algerien von 1954 bis 1962, war eindeutig das 11th Batallion Parachutiste du Choc», beobachtete der französische Autor über Geheimdienste Roger Faligot.[36] 1954 waren 300 Männer dieser Spezialtruppe in Algerien angekommen. Die meisten von ihnen hatten reichlich Erfahrung in verdeckten Aktionen und im Antiguerillakampf, da sie direkt aus Vietnam kamen, nachdem Frankreich im gleichen Jahr seine Kolonie Indochina nach der Schlacht von Dien Bien Phu verloren hatte. Eines der prominentesten Mitglieder des 11th du Choc war Yves Guerain-Serac, ein berüchtigter Geheimsoldat, der in Korea und Vietnam gedient hatte und später direkt an den Operationen der geheimen portugiesischen antikommunistischen Armee beteiligt war. Der italienische geheime Gladio-Kämpfer und rechtsradikale Terrorist Vincenzo Vinciguerra bewunderte hinter den Gittern seines Gefängnisses Guerain-Serac als faszinierende Persönlichkeit und als unvergleichlichen Terrorstrategen.[37]

Als der geheime Krieg gegen die Kommunisten in Frankreich und der geheime Krieg gegen die algerische Befreiungsfront FLN in Nordafrika intensiviert wurden, wurden auch die Gefahren der geheimen Kriegsführung offensichtlich, als die Politiker in Paris die Kontrolle über ihre Geheimsoldaten verloren und das ganze Land in eine größere Krise gezogen wurde, die mit dem Ende der Vierten Republik ihren Höhepunkt erreichte. Im Mai 1958 geriet der Unabhängigkeitskrieg der französischen Kolonie Algerien in eine ernste Phase. Die geschwächte Regierung der Vierten Republik war unsicher, wie sie reagieren sollte, während der französische Geheimdienst und das Militär fest entschlossen waren, Algerien als französische Kolonie zu behalten. Viele der politisierten Männer innerhalb des Militärs und des SDECE betrachteten die Politiker der Vierten Republik als «schwach, möglicherweise oder tatsächlich korrupt, eine verzagte Art von Menschen, deren Meinung es war, in Algerien aufzuhören und abzuziehen».[38] Als die ersten französischen Gefangenen in Algerien von der FLN getötet wurden, begannen die Experten für geheime Kriegsführung innerhalb des französischen Geheimdienstes und des Militärs einen Staatsstreich zu planen, um die Regierung in Paris zu stürzen und ein neues Regime einzusetzen.

In diesem Prozess spielte das 11th du Choc auf beiden Seiten der Schlacht eine zentrale Rolle. Am 24. Mai 1958 begannen Teile des 11th du Choc, die in Calvi an der nördlichen Küste von Korsika stationiert waren, den Putsch, indem sie mit Fallschirmjägern die gesamte Insel besetzten. Schon bald verbreitete sich die Nachricht, dass die geheimen Soldaten beabsichtigten, die gewählte Regierung in Paris zu stürzen und den im Ruhestand befindlichen General Charles de Gaulle wieder an die Macht zu bringen. Doch andere Angehörige des 11th du Choc waren mit solch einem undemokratischen geheimen Krieg gegen Paris nicht einverstanden, verließen ihre Trainingsbasis in Cercottes in der Nähe von Orléans noch am gleichen Tag und versammelten sich, um die beabsichtigten Ziele der gaullistischen Aufrührer zu verteidigen, wobei sie durch andere paramilitärischen Einheiten unterstützt wurden.[39] Eines der Ziele der gaullistischen Aufrührer war General Paul Grossing selbst, der Chef des SDECE. Als dieser vom geplanten Angriff auf seine Person Wind bekam, umgab er das Hauptquartier des SDECE am Boulevard Mortier in Paris mit Angehörigen des 11th du Choc, die ihm loyal ergeben waren.

In diesem Mai 1958 versank Frankreich im Chaos. Der Chef des mächtigen französischen Inlandsgeheimdienstes DST (Direction de la Surveillance du Territoire), Roger Wybot, war nahe daran, einen geheimen antikommunistischen Plan mit dem Decknamen «Opération Résurrection» in die Tat umzusetzen. Dieser Plan sah vor, dass Fallschirmjäger, unter denen auch Angehörige des 11th du Choc waren, über Paris abspringen und innerhalb von wenigen Stunden die wichtigsten Positionen von Paris besetzen: das Innenministerium, das Hauptquartier der Polizei, Kommunikationszentralen einschließlich Fernseh- und Radiostationen, Elektrizitätswerke und andere strategisch wichtige Bereiche der Hauptstadt. «Der Plan sah auch vor, dass eine bestimmte Anzahl von Politikern inhaftiert werden, darunter François Mitterand, Pierre Mendès-France, Edgar Faure, Jules Moch und der gesamte Vorstand der französischen Kommunisten.»[40]

Doch am 27. Mai, «nur Stunden bevor die Opération Résurrection über die französische Hauptstadt hereinbrechen sollte», gab de Gaulle bekannt, «dass er begonnen habe, den ordnungsgemäßen Prozess in Gang zu setzen, der erforderlich ist, um eine republikanische Regierung zu etablieren».[41] Danach beendete eine Folge schneller und weitreichender Aktionen die Vierte Republik. Am 28. Mai trat der Premierminister Pierre Pflimlin zurück. Am Morgen des 29. Mai gab der Präsident der Republik, René Coty, die Tatsache bekannt, dass er General de Gaulle mit der Regierungsbildung beauftragt habe. Nur 24 Stunden später erschien der General vor der Nationalversammlung und verlangte die volle Ermächtigung, sechs Monate lang uneingeschränkt per Dekret regieren zu dürfen, und erzwang einen viermonatigen «Urlaub» für die Parlamentarier und auch die Befugnis, selbst eine neue Verfassung vorlegen zu dürfen. De Gaulles Forderungen wurde mit 329 zu 224 Stimmen stattgegeben. «Die Vierte Republik hat den Selbstmord einem Attentat ... durch das Militär und ihre Geheimdienste vorgezogen.»[42]

Viele innerhalb des Militärs und der Geheimdienste, die den Putsch von de

Gaulle unterstützt hatten, erwarteten, dass der General eine Politik eines «französischen Algerien» standhaft unterstützen würde, das heißt, dass er alles tun würde, um Algerien unter französischer Kolonialherrschaft zu halten. Zu ihrer Überraschung jedoch schlug de Gaulle mit der Unterstützung vieler Politiker der gescheiterten Vierten Republik die Strategie eines «algerischen Algerien» ein, die im Jahr 1962 zur algerischen Unabhängigkeit führte. Die geheimen Soldaten waren wütend. «Zunehmend misstrauten die Präsidenten der Fünften Republik, angeführt von de Gaulle, ihren Geheimdiensten und betrachteten sie eher als Last denn als Vermögen.»[43] Die geheimen Soldaten waren sich nicht einig, ob sie die Befehle de Gaulles befolgen und sich aus Algerien zurückziehen sollten oder ob sie gegen die französische Regierung kämpfen sollten. Der endgültige Entscheid im 11th du Choc kam 1961, als die meisten Angehörigen sich gegen de Gaulle und für ein «französisches Algerien» entschieden und, um ihre Politik zu fördern, zusammen mit französischen Offizieren, die in Algerien kämpften, die geheime und illegale Organisation Armée Secrète, kurz OAS, gründeten. Die beiden erklärten Ziele der OAS waren erstens, die französische Kontrolle über die algerische Kolonie zu behalten – und somit mit allen Mitteln gegen die Befreiungsbewegung FLN zu kämpfen, gleichgültig, was Paris anordnete –, und zweitens, der Sturz der Fünften Republik de Gaulles und deren Ersetzung durch einen militanten antikommunistischen autoritären französischen Staat.

Der Putsch kam am 22. April 1961, als vier französische Generäle unter der Führung von General Challe die Macht in Algerien übernahmen und versuchten, Algerien als Kolonie von Frankreich zu konsolidieren. Angeblich waren am Coup auch geheime Soldaten der von der CIA unterstützten Stay-behind-Armee der NATO beteiligt, die sich der OAS direkt angeschlossen hatten. Die geheimen Soldaten «unterstützten eine Gruppe von Generälen, die sich, zuweilen mit Gewalt, de Gaulles Verhandlungsversuchen zur algerischen Unabhängigkeit und der Beendigung des Krieges widersetzten», schrieb der amerikanische Autor Jonathan Kwitny in einem Artikel über die geheimen Armeen in Westeuropa.[44] Offensichtlich sind weitere Forschungen über die Beteiligung der französischen Stay-behind am Staatsstreich von 1961 notwendig, da dies zu den heikelsten Abschnitten der Geschichte des geheimen Krieges in Frankreich zählt. Die bisherigen Erkenntnisse lassen vermuten, dass die Stay-behind-Armeen in die erfolgreichen Staatsstreiche 1967 in Griechenland und 1980 in der Türkei verwickelt waren, aber auch am fehlgeschlagenen Putsch gegen die französische Regierung von 1961.

Die CIA und ihr Direktor Allen Dulles hatten zusammen mit militanten geheimen Soldaten der NATO und des Pentagons in Washington den Putsch gegen de Gaulle angeblich unterstützt. Sofort nach dem Putsch «gaben Offizielle des Elysée-Palastes selbst zu verstehen, dass die Verschwörung der Generäle» von strikt antikommunistischen Teilen der amerikanischen Regierung und der militärischen Geheimdienste gebilligt wurde, wie der *Washington Star* berichtete. «Die Fakten sind nun sowohl in Paris als auch in Washington bekannt, obgleich dies niemals öffentlich eingestanden wurde», enthüllte ein Artikel von Claude Krief im Mai 1961 in der vielgelesenen französischen Wochenzeitschrift *L'Express.* «Insgeheim machen die höchsten französischen Persönlichkeiten kein Geheimnis daraus. Sie sagen: Die CIA spielte im Putsch von Algerien eine aktive Rolle und übte sicherlich Druck auf General Challe aus, sich zu entscheiden, den Putsch durchzuführen.» Kurz vor dem Putsch hatte General Challe die Position eines Oberbefehlshabers im NATO-Hauptquartier für Zentraleuropa (AFCENT) inne, pflegte enge Kontakte nicht nur zum Pentagon und zu amerikanischen Offizieren, sondern auch zur geheimen Stay-behind-Armee der NATO und sprach täglich mit Offizieren der amerikanischen Militärs. General Challe hatte gemäß Krief auf direkten Befehl der CIA gehandelt: «Alle Leute, die ihn gut kennen, sind fest davon überzeugt, dass er von der CIA zu diesem Schritt ermutigt wurde.»[45]

Als Krief seinen Artikel über den von der CIA unterstützen Putsch gegen de Gaulle schrieb, war die Existenz der geheimen Stay-behind-Armeen der NATO in allen westeuropäischen Ländern noch nicht bekannt. Doch weil Krief sich auf den internationalen geheimen Krieg konzentrierte, berichtete er, dass zehn Tage vor dem Putsch, am 12. April 1961, in Madrid eine Geheimkonferenz stattfand, an der «verschiedene ausländische Agenten einschließlich Angehöriger der CIA und algerischer Verschwörer teilgenommen haben, wobei diese ihren Plan den CIA-Agenten unterbreitet hatten». Während dieser Konferenz beschwerten sich die Amerikaner angeblich verärgert, dass de Gaulle «die NATO gelähmt hat und die Verteidigung Europas unmöglich macht», und versicherten den Putsch-Generälen einschließlich Challe, dass Washington für den Fall, dass sie und ihre Anhänger Erfolg hätten, die neue algerische Regierung innerhalb von 48 Stunden anerkennen würde.[46] De Gaulle, der durch eine Reihe von Manövern und Strategien tatsächlich beabsichtigte, Frankreich und Europa unabhängiger von den Vereinigten Staaten und der NATO zu machen, war wütend über die Rücksichtslosigkeit der CIA.

Ob der amerikanische Präsident Kennedy – der zur gleichen Zeit den geheimen Putsch gegen den kubanischen Präsidenten Fidel Castro und die Invasion in der Schweinebucht, die am 15. April 1961 begann, überwachte – über den Putsch in Algerien informiert war, bleibt unklar. Bekannt ist jedoch, dass Kennedy wütend darüber war, dass der CIA-Putsch in Kuba misslang und sich die Situation in Algerien nicht zum Vorteil der Amerikaner entwickelte. In Algerien dauerte der Putsch durch die geheimen Soldaten nur vier Tage an und brach dann zusammen. Die führende französische Tageszeitung *Le Monde* fasste kritisch zusammen, dass «das Verhalten der Vereinigten Staaten während der letzten Krise nicht besonders geschickt war. Es hat den Anschein, dass amerikanische Agenten Challe mehr oder weniger dazu ermutigt haben», während «Kennedy von all dem natürlich nichts wusste».[47]

Nach dem misslungenen Putsch waren die geheimen Soldaten außerhalb jeglicher Kontrolle. Die OAS-Verbrechen eskalierten zu Attentaten auf prominente Regierungsbeamte in Algier, wahllosen Morden an Moslems, Terroranschlägen und Banküberfällen.[48] Im November 1961 operierten die geheimen OAS-Soldaten nach Belieben und töteten wiederholt, um den beginnenden Friedensprozess zu sabotieren, der zur algerischen Unabhängigkeit führen sollte. Der Kampf der französischen Sicherheitskräfte und des Militärs gegen die OAS erwies sich als sehr schwierig, weil sich viele nur halbherzig daran beteiligten oder die Bemühungen sogar sabotierten, weil sie mit der OAS und ihren politischen Zielen sympathisierten. Als die Gewalt eskalierte, trug die OAS den geheimen Krieg nach Frankreich und tötete den Bürgermeister von Evian südlich des Genfersees, wo die Friedensverhandlungen zwischen der französischen Regierung und Repräsentanten der FLN stattfanden. Außerdem zielten die geheimen Soldaten auf die Regierung in Paris, und de Gaulle entkam nur knapp einem Attentatsversuch in Point-sur-Seine. Paris schlug mit aller Macht zurück, und im November 1961 wurden sechs Cafés in Algier, die von Sympathisanten der OAS besucht wurden, durch Explosionen zerstört.

Außer nach Frankreich trugen die geheimen Soldaten ihren geheimen Krieg von ihrer Basis in Algerien auch in andere europäische Länder, etwa nach Spanien, in die Schweiz und nach Deutschland, wo Spezialtruppen des 11th du Choc sich an Attentaten an Führern der FNL, den Geldgebern des FNL und deren Waffenlieferanten beteiligten.[49] In Deutschland kooperierten die geheimen Soldaten angeblich mit den geheimen Soldaten des Stay-behind-Netzwerks und dem deutschen Geheimdienst BND. Die Deutschen erlaubten dem 11th du Choc ihre Aktionen gegen die FLN auszutragen, als sie das deutsche Ausbildungszentrum für Fallschirmspringer im bayerischen Altenstadt als sicher getarnte Basis für ihre Operationen nutzen durften. «Gladio-Mitglieder und viele Angehörige des BND wurden dort auch für andere geheimdienstliche Operationen angeworben», beobachtete der BND-Experte Erich Schmidt Eenboom. Die an Attentaten gegen FLN-Aktivisten beteiligten Franzosen wurden in Deutschland nie gefasst. «Die Polizei schien unfähig, die Mitglieder der Überfallkommandos zu ergreifen», berichtet Eenboom.

Der geheime Krieg zog Frankreich in einen Albtraum von Gewalt, wobei die Brutalität auf allen Seiten eskalierte. Auf dem Höhepunkt der Spannungen in Paris belegte der Polizeichef Maurice Papon nach dem Mord an elf seiner Beamten die Hauptstadt mit einer Ausgangssperre. Die FLN, die die Angriffe in die Wege geleitet hatte, antwortete darauf mit einem Protestmarsch, und bis zu 40 000 Algerier folgten dem Aufruf, am 17. Oktober 1961 in Paris zu demonstrieren. Papon, ein berüchtigter Rassist, der während des Zweiten Weltkriegs an der Deportation von mehr als 1500 Juden in die Konzentrationslager der Nazis beteiligt war, befahl seinen Beamten, die Demonstration brutal zu zerschlagen, worauf ein Massaker folgte.[51] Nach der Aussage von Constantin Melnik im Jahr 1988 wurden mindestens 200 – wahrscheinlich eher fast 300 Menschen – von Polizeibeamten getötet, die ganz begierig darauf waren, den Tod ihrer Kollegen zu rächen.[52] Melnik war der Sicherheitsberater de Gaulles und von 1959 bis 1962 Chef aller französischen Geheimdienste. Als er nach den Stay-behind-Armeen gefragt wurde, hob Melnik die systembedingte Gefahr hervor, die von Geheimarmeen ausgeht, als er erklärte, dass «jede Gruppe mit Funkgeräten und entsprechender Ausbildung eine Gefahr für die Sicherheit Frankreichs darstellt».[53]

«Ich sah Menschen in Blutlachen zusammenbrechen. Einige wurden zu Tode geprügelt. Die Leichen wurden auf Lastwagen geworfen und von der Pont de la Concorde in die Seine gekippt», erinnerte sich Saad Ouazene, ein 29-jähriger Gießereiarbeiter und FLN-Sympathisant später an das Massaker von Paris. «Wenn ich nicht so stark gewesen wäre, wäre ich da niemals lebendig herausgekommen», bezeugte Ouazene, der mit einem Schädelbruch davongekommen war. «Als die Algerier an der Porte de Versailles aus den Bussen stiegen, wurden sie mit Stöcken auf den Kopf geschlagen», erinnert sich der französische Polizist Joseph Gommenginger, der in dieser Nacht Dienst tat, an das Massaker von 1961. «Diejenigen, die diese Angriffe ausführten, bedrohten sogar mich. Sie alle hatten die Nummern von ihren Uniformen entfernt. Ich war empört. Ich habe nie gedacht, dass die Polizei so etwas tun könnte.» In den Tagen nach dem Massaker wurden im Unterlauf der Seine bei Rouen noch Leichen aus dem Fluss gezogen.[54] Da es keine offizielle Untersuchung gab, verurteilte die Zeitschrift *Temps Modernes* des angesehenen französischen Schriftstellers Jean-Paul Sartre diese Ereignisse als ein Pogrom.

Dem geheimen Krieg der OAS, in den geheime Soldaten der NATO-Stay-behind verwickelt waren, gelang es letztendlich weder de Gaulle zu stürzen noch Algerien daran zu hindern, unabhängig zu werden. Der Friedensschluss für Algerien und die Unabhängigkeit des Landes wurden zwischen der FLN und der Regierung de Gaulle im März 1962 in Evian unterzeichnet, worauf die OAS etwa ein Jahr nach der Erklärung der Waffenruhe am 17. Juni 1962 zusammenbrach. Nur ein kleiner Teil Unverbesserlicher der OAS, angeführt von Hauptmann Jean-Marie Bastien Thirty war nicht bereit aufzugeben und führte am 22. August in der Nähe von Paris ein weiteres Attentat auf General de Gaulle durch. de Gaulle, der überlebte, tat ziemlich wenig für seine eigene Sicherheit, war aber außer sich vor Wut, dass die OAS-Attentäter ihn in Begleitung seiner Frau angegriffen hatten. Damit war die Sache für de Gaulle zu einer privaten Angelegenheit geworden. Im September wurden die OAS-Männer, die in das Attentat verwickelt waren, in Paris festgenommen. Alle wurden zum Tode verurteilt, doch nur Bastien-Thirty wurde wirklich hingerichtet.[56] Der größere Teil des 11th du Choc, von denen viele zur OAS gegangen waren, musste die militärische Karriere beenden. Die verbleibenden Einheiten der OAS wurden der Kontrolle de Gaulles unterstellt.

Die geheime CIA-Armee, die von der NATO als antikommunistische Stay-behind-Armee konzipiert war, war somit während der Algerien-Krise und dem darauf folgenden gewaltsamen Chaos in Operationen einbezogen worden, ohne dass eine sowjetische Invasion vorlag. Die Gefahr der geheimen Kriegsführung bestand damals genauso wie heute darin, dass eine Kontrolle der geheimen Soldaten durch die demokratischen Institutionen fehlte, einschließlich des Parlaments und manchmal auch der Regierung. Admiral Pierre Lacoste, der den französischen Geheimdienst von 1982 bis 1985 unter Präsident François Mitterand führte, bestätigte nach der Entdeckung der geheimen Gladio-Armeen im Jahr 1990, dass einige «terroristische Aktionen» gegen de Gaulle und seinen algerischen Friedensplan von Gruppen ausgeführt wurden, «der eine begrenzte Anzahl von Leuten aus dem französischen Stay-behind-Netzwerk angehörten». Allerdings bestand Lacoste darauf, dass die algerischen Anti-de-Gaulle-Operationen die einzigen der französischen Gladio innerhalb des Landes waren, und er betonte weiter, dass die Möglichkeit einer sowjetischen Invasion dennoch das Stay-behind-Programm auch während seiner Zeit im Amt als Chef des militärischen Geheimdienstes gerechtfertigt hätte.[57]

Charles de Gaulle stand sein Leben lang wie kaum ein anderer im Mittelpunkt der geheimen Kriegsführung in Frankreich, bis er im April 1969 friedlich durch Georges Pompidou abgelöst wurde und ein Jahr später im Alter von 80 Jahren in seinem Haus verstarb, angeblich während er einer sentimentalen Fernsehserie zusah. De Gaulle hatte die Résistance gegen Hitler im Zweiten Weltkrieg angeführt. Er kam unter Anwendung geheimer Kriegsführung an die Macht, als die Vierte Republik endete, und wurde während der Fünften Republik schließlich selbst das Ziel von Staatsstreichen und Attentaten. Er war misstrauisch gegenüber der CIA, die er verdächtigte, sich an Manipulationen und geheimer Kriegsführung zu beteiligen. Nachdem de Gaulle an die Macht gekommen war, machte er deutlich, dass er die Absicht hatte, seine Außenpolitik mit seinen Diplomaten durchzuführen, nicht aber mit seinen «unverantwortlichen» Geheimdiensten, die den Auftrag erhielten, alle Beziehungen zur CIA abzubrechen, obschon auch die französischen Geheimdienste auf den Informationsaustausch mit der CIA angewiesen waren.[58] Wie de Gaulle es sah, wurde «der französische Staat von geheimen Kräften angegriffen. Wer hatte die Schuld? Sicherlich die CIA, so glaubte de Gaulle.»[59]

Als die NATO im Jahr 1949 gegründet wurde, wurde das Hauptquartier, einschließlich des SHAPE, in Frankreich errichtet. Aus diesem Grund war Frankreich, wie de Gaulle bedauerte, für die geheime Kriegsführung der CIA und der NATO besonders gefährdet, denn zusammen mit der NATO war auch die geheime Gladio-Kommandozentrale CPC in Paris stationiert, wie das italienische Dokument «The special forces of SIFAR and Operation Gladio» vom Juni 1959 enthüllte: «Auf der Ebene der NATO müssen die folgenden Aktivitäten erwähnt werden: 1. Die Aktivitäten des CPC (Clandestine Planning Committee) von Paris, das an das SHAPE angegliedert ist.»[60] Daher trafen sich die Kommandanten der verschiedenen Geheimarmeen wiederholt in Paris. Für das Weiße Haus in Washington war es ein Schock, als de Gaulle im Februar 1966 – aus einer Reihe strategischer und persönlicher Motive, die

Historiker sich immer noch bemühen aufzuklären – sich entschloss, die USA frontal herauszufordern, und die NATO und die Vereinigten Staaten aufforderte, entweder ihre militärischen Stützpunkte in Frankreich unter französische Kontrolle zu stellen oder sie abzuziehen. Die USA und die NATO reagierten nicht auf dieses Ultimatum, worauf de Gaulle mit einer spektakulären Entscheidung am 7. März 1966 Frankreich aus dem militärischen Kommando der NATO herausnahm und die gesamte NATO-Organisation zusammen mit den Agenten für verdeckte Aktionen aus dem französischen Territorium verwies. Zum Ärger von Washington und des Pentagons musste das europäische Hauptquartier der NATO nach Belgien umziehen. In Brüssel, Mons und Casteau wurden neue NATO-Hauptquartiere errichtet, wo sie bis zum heutigen Tag blieben. Die belgische parlamentarische Untersuchung von Gladio und der geheimen Kriegsführung bestätigte später, dass «im Jahr 1968 der Sitz des CPC nach Brüssel verlegt wurde».[61] Recherchen in Belgien ergaben außerdem, dass das Zentrum für geheime Kriegsführung ACC am 23. und 24. Oktober 1990 eine Konferenz mit internationaler Beteiligung in Brüssel veranstaltet hatte.[62]

Der belgische Gladio-Autor Jan Willems lenkte die Aufmerksamkeit auf die heikle Tatsache, dass zu der Zeit, als de Gaulle die französische Armee aus dem militärischen Kommando der NATO abzog, einige geheime Abkommen zwischen Frankreich und den USA aufgekündigt wurden. «Bei dieser Gelegenheit wurde aufgedeckt, dass geheime Protokolle über den Kampf gegen die kommunistische Subversion existierten, die sowohl von den USA als auch von ihren NATO-Verbündeten unterzeichnet waren.»[63] De Gaulle prangerte diese Protokolle als eine Verletzung der nationalen Souveränität an. Ähnliche geheime Klauseln wurden auch in anderen NATO-Staaten aufgedeckt. In Italien enthüllte Guiseppe de Lutiis, dass, als Italien 1949 Mitglied der NATO wurde, nicht nur der Atlantikpakt unterzeichnet wurde, sondern auch Geheimprotokolle, die die Schaffung einer inoffiziellen Organisation vorsahen, «mit der Aufgabe, Italiens interne Ausrichtung zum Westblock mit allen Mitteln zu garantieren, selbst dann, wenn Wahlen in eine andere Richtung wiesen».[64] Und auch der amerikanische Journalist Arthur Rowse behauptete in seinem Artikel über Gladio, dass «eine geheime Klausel in der ursprünglichen NATO-Vereinbarung verlangte, dass, bevor eine Nation beitreten kann, sie schon zuvor eine nationale Sicherheitsorganisation aufgebaut haben muss, um den Kommunismus durch geheime Bürgerwehren bekämpfen zu können».[65]

Es ist überraschend, dass nach den äußerst beunruhigenden Erfahrungen während der Algerien-Krise die geheimen Stay-behind-Armeen in Frankreich nicht endgültig aufgelöst, sondern lediglich reformiert wurden. 1998 beobachtete der Geheimdienstexperte Jacques Baud ganz richtig, dass «obwohl Beweise fehlen, gewisse Experten vermuteten, dass die Aktivitäten des französischen Stay-behind-Netzwerks auch unter der Tarnung des Service d'Action Civique weitergeführt wurden».[66] Angeblich sorgte de Gaulle nach dem Zusammenbruch der OAS dafür, dass das Stay-behind-Netzwerk der Windrose geschwächt wurde, während der «Service d'Action Civique», oder kurz SAC, gestärkt wurde. Die geheime SAC-Armee wurde so zu einer Art gaullistischer Prätorianergarde, ein Refugium gaullistischer Reinheit, das das Misstrauen des Generals gegenüber allen politischen Parteien zum Ausdruck brachte, auch gegenüber der eigenen Partei. Die selbst ausgerufene Mission des SAC war entsprechend, die Aktionen von General de Gaulle zu unterstützen.[67] Schon unmittelbar in den Nachkriegsjahren gegründet, war der SAC der eiserne Arm von de Gaulles Partei RPF (Rassemblement du Peuple Français), die nach dem Krieg vergeblich gegen die starken Kommunisten und Sozialisten angetreten war. Offiziell ein «Ordnungsdienst», war der SAC in Wirklichkeit ein antikommunistisches Überfallkommando der RPF, das die schmutzige Arbeit zu erledigen hatte. SAC-Einheiten beteiligten sich an geheimen Operationen, um Streiks zu brechen, oder stellten sich gegen kommunistische Militante, deren Spezialität es war, gaullistische «Prediger» zum Schweigen zu bringen, indem sie sie mit Schrauben und Muttern aus dem Zuhörerraum warfen. Weiterhin schützte der SAC gaullistische Politiker oder Gruppen, die gaullistische politische Poster aufhängten.[68]

Weder de Gaulles Partei RPF noch ihre eiserne Faust SAC hatten während der Vierten Republik Erfolg, und die RPF wurde 1954 aufgelöst. Doch die Getreuen des SAC blieben angeblich in Kontakt und unterstützten den Putsch, der 1958 die Vierte Republik beendete und de Gaulle wieder an die Macht brachte. Jacques Foccart, der Direktor und geistige Vater des SAC, ein geheimer Krieger und Unterstützer von de Gaulle, spielte zu Beginn des Putsches im Militär, im Geheimdienst und durch alte Résistance-Kontakte angeblich eine aktive koordinierende Rolle, als am 24. Mai 1958 die geheimen Soldaten des 11th du Choc von Calvi Sardinien besetzten.[69] Der SAC und Foccart, so folgerte der Geheimdienstexperte Porch, trugen zur «Geburtshilfe von de Gaulles Rückkehr an die Macht im Jahr 1958» bei.[70]

Foccart blieb eine schattenhafte Figur mit schlechtem Ansehen im französischen geheimen Krieg. «Das Ausmaß der Macht von Foccart ist fast ebenso rätselhaft wie die Frage, wie er sie überhaupt errang.»[71] Foccart wurde in der französischen Kolonie Guadeloupe in der Karibik geboren und wurde beim Ausbruch des Zweiten Weltkriegs 1939 mobilisiert, doch gelang es ihm, während des Falls von Frankreich zu entkommen. Er kooperierte mit der deutschen Armee, doch wechselte er gegen Ende des Krieges wieder die Seiten und ging als Aktivist der Franzosen in die Widerstandsbewegung in die Normandie und wurde von der amerikanischen Armee mit der Medal of Freedom ausgezeichnet.[72] Nach dem Krieg trat Foccart dem inneren Kreis um de Gaulle bei und baute den SAC auf. Die Schule für geheime Kriegsführung, die er in Cercottes in der Nähe von Orléans eingerichtet hatte, «wurde in den 50er-Jahren für die Angehörigen des SAC zu einer Art Wallfahrtsort».[73] In den Nachkriegsjahren hatte der SAC etwa 8000 «Reservisten», einschließlich der aktiven Angehörigen der SDECE-Elitekampfeinheit, dem 11th du Choc. Sie alle wurden in Cercottes ausgebildet, und in der Folge der Gladio-Entdeckung von 1990 wurde das Zentrum für geheime Kriegsführung als einer der Orte aufgedeckt, an dem die französischen Gladiatoren ihre Ausbildung erhalten hatten.[74]

Weil es keine offizielle Untersuchung der Geschichte der französischen Geheimarmee gab, bleibt es für Forscher schwierig, die Unterschiede zwischen der französischen Stay-behind-Armee Windrose und der Stay-behind SAC in Einzelheiten darzustellen, weshalb weitere Forschungen erforderlich sind. Erst als die Sozialisten unter Präsident François Mitterand 1981 an die Macht kamen, kam es zu einer Machtverschiebung in der französischen Politik, die eine parlamentarische Untersuchung ermöglichte. Als ein ehemaliger Chef des SAC in Marseille, der Polizeiinspektor Jacques Massié, mit seiner gesamten Familie im Juli 1981 ermordet wurde, verlangten die kommunistischen Abgeordneten in der französischen Nationalversammlung eine Untersuchung des SAC. Nach sechs Monate dauernden Verhören legte der Untersuchungsausschuss im Dezember 1981 einen umfangreichen Bericht vor, der belegte, dass die Aktionen von SDECE-, SAC- und OAS-Netzwerken in Afrika in «enger Verbindung zueinander» standen. Die Parlamentarier fanden heraus, dass der SAC sich auf geheimnisvolle Weise selbst finanziert hatte, auch durch Mittel des SDECE und durch Drogenschmuggel.[75]

«Einen typischen Fall, in dem ein Gladio-Netzwerk interveniert haben soll, gab es 1968 während der Studentenrevolten in Frankreich», berichtete der *Intelligence Newsletter* nach der Entdeckung der geheimen Armeen.[76] Der parlamentarische Untersuchungsausschuss, der zur Untersuchung des SAC einberufen worden war, hatte entdeckt, dass der SAC tatsächlich während der Wirren im Mai 1968 mehr als 30 000 Mitglieder zählte und somit seine höchste Mitgliederzahl erreicht hatte. Er hätte während der Studentenunruhen 1968 eingreifen können. 1981 behauptete der SAC, er habe nur noch 10 000 Angehörige. «Man schätzt, dass davon 10 bis 15 Prozent bei der Polizei waren. Opportunisten, Gangster und Männer mit extremen rechten Ansichten waren ebenfalls gut repräsentiert.»[77] Der Untersuchungsausschuss prangerte den SAC als eine gefährliche geheime Armee an, die als Parallel-Polizei gedient und öffentliche Einrichtungen infiltriert hatte, um Entscheidungen zu beeinflussen, aber auch Gewaltakte durchgeführt hatte. Die bisher genaueste parlamentarische Untersuchung einer französischen Geheimarmee hielt die fortgesetzte Existenz des SAC für «unvereinbar mit den Gesetzen der Republik», worauf die Regierung des Präsidenten François Mitterand den SAC im Juli 1982 auflösen ließ.[78]

Die Regierung Mitterand, immer unsicherer über die Rolle der Geheimdienste in modernen Demokratien, nahm den französischen militärischen Geheimdienst ins Visier, der jahrzehntelang im Zentrum von Frankreichs geheimer Kriegsführung gestanden hatte. Ein parlamentarischer Untersuchungsausschuss über die Aktivitäten der Geheimdienste, angeführt vom Abgeordneten der Sozialistischen Partei Jean-Michel Bellorgey, kam zu dem Ergebnis, dass Geheimdienstagenten, angetrieben von der Phobie des Kalten Krieges und besessen vom «Feind im eigenen Land», wiederholt gegen das Gesetz verstoßen hatten, während der Geheimdienst eine ganze Serie von «Vergehen, Skandalen und zweifelhaften Operationen durchgeführt hatte».[79] Nach diesen erschütternden Erkenntnissen unterstützte Mitterand die Forderung der Kommunisten, die schon lange zusammen mit einer Gruppe von Sozialisten die Auslösung des militärischen Geheimdienstes SDECE verlangt hatten.

Letztlich wurde dieser weitreichende Schritt nicht getan, und der SDECE wurde nicht aufgelöst, sondern nur reformiert. Der Name wurde geändert, und man nannte ihn nunmehr Direction Générale da la Sécurité Extérieure (DGSE) und Admiral Pierre Lacoste wurde der neue Direktor. Lacoste führte die geheime Gladio-Armee der DGSE in enger Zusammenarbeit mit der NATO fort, und nach der Entdeckung des Netzwerks bestand er rückblickend darauf, dass sowjetische Notfallpläne für eine Invasion das Stay-behind-Programm auch während seiner Amtszeit gerechtfertigt hätten.[80] Schon bald verstrickte sich die DGSE in Terroranschläge. Die «Opération Satanique», die verdeckte Operation der DGSE, die am 10. Juli 1985 mit einer Bombe das Greenpeace-Schiff Rainbow Warrier versenkt hatte, das friedlich gegen die Atomtests im Pazifik protestiert hatte, tötete einen Greenpeace-Mitarbeiter und beendete die Karriere von Admiral Lacoste. Er wurde zum Rücktritt gezwungen, nachdem das Verbrechen zur DGSE, zum Verteidigungsminister Charles Hernu und zu Präsident François Mitterand selbst zurückverfolgt worden war.

Im März 1986 gewann die politische Rechte die Parlamentswahlen in Frankreich, und als Folge davon musste der sozialistische Präsident Mitterand zusammen mit dem gaullistischen Premierminister Jacques Chirac regieren. Als 1990 die geheimen Gladio-Armeen in ganz Europa entdeckt wurden, war Chirac nicht daran interessiert, die Geschichte der französischen geheimen Armee untersuchen zu lassen. Eine solche Untersuchung hätte die erfolgreiche politische Karriere von Chirac ruinieren können, der später noch Präsident von Frankreich werden sollte. Noch 1975 hatte Chirac die geheime Armee des SAC als Vorsitzender geleitet.

Frankreich hat bis heute extreme Schwierigkeiten, sich mit der Geschichte seines geheimen antikommunistischen Krieges auseinanderzusetzen. Es gab keine offizielle parlamentarische Untersuchung. Und die Regierungsbeamten versuchten, den Schaden mit Lügen und Halbwahrheiten möglichst gering zu halten. Der Verteidigungsminister Jean-Pierre Chevènement bestätigte der Presse am 12. November 1990 nur zögernd, dass «es richtig ist, dass eine Struktur existiert hat, die zu Beginn der 50er-Jahre aufgebaut wurde, um die Zusammenarbeit mit einer Regierung herzustellen, die für den angenommenen Fall einer Besetzung ins Ausland fliehen musste», worauf der Verteidigungsminister fälschlich behauptete, dass «diese Struktur auf Anordnung des Präsidenten der Republik aufgelöst wurde. Soweit ich weiß, spielte sie nie mehr als die Rolle eines Schläfers und führte nur Kooperationsarbeiten durch.»[81] Einen Tag später musste sich Präsident Mitterand in Paris einer äußerst neugierigen Presse stellen. «Als ich kam», behauptete Mitterand fälschlich, «war nicht mehr viel davon übrig, was es für mich aufzulösen gab. Es gab nur noch einige Reste, von deren Existenz ich mit einiger Überraschung erfuhr, weil alle sie vergessen hatten.»[82] Premierminister Chirac nahm dazu nicht Stellung. Doch der italienische Premierminister Giulio Andreotti war keineswegs erfreut zu sehen, wie die französische Regierung ihre Rolle in der Gladio-Affäre kleinredete und seiner Behauptung widersprach, dass Gladio in den meisten Ländern Westeuropas existiert habe. Deshalb ließ Andreotti die Presse wissen, dass «nicht mehr viel übrig» nicht stimmen könne, da Repräsentanten der französischen Geheimarmee noch am 24. Oktober 1990 an einer Konferenz des ACC in Brüssel teilgenommen hatten, was in Frankreich für beträchtliche Betretenheit sorgte.

8

Der geheime Krieg in Spanien

In Spanien wurde die Schlacht der militanten Rechten gegen die Kommunisten und die Linken nicht heimlich ausgetragen, sondern als offener und brutaler Krieg, der drei Jahre lang dauerte und insgesamt 600 000 Opfer forderte, in etwa so viel, wie der gesamte amerikanische Bürgerkrieg. Der Historiker Victor Kiernan stellte weise fest, dass eine «Armee, die eigentlich Beschützer eines Landes sein sollte, tatsächlich ein Wachhund sein kann, der darauf trainiert ist, einige seiner Schutzbefohlenen zu beißen». Kiernan hätte offensichtlich von den geheimen Stay-behind-Armeen sprechen können. Doch machte er die Bemerkung, als er den Anfang des Spanischen Bürgerkriegs beschrieb, der am 17. Juli 1936 begann, als eine Gruppe von Verschwörern in der Armee versuchte, die Macht in die eigenen Hände zu nehmen, da «spanische Generäle, die, wie ihre südamerikanischen Cousins, die Gewohnheit hatten, sich beharrlich in die Politik einzumischen».[1]

Der Militärputsch von General Franco und seinen Verbündeten kam, nachdem eine linksgerichtete reformerische Regierung unter Manuel Azana die Wahlen vom 16. Februar 1936 gewonnen und zahlreiche Projekte begonnen hatte, von denen die schwächsten Mitglieder der Gesellschaft profitierten. Doch nach Ansicht der schlecht kontrollierten mächtigen Armee rutschte Spanien in die Umarmung von Sozialisten, Kommunisten, Anarchisten und Kirchenfeinden. Viele innerhalb der Armee waren überzeugt, dass sie die Nation vor der roten Bedrohung des Kommunismus retten müssten, der zur selben Zeit unter Stalin in Russland zu Schauprozessen und der Ermordung von Hunderttausenden führte. Historiker, auch Kiernan, waren bei ihrer Beurteilung des Beginns des spanischen Bürgerkriegs weniger großzügig. Für sie «konnte das Richtige und das Falsche nicht deutlicher gewesen sein ... Es gab in Spanien eine klassische Einfachheit. Eine demokratisch gewählte Regierung wurde durch die Armee gestürzt. Die Fronten waren klar. Auf einer Seite standen die Armen und auf der anderen die Faschisten, die Großindustriellen, die Landbesitzer und die Kirche.»[2]

Während der Militärputsch in Griechenland von 1967 die Macht der Truppen in weniger als 24 Stunden etablierte, war die zivile Opposition in Spanien im Juli 1936 gegen den Militärputsch so gravierend, dass die Republik drei Jahre lang kämpfte, bis die Militärdiktatur unter Franco errichtet war. Die Schlacht war lang und intensiv, nicht nur weil große Teile der spanischen Bevölkerung gegen das spanische Militär zu den Waffen griff, sondern auch, weil sich ganz spontan zwölf sogenannte Internationale Brigaden formierten, um den republikanischen Widerstand gegen Franco zu verstärken. Idealistische junge Männer und Frauen, die aus mehr als 50 Ländern kamen, traten in einem einmaligen Augenblick in der Kriegsgeschichte freiwillig den Internationalen Brigaden bei, die etwa 30 000 bis 40 000 Mitglieder zählten. Die meisten von ihnen waren Arbeiter, aber auch Lehrer, Krankenschwestern, Studenten und Schriftsteller machten sich auf den Weg nach Spanien. «Es war unbedingt notwendig, hier zu sein», urteilte eine 1919 geborene Krankenschwester aus Großbritannien 60 Jahre später: «Ich wollte an der Weltgeschichte teilnehmen – und helfen. Es war der wichtigste Teil meines Lebens.» Der Stuckateur Robert James Peters, geboren im Jahr 1914, gab zu Protokoll: «Wenn ich in meinem Leben jemals etwas Nützliches getan habe, dann war es dies.»[3]

Letztlich waren die spanischen Sozialisten und Kommunisten zusammen mit den idealistischen Internationalen Brigaden nicht in der Lage, den Putsch zu stoppen, weil Hitler und Mussolini den faschistischen General unterstützten, während die Regierungen von Großbritannien, Frankreich und den Vereinigten Staaten sich nicht einmischten. Sie fürchteten den Kommunismus mehr als einen faschistischen spanischen Diktator und sprachen damit still und leise das Todesurteil über die spanische Republik. Während im Kontext zum Beginn des Zweiten Weltkriegs viel über das Versagen des britischen Premierministers Chamberlain und des französischen Premierministers Daladier geschrieben wurde, dass sie Hitler nicht schon im September 1938 in München gestoppt hatten, zog die stille Unterstützung von London und Paris für den italienischen und deutschen Antikommunismus in Spanien und darüber hinaus weit weniger Aufmerksamkeit auf sich. Während die Sowjetunion die spanischen Republikaner bewaffnete, schickten Hitler und Mussolini mehr als 90 000 ausgebildete und bewaffnete deutsche und italienische Soldaten nach Spanien. Darüber hinaus bombardierte die deutsche Luftwaffe Spanien, ein Verbrechen, das Pablo Picasso mit seinem Protestbild des zerbombten Dorfes Guernica unsterblich machte. Danach, am 27. Februar 1937, beendete die britische Regierung den Kampf der spanischen Republik, als sie bekannt gab, dass sie Franco als legitimen Führer Spaniens anerkennen werde. Hitler und Mussolini hatten ihre Westfront gesichert und kamen mit Franco überein, dass Spanien im Zweiten Weltkrieg neutral bleiben werde. Als der Kampf gegen den Kommunismus in größerem Umfang fortgesetzt wurde, als Hitler wiederholt in die Sowjetunion vordrang, allerdings immer wieder scheiterte und dies zu schrecklich vielen Toten führte, revanchierte sich der Diktator Franco bei Hitler und Mussolini und schickte seine Blaue Division an die russische Front, um an der Seite der Wehrmacht zu kämpfen.

Nach dem Zweiten Weltkrieg nannte man den Kampf gegen den Kommunismus oft einen Kampf gegen die «fünften Kolonnen». Dieser Begriff bezog sich ursprünglich auf die geheimen faschistischen Armeen und stammte aus dem spanischen Bürgerkrieg, wo dieser Begriff von Francos General Emilio Mola geprägt wurde. Als im Oktober 1936, drei Monate nach dem Militärputsch, Spaniens Hauptstadt Madrid immer noch von den Republikanern und den Internationalen Brigaden gehalten werden konnte, befahl Franco seinem General Mola, die Internationalen Brigaden mit großer Gewalt und geheimer Kriegsführung zu überwinden. Nur Stunden vor dem Angriff gab Mola in einem legendären Akt psychologischer Kriegsführung der Presse bekannt, dass vier Marschkolonnen vor der Stadt warteten, um diese zu stürmen, doch zusätzlich noch eine «fünfte Kolonne» von Franco-Anhängern innerhalb der Stadt. Sie würden weder Uniformen tragen, noch irgendwelche Rangabzeichen. So könnten sie sich wie Fische im Wasser bewegen. Mola behauptete, diese «fünfte Kolonne» sei die gefährlichste.

Die Strategie war erfolgreich, denn sie verbreitete Furcht und Verwirrung unter den Kommunisten und Sozialisten in der Stadt. «Die Polizei begann letzte Nacht in Madrid mit Haus-zu-Haus-Durchsuchungen nach Aufständischen», berichtete die *New York Times* über die Suche der mysteriösen «fünften Kolonne» am Tag nach Molas Pressekonferenz. Die Befehle für diese Kommandounternehmen «wurden offenbar erst kürzlich über die Radiostation der Rebellen durch General Emilio Mola initiiert. Er sagte, dass er mit vier Kolonnen außerhalb von Madrid rechne und einer weiteren Kolonne von Personen, die sich innerhalb der Stadt versteckt hielten und sich den Invasoren anschließen würden, sobald sie in die Stadt kämen».[4] Obwohl der Angriff Molas abgewehrt werden konnte, überlebte die Angst vor der geheimen rechtsradikalen fünften Kolonne den ganzen Krieg. Mike Economides, ein zypriotischer Kommandeur in den Internationalen Brigaden, machte es sich zur Gewohnheit, jeden Neuankömmling zu informieren, dass der Krieg in Spanien von zwei Seiten aus geführt werde, «dem Feind von vorn und der fünften Kolonne von hinten».[5]

Der Begriff «fünfte Kolonne» überlebte den Spanischen Bürgerkrieg und wurde seither verwendet, um damit geheime Armeen oder Gruppen bewaffneter Staatsfeinde zu bezeichnen, die heimlich in einem feindlichen Einflussbereich operierten. Während des Zweiten Weltkriegs stellte Hitler fünfte Kolonnen der Nazis zusammen, die als geheime Armeen in Norwegen und anderswo die Invasion der regulären deutschen Truppen vorbereiteten und unterstützten. Als Deutschland besiegt war, übernahmen der Westen und die NATO die Redewendung, verschoben die Bedeutung von rechts nach links und benutzen im Kalten Krieg weiterhin den Begriff «fünfte Kolonne», um so die geheimen Armeen der Kommunisten zu bezeichnen. Schon bald verurteilten Experten der geheimen Kriegsführung «die Bereitschaft der freien Welt, die fünften Kolonnen der Kommunisten in ihrer Mitte aufblühen zu lassen».[6] Erst im Gladio-Skandal von 1990 wurde entdeckt, dass das vielleicht bis heute größte Netzwerk von fünften Kolonnen das Stay-behind-Netzwerk der NATO gewesen ist.

Franco regierte zwischen 1936 und seinem Tod im Jahr 1975 mit eiserner Hand. In dieser Zeit wurden in Spanien keine freien Wahlen durchgeführt. Aufgrund von willkürlichen Festnahmen, Schauprozessen, Folterungen und Attentaten blieb die Gefahr, dass Kommunisten oder Sozialisten in einflussreiche Positionen kamen, minimal. Als deshalb Calvo Sotelo, spanischer Premierminister von Februar 1981 bis 1982, über Gladio in Spanien vernommen wurde, sagte er mit bitterer Ironie, dass während Francos Diktatur «die ganze Regierung aus Gladio bestand». Alberto Oliart, Verteidigungsminister in der Regierung Sotelo, wies ebenfalls darauf hin, als er auf dem Höhepunkt des Gladio-Skandals erklärte, es wäre «kindisch» zu behaupten, dass in Spanien in den 50er-Jahren eine geheime antikommunistische Armee aufgebaut worden war, denn «hier war die Regierung Gladio».[7]

Im Zusammenhang mit dem Kalten Krieg hieß Washington die blutigen Hände von Franco nicht von Anfang an willkommen. Ganz im Gegenteil, nachdem Hitler und Mussolini tot waren, erachteten Teile des OSS, des amerikanischen Geheimdienstes in Kriegszeiten, es nur als logisch, dass der Diktator Franco auf dem Höhepunkt der antifaschistischen Schlacht beseitigt werden müsste. Also begann 1947, als die CIA gegründet wurde, der OSS mit der «Operation Banane». Mit dem Ziel, Franco zu stürzen, wurden katalanische Anarchisten mit Waffen ausgerüstet und an den Küsten der Halbinsel an Land gesetzt. Allerdings scheint es keine feste anglo-amerikanische Übereinstimmung gegeben zu haben, ob es wirklich wünschenswert ist, Franco zu stürzen, weil es sowohl in London als auch in Washington Kreise gab, die ihn als wertvollen Mann betrachteten. Letztlich verriet der MI6 die «Operation Banane» an Francos Geheimdienst. Die Aufrührer wurden festgenommen, und der Gegenputsch missglückte.[8]

Franco verstärkte seine internationale Position, als er 1953 einen Pakt mit Washington besiegelte und den USA erlaubte, Marschflugkörper, Truppen, Flugzeuge und Antennen für die elektronische Aufklärung des Signals Intelligence (SIGINT) auf spanischem Boden zu stationieren. Als Gegenleistung sorgten die USA dafür, dass Francos faschistisches Spanien gegen die Opposition vieler Staaten, vornehmlich der Sowjetunion, die internationale Isolierung überwinden und 1955 Mitglied der Vereinten Nationen (UNO) werden konnte. Als öffentliches Zeichen der Unterstützung für das «spanische Bollwerk gegen den Kommunismus» traf sich der amerikanische Außenminister John Foster Dulles, der Bruder des CIA-Direktors Allen Dulles, im Dezember 1957 mit Franco und dessen zuverlässigem Gehilfen, dem Marineoffizier Carrero Blanco, und pflegte danach sehr geschickt die CIA-Kontakte zur spanischen Diktatur. Gegen Ende der 50er-Jahre hatten «sich die Bande verstärkt, und Francos Geheimdienst wurde einer der besten Verbündeten der CIA in Europa».[9]

Franco, zusammen mit einigen Diktatoren in Lateinamerika, war zum Verbündeten Washingtons geworden. Von den oberen Etagen der amerikanischen Botschaft in Madrid, hinter den dicht geschlossenen Toren des sogenannten Büros für politische Verbindungen, beobachteten und beeinflussten der Niederlassungsleiter der CIA und deren heimliches Aktionsteam die Entwicklung des politischen Lebens in Spanien. Franco vermehrte in der Art eines klassischen Oligarchen seinen Reichtum und sicherte seine Macht, indem er eine Pyramide von Privilegien und Korruption aufbaute. Seine Spitzengeneräle durften mit zweifelhaften Geschäften Millionen machen, ihren Offizieren wurde auch erlaubt, kleine Geschäfte zu machen, und dies setzte sich bis ganz nach unten fort. Die gesamte Struktur der militärischen Macht wurde durch den Claudillo kooptiert, und das Überleben dieses Systems war völlig von ihm abhängig.[10]

Innerhalb dieses Systems wuchsen das Militär und der Apparat des Geheimdienstes jenseits aller Kontrolle, und sie engagierten sich im Waffenhandel, im Drogenhandel, betrieben Folter, Terror und Gegenterror. Es ist eine Kuriosität in der Verfassungsgeschichte, dass unter der Diktatur Francos das totalitäre Spanien nicht nur eines, sondern drei Verteidigungsministerien hatte: eines für die Armee, eines für die Luftwaffe und eines für die Marine. Doch jedes dieser Verteidigungsministerien hatte seinen eigenen militärischen Geheimdienst: die Segunda Seccion Bis der Armee, die Segunda Seccion Bis der Luftwaffe und der Servicio Informacion NAVAL (SEIN) der Marine. Außerdem hatten auch die spanischen Stabschefs (Alto Estado Mayor, AEM), die Franco direkt unterstanden, ihren eigenen Geheimdienst, den SIAEM (Servicio de Informacion del Alto Estado Mayor). Hinzu kommt, dass auch das Innenministerium zwei Geheimdienste unterhielt, die Direction General De Seguridad (DGS) und die Guardia Civil.[11]

1990 wurde aufgedeckt, dass Teile der spanischen Geheimdienste zusammen mit der CIA in Las Palmas auf den spanischen Kanaren im Atlantik sehr wohl eine Gladio-Zelle unterhielten. Diese Basis wurde angeblich schon 1948 eingerichtet und war während der 60er- und 70er-Jahre immer noch aktiv. Vor allem Mitglieder des Geheimdienstes der Armee Buro Segundo Bis waren angeblich stark in das geheime Stay-behind-Netzwerk eingebunden. André Moyen, ein 76-jähriger Agent im Ruhestand, der von 1938 bis 1952 Angehöriger des belgischen militärischen Geheimdienstes SDRA war, behauptete, dass der Segundo Bis der Armee immer «sehr gut über Gladio informiert war».[12] Der französische Forscher Faligot unterstützte diese Behauptung und hob hervor, dass die spanische geheime Armee in der 50er-Jahren vom holländischen Konsul Herman Laatsman geführt wurde, der, «ebenso wie seine Frau, gute Verbindungen zu André Moyen hatte».[13] Weitere Bestätigungen lieferte Italien, wo Colonel Alberto Vollo 1990 aussagte, «dass in den 60er- und 70er-Jahren in Las Palmas auf den Kanarischen Inseln ein Gladio-Trainingscamp existierte, das von amerikanischen Ausbildern geleitet wurde. Am selben Ort gab es auch Einrichtungen der amerikanischen SIGINT.»[14]

André Moyen wurde von Journalisten der kommunistischen Zeitung *Drapeau Rouge* interviewt. Nachdem der Kalte Krieg beendet war, bestätigte Moyen seinen früheren Gegnern, dass er während seiner aktiven Jahre sehr eng in die Operation Gladio eingebunden war und geheime Aktivitäten gegen die Kommunisten in verschiedenen Ländern durchgeführt hatte. Der ehemalige Agent gab seiner Überraschung Ausdruck, dass die Geheimdienste von Spanien nicht genauer untersucht wurden, denn er wusste aus erster Hand, dass sie «bei der Rekrutierung von Gladio-Agenten eine Schlüsselrolle gespielt haben».[15] Nach Moyens eigener Aussage hatte ihn der belgische Innenminister Vleeschauwer im September 1945 zu seinem italienischen Kollegen, dem Innenminister Mario Selba, mit der Aufgabe geschickt, Möglichkeiten herauszufinden, mit denen man verhindern könne, dass die Kommunisten an die Macht kämen. Danach interessierten sich auch die Franzosen dafür, und der französische Innenminister Jules Moch stellte die Verbindung zum Direktor des SDECE, Henri Ribiers, her. Nach eigenen Angaben hatte sich Moyen in den 50er-Jahren im gleichen Zusammenhang auch mit hochrangigen Offizieren in der neutralen Schweiz getroffen.[16]

Moyen sagte aus, dass seine ersten Kontakte zum spanischen Zweig des Gladio-Netzwerks im Oktober 1948 stattgefunden hätten, als «eine Zelle des Netzwerks in Las Palmas» auf den spanischen Kanaren im Atlantik operiert habe. Zu dieser Zeit war der SDRA-Agent Moyen angeblich auf die Kanaren geschickt worden, um einen Betrug zu untersuchen, bei dem Treibstoffe eine Rolle spielten, die von Belgien über die Kanaren in den Kongo gebracht werden sollten. «Der Betrug», sagte Moyen aus, «bereicherte hochgestellte spanische Autoritäten, und außerdem deckten wir einen gewaltigen Drogenhandel auf.» Als das geheime Drogengeschäft durch Belgien aufgedeckt wurde, schickte Diktator Franco «zwei Agenten des Buro Segundo Bis» der militärischen Stabschefs, um bei den Untersuchungen zu helfen. «Dies waren sehr gut informierte Männer, die mir halfen», erinnert sich Moyen. «Wir sprachen über viele Dinge, und sie konnten mir zeigen, dass sie über Gladio sehr gut Bescheid wussten.»[17]

1968 sah sich auch Franco internationalen revolutionären Studentenprotesten ausgesetzt. Weil er große öffentliche Proteste befürchtete, bat der spanische Wissenschaftsminister den Chef des SIAEM, General Martos, geheime Aktivitäten gegen die Universitäten durchzuführen. Admiral Carrero Blanco, der eng mit der CIA in Verbindung stand, schuf im Oktober 1968 eine neue Spezialeinheit für den geheimen Krieg mit dem Namen OCN innerhalb des Geltungsbereichs des SIAEM, die Studenten, ihre Professoren und die gesamte revolutionäre soziale Bewegung bekämpfen sollte. Nach einer Reihe erfolgreicher Operationen entschloss sich Blanco im März 1972, die Unterabteilung OCN des SIAEM in einen neuen Geheimdienst umzuformen, den er SECED (Servicio Central de Documentation de la Presidencia del Gobierno) nannte und unter das Kommando von José Ignacio San Martin Lopez stellte, der die OCN schon seit 1968 geleitet hatte.[18] Nach den Erkenntnissen des Gladio-Autors Pietro Cedomi pflegte der SECED sehr enge Beziehungen zur geheimen spanischen Gladio-Armee, wobei viele Agenten Angehörige beider geheimen Armeen waren, als die Stay-behind in Spanien brutal und offen gegen Studentenproteste und Professoren vorging.[19]

Francos Diktatur während des Kalten Krieges diente für viele Rechtsradikale, die am geheimen antikommunistischen Krieg in Westeuropa teilnahmen, als ein sicherer Hafen, gestand der rechtsextreme Marco Pozzan, ein Mitglied der italienischen rechtsorientierten Organisation Ordine Nuovo, im Jahr 1984 dem Richter Felice Casson, der später die Gladio-Armee entdeckte. So hätte sich eine ganze Kolonne italienischer Faschisten während der letzten Jahre unter Francos Herrschaft in Spanien engagiert. Mehr als 100 Verschwörer waren aus Italien geflohen, nachdem Prinz Valerio Borghese einen neofaschistischen Versuch organisiert hatte, die italienische Regierung am 7. Dezember 1970 zu stürzen. Die Rechtsextremen, zu denen Borghese selbst, aber auch Carlo Cicuttini und Mario Ricci zählten, flüchteten nach dem gescheiterten Putsch nach Spanien und gruppierten sich dort unter der Führung des berüchtigten internationalen Rechtsterroristen Stefano Delle Chiaie neu, der während des Putsches mit seinen Männern das Innenministerium besetzt hatte und daher großes Ansehen genoss.

In Spanien nahm Delle Chiaie zu rechtsextremistischen Terroristen aus anderen europäischen Ländern Kontakt auf, wozu auch Otto Skorzeny, ein früherer Nazi, und Yves Guerain Serac, ein ehemaliger französische Offizier der illegalen Organisation Armée Secrète (OAS) und der mit Gladio in Verbindung stehende Anführer der in Portugal stationierten CIA-Fassade Aginter-Press zählten. Skorzeny war bei Francos Geheimdienst als Sicherheitsberater angestellt, und der wiederum stellte Delle Chiaie ein, um die Gegner Francos in Spanien und im Ausland ins Visier zu nehmen, worauf Delle Chiaie weit über tausend blutrünstige Angriffe ausführte, darunter auch etwa 50 Morde. Der geheime Krieg in Spanien zeichnete sich durch Attentate und Terrorakte aus. Die Mitglieder der geheimen Armee von Delle Chiaie, auch der italienische Rechtsextremist Aldo Tisei, gestanden der italienischen Staatsanwaltschaft, dass sie im spanischen Exil im Auftrag der spanischen Geheimdienste Antifaschisten aufgespürt und getötet hätten.[20]

Marco Pozzan, der selbst anfangs der 70er-Jahre nach Spanien geflohen war, enthüllte, dass «Cacolla», wie Delle Chiaie genannt wurde, für seine Dienste in Spanien gut bezahlt wurde. «Er unternahm teure Reisen. Immer mit dem Flugzeug, auch Transatlantikflüge. Cacolla erhielt das Geld vor allem vom spanischen Geheimdienst und der Polizei.» Zu den Zielen des rechtsgerichteten Terroristen zählten die Terroristen der ETA (Euskadi Ta Askatsuna), die für die baskische Unabhängigkeit kämpften. Cacolla gelang es, die ETA mit seinen Agenten zu infiltrieren. «Wir wissen, dass Cacolla und seine Gruppe im Auftrag der spanischen Polizei gegen die baskischen Freiheitskämpfer operierten», erinnerte sich Pozzan. «Ich erinnere mich daran, dass Cacolla und seine Gruppe während der Kundgebung in Montejurra einen Zusammenstoß mit oppositionellen politischen Gruppen organisiert hatten. Damit die spanische Polizei nicht wegen ungerechtfertigt gewalttätiger und repressiver Intervention angeklagt werden konnte, hatten Cacolla und seine Gruppe den Auftrag, zu provozieren und Unruhe zu stiften. Bei diesem Vorfall gab es auch Verletzte.»[21]

Nach Francos Tod im Jahr 1975 entschied Delle Chiaie, dass Spanien für ihn kein sicheres Pflaster mehr war, und ging nach Chile. Dort rekrutierte ihn der rechtslastige und von der CIA eingesetzte Diktator Pinochet, um chilenische Oppositionelle im Rahmen der «Operation Condor» in ganz Südamerika aufzuspüren und zu töten. Danach ging Cacolla nach Bolivien, baute dort Todesgeschwader auf, um die rechtsorientierte Regierung zu schützen, und verpflichtete sich erneut für eine Aktion, in der er «ohne Ende» morden konnte. Delle Chiaie wurde 1936 in Italien geboren und gilt noch immer als das bekannteste Mitglied der geheimen Gladio-Armeen, die verdeckt gegen den Kommunismus in Europa und auch außerhalb während des Kalten Krieges kämpften. Der rechtsextreme Terrorist blieb immer eine Gefahr für linke Bewegungen auf der ganzen Welt, doch nachdem er aus Spanien geflohen war, kam er nur noch selten auf den «alten Kontinent» zurück. Eine Ausnahme war 1980, als er von der italienischen Polizei verdächtigt wurde, nach Italien zurückgekehrt zu sein, um in Bologna das blutige Eisenbahn-Massaker durchzuführen. Im Alter von 51 Jahren wurde der Unfassbare letztlich am 27. März 1987 in der Hauptstadt von Venezuela von dem dortigen Geheimdienst festgenommen. Nur Stunden später waren Agenten des italienischen Geheimdienstes und der CIA vor Ort. Cacolla bedauerte seine Taten nicht, sondern lenkte mit wenigen Worten die Aufmerksamkeit auf die Tatsache, dass er in seinen geheimen Kriegen gegen die Linke immer von einer Reihe von Regierungen geschützt wurde, die ihn im Gegenzug baten, gewisse Aktionen durchzuführen, was er dann auch getan habe: «Die Massaker haben stattgefunden. Das ist eine Tatsache. Die Geheimdienste haben die Spuren verwischt. Das ist auch eine Tatsache.»[22]

Als Franco ahnte, dass sein Ende nahte, beförderte er seinen CIA-Verbindungsoffizier und den Chefarchitekten seiner Geheimdienste, Carrero Blanco, im Juni 1973 auf den Posten des spanischen Premierministers. Doch Blanco war wegen seiner Brutalität bei großen Teilen der Bevölkerung verhasst, und noch im Dezember desselben Jahres fuhr sein Auto auf eine Landmine der ETA, und er wurde in die Luft gesprengt. Die zuvor von Spaniern und Franzosen als folkloristisch wahrgenommene Terrororganisation ETA, die für die baskische Unabhängigkeit kämpfte, etablierte sich mit dem Attentat auf Blanco als gefährlicher Staatsfeind.

Nach Francos Tod am 20. November 1975 erwies sich die Umgestaltung des gefürchteten Sicherheitsapparats Spaniens als sehr schwierig. Der SECED (Servicio Central de Documentation Defensa), der bekannteste spanische Geheimdienst, wurde in CESID (Centro Superior de Informacion de la Defensa) umbenannt. Doch dessen erster Direktor, General José Maria Burgon Lopez-Doriga, sorgte dafür, dass dieser neue Geheimdienst hauptsächlich aus ehemaligen Angehörigen des SECED bestand. Somit konnte der geheime Krieg in Zusammenarbeit mit italienischen Extremisten weitergehen, wie die Presse im Verlauf der Entdeckung der geheimen Gladio-Armeen im Jahr 1990 berichtete: «Vor einer Woche entdeckte die spanische Zeitung *El Pàis* die letzte bekannte Verbindung zwischen Spanien und dem geheimen Netzwerk. Carlo Cicuttini, der mit Gladio in Verbindung stand, war aktiv am Atocha-Massaker vom Januar 1977 in Madrid beteiligt», berichtete die Presse über den geheimen Krieg. «Damals griff ein rechtsextremes Kommando die Kanzlei eines Anwalts an, der eng mit der kommunistischen Partei Spaniens in Verbindung stand, wobei fünf Menschen getötet wurden. Dieser Angriff verursachte eine Panik, denn er fiel genau in die spanische Umbruchphase, und man befürchtete, dass dies der Beginn weiterer Terroranschläge sei, die versuchten, Spaniens Umwandlung in eine Demokratie zu stoppen.»[23]

Der geheime Krieger und Rechtsterrorist Cicuttini war nach dem italienischen Peteano-Terroranschlag von 1972, der später von Richter Felice Casson zum Rechtsterroristen Vincenzo Vinciguerra und der Geheimarmee zurückverfolgt werden konnte und die Entdeckung von Gladio in ganz Europa in Gang setzte, an Bord eines Militärflugzeugs nach Spanien geflohen. In Spanien engagierte sich Cicuttini in der geheimen Kriegsführung für Franco, der ihn im Gegenzug vor der italienischen Justiz schützte. 1987 wurde Cicuttini in Italien wegen seiner Beteiligung am Peteano-Massaker zu lebenslänglichem Gefängnis verurteilt. Doch Spanien, das nunmehr eine Demokratie war, weigerte sich als Demonstration des andauernden Einflusses des Militärs hinter den Kulissen, den Italiener auszuliefern, da der Rechtsextremist die Tochter eines spanischen Generals geheiratet hatte und nun spanischer Bürger war. Erst im April 1998 wurde der nun 50-jährige Rechtsextremist in Frankreich festgenommen und an Italien ausgeliefert.[24]

Wie alle anderen geheimen Armeen in Westeuropa pflegte Spaniens antikommunistisches Netzwerk damals enge Kontakte zur NATO. Der italienische General Gerardo Serravalle, der die italienische Gladio von 1971 bis 1974 kommandierte, schrieb nach der Entdeckung des Netzwerks im Jahr 1990 ein Buch über die italienische Abteilung der geheimen NATO-Armee.[25] In diesem Buch schreibt der General, dass sich die Kommandeure der geheimen NATO-Armeen 1973 im CPC in Brüssel zu einer außerordentlichen Konferenz getroffen hätten, um Francos Spanien in das CPC aufzunehmen. Der französische militärische Geheimdienst und die dominante CIA hätten angeblich die Aufnahme des spanischen Netzwerks gefordert, während Italien, das durch Serravalle vertreten wurde, angeblich gegen diesen Vorschlag war, weil es wohlbekannt war, dass das spanische Netzwerk gesuchte italienische Terroristen schützt. «Unsere politischen Behörden», argumentierte der General, «würden sich vor dem Parlament in einer höchst peinlichen Situation befinden», wenn herauskäme, dass Italien nicht nur eine Geheimarmee hat, sondern darüber hinaus auch eng mit dem spanischen Netzwerk zusammenarbeitet, das italienische Terroristen beherbergt und sie schützt. Somit wurde Spanien offiziell nicht in das CPC aufgenommen.[26]

In einer zweiten CPC-Konferenz, dieses Mal in Paris, waren Mitglieder von Francos Geheimdiensten wieder anwesend. Sie argumentierten, dass es Spanien erlaubt sein solle, offizielles Mitglied des Gladio-Kommandozentrums zu werden, weil Spanien den USA lange Zeit genehmigt hätte, Atomraketen auf seinem Territorium zu stationieren und Kriegsschiffe und U-Boote in seinen Häfen anzulegen, dafür jedoch von der NATO nichts erhalten hätte. Verborgen hinter den Pyrenäen und weit entfernt von der sowjetischen Grenze schien die Funktion als Stay-behind-Organisation nach einer Invasion kaum der wichtigste Grund zu sein, den die anwesenden spanischen Geheimdienstagenten im Sinn hatten. Vielmehr waren sie daran interessiert, ein geheimes Netzwerk zu haben, um im Inland gegen spanische Kommunisten und Sozialisten vorgehen zu können. «In allen Konferenzen gibt es eine Stunde der Wahrheit, man muss nur darauf warten», schrieb Serravalle in seinem Buch über diese Konferenz. «Es ist die Stunde, in der die Delegierten der Geheimdienste, entspannt bei einem Erfrischungsgetränk oder einem Kaffee, etwas freier miteinander reden. In Paris kam diese Stunde in der Kaffeepause. Ich ging zu einem Mitglied des spanischen Geheimdienstes und sagte ihm, seine Regierung habe möglicherweise die reale Gefahr einer Bedrohung aus dem Osten überschätzt. Ich wollte ihn provozieren. Er sah mich völlig überrascht an und gab zu, dass Spanien Probleme mit Kommunisten habe (los rojos). Nun hatten wir die Wahrheit.»[27]

Spanien wurde 1982 offizielles Mitglied der NATO, doch der italienische General Serravalle deckte auf, dass schon wesentlich früher inoffizielle Kontakte bestanden hätten. Spanien, so sagte der General, «kam nicht durch die Tür, sondern durch das Fenster in das geheime Gladio-Netzwerk». Die geheime spanische Armee hatte beispielsweise auf Einladung der Vereinigten Staaten an einer Stay-behind-Übung teilgenommen, die von den amerikanischen Streitkräften in Europa im März 1973 im deutschen Bayern geleitet wurde.[28] Außerdem scheint die spanische Geheimarmee auch Mitglied des zweiten, mit der NATO verbundenen Kommandozentrums ACC gewesen zu sein. «Nach Spaniens Beitritt zur NATO im Jahr 1982 nahm die Stay-behind-Struktur Verbindung zum CESID (Centro Superior de Informacion de la Defensa), dem Nachfolger von SECED, auf und trat dem ACC bei», berichtete der Gladio-Autor Pietro Cedomi. Dies führte zu Streitigkeiten innerhalb des ACC, vor allem mit den Italienern des SISMI (Italian Military Secret Service), der die Spanier bezichtigte, italienische Neofaschisten indirekt durch das Stay-behind ‹Red Quantum› zu unterstützen.»[29]

Ob die spanischen Sozialisten unter Premierminister Felipe Gonzales, der 1982 an die Macht kam, von der geheimen Zusammenarbeit mit der NATO gewusst haben, bleibt zweifelhaft. Denn die Beziehung zum CESID unter dem Vorsitz von Colonel Emilio Alonso Manglano war durch Misstrauen und die Machtlosigkeit der neuen Regierung gekennzeichnet. Im August 1983 wurde aufgedeckt, dass CESID-Agenten vom Keller des Regierungsgebäudes aus heimlich die Gespräche der sozialistischen Regierung abgehört hatten. Trotz des folgenden Skandals wurde der CESID-Direktor Manglano nicht entlassen. Als Spanien im Jahr 1986 nach der bemerkenswert friedlichen Wandlung von einer Diktatur in eine Demokratie als neues Mitglied der Europäischen Union willkommen geheißen wurde, hofften viele, dass der Apparat der Geheimdienste letztlich besiegt und unter demokratischer Kontrolle war. Doch diese Hoffnungen wurden wie in vielen anderen westeuropäischen Ländern auch in Spanien erschüttert, als die Geheimarmeen in ganz Westeuropa ans Tageslicht kamen.

Als die Presse Ende 1990 über die Geheimarmeen zu berichten begann, erhob das spanische kommunistische Parlamentsmitglied Carlos Carrero den gut begründeten Verdacht, dass Spanien als wichtiger Gladio-Stützpunkt fungiert haben könnte, indem Neofaschisten aus zahlreichen Ländern beherbergt und durch den Franco-Apparat geschützt wurden. Seine Besorgnis wurde von Amadeo Martinez, einem ehemaligen Hauptmann der spanischen Armee, bestätigt, der wegen seiner kritischen Anmerkungen gezwungen wurde, die Armee zu verlassen. 1990 bestätigte er gegenüber der Presse, dass unter Franco natürlich auch in Spanien eine mit Gladio in Verbindung stehende Struktur existiert hatte, die neben anderen heiklen Operationen auch Oppositionspolitiker ausspioniert hatte. Auch das staatliche spanische Fernsehen strahlte danach einen Bericht über Gladio aus, in dem bestätigt wurde, dass während der Diktatur Francos Gladio-Agenten in Spanien ausgebildet wurden. Ein italienischer Offizier, der an den geheimen Armeen beteiligt war, sagte aus, dass Soldaten der geheimen NATO-Armee mindestens seit 1966 bis Mitte der 70er-Jahre in Spanien ausgebildet wurden. Der ehemalige Agent sagte, dass er selbst zusammen mit 50 anderen auf einem Militärstützpunkt auf Las Palmas ausgebildet worden sei. Nach Aussagen dieser Quelle kamen die Gladio-Ausbilder zumeist aus den USA.[31]

Andere waren weniger gut informiert. Javier Ruperez, zur Zeit der Entdeckung von Gladio Mitglied der konservativen spanischen Partei Partido Popular (PP) und Direktor des Verteidigungsausschusses, erklärte: «Über dieses Thema habe ich nie etwas gewusst. Ich hatte nicht die geringste Vorstellung von dem, was ich nun in den Zeitungen lese.» Auch Fernando Moran, der erste spanische sozialistische Außenminister, der der PSOE angehörte, gab zu Protokoll, dass er nichts über Gladio wusste: «Weder in der Zeit, als ich Minister war, noch zu einem anderen Augenblick hatte ich die geringsten Informationen, Hinweise oder Gerüchte über die Existenz von Gladio oder etwas Ähnlichem gehört.»[32]

Der Parlamentarier Antonio Romero, Mitglied der spanischen Oppositionspartei Vereinigte Linke (IU), interessierte sich für diese mysteriöse Affäre und nahm Kontakt zu ehemaligen Agenten des geheimen Geschäfts auf, wonach er überzeugt war, dass dieses geheime Netzwerk auch in Spanien tätig war und «gegen militante Kommunisten und Anarchisten ebenso wie gegen die Bergarbeiter Asturiens und die katalanischen und baskischen Nationalisten vorgegangen war».[33] Am 15. November 1990 forderte Romero deshalb die spanische Regierung unter dem sozialistischen Premierminister Felipe Gonzales und Verteidigungsminister Narcis Serra auf, zu erklären, welche Rolle das Land hinsichtlich der Operation Gladio und der geheimen Stay-behind-Armeen der NATO gespielt habe. Bereits einen Tag später behauptete Spaniens Premierminister Felipe Gonzales vor der Presse fälschlicherweise, dass «Spanien nicht einmal für eine Rolle in Gladio in Erwägung gezogen worden sei».[34] Romero wünschte jedoch eine Antwort, die auch auf Einzelheiten einging, und stellte drei Fragen, von denen die erste lautete: «Beabsichtigt die spanische Regierung als Mitglied der NATO diese um Erklärungen zur Aktivität und Existenz eines Gladio-Netzwerks zu bitten?» Auch die zweite Frage betraf die NATO-Allianz, denn Romero wollte wissen, ob die spanische Exekutive «auf der Ebene der Verteidigungsminister, der Außenminister und der Premierminister der NATO-Mitglieder eine Debatte und eine Klarstellung der Aktivitäten von Gladio beginnen wird». Letztlich wollte Romero wissen, ob die spanische Regierung die Möglichkeit der Illoyalität der NATO in Betracht ziehe, in dem Sinne, dass «einige alliierte Länder illegale Aktivitäten im Rahmen des Gladio-Netzwerkes durchführten, ohne dass Spanien darüber informiert war, als es [1982] der NATO beitrat».[35]

Am nächsten Tag fand man auf den Titelseiten der spanischen Zeitungen folgende Schlagzeile: «Der spanische Geheimdienst pflegt enge Verbindungen zur NATO. [Verteidigungsminister] Serra ordnet Untersuchungen über Gladio in Spanien an.» In Spaniens zerbrechlicher nachfaschistischen politischen Ära war dieses Thema natürlich höchst explosiv, weil die Presse auf der Grundlage ungenannter Quellen enthüllt hatte, dass Gladio-Aktivisten unter Angehörigen des Militärs und Mitgliedern der extremen Rechten rekrutiert wurden. Serra wurde sehr nervös, und in der ersten Antwort gegenüber Journalisten war er ganz begierig hervorzuheben, «als wir 1982 an die Macht kamen, fanden wir nichts Derartiges», und fügte hinzu, «wahrscheinlich weil wir erst sehr spät in die NATO eintraten, als der Kalte Krieg sich beruhigte». Außerdem versicherte Serra der spanischen Presse, dass er als Antwort auf die Frage des Parlamentariers Romero angewiesen hat, eine Untersuchung in seinem Verteidigungsministerium über die möglichen Verbindungen Spaniens zu Gladio durchzuführen. Allerdings, so enthüllten der Regierung sehr nahe stehende Quellen gegenüber der Presse, dass die Untersuchung im eigenen Haus eher dazu gedacht war, mehr zu verstecken als zu enthüllen, da «es das Ziel ist zu bestätigen, dass diese spezielle Organisation in Spanien nicht aktiv war».[36] Treffend hatte Serra das CESID mit der Untersuchung betraut, womit rein technisch gesehen der Verdächtige das Verbrechen untersuchte.

Es war keine große Überraschung, als am Freitag, dem 23. November 1990, in Beantwortung der Frage Romeros, Narcis Serra vor dem Parlament auf der Grundlage der CESID-Untersuchungen behauptete, Spanien sei niemals Mitglied des Gladio-Netzwerks gewesen, «weder vor noch nach der sozialistischen Regierung». Dann fügte Serra vorsichtig hinzu, dass «behauptet wurde, dass es in den 70er-Jahren einige Kontakte gegeben habe, doch ist es für den derzeitigen Geheimdienst sehr schwierig, diese Art von Kontakten zu verifizieren». Serra wurde in seiner Aussage immer vager, bezog sich auf «den gesunden Menschenverstand», anstatt sich auf Dokumente, Vernehmungsprotokolle, Fakten und Zahlen zu stützen: «Da Spanien zu dieser Zeit kein NATO-Mitglied war, sagt der gesunde Menschenverstand, dass es keine engen Verbindungen gegeben haben kann.» Die spanische Presse war nicht begeistert und kritisierte, dass der Verteidigungsminister entweder Propaganda verbreite oder von dem Ministerium, dem er vorsteht, keine Ahnung habe und es auch nicht kontrollieren könne.[37]

Vor allem Romero war mit den Antworten, die Serra vorlegte, unzufrieden und bestand darauf, dass der amtierende Direktor des CESID vernommen werden müsse. «Wenn das CESID nichts darüber weiß, dann muss General Manglano gefeuert werden», folgerte Romero vor der Presse. Denn General Manglano war nicht nur amtierender Direktor des CESID, sondern auch der spanische NATO-Delegierte für Sicherheitsfragen. Der Gladio-Skandal fand in Spanien seinen Höhepunkt, als General Manglano sich trotz der Aufforderung durch die Legislative einfach weigerte, Stellung zu nehmen. Verärgert folgerte Romero, dass in Spanien offensichtlich auch «hochrangige Angehörige des Militärs in die Gladio-Affäre verwickelt sind».[38]

Nachdem es der amtierenden Regierung nicht gelang, Licht in die geheime Affäre zu bringen, fragte die spanische Presse den bekanntesten im Ruhestand befindlichen Regierungsbeamten der jungen Demokratie, ob er mehr über diese geheimnisvolle Affäre wisse. Calvo Sotelo, spanischer Premierminister von Februar 1981 bis Dezember 1982, der während seiner Amtszeit General Alonso Manglano zum Direktor des CESID ernannt hatte, behauptete, dass Gladio in Spanien nicht existiert habe: «Mir ist nicht bekannt, dass so etwas jemals existiert hat, und zweifellos hätte ich davon gewusst, wenn es hier existiert hätte.» Als die Journalisten darauf beharrten, dass Gladio-Armeen im Geheimen in ganz Europa operiert hätten, erklärte Sotelo ärgerlich, das Gladio-Netzwerk sei «sowohl lächerlich und auch kriminell», und fügte hinzu, «wenn man mich über eine derart verrückte Sache informiert hätte, dann hätte ich etwas dagegen getan».[39]

Sotelo bestätigte, dass es Befürchtungen gegeben habe, was die kommunistische Partei PCE tun würde, als Spanien – nach Francos Tod eine ganz junge und fragile Nation – sich auf das neue demokratische Experiment einließ. Doch «das bescheidene Ergebnis der PCE bei den ersten Wahlen und die sogar noch bescheideneren Ergebnisse der folgenden Wahlen haben unsere Ängste beruhigt». Sotelo war zu dieser Zeit ein prominenter Förderer einer spanischen Mitgliedschaft in der NATO. Doch der Presse gegenüber betonte er, dass Spanien nach dem NATO-Beitritt nicht schriftlich über die Existenz eines geheimen Gladio-Netzwerks informiert worden sei: «Es gab keine schriftliche Korrespondenz zu diesem Thema», und er fügte rätselhaft hinzu: «Und deshalb gab es auch keine Notwendigkeit darüber zu sprechen, falls dies tatsächlich das gewesen wäre, worüber man gesprochen haben könnte.» Sotelo erklärte, dass es nur einige Konferenzen mit NATO-Personal gegeben habe, bevor Spanien der Allianz im Mai 1982 beigetreten sei, wobei er betonte, dass bereits gegen Ende dieses Jahres die PSOE an die Macht gekommen sei und er seinen Platz als Premierminister für Felipe Gonzales hätte räumen müssen. Es gab keine spanische parlamentarische Untersuchung über Gladio und auch keinen in die Einzelheiten gehenden Bericht über die Terroranschläge.

Als eine Dekade später, am 11. März 2004, eine Serie von Terroranschlägen auf Pendlerzüge in Madrid 191 Menschen in den Tod rissen, hatten die meisten Menschen die Gladio-Diskussion und die vielen offenen Fragen schon wieder völlig vergessen.

9

Der geheime Krieg in Portugal

Im Mai 1926 führte General Gomes da Costa in Portugal einen Staatsstreich durch. Damit war sowohl die Verfassung als auch das Parlament abgeschafft und das Land in eine Diktatur umgewandelt. Nach dem Putsch kam der Diktator Salazar an die Macht. Während des Spanischen Bürgerkriegs unterstützte Salazar den rechtsgerichteten Diktator Franco im benachbarten Spanien mit Truppen und Nachschub. Danach garantierten die beiden Diktatoren in einer strategischen rechtsgerichteten Allianz gegenüber Hitler und Mussolini, dass sie im Zweiten Weltkrieg neutral bleiben würden. Spanien und Portugal sicherten Hitler dadurch seinen «Rücken», also die Westfront. Die vier Diktatoren waren sich einig, dass der Kommunismus sowohl in der Sowjetunion als auch in den eigenen Ländern bekämpft und besiegt werden müsse.

Als die Sowjetunion siegreich aus dem Zweiten Weltkrieg hervorging und sowohl Hitler als auch Mussolini besiegt waren, befanden sich Salazar und auch Franco 1945 in einer heiklen Situation. Doch als die Vereinigten Staaten unter Präsident Truman weiterhin weltweit gegen den Kommunismus kämpften, erhielten die beiden Diktatoren auf der iberischen Halbinsel zumindest die stille Unterstützung von Washington und London. Obwohl Salazar den Putsch in Spanien unterstützt hatte und trotz seiner Allianz mit Hitler und Mussolini gelang es Portugal zur Überraschung vieler, 1949 zu den Gründungsmitgliedern der NATO zu zählen. Danach regierte Salazar Portugal fast vier Jahrzehnte lang allein, bis er im Jahr 1970 starb, worauf das Land mit der Umwandlung zu einem demokratischen Staat beginnen konnte und schließlich auch Mitglied der Europäischen Union wurde.

So wie in den rechten Diktaturen Lateinamerikas oder in Francos Polizeistaat wurde auch die Bevölkerung Portugals von einem Sicherheitsapparat kontrolliert, der ohne Transparenz und jenseits der parlamentarischen Kontrolle arbeitete. Geheime Kriegsführung gegen die politische Opposition und den Kommunismus waren deshalb unter Salazars Regentschaft weit verbreitet. Die Operationen wurden von einer Reihe von Geheimdiensten und Organen ausgeführt, hauptsächlich jedoch vom portugiesischen militärischen Geheimdienst PIDE (Policia Internacional e de Defesa do Estado).

Da es keine detaillierte parlamentarische Untersuchung des rechtsgerichteten Netzwerks und der geheimen Operationen der portugiesischen Diktatur gab, bleiben die Verbindungen zur antikommunistischen Stay-behind-Armee der NATO vage und mysteriös. Die Existenz geheimer, mit der CIA und der NATO in Verbindung stehender Armeen in Portugal wurde erstmals im Jahr 1990 nach der Entlarvung des italienischen Gladio-Stay-behinds aufgedeckt. «In Portugal berichtete ein Lissabonner Radiosender, dass Zellen des Netzwerks, die mit der Operation Gladio in Verbindung standen, während der 50er-Jahre aktiv waren, um die rechte Diktatur von Dr. Salazar zu verteidigen.»[1] Fünf Jahre später behauptete der amerikanische Autor Michael Parenti ohne Quellenangabe, dass Gladio-Aktivisten «geholfen haben, in Portugal ein faschistisches Regime zu errichten».[2]

Etwas genauer war die einheimische Presse, welche im Jahr 1990 berichtete, dass die geheime Armee in Portugal angeblich «Aginter Press» genannt wurde. Unter dem Titel «Gladio war in Portugal aktiv» informierte die portugiesische Tageszeitung *O Jornal* die verblüffte Öffentlichkeit des Landes, dass «das geheime Netzwerk, das am Busen der NATO eingerichtet und von der CIA finanziert wurde und dessen Existenz erst kürzlich von Giulio Andreotti enthüllt wurde, in den 60er- und 70er-Jahren auch in Portugal eine Abteilung hatte. Sie wurde ‹Aginter Press› genannt» und war angeblich in Attentate in Portugal und auch in den portugiesischen Kolonien in Afrika verwickelt.[3]

Aginter Press hatte überhaupt nichts mit der Presse zu tun. Der Name war eine Täuschung. Die Organisation druckte keine Bücher oder antikommunistische Propagandabroschüren, sondern bildete rechte Terroristen aus und war auf schmutzige Tricks und geheime Kriegsführung in Portugal und darüber hinaus spezialisiert. Die geheimnisvolle und brutale Organisation wurde von der CIA unterstützt und von europäischen rechtsgerichteten Offizieren geleitet, die mit der Hilfe der PIDE militante Faschisten rekrutierte. Die Untersuchung von Gladio, dem geheimen Krieg und den Terroranschlägen in Italien durch den italienischen Senat deckte auf, dass italienische Terroristen auch von Aginter Press ausgebildet worden waren. Inzwischen wurde in Portugal aufgedeckt, dass eine Unterabteilung der Aginter Press, die «Organisation Armée contre le Communisme International» (OACI) genannt wurde, auch in Italien aktiv war. Die italienischen Senatoren fanden heraus, dass die CIA Aginter Press in Portugal unterstützte und dass die Geheimorganisation von Hauptmann Yves Guillon, der unter seinem Alias Yves Guerin Serac besser bekannt war, geleitet wurde. Dieser war Spezialist für geheime Kriegsführung und hatte von den USA Heldenorden erhalten, darunter auch den American Bronze Star für seine Beteiligung am Koreakrieg. «Aginter Press», so folgerte der italienische Gladio-Bericht, «war in Wirklichkeit, entsprechend den neuesten Dokumenten, die von der Kriminalpolizei beschafft wurden, ein Informationszentrum, das in direkter Verbindung zur CIA und dem portugiesischen Geheimdienst stand und sich auf Provokationen spezialisiert hatte.»[4]

Während die portugiesische Regierung sich scheute, die Geschichte der unheimlichen Aginter Press und den geheimen Krieg zu untersuchen, setzte der Untersuchungsausschuss des italienischen Senats über Gladio und die Terroranschläge 1997 seine Recherchen fort und vernahm den italienischen Richter Guido Salvini. Salvini verfügte über Expertenwissen über den rechten Terrorismus in Italien und darüber hinaus und hatte auch die verfügbaren Dokumente über Aginter Press in allen Einzelheiten studiert. «Ist der amerikanische Geheimdienst CIA», fragte Senator Manca, Mitglied des Untersuchungsausschusses, den Richter Guido Salvini, «nach Ihrer Analyse direkt für die Operationen verantwortlich, die von Aginter Press ausgeführt wurden?» Salvini antwortete: «Senator Manca, Sie haben nun eine sehr wichtige Frage gestellt.» Und wegen der politischen Brisanz seiner Antwort forderte er, nur in einer geheimen Sitzung antworten zu dürfen. Dem wurde zugestimmt, und die Dokumente sind bis heute unzugänglich.[5]

Öffentlich betonte Salvini, dass «es schwierig ist, Aginter Press genau zu definieren», während er in vagen Umschreibungen Folgendes sagte: «Es ist eine Organisation, die in vielen Ländern, auch in Italien, die Strategien ausgewählter Gruppen inspiriert und unterstützt hat, die nach einem definierten Plan gegen die Situation vorgehen, die sie bekämpfen wollen.» Die geheime CIA-Armee Aginter Press operiert, so fuhr Salvini fort, «entsprechend ihren Zielen und Werten, die im Wesentlichen aus der Verteidigung der westlichen Welt gegen eine wahrscheinliche und bevorstehende Invasion Europas durch Truppen der Sowjetunion und der kommunistischen Länder besteht.»[6] Die portugiesische Geheimarmee Aginter Press, so Richter Salvini, hatte somit, wie die anderen geheimen Gladio-Armeen in Westeuropa, eine doppelte Aufgabe. Das Stay-behind-Netzwerk rüstete sich heimlich gegen eine eventuelle sowjetische Invasion, und weil es im Kalten Krieg keine solche Invasion gab, nahm es in mehreren westeuropäischen Ländern entsprechend den Strategien der geheimen Kriegsführung politische Gruppen der Linken zum Ziel.

Auch wenn viele Angehörige der Aginter Press in den Nachkriegsjahren unter verschiedenen Bezeichnungen im geheimen antikommunistischen Krieg aktiv waren, wurde Aginter Press offiziell erst im September 1966 in Lissabon gegründet. Weniger die Furcht vor einer sowjetischen Invasion als vielmehr inländische Operationen scheinen zu dieser Zeit die strategischen Überlegungen der Gründer und der CIA gewesen zu sein, denn dieser Zeitraum war durch heftige linksgerichtete Proteste in zahlreichen Ländern Westeuropas gegen den Krieg in Vietnam und die amerikanische Unterstützung rechter Diktaturen in Lateinamerika und Westeuropa, auch in Portugal, gekennzeichnet. Sowohl Diktator Salazar als auch die PIDE fürchteten die möglichen destabilisierenden Auswirkungen der gesellschaftlichen Bewegung und verließen sich neben anderen Instrumenten auf Aginter Press, um gegen diese Bewegungen vorzugehen.

Die meisten geheimen Soldaten, die in der zweiten Hälfte der 60er-Jahre der geheimen CIA-Armee Aginter Press in Lissabon beitraten, hatten zuvor vergeblich in Afrika und Südostasien gekämpft, um den Verlust der europäischen Kolonien an starke Unabhängigkeitsbewegungen zu verhindern. Der Direktor von Aginter Press selbst, Hauptmann Yves Guerin Serac, ein katholischer Militant und Antikommunist, der von der CIA angeworben worden war, hatte als ehemaliger Offizier der französischen Armee miterlebt, wie Frankreich von Hitler im Zweiten Weltkrieg besiegt wurde. Er war Veteran des französischen Vietnamkriegs (1945 bis 1954), Veteran des Koreakriegs (1950 bis 1953) und Veteran des französischen Krieges in Algerien. Guerin hatte in der berüchtigten 11th Demi-Brigade Parachutiste du Choc gedient, einer Spezialeinheit für schmutzige Tricks des französischen Geheimdienstes SDECE, der mit dem französischen Stay-behind in enger Verbindung stand. Im Jahr 1961 hatte er mit anderen kampferprobten Offizieren die geheime und illegale Organisation Armée Secrète, kurz OAS, gegründet. Er wollte so die französische Kontrolle über die algerische Kolonie erhalten, die französische Regierung unter Präsident de Gaulle stürzen und sie durch einen militant antikommunistischen französischen Staat ersetzen.

Selbst nachdem Algerien im Jahr 1962 seine Unabhängigkeit gewann und de Gaulle die OAS aufgelöst hatte, waren ehemalige OAS-Offiziere, auch Guerin Serac, in großer Gefahr. Sie flohen aus Algerien, und gegen Asyl und andere Annehmlichkeiten boten sie ihre bemerkenswerten Fertigkeiten in geheimer Kriegsführung, verdeckten Aktionen, Gegenterrorismus und Terrorismus den Diktatoren in Lateinamerika und in Europa an.[7] Die OAS-Diaspora stärkte international militante rechtsgerichtete Netzwerke, und im Juni 1962 wurde Yves Guerin Serac von Diktator Franco eingestellt, um sein Können zusammen mit der spanischen Geheimarmee gegen die spanische Opposition einzusetzen. Von Spanien aus ging Guerin weiter zu Salazar nach Portugal, da dieses Land gemäss seiner Analyse nicht nur das einzige verbliebene europäische Kolonialimperium war, sondern auch das letzte Bollwerk gegen den Kommunismus und den Atheismus. Als überzeugter antikommunistischer Kalter Krieger bot er Salazar seine Dienste an: «Die anderen haben ihre Waffen niedergelegt, aber ich nicht. Nach (der Auflösung der) OAS floh ich nach Portugal, um den Krieg fortzuführen und ihn zur richtigen Größenordnung auszudehnen – genauer gesagt auf eine weltumspannende Größenordnung.»[8]

In Portugal nahm Guerin Serac Verbindung zu französischen Rechtsradikalen und OAS-Flüchtlingen auf, worauf der frühere Petainist Jacques Ploncard d'Assac ihn in das rechtsradikale Establishment und in die PIDE einführte. Wegen seiner enormen Erfahrung wurde Guerin als Ausbilder für die paramilitärische Legiao Portugesa und die Einheiten der Konterguerilla der portugiesischen Armee eingestellt. Gleichzeitig errichtete er mit der Unterstützung der PIDE und der CIA die Aginter Press als ultrageheime antikommunistische Armee. Aginter Press richtete Trainingscamps ein, in denen Söldner und Terroristen in dreiwöchigen Kursen in Techniken der verdeckten Aktionen geschult wurden, wozu auch Bombenterror, stille Attentate, Subversionstechniken, heimliche Kommunikation, Infiltration und koloniale Kriegsführung gehörten.

Außer Guerin Serac war auch der italienische rechtsradikale Terrorist Stefano Delle Chiaie unter den Gründervätern von Aginter Press. «Wir agierten gegen die Kommunisten und gegen den bürgerlichen Staat, gegen die Demokratie, die uns unserer Freiheit beraubten», sagte Delle Chiaie später. «Wir wurden als Kriminelle angesehen, doch in Wirklichkeit waren wir die Opfer einer liberalen antifaschistischen Bewegung. Deshalb wollten wir unsere Vorstellungen öffentlich machen, wir wollten auf der ganzen Welt gehört werden.» Im Alter von 30 Jahren baute Delle Chiaie Mitte der 60er-Jahre zusammen mit Guerin Serac und der Unterstützung der CIA die geheime Aginter-Armee auf. «Zusammen mit meinem französischen Freund [Guerin Serac] entschloss ich mich damals [1965], die Presseagentur Aginter Press aufzubauen, um unsere politischen Ansichten verteidigen zu können.»[9] In den folgenden Jahren wurde Delle Chiaie der vielleicht brutalste Rechtsterrorist, der aktiv am globalen geheimen Krieg teilnahm. In Italien beteiligte er sich an Staatsstreichen und Massakern, auch an dem Massaker auf der Piazza Fontana im Jahr 1969, und in Lateinamerika errichtete er zusammen mit dem Nazi Klaus Barbie, dem «Schlächter von Lyon», rechtsgerichtete Diktaturen.[10]

«Wir hatten zwei Arten von Männern: (1) Offiziere, die aus den Kämpfen von Indochina und Algerien kamen, und einige, die nach der Schlacht um Korea zu uns kamen», beschrieb der Aginter-Direktor Guerin Serac selbst die geheime antikommunistische Armee. «(2) Intellektuelle, die während dieser Zeit ihre Aufmerksamkeit dem Studium der Techniken der marxistischen Subversion widmeten.» Diese Intellektuellen, so beobachtete Guerin Serac, hatten Studiengruppen gebildet und sammelten Erfahrungen, «um die Techniken der marxistischen Subversion zu analysieren und zu verstehen, um danach die Basis für Kontertechniken zu legen». Der Kampf, das war Guerin Serac klar, musste in vielen Ländern geführt werden: «In dieser Zeit haben wir systematisch enge Kontakte zu gleichdenkenden Gruppen geknüpft, die in Italien, Belgien, Deutschland, Spanien oder Portugal entstanden. Wir wollten die Saat für eine echte westliche Liga des Kampfes gegen den Marxismus legen.»[11]

Da viele geheime Soldaten direkt von Kriegsschauplätzen kamen, hatten sie und vor allem ihre Ausbilder, darunter auch Guerin Serac, nur wenig Respekt vor und auch wenig Kenntnisse über gewaltlose Konfliktlösungen. Guerin Serac selbst, aber auch viele andere, war davon überzeugt, dass, um den Kommunismus in Westeuropa zu besiegen, geheime terroristische Aktionen notwendig seien: «In der ersten Phase unserer politischen Aktivität müssen wir in allen Strukturen des Regimes ein Chaos anrichten», erklärte er, ohne im Einzelnen auf die als Ziel auserkorenen Staaten einzugehen. «Zwei Formen des Terrorismus können eine solche Situation schaffen: der blinde Terrorismus (wahllos Massaker anrichten, die möglichst viele Opfer fordern) und der selektive Terrorismus (bei dem ausgewählte Personen eliminiert werden).» In jedem Fall muss der Terror von der extremen Rechten geheim ausgeübt werden, weil damit die

Linke beschuldigt werden kann, wie der Meister und die graue Eminenz des antikommunistischen Terrors betonte: «Die Zerstörung des Staates muss so weit wie nur möglich unter dem Deckmantel kommunistischer Aktivitäten durchgeführt werden.» Die terroristischen Angriffe der geheimen Armeen sind als Mittel gedacht, die amtierende Regierung zu diskreditieren und sie nach rechts zu zwingen: «Danach müssen wir im Herzen des Militärs, der juristischen Gewalt und der Kirche eingreifen, um so die öffentliche Meinung zu beeinflussen. Wir müssen eine Lösung vorschlagen und deutlich die Schwäche des gegenwärtigen legalen Apparates aufzeigen ... Die öffentliche Meinung muss in einer Weise polarisiert werden, dass wir als das einzige Instrument angesehen werden, das in der Lage ist, die Nation zu retten. Es ist offensichtlich, dass wir ansehnliche finanzielle Quellen benötigen, um derartige Operationen durchzuführen.»[12]

Die CIA und Salazars militärischer Geheimdienst PIDE stellten das Geld für den Terrorismus von Hauptmann Guerin Serac zur Verfügung. Ein Aginter-Dokument mit dem Titel «Unsere politischen Aktivitäten» vom November 1969 wurde Ende des Jahres 1974 gefunden. Es beschreibt, wie ein Land mit geheimer Kriegsführung angegriffen werden kann: «Es ist unsere Überzeugung, dass die erste Phase politischer Aktivität Bedingungen generieren muss, welche die Schaffung von Chaos in allen Strukturen des Regimes ermöglichen.» Als wesentlichste Komponente der Strategie musste die angewandte Gewalt den Kommunisten angelastet werden können, und dazu mussten falsche Spuren gelegt werden. «Unserer Ansicht nach sollte der erste Schritt zur Zerstörung der Struktur des demokratischen Staates unter dem Deckmantel kommunistischer und pro-chinesischer Aktivitäten vollzogen werden.» Das Dokument betonte weiter, dass linke militante Gruppen infiltriert werden müssen, und «offenbar müssen wir unsere Aktionen auf die Ethik des Umfeldes abstimmen – Propaganda und Aktionen, die so aussehen, als ob sie von unseren kommunistischen Gegnern stammten». Solche Aktionen unter falscher Flagge, folgerten die geheimen Soldaten, «werden eine feindselige Stimmung gegenüber denen schaffen, die den Frieden eines jeden Einzelnen und jeder Nation bedrohen», das heißt gegenüber den Kommunisten.

Während der ersten Phase von Aginter Press war eine der wichtigsten Bestrebungen ihrer Offiziere und der ausgebildeten Söldner und Terroristen, die nationalen Guerilla-Befreiungsbewegungen, die in den portugiesischen Kolonien operierten, zu schwächen und zu zerstören. So war der erste Schauplatz der Aktionen der Aginter Press nicht Europa, sondern Afrika, wo Portugal in seinen Kolonien gegen die nationalen Befreiungsbewegungen kämpfte. Aginter schickte die Leiter der Operationen in die Länder, die an das portugiesische Afrika grenzten. «Zu ihren Zielen gehörte die Liquidation der Anführer der Befreiungsbewegungen, die Infiltration, der Einsatz von Informanten und Provokateuren und der Einsatz falscher Befreiungsbewegungen.»[14] Die geheimen Kriege wurden in Koordination mit der PIDE und anderen Abteilungen der portugiesischen Regierung durchgeführt. «Aginter hatte unterzeichnete Verträge mit der PIDE zur Durchführung spezieller Operationen und Spionagemissionen.»[15]

Zu den wohl prominentesten Opfern der politischen Attentate, die von Aginters Geheimsoldaten in Portugal und den Kolonien ausgeführt wurden, gehörten angeblich Humberto Delgado, der portugiesische Oppositionsführer, Amilcar Cabral, einer der führenden Revolutionäre Afrikas, und Eduardo Mondlane, Vorsitzender und Präsident der mosambikischen Befreiungspartei und der Bewegung FRELIMO (Frente de Liberacao de Mocambique), der im Februar 1969 in der Kolonie Mosambik ermordet wurde.[16] Trotz der angewendeten Brutalität konnte Portugal nicht verhindern, dass seine Kolonien unabhängig wurden. Goa wurde 1961 ein Teil Indiens. Guinea-Bissau wurde 1974 unabhängig. Angola und Mosambik erreichten 1975 ihre Unabhängigkeit, während Osttimor noch im selben Jahr von Indonesien besetzt wurde.

Neben den Kolonialkriegen beeinflusste Aginter die geheimen Kriege gegen die Kommunisten in Westeuropa. Die bis heute verfügbaren Dokumente zu den Stay-behind-Armeen der NATO und dem geheimen Krieg in Westeuropa lassen vermuten, dass die Aginter Press aus Lissabon mehr als jede andere Armee für die Brutalität und das Blutvergießen in Portugal und darüber hinaus verantwortlich war. Die Geheimsoldaten der Aginter Press gingen mit einer ganz speziellen Mentalität ans Werk. Anders als beispielsweise die geheimen Soldaten der Schweizer P26 oder der norwegischen Stay-behind ROC waren die Angehörigen der portugiesischen Stay-behind Aginter Press an echten Kriegen in den Kolonien beteiligt, töteten wiederholt und wurden von einem Hauptmann angeführt, der Gewalt als das Mittel der Wahl betrachtete, um Konflikte zu lösen, nachdem er in Vietnam, Korea und in Algerien gedient hatte.

Die wahrscheinlich am besten dokumentierte Gräueltat, die von geheimen Soldaten in ihrem antikommunistischen Kampf in Westeuropa ausgeführt wurde, ist der Terroranschlag auf der Piazza Fontana, der Italiens politische Hauptstadt Rom und Italiens industrielle Hauptstadt Mailand kurz vor Weihnachten am 12. Dezember 1969 traf. An diesem Tag explodierten in Rom und Mailand vier Bomben, die 16 Zivilisten wahllos töteten, hauptsächlich Bauern, die nach einem Tag auf dem Markt ihre bescheidenen Verdienste in der Banca nationale dell'Agricultura an der Piazza Fontana in Mailand einzahlen wollten, 80 Personen wurden verstümmelt und verwundet. Eine Bombe auf der Piazza Fontana explodierte nicht, weil der Zeitzünder versagt hatte, doch nachdem der italienische militärische Geheimdienst SID zusammen mit der Polizei am Schauplatz eintraf, wurden die kompromittierenden Beweise sofort zerstört, und die Bombe wurde nach ihrer Entdeckung gezündet. Der Terroranschlag wurde genau nach den Strategien der geheimen Kriegsführung durchgeführt, so wie Guerin Serac es skizziert hatte. Der italienische militärische Geheimdienst gab die Schuld für das Massaker den Linken und platzierte Teile der Bombe als Beweis in der Villa des bekannten linken Verlegers Giangiacomo Feltrinelli und verhaftete sofort zahlreiche Kommunisten.[17]

Ein geheimer interner Bericht des italienischen militärischen Geheimdienstes SID vom 16. Dezember 1969 hatte bereits zur Zeit der Terrroranschläge von Rom und Mailand vermutet, dass diese von der politischen Rechten unter Mithilfe der CIA ausgeführt worden seien.[18] Dennoch sollte die italienische Öffentlichkeit glauben, dass die starken italienischen Kommunisten angefangen hätten, mit Gewalt nach der Macht zu greifen. Wahrscheinlich wurde der Terroranschlag von den italienischen rechtsradikalen Gruppen Ordine Nuovo und Avanguardia Nazionale ausgeführt, die eng mit den Stay-behind-Armeen im geheimen Krieg zusammenarbeiteten. Der italienische Rechtsextremist Guido Giannetti, der an dem Anschlag direkt beteiligt war, kooperierte eng mit der Lissabonner Aginter Press. «Bei diesen Untersuchungen haben sich Fakten ergeben, welche die Verbindungen zwischen Aginter Press, Ordine Nuovo und Avanguardia Nazionale bestätigen», erklärte der Richter Salvini den italienischen Senatoren, die den geheimen Krieg in Italien und darüber hinaus untersuchten. «Es wurde bekannt, dass Guido Giannetti seit 1964 Kontakte zu Guerin Serac in Portugal hatte. Außerdem wurde bekannt, dass Ausbilder von Aginter Press zwischen 1967 und 1968 nach Rom kamen und die militanten Mitglieder der Avanguardia Nazionale im Gebrauch von Sprengstoffen ausgebildet hatten.» Richter Salvini folgerte, dass auf der Grundlage der verfügbaren Dokumente und Zeugenaussagen sich abzeichnen wird, dass die CIA-Fassade Aginter Press bei Operationen der geheimen Kriegsführung in Westeuropa eine entscheidende Rolle gespielt hat und die großen Terroranschläge mitinitiierte, welche die Kommunisten in Italien diskreditieren sollten.[19]

Diese Tatsache wurde durch eine umfassende Zeugenaussage im März 2001 bestätigt. General Giandelio Maletti, der frühere Chef der italienischen Spionageabwehr, sagte im Rahmen einer Gerichtsverhandlung gegen Rechtsradikale aus, die wegen Mordes an 16 Menschen an der Piazza Fontana angeklagt wurden: «Die CIA wollte auf Anordnung ihrer Regierung ein nationalistisches Italien, das in der Lage war, einen, wie sie glaubten, Linksruck zu bremsen. Zu diesem Zweck könnte die CIA rechtsextremen Terrorismus eingesetzt haben.» Dies war eine sehr weit reichende Zeugenaussage, die besagte, dass die CIA eine terroristische Organisation ist. «Vergessen Sie nicht, dass Nixon im Amt war», führte Maletti aus, «und Nixon war ein eigenartiger Mensch, ein intelligenter Politiker, aber ein Mann mit ziemlich ungewöhnlichen Initiativen.»[20] Der italienische Richter Guido Salvini bestätigte, dass die Spuren zu einem «ausländischen Geheimdienst» führen. «Meinen Sie mit dem ausländischen Geheimdienst die CIA?», fragten italienische Journalisten, worauf Salvini vorsichtig antwortete: «Wir können sagen, dass wir sehr wohl wissen, wer bei den Vorbereitungen auf die Terroranschläge geholfen hat und wer gleichzeitig mit am selben Tisch saß, von dem aus die Befehle zu den Anschlägen erteilt wurden. Das ist die Wahrheit.»[21]

Hauptmann Guerin Serac, der in Italien gegen den Kommunismus kämpfte, wies darauf hin, dass der Kampf gegen den Kommunismus weltweit geführt werden müsse. Deshalb beteiligten sich Aginter-Kämpfer, einschließlich des Amerikaners Jay Sablonsky, zusammen mit der CIA und den Spezialeinheiten der Green Berets am berüchtigten Gegenterror von 1968 bis 1971 in Guatemala, bei dem etwa 50 000 Menschen, meist Zivilisten, getötet wurden. Außerdem waren Aginter-Kämpfer 1973 in Chile anwesend, als die CIA den gewählten sozialistischen Präsidenten Salvador Allende stürzte und ihn durch den rechtsgerichteten Diktator Augusto Pinochet ersetzte. Aus dem sicheren Hafen der portugiesischen rechten Diktatur konnte Aginter seine geheimen Soldaten in viele Gebiete der Welt entsenden.

Das änderte sich erst, als im Mai 1974 Portugals «Blumenrevolution» endlich die Diktatur beseitigte und den Weg für die Umwandlung des Landes zu einer Demokratie bereitete. Die geheimen Soldaten von Aginter wussten, dass das Überleben der Organisation vom Überleben der rechten Diktatur abhängig war. Nachdem sie erfahren hatten, dass linksgerichtete Offiziere innerhalb des portugiesischen Militärs einen Putsch planten, um so die «Blumenrevolution» zu beginnen, verschworen sich die Aginter-Aktivisten mit dem rechten General Spinola gegen die portugiesischen Gemäßigten. Ihr Plan war es, die portugiesischen Azoren im Atlantik zu besetzen und sie als unabhängiges Territorium und als Hochseebasis für verdeckte Operationen gegen das portugiesische Festland zu benutzen.

Sie konnten ihren Plan jedoch nicht ausführen, und damit wurde Aginter zusammen mit der Diktatur hinweggefegt, als die linken Militärs am 1. Mai 1974 die Macht übernahmen und die Diktatur beendeten, die fast ein halbes Jahrhundert angedauert hatte. Drei Wochen nach dem revolutionären Putsch am 22. Mai 1974 brachen Spezialeinheiten der portugiesischen Polizei auf Befehl der neuen Regenten in das Hauptquartier der Aginter Press in der Rua das Pracas in Lissabon ein, um diese unheimliche Agentur zu schließen und das gesamte Material zu konfiszieren. Doch bis dahin waren die Räumlichkeiten schon verlassen. Wegen der guten Beziehungen zu den Geheimdiensten wurden alle Aginter-Press-Agenten gewarnt und waren in den Untergrund abgetaucht, bevor sie jemand festnehmen konnte. Weil die Büros in Eile verlassen wurden, hatte man einige Dokumente zurückgelassen. Die Spezialeinheiten der Polizei konnten viele Beweise für Verbrechen sammeln, die bewiesen, dass die CIA-Fassade Aginter Press sich aktiv an Terroranschlägen beteiligt hatte.

Als die junge Demokratie versuchte, mit dem Sicherheitsapparat fertig zu werden, den die Diktatur hinterlassen hatte, wurden sowohl der militärische Geheimdienst PIDE als auch die Legiao Potuguesa aufgelöst. Die «Kommission zur Auflösung der PIDE und der Legiao Potuguesa» (Comissao de Extincao da PIDE e da Legiao) erkannte schnell, dass die PIDE mit der Unterstützung der CIA unter dem Namen Aginter Press eine geheime Armee unterhalten hatte, und forderte, dass ihr alle Aginter Press betreffenden Akten übergeben würden, die bei der Durchsuchung von deren Hauptquartier gefunden wurden und die alle relevanten Beweise enthielten. Die Geschichte der geheimen Armee Portugals sollte erstmals untersucht werden, als die Akten plötzlich verschwanden. «Das Dossier Aginter Press war der Kommission zur Auflösung der PIDE und der Portuguese Legion entwendet worden und danach verschwunden», schrieb die portugiesische Tageszeitung *O Jornal* Jahre später in ihrem Artikel über das Gladio-Netzwerk mit großem Bedauern.[23]

Wie konnte dies geschehen? Weshalb war die Kommission nicht sorgfältiger mit diesen sensiblen Daten umgegangen? Der italienische Journalist Barbachetto des in Mailand erscheinenden Politikmagazins *L'Europeo* erinnerte sich später: «Drei meiner Kollegen waren damals während der Beschlagnahme des Aginter-Archivs anwesend. Es gelang ihnen, Fotos von Teilen, nur sehr kleinen Teilen, der umfangreichen beschlagnahmten Daten zu machen.» Unter dem Titel «Mafia» oder «Deutsche Geldgeber» verwiesen die konfiszierten Dokumente auf die Decknamen der Unterstützer von Aginter. «Die Dokumente wurden von den portugiesischen Militärs vernichtet», erinnert sich Barbachetto, «weil sie offensichtlich diplomatische Komplikationen mit den Regierungen in Italien, Frankreich und Deutschland befürchteten, wenn die Aktivitäten von Aginter in den verschiedenen europäischen Ländern aufgedeckt würden.»[24]

PIDE wurde durch einen neuen militärischen Geheimdienst unter dem Namen SDCI ersetzt, der die geheime Aginter-Armee untersuchte und folgerte, dass die geheimnisvolle Organisation vier Aufgaben hatte. Erstens war Aginter eine «Spionageagentur, die von der portugiesischen Polizei geführt wurde, mit guten internationalen Kontakten zur CIA, dem westdeutschen BND oder der ‹Organisation Gehlen›, der spanischen Direccion General De Seguridad, Südafrikas BOSS und später zur griechischen KYP». Neben der Sammlung geheimdienstlicher Informationen fungierte Aginter zweitens als ein «Zentrum für die Anwerbung und die Ausbildung von Söldnern und Terroristen, wobei man sich auf Sabotage und Attentate spezialisierte». Drittens war Aginter «ein strategisches Zentrum für neofaschistische und rechtsradikale politische Indoktrination in Afrika südlich der Sahara, in Südamerika und in Europa, in Verbindung mit einer Reihe von nahezu faschistischen Regimen, bekannten rechtsgerichteten Personen und international aktiven neofaschistischen Gruppen». Viertens war Aginter eine geheime antikommunistische Armee. Eine «internationale faschistische Organisation mit dem Namen ‹Ordnung und Tradition› mit einem heimlichen paramilitärischen Ableger, der OACI, ‹Organisation Armée contre le Communisme International›, genannt wurde.»[25]

Nach dem Fall der portugiesischen Diktatur waren Guerin Serac und seine militanten Antikommunisten ins benachbarte Spanien geflohen und richteten ihr Hauptquartier unter dem Schutz von Franco in Madrid neu ein. Entsprechend ihrem Geschäft kamen die geheimen Soldaten der Aginter als Gegenleistung für das Asyl mit Francos Geheimdienst überein, führende Mitglieder der baskischen Terrorgruppe ETA zu jagen und zu ermorden. Außerdem setzten sie ihre heimlichen Operationen im Ausland fort, unter anderem versuchten sie die algerische Befreiungsbewegung zu diskreditieren. «Ich kann Ihnen ein weiteres interessantes Beispiel liefern», sagte der italienische Richter Salvini den italienischen Senatoren, worauf er erklärte, dass die Gruppe von Guerin Serac im Jahr 1975 von ihrem spanischen Stützpunkt aus, zusammen mit dem Amerikaner Salby und militanten Franzosen, Italienern und spanischen Rechtsradikalen, eine Reihe von Bombenanschlägen organisiert hatte, wobei er immer das Zeichen SOA hinterließ, das auf die «Algerische Opposition» verwies, um die algerische Opposition zu diskreditieren.

«Die Bomben wurden in den algerischen Botschaften in vier verschiedenen Ländern gelegt, in Frankreich, Deutschland, Italien und Großbritannien» und ließen die algerische Opposition schlecht aussehen, während «die Bombenanschläge in Wirklichkeit von der Gruppe um Guerin Serac ausgeführt wurden, der so seine enormen Fähigkeiten in Tarnung und Infiltration demonstrierte». Die Bombe vor der algerischen Botschaft in Frankfurt explodierte nicht und wurde von der deutschen Polizei akribisch untersucht. «Um die Verbindungen von Guerin Serac und Aginter Press zu verstehen, ist es wichtig, die komplexe Herstellung der Bombe zu beachten», hob Richter Salvini hervor. «Sie enthielt C4, einen Sprengstoff, der ausschließlich von den amerikanischen Streitkräften angewendet wird und noch nie bei anarchistischen Bombenanschlägen benutzt wurde. Ich wiederhole, es war eine technisch sehr ausgereifte Bombe. Dass Aginter C4 zur Verfügung stand, zeigt sicherlich, welche Kontakte sie hatte.»[26]

Als die spanische rechte Diktatur mit dem Tod des Diktators Franco am 20. November 1975 zusammenbrach, waren Guerin Serac und seine Geheimarmee wieder zur Flucht gezwungen. Die spanische Polizei nahm sich für die Untersuchung dessen, was Aginter hinterlassen hatte, viel Zeit und führte erst im Februar 1997 eine Razzia in der Calle Pelayo 39 in Madrid durch, wo sie im Hauptquartier der Aginter Waffenverstecke mit Gewehren und Sprengstoffen fand. Zu dieser Zeit hatten Delle Chiaie, Guerin Serac und ihre Geheimsoldaten Europa schon lange verlassen und waren in Lateinamerika untergetaucht, wo viele von ihnen im von Pinochet regierten Chile eine neue sichere Operationsbasis fanden. Guerin Serac wurde im Jahr 1997 letztmals in Spanien gesehen.[27]

Die geheime und mysteriöse antikommunistische Armee in Portugal weckte noch einmal die Aufmerksamkeit der Öffentlichkeit, als Ende des Jahres 1990 der italienische Premierminister Giulio Andreotti aufdeckte, dass die mit der NATO verbundenen Stay-behind-Armeen in Italien auch in anderen Ländern existierten. Am 17. November 1990 erreichten die europäischen Entdeckungen Lissabon, wo die portugiesische Tageszeitung *Expresso* unter der Schlagzeile «Gladio – Die Soldaten des Kalten Krieges» berichtete. «Der Skandal hat die Grenzen Italiens überschritten, und bis jetzt wurde die Existenz des geheimen Gladio-Netzwerks offiziell von Belgien, Frankreich, Holland, Luxemburg, Deutschland bestätigt – halboffiziell von Schweden, Norwegen, Dänemark, Österreich, Schweiz, Griechenland, Türkei, Großbritannien und Portugal.»[28]

Höchst besorgt erklärte der portugiesische Verteidigungsminister Fernando Nogueira am 16. November 1990 der Öffentlichkeit, dass er von der Existenz irgendeiner Abteilung der Gladio-Armee in Portugal keine Kenntnis habe, und behauptete, dass weder in seinem Verteidigungsministerium noch im Generalstab der portugiesischen Streitkräfte «irgendwelche Informationen hinsichtlich der Existenz oder Aktivität einer Gladio-Struktur in Portugal» existierten.[29] Die portugiesische Zeitung *Diario De Noticias* bedauerte, dass «die lakonische Erklärung, die jetzt von Fernando Nogueira vorgebracht wurde, in gewisser Weise durch frühere Verteidigungsminister wie Enrico de Melo und Rui Machete, aber auch von Franco Nogueira [ehemaliger Außenminister] und Marschall Costa Gomes bestätigt wurde, die der *Diario De Noticias* gegenüber erklärten, dass sie von dieser Sache absolut nichts wissen. Auch oppositionelle Parlamentarier im parlamentarischen Verteidigungsausschuss vertreten diese Position.»[30]

Costa Gomes, der ehemalige Verbindungsoffizier zur NATO, beharrte darauf, dass er nichts von einem mit der NATO in Verbindung stehenden geheimen Netzwerk wisse, «trotz der Tatsache, dass ich zwischen 1953 und 1959 an allen Versammlungen der Allianz teilgenommen habe». Gleichzeitig gestand er jedoch ein, dass eine portugiesische Gladio mit der PIDE oder gewissen Personen in Verbindung gestanden haben könnte, die aber keine Regierungsmitglieder waren. «Solche Verbindungen», erklärte Gomes, «wenn sie tatsächlich existierten, wären parallel zu den offiziellen Strukturen verlaufen» und ihm deshalb nicht bekannt. Ähnlich wie Gomes behauptete Franco Nogueira, der unter Salazar Außenminister war und Kontakt zu NATO-Funktionären hatte:

«Ich hatte nie die geringste Ahnung, dass diese Organisation existierte. Nicht einmal während meiner Zeit als Außenminister, als ich Kontakt zu NATO-Funktionären hatte, und auch nicht danach.» Er erklärte, wenn Gladio in Portugal aktiv gewesen wäre, «würde Dr. Salazar mit Sicherheit davon gewusst haben». Natürlich hätte Salazar, wie Nogueira unterstellte, diese Information auch an seinen Außenminister weitergegeben: «Es wäre für mich sehr schwierig, mir vorzustellen, dass das Netzwerk Verbindungen zur PIDE oder zur Legiao Portuguesa hatte. Deshalb bin ich überzeugt, dass es Gladio in unserem Land nicht gegeben hat, doch natürlich ist im Leben alles möglich.»[31]

Während Regierungsbeamte keine Informationen über den geheimen Krieg zur Verfügung stellen konnten, kritisierte die portugiesische Presse, dass «offensichtlich verschiedene europäische Regierungen ihre Geheimdienste nicht kontrolliert haben», und verurteilte die NATO, weil sie eine «Doktrin des begrenzten Vertrauens verfolgt habe. Eine solche Doktrin behauptet, dass bestimmte Regierungen nicht ausreichend gegen Kommunisten vorgehen und es deshalb nicht wert seien, über die Aktivitäten der geheimen Armee der NATO informiert zu werden».[32] Lediglich ein hochrangiger portugiesischer Offizier war bereit, Teile des Geheimnisses zu lüften, wenn sein Name nicht genannt würde. Ein portugiesischer General, der auch Vorsitzender des portugiesischen Generalstabs war, bestätigte gegenüber *O Jornal,* dass «tatsächlich ein paralleler Aktions- und Informationsdienst in Portugal und seinen Kolonien existiert hat. Die Finanzierung und das Kommando lagen nicht bei den Streitkräften, doch unterstand er dem Verteidigungsministerium, dem Innenministerium und dem Ministerium für koloniale Angelegenheiten. Dieser parallele Aktions- und Informationsdienst, versicherte der General, stand auch in direkter Verbindung zur PIDE und der Legiao Portuguesa.»[33] Es gab keinen parlamentarischen Untersuchungsausschuss, der sich dieser Affäre annahm, geschweige denn einen parlamentarischen Bericht, und es blieb somit bei diesen vagen Informationen.

10

Der geheime Krieg in Belgien

Im Zweiten Weltkrieg wurde Belgien von deutschen Truppen besiegt und besetzt. Die belgische Regierung musste nach London fliehen und blieb im Exil, bis die alliierten Truppen Europa befreit hatten. Während des traumatischen Exils in London entwickelten die belgische Regierung und das Militär enge Bindungen zu den Briten, als die beiden Nationen beim Aufbau geheimer Armeen im besetzten Belgien kooperierten. Im Sommer 1942 gelang es dem britischen SOE, in Belgien Waffen abzuwerfen und eine ausgebildete Geheimarmee aufzubauen. Den Briten gelang es, Funkgeräte und Flugzeuge bereitzustellen, um Männer und Material zu transportieren, und von London aus kontrollierten sie die Logistik und leiteten die Ausbildung und das Debriefing von Agenten, die heimlich ins besetzte Belgien geschickt wurden. Außer dass sie Sabotageakte gegen die deutschen Besatzer durchführte, sammelte die geheime belgische Armee Informationen, welche die Agenten über Funk nach London übermittelten, aber auch schriftlich oder per Mikrofilm. Die gesamten Auswirkungen des Netzwerks waren eher marginal, doch die Strategie war beispielhaft: «Gegen Ende der Feindseligkeiten waren die Aktivitäten dieser ersten Stay-behind-Armee sehr gut organisiert und wurden von den britischen und amerikanischen Geheimdiensten bewundert.»[1]

Doch der Feind wechselte, als die Geheimarmeen nach dem Krieg neu organisiert wurden. Nach den deutschen Nazis war es nunmehr die Sowjetunion. Das Stay-behind-Netzwerk, das während des Krieges in Belgien operierte, so ergab die Untersuchung des Senats, hatte zwei Abteilungen: SDRA8 und STC/Mob. SDRA8 war der militärische Zweig im militärischen Geheimdienst, der Service Général du Renseignement (SGR), welcher im Verteidigungsministerium angesiedelt war. Der Zweig SDRA8, er wurde auch SDRA VIII geschrieben, steht für «Service de Documentation, de Renseignement et d'Action VIII»

(Dienst für Dokumentation, geheimdienstliche Angelegenheiten und Aktionen). Die Angehörigen des SDRA8 waren in Nahkampf, Fallschirmspringen und Marineoperationen ausgebildete Militärs. Neben der Sammlung von Informationen waren sie ausgebildet, Evakuationswege zu organisieren, falls es zu einer Invasion von Belgien kommen sollte. Sollte das gesamte Land besetzt werden, mussten einige SDRA8-Agenten die belgische Regierung ins Ausland begleiten und zu den Geheimagenten Kontakt aufnehmen, die in Belgien blieben, um gegen den Feind zu kämpfen.[2]

Der zivile Zweig STC/Mob des belgischen Stay-behind war innerhalb des zivilen Geheimdienstes des Staates (Sûreté de l'Etat, kurz Sûreté) unter der Leitung des Justizministeriums angesiedelt. STC/Mob steht für «section training, communication and mobilisation». Die Mitglieder der zivilen STC/Mob waren Techniker, die zur Bedienung von Funkanlagen ausgebildet wurden. Hauptsächlich wurden sie aus Gruppen «mit starken religiösen Überzeugungen rekrutiert, um zu garantieren, dass sie dem Kommunismus negativ gesinnt waren». Die Männer der STC/Mob waren nach Recherchen der belgischen Gladio-Untersuchung «ruhige Väter (pères tranquilles), manchmal ein wenig naiv».[3] STC/Mob hatte die Aufgabe, unter den Bedingungen einer feindlichen Besetzung geheimdienstliche Informationen zu sammeln, die für die Regierung nützlich sein könnten. Darüber hinaus hatte STC/Mob die Aufgabe, sichere Kommunikationswege zu organisieren, um die Regierungsmitglieder und andere Personen in offiziellen Ämtern evakuieren zu können.»[4] Um die Koexistenz der beiden belgischen Stay-behinds zu koordinieren, wurde 1971 der Koordinationsausschuss «Inter-Service» gegründet. Die Treffen fanden halbjährlich statt, wobei der Vorsitz zwischen dem SDRA und der Sûreté de l'Etat turnusmäßig wechselte. Die Treffen halfen den geheimen Kriegern, dass Belgien im Rahmen der internationalen Konferenzen des Zentrums für geheime Kriegsführung im Allied Clandestine Committee der NATO eine gemeinsame Position vertreten konnte.[5]

Die ungewöhnliche doppelte Struktur der belgischen Geheimarmee resultierte direkt aus ihren Ursprüngen im Zweiten Weltkrieg. Die Einheiten, die während des Krieges geheimdienstliche Informationen gesammelt hatten, die dann per Funk, schriftlich oder per Mikrofilm nach London geschickt wurden, wurden von M. Lepage kommandiert, der die Sûreté innerhalb des Justizministeriums leitete. Dieser Zweig wurde zur STC/Mob. Die Agenten, die während des Krieges von London aus über Belgien gebracht wurden und dort mit Fallschirmen absprangen, um sich an verdeckten Aktionen und Sabotageakten zu beteiligen, wurden von der belgischen Armee koordiniert. Daraus bildete sich die SDRA8. «Aus dem oben Erklärten folgt», bemerkte der Bericht des Belgischen Senats über Gladio, «dass Belgien, im Gegensatz zu anderen Ländern, von Anfang an eine zivile und eine militärische Stay-behind-Organisation hatte.»[6]

Die Angehörigen der belgischen Geheimarmee waren «politisch gesehen insgesamt Royalisten», und deshalb wurden keine Kommunisten in den belgischen Widerstand aufgenommen, wie ein ehemals als geheim eingestufter britischer SOE-Bericht betont.[7] Nach dem D-Day und der Befreiung Belgiens waren sowohl die USA als auch Großbritannien wegen der Stärke der belgischen Kommunisten besorgt. Wie in Italien und Frankreich wurden die Kommunisten auch in Belgien in weiten Bereichen von der Bevölkerung wegen ihres Mutes und der prominenten Rolle im Widerstandskampf gegen die Nazis respektiert. Deshalb waren britische und belgische Behörden Ende 1944 bestrebt, die Résistance zu entwaffnen und die Polizei schnellstmöglich zu bewaffnen.[8] Nach dem Krieg kam die kommunistische Partei, so glaube ich, auf 21 Parlamentsmitglieder, was in Belgien einmalig war», hob später der belgische Historiker Etienne Verhoyen hervor, als er in einem Dokumentarfilm über Gladio für die BBC diesen brisanten Zeitraum betrachtete. «Das hat es zuvor noch nicht gegeben, und angesichts des internationalen Kontexts des Kommunismus befürchteten Rechte etwas, das sie die ‹kommunistische Gefahr› in Belgien nannten.»[9]

Julian Lahaut war die charismatische Führungsfigur der belgischen Kommunisten. Nach seiner Verhaftung durch die Deutschen verbrachte Lahaut den Krieg in Gefangenschaft, und nach seiner Befreiung im Jahr 1945 wurde er zum Ehrenvorsitzenden der belgischen Kommunisten ernannt. Lahaut agitierte offen und in vorderster Reihe gegen die Rückkehr des belgischen Königs Léopold, den er und andere Linke als eine Marionette der belgischen Mitterechts-Bewegung und der USA betrachteten. «Die Linke war gegen die Rückkehr des Königs, und so waren die Rechten für die Rückkehr des Königs, und einige dieser Gruppen bauten 1948 ihre Kontakte zur amerikanischen Botschaft auf», berichtete der Historiker Verhoyen in der Dokumentation über Gladio. Die belgische Rechte in der amerikanischen Botschaft stellte Kontakte zu einem Offizier her, der sich Parker nannte und angeblich für die CIA arbeitete, so Verhoyen, «und nicht nur auf der leopoldistischen Agitation bestand, sondern auch auf der Bildung von Stay-behind-Gruppen, um so den antikommunistischen Widerstand zu sichern».[10]

Als Prinz Baudouin nach Belgien zurückkehrte und im August 1950 als künftiger König und Nachfolger von Léopold seinen Eid ablegte, rief Lahaut im belgischen Parlament laut protestierend: «Lang lebe die Republik!» Viele belgische Rechte betrachteten dies als unverzeihlichen Vorgang und befürchteten, dass die belgischen Kommunisten das etablierte System radikal verändern könnten. Das politische Klima im Land wurde sehr gespannt. Zwei Wochen später, am 18. August 1950, erschossen zwei Männer Lahaut vor seinem Haus. Dieses Attentat schockierte einen großen Teil der belgischen Gesellschaft. Die extreme Rechte und ihr heimliches Netzwerk hatten den populärsten belgischen Kommunisten eliminiert.[11]

Ob Belgiens antikommunistische Geheimarmee für das Attentat verantwortlich war, bleibt unklar. Unklar bleibt auch, ob unabhängig von der Königsfrage auch der Kampf um das Uran in der belgischen Kolonie Kongo, an dem die USA als Atommacht sehr interessiert waren, eine Rolle spielte. Aber zur Zeit des Attentats auf Lahaut war die belgische Stay-behind schon im Aufbau, wie Quellen bezeugen. Stewart Menzies, der Chef des MI6, hatte in einem Brief vom 27. Januar 1949 an den belgischen sozialistischen Premierminister Paul Henri Spaak darauf gedrängt, dass die bisherige geheime Zusammenarbeit, die schon während des Zweiten Weltkriegs begonnen hatte, weiter bestehen müsse. «Wir stimmten überein», so fasste Menzies in seinem Brief ein früheres Treffen mit Spaak zusammen, «dass die anglo-belgische Kooperation zwischen den Geheimdiensten auf der Basis der Traditionen weiter verfolgt werden solle, die auf den Ersten Weltkrieg zurückgehen, die auch in Gesprächen zwischen M. Pierlot [H. Pierlot, belgischer Premierminister von 1939 bis 1945] und M. Van Acker [A. Van Acker, belgischer Premierminister von 1945 bis 1946, Vorgänger von Spaak] und mir selbst in der Zeit geführt wurden, als sie das Amt des Premierministers bekleideten.» Besonders Menzies betonte, dass «geeignete Geheimdienste und Organisationen für Aktionen aufgebaut werden müssen, falls ein Krieg eintreten würde». «In naher Zukunft werden sich Fragen zu Ausbildung und Material stellen», erklärte Menzies in seinem Brief und bot seinen Beistand an: «Ich habe bereits bestimmte Ausbildungsstätten für Offiziere und andere von Ihrem Geheimdienstchef bestimmte Personen vorbereitet und kann Ihnen Muster neuer Ausrüstungsgegenstände anbieten, die derzeit angefertigt werden.» Menzies bat Spaak dringend, diesen Brief streng geheim zu halten. Vor allem bat er Spaak dringend, nicht exklusiv mit der CIA zusammenzuarbeiten, und unterbreitete den Vorschlag, dass «bestimmte Offiziere in nächster Zeit nach Großbritannien kommen sollen, um in Verbindung mit meinem Geheimdienst die technischen Belange dieser Angelegenheiten zu studieren».[12]

Der belgische Premierminister Spaak beantwortete den Brief des MI6-Chefs persönlich. Er sei glücklich, von den Briten Hilfe zu erhalten, doch da die amerikanische CIA in dieser Angelegenheit auch schon an ihn herangetreten sei, glaubte er, es sei wichtig, dass die Briten mit den Amerikanern kooperierten, damit Belgien nicht in die unangenehme Situation gerate, zwischen beiden wählen zu müssen. «Ich stimme Ihnen zu», antwortete Spaak dem MI6-Chef Menzies, «dass es sehr wünschenswert wäre, dass die drei Dienste (britisch, amerikanisch und belgisch) eng zusammenarbeiten. Wenn zwei von ihnen, die Amerikaner und die Briten, die Zusammenarbeit ablehnen, wäre die Situation des belgischen Geheimdienstes höchst delikat und schwierig. Deshalb halte ich es für unvermeidlich, dass Verhandlungen auf höchster Ebene zwischen London und Washington stattfinden, damit dieses Problem gelöst werden kann.»[13]

Nach diesen Verhandlungen gründeten die amerikanischen, die britischen und die belgischen Geheimdienste eine Organisation, die sich «Tripartite Meeting Brussels» (TMB) oder «Tripartite Meeting Belgium» nannte, um die Errichtung des belgischen Stay-behind zu überwachen. Spaak wurde für seine Loyalität 1957 belohnt und wurde NATO-Generalsekretär, die höchste zivile Position innerhalb der militärischen Allianz. Er behielt dieses Amt bis 1961. Elf Jahre später starb Spaak und konnte somit im Rahmen der belgischen Gladio-Untersuchung nicht mehr befragt werden. «Mehrere Dokumente stellen jedoch fest, dass die verantwortlichen Politiker dieser Zeit sich des Ernstes der Situation bewusst waren und deshalb die enge Zusammenarbeit mit den amerikanischen und britischen Geheimdiensten befürworteten», so fasste der Bericht des Belgischen Senats über Gladio diesen Zeitraum zusammen. «Diese solide Zusammenarbeit gewann mit der Gründung des Tripartite Meeting Belgian/Brussels gegen Ende der 1940er-Jahre wesentlich an Bedeutung.»[14]

Die meisten Einzelheiten über die Kommandozentralen der geheimen Kriegsführung bleiben bis heute nicht zugänglich, doch ist bekannt, dass neben TMB weitere Zentralen gegründet wurden, die mit den Abkürzungen CCUO, CPC, ACC und SDRA11 bezeichnet wurden. Die bisherigen Belege zu Gladio lassen vermuten, dass in den unmittelbaren Nachkriegsjahren Strukturen zwischen drei Parteien bevorzugt wurden, denn zur gleichen Zeit hatten die Briten und die Amerikaner auch ihre geheime Zusammenarbeit mit der holländischen

Gladio in einem Tripartite Committee Holland formell beschlossen, in welchem Großbritannien, die USA und die Niederlande je einen Sitz hatten.[15] Außerdem scheint ein derartiges trilaterales heimliches Übereinkommen auch zwischen den Briten und den Franzosen existiert zu haben, die am 4. Mai 1947 einen Vertrag über eine geheime Stay-behind-Zusammenarbeit unterzeichnet hatten.[16] Zusätzlich zu diesen Zentren für geheime Kriegsführung wurde am 17. März 1948 das sogenannte Western Union Clandestine Committee (WUCC) gegründet. Mit der Aufgabe, zu Friedenszeiten Vorbereitungen gegen eine eventuelle sowjetische Invasion zu treffen, war dies ein heimliches Gladio-Koordinationszentrum, in dem fünf Nationen einen Sitz hatten: Großbritannien, Belgien, die Niederlande, Luxemburg und Frankreich.[17] «Andere Länder folgten somit dieser Politik; sie bildeten eine Einheit, die vom TMB unabhängig war, mit dem Ziel, eine gemeinsame Politik zu entwickeln, soweit es Vorbereitungen auf einen eventuellen Krieg schon zu Friedenszeiten betraf», stellten die belgischen Senatoren fest, als sie bemerkten, dass die Vereinigten Staaten angeblich erst 1958 Mitglied des WUCC wurden.

Nach den Erkenntnissen des belgischen Gladio-Autors Jan Willems war die Gründung des WUCC eine direkte Folge einer öffentlichen Ansprache des britischen Außenministers Ernest Bevin am 22. Januar 1948 in London. Vor dem britischen Parlament hatte Belvin seinen Plan einer «Union Occidental» dargelegt, einer internationalen Organisation, die einer sowjetischen Bedrohung in Europa entgegentreten sollte, die nicht nur aus der Roten Armee bestand, sondern vor allem in der kommunistischen Subversion von Westeuropa. Zusammen mit Washington, wie ein Memorandum vom 8. März 1948 zeigt, war Bevin einverstanden, dass «das derzeitige Problem nicht mehr darin besteht, dass wir uns auf einen ausländischen Angreifer vorbereiten müssen, sondern wir müssen uns intern auf eine fünfte Kolonne vorbereiten, die von einer ausländischen Macht unterstützt wird».[19] Das WUCC, zuweilen auch CCWU genannt, hatte zwei Aufgaben im Bereich der Sicherheit: Es sollte sicherstellen, dass politische und militärische Diskussionen geheim geführt werden konnten, und es sollte Formen der Zusammenarbeit im Kampf gegen Subversion und Infiltration entwickeln. «Das Ziel war, Mechanismen zu entwickeln, die es ermöglichten, kommunistische Kandidaten aus dem Kommando politischer Einrichtungen zu entfernen. Dieses Ziel wurde, wie amerikanische Dokumente zeigen, erreicht.»[20]

Nach der Gründung der NATO im Jahr 1949 in Paris wurde das WUCC, so fand der belgische Senat heraus, 1951 fest in die militärische Allianz integriert und änderte seinen Namen in «Clandestine Planning Committee» (CPC). «Als Ergebnis», betont der belgische Gladio-Autor Willems, «war der Kampf gegen den internen Feind ein integraler Bestandteil des NATO-Paktes, seit er 1949 unterzeichnet wurde.»[21] Als die NATO die geheime Kriegsführung intensivierte, wurde neben dem CPC ein zweites geheimes Kommandozentrum innerhalb der militärischen Allianz eingerichtet, das Allied Clandestine Committee (ACC), das angeblich seine erste Konferenz am 29. und 30. April 1958 in Paris unter dem Vorsitz Frankreichs durchführte. Als die NATO Frankreich verlassen musste, zog das CPC nach Brüssel, und das heimliche ACC wurde als Abteilung SDRA11 administrativ in den belgischen militärischen Geheimdienst SGR eingegliedert, der sein Hauptquartier in Evere, direkt hinter den Einrichtungen der NATO hatte. SDRA11, eine Fassade für das ACC, wurde «von der NATO finanziert», wie der belgische Gladio-Bericht aufdeckte, während SDRA8, die Abteilung für verdeckte Aktionen der belgischen Gladio, das Geld vom belgischen Verteidigungsministerium bekam.[22] Die letzte bestätigte Konferenz des Gladio-Kommandozentrums ACC fand am 23. und 24. Oktober 1990 unter dem Vorsitz des belgischen SGR-Direktors General Raymond Van Calster in Brüssel statt, der wütend wurde, als Journalisten begannen, Fragen über diese geheime Zentrale zu stellen.[23]

Michel Van Ussel, alias George 923, ein Mitglied der belgischen Gladio in den 80er-Jahren, erklärte in seinem Buch über das belgische Gladio-Netzwerk im Jahr 1991, dass das ACC vor allem die Aufgabe hatte, zu koordinieren. «Die Aktivitäten, die koordiniert werden mussten, wurden im ACC diskutiert. Zu den Themen zählten der Gebrauch von Funkgeräten, die Markierung von Bereichen, in denen mit Fallschirmen abspringende Agenten landen sollten, die Art und Weise, wie Agenten sich gegenseitig erkennen können, der Transfer von Agenten über nationale Grenzen hinweg und so weiter.» Van Ussel legte dar, dass die militärischen Geheimdienste das ACC nutzten, um Ideen auszutauschen und heimliche Aktionen zu diskutieren: «In den Bereichen Beschaffung geheimdienstlicher Informationen, Fluchtoperationen, ebenso wie bei Operationen auf See und in der Luft folgte jedes im ACC organisierte Land den gleichen Regeln, auf die sich die Teilnehmer zuvor geeinigt hatten. Doch konnte jedes Mitgliedsland auch andere ‹Aktionen› durchführen, die offenbar bei den Versammlungen nicht erwähnt wurden oder, wenn überhaupt, nur am Rande unter den Ausbildern besprochen wurden.»[24]

Der belgische Senat hatte große Schwierigkeiten, genaue Angaben über die geheimen NATO-Zentralen zu bekommen. General Raymond Van Calster führte die Senatoren während seiner Vernehmung absichtlich in die Irre, als er die Existenz der SDRA11, einer Fassade für das ACC innerhalb des belgischen militärischen Geheimdienstes, nicht erwähnte.[25] Hinzu kommt, dass sich einige belgische Offiziere rundweg weigerten, vor den belgischen Senatoren auszusagen. Sie sagten, sie hätten einer Gladio-Geheimhaltungsvereinbarung zugestimmt, die besagte: «Hiermit erkläre ich, dass ich niemals über Informationen und Fakten außerhalb eines sicheren Bereiches sprechen werde, auch nicht mit Personen, die nicht autorisiert sind, diese zu erfahren, auch nicht, wenn ich im Ruhestand bin oder aus dem Dienst meines Landes entlassen werde, wenn ich von dieser Verpflichtung nicht ausdrücklich durch unmissverständliche und offizielle Anordnung entbunden werde.» Die Senatoren waren frustriert und gaben zu Protokoll, dass ihre Untersuchung des geheimen Krieges der NATO «durch die Weigerung des entsprechenden militärischen Personals, auszusagen, ernsthaft behindert wurde, weil sie sich auf Verpflichtungen der Geheimhaltung gegenüber der NATO bezogen, die auch Aktionen umfassten, die sie im CPC durchgeführt hatten».[26]

Senatorin Cecile Harnie von der belgischen Grünen Partei kritisierte später, dass die belgische Gladio-Kommission, in der sie Mitglied war, nicht in der Lage war, die Wahrheit über die Terroranschläge in Brabant in Erfahrung zu bringen, und dass vor allem die Verbindungen zur NATO nicht geklärt werden konnten. Zeugen, so hob sie ganz richtig hervor, versteckten sich oft hinter Geheimhaltungspflichten der NATO und verweigerten die Antwort auf Fragen über die Verbindungen der beiden Kommandozentralen des Gladio-Netzwerks, des ACC und des CPC, zum SHAPE der NATO. Nach dem Abschluss der Untersuchungen durch den belgischen Senat im Oktober 1991 verlangte Madame Harnie eine weitere Untersuchung, die sich auf die Rolle der NATO konzentrieren solle. Da die europäischen Hauptquartiere der NATO in den Städten Brüssel, Mons und Casteau liegen, war Belgien unter den europäischen Ländern wohl in einer idealen Position, die geheimen Armeen der NATO in allen Einzelheiten zu untersuchen. Doch trotz dieses Standortvorteils wurde Harnies Forderung abgelehnt.[27]

Im Verlauf ihrer Untersuchung bemerkten die belgischen Parlamentarier zu ihrer Überraschung, wie gut die Geheimarmee (SDRA8) innerhalb des belgischen militärischen Geheimdienstes (SGR) versteckt war. Zur Zeit der Entdeckung des geheimen Netzwerks war der militärische Geheimdienst in fünf Abteilungen aufgeteilt, von denen eine der SDRA mit etwa 150 Angestellten der insgesamt 300 Vollzeitbeschäftigten des SGR war. Der SDRA wurde zu Beginn der 50er-Jahre von Colonel Charlier gegründet, der zuvor in den britischen SAS-Spezialeinheiten gedient hatte und zur Zeit der Gladio-Enthüllung Oberstleutnant und Stabschef der belgischen Armee war. Der SDRA war wiederum in acht Einheiten gegliedert, und neben dem streng geheimen SDRA8 gehörte unter dem Namen SDRA6 beispielsweise auch die belgische Gendarmerie dazu. Erst später erfuhren die Senatoren, dass in den meisten Ländern die paramilitärischen geheimen Armeen innerhalb des militärischen Geheimdienstes verborgen waren, vergleichbar mit den russischen Babuschkapuppen, wo die kleinste Puppe in der zweiten größeren Puppe steckt, diese wiederum innerhalb einer dritten Puppe, die dritte Puppe in einer vierten Puppe, wodurch es für die Legislative und ihre Parlamentarier fast unmöglich wird, die verfassungsmäßigen Pflichten zu erfüllen, nämlich die Geheimdienste zu überwachen und falls erforderlich zu untersuchen.[28]

Wie alle anderen Stay-behind-Netzwerke in Europa bestand auch der SDRA8 aus Ausbildern und Agenten, wobei Erstere die Zweiten trainierten. Angeblich gab es zu einer gewissen Zeit 10 Ausbilder, während es «insgesamt etwa 40 Agenten gab. Normalerweise trafen sich Ausbilder und ihre Agenten zweimal monatlich».[29] Die Ausbilder urteilten vor dem Untersuchungsausschuss des Senats, dass die Zahl der insgesamt angegebenen 50 SDRA8-Angehörigen wahrscheinlich zu niedrig war, doch weil viele relevante Dokumente zerstört worden waren, konnte diese Angelegenheit nicht abschließend geklärt werden. Wie alle anderen Stay-behind-Netzwerke funktionierten der SDRA8 und die zivile STC/Mob nach dem Zellenprinzip. Im Fall einer Okkupation würden die Ausbilder ins Ausland gehen, während ihre Agenten im besetzten Gebiet bleiben und ihre eigenen Netzwerke rekrutieren müssten: «Die Agenten waren ausgebildet, und so konnten sie im Fall einer Okkupation des Landes selbst andere Agenten anwerben, selbst ein Netzwerk aufbauen, dessen Chef sie waren. Diese Strategie der Rekrutierung folgte der Pyramidenstruktur. Auf diese Weise konnte sich das Netzwerk um das Fünffache ausdehnen.»[30]

In der STC/Mob kannte jeder Ausbilder seine Agenten, aber nicht die Agenten eines anderen Ausbilders, und die Agenten kannten sich auch untereinander nicht. Hier wurde das Need-to-know-Prinzip rigoros angewendet, um so die Verschwiegenheit des Stay-behind zu verbessern. Lediglich der Direktor der Sûreté innerhalb des Justizministeriums kannte die Namen sowohl der STC/Mob-Ausbilder als auch die der Agenten. M. Raes, der mächtige Direktor der Sûreté, der von 1977 bis 1990 amtierte, behauptete vor dem Senat im Rahmen der Untersuchung, er habe die Namen der Agenten «vergessen», versicherte aber, er habe deren Akten aus Sicherheitsgründen studiert.[31] Justizminister Wathelet behauptete, dass die STC/Mob im November nur noch aus sieben Ausbildern bestand. «Jeder Ausbilder rekrutierte maximal 10 freiwillige Agenten, bildete sie aus und trainierte sie», fand die Untersuchungskommission des Senats heraus und blieb dabei, dass die Abteilung Ende 1990 über 45 Agenten verfügte.[30] Wenn diese Zahlen stimmen, dann bestand das belgische Gladio-STC/Mob im November 1990 aus nur 7 Ausbildern und 45 Agenten, also insgesamt 52 Männern.

Spätestens 1951 wurden die Missionen der belgischen Gladios SDRA8 und STC/Mob den Gladiatoren in einem Brief vom 28. September schriftlich dargelegt, der vom belgischen Premierminister Van Houtte, dem belgischen Justizminister Moyersoen und dem belgischen Verteidigungsminister De Greef unterzeichnet war. Darin schrieb der Premierminister: «Ich muss Ihnen die Art und die Idee der Mission erläutern, die die Regierung Ihnen zugewiesen hat. Die Mission besteht grundsätzlich aus der Koordination von Widerstandsaktionen gegen den Feind auf besetztem nationalem Territorium.» Im Brief hieß es weiter: «In Friedenszeiten ist Ihre Mission: 1) in Erfahrung zu bringen, wie sich der Widerstand gegenüber dem Feind entwickeln könnte, 2) die Koordination der allgemeinen Pläne, die zu diesem Zweck vorbereitet wurden, 3) die Personen auszusuchen ... die in Belgien bleiben würden, um im besetzten Gebiet ihre Arbeit unter Ihrem Kommando fortzusetzen, 4) sich über alle Vorschläge, Anordnungen und Entscheidungen auf nationaler und internationaler Ebene zum Thema der Verteidigung im besetzten Gebiet zu informieren.» Die Tatsache, dass die Mission auch den Befehl enthielt, auf internationale Entscheidungen zu reagieren, bereitete einigen belgischen Senatoren, welche die Geheimarmee untersuchten, einige Sorgen, denn dies würde heißen, dass die NATO und fremde Länder wie die USA und Großbritannien in der Lage waren, die belgische Stay-behind zu aktivieren. «Die Chefs der beiden Geheimdienste (SDRA8 und STC/Mob) haben die Pflicht», führte der Brief weiter aus, «alle Betroffenen über die Vorbereitungen militärischen und zivilen Widerstands in besetzten Gebieten zu informieren, über die ausgearbeiteten Pläne, über die Aktionen, die sie ausführen werden, die allgemeinen Weisungen, die sie an ihre Untergebenen weiterreichen, oder die allgemeinen Weisungen, die sie von nationalen oder internationalen Behörden erhalten.»[33]

Dann spezifizierte der Brief die Missionen im Falle eines Krieges. Der SDRA8 beteiligt sich an: «a) der Beschaffung geheimdienstlicher Informationen für das Militär, b) der Gegenspionage, c) an Aktionen: Sabotage militärischer Ziele, Zusammenarbeit mit Teilen der Allied Forces (Spezialtruppen), paramilitärische Aktionen, Geheimarmee und Guerilla, d) Organisation von Verbindungs- und Evakuierungslinien.» Die STC/Mob hatte die folgenden Aufgaben: a) Beschaffung von Informationen über politische, wirtschaftliche und soziale Themen, b) Verbindungsarbeit zwischen der Regierung im Exil und den zivilen Widerstandsnetzwerken im Land, c) psychologische Kriegsführung und vor allem geheime Presse- und Rundfunkarbeit, d) Aktionen zur Desinformation mit dem Ziel des Schutzes der oben erwähnten Aktionen, e) Organisation der Verbindungs- und der Evakuierungswege, die erforderlich sind, um die oben erwähnten Missionen durchzuführen.»[34]

Um unabhängig von den regulären Truppen operieren zu können, war die belgische Geheimarmee, ebenso wie alle Stay-behinds auf dem Kontinent, mit geheimen Waffenverstecken versorgt, in denen Pistolen, Munition, Goldmünzen und Sprengstoff aufbewahrt wurden. Außerdem war die belgische Geheimarmee wie alle anderen Stay-behinds der NATO in Westeuropa bis Mitte der 80er-Jahre mit insgesamt 79 «Harpoon»-Kommunikationszentren ausgerüstet, welche die Regierung für insgesamt 155 Millionen belgische Francs beschafft hatte. Der belgische Justizminister M. Wathelet sagte vor den Senatoren aus, dass die NATO vorgeschlagen hatte, dass diese teure Harpoon-Ausrüstung von allen Staaten für die Geheimarmeen gekauft werden sollte. «Angesichts der bestehenden Gefahr der Entdeckung oder der Reparatur der alten Geräte wurde im ACC entschieden, eine neue Generation von Funkgeräten zu entwickeln», erklärte Wathelet. «Das Projekt ‹Harpoon›, das in der Sûreté de l'Etat häufig diskutiert wurde, wurde später im Auftrag der Gladio-Kommandozentrale ACC von der deutschen Firma AEG-Telefunken realisiert.»[35]

Die starken Harpoon-Geräte arbeiteten auf Kurzwelle mit hohen Frequenzen und konnten mit anderen Stationen in 6000 Kilometern Entfernung ohne Satellitenunterstützung kommunizieren, weil die Radiowellen von der natürlichen Ionosphäre, die die Welt umspannt, reflektiert werden. Unter Anwendung höchst komplizierter Verschlüsselungssysteme produzierten sie Botschaften, die praktisch nicht entschlüsselt werden konnten.[36] Michel Van Ussel, in den 80er-Jahren Mitglied der STC/Mob, erinnert sich, dass «diese kleinen technischen Wunderwerke ein riesiger Schritt nach vorn waren: Ohne Übertreibung, das Harpoon-System ist das militärische Funksystem des Jahres 2000, zu dem es, als es zum ersten Mal in Betrieb genommen wurde, auf der ganzen Welt nichts vergleichbar Starkes gab.» Die mobilen Stationen wogen nur acht Kilogramm, einschließlich Batterien, und waren «in einem eleganten Koffer, der durch ein Nummernschloss geschützt war». Die Harpoon-Systeme konnten automatisch, auch ohne dass ein Agent anwesend war, empfangen und decodieren, ebenso Botschaften kodieren und mit hoher Geschwindigkeit senden. Die Agenten brauchten keine Morsegeräte mehr zu benutzten wie in den vorhergehenden Jahrzehnten und brauchten auch nicht anwesend zu sein, während sie ihre Sendungen verschickten.[37]

Der belgische Senat fand in seiner Untersuchung heraus, dass Agenten der STC/Mob in Belgien ausgebildet wurden und manchmal auch ins Ausland gingen, «um an Kursen teilzunehmen».[38] Die Stay-behind pflegte intensive internationale Kontakte, und die Agenten mussten ein Doppelleben führen. «Soweit es mich betrifft, sahen wir (mein Funkausbilder und ich) uns etwa einmal im Monat. Die Ausbildung fand in meinem Haus statt, normalerweise immer am Freitagabend, nachdem die Kinder zu Bett gegangen waren», berichtet das ehemalige Mitglied des STC/Mob und fügte hinzu, dass «einige Agenten es nicht wagten, ihre Ausbilder zu Hause zu empfangen, weil sie ihre Frauen nicht davon unterrichtet hatten, dass sie ein Doppelleben führen».[39] Während internationaler Stay-behind-Übungen mussten STC/Mob-Agenten beispielsweise eine sichere Funkverbindung zur französischen Gladio herstellen.[40]

«Eines Tages kam ein Mann zu mir nach Hause und fragte mich, ob ich eine vertrauliche Mission übernehmen würde», erzählte Van Ussel über seine Rekrutierung. «Er sagte, es hätte etwas mit der NATO zu tun. Da ich sein Angebot immer noch zurückweisen konnte, erklärte er mir nicht viel. Es war empfehlenswert, nicht ins Einzelne zu gehen, denn dies war eine der geheimsten Organisationen, die je existierten.» Letztlich war Van Ussel einverstanden, ein Geheimsoldat zu werden. «Wir hatten ein Funkgerät zur Verfügung. Unsere Basis war in der Nähe von London, mit einer zweiten Basis in der Nähe von Boston in den Vereinigten Staaten.»[41] «Vor allem war es die reine Neugierde, die mich veranlasste, dies zu tun», erinnert sich Van Ussel an seine Motive, Gladiator zu werden, «in diese fremde Welt vorzudringen, die nur aus Schatten besteht, aus Trenchcoats und falschen Bärten». So wie er es sah, waren die meisten Gladiatoren nur neugierig und abenteuerlustig. «Dies ist weit entfernt», schrieb er in seinem Buch, «von so edlen Motiven wie Ehre, Pflichtbewusstsein oder Patriotismus ..., was einige gern als Motivation der Mitglieder gesehen hätten, die sie jedoch nicht einmal kannten.» Van Ussel dachte, die beste Möglichkeit zu verhindern, dass sich dunkle Verschwörungsgeschichten verbreiteten, war, dass die belgischen Soldaten aus dem Dunkel heraustreten würden und ihre Seite der Geschichte erzählten, denn «heute hindert sie nichts daran, über sich selbst auszusagen».[42]

Van Ussel betonte, dass die Namen der Geheimsoldaten durch die CIA und den MI6 streng geheim behandelt wurden. «Genau wie in den besten Spionagethrillern hatte jeder Gladio-Soldat einen Decknamen und eine Nummer. Diese wurden systematisch genutzt, vor allem während der Übungen. Van Ussel selbst erhielt den Gladio-Decknamen ‹Georges 923›, während andere Geheimsoldaten Namen wie ‹Charles›, ‹Isabelle›, ‹Pollux› und ‹King Kong› benutzten.» «Der wahre Name, zu dem der Deckname gehörte, war nur zwei oder drei Personen bekannt», erklärt Van Ussel alias Georges 923, wovon einer der Offizier war, der den Gladiator rekrutierte, und der andere war jener Offizier, den er in regelmäßigen Abständen zur Ausbildung traf.[43] Bei der CIA und dem MI6 existierte über jeden Gladiator eine Akte, «eine Art von Lebenslauf», in welchem der wahre Name des Gladiators, sein Beruf, seine Adresse, seine Familie und einige andere Informationen enthalten waren, «einschließlich eines vollständigen Satzes der Fingerabdrücke!». Auch die Verschlüsselungscodes, die von einem bestimmten Agenten benutzt wurden, und der genaue Standort der versteckten Waffenlager, die dem Agenten zugewiesen waren, waren darin festgehalten. «Diese Akte war verschlüsselt, und eine Kopie davon war in den Ländern, in denen die Basisfunkstationen liegen», somit in England und in den USA. «Der Chef des SDRA8 ging dort regelmäßig hin, um die Akten auf den neuesten Stand zu bringen.»[44] Van Ussel erklärte, dass «die Briten und die Amerikaner privilegierte Korrespondenzpartner waren, weil die Basisfunkstationen auf ihrem Territorium stationiert waren (und es immer noch sind)».[45]

Die meisten Angehörigen des SDRA8 wurden in der belgischen Armee unter den Fallschirmjägern angeworben. Die Ausbildung fand im Truppenlager von Meerdaal statt, die Trainings mit Sprengstoffen an der Polygone in Brasschaat. Die rekrutierten Agenten trugen während der Ausbildung Uniformen. Die belgischen Ausbilder nahmen an Kursen in Großbritannien teil, und britische Ausbilder kamen nach Belgien, um Kurse abzuhalten.[46] Um ihre geheime Mission innerhalb des militärischen Geheimdienstes SGR zu verschleiern, gaben die Angehörigen des SDRA8 vor, für die reguläre Kriegsführung besondere Techniken zu trainieren. Diese Aktivitäten bestanden vor allem aus Tauchen mit Tauchgeräten und Fallschirmspringen.[47] Die Kooperation zwischen dem SDRA8 und der belgischen Gendarmerie, offiziell in der SDRA als Abteilung SDRA6 eingegliedert, war sehr eng. Der Chef der Gendarmerie sagte aus, dass der Helikopter Puma der Gendarmerie vor 1990 regelmäßig vom SDRA für Absprünge benutzt wurde, wenn andere Helikopter ausgefallen waren.[48]

Die belgischen Stay-behind-Agenten wussten selbst sehr wenig über das übergreifende internationale Gladio-System. Den Agenten wurde gesagt, sie seien ein Teil einer europäischen Organisation mit Hauptstellen in Washington und London. Die Struktur der gesamten Organisation wurde nicht offenbart.[49] Wie in allen Geheimarmeen waren auch die belgischen Geheimsoldaten «gründlich antikommunistisch», wie die Untersuchung des Senats feststellte.[50] In gemeinsamen Übungen trafen sich Angehörige der belgischen Stay-behind mit britischen und amerikanischen Offizieren und trainierten mit anderen Gladiatoren. SDRA8-Agenten nahmen über die Jahre hinweg sowohl innerhalb als auch außerhalb Belgiens an verschiedenen nationalen und internationalen Übungen teil. An wie vielen Übungen der SDRA8 insgesamt teilnahm, konnte nicht geklärt werden, da der Untersuchungsausschuss des Belgischen Senats nur eine «unvollständige Liste» der angeforderten Daten erhielt, da angeblich «die Daten oft vernichtet wurden, wenn die Übung durchgeführt worden war.» Der Ausschuss konnte jedoch bestätigen, dass «jährlich mehrere Übungen organisiert wurden».[51]

Da diese Übungen völlig geheim durchgeführt werden mussten, wurden den Agenten spezielle Ausweise ausgehändigt, die im Fall einer Festnahme vorgezeigt werden mussten. «Allen Teilnehmern musste ein Ausweis übergeben werden, den sie im Fall eines Unfalls vorzeigen mussten, um zu beweisen, dass sie an einer offiziellen Übung teilnehmen. Auf dieser Karte stand die Telefonnummer des SDRA, der wiederum angewiesen war, Kontakt zum Chef des SDRA8 aufzunehmen.»[52] Bei diesen Übungen wurden das Beschaffen von Informationen, die internationale Flucht und Operationen zur Evakuierung trainiert. In einer Übung mussten SDRA8-Agenten beispielsweise beobachten, wie sowjetische Schiffe belgische Häfen anliefen und wieder verließen, und diese Informationen dem Hauptquartier mitteilen. Solche internationale Stay-behind-Übungen fanden während des Kalten Krieges statt. Dazu gehörten auch Übungen mit U-Booten auf der französischen Mittelmeerinsel Korsika, wo der SDRA8 mit der französischen geheimen Stay-behind-Armee trainierte. Diese Übungen wurden bis 1990 fortgesetzt. Gegen April 1990 informierte General Charlier, der Stabschef, den Verteidigungsminister Coeme, dass er angeordnet habe, eine Reihe von Aktivitäten des SDRA8 einzustellen, «insbesondere die Tauchübungen und die Übungen, die auf Korsika organisiert worden waren».[53] Doch die Operationen des SDRA8 waren nicht auf das Mittelmeer beschränkt, wie die belgischen Senatoren überrascht herausfanden. Angehörige der belgischen Geheimarmee waren – genau wie ihre Kollegen von der portugiesischen Geheimarmee – auch in den belgischen Kolonien in Afrika aktiv. «Es wurde von einer verantwortlichen Persönlichkeit des SDRA8 bestätigt, dass die Ausbilder der Fallschirmjäger in den 70er-Jahren an Operationen der belgischen Armee in Zaire (Kisangani, Kitona) und in Ruanda teilgenommen haben», stellten die Senatoren fest. «Diese Interventionen stehen in krassem Gegensatz zu den beteuerten Regeln, nach denen – aus Gründen absoluter Geheimhaltung – die Ausbilder und die Agenten sich in Friedenszeiten nicht in militärische oder gesellschaftliche Aktivitäten einmischen durften.»[54]

Während internationaler Flucht- und Evakuierungsmissionen in Europa reichten SDRA8-Agenten und ihre internationalen Gladio-Kollegen Personen entlang geheimer Linien von Zufluchtsstätte zu Zufluchtsstätte weiter und brachten sie heimlich in ein Land und wieder heraus. «Oftmals wurden diese Übungen auf internationaler Ebene organisiert. Es wurden die Aufnahme und Ausschleusung eines abgeschossenen Piloten trainiert oder auch von ausländischen Agenten, die in einem Land mit einer speziellen Mission gelandet waren (Spionage, Sabotage) und zu einem bestimmten Ort gebracht werden sollten.» Das paneuropäische Gladio-System funktionierte sehr gut, wie die belgischen Senatoren überrascht feststellten: «Man muss bei diesen Übungen zwei Punkte beachten. Vor allem haben wir es hier mit einem internationalen Netzwerk zu tun, das eine Person heimlich von Norwegen nach Italien schleusen konnte. Dies verweist auf eine sehr enge Zusammenarbeit und strikte Koordination auf internationaler Ebene zwischen einer Reihe von Geheimdiensten», bemerkten die Senatoren in ihrem Bericht. «Was fast ebenso erstaunlich ist, ist die perfekte technische Infrastruktur, mit der die Stay-behind ausgerüstet war: Personen und Material wurden über den Seeweg befördert oder empfangen, über den Luftweg und per Fallschirm. Ihre Ankunftszonen wurden markiert und kontrolliert. Die Personen wurden in sicheren Gebäuden untergebracht.»[55]

Der STC/Mob-Agent Van Ussel, alias Georges 923, berichtet, dass für die Tauchübungen mit Atemgeräten das Mittelmeer und die militärische Basis in Solenzara auf Korsika die bevorzugten Territorien waren, weshalb die Insel «bei den Familien der belgischen Militärs als Ferienort bestens bekannt war».[56] Van Ussel betonte, dass die Geheimarmeen in Europa eng zusammenarbeiteten, und es dauerte nur ungefähr einen Monat, um einen Agenten heimlich von Norwegen nach Italien zu bringen, ohne dass man von Zollbeamten oder Polizisten kontrolliert wurde: «Eine Übung lief so ab: In einer Neumondnacht tauchte ein englisches U-Boot an der Küste Norwegens auf, und ein Schlauchboot brachte den Agenten an das Festland, geleitet durch Lichtsignale eines Agenten des einheimischen Netzwerks am Strand», erinnerte sich Van Ussel. «Wenn das Floß zum U-Boot zurückkehrte, wurde der ‹Besucher› von einem zivilen Agenten übernommen, der ihn befragte und durchsuchte, um sicherzustellen, dass dies tatsächlich die erwartete Person war. Nachdem der ‹Besucher› in das Netzwerk eingebunden war, wurde er zu Fuß, mit dem Pferd oder Auto von Netzwerk zu Netzwerk weitergereicht, bis er Kristiansand an der Südküste von Norwegen erreichte. Von hier aus brachte ihn ein Fischer, der für das Netzwerk arbeitete, nach Alborg an der Nordküste von Dänemark, wo ihn das dänische Netzwerk übernahm. Auf diese Weise, nach einer Reise von einem Monat, bei der er Holland, Belgien und Frankreich durchquerte, kam er eines wunderschönen Morgens im italienischen Friaul an, ohne jemals vom Zoll oder von der Polizei kontrolliert worden zu sein. Dies war genau das Ziel dieser Übung», betonte Van Ussel. «Unter ständiger Beobachtung wurde er von Dutzenden von Evakuierungsnetzwerken geführt.»[57]

SDRA8-Offiziere wurden in Großbritannien ausgebildet und erhielten auch in den USA zusammen mit amerikanischen Spezialtruppen eine Ausbildung, wie die belgische Gladio-Untersuchung aufdeckte: «Der Ausschuss konnte ermitteln, dass mehrere Angehörige des SDRA8 von einer Ausbildung bei Spezialeinheiten in Amerika profitierten» und an NATO-Übungen in Europa teilnahmen, ebenfalls unter Beteiligung amerikanischer Spezialtruppen. «Die Vereinigten Staaten verfügten somit seit 1947», vermerkten die Senatoren kritisch, «über ein wichtiges Instrument, das es ihnen ermöglichte, auf die einheimische Situation eines Landes in ihrem Einflussbereich einzuwirken.»[58] Heute ist die heikelste Frage zu Gladio in Belgien und auch in anderen Ländern Europas deshalb: Haben die Vereinigten Staaten dieses Instrument eingesetzt, obschon es in Westeuropa keine Invasion der Sowjetunion gab? Hat die belgische Gladio ihre Waffen und Sprengstoffe in Belgien auch zu Friedenszeiten benutzt oder half sie geheimen rechtsgerichteten Gruppen, die sich an derartigen militärischen Aktionen beteiligten?

Nach ihrer Untersuchung der Geheimarmee bejahten die belgischen Senatoren diese heikle Frage. Sie konnten zumindest einen Fall rekonstruieren, den sogenannten Vielsalm-Vorfall. Im Jahr 1984 hatte sich eine Truppe von US-Marines von einem Flugplatz im Norden von England aus auf den Weg nach Belgien gemacht. Über Belgien sprangen sie mit Fallschirmen in einem vorgesehenen Bereich ab und wurden von einem belgischen Agenten des SDRA8 empfangen, der ihnen anbot, sie zu führen. Zwei Wochen lebten die amerikanischen Spezialeinheiten abgeschottet auf dem Land, versteckt vor der belgischen Bevölkerung, und bereiteten sich mit den belgischen Geheimsoldaten auf ihre Mission vor: den Angriff auf eine verschlafene Polizeistation in der südbelgischen Stadt Vielsalm. Heimlich schlichen die US-Marines an ihr Ziel und eröffneten das Feuer. Ein belgischer Beamter in der Polizeistation von Vielsalm wurde bei dieser Operation getötet und ein US-Marine verlor dabei ein Auge.[59]

Der Angriff, wie die Senatoren aufdeckten, war Teil einer sogenannten Oesling-Übung. Die Truppen der nationalen Armee und Teile der amerikanischen Spezialeinheiten führten diese mindestens jährlich stattfindenden Übungen durch. «Der Ausschuss fragte wiederholt, ob der SDRA8 oder deren Ausbilder an Oesling-Übungen teilgenommen haben.» «Erinnern wir uns», betonten sie in ihrem Bericht, «dass gerade zu dieser Zeit Waffen aus dem Arsenal der Polizeistation in Vielsalm gestohlen wurden.» Anfangs behaupteten die Angehörigen der belgischen Stay-behind, sie seien daran nicht beteiligt gewesen. «Der letzte Kommandeur des SDRA8 hat jegliche Beteiligung seiner Einheit an Übungen dieser Art geleugnet, da sie nicht Teil des Auftrags gewesen seien und das Risiko für seine Agenten zu hoch gewesen sei», vermerkt der Gladio-Bericht der Senatoren. «Entgegen dieser Erklärung bestätigte ein ehemaliger Chef des SDRA11 und früherer Kommandeur der gesamten SDRA-Einheit, dass das Netzwerk an Oesling-Übungen teilnehmen konnte. Ein anderer Offizier bestätigte, dass das Netzwerk an zwei Oesling-Übungen teilgenommen hat.»[60]

«Monatelang erklärten uns zivile Behörden, dass der Angriff das Werk gewöhnlicher Krimineller oder von Terroristen gewesen sei», erinnert sich der belgische Journalist René Haquin an die Terroraktion von Vielsalm. «Es dauerte Monate, bis ich einen Telefonanruf erhielt, der mich veranlasste, nach Frankreich zu fahren und dort Lucien Dislaire zu treffen, der mir seinen Bericht gab und sich lange mit mir unterhielt. Er erzählte mir, er habe an einem geheimen Manöver teilgenommen, bei dem die Operationen der Résistance wiederholt werden sollten und auch die Unterstützung der Résistance, so wie es am Ende des Krieges gemacht wurde.[61] Als 1990 das gesamte Stay-behind-Netzwerk aufgedeckt wurde, erklärte der belgische Geheimsoldat Dislaire in einer Dokumentation über Gladio, dass es neben Vielsalm auch weitere Übungen mit amerikanischen Spezialeinheiten gegeben habe. «Eigentlich komme ich aus dem Norden von Luxemburg», erklärte Dislaire in der Dokumentation. «Zu dieser Zeit war ich Manager einer Bank, aber auch ehemaliger Angehöriger eines Fallschirmjägerkommandos. Eines Tages kamen einige Leute in mein Haus und baten um Hilfe bei einigen Spezialmanövern, die in Kooperation mit amerikanischen Spezialeinheiten durchgeführt würden», erklärte er. «Die belgischen Kommandos hatten den Auftrag, amerikanische Fallschirmjäger zu bergen. Nach dieser Operation sollten sie sich an zuvor vereinbarten Punkten treffen und Kasernen der Gendarmerie angreifen. Ich hatte die Ausrüstung, die Waffen und ein Funkgerät bei mir, um alles zu koordinieren.»[62]

René Haquin erinnert sich, dass die Operation in Vielsalm nur eine von mehreren anderen Operationen war, bei denen amerikanische Spezialeinheiten heimlich auf belgischem Boden operiert hatten. «Wir lasen in den Zeitungen über den Angriff auf ein Feldlager der Chasseur Ardennes hier in Belgien. Ich ging mit anderen Journalisten dorthin», erinnert sich Haquin in dem Dokumentarfilm. «Sie hatten die Fenster aufgebrochen, waren in das Waffenlager eingedrungen, hatten den Wächter verwundet und waren mit einer Anzahl von Waffen geflohen. Mir gelang es, ins Lager zu kommen, weil ich dort einige Leute kannte. Innen sah ich ausländische Militärs, insbesondere Amerikaner.»[63] Der belgische Gladiator Dislaire bestätigte dem Journalisten Haquin, dass amerikanische Spezialeinheiten wiederholt in geheime Operationen in Belgien verwickelt waren. «Einige Tage vor dem Angriff auf Vielsalm hatte es ziemlich viel Ärger gegeben», erinnert sich Dislaire. «Die Amerikaner waren zu weit gegangen. Diese Leute waren in den Vierzigern, Offiziere, harte Jungs. Sie trieben das Spiel zu weit. Sie hatten schon zuvor

Kasernen angegriffen. Sie hatten sogar eine Granate in die Nähe des Büros des Generalstaatsanwalts geworfen.» Dislaire vermutete, dass das gewaltsame Vorgehen der amerikanischen Spezialeinheiten die Belgier verärgert hatte, die von den heimlichen Operationen wussten: «Die zivilen Behörden reagierten und sagten, das sei zu viel. Damals wurde der Angriff auf die Kaserne von Vielsalm abgesagt. Am Tag des Angriffs hatte man uns gesagt, dass er abgesagt wurde.» Doch die amerikanischen Spezialeinheiten konnten nicht gestoppt werden. Dislaire erinnert sich: «Aber die Amerikaner verlangten von mir, ich solle sie als Ersatzmann zum Lager bringen. Am nächsten Tag fuhr ich mit meiner Frau nach Namur. Ich hörte im Radio, dass die Kaserne gegen Mitternacht angegriffen wurde. Ich kann nicht sagen, was passierte, denn ich war an diesem Abend um 20 Uhr weggegangen. Man erwartete von mir nicht, dass ich bleibe.» Dislaire wurde am nächsten Morgen darüber informiert, was geschehen war. «Am nächsten Tag rief mich der Kommandeur der Kaserne in Vielsalm an und unterrichtete mich über diese Operation. Er sagte mir, ich solle dem belgischen Kommando sagen, der Wächter sei nicht tot, er sei schwer verwundet in einem Krankenhaus.»[64] Später starb der Wächter.

Die belgischen Behörden verwischten die Spuren nach den mysteriösen Operationen in den 80er-Jahren, und heikle Fragen wurden nicht beantwortet. Die belgische Geheimarmee wurde nicht aufgedeckt, und nur einige Angriffe wurden bestätigt. «Die amerikanischen und belgischen Behörden, die befragt wurden, gestanden letztlich nach Monaten, dass es eine Übung gegeben habe, und gaben zu, dass bestimmte Angriffe stattgefunden hätten», erinnert sich Haquin. «Ich erinnere mich beispielsweise an einen Angriff auf ein militärisches Treibstofflager in Bastogne. Auch an einen weiteren Angriff auf eine Polizeistation in Neufchâteau. Nach und nach gaben die Militärs zu, dass es bestimmte Angriffe gegeben habe.» Doch die Einzelheiten über den Zwischenfall von Vielsalm waren nicht zugänglich. «Ihre letzte Version des Vorfalls von Vielsalm war, dass ein Angriff geplant war, der jedoch im letzten Augenblick abgesagt wurde», erinnert sich Haquin, wobei er darauf hinwies, dass – höchst brisant – die gestohlenen Waffen nach dem Anschlag bei einer mysteriösen Gruppe von Linken deponiert wurden, damit die Kommunisten für das Verbrechen verantwortlich gemacht werden konnten: «Einige der in Vielsalm gestohlenen Waffen wurden in einer Wohnung gefunden, die den Cellules Communistes Combattantes (CCC, Kämpfende Kommunistische Zellen) gehörte.»[65]

Weshalb wurden diese sonderbaren Operationen durchgeführt? Und weshalb wurden die in der Operation in Vielsalm gestohlenen Waffen später in einem Unterschlupf in Brüssel gefunden, der von einer belgischen kommunistischen Gruppe benutzt wurde? «Das Ziel der Übung war zweierlei: die belgische Polizei zu schockieren, um sie so zu erhöhter Wachsamkeit zu bringen, und – nicht weniger wichtig – bei der Bevölkerung insgesamt den Eindruck zu erwecken, dass das bequeme und wohlgenährte Königreich Belgien am Rande einer kommunistischen Revolution stehe», schrieb der britische Journalist Hugh O'Shaugnessy in einem Artikel über Gladio.[66] Die belgischen Kommunisten wurden wie in Italien durch diese geheimen Operationen der amerikanischen Spezialeinheiten und der belgischen Stay-behind diskreditiert. Im Militär spricht man von «Anschlägen unter falscher Flagge». Diese These wurde erhärtet, als aufgedeckt wurde, dass die angeblich kommunistische Terrorgruppe CCC in Wirklichkeit von der Rechten aufgebaut wurde. Zwischen Oktober 1984 und Herbst 1985 war die CCC für 27 Angriffe verantwortlich. Die CCC wurde von Pierre Carette geführt und hatte mit ihren gut geplanten Bombenattentaten klassische kapitalistische Symbole zum Ziel, einschließlich amerikanischer Einrichtungen, die mit der NATO in Verbindung standen, Banken und militärischer Einrichtungen. Am 17. Dezember 1985 wurden die Anführer der CCC festgenommen, und die Einheit wurde mit dem größten militärischen und polizeilichen Aufgebot, das Belgien seit der Festnahme der Nazis nach dem Zweiten Weltkrieg erlebt hatte, aufgelöst. Die Kommunisten wurden diskreditiert, bis Journalisten entdeckten, dass der CCC-Anführer Pierre Carette zu Beginn der 80er-Jahre ein terroristisches Netzwerk aufgebaut hatte, das aus Agenten bestand, die mit der extremen Rechten in Verbindung standen. Sein wichtigster Gehilfe, Marc De Laever, war später einer deutschen rechtsextremen Gruppe beigetreten.[67]

«In Belgien gab es eine Reihe ungeklärter Ereignisse – eine bewaffnete Bande beging Mitte der 80er-Jahre zahlreiche Morde, und wir wissen bis heute nichts darüber», spekulierte der belgische Verteidigungsminister Guy Coeme über eine mögliche Verbindung zwischen der belgischen Stay-behind-Armee und terroristischen Aktionen, als das Gladio-Netzwerk Ende 1990 aufgedeckt wurde.[68] «Ich habe den Chef der Armee, Generalleutnant José Charlier, gefragt, ob in Belgien eine Organisation wie Gladio existierte», erklärte Verteidigungsminister Coeme in seiner ersten öffentlichen Information während der Enthüllungen um Gladio am 7. November 1990 im belgischen Fernsehen den verblüfften Fernsehzuschauern. Er betonte, dass er trotz seiner

Position als Verteidigungsminister nie zuvor etwas von der geheimen Gladio-Armee der NATO gehört habe. «Außerdem möchte ich wissen, ob es eine Verbindung zwischen den Aktivitäten dieses geheimen Netzwerks und der Welle von Verbrechen und Terror gibt, unter der unser Land während der letzten Jahre so sehr gelitten hat.»[69]

Der Verteidigungsminister bezog sich auf die sogenannten Brabant-Anschläge, eine Serie brutaler und mysteriöser terroristischer Angriffe, die in der Brabant genannten Region um Brüssel zwischen 1983 und 1985 ausgeführt wurden, wobei 28 Menschen starben und wesentlich mehr verletzt wurden. Die Terrroranschläge hatten das Land in einen Schock versetzt und bleiben der traumatischste Zeitabschnitt in der jüngeren Geschichte Belgiens. Die Massaker von Brabant zählen zu den schlimmsten Fällen von Terrorismus, die Westeuropa in der zweiten Hälfte des 20. Jahrhunderts erlebt hat. Alles in allem werden heute 16 bewaffnete Anschläge unter dem Begriff «Brabant-Anschläge» zusammengefasst. Der erste Anschlag ereignete sich am 14. August 1982 und war ein bewaffneter Angriff auf einen Lebensmittelladen in der belgischen Stadt Maubeuge im Bezirk Brabant. Das letzte Attentat, ein Terroranschlag auf die Supermarktkette Delhaize, fand am 9. November 1985 in der belgischen Stadt Aalst statt, ebenfalls im Bezirk Brabant. Die anderen 14 Anschläge, die sich alle im Bezirk Brabant ereigneten, hatten zweimal ein Restaurant zum Ziel, einmal einen Taxifahrer, einmal ein Juweliergeschäft, einmal eine Textilfabrik, einmal ein Lebensmittelgeschäft und fünfmal einen Delhaize-Supermarkt in fünf verschiedenen Ortschaften. Die Polizei bemerkte, dass bei allen Angriffen nur wenig Geld, oft weniger als der Gegenwert von 5000 englischen Pfund, erbeutet wurde, während gleichzeitig enorme Brutalität und Professionalität im Spiel war.[70]

Die Terroranschläge von Brabant sollten Angst und Schrecken in der belgischen Bevölkerung verbreiten. Dieses Ziel wurde erreicht, wie der Überfall auf den Delhaize-Supermarkt am 9. November 1985 zeigt. Ein bedeutsames Datum in der Vorweihnachtszeit, an dem in Belgien der Martinstag gefeiert wird, das örtliche Nikolausfest, an dem die Kinder in der Nacht zuvor Möhren für das Pferd des Heiligen Martin vor die Tür stellen, zu Bett gehen und sich wunderbare Weihnachtsgeschenke wünschen. Am nächsten Morgen, einem geschäftigen Samstag, eilten die Menschen in den Delhaize-Supermarkt, um noch in letzter Minute Einkäufe zu tätigen. Was danach geschah, wurde aus den Zeugenaussagen rekonstruiert. Ein Volkswagen Golf GTI hatte vor dem

Supermarkt geparkt, und drei bewaffnete Männer mit Sturmhauben auf ihren Köpfen stiegen aus dem Auto. Der Größte von ihnen zog eine Pumpgun hervor und eröffnete aus geringer Entfernung das Feuer und tötete sofort kaltblütig zwei Kunden. Nachdem er den Kassenbereich erreicht hatte, begann er wild auf alles zu schießen, was sich bewegte. «Ich sah drei maskierte Männer aus dem Hintergrund kommen. Ein Mann sagte zu seinem Kind: ‹Lass dich fallen! Hier sind sie!›», erinnert sich ein namentlich nicht genannter Zeuge in dem Dokumentarfilm der BBC über Gladio. «Auf einen Unbeteiligten, der zu fliehen versuchte, wurde geschossen, und sieben oder acht Geschosse durchschlugen sein Auto, und ein Schuss streifte seinen Kopf hinter dem Ohr.» Es brach totale Panik aus. «Eine Frau, deren Gesicht blutverschmiert war, schrie irgendetwas über ihr Kind. Ich weiß nicht genau was.»[71] Für die entsetzten Kunden gab es in den Gängen des Supermarktes wenig Deckung oder Schutz vor den drei Terroristen. Im folgenden Massaker starben acht Menschen, darunter eine ganze Familie, und sieben weitere Menschen wurden verwundet. Ein Mann und seine Frau und ihre 14-jährige Tochter wurden an der Kasse des Supermarktes kaltblütig erschossen. Ein Vater und seine 9-jährige Tochter wurden in ihrem Auto erschossen, als sie versuchten zu fliehen. Die Beute des Überfalls betrug nur den Gegenwert einiger Tausend englischer Pfund, die später in einem ungeöffneten Sack in einem Kanal gefunden wurden. Die Killer entkamen spurlos und wurden seither weder identifiziert, festgenommen, noch vor Gericht gestellt. Die Täter der als Brabant-Anschläge bekannten Massaker sind bis heute unbekannt.[72]

Nach den Terroranschlägen ging der Justizminister Jean Gol vor die Fernsehkameras und versprach der in Panik geratenen Bevölkerung mehr Sicherheit. Die Polizisten außerhalb des Supermarktes wurden durch Fallschirmjäger und Jeeps mit leichter Artillerie verstärkt. Zeugen und Experten stimmten darin überein, dass diese Terroranschläge nicht das Werk unbedeutender Krimineller waren, sondern blutige Operationen von Eliteprofis. Dies betrifft die gelassene und professionelle Art und Weise, wie sie mit der Situation und den Waffen umgingen und wie unbekümmert sie vor der Nase der belgischen Polizei in ihrem GTI davonrasten. Sie operierten immer in kleinen Gruppen. Der große Mann war auch in Aalst dabei. Zeugen und Journalisten nannten ihn bald «den Giganten». Er war bei den Angriffen immer wieder dabei, gab die Befehle und feuerte mit einer in Italien gebauten SPAS-12-Schrotflinte. Brutalität war ihr Markenzeichen. Bei einer Attacke am 30. September 1982 lag ein Polizist verwundet auf dem nassen Straßenpflaster. Auch er wurde kaltblütig aus nächster Nähe erschossen. Bei einem anderen Angriff am 3. März 1983 in einem Lebensmittelgeschäft in Nivilles warteten die Killer – nachdem sie ein Paar ermordet und den Alarm ausgelöst hatten –, anstatt zu fliehen, bis die Polizei kam. Die Polizisten liefen direkt in die Falle der Terroristen.

«Gab es bestimmte Beziehungen zwischen diesem Netzwerk, den Terrorakten und dem groß angelegten Banditenwesen, so wie es in Belgien während der letzten zehn Jahre der Fall war? Diese entscheidende Frage konnten die belgischen Senatoren nicht beantworten, obwohl sie ansonsten hervorragende Arbeit geleistet hatten. Dieses bedauerliche Versagen rührte weitestgehend daher, dass der SDRA8 und die STC/Mob sich strikt weigerten, die Identität ihrer Mitglieder preiszugeben. «Die Kommission fand keine Hinweise, die den Schluss zugelassen hätten, dass es irgendwelche Verbindungen zwischen dem Netzwerk, den Terrorakten und der Bandenbildung auf breiter Ebene gegeben habe», vermerkten die Senatoren in ihrem Abschlussbericht. «Allerdings konnte die Verifikation wegen der Weigerung der Verantwortlichen des SDRA8 und der STC/Mob, den sachverständigen Richtern die Identität aller zivilen Agenten preiszugeben, nicht durchgeführt werden und deshalb nicht jeder Zweifel beseitigt werden.»[73] Auch die Gruppe der Richter, die den Senatsausschuss berieten, konnten nicht beweisen, dass die belgische Stay-behind mit den Terroranschlägen in Verbindung stand. «Die sachverständigen Richter haben bis heute [1991] noch keinen Beleg, der erlauben würde anzunehmen, dass Angehörige des SDRA8 und der STC/Mob bei den Verbrechen eine Rolle gespielt haben, welche die öffentliche Meinung so stark bewegt haben.» Wie die Senatoren konnten auch die Richter die Angelegenheit nicht ausreichend untersuchen: «Die Richter bedauern, dass sie nicht in der Lage sind, diese Frage mit größerer Sicherheit zu beantworten: Das Schweigen zur Identität der Agenten erlaubt den Richtern nicht, die erforderlichen Verifikationen durchzuführen, um die ganze Wahrheit zu ermitteln.»[74]

Wenn die Geheimarmee nichts zu verbergen hat, dann muss sie die Identitäten ihrer Angehörigen offenlegen, argumentierte die belgische Presse, als die Senatoren gegen die Mauer des Schweigens ankämpften. Dennoch weigerten sich die beiden Gladio-Chefs innerhalb der belgischen Exekutive, M. Raes, als mächtiger Direktor der Sûreté de L'Etat von 1977 bis 1990 und somit Chef der STC/Mob, und Oberstleutnant Bernard Legrand, Chef des militärischen Geheimdienstes und somit auch Chef des SDRA8, kategorisch und wiederholt, die geforderten Namen zur Verfügung zu stellen. Die kategorische Weigerung der Exekutive, die Fragen der Legislative und der Judikative zu beantworten, verursachte in der belgischen Demokratie Proteststürme. Die Weigerung von Raes und Legrand zu kooperieren war illegal, weil der Justizminister Wathelet, der Vorgesetzte von Raes, und der Verteidigungsminister Coeme, der Vorgesetzte von Legrand, ihre Untergebenen ausdrücklich und zwingend aufgefordert hatten, mit der Untersuchungskommission zu Stay-behind zusammenzuarbeiten, und ihnen befohlen hatten, die Namen auszuhändigen. Allerdings ohne Erfolg.

Da die Frage der Brabant-Anschläge die heikelste Dimension der Geschichte des belgischen geheimen Krieges bleibt, war der Senatsausschuss mit dem Verteidigungsminister und dem Justizminister übereingekommen, dass die verfügbaren Namen der Personen, die Teil des Stay-behind-Netzwerks waren, nur den drei Richtern mitgeteilt würden, die im Gegenzug das Material vertraulich behandeln würden. Die Amtsrichter würden nur Namen veröffentlichen, wenn diese Personen in die schweren Aktionen verwickelt wären, die sich in den 80er-Jahren ereignet hatten.[75] Somit war die Geheimhaltung garantiert, außer wenn Stay-behind-Soldaten mit den Brabant-Anschlägen in Verbindung gebracht werden konnten. Dies schien ein fairer Vorschlag zu sein. Doch Raes und Legrand beharrten darauf, dass sie die Namen niemals bekanntgeben würden. Danach wurde vorgeschlagen, dass, wenn man schon nicht die Namen erhalten könne, zumindest jedoch die Geburtsdaten der Geheimsoldaten zur Verfügung gestellt werden sollten, um es den Richtern zu ermöglichen, diese mit denen der verdächtigten Terroristen der Brabant-Anschläge zu vergleichen. Doch auch dies wurde verweigert.

«Gleichgültig, was der Minister sagt, es gibt immer noch gute Gründe, die Namen der Geheimen nicht preiszugeben. Aus verschiedenen Gründen von sozialem und familiärem Belang verlassen sich die Geheimen auf das Versprechen, das ihnen gegeben wurde», erklärte Kommandeur Legrand. «Ich werde hart bleiben. Ich werde keine Namen der Geheimen herausgeben, außer wenn Beweise vorgelegt werden können», beharrte er. Doch er wusste, dass Beweise nur dann gefunden werden können, wenn auch Namen zugänglich sind. «Dies ist eine wertvolle Organisation. Ich weiß gar nicht, weshalb so viel Lärm um dieses Thema gemacht wird», beklagte sich Legrand. «Wenn ich die Presseartikel lese, dann kann ich nicht glauben, dass sich jemand so intensiv für diese Probleme interessiert, wo es doch so viele andere wichtige Dinge gibt.»[76]

Die Senatoren und Richter hielten den Druck drei Monate lang aufrecht. Es ging hart auf hart. Doch letztlich gewannen Raes und Legrand. Die Namen wurden nicht bekanntgegeben. Und am 28. März 1991 druckte die führende belgische Tageszeitung *Le Soir* die folgende codierte Stellungnahme: «‹Gebt uns die Namen!› ‹Niemals!›, antworten die ‹Gladiatoren›. Die Stunde der Wahrheit [l'heure du choc] ist gekommen. Hier ruft Brüssel. Liebe Freunde der Operation Stay-behind, die Abteilung SDRA8 versichert euch der sehr hohen Wertschätzung und dankt euch für die Ergebenheit eurem Land gegenüber. Sie garantiert, dass der Druck und die Drohungen leer sind und die Unternehmen geehrt werden. Adolphe geht es gut!»[77]

Der Gladio-Untersuchungsausschuss war gedemütigt. Die Senatoren konnten nur noch ermitteln, dass der Artikel in *Le Soir* im Auftrag von Legrand gedruckt wurde und dass «dies als eine Form des kollektiven Widerstands gegen die Absicht des Ausschusses betrachtet werden kann, an die Namen zu kommen».[78] Der Satz «Adolphe geht es gut!» diente als Hinweis, dass die Stellungnahme tatsächlich von den höchsten Stellen der Stay-behind-Organisation kam. Nach dieser Affäre mussten sowohl Raes als auch Legrand zurücktreten, und ihre öffentlichen Karrieren in Belgien waren beendet. Am 23. November 1990 entschied die belgische Regierung, die Geheimarmee aufzulösen und die Zusammenarbeit mit den entsprechenden ausländischen Netzwerken zu beenden. Was die belgischen Senatoren jedoch am meisten ärgerte, war die Tatsache, dass die CIA und der MI6 als Kommandeure des europäischen Stay-behind-Netzwerks ebenfalls im Besitz der Namen der belgischen Gladiatoren waren, doch trotz des ernsthaftesten Verdachts im Zusammenhang mit dem Terror in Brabant, so wie Raes und Legrand, die Zusammenarbeit verweigert hatten. Der Senatsausschuss fand heraus, dass «die Namen in versiegelten Umschlägen in Schachteln lagen, die bei den entsprechenden Geheimdiensten in Washington und London aufbewahrt wurden».[79]

Während die belgische Presse folgerte, dass der britische und der amerikanische Geheimdienst für die Heimlichkeiten verantwortlich waren, die sich weiterhin um die Terroranschläge von Brabant rankten, bat das belgische Justizministerium die Wissenschaftler Fijnaut und Verstraten von der Universität Leuwen zu untersuchen, weshalb das Geheimnis in Belgien nicht gelüftet werden konnte. Doch nach nur zwei Monaten der Recherche gaben die Professoren ihren Auftrag zurück und beklagten sich über die fehlende Kooperationsbereitschaft der Regierungsbehörden, was es ihnen unmöglich mache, ihre

Arbeit fortzusetzen.[80] Danach wurde jedoch ein weiterer parlamentarischer Untersuchungsausschuss eingesetzt, der untersuchen sollte, weshalb die belgische Demokratie nicht in der Lage war, die Terroranschläge von Brabant aufzuklären. Im Oktober 1997 präsentierte der Ausschuss einen vernichtenden Bericht im Umfang von 90 Seiten. Der Bericht führte in allen Einzelheiten eine ganze Litanei offensichtlicher Inkompetenz bei den Untersuchungen nach den Terroranschlägen von Brabant in den 80er-Jahren auf. Der Bericht beschuldigte die belgische Polizei einer verworrenen und ineffizienten Untersuchung, während der Dokumente verloren oder zerstört wurden, Spuren nicht nachgegangen wurde und Informationen nicht an die benachbarten Abteilungen weitergegeben wurden.[81]

Plötzlich wurde neues Licht auf die Terroranschläge von Brabant geworfen, als der Gladio-Rechercheur Allan Francovich erfolgreich der These folgte, dass Teile der belgischen Geheimarmee mit den extremen belgischen rechten Organisationen zusammengearbeitet haben könnten, zu denen auch eine Neonazi-Gruppe mit dem Namen New Westland Post (WNP) zählte. Bereits im Jahr 1988 hatte der britische Enthüllungsjournalist John Palmer berichtet, dass die Beweise für die Brabant-Anschläge «nunmehr auf nicht unbedeutende Rechtsextreme deuten, auch auf die Neonazi-Gruppe Westland New Post».[82] Im Jahr 1974 wurde die belgische ultrarechte Organisation Front de la Jeunesse (FJ) gegründet. Fünf Jahre später wurde die WNP innerhalb der FJ als bewaffneter und höchst militanter Zweig der rechtsextremen Organisation gegründet. «Die Front de la Jeunesse erblickte 1974 das Licht der Welt und bestand bis in die 80er-Jahre. Manchmal war sie eine politische Gruppe, manchmal war sie militant», beschrieb Francis Dossogne, der Anführer der FJ, seine Organisation in Francovichs Dokumentarfilm über Gladio. «Ja, sie war rechtsextrem», bestätigte er und fügte hinzu, dass es «im Wesentlichen eine Jugendbewegung war, aber auch eine militante Bewegung.»[83] Dossogne bestätigte, dass die FJ in zahlreichen Fällen zur Gewalt gegriffen hatte: «Die Front de la Jeunesse führte alles aus, was zur Unruhe beitrug. Sie stellte vieles in Frage, vieles, das gut etabliert war. Die Front war so wütend darüber, dass sie es zerstören wollte.» Ihre paramilitärische Ausbildung führte sie immer öfter öffentlich durch, so dass sich die FJ der Kritik ausgesetzt sah. «Die Front wurde wegen ihren Lagern angegriffen. Doch tatsächlich machten wir nichts anderes als das, was die Pfadfinder auch tun. Was bestimmte Unternehmen in ihren Animationskursen machen, geht viel weiter.»[84]

Sehr vorsichtig gestand Dossogne in der Gladio-Dokumentation, dass innerhalb der FJ ein militanter Zweig aufgebaut wurde, der fast ausschließlich aus Angehörigen der belgischen Gendarmerie bestand. Als SDRA6 war die Gendarmerie Teil des belgischen militärischen Geheimdienstes SGR, dem unter der Marke SDRA8 auch die Geheimarmeen unterstanden. Der neue Zweig innerhalb der FJ wurde wegen der starken Präsenz der Gendarmerie zunächst «G» genannt, woraus später die WNP wurde. «Die Gruppe G war ein Teil der Front in der Gendarmerie, weil die Gendarmen nicht mit dem Rest verwechselt werden wollten – und wegen des Risikos bei Demonstrationen und so weiter», berichtet Dossogne. Der Gendarm Martial Lekeu spielte in der Gruppe G und später in der WNP eine herausragende Rolle. «Lekeu war Teil der Gruppe G, er war eines der ersten Mitglieder der G», erklärte Dossogne in der Gladio-Dokumentation. «Er war so sehr ein Teil der Gruppe G, dass er später den Stabschef der Gendarmerie über ihre Existenz informierte.»[85]

Lekeu diente von 1972 bis 1984 in der belgischen Gendarmerie. Danach floh er nach Florida in die USA. In der Gladio-Dokumentation sagte er in schlechtem Englisch aus, dass Teile des belgischen militärischen Geheimdienstes und des Sicherheitsapparats mit den Brabant-Anschlägen in Verbindung stünden: «Mein Name ist Martial Lekeu. Ich war bei der belgischen Gendarmerie. Ich verließ Belgien im August 1984 nach konkreten Tötungsdrohungen gegenüber meinen Kindern», sagte Lekeu aus. «Anfang Dezember 1983 ging ich persönlich zur BSR [Brigade Spéciale des Recherches, eine Abteilung der Gendarmerie] von Wavre, die Untersuchungen über die Morde [von Brabant] durchführte.» Lekeu hatte entdeckt, dass die Terroranschläge eine Verbindung zum Sicherheitsapparat hatten. «Ich war überrascht, dass keine Verhaftungen vorgenommen wurden, und ich weiß, dass ich selbst berichtete, was da vor sich ging, dass man dort Morde wie diese respektiere, willkürliches Morden oder in einen Supermarkt zu gehen und dort Leute zu töten, sogar Kinder. Ich glaube, sie töteten etwa 30 Menschen. Und ich sagte einem Mann, den ich traf: ‹Ist Ihnen eigentlich bewusst, dass Mitglieder der Gendarmerie darin verwickelt sind?› Seine Antwort war: ‹Halten Sie den Mund. Sie wissen es, wir wissen es. Kümmern Sie sich um Ihre eigenen Angelegenheiten. Machen Sie, dass Sie rauskommen!› Sie sagten, dass die Demokratie verschwinden würde, sobald die Linke an der Macht ist. Die Sozialisten und all diese wollten mehr Macht.»[86]

Ein belgischer parlamentarischer Bericht über die Massaker von Brabant wurde 1990 veröffentlicht, nur Monate vor der Entdeckung der belgischen Geheimarmee, welcher diese Erkenntnisse von Lekeu unterstützte. «Nach dem Bericht waren die Killer Mitglieder oder ehemalige Mitglieder der Sicherheitsdienste – Rechtsextreme, die den Schutz von hoher Ebene genossen und die einen Putsch der Rechten vorbereiteten.» «Es wird nun angenommen», schrieben britische Zeitungen, nachdem der parlamentarische Bericht der Öffentlichkeit präsentiert worden war, «dass die Morde von Brabant Teil einer Verschwörung zur Destabilisierung des belgischen demokratischen Regimes waren, möglicherweise um den Boden für einen rechtsradikalen Staatsstreich zu bereiten».[87] «Der terroristischen Linie folgten getarnte Leute, die dem Sicherheitsapparat angehörten, oder Leute, die dem Staatsapparat durch ein gutes Verhältnis oder durch Zusammenarbeit verbunden waren», erklärte auch der italienische Rechtsterrorist Vincenzo Vinciguerra, der die dunkle Seite der geheimen Stay-behind-Armeen enthüllte. Rechtsextreme Organisationen in ganz Westeuropa «wurden für den Kampf als Teil einer antikommunistischen Strategie mobilisiert. Sie stammten nicht aus Organisationen, die vom Staat abwichen, sondern aus dem Staat selbst und – ganz besonders – mitten aus dem Umkreis der staatlichen Verbindungen zur Atlantischen Allianz.»[88] Dieser Anregung folgte der Parlamentarier Agalev Hugo Van Dienderen und versuchte mehr über die heimlichen Operationen in Belgien herauszufinden, indem er Kontakt zur NATO aufnahm. Zwei Jahre vor der Aufdeckung von Gladio fragte er schriftlich nach, ob die NATO ein geheimes «Sicherheitskomitee» habe. Die NATO fragte nach, weshalb er das wissen wolle, und weigerte sich dann, jegliche spezifischen Informationen zu diesem Thema herauszugeben.[89]

Der Verdacht verdichtete sich, dass die rechtsextreme Organisation WNP unter dem besonderen Schutz der NATO stand, als im Oktober 1990 sieben Mitglieder der WNP angeklagt wurden, Anfang der 80er-Jahre Hunderte von Dokumenten der NATO und der belgischen Armee gestohlen zu haben, jedoch auf geheimnisvolle Weise vom höchsten Militärgericht in Belgien freigesprochen wurden. Dies trotz der Tatsache, dass die Dokumente in den Büros der WNP gefunden wurden und trotz der Bestätigung der WNP-Aktivisten, dass dieses streng geheime Material ihnen gehöre. Gleichzeitig widersprachen die Angeklagten heftig der Anklage, sie hätten die Dokumente gestohlen. «Wir folgten lediglich den Wünschen der Obrigkeit!», erklärte das angeklagte WNP-Mitglied Michel Libert, und betonte, dass er, als er in den Besitz des

Materials gekommen war, nur aus Patriotismus und mit der Erlaubnis von Vorgesetzten der NATO gehandelt habe. Sein Kamerad, das rechtsgerichtete WNP-Mitglied Frédéric Saucez, protestierte: «Wenn ich Telexkopien der NATO gestohlen habe, dann war es im Auftrag der Staatssicherheit.» Der Staat, wie Vinciguerra ganz richtig vorhergesagt hatte, erwies sich als unfähig, sich selbst zu bestrafen. Erst wurde das Verfahren in die Länge gezogen und immer wieder an höhere Instanzen verwiesen, worauf letztlich, im Oktober 1990, das höchste Militärgericht, der Kriegsgerichtsrat, urteilte, dass die Straftaten zu weit zurücklägen, als dass eines der sieben WNP-Mitglieder noch verurteilt werden könne. Das Gericht fügte hinzu, die Straftat sei durch die Tatsache gemildert, dass sie zu einer Zeit begangen wurde, als der Kalte Krieg «mehr als nur eine Phrase» war. Den Mitgliedern der WNP wurde befohlen, die gestohlenen Dokumente der NATO, der belgischen Armee und dem Justizministerium zu übergeben, und sie verließen das Gericht als freie Menschen.[90]

Einer der Angeklagten, der Rechtsradikale Michel Libert, Mitglied der WNP von 1978 bis in die 80er-Jahre, bestätigte später in der Gladio-Dokumentation von Francovich, dass höhere Offiziere sie während der Operationen geschützt hätten. «Nur die besten Männer», sprach Libert stolz über die WNP, «können eine Aktionsgruppe bilden.» Paul Latinus, der Anführer der WNP, gab die Aufträge für verdeckte Aktionen. «Wenn eine Operation ausgeführt werden musste, erhielt Latinus den Job. Dazu brauchte er einen Helfer, für den Fall, dass es zu Problemen kommen würde.» Schutz durch höhere Ränge war eine Grundbedingung. «Man kann keine jungen Männer ins Feld schicken. Innerhalb von zwei Stunden hätten sie eine Kugel zwischen den Augen. Es gab immer Risiken. Sie könnten beispielsweise von der örtlichen Polizei zu einer Ausweiskontrolle angehalten werden. Die Polizisten tauchen wie ein Haar in der Suppe auf. Man kann dann nicht sagen: ‹Wir sind in dieser oder jener Mission hier.› ‹Und was macht ihr?› ‹Das kann ich Ihnen nicht sagen.› Klick, machen die Handschellen, und das war es dann.»[91]

Der Dokumentarfilmer Francovich wollte in seiner Gladio-Dokumentation wissen, ob der Rechtsextremist bestätigen könne, dass die WNP und der belgische Sicherheitsapparat in die Terroranschläge von Brabant verwickelt waren. Zählte Brabant auch zu den «Missionen»? «Man erhielt Aufträge. Wir können, sagen wir einmal, bis 1982 zurückgehen. Von 1982 bis 1985», antwortete Libert, wobei er sich auf den Zeitraum bezog, in dem die Brabant-Anschläge ausgeführt wurden. «Es gab Projekte.» Sehr heikle Projekte, gestand Libert.

Nach eigenen Angaben wurde ihm gesagt: «Sie, Mr. Libert, wissen nichts darüber, weshalb wir dies tun. Überhaupt nichts. Alles, was wir wollen, ist, dass Ihre Gruppe unter der Deckung der Gendarmerie, unter der Deckung der Staatssicherheit, einen Job ausführt. Ziel: die Supermärkte. Wo sind sie? Welche Art von Schließvorrichtungen gibt es dort? Welche Sicherheitsvorkehrungen haben sie dort, die unsere Operation stören könnte? Schließen die Geschäftsleiter sich ein? Oder nutzen sie einen externen Sicherheitsdienst?» Die Operation war streng geheim und der Rechtsextremist Libert folgte dem Befehl: «Wir führten die Befehle aus und schickten unsere Berichte ein: Die Zeiten, wann geöffnet und geschlossen wird. Alles, was man über einen Supermarkt nur erfahren kann. Wofür war dies? Dies war eine von Hunderten von Missionen. Etwas, das getan werden musste. Doch wozu das alles gebraucht wurde, das ist die große Frage.»[92]

«Wenn es das Ziel war, Terror zu erzeugen», beobachtete der Journalist Davison, «wählten die Killer perfekte Ziele aus: Frauen, Kinder und alte Leute, umgemäht durch Schnellfeuergewehre, während sie ihren Einkaufswagen durch einen vertrauten Supermarkt schoben.»[93] In dieser Kommandokette war Michel Libert, der Rechtextremist der WNP, am unteren Ende. Er erhielt seine Befehle vom WNP-Kommandeur Latinus. «Es ist klar, dass Latinus eines der interessantesten Teilchen im Puzzle ist, um die politisch-juristischen Geheimnisse der 80er-Jahre zu verstehen», urteilten Journalisten des belgischen Magazins *Avancées*, nachdem sie ein ganzes Lexikon über die belgischen Terrorjahre zusammengestellt hatten. Er war, so folgerten die belgischen Journalisten, das Zwischenstück «zwischen der extremen Rechten, der klassischen Rechten und den ausländischen und belgischen Geheimdiensten.»[94]

Paul Latinus war ein hochrangiger Rechtsterrorist auf europäischer Ebene. Nach seinen eigenen Aussagen wurde er neben anderen Quellen vom militärischen Geheimdienst des Pentagons, der US Defence Intelligence Agency (DIA), bezahlt. Ein ehemaliger Nukleartechniker und Informant der belgischen Sûreté hatte Latinus im Jahr 1967 als 17-Jährigen für die DIA rekrutiert. Später bildete ihn die NATO aus. Der belgische Journalist Haquin, der über den Terroristen Latinus ein Buch geschrieben hat, sagt, dass «während einer juristischen Untersuchung, in die er verwickelt war, Latinus diese ausländische Organisation nannte: Es war die Defence Intelligence Agency (DIA), das militärische Gegenstück zur CIA.»[95] In den 70er-Jahren wurde

Latinus Mitglied des Brabant Reserve Officers Club (BROC), einer konservativen militärischen Organisation, die 1975 gegründet wurde und von der «roten Gefahr» besessen war. 1978 trat Latinus in die rechtsgerichtete Organisation FJ ein, und innerhalb dieser Organisation baute er die Abteilung WNP für verdeckte Aktionen auf. Mit seinen hervorragenden Beziehungen arbeitete Latinus in dieser Zeit auch in der belgischen Regierung als Berater für den Arbeitsminister und mehrere Ausschüsse. Als im Januar das linksgerichtete Magazin *Pour* den rechtsstehenden Latinus in der Regierung bloßstellte, verließ er seine öffentlichen Ämter und floh zu Pinochet nach Chile. Doch schon nach nicht einmal zwei Monaten im Exil kehrte Latinus dank seiner ausgezeichneten Kontakte nach Belgien zurück, genau zu der Zeit, als die Terroranschläge in Brabant begannen. Er übernahm wieder das Kommando über die WNP, und neben anderen Aktivitäten kollaborierte er mit der Sûreté im antikommunistischen Kampf, indem er das Justizministerium mit Daten über die Linke versorgte.[96]

«Latinus war mit einer Sonderaufgabe in die Front de la Jeunesse eingeschleust worden», erinnert sich Jean-Claude Garot, der Herausgeber des Magazins *Pour:* «Er sollte der Front de la Jeunesse beibringen, wie man gewalttätige Angriffe durchführt, Angriffe auf Cafés arabischer Einwanderer, wie man militärische Ausbildungslager organisiert und wie man Überwachungen durchführt.»[97] Der Journalist Garot untersuchte die belgische extreme Rechte und verfolgte die Spuren von Latinus zu den Ausbildungslagern für verdeckte Aktionen der WNP. «Im Training ihrer Gruppen für aktive Interventionen, paramilitärischer Gruppen, die aus ehemaligen Militärs (Gendarmen) und militanten Rechten bestanden», entdeckte Garot die belgische Geheimarmee, lange bevor sie 1990 aufgedeckt wurde. «Diese Art von Übungen beinhaltet das Schießen mit Maschinengewehren und das Werfen von Handgranaten. Dies macht natürlich viel Lärm und zieht die Aufmerksamkeit auf sich. Wir wussten, dass dieses Trainingslager stattgefunden hat. Wir wussten davon und organisierten die erforderliche Fotoausrüstung, um einen Teil der Aktion aufzuzeichnen.»[98] Das Trainingslager lag in den Ardennen, und Ausbilder verschiedener Geheimdienste waren während der Übungen anwesend. «Diese Leute unterrichteten Rekrutierung, Überwachung und den Gebrauch von Waffen. ‹Robert› unterrichtete den Umgang mit Sprengstoffen, das Schießen mit Waffen und wie man tötet, ohne Spuren zu hinterlassen.»[99]

Als Garot seine Erkenntnisse veröffentlichte, waren die Behörden alarmiert und versuchten alles zu vertuschen. «Mit Freunden von Radio- und Fernsehsendern interviewten wir General Beaurir. Zu dieser Zeit war er die Nummer eins der Gendarmerie», erinnert sich Garot. «Im Interview sagte er: ‹Das ist nie geschehen.› Am gleichen Tag intervenierte der Untersuchungsrichter. Wo? Hier [im Büro des Journalisten]. Sie durchsuchten die Geschäftsräume und gaben die Stellungnahme ab: ‹Jean-Claude Garot hat gelogen. Er hat Uniformen, Fotos und Waffen fabriziert, es ist alles nur eine Maskerade.›»[100] Heute weiß man, dass Garot die rechtsextreme Abteilung der belgischen Staybehind SDRA8 entdeckt und fotografiert hatte, zu der angeblich auch Rechtsextremisten der WNP gehörten. Paul Latinus kommandierte die Terroreinheit. Der belgische Journalist Haquin interviewte Latinus persönlich, der ihm bestätigte, dass er ein Mitglied eines geheimen antikommunistischen Netzwerkes sei. «Latinus wurde angeklagt, eine Gruppe, eine Armee nach dem Vorbild der SS aufgebaut zu haben», erklärt Haquin. «Sie hatten in der Gruppe einen Geheimdienst und einen Sicherheitsdienst. Jedes Mitglied der Gruppe hatte einen Doppelnamen, einen Decknamen, normalerweise einen deutschen. Die Mitglieder kannten einander nicht.» Haquin erinnert sich: «Ich kontaktierte Latinus noch einmal. Wir trafen uns in einem Landgasthof und sprachen den ganzen Abend. Gewisse Behörden, zuerst wollte er nicht sagen welche, hatten ihm den Auftrag erteilt, in Belgien eine geheime Widerstandsgruppe aufzubauen. Sie sollte bestimmte sowjetische Agenten bekämpfen und bestimmte belgische Behörden daran hindern, mit den Sowjets zusammenzuarbeiten.»[101]

Martial Lekeu, Ex-Mitglied der WNP und ehemaliger Gendarm, bestätigte in Florida dem Gladio-Rechercheur Francovich, dass die Geheimarmee in Belgien in die Brabant-Anschläge verwickelt war, um die belgische Linke zu diskreditieren. «Die Gewehre, die sie benutzten, kamen von weit her. Es war geplant, Gangs und Gruppen wie diese zu organisieren und sie dann allein agieren zu lassen. Doch stellte man sicher, dass sie überleben werden und dass sie Vorräte hatten und dass sie genau wussten, wie man im Land ein Klima des Terrors erzeugt», erklärte Lekeu. «Sie hatten zwei Pläne. Der erste war, Gangs zu organisieren, um Geiseln zu nehmen, wissen Sie, sie zu töten. Der zweite Plan war, die sogenannte ‹Linke Bewegung› zu organisieren, die einen Terrorversuch durchführen sollte, um die Bevölkerung glauben zu lassen, dass diese Terrorversuche von der Linken durchgeführt wurden.»[102]

«Wurde dieser Terror von der Administration des amerikanischen Präsidenten Ronald Reagan unterstützt und angeregt, der während dieser Zeit in Nicaragua gegen Sandinisten brutal vorging?», wollte der Gladio-Rechercheur Francovich vom WNP-Mitglied Michel Libert wissen. Libert, der die Daten über die Supermärkte im Auftrag des WNP-Chefs Paul Latinus gesammelt hatte, bestätigte zögernd, dass sein Chef sehr eng mit den Vereinigten Staaten zusammengearbeitet hatte: «Er [Latinus] traf Leute von der [US-] Botschaft, doch habe ich ihn niemals so getroffen, wie wir uns jetzt treffen», also von Angesicht zu Angesicht. «Das war nicht in meinem Zuständigkeitsbereich. Sein Aufgabenbereich, so könnte man sagen, war der Bereich der Diplomatie, das heißt, der Bereich der Beziehungen zu ausländischen Behörden. Unsere einzige Angelegenheit waren die Aktionen», erinnert sich der Terrorist Libert. «Wir wussten, dass wir beschützt wurden – von allen möglichen Behörden, immer abhängig von der Art des Auftrags. Wurde er [Latinus] von den Amerikanern bezahlt? Das kann ich nicht sagen, aber er hatte Kontakt zu ihnen.»[103] Senator Roger Lallemand, der Vorsitzende der belgischen Gladio-Untersuchung, stellte die historisch richtige Analyse an, als er zusammenfasste, dass die Terroranschläge in Brabant «das Werk ausländischer Regierungen oder von Geheimdiensten, die für Ausländer arbeiteten, waren, mit dem Ziel, die demokratische Gesellschaft zu destabilisieren».[104]

Senator Lallemand war in seiner Wortwahl sehr vorsichtig und unterließ es, die Vereinigten Staaten direkt zu beschuldigen, doch beharrte er darauf, dass der Terror im Zusammenhang mit dem Kalten Krieg und dem Antikommunismus gesehen werden müsse: «Diese grundlosen Morde an Menschen könnten politisch motiviert sein, wenn man daran denkt, was in Italien geschehen ist. Am Bahnhof von Bologna starben 80 unschuldige Menschen. Wir glauben, dass hinter den Morden von Brabant-Wallonien eine politische Organisation stand.»[105] Es war Haquin, der später das fehlende Verbindungsglied in seinem Interview mit dem von den USA gesponserten WNP-Terroristen Paul Latinus lieferte: «Als wir uns in den folgenden Tagen und Wochen trafen, fragte ich Latinus, wer ihn gebeten hatte, diese Gruppe aufzubauen. Er erwähnte den Staatssicherheitsdienst. Er sprach von ausländischen militärischen Behörden. Ich drängte ihn, und letztlich sagte er, es seien die amerikanischen militärischen Geheimdienste gewesen.»[106] Am Ende der Brabant-Anschläge wurde Paul Latinus verhaftet. Doch noch bevor er aussagen konnte, wurde der rechtsextreme Kommandeur am 24. April 1985 in seiner Gefängniszelle an einem Telefonkabel aufgehängt gefunden, wobei seine Füße sich auf dem Boden befanden. «In den Kreisen um Paul Latinus bleiben alle, fast alle, davon überzeugt, dass der Chef der WNP keinen Selbstmord begangen hat, sondern dass er liquidiert wurde.» «Immer wenn sie versuchten, seinen Selbstmord zu rekonstruieren, riss das Telefonkabel.» Haquin fragte sich: «Wenn die Vereinigten Staaten nichts mit den Terroranschlägen in Belgien zu tun hatten, weshalb sagen sie dann nichts, weshalb schweigen sie und lassen Verdächtigungen aufkommen?»[107]

11

Der geheime Krieg in den Niederlanden

Ebenso wie im benachbarten Belgien hat die geheime Stay-behind-Armee der Niederlande ihren Ursprung in den Erfahrungen der Besatzung während des Zweiten Weltkrieges. Die Niederlande, so beklagten holländische Strategen später, hatten wegen Geldmangels vor dem Krieg, wegen fehlenden Vorstellungsvermögens und im Kontext der Neutralität des Landes keine Stay-behind-Armee eingerichtet. Dann wurden die Niederlande im Mai 1940 von der deutschen Wehrmacht besetzt und die niederländische Regierung sowie das niederländische Königshaus, und privilegierte Personen des politischen, militärischen und wirtschaftlichen Bereichs mussten übereilt und chaotisch das Land nach Großbritannien verlassen. GS III, die Abteilung Geheimdienst des holländischen Generalstabs, hatte zu spät vor dem deutschen Angriff gewarnt und so bitterlich in dem Bereich versagt, der ihre wichtigste Aufgabe war. Wegen des hastigen Rückzugs gab es in verschiedenen Bereichen logistische Notlagen, und die holländischen Minister, die 1940 in London ankamen, konnten ihre Aufgaben kaum noch wahrnehmen, weil ihnen die wichtigsten Dokumente fehlten. Vielen im militärischen Dienst und im Sicherheitsbereich war klar, dass eine derartig chaotische Flucht nie wieder vorkommen sollte und dass nach dem Krieg Vorbereitungen gegen eine künftig mögliche Invasion sehr ernst genommen werden müssten.

Nach der chaotischen Flucht der Regierung im Mai 1940 war das Heimatland fast fünf traumatische Jahre hindurch von den Deutschen besetzt. Die holländische Regierung in London, die fast überhaupt keine verlässlichen Informationen über das besetzte Heimatland hatte, schickte Agenten in die Niederlanden mit der Aufgabe, Informationen zu sammeln, Widerstand zu organisieren und sich in kleinem Rahmen an verdeckten Operationen zu beteiligen. Wie in Belgien wurden die holländischen Operationen in enger Zusammenarbeit mit den Briten durchgeführt, vor allem jedoch mit der neu gegründeten British Special Operations Executive (SOE). Doch die Deutschen infiltrierten mit verhängnisvoller Wirkung die hastig zusammengestellten Einheiten. In einem der größten Desaster für die SOE, dem sogenannten Englandspiel, wurde der holländische Teil der SOE von den Deutschen heimlich infiltriert, die danach die Sender kontrollierten und die Kommunikation mitlesen konnten. Dutzende von Agenten fielen dem Feind in die Hände und kehrten deshalb nie zurück.

Während des Krieges etablierten die Holländer und Briten enge Bindungen, und London riet den Holländern, ihren zerstörten und chaotischen Geheimdienstapparat neu zu organisieren. Entsprechend dem Rat der Briten wurden in den ersten 40er-Jahren während des Londoner Exils zwei neue Dienste geschaffen. Das Bureau Inlichtingen (BI) wurde im November 1942 eingerichtet und hatte die Aufgabe, geheimdienstliche Informationen zu sammeln. Das Bureau Bijzondere Opdrachten (BBO) wurde mit der Aufgabe gegründet, spezielle Operationen durchzuführen. Zusammen mit den Spezialeinheiten der britischen SOE sprangen BBO-Agenten über dem besetzten Land mit Fallschirmen ab. Als der Krieg vorüber war, wurden das BI und das BBO aufgelöst. Doch in den folgenden Jahren wurde ein großer Teil des Personals dieser Geheimdienste direkt am Aufbau der holländischen Stay-behind beteiligt.

C.L.W.Fock, ein Mitglied des BI, bestand während des Kriegs darauf, dass die Niederlande besser vorbereitet sein müssen, und in Friedenszeiten sollte eine Stay-behind im Land eingerichtet werden. Auch sein Vorgesetzter, J. M. Somer, Chef des BI in London, war überzeugt, dass nach dem Ende der deutschen Besatzung in den Niederlanden eine Stay-behind eingerichtet werden müsse. «Ich erinnere mich, wie Somer, Charles van Houten (Verbindungsoffizier zwischen dem BI und der holländischen Königin Wilhelmina) und ich schon 1944 darin übereinstimmten, dass so etwas nie wieder geschehen darf», erinnerte sich Fock im Alter von 87 Jahren 1992 im Rahmen eines Interviews über Gladio in seiner Wohnung in Den Haag. Er konnte fast auf ein halbes Jahrhundert zurückblicken und erinnerte sich: «In dieser Unterredung wurde deutlich, dass es für die Niederlande besser sei, sich auf einen neuen Krieg vorzubereiten. Es war erforderlich, so bald wie möglich Maßnahmen in dieser Richtung zu ergreifen.»[1]

Zur Zeit der Befreiung der Niederlande im Jahr 1945 erschien der BI-Chef Somer als die Person mit den meisten Erfahrungen im geheimdienstlichen

Bereich. Vor dem Krieg hatte er im holländischen Geheimdienst GS III gedient. Während des Krieges war er in Holland an Widerstandsaktionen beteiligt, und im März 1942 war er dem deutschen Sicherheitsdienst nur knapp entkommen, erreichte aber nach einer abenteuerlichen Reise den sicheren Hafen London. In London diente Somer als Chef des neu gegründeten Geheimdienstes BI. Nach dem Krieg wurde Somer zum Oberst befördert, legte seine Überlegungen über eine Stay-behind-Organisation schriftlich nieder und präsentierte sie General J. Kruls, der im November 1945 Vorsitzender des holländischen Generalstabs wurde. Somers Memorandum an Kruls trug den Titel: «Lehren, die aus der Zeit von 1940 bis 1945 im Bereich der Geheimdienste und der Sicherheitsdienste gezogen werden sollen.» Ein damals Beteiligter erinnert sich, dass «dies eine der ersten Angelegenheiten war, mit der sich Kruls als neuer Chef des Generalstabs in seinem neuen Amt auseinanderzusetzen hatte». Kruls konnte sofort für diese Idee gewonnen werden. Fasziniert von verdeckten Aktionen, betonte Kruls in seinem Buch «Frieden oder Krieg» *(Vreede of Oorlog)*, das er wenige Jahre nach dem Koreakrieg veröffentlichte, dass «den Vorbereitungen für verdeckte Aktionen größtmögliche Aufmerksamkeit» geschenkt werden muss. Nach Kruls' Ansicht musste sich Europa «den harten Fakten» stellen, was bedeutete, dass, wenn es schon bald wieder einen Krieg geben sollte, «Untergrundoperationen ein entscheidender Faktor sein könnten».[2]

Mit der Unterstützung von Kruls präsentierte Somer im September seinen Stay-behind-Plan dem holländischen Verteidigungsminister J. Meynen. Somer stellte die verdeckten Aktionen und Sabotage-Operationen einer potenziellen Geheimarmee nicht besonders heraus, sondern schlug die Schaffung einer Einheit vor, «die in der Lage sein sollte, militärische, politische und wirtschaftliche Informationen zu beschaffen und sie per Kurier oder über drahtlose Netzwerke» an das militärische Kommando außerhalb des besetzten Landes zu versenden. Somer erklärte, dass Männer rekrutiert und in Funk- und Verschlüsselungstechniken ausgebildet werden sollten. Sie sollten keinesfalls Angehörige des regulären holländischen Militärs sein, denn nur dann könnten sie für spezielle Einsätze im Fall einer Invasion zur Verfügung stehen.[3] Verteidigungsminister Meynen war mit dem Plan einverstanden, und Somer wurde der erste Kommandeur der holländischen Stay-behind mit der speziellen Aufgabe, eine geheime Armee aufzubauen. Gleichzeitig erhielt Somer den Auftrag, den aus Kriegszeiten stammenden Geheimdienst IB aufzulösen, den er zuvor geleitet hatte. Diese Aufgabe gab ihm die perfekte Deckung für seine heimlichen Vorbereitungen. Er verband den neuen Stay-behind-Service mit dem alten militärischen Geheimdienst GS III aus der Vorkriegszeit, und deshalb erhielt die erste holländische Stay-behind-Armee den Decknamen GIIIC.

Nach einigen Monaten gefiel Somer die Organisationsstruktur nicht mehr. Ihm missfiel, dass sein Stay-behind-Netzwerk GIIIC dem Kommando der Stabschefs unterstellt wurde. Somer, der nur wenig Lust hatte, einen Abteilungsleiter über sich zu haben, brachte nachdrücklich zum Ausdruck, dass diese Struktur ein Geheimhaltungsrisiko berge. «Somer war der Meinung, dass seine streng geheime Einheit existieren müsse, allerdings nicht offiziell in Erscheinung treten dürfe», beschrieb der holländische Forscher Paul Koedijk die Situation. Im Januar 1948 wurde deshalb beschlossen, dass die Stay-behind-Abteilung in den Organigrammen des Verteidigungsministeriums nicht mehr erwähnt wird, und die Geheimarmee kam unter das direkte Kommando von Somer. Außerdem wurde der Name der holländischen Gladio von GIIIC in G7 geändert. Weiterhin bestand Somer darauf, dass sein Gladio-Hauptquartier nicht weiter im Hauptquartier des holländischen Generalstabs verbleiben könne, das im militärischen Prinzessin-Juliana-Komplex zwischen Den Haag und dem Dorf Wassenaar untergebracht war. Deshalb durfte er sich ein angemessenes Gebäude aussuchen, das nicht zu weit vom Hauptquartier des holländischen Generalstabs liegen durfte. Nicht besonders auf Unauffälligkeit bedacht, entschied er sich für die Villa Maarheeze in Wassenaar, ein architektonisches Highlight, eine eindrucksvolle Villa, die 1916 von einem holländischen Geschäftsmann erbaut wurde, der in Indonesien zu großem Reichtum kam. In einer akzeptablen Entfernung von fünf Minuten Fahrzeit vom Hauptquartier des Generalstabs gelegen, residierte Somer ab Mai 1945 in der Villa Maarheeze, immer noch offiziell mit Aktivitäten des BI betraut. 1946 zog die holländische Gladio GIIIC, kurz danach in G7 umbenannt, ebenfalls in dasselbe Gebäude.

Somer legte größten Wert darauf, dass Geheimhaltung von allerhöchster Bedeutung für die Geheimarmee war. Während seines Kommandos konnten beispielsweise keine Angehörigen der römisch-katholischen Kirche Mitglied der geheimen Einheit werden, denn Somer glaubte, dass ihre Pflicht zu beichten im Widerspruch zu den Verschwiegenheitspflichten innerhalb des Dienstes stünde. Gleichzeitig stellte Somer sicher, dass die holländische Exekutive über seine geheimen Vorbereitungen informiert wurde. Mit der Unterstützung des

Stabschefs Kruls informierte er den holländischen Premierminister Louis Beel eingehend, der im Juli 1946 sein Amt als Vorsitzender der Exekutive übernahm und bis 1948 Premierminister blieb. Beel war schon bald vom Wert eines Stay-behind-Netzwerkes überzeugt, und deshalb stimmte er der geheimen Operation zu, obwohl er das Szenario einer sowjetischen Invasion für ziemlich unwahrscheinlich hielt.

Nachdem das BI durch Somer aufgelöst wurde, bot die Villa Maarheeze, die das Hauptquartier der holländischen Stay-behind war, noch genügend Platz für andere Abteilungen des holländischen Geheimdienstes. Die holländischen Geheimdienste aus dem Zweiten Weltkrieg, das BI und dass BBO, waren aufgelöst. Dafür wurden zwei neue holländische Geheimdienste für den Kalten Krieg geschaffen: der Inlandsgeheimdienst BVD, die Abkürzung für Binnenlandse Veiligheidsdienst, und der holländische Auslandsgeheimdienst IDB, die Abkürzung für Inlichtingendienst Buitenland.[5] Den Auftrag, den Auslandsgeheimdienst IDB aufzubauen, vergab der Premierminister an C.L.W. Fock, der während des Krieges stellvertretender Direktor des BI in London war. Als Fock zum ersten Direktor des IDB befördert werden sollte, fragte ihn Somer, ob er nicht daran interessiert sei, das neue Hauptquartier seines Dienstes in der Villa Maarheeze einzurichten. Fock war einverstanden, und der IDB kam in die Villa und bezahlte 60 Prozent der Miete, während Somers G7 den Rest bezahlte. Die Villa Maarheeze wurde in den folgenden Jahrzehnten ein Symbol für geheime Operationen, das heftig kritisiert wurde, als entdeckt wurde, dass der IDB illegale inländische Operationen durchgeführt und während des Kalten Krieges Verbindungen zu holländischen rechtsradikalen Zirkeln gepflegt hatte. Als 1990 noch aufgedeckt wurde, dass die mysteriöse geheime Gladio-Armee im selben Haus wie der IDB untergebracht war, wurde die Villa Maarheeze zum Symbol für Intrigen und Manipulationen. Der holländische Auslandsgeheimdienst IDB wurde 1994 von Premierminister Lubbers aufgelöst, und die meisten seiner Funktionen wurden dem Inlandsgeheimdienst BVD übertragen.[6]

Von seinem Hauptquartier in der Villa Maarheeze aus reiste Kommandeur Somer häufig durch die Niederlande, um Mitglieder für seine Geheimarmee zu rekrutieren. Die meisten dieser frühen Gladiatoren hatten gemeinsame Erfahrungen aus dem Zweiten Weltkrieg. Viele kamen aus den BBO-Einheiten, die während des Krieges zusammen mit den SOE-Spezialeinheiten mit Fallschirmen über dem besetzten Land abgesprungen waren, um verdeckte Operationen durchzuführen. Andere Rekruten kamen aus der Widerstandsbewegung OD (Ordedienst), die Somer während des Krieges in der holländischen Provinz Westbrabant kommandiert hatte, bevor er gezwungen wurde, im Jahr 1942 nach London zu fliehen. «Somer durchsuchte das ganze Land für seine Zwecke», erinnert sich ein ehemaliger Agent. «Beispielsweise besuchte er einen alten Kommandeur des OD oder ein Mitglied der illegalen Geheimdienst-Einheit Albrecht aus dem Zweiten Weltkrieg, traf sich mit ihnen in Hotelzimmern, wo sie ausführlich über die Angelegenheiten sprachen.» Natürlich war diese Art von Arbeit an der Front nicht die Aufgabe des Chefs einer supergeheimen Organisation. Doch weil er die persönlichen Kontakte als die zentralen Elemente seiner Organisation einstufte, blieb Somer stur bei seiner Rekrutierungstaktik, die er für effizient hielt, während der ehemalige Agent argumentierte: «Rückblickend kann man ein solches Vorgehen natürlich in Frage stellen.»[7]

Vor allem aber pflegte Somer seine heimlichen Kontakte zum MI6 und der CIA. Als Somer den holländischen Minister für Verkehr und Energie und das holländische Generaldirektorium für Telekommunikation um eine Lizenz zum Betrieb einer Funkstation mit Empfänger und Sender und um die Zuteilung mehrerer bestimmter Frequenzen bat, hob er die Notwendigkeit für «eine schnelle geheime und unabhängige Verbindung zu den englischen und amerikanischen Funktionären im Ausland hervor».[8] Somer verdeutlichte in seinem Antrag, dass «der Wunsch für dieses Vorgehen» von Großbritannien und den Vereinigten Staaten vorgebracht wurde, worauf die Sender sehr schnell in der Villa Maarheeze installiert wurden.

Zu der Zeit, als Somer die G7 aufbaute, wurde in den Niederlanden heimlich eine zweite Stay-behind-Organisation eingerichtet, die von der G7 unabhängig war. Sofort nach dem Zweiten Weltkrieg waren holländische Geheimdienstkreise unter dem Einfluss des britischen MI6 an Prinz Bernhard herangetreten und machten den Vorschlag, dass eine Stay-behind-Armee im Land für Sabotageakte, Liquidationen und bewaffneten Widerstand im Fall einer Invasion eingerichtet werden solle. Prinz Bernhard sah den Vorschlag positiv und sorgte dafür, dass Louis Einthoven, der erste Chef des holländischen Inlandsgeheimdienstes BVD nach dem Krieg, die Vorbereitungen treffen sollte. Einthoven baute mit dem Einverständnis des holländischen Premierministers W. Schermerhorn die holländische Stay-behind-Geheimarmee unter dem Decknamen «O» auf, rekrutierte Agenten, bildete sie aus und richtete geheime Waffenverstecke ein.[9]

Louis Einthoven wurde 1896 geboren und hatte vor dem Krieg als ranghoher Beamter bei der Rotterdamer Polizei gedient. Während des Krieges war er aktiver Widerstandskämpfer gegen die deutsche Besatzung. Bis zu seinem Tod im Jahr 1973 blieb er ein glühender Kalter Krieger, der wiederholt die Gefahr des Kommunismus betonte. Er führte «Sicherheitsüberprüfungen» ein, um die ideologische Zuverlässigkeit seiner Gladio- und BVD-Agenten zu kontrollieren. Einthovens Position als Chef des BVD gab ihm nicht nur die perfekte Tarnung für seine geheime Funktion als Chef der Geheimarmee. Sie verschaffte ihm während der 16 Jahre, in denen er die beiden Einheiten führte, zumindest potenziell, die Gelegenheit, die Gladiatoren im Inland einzusetzen, auch wenn es keine Invasion gab. Einthoven befand sich ständig im Alarmzustand, weil er befürchtete, dass seine Geheimarmee von Agenten der Sowjetunion infiltriert werden könnte, und legte deshalb großen Wert auf Gegenspionage. «Die Doppelfunktion von Einthoven als Chef des BVD und von O war für uns natürlich sehr wertvoll», erinnert sich ein ehemaliger Gladiator.[10] Denn wie die meisten Inlandsgeheimdienste hatte der BVD die Aufgabe, Teile der holländischen Gesellschaft zu bespitzeln, die sich als Bedrohung für den Staat und die Regierung erweisen könnten, und politische Bewegungen sowohl am rechten wie auch am linken Rand des politischen Spektrums ausfindig zu machen. Bis heute sind keine Dokumente oder Aussagen über Einthovens Geheimarmee verfügbar, und was sie machte, bleibt fast völlig im Dunkeln.

Die beiden holländischen Geheimarmeen – die eine wurde von Einthoven direkt in den BVD integriert, und die andere wurde von Somer mit Sitz in der Villa Maarheeze kommandiert – erzielten 1948 eine formelle Übereinkunft über eine Kooperation mit dem MI6. Eine ähnliche Übereinkunft über heimliche Stay-behind-Zusammenarbeit wurde mit der neu gegründeten CIA im Jahr 1949 vereinbart. Ob diese Vereinbarungen – wie in anderen Stay-behind-Ländern – den Einsatz der beiden holländischen Geheimarmeen auch ohne eine sowjetische Invasion zur Bekämpfung des Kommunismus und linker politischer Parteien beinhalteten, ist bisher nicht geklärt worden.[11] Doch als das holländische Stay-behind-Netzwerk 1990 entdeckt wurde, führten diese Geheimabsprachen zu viel Kritik in den Niederlanden, da die Meinung aufkam, dass der MI6 und die CIA die holländische Geheimarmee kontrolliert hätten, eine Vorstellung, die für die meisten holländischen Politiker nicht akzeptabel war, da sie ihrer Souveränität einen hohen Wert beimaßen. 1992 behauptete deshalb ein ungenannter ehemaliger Angehöriger der holländischen Gladio, dass die holländische Geheimarmee trotz der engen Kontakte zu London und Washington immer souverän gewesen sei: «Weder der britische noch der amerikanische Geheimdienst waren in der Lage, einen Agenten unserer Stay-behind entdecken zu können. So musste es sein. Denn wenn man erlaubt hätte, das Netzwerk beispielsweise für die Briten einzusetzen, dann hätte niemand mehr dabei sein wollen.»[12] Ein anderer holländischer Agent behauptete, dass «die CIA nur eine allgemeine Vorstellung von der Stärke der Stay-behind in unserem Land hatte».[13] Im Gegensatz zu diesen Aussagen kamen gleichzeitig Gerüchte auf, dass die streng geheime Identität aller Geheimsoldaten in ganz Westeuropa der CIA und dem MI6 immer und in allen Ländern bekannt war.

1948 führten dramatische Ereignisse in Übersee dazu, dass Kommandeur Somer die Niederlande verlassen musste. Indonesien, die älteste und reichste Kolonie der Niederlande, kämpfte zu dieser Zeit verzweifelt und erfolgreich um Unabhängigkeit, ganz ähnlich wie viele andere europäische Kolonien. Auf Befehl von General Spoor ging der Spezialist für verdeckte Aktionen deshalb im späten Frühjahr 1948 nach Fernost und wurde Direktor der gefürchteten NEFIS, des holländischen militärischen Geheimdienstes in Indonesien. Die NEFIS beteiligte sich an brutalen Operationen, war jedoch nicht in der Lage, Indonesien davon abzuhalten, 1949 die Unabhängigkeit von den Niederlanden zu erringen. Somer kehrte in die Niederlande zurück und schrieb ein Buch über «seinen» Geheimdienst, das IB, und über seine Erinnerungen an den Krieg. 1950 erschien das Buch unter dem Titel *Zij sprongen buj nacht* (Sie sprangen in der Nacht). Das Buch enthielt die Namen zahlreicher Agenten und Beschreibungen mehrerer verdeckter Aktionen. Das holländische Verteidigungsministerium kritisierte Somer später wegen dieser Enthüllungen.

«Die Regierung wusste überhaupt nichts», hob ein ehemaliger Geheimsoldat die Geheimhaltung beider holländischer Stay-behinds hervor und fügte hinzu, dass «nur sehr wenige Staatssekretäre innerhalb der Exekutive informiert waren, da die Minister über ihnen schnell wechseln konnten».[14] Die verfügbaren Beweise lassen vermuten, dass zu denjenigen, die zu dieser Zeit von der Geheimarmee wussten, der Premierminister, der Verteidigungsminister und die Staatssekretäre zählten und sofern die Stay-behind-Kommandeure ihnen vertrauten, auch die jeweiligen militärischen Stabschefs und die Direktoren der holländischen Inlands- und Auslandsgeheimdienste. «Politiker können zuweilen eigenartige Leute ernennen», überlegte ein anderer ungenannter holländischer Stay-behind-Agent. «Doch ist es nur normal, dass ein neuer Beamter über alles informiert wird. Doch bei diesen heiklen Themen musste man eine Ausnahme machen und erst einmal schauen, welches Fleisch man auf dem Teller hatte.»[15] Das Parlament und seine Spezialausschüsse wurden im Dunkeln gelassen. Weder der zur Geheimhaltung verpflichtete «Ständige Ausschuss für Geheimdienste und Sicherheitsdienste» noch die «Ministerielle Kommission für Geheimdienste und Sicherheit» des holländischen Parlaments wurden vor den Enthüllungen von 1990 über die Existenz der Stay-behind-Geheimarmee informiert.[16]

Um Somer als Kommandeur der Geheimarmee zu ersetzen, wurde J.J.L. Baron van Lynden, ein 35-jähriger Ausbilder der holländischen Kavallerie, ausgewählt. Die Suche nach einem Nachfolger war nicht einfach. Die meisten ehemaligen ranghohen Angehörigen des BI lehnten ab, weil sie einfach keine Lust mehr hatten, wieder ein geheimes Leben mit all seinen Misslichkeiten und seiner Doppelmoral zu führen. Als Baron van Lynden am 1. Juni 1948 Somer als Chef der holländischen Stay-behind G7 offiziell nachfolgte, waren einige innerhalb der Geheimdienste über diese Wahl überrascht. Denn van Lynden war, im Gegensatz zu seinem Vorgänger Somer, ein völliger Neuling in diesem Bereich. Er war vom IDB-Direktor Fock vorgeschlagen worden, der sich 40 Jahre später erinnerte: «Ich bin ein wenig stolz auf meinen Vorschlag», und lobte den hervorragenden Charakter des Kommandeurs der holländischen Stay-behind. Van Lyndens Ruhm basierte auf seinem Widerstand während des Krieges. 1940 gehörte er einer kleinen Einheit von 50 holländischen leitenden Offizieren an, die sich mit einer 2000 Mann starken Gruppe weigerten, den Deutschen zu versprechen, dass sie nichts gegen die Besatzer unternehmen würden, worauf er in ein deutsches Gefangenenlager geschickt wurde. Im Kriegsgefangenenlager von Stanislau in Polen traf er den britischen Kriegshelden Airey Neave. Auch nach dem Krieg pflegten die beiden ihre Bekanntschaft. Neave leitete nach dem Krieg den SAS, der bei vielen Gelegenheiten mit den nationalen Geheimarmeen in Europa trainierte, bis er auf dem Parkplatz des britischen Parlaments im März 1979 von einer Autobombe der IRA getötet wurde. Zu der Zeit, als Lynden zum Kommandeur der Stay-behind ernannt wurde, arbeitete er für Prinz Bernhard, den Schwiegersohn von Königin Wilhelmina. Van Lynden setzte seine Verbindung zur Königin und zu der Kavallerie auch nach seiner Beförderung zum Chef der Geheimarmee fort, wobei beides als willkommene Tarnung für seine geheime Hauptfunktion als Kommandeur der holländischen Geheimarmee diente. 1951 wurde er zum Adjutanten der Königin ernannt und fuhr mehrmals in der Woche zum königlichen Palast nach Den Haag. Der Baron war ein sehr begabter Reiter, eine Leidenschaft, die er mit Prinz Bernhard teilte. In Den Haag wurde van Lynden holländischer Meister im Springreiten, und 1955 war er in Rotterdam Mitglied der holländischen Equipe, die den internationalen Springreiterwettbewerb gewann, ein Erfolg, auf den er besonders stolz war.

Obwohl dem Neuling anfangs viel Skepsis entgegengebracht wurde, schlug sich van Lynden in der Gemeinschaft der Geheimdienste sehr gut. «In Sicherheitsfragen war er ein Naturtalent», erinnert sich ein Bewunderer. Und Leute, die ihn in seinem Job und auch außerhalb kannten, zeichnen das Bild einer starken, jedoch freundlichen Persönlichkeit, in der sich «Charakter, Wissen und Sachverstand» vereinigten. Van Lyndens besinnliche und philosophische Ansichten – während seiner Zeit in der Kriegsgefangenschaft nahm er «Unterricht» bei einer Frau, die später Professorin der Philosophie werden sollte – waren für den militärischen und geheimdienstlichen Bereich nicht typisch.[18] Als in der Gesellschaft Spekulationen darüber aufkamen, was die geheimnisvolle Einheit G7 in der Villa Maarheeze neben dem IDB von Fock wirklich machte, änderte der Baron aus Gründen der Geheimhaltung den Namen der G7 in SAZ, das Akronym für Abteilung für allgemeine Angelegenheiten (Sectie Algemene Zaken), wobei er glaubte, dass sich dies harmlos anhörte. Van Lynden glaubte auch, dass es nach einer Invasion für die Sowjets vergleichsweise einfach sein würde, die Mitglieder der früheren Widerstandsbewegung und des Geheimdienstes zu identifizieren, und deshalb ordnete er an, neue Gesichter und neue Namen zu rekrutieren, wodurch die meisten der ehemaligen Kollegen von Somer durch unbekannte Männer ersetzt wurden.

Während seiner Amtszeit betonte van Lynden, dass er für die technische Ausstattung seiner Stay-behind-Geheimarmee mehr Geld benötigte. Der Chef des Generalstabs, Kruls, hatte bereits 1946 um diese Mittel gebeten. Das Geld kam 1948, nachdem van Lynden Somer ersetzt hatte. Darauf wurde eine anspruchsvolle Ausrüstung in Zusammenarbeit mit Abteilungen der holländischen Firma Phillips entwickelt. Als Gegenleistung für die Kooperation sorgte van Lynden dafür, dass führende Techniker von Phillips, die in die hochtechnische Ausstattung der SAZ eingebunden waren, nicht in die brutale Schlacht nach Indonesien geschickt wurden.[19] Interessant ist, dass van Lynden, der Leiter der SAZ-Stay-behind, nicht von der Existenz der zweiten und wesentlich geheimnisvolleren Stay-behind unterrichtet wurde, die sein holländischer Kollege und Kommandeur des BVD Einthoven unterhielt. Aufschlussreich ist, dass es die Briten waren, die van Lynden 1949 in London informierten, dass ein zweites paralleles Stay-behind-Netzwerk unter dem Kommando von Einthoven in den Niederlanden existierte.[20] Van Lynden, der höchst überrascht war, bestand sofort darauf, dass beide Geheimarmeen koordiniert werden müssten, ansonsten könnten sich ernsthafte Komplikationen ergeben. Diesem Rat wurde entsprochen, und van Lyndens SAZ wurde mit Einthovens Stay-behind in der holländischen Geheimarmee «Aufklärung und Operationen» (Intelligence en Operations), kurz I&O, zusammengefasst, dem Namen, unter dem die holländische Stay-behind-Geheimarmee auch 1990 bekannt wurde. Dennoch blieben die beiden Abteilungen getrennt. Das SAZ-Netz wurde die I-Einheit, während Einthovens Stay-behind die O-Einheit wurde. Nach internationalen Quellen lehnte Einthoven, der seiner eigenen geheimen Agenda folgte, die Kooperation seiner Einheit mit van Lyndens I-Einheit strikt ab, und deshalb gab es zwischen Intelligence und Operations nur wenig Zusammenarbeit, solange Einthoven das Kommando über Operations hatte.[21]

Nach einer geheimen Übereinkunft der Holländer mit den Briten hatte I&O die allgemeine Aufgabe, im Fall einer ausländischen Besatzung der Niederlande als Stay-behind zu fungieren. «Zu dieser Zeit bestand die Ansicht, dass wir beide [Briten und Holländer] schwierigen Zeiten entgegengehen und dass die Briten alles lösen würden, weil sie in diesem Bereich Experten waren», erinnerte sich später ein ehemaliger holländischer Agent.[22] Innerhalb der holländischen Stay-behind waren die Aufgaben verteilt. Die Intelligence-Einheit (I) unter van Lynden war verantwortlich für die Informationsbeschaffung und die Übermittlung nachrichtendienstlicher Informationen aus besetzten Gebieten, die Vorbereitung und den Betrieb der Exilbasen und die Evakuierung des Königshauses, der Regierung und des Sicherheitsapparates einschließlich der I&O-Sruktur. Die Operations-Einheit (O) unter Einthoven sollte Sabotage- und Guerillaoperationen durchführen, den inländischen Widerstand stärken und neue Widerstandsbewegungen aufbauen. Sehr heikel war, dass O auch die Aufgabe hatte, die Bevölkerung in Friedenszeiten für die Gefahr des Kommunismus zu sensibilisieren. Deshalb war O für verdeckte Operationen ausgebildet, einschließlich der Anwendung von Schusswaffen und Sprengstoff, und besaß auch unabhängige geheime Waffenverstecke.[23] Der größte Teil der Kosten für die holländische Stay-behind wurde durch ein geheimes Budget im

Haushalt des holländischen Verteidigungsministeriums gedeckt, wobei die Ausgaben vom Vorsitzenden der allgemeinen Finanzverwaltung (Algemene Rekenkamer) persönlich geprüft wurden.

Während seiner Amtszeit suchte van Lynden aktiv nach einer geeigneten Exilbasis, wohin seine Gladio-Abteilung die holländische Regierung und andere ausgewählte Personen im Fall einer Besetzung bringen würde. England, ein sicherer Hafen im Zweiten Weltkrieg, konnte in einem künftigen Krieg nicht mehr als sicher angesehen werden. Letztlich entschied er nach langem Suchen, dass in Europa nur Großbritannien und die Iberische Halbinsel geeignet wären, während zu den sicheren Basen in Übersee die holländische Kolonie Curaçao in der Karibik gehörte, aber auch die USA und Kanada. Anfang der 50er-Jahre unternahm van Lynden mehrere Reisen in die Vereinigten Staaten. Die Basis konnte nicht in der Nähe eines strategischen Gebietes liegen, wie etwa in einer Industrieregion oder einer wichtigen militärischen Einrichtung, denn diese würden zu den ersten Zielen der Sowjets zählen. Während die Position der Basis in den USA unbekannt blieb, weiß man, dass van Lynden in den USA eine Basis gefunden hatte. Die wichtigen Dokumente der holländischen Exekutive wurden kopiert und in die geheime Basis des Exils gebracht. Die holländischen Stay-behind-Hauptquartiere wurden in den USA mit dem Einverständnis der CIA aufgebaut. Ein ehemaliger holländischer Beamter berichtet, wie zögerlich die CIA auf dieses Thema einging: «Wenn es so weit ist, dann können wir darüber sprechen», erinnert er sich an die ersten Kontakte. «Wir bestanden aber darauf, dass wir sofort darüber sprechen mussten. Letztlich war die CIA nach einigen Monaten einverstanden und gab uns, was wir wollten», worauf in den USA eine Kommandozentrale für die holländische Stay-behind aufgebaut wurde.[24]

Außerdem baute van Lynden in Spanien, das damals vom faschistischen Diktator Franco regiert wurde, eine weitere Exilbasis auf. «Wenn er es gestattet hätte, dann hätten wir unsere Basis in Francos eigenem Haus eingerichtet», erinnert sich ein ehemaliger holländischer Geheimsoldat, um zu unterstreichen, dass sie keine Berührungsängste mit der Diktatur hatten.[25] Der Stay-behind-Kommandeur van Lynden überzeugte den Stay-behind-Kommandeur Einthoven, diese heikle Mission auszuführen, worauf dieser, als Tourist getarnt, 1959 nach Spanien reiste und mit der Hilfe von W. Cnoop Koopmans, des ehemaligen holländischen Botschafters in Spanien, eine geheime holländische Exilbasis aufbaute. Die Beweise bleiben allerdings lückenhaft. Weitere

Kontakte wegen einer Exilbasis scheinen zu Kanada und Großbritannien existiert zu haben. Die Vorbereitungen für die Flucht vor einem Krieg wurden sehr ernst genommen, und Schiffe und Flugzeuge standen für diese Aufgabe bereit. «Ich erinnere mich, dass ich um 1950 herum einige Yachten testen und beurteilen musste, ob sie auch hochseetauglich waren», erinnerte sich ein ehemaliger holländischer Marine- und Stay-behind-Offizier nach der Entdeckung des Netzwerks im Jahr 1990.[26]

Um die starken Bande zu den Briten zu symbolisieren, zeigten die offiziellen Insignien der holländischen Gladio die Rose der Tudors neben Somers Motto «Wir geben nie auf». «Wir hatten nicht die Absicht, im nächsten Krieg unter britischem Kommando zu kämpfen», hob ein ehemaliger holländischer Geheimsoldat dennoch die holländische Unabhängigkeit hervor. «Van Lynden war sehr stark. Sie konnten ihn nicht beiseite schieben. Das konnten später auch die Amerikaner nicht, als sie gegen Ende eine immer wichtigere Rolle spielten. Doch van Lynden verstand, dass ein gewisser Konsens zwischen den Parteien erreicht werden musste, und seiner Meinung nach war es Sache der jeweiligen Chefs, die entscheiden mussten, wie sie zusammenarbeiten wollten, während sie gleichzeitig ihre eigene Souveränität wahrten.»[27] In den streng geheimen Konferenzen in der NATO, im ACC und CPC, versuchte die holländische Gladio I&O immer, sich als eine harmonische Einheit mit zwei Abteilungen zu präsentieren. Die Holländer hatten einige Erfahrungen, wie man mit den dominanten Geheimdiensten CIA und MI6 umgehen musste, denn nach dem Krieg hatten Großbritannien und die Vereinigten Staaten ihre geheime Kooperation mit den Holländern in einem trilateralen geheimen Forum mit dem Namen TCH, in dem England, Holland und die USA jeweils nur einen Sitz hatten, geregelt. Parallel zur Schaffung dieses geheimen Kooperationsausschusses wurde am 17. März 1948 das sogenannte WUCC gegründet, das den Auftrag hatte, schon zu Friedenszeiten in England, Belgien, den Niederlanden, Luxemburg und Frankreich Vorbereitungen auf eine mögliche Invasion der Sowjetunion zu treffen. Im April 1951 übergab das frühe Stay-behind-Kommandozentrum seine Funktionen an das CPC, das eng mit der NATO verbunden war und in dem die Niederlande auch einen Sitz hatten.[28]

Während seiner Amtszeit förderte van Lynden aktiv die Kontakte zwischen den europäischen Geheimdiensten und ihren Geheimarmeen und bestand darauf, dass bei der Einrichtung von internationalen Fluchtwegen eine Kooperation unter den Geheimarmeen Pflicht war. Zu diesem Zweck reiste der Baron jahrelang durch ganz Europa, nachdem er Kommandeur der holländischen Geheimarmee geworden war. Für seine Bemühungen wurde er unter den Geheimdiensten sehr gelobt, worauf er signalisierte, dass er sehr gern Generalsekretär des CPC werden würde. Doch die Briten, die dem liberalen und weltoffenen van Lynden misstrauten, blockierten seine Ernennung. Im Jahr 1957 errichteten die CPC-Mitglieder Großbritannien, die USA, Frankreich, Belgien, Luxemburg und die Niederlande unter der Teilnahme von van Lynden das sogenannte Six Powers Lines Committee, das wie das CPC die Aufgabe hatte, Stay-behind-Vorbereitungen zu organisieren und zu koordinieren, allerdings mit dem Schwerpunkt auf internationale Kommunikation und Fluchtwege. Aus dem Six Powers Lines Committee wurde das ACC, das 1958 in Paris gegründet wurde. Das ACC koordinierte die internationalen Gladio-Übungen, die heimlich unter Beteiligung der verschiedenen Netzwerke durchgeführt wurden. Für den Fall einer Invasion gab es eine ACC-Zentrale in den USA und eine in Großbritannien, von wo aus die Einheiten im besetzten Territorium aktiviert und kommandiert werden konnten. ACC-Handbücher unterrichteten die Stay-behind-Soldaten über die üblichen Vorgehensweisen bei verdeckten Aktionen, über Verschlüsselung und die Kommunikationstechnik des Frequenzwechsels, aber auch über das Abspringen und die Landung mit einem Fallschirm. Der Vorsitz im ACC wechselte alle zwei Jahre. Durch das TCH, das CPC und das ACC hatte die holländische Gladio I&O ständige Kontakte zur CIA und zum MI6.[30]

In den 50er-Jahren kollaborierten die CIA und der MI6 eng in verdeckten Operationen und stürzten 1953 die iranische Regierung von Mossadegh, der versucht hatte, Teile des Ölreichtums unter der Bevölkerung zu verteilen. Gleichzeitig befürchteten CIA und MI6, dass die europäischen Kommunisten und der sowjetische Geheimdienst die gleichen Techniken auf Westeuropa anwenden könnten, und deshalb maßen sie ihren geheimen Armeen auf dem Alten Kontinent große Bedeutung zu. 1953 teilte die CIA van Lynden mit, dass etliche Veränderungen geschehen müssten, um seine Einheiten professioneller zu machen. «Es war buchstäblich eine Blaupause, eine Sammlung von dicken blauen Büchern», die dem Baron überreicht wurde, erinnert sich ein ehemaliger Agent. «Van Lynden studierte die Texte sehr genau. Sie enthielten Informationen zu Übernahmetechniken, welche die Sowjets in Osteuropa angewendet hatten. Die Beispiele verdeutlichten, auf welche Art von Personen sich die Sowjets besonders konzentrierten. Folglich konnten solche Personen offensichtlich nicht als Geheimagenten rekrutiert werden. Auf dieser Grundlage musste van Lynden den Kontakt zu einer bestimmten Anzahl von Agenten abbrechen, die von Somer rekrutiert worden waren.[31]

Doch der Druck, dem van Lynden sich ausgesetzt sah, kam nicht nur von der CIA, sondern auch aus dem Inneren des holländischen Sicherheitsapparates. Im Februar 1951 wurde General Kruls, der am Aufbau der holländischen Stay-behind als Vorgesetzter von Somer und van Lynden aktiv beteiligt war, nach einer ernsthaften Meinungsverschiedenheit mit dem Verteidigungsminister H. L. Jakob über die künftigen Aufgaben und die Organisation der holländischen Armee, versetzt. Viele innerhalb der holländischen Armee waren negativ überrascht, als General B.R.P.F. Hasselman zum neuen Chef der holländischen Stabschefs ernannt wurde. Van Lynden persönlich lehnte Hasselman ab. Bereits vor dem Krieg war Hasselman für seine deutschfreundliche Haltung bekannt. Nach dem Krieg gab es Gerüchte, die behaupteten, Hasselman sei vor der deutschen Invasion im Jahr 1940 ein Verräter des holländischen Generalstabs gewesen. Nach der Kapitulation der Niederlande hatte er mit den Deutschen kooperiert und andere Offiziere, auch van Lynden, gedrängt, das Gleiche zu tun. Van Lynden hatte sich geweigert. Im Rahmen einer speziellen Operation der deutschen Besatzungsarmee wurde ein großer Teil der holländischen Offiziere, darunter auch Hasselman, in ein Kriegsgefangenenlager geschickt. In Stanislau traf Hasselman van Lynden. Wieder kollaborierte Hasselman, und die Deutschen beförderten ihn auf eine führende Position innerhalb des Gefangenenlagers. Nach dem Krieg wurde Hasselman aus der holländischen Armee entlassen, weil er mit den deutschen Invasoren kollaboriert hatte. Doch er klagte erfolgreich gegen diesen Beschluss, und zur Überraschung vieler wurde er wieder in die Armee aufgenommen, was allerdings ein schlechtes Licht auf das holländische Verteidigungsministerium warf.

Nach der Ernennung Hasselmans im Jahr 1951 hatte die holländische Kavallerie, der van Lynden angehörte, entschieden, dass keiner ihrer Angehörigen dem kompromittierten General die Hand reichen würde, selbst wenn er nun nominell ihr Chef war. Als van Lynden als Chef seiner Abteilung seinen neuen Kommandeur im Rahmen der offiziellen Verfahren treffen musste, war er so verärgert, dass er seinen Rücktritt in Erwägung zog. Letztlich ging er doch zu diesem Treffen, und General Hasselman war schlau genug, nicht selbst die Hand zu reichen.[32] In den folgenden Jahren blockierte Hasselman wiederholt die Beförderung van Lyndens. Daraus resultierten ernsthafte interne Kämpfe, und Fock, damals Generalsekretär im Ministerium für allgemeine Angelegenheiten, musste eingreifen. «Ich habe damals mit Hasselman ziemlich rau und direkt gesprochen», erinnerte sich Fock viele Jahre später, worauf die beiden Männer in den folgenden Jahren zueinander Distanz hielten.[33] Trotz des internen Kampfes im Verteidigungsministerium konzentrierte sich van Lynden weiterhin auf seine Aufgabe. «Ich erinnere mich noch an die Invasion in Ungarn im Jahr 1956», erzählt ein ehemaliger holländischer Geheimsoldat über die wohlbekannte Operation der sowjetischen Streitkräfte. «An diesem Tag kam van Lynden ins Büro, wo große Bestürzung und Aufregung herrschte. Er sagte ganz ruhig: ‹Wir haben diese Sache jahrelang aufgebaut. Weshalb sind Sie so nervös?› Tatsächlich glaube ich, dass wir 1956 vorbereitet gewesen wären.»[34]

In einem weiteren historischen Augenblick im Kalten Krieg war van Lynden etwas besorgter. Als 1961 aufgedeckt wurde, dass der britische Agent George Blake seit Beginn der 50er-Jahre für die Russen gearbeitet hatte, war man nicht nur in London entsetzt, sondern auch in der holländischen Geheimarmee brach regelrechte Panik aus. «Van Lynden stand Todesängste aus, als dies aufgedeckt wurde», erinnerte sich ein ehemaliger holländischer Stay-behind-Soldat. Denn im Rahmen der intensiven Zusammenarbeit mit den Briten hatte Blake unmittelbar nach dem Ende des Zweiten Weltkrieges einige Monate in Den Haag verbracht und an geheimen Operationen teilgenommen. Während dieser Zeit war Blake auch in der Villa Maarheeze in Wassenaar, dem Hauptquartier des holländischen Inlandsgeheimdienstes und der Abteilung «I», der holländischen Stay-behind. Van Borssum Buisman, der später Gladio-Kommandeur werden sollte, hatte mit Blake gesprochen. Angeblich «kannte Blake Örtlichkeiten und Personen» der holländischen Geheimarmee, behauptete später ein ungenannter holländischer Agent. Im Gegensatz zu dieser Behauptung erklärte Blake im Jahr 1992 von seinem Exil in Moskau aus in einer Unterredung mit ehemaligen Angehörigen der SAZ: «Von diesen [Stay-behind-]Aktivitäten habe ich nie etwas gewusst. Und die Sowjets haben mich nie danach gefragt. Also brauchen sie [die holländischen Geheimsoldaten] sich keine Sorgen zu machen. Der Name van Borssum Buisman sagt mit überhaupt nichts.»[35]

Nachdem er die SAZ oder die Abteilung «I» der holländische Gladio I&O 14 Jahre lang kommandiert hatte, trat van Lynden im März 1962 zurück. Er kehrte in den königlichen Palast zurück und übernahm dort eine Vollzeitstelle, die ihn die Königin zu übernehmen gebeten hatte. Van Lynden starb im September 1989 im Alter von 76 Jahren. Zur Zeit der Kubakrise, als der Kalte Krieg im Jahr 1962 seinen Höhepunkt erreichte, wurde das Kommando der holländischen Gladio I&O umstrukturiert, indem beide Abteilungen neue Kommandeure erhielten. Die Abteilung O der holländischen Geheimarmee wurde 14 Jahre lang von Louis Einthoven befehligt, der im Alter von 66 Jahren den BVD verließ und sich in den Ruhestand verabschiedete. Gleichzeitig gab er auch seine Funktion als Leiter und Kommandeur der streng geheimen Abteilung O der holländischen Stay-behind auf. Zwölf Jahre später starb er. Generalmajor M. De Boer löste ihn im April 1962 ab. Der Chef des holländischen Generalstabs van den Wall Bake hatte insbesondere De Boer aufgetragen, die Beziehungen zwischen I und O zu verbessern, die unter Einthoven gelitten hatten. Zwei Jahre später untersuchte ein Ausschuss innerhalb des Verteidigungsministeriums unter dem Vorsitz von Dr. Marius Ruppert, ob de Boer seine Aufgabe erfolgreich durchgeführt hatte. Der Ausschuss bestand aus den drei Männern Ruppert, Fock und Admiral Propper.

Ruppert, Mitglied des holländischen Parlaments und Chefberater der Krone, präsentierte seinen Bericht über die Zusammenarbeit der beiden holländischen Geheimarmeen im Jahr 1965. Seine Erkenntnisse waren erschütternd. Die beiden Geheimarmeen harmonierten überhaupt nicht. Angesichts der schlechten Zusammenarbeit der beiden Abteilungen der holländischen Stay-behind schlug Ruppert vor, dass die Position eines «I&O-Koordinators» geschaffen werden sollte, und wies diese gleich sich selbst zu. Weiterhin riet Ruppert dazu, De Boer als Chef von O zu ersetzen, und teilte sich auch diese Position selbst zu. Auf Weisung des holländischen Premierministers J. Zijlstra war es Ruppert, der 1967 Chef der Abteilung O der holländischen Stay-behind wurde, eine Position, in der er bis 1975 blieb.[36] Als Fock nach der Aufdeckung von Gladio im Jahr 1990 interviewt wurde, bestätigte er, dass er Mitglied der geheimen Kommission war, behauptete jedoch, sich nicht mehr erinnern zu können, was diskutiert wurde. Er erinnerte sich nur noch daran, dass sie sich mehrmals in der Villa von Ruppert im holländischen Dorf Zeist getroffen hatten.

Rupperts Manöver war ein Schock für die SAZ, die Abteilung I der holländischen Stay-behind. Zwischen den ungleichen Teilen der holländischen Stay-behind kam große Verstimmung auf, vor allem wegen der Tatsache, dass Ruppert in seiner Doppelrolle als Kommandeur der Abteilung O und als Koordinator von I&O die Stärke und die Stellung von O zu Lasten von I ausbaute. Ruppert sorgte dafür, dass O die Repräsentation der I&O im internationalen ACC und CPC, den mit der NATO in Verbindung stehenden Stay-behind-Komitees, für sich in Anspruch nahm. Die Zusammenarbeit zwischen I und O ließ auch in den kommenden Jahren zu wünschen übrig. Die Spannungen um die Doppelrolle Rupperts ließen erst nach, als ein neuer Koordinator für I&O Ruppert ablöste. Diese Position wurde nach Ruppert wiederholt an pensionierte Marineoffiziere vergeben, die bereits mit 53 Jahren in den Ruhestand gingen, früh genug für eine zweite Karriere im Untergrund. 1975 wurde Ruppert von Th. J.A.M. van Lier abgelöst, der – etwas ungewöhnlich für das gesamte Gladio-Konzept – als Sozialist Kommandeur von O wurde. Nach dem Krieg war van Lier für die Arbeiterpartei im holländischen Parlament und später Chef des illegalen Geheimdienstes Albrecht, eine Funktion, wegen der er später verhaftet wurde. Zur Zeit von van Lier hatte die I&O angeblich ein jährliches Budget von etwa 3 Millionen holländischen Gulden. Doch danach wuchs seine Einheit, und auch die Kooperation der beiden holländischen Stay-behinds nahm zu. Es ist nicht bekannt, wer die holländische Gladio in den 80er-Jahren bis zur Entdeckung des Netzwerks im Jahr 1990 kommandierte, weil die Namen der Kommandeure geheim gehalten wurden, da sie mit hoher Wahrscheinlichkeit noch leben und Ämter innehaben.

Nicht nur die Abteilung O, sondern auch der I-Zweig der holländischen Gladio wurde 1962 einem deutlichen Wandel unterzogen. Nach Somer und van Lynden übernahm van Borssum Buisman im März 1962 das Kommando der Abteilung I der Geheimarmee. Mit seinem Oberlippenbart und seinem blonden Haar sah der große Kavallerist van Borssum Buisman für viele wie der typische Holländer aus. Während des Krieges war er Verbindungsoffizier zwischen dem holländischen Kriegsgeheimdienst BI (Bureau Inlichtingen) und der holländischen Widerstandsorganisation OD (Ordedienst) unter P. J. Six. In seiner Funktion wurde van Borssum Buisman im Februar 1944 gefangen genommen, war in verschiedenen deutschen Gefängnissen, doch überlebte er mehrere Vernehmungen, ohne die Identität der Mitglieder des holländischen Widerstands zu offenbaren. Nachdem er von den Deutschen zum Tode verurteilt worden war, gelang es ihm, aus einem in Richtung Deutschland fahrenden Zug zu entkommen. Verletzt kam er nach Holland und nahm wieder Kontakt zu Six auf, worauf einige Deutsche van Borssum Buisman als den besten holländischen Geheimagenten betrachteten.

Auch nach dem Krieg blieb van Borssum Buisman im Geheimdienstgeschäft und war zunächst für einige Zeit in Ceylon stationiert, wo er mit einer Einheit vergeblich auf einen Einsatz in Indonesien wartete. Zurück in den Niederlanden, rekrutierte ihn Somer, der erste Kommandeur von I, für das Stay-behind-Netzwerk. Zu van Lyndens Zeit in den 50er-Jahren war Buisman stellvertretender Kommandeur der SAZ. Zu seinen wichtigsten Aufgaben gehörte die Planung von Fluchtwegen aus Holland durch Belgien und Frankreich nach Francos Spanien. Entlang des Weges rekrutierte er Agenten und bildete sie aus, in Frankreich oft Holländer, die dort im Exil lebten. Seine Position als Chef von I hielt er bis Mai 1970, wonach er in den Ruhestand ging und im Februar 1991 im Alter von 77 Jahren starb. Nach der Aufdeckung des geheimen Gladio-Netzwerks in Europa im Jahr 1990 wurde enthüllt, dass nach Buisman J.W.A. Bruins Kommandeur von O war, der die Geheimarmee von Mai 1970 bis Dezember 1981 leitete. Die Namen späterer Kommandeure von I&O, die wahrscheinlich noch leben, wurden nicht aufgedeckt.[37]

Die Zahl des Personals der I&O bleibt immer noch vage. «Der Aufbau einer Stay-behind dauert Jahre und verschlingt hohe Investitionen in Ausbildung und Training. Deshalb muss man seine Agenten vorsichtig behandeln und sie nur wie die besten Truppen einsetzen, die man für die letzte entscheidende Schlacht aufhebt», erklärte ein ehemaliger Angehöriger der holländischen Geheimarmee, nachdem die Tarnung des Netzwerks aufgeflogen war.[38] Die SAZ hatte angeblich eine stehende Truppe von 25 Stabsangehörigen, hinzu kommen 150 ausgebildete SAZ-Agenten. O hatte 20 Stabsangehörige und dazu 150 ausgebildete O-Agenten mit Fachkenntnissen für den Guerillakrieg, Operationen mit Sprengstoff und Sabotageakte. Nach diesen Zahlen verfügte die holländische Stay-behind I&O über einen Kern von 350 Mitgliedern, die im Kriegsfall die Geheimarmee durch Rekrutierung und Ausbildung neuer Mitglieder vergrößert hätten. Um auch während einer Besetzung handlungsfähig zu bleiben, hatte Kommandeur van Lynden seine Agenten mit Gold und Diamanten ausgestattet. Kommandeur Einthoven hatte bei der holländischen Nationalbank Gold gekauft, das er in die Exilbasen in Spanien und in den USA transferierte.

Es gab die Regel, dass nicht einmal die Ehefrauen und die engsten Verwandten der Gladiatoren von der Existenz der geheimen Stay-behind-Armeen wissen durften. Deshalb wies van Lynden seine Leute an, viele Hobbys zu pflegen, die sowohl als Tarnung als auch als Ausgleich für das schwierige geheime Leben dienen sollten. Er selbst frönte der Reiterei, entwickelte aber auch vertiefte Kenntnisse als Ornithologe. Kommandeur van Borssum Buisman liebte die Numismatik und gab vor, ein Expertenwissen über Münzen zu entwickeln. Allen Agenten wurde strikt befohlen, das Need-to-know-Prinzip zu befolgen, und deshalb hatten Stay-behind-Agenten oft nur eine vage Vorstellung vom Gesamtschema und von der Gesamtstruktur der geheimen europäischen Armee, deren Teil sie waren. Ausländische Experten für geheime Kriegsführung, vor allem die Briten, waren an der Ausbildung beteiligt. «Auch ich war auf einer kleinen [britischen] Insel», erinnerte sich ein holländischer Veteran aus der Kriegszeit an seine Kontakte zu den Briten. «Doch dort lernte ich nichts, was ich nicht schon aus meiner Zeit im Widerstand wusste.»[39]

Während der Ausbildung mussten sich die Geheimsoldaten mit Decknamen ansprechen. «Die Ausbildung musste immer während der Freizeit stattfinden», erinnerte sich ein ehemaliger holländischer Geheimsoldat. «Zusammen mit dem Ausbilder wurde ein entsprechendes Ausbildungsprogramm zusammengestellt. Mehrere verschiedene Örtlichkeiten mussten aufgesucht werden, denn man kann so etwas nicht auf dem Dachboden machen. Die Ausbildung konnte nicht in regelmäßigen Abständen durchgeführt werden, weil dies zu auffällig gewesen wäre.»[40] Zuweilen stellte auch die Motivation ein Problem dar: «Das Schwierige daran war, dass man sich auf eine Situation vorbereiten musste, die vielleicht nur einmal in zehn Jahren vorkommt», erinnerte sich ein ehemaliger holländischer Geheimsoldat. «Man musste die Motivation brennen lassen wie bei einer Religion. Insbesondere in Zeiten der Entspannung und friedvoller Koexistenz war das sehr schwierig. Auch die andere Seite [die Kommunisten] kämpfte eine psychologische Schlacht. Somit mussten die Ausbilder mit Hilfe objektiver Informationen [über die Gefahr des Kommunismus] wachsam gehalten werden, die diese den Agenten im Feld weiterreichten.»[41]

Von der doppelten heimlichen holländischen Stay-behind I&O war die mysteriöse O-Abteilung der streng geheime Teil, und bis heute existieren nur sehr wenige Daten darüber. «Der Unterschied zwischen I und O ist, dass O nicht existieren darf, denn das war eine ganz andere Sache», erklärte ein ehemaliger Beteiligter, nachdem die Existenz des Netzwerk 1990 aufgedeckt wurde.[42] Während der Übungen der holländischen Geheimarmee fühlten sich die Angehörigen der O-Abteilung angeblich den I-Agenten überlegen, und an den Abenden nach der Ausbildung weigerten sie sich oft, untereinander Kontakte zu knüpfen. «Sehr oft fühlten sie sich wie die Elite der Elite, die im Fall einer Besetzung die wirkliche Arbeit verrichten würde.»[43] Um O so geheim wie nur möglich zu halten, liefen alle Kontakte zu holländischen Beamten über I, was I nicht immer gefiel. O wurde teilweise aus privaten Quellen finanziert, vor allem von multinationalen Unternehmen und der CIA. Neben diesen Mitteln erhielt O auch öffentliche Mittel aus Holland, die als Mittel für I getarnt wurden. Die sehr wenigen höheren Beamten im holländischen Verteidigungsministerium, die das geheime I und sein Budget falsch interpretierten, dachten, zum großen Ärger von van Lynden, dass I eine ziemlich teure Geheimarmee sei. «Es [O] machte ein wenig den Eindruck eines Nonnenklosters aus dem 15. Jahrhundert», erinnert sich ein ehemaliger I-Agent. «Man durfte sich nicht sehen, und jeder saß allein in seiner Zelle.»[44]

I wurde als Fassade genutzt, wenn O eine Druckerpresse wollte, Sprengstoff oder andere Sachen. In diesen Fällen wurde I informiert, wo eine spezielle Lieferung – in den meisten Fällen kam sie aus England – angekommen war. Ein Militärfahrzeug transportierte das Material an eine bestimmte Ladestelle von I, wo O-Agenten das Material übernahmen. Wenn aber irgendetwas falsch lief, dann mussten die offiziellen holländischen Geheimdienste die Schuld auf sich nehmen, weil die Existenz weder von I noch von O öffentlich eingestanden werden durfte. In den 80er-Jahren wurden in den Niederlanden zufällig Waffenverstecke entdeckt. 1983 musste der Verteidigungsminister J. de Rujiter vor laufenden Kameras Fragen beantworten, nachdem in Pozendahl ein geheimnisvolles Waffenversteck gefunden worden war. Damals bat de Ruijter die Zeitungen, ihm ein wenig Zeit zu lassen, um interne Untersuchungen durchführen zu können, worauf er ausführlich unterrichtet wurde. Gegenüber der Öffentlichkeit nahm der Inlandsgeheimdienst BVD die Schuld auf sich. Danach wollte innerhalb des BVD jeder wissen, welche Kollegen solche Waffenverstecke hatten. Deshalb lautete die interne Version, dass es eine geheime Einheit war, für die I die Verantwortung trug. Dies war natürlich eine weitere Lüge, denn in Wahrheit gehörten alle Waffen der streng geheimen O-Einheit, welche diese für Sabotageakte und verdeckte Aktionen vorsah.

«Während I politisch unabhängig war, war bekannt, dass die Einheit O eher ideologisch orientiert war», sagte ein ehemaliger holländischer Agent aus, was bedeuten sollte, dass O eine bewaffnete antikommunistische Einheit war, ähnlich wie die SDRA8 im benachbarten Belgien. Dies bedeutete jedoch nicht, dass O ein illegales antikommunistisches Überfallkommando war, betonte ein anderer ehemaliger Agent der Abteilung O: «Die Grundlage unseres Kampfes war die Verteidigung der Werte, die in der Verfassung verankert waren.»[45] Der holländische Stay-behind-Experte Paul Koedijk brachte in Erfahrung, dass O-Einheiten auch zu Friedenszeiten sich auf etwas spezialisierten, das sie «immunisieren» der holländischen Bürger nannten. «Wogegen genau die Bürger immunisiert werden mussten, war überdeutlich: Kommunismus in all seinen Erscheinungsformen.» O beteiligte sich an schwarzer Propaganda und gefälschten Verleumdungsgeschichten als Teil des ideologischen Kampfes und besaß zu diesem Zweck eine Druckerei. «Die Vermutung innerhalb von O war, dass eine sowjetische Besatzung noch viel schlimmer sein würde als die deutsche Besatzung, welche die Niederlande durchmachen musste», erinnert sich ein ehemaliger Beteiligter. «Denn auch die wenigen Werte, welche die Deutschen unberührt ließen, beispielsweise Familie und Religion, würden unter einer sowjetischen Invasion bedroht. Wir erwarteten radikale Veränderungen.»[46]

Als der italienische Premierminister Giulio Andreotti gegen Ende des Jahres 1990 die Existenz geheimer antikommunistischer Armeen quer durch Westeuropa enthüllte, ging auch die Tarnung des holländischen Netzwerks hoch. Ein ehemaliges Mitglied der holländischen Stay-behind überlegte: «Wir waren tatsächlich auch davon überrascht, dass wir so lange ungestört arbeiten konnten.»[47] Der holländische Premierminister Ruud Lubbers von der holländischen DCI, der seit 1982 im Amt war, bestätigte am 13. November 1990 in einem Brief an das holländische Parlament, dass auch die Niederlande eine Geheimarmee hatten, eine «gemischte zivile und militärische Gruppe», und dass diese Armee immer noch aktiv sei. Lubbers behauptete in seinem Brief, dass «diese Organisation niemals unter der Aufsicht der NATO stand», und mit Bezug auf die Stay-behind-Funktion erklärte er, dass «Kontakte mit anderen NATO-Staaten bestanden, diese von holländischer Seite jedoch darauf beschränkt waren, wie diese Ziele erreicht werden konnten».[48] Die Parlamentarier, sowohl diejenigen, die die Regierung stellten, als auch die Opposition, waren sich einig, dass Lubbers' Brief als Erklärung nicht ausreichte. Einige Parlamentarier erinnerten sich, dass in den 80er-Jahren rätselhafte Waffenverstecke zufällig gefunden wurden, die Granaten, halbautomatische Gewehre, automatische Pistolen, Munition und Sprengstoff enthielten, und forderten weitere Informationen über die angeblichen Verbindungen zur Geheimarmee. Einige kritische Parlamentarier bestanden darauf, dass die Regierung zumindest den zur Verschwiegenheit verpflichteten Parlamentsausschuss für Geheimdienste und Sicherheitsfragen über die Existenz der Geheimarmee hätte informieren müssen.

Lubbers und der holländische Verteidigungsminister Relus Ter Beek unterrichteten danach den Parlamentsausschuss für Geheimdienste und Sicherheitsfragen hinter verschlossenen Türen zum ersten Mal über die holländische Stay-behind I&O, und Stunden später sprach Lubbers vor dem Parlament. Er bestätigte, dass die geheimen Arsenale, die in den 80er-Jahren entdeckt wurden, der Geheimarmee gehört hätten. Lubbers hob hervor, dass die holländische Stay-behind dem Premierminister, also ihm selbst, und dem Verteidigungsminister Ter Beek unterstellt war. «Demzufolge haben der Premierminister und der Verteidigungsminister es immer vorgezogen, die anderen Kabinettsmitglieder oder das Parlament nicht zu informieren.»[49] Der Premierminister war stolz auf die Tatsache, dass etwa 30 Minister das Geheimnis für sich behalten hatten, während einige holländische Parlamentarier glaubten, dass dies ein Bruch der holländischen Verfassung gewesen sei. Viele Parlamentarier lehnten die Vorbereitungen der Stay-behind für den Notfall nicht grundsätzlich ab. Aber sie protestierten, dass sie im Dunkeln gelassen wurden. Das Parlamentsmitglied Maarten van Traa von der holländischen Arbeiterpartei erklärte in einer repräsentativen Stellungnahme: «Wir brauchen weitere Aufklärung darüber, welche Strukturen es gibt und in welchem Ausmaß sie mit der NATO kollaborierten oder es noch tun.» Ton Friking, ein Mitglied der Christdemokraten, denen auch Lubbers angehörte, sagte, er wünschte sich auch weitere Informationen über die «NATO-Dimension» der Gladio-Gruppe. Er sagte, dass er Belgiens kürzliches Eingeständnis bemerkt habe, dass sie zumindest beim letzten geheimen Stay-behind-Treffen den Vorsitz gehabt hätten. «Die Frage ist, was dieser belgische Vorsitz wirklich zu bedeuten hat», sagte Frinking.

Danach gestand Lubbers ein, dass die holländische Geheimarmee immer noch Mitglied des geheimen NATO-Ausschusses sei, der die Stay-behind-Armeen in Westeuropa koordiniert. Hans Dijkstal von den oppositionellen Liberalen sagte: «Ich mache mir keine besonderen Sorgen, dass es so etwas gab, oder immer noch gibt. Womit ich allerdings ein Problem habe, ist, dass bis gestern Abend das Parlament nie unterrichtet wurde.»[50] Einige Parlamentarier wollten wissen, wer die Angehörigen der Geheimarmee gewesen seien. In seiner Antwort behauptete Lubbers, dass er selbst nicht wisse, wer zur Geheimorganisation gehörte. Einige Parlamentarier glaubten, dies stehe im Widerspruch zu seinem früheren Statement, in dem er behauptet hatte, dass es seine Aufgabe und die des Verteidigungsministers war, die Geheimsoldaten zu kontrollieren. Doch Lubbers bestand darauf, dass es wegen der Notwendigkeit der Geheimhaltung für den Premierminister «wahrscheinlich tödlich gewesen wäre, wenn er ... jeden persönlich hätte untersuchen müssen».[51] Bei seinen Antworten auf spezielle Fragen aus dem Parlament war Lubbers gezwungen zu bestätigen, dass Mitglieder der holländischen Geheimarmee erst kürzlich an einer Übung im Hauptquartier der italienischen Gladio auf der italienischen Insel Sizilien teilgenommen hätten.[52]

Es gab weder eine parlamentarische Untersuchung noch einen öffentlichen Bericht, und erst im April 1992 wurde die holländische Geheimarmee I&O aufgelöst. Der Verteidigungsminister Relus Ter Beek bedankte sich bei den Geheimsoldaten in einem persönlichen Brief für ihre Dienste für das Land.[53] Die Geister der Vergangenheiten wurden in den Niederlanden im Dezember 1993 noch einmal geweckt, als ein Gericht in Den Haag einen 38-jährigen Mann zu drei Jahren Gefängnis verurteilte. Mit ihm wurde auch ein 44-jähriger Major der holländischen Armee für schuldig befunden, Nutricia, den holländischen Hersteller von Babynahrung, im Frühjahr 1993 um 5 Millionen Gulden erpresst zu haben. Interessant dabei ist, dass die Anwälte der Verteidigung behaupteten, dass die beiden Männer Mitglieder der streng geheimen holländischen Stay-behind-Organisation seien, die von den Geheimdiensten in den Niederlanden und anderen europäischen Ländern kommandiert wurden. Der Major der holländischen Armee behauptete zu seiner Verteidigung, dass in der Vergangenheit Stay-behind-Agenten, die von der Polizei festgenommen wurden, sich auf eine Vereinbarung zwischen dem Justizministerium und dem Verteidigungsministerium berufen konnten, demgemäss gegen sie nicht vorgegangen werde. Er gab an, dass eine Reihe von Gladio-Missionen in der Vergangenheit fehlgeschlagen waren, ohne dass Anklage gegen die Beteiligten erhoben wurde. Damit deutete er an, dass holländische Gladiatoren in der Vergangenheit jenseits gesetzlicher Grenzen operiert hätten. Der Major ging nicht auf Einzelheiten der Missionen ein, auf die er sich bezog.[54]

12

Der geheime Krieg in Luxemburg

Von allen drei Beneluxstaaten ist Luxemburg bei weitem der kleinste Staat. Genau wie Belgien und die Niederlanden wurde auch dieses Land während des Zweiten Weltkriegs von der deutschen Wehrmacht eingenommen und besetzt. Doch anders als Belgien, wo eine Kommission des Senats die Geheimarmee untersucht hatte, oder anders als die Niederlande, wo Historiker das Netzwerk recherchiert hatten, wurden in Luxemburg bisher nur in sehr begrenztem Umfang Informationen über die nationale Stay-behind verfügbar gemacht.[1]

Wie Premierminister Jacques Santer am 14. November 1990 in seiner Antwort auf einen Dringlichkeitsantrag des Parlamentariers Charles Goerens von der Demokratischen Partei vor seinem Parlament betonte, wurden auch kleine Länder in das kontinentale Netzwerk der geheimen Stay-behind-Armeen einbezogen. Wie in Belgien und in den Niederlanden wurde die Idee aus den Erfahrungen des Zweiten Weltkriegs geboren, als in Luxemburg ähnliche Netzwerke existiert hatten. Doch sie kämpften mit nur begrenztem Erfolg gegen die deutschen Besatzungstruppen. Luxemburg trat der NATO schon bei der Gründung im Jahr 1949 bei, und seither wurden die geheimen Netzwerke von der militärischen Allianz koordiniert.

«Das Wort Gladio ist ein Begriff, der für die italienische Struktur verwendet wurde. Der Begriff, der international und innerhalb der NATO verwendet wird, ist Stay-behind», erklärte der Premierminister die Terminologie der Geheimarmee den erstaunten Parlamentariern. «Dieser Begriff stellt das Konzept einer Organisation dar, die so geplant ist, dass sie hinter den Fronten eines militärischen Konflikts aktiv wird, also im Fall einer feindlichen Besetzung des Territoriums. Dieses Konzept wurde von der NATO entworfen. Die Idee selbst stammt aus den Erfahrungen des Zweiten Weltkriegs, während dessen zu Besatzungszeiten ähnliche Netzwerke eingerichtet wurden, also in einem besonders schwierigen Umfeld und unter feindlicher Kontrolle.» Nie wieder, so präsentierte der Premierminister das Grundprinzip des geheimen Netzwerks, sollte ein Land so schlecht auf einen Krieg und eine mögliche Besetzung vorbereitet sein: «Um in Zukunft die gleiche Vorbereitungslücke zu vermeiden, wurde entschieden, die Grundlagen einer derartigen Organisation bereits in Friedenszeiten vorzubereiten.» Während bestimmte Mitglieder des Parlaments dachten, dass die von der NATO geführte Armee die Souveränität europäischer Staaten verletzt hatte, behauptete Premierminister Santer, der später als Präsident der EU-Kommission diente, dass dies nicht der Fall gewesen sei: «Alle NATO-Staaten in Mitteleuropa haben an diesen Vorbereitungen teilgenommen, und Luxemburg konnte sich dieser internationalen Solidarität nicht verweigern. Jeder Mitgliedsstaat konnte seine eigenen Strukturen definieren. Deshalb, obwohl die NATO der Initiator und Koordinator des Stay-behind-Netzwerks war, blieb jedes Land der Leiter seines eigenen nationalen Beitrags.» Als Folge wurde auch das Stay-behind-Netzwerk von Luxemburg von der NATO koordiniert und nahm somit an den geheimen Konferenzen des ACC und des CPC teil, auch an der Konferenz am 23. und 24. Oktober 1990 unter dem Vorsitz des belgischen Generals Van Calster.

Weder die Namen noch die Anzahl der Agenten, die der geheimen Stay-behind-Armee in Luxemburg angehörten, wurden aufgedeckt, und der Premierminister bestätigte lediglich, dass der Geheimdienst von Luxemburg, der Service de Renseignements, das Netzwerk betrieben hatte. «Die Agenten dieses Stay-behind-Netzwerks wurden vom Geheimdienst auf freiwilliger Basis rekrutiert, entsprechend den Kriterien, die ihrem Beruf und ihrem Wohnort entsprechen.» Der Premierminister deutete an, dass die Stay-behind von Luxemburg in den 80er-Jahren ebenfalls mit den modernen Harpoon-Funkstationen ausgerüstet wurden: «Die Personen, geleitet durch Kommunikation über Funk, hatten die Aufgabe, ihre heimlichen Missionen auf eigenes Risiko und nur dann auszuführen, wenn die Region feindlich besetzt ist.» Der Premierminister führte nicht aus, welche Rolle der MI6 und die CIA in Luxemburg spielten, sondern bestätigte, dass die Geheimarmee im Kriegsfall mit Spezialtruppen kooperiert hätte, wahrscheinlich auch mit den britischen SAS-Spezialeinheiten und den amerikanischen Green Berets. «Der Kern ihrer Mission war es, die NATO über die politische und militärische Situation in ihrer Region zu unterrichten, Fluchtwege aus dem besetzten Gebiet zu organisieren und die Spezialtruppen des Militärs zu unterstützen.»

Mitten in den Enthüllungen in Europa, dass die Geheimarmeen nicht nur eine umsichtige Vorsichtsmaßnahme, sondern auch eine Quelle des Terrors waren, hob der Premierminister hervor, dass die «Mission ausschließlich für den Fall einer feindlichen Invasion und Besetzung des Territoriums ausgeführt werden sollte.» Jacques Santer wusste, dass in vielen anderen Ländern, insbesondere im benachbarten Belgien ebenso wie in Italien, Griechenland, der Türkei, Frankreich, Spanien und Portugal, Beweise ans Tageslicht gekommen waren, die geheime Stay-behind-Soldaten mit Terroranschlägen und Manipulation des politischen Klimas in Verbindung brachten. Deshalb betonte er: «Soweit es Luxemburg betrifft, ist es klar, dass diese Missionen wirklich nur auf die zuvor erwähnten Formen der Unterstützung in Zusammenarbeit mit der NATO beschränkt waren. Die einzigen Aktivitäten dieser Personen – und das gilt für den gesamten Zeitraum, in dem dieses Netzwerk bestand – waren auf die Ausbildung als Vorbereitung auf ihre Missionen begrenzt, einschließlich des Trainings, wie sich jeder Einzelne in einem feindlichen Umfeld zu verhalten hat und wie die Leistungen mit den alliierten Ländern zu koordinieren sind.»

Da es zu keiner unabhängigen Untersuchung kam, wurden die Aussagen des Premierministers einfach akzeptiert, trotz der Tatsache, dass auch in Luxemburg eine Reihe von Parlamentariern das Gefühl hatte, es sei ein Fehler gewesen, dass das Parlament nie über die geheimen Kriegsvorbereitungen informiert worden sei. Der Premierminister ging nur ganz kurz auf das Thema der parlamentarischen Kontrolle einer geheimen Struktur innerhalb des Staates ein, indem er den Gedanken äußerte, dass eine parlamentarische Kontrolle durchaus im Bereich des Möglichen gewesen wäre. Santer, der von 1974 bis 1979 selbst Mitglied des luxemburgischen Parlaments war, war der Auffassung, die in Geheimdienstkreisen weit verbreitet war, dass die Parlamentarier zu viel plaudern würden und deshalb kein Geheimnis für sich behalten könnten. Selbst gegen ihre besten Absichten hätten sie das streng geheime Netzwerk verraten. «Es ist überflüssig, noch einmal die Geheimhaltung zu erwähnen, die durch die Natur der Sache bei derartigen Missionen erforderlich war», sagte Santer dem Parlament, ohne zu erklären, wer die Kontrolle der Geheimarmee sichergestellt hatte. Premierminister Santer beendete seine kurze Rede vor dem Parlament mit dem Eingeständnis, dass auch er und mit großer Wahrscheinlichkeit die gesamte Regierung bis zu den Enthüllungen in Italien von dem geheimen NATO-Netzwerk im Land nichts wussten. «Ich kann antworten, dass ich persönlich keine Kenntnis von der Existenz des Netzwerks hatte, und genau wie der Premierminister in Belgien war ich sehr überrascht, als ich davon erfuhr. Ich glaube nicht, dass ein anderes Regierungsmitglied dessen Existenz vermutet haben könnte. Allerdings kann ich diese Erklärung nicht für meine Vorgänger abgeben, denn ich hatte keine Zeit, sie vor meiner Antwort zu konsultieren.»

Diese Erklärung reichte bestimmten Parlamentariern nicht aus. Denn das weitreichende Bekenntnis lief darauf hinaus, dass tatsächlich eine Geheimarmee in Luxemburg operiert hatte – und zwar jenseits der Kenntnis und Kontrolle des Parlaments und der Exekutive. Der Premierminister war nicht in der Lage, dieses delikate Thema aufzuklären, und beschuldigte indirekt die NATO der Tatsache, dass sie im Land eine Geheimarmee aufgebaut hatte: «Zusammenfassend wiederhole ich, dass es nur im Zusammenhang der interalliierten Vereinbarungen zu sehen ist, dass Luxemburg durch seinen eigenen und einzigen Geheimdienst zur Errichtung des diskutierten Netzwerks unter der Koordination der NATO-Behörden beitrug.» Zu keiner Zeit, versuchte Santer das Parlament mit großem Eifer zu überzeugen, hatte das Netzwerk seine Waffen und Sprengstoffe zu Friedenszeiten benutzt, denn «das Netzwerk in Luxemburg war niemals in militärische Aktionen verwickelt und wurde nie zu anderen als den bei der Errichtung vorgesehenen Zwecken genutzt». Der Premierminister betonte, dass «das Prinzip einer geheimen patriotischen Widerstandsorganisation für den Fall einer feindlichen Besetzung des Territoriums nicht in Frage gestellt werden darf». Er informierte sein Parlament, dass «es nur normal ist, dass ich den Geheimdienst angewiesen habe, das Stay-behind-Netzwerk sofort aufzulösen, weil ich erwarte, dass die NATO-Staaten in einem völlig veränderten Europa ihre Strategie neu definieren werden.»

Die Geschichte des Gladio-Netzwerks in Luxemburg bleibt geheim und lückenhaft. So konnte nie geklärt werden, ob die Geheimarmee oder die Brigade Mobile der Gendarmerie (BMG) etwas mit den 18 Sprengstoffanschlägen zu tun hatte, welche in den Jahren 1985 und 1986 als Affäre «Bommeleer» das Land in Angst und Schrecken versetzten, einigen Sachschaden anrichteten, aber keine Menschenleben forderten. Auch die Anzahl und der genaue Inhalt der Waffenverstecke und deren Örtlichkeit wurden nicht aufgedeckt, und auch nicht die Daten oder Konditionen der Zusammenarbeit zwischen Luxemburgs Stay-behind und der NATO, der CIA und dem MI6. Da viele Fragen offen blieben, beantragte der Parlamentarier Jean Huss von der «Luxemburger grünen und alternativen Partei» mit Koalitionspartnern nach

Santers Erklärung, erstens eine offene Debatte zu diesem Thema im Parlament zu führen und zweitens die Einrichtung einer parlamentarischen Untersuchungskommission zu diesem Thema. Jedoch wurden beide Anträge vom luxemburgischen Parlament durch Mehrheitsentscheidung abgelehnt.

13

Der geheime Krieg in Dänemark

Die dänische geheime Stay-behind-Armee hatte den Decknamen «Absalon». Nomen est omen. Der Deckname verdeutlichte die antikommunistische Aufgabe dieser Truppe, denn Absalon war der Name des mittelalterlichen dänischen Bischofs (1128–1201), der die Russen damals mit dem Schwert in der Hand besiegte. In der dänischen Hauptstadt Kopenhagen steht immer noch eine große Bronzestatue von Absalon zu Pferde und in Rüstung. Diese erhielt ganz plötzlich eine gesteigerte Aufmerksamkeit, als die dänische Presse im November 1990 titelte, dass «die Gruppe Absalon, eingerichtet von der CIA und unterstützt von der NATO, sich gegen eine kommunistische Machtübernahme in Dänemark vorbereitet hatte».[1]

Die Geschichte von Absalon bleibt lückenhaft, weil das dänische Parlament nach der Entdeckung des Netzwerks im Jahr 1990 entschieden hatte, die streng geheime Affäre hinter verschlossenen Türen zu diskutieren und die Öffentlichkeit nicht durch einen offiziellen Bericht informieren wollte. Nach einem ehemaligen, nicht genannten Angehörigen des Netzwerks wurde die Geheimarmee nach der traumatischen Besatzung während des Zweiten Weltkriegs geschaffen, und angeblich hatte sie nicht mehr als 360 Mitglieder. Wie in allen Stay-behind-Ländern hätte das Netzwerk im Fall einer Besetzung vergrößert werden sollen. «Die Organisation war natürlich eine Kopie der Widerstandsbewegung. Es gab zwölf Distrikte, strukturiert nach dem Zellenprinzip, doch nicht so eng organisiert wie während des Krieges», verriet der ungenannte dänische Geheimsoldat der Presse. «Jeder Distrikt hatte in seinem inneren Kreis bis zu 30 Mitglieder.»[2]

Nach mehreren anonymen Quellen war E.J. Harder viele Jahre lang der Chef der dänischen Stay-behind-Geheimarmeen. «Harder hatte den Spitznamen Bispen, das ist das dänische Wort für Bischof, im Gedenken an den mittelalterlichen Bischof Absalon», erzählte ein ehemaliges Mitglied der dänischen Stay-behind.[3] Neben der Leitung der dänischen Geheimarmee pflegte Harder enge Kontakte zur NATO. Er arbeitete von 1966 bis 1970 im NATO-Hauptquartier, also in jenem Zeitraum, als die NATO gezwungen war, in Belgien ein neues Hauptquartier aufzubauen, weil der französische Präsident de Gaulle die militärische Allianz aus Frankreich verwiesen hatte. Der dänische Stay-behind-Direktor Harder war schon während der Zeit, als das NATO-Hauptquartier noch in Valenciennes in Frankreich war, wie auch während seiner eigenen Zeit im neuen Hauptquartier in Brüssel über Einzelheiten im Zusammenhang mit der geheimen Kriegsführung der NATO informiert.

Harder folgte einer rechtslastigen Ideologie, und für viele in Dänemark war er eine kompromittierte Person. Erik Ninn Hansen, Mitglied der konservativen Partei und dänischer Verteidigungsminister von 1968 bis 1971, versuchte sich vom Kommandeur der Stay-behind zu distanzieren, als er 1990 von der Presse interviewt wurde. «Nach dem Zweiten Weltkrieg formierten sich mehrere Gruppen. Es kann stimmen, dass Absalon eine Gruppe war, die mit der Widerstandsbewegung in Verbindung stand», antwortete der ehemalige Verteidigungsminister vorsichtig auf die Fragen der Journalisten. «Ich kann mich auch gut an Harder erinnern, der viele Vorträge gehalten hat. Wenn aber jemand glaubt, dass ich für seine Ideen Sympathien hatte, dann liegt er falsch. Für meinen Geschmack war er zu chauvinistisch. Ich habe nie geglaubt, dass Absalon viel Einfluss hatte, und nie gedacht, dass Absalon zur Arbeit der Geheimdienste irgendeine Verbindung hatte.» Harder selbst stand nach der Entdeckung der Geheimarmeen 1990 für ein Interview nicht zur Verfügung.[4]

1978 – nach dem Watergate-Skandal von Präsident Nixon und dem verdeckten Krieg der CIA gegen Chile, der zum Tod des sozialistischen Präsidenten Salvador Allende geführt hatte, und der Einsetzung des Diktators Pinochet im Jahr 1973 – veröffentlichte der ehemalige CIA-Direktor William Colby ein Buch und versuchte, das schwer angeschlagene Image des amerikanischen Auslandsgeheimdienstes CIA zu korrigieren. In diesem Buch enthüllte Colby der Öffentlichkeit, dass er selbst am Aufbau der Stay-behind in Skandinavien beteiligt war, nachdem er als junger Agent vom Hauptquartier der CIA diesen Auftrag erhalten hatte. «Die Situation war in jedem skandinavischen Land anders. Norwegen und Dänemark waren NATO-Verbündete, Schweden behielt seine Neutralität, die es durch zwei Weltkriege gebracht hatte, und Finnland musste sich in der Außenpolitik wegen der sowjetischen

Macht direkt an seinen Grenzen zurückhalten», schrieb Colby. «Somit mussten die Regierungen von zwei dieser Länder ihre eigenen Stay-behind-Netzwerke aufbauen und sich darauf verlassen, dass sie diese aus dem Exil aktivieren können, um den Kampf fortzuführen», bezog sich Colby ausdrücklich auf die NATO-Staaten Norwegen und Dänemark. «Diese Netzwerke mussten mit den Plänen der NATO koordiniert werden, ihre Funkstationen mussten am Standort eines künftigen Exils angeschlossen werden, und die spezielle Ausrüstung musste von der CIA gesichert werden und heimlich in den verschneiten Verstecken für den späteren Gebrauch vergraben werden.» In den anderen zwei Ländern mussten die Operationen der CIA wegen der Neutralität Schwedens und Finnlands sehr geheim durchgeführt werden. «Die CIA würde den Job allein erledigen müssen oder bestenfalls mit ‹inoffizieller› örtlicher Hilfe, da die Politik dieser Länder die Zusammenarbeit mit der NATO verbot und jede Entdeckung den sofortigen Protest der dortigen kommunistischen Presse, sowjetischer Diplomaten und loyaler Skandinavier wecken würde, die hofften, dass die Neutralität oder Nichteinmischung es ihnen ermöglichte, auch einen Dritten Weltkrieg ungeschoren zu überstehen.»[5]

«Berlingske Titende kann aufdecken, dass Absalon der dänische Ableger des internationalen Gladio-Netzwerks ist. Dies wurde *Berlingske Titende* durch ein Mitglied von Absalon bestätigt, das im Augenblick noch ungenannt bleiben möchte», überschrieb eine dänische Tageszeitung sensationell ihre Entdeckungen im Jahr 1990.[6] Die Quelle – die Zeitung nannte sie Q – bestätigte, was Colby in seinem Buch aufgedeckt hatte. «Colbys Geschichte ist vollkommen richtig. Absalon wurde in den frühen 50er-Jahren gegründet», berichtete Q. Nach den Aussagen von Q bestand das Netzwerk aus rechtsgerichteten Männern, um einen überzeugten Antikommunismus garantieren zu können. «Colby war Mitglied der weltumspannenden katholischen Laienorganisation Opus Dei, die, um einen modernen Begriff zu verwenden, auch als rechtsgerichtet bezeichnet werden könnte. Opus Dei spielte beim Aufbau von Gladio in ganz Europa und auch in Dänemark eine entscheidende Rolle», behauptete Q. «Der Anführer von Gladio war Harder, der aber wahrscheinlich kein Katholik war. Es gibt nur wenige Katholiken in Dänemark, und die Basis, aus denen die dänische Gladio bestand, waren ehemalige Widerstandskämpfer [aus dem Zweiten Weltkrieg], ehemalige Gefangene aus Tysk Vestre Faengsel, Froslevlejren, Neuengamme und auch Leute der dänischen Brigade.»[7]

Die dänischen Zeitungen nahmen 1990 wieder Kontakt zu Colby auf und mussten feststellen, dass die Gladio-Geheimnisse immer noch gut gehütet wurden. Der damals 70-jährige CIA-Direktor im Ruhestand lebte in Washington, ging in die Defensive und behauptete: «Ich weiß wirklich nichts über die dänische Organisation. Ich hatte zu ihnen nie Kontakte. Ich glaube nicht. Jedenfalls kann ich mich nicht daran erinnern.»[8] Der dänische Journalist blieb beharrlich: «Aber in Ihrem Buch schreiben sie, dass Sie in vier Ländern CIA-Organisationen aufgebaut haben?!» Colby antwortete: «Ich habe vergessen, ob ich von vier oder drei oder irgendeiner Zahl geschrieben habe. Alles, was ich damals gewusst haben konnte, muss wirklich Wissen aus zweiter Hand gewesen sein.» Der dänische Journalist wollte Colbys schwindendes Gedächtnis nicht hinnehmen und fragte weiter, worauf der ehemalige CIA-Direktor erklärte: «Ich glaube, die Leute haben darin mehr gesehen, als sie sehen sollten. Eine sowjetische Invasion war nach dem Verständnis vieler Leute eine reale Gefahr, und die Kooperation mit Widerstandsbewegungen in Norwegen und Frankreich war eine ganz normale Möglichkeit, das Land zu verteidigen.» Er weigerte sich, angebliche terroristische Operationen oder Manipulationen des politischen Klimas zu kommentieren.[9] Als eine andere Gruppe dänischer Journalisten darauf bestand, zumindest den Namen einer dänischen Kontaktperson zur CIA genannt zu bekommen, enthüllte Colby, dass «seine dänische Kontaktperson» für das Gladio-Netzwerk Ebbe Munck gewesen sei, eine zentrale Figur des dänischen Geheimdienstes und ehemaliges Mitglied der Widerstandsbewegung, der später in den diplomatischen Dienst ging und Berater der dänischen Königin Margarethe wurde.[10]

Wie in allen Gladio-Ländern war die Geheimarmee in den militärischen Geheimdienst FE (Forsvarets Efterretningstjenste) integriert. Nach einer ungenannten Quelle war die geheime rechtsextremistische Armee mit Offizieren des Militärs besetzt: «95 Prozent waren Militärs. Auch viele führende Angehörige der territorialen Einheiten waren Mitglieder. Außerdem konnte man auf ein sehr nützliches zusätzliches Potenzial zurückgreifen, auf die Vereinigung der Offiziere der Reserve.» Angeblich waren ausgewählte Politiker über die Existenz der Geheimarmee informiert, denn nach den Aussagen von Q «war die Beziehung zur konservativen Volkspartei sehr eng. Die ideologische Grundausrichtung war strikt antikommunistisch. Wir waren Dänen und hatten sehr patriotische Gefühle, die auf der christlichen Ideologie beruhten. Für uns war es sehr wichtig, dass es nicht wie 1940 zwei oder drei Jahre dauern würde, bis eine Widerstandstruppe organisiert war.» Die Geheimarmee, so sagte Q, hatte die zweifache Aufgabe, im Fall einer Invasion zu agieren oder, wenn der Kommunismus in Dänemark auch ohne die Hilfe der Roten Armee an die Macht käme, alle Information über linksgerichtete Organisationen zu sammeln: «Es war in der Zeit des Kalten Krieges, und eine russische Invasion oder die Machtübernahme durch die dänischen Kommunisten war – so fühlten wir – eine eindeutige und akute Gefahr.»[11] Trotz der rechtslastigen Neigungen rekrutierte Absalon nicht jeden rechten Aktivisten, wie ein ehemaliger Agent eifrig betonte: «Nicht jeder konnte Mitglied werden. Unter anderen wollte der rechtsextreme Aktivist Hans Hetler Mitglied werden. Wir wollten ihn jedoch nicht. Er war kompromittiert, und wir glaubten nicht, dass er über die erforderlichen Qualitäten verfügte.»[12]

Der ehemalige CIA-Direktor Colby hob zu Recht hervor, dass die dänische Stay-behind Absalon – wie alle Geheimarmeen – ihre Waffen im ganzen Land versteckt hatten. «Außerdem wurden in ganz Dänemark versteckte Waffenlager angelegt. Ich möchte nicht sagen, wie viele es waren. Aber es waren weniger als zehn», behauptete der ehemalige dänische Gladiator Q. «Zwei davon lagen beispielsweise in großen Wäldern, Bribskov und Dronninglund Storskov. Ich möchte nicht sagen, wie die Waffen versteckt wurden und ob die Waffenlager immer noch bestehen.»[13] Anders als in Italien wurden die Waffen und Sprengstoffe in Dänemark nie für inländische Terrorakte verwendet, wie Q betonte: «So etwas kam in Dänemark nicht vor. Wir haben niemals Waffen benutzt. Aber wir haben an militärischen Übungen teilgenommen. Beispielsweise an einer Übung an der Nordflanke der NATO in Troms [Norwegen].»[14] Während solcher internationalen Übungen trainierten die Offiziere der Stay-behind Absalon zusammen mit anderen Geheimarmeen aus anderen Ländern und mit Personal der NATO, der CIA und des MI6 verdeckte Operationen und geheime Kriegsführung. Außerdem, so erfuhr die überraschte dänische Presse, war die Geheimarmee Absalon an heiklen verdeckten Operationen auf der anderen Seite des Eisernen Vorhangs in den kommunistischen Ländern «in Osteuropa» beteiligt.[15] Q, Mitglied von Absalon, bestätigte: «Absalon hatte alle Arten von Funktionen. An erster Stelle musste sich Absalon für den Fall einer russischen Invasion oder einer kommunistischen Machtübernahme bereithalten. Aber Absalon sammelte auch Informationen über linke Organisationen und geheimdienstliche Informationen in Osteuropa.»[16]

Als die Geheimarmee am Ende des Zweiten Weltkrieges aufgebaut wurde, gab es ausreichend Waffen und Sprengstoff, um damit diese Truppe zu versorgen. «Der Waffenbesitz resultierte aus der ungleichen Waffenverteilung nach der Befreiung von Dänemark, als mehrere militärische Gruppen eine große Menge schwedischer Waffen erhielten, während die Kommunisten nichts bekamen», sagte Q. Später schickte die CIA weitere Ausrüstung an die dänische Stay-behind, wie der ehemalige Agent vorsichtig angab. «Ich möchte die Möglichkeit nicht ausschließen, dass später noch neue Ausrüstung hinzukam. Diese kam wahrscheinlich aus Amerika.»[17] Diese Behauptung wurde 1991 bestätigt, als die dänische Presse titelte: «CIA schickte Waffen nach Dänemark». Weiter wurde ein Dokument aus den amerikanischen Nationalarchiven zitiert, aus dem hervorging, dass die CIA Waffen geschickt hatte. Das handschriftliche Memorandum von General G.C. Steward, der in den 50er-Jahren für die amerikanische militärische Hilfe für Europa verantwortlich war, datierte vom 10. Februar 1953 und war an den Chef der Military Assistance Advisor Group (MAAG) in Kopenhagen gerichtet. Die MAAG besaß zu dieser Zeit eine ganze Flotte von Schiffen, um militärische Ausrüstung zu transportieren, und brachte damit Waffen aus den Vereinigten Staaten nach Dänemark. Das Memorandum Stewards hatte den Titel «Betrifft die Hilfe der CIA bei speziellen Lieferungen nach Dänemark über die MAAG». Das Dokument spezifizierte nicht genau, welches Material an welche Gruppe nach Dänemark geschickt wurde. «Die dänische Regierung hat bisher alle Vermutungen zurückgewiesen, das die CIA in den frühen 50er-Jahren Waffenverstecke eingerichtet und Männer bestimmt hat, um bei einer sowjetischen Invasion in Dänemark zu kämpfen», beklagte die dänische Presse. Der Verteidigungsminister Knud Enggaard behauptete erst im Februar 1991 mit einem unklugen Vertuschungsversuch, dass «die Regierung von einer derartigen Organisation in Dänemark nichts weiß».[18]

Die Mitglieder der dänischen Geheimarmee wurden – wie auch die meisten ihrer Kollegen der geheimen Armeen anderer Länder – heimlich in den USA ausgebildet, wahrscheinlich in Trainingszentren für verdeckte Aktionen der CIA oder im Hauptquartier der amerikanischen Spezialeinheiten in Fort Bragg. «Mehrere Mitglieder der dänischen Gladio nahmen angeblich an Ausbildungskursen der CIA in den USA teil, die sich mit Informationsbeschaffung und Sabotage befassten», enthüllte die dänische Presse, ohne die genaue Örtlichkeit des geheimen Trainings in den USA anzugeben.[19] Neben den Kontakten zur CIA waren auch die Kontakte zur NATO sehr vertraulich. Denn der dänische militärische Geheimdienst FE, so wurde aufgedeckt, hatte neben der Leitung der Stay-behind Absalon auch die Aufgabe, die Verbindungen zum Stay-behind-Netzwerk der NATO in Italien, Belgien und Frankreich zu organisieren, wo der militärische Geheimdienst die Kooperation der Geheimarmeen mit den Spezialtruppen des NATO-Kommandos garantierte. Erik Fournais, der Direktor des dänischen militärischen Geheimdienstes FE von 1963 bis 1973, spielte angeblich innerhalb der dänischen Geheimarmee Absalon eine wichtige Rolle. 1973 verließ er seine Position als Chef der FE und wurde Koordinator der NATO-Geheimdienste in Brüssel, ein Amt, das er bis 1977 innehatte. Ein anonymes ehemaliges Mitglied von Absalon betonte: «Auch Fournais war im inneren Kreis der Organisation Absalon. Ich weiß aber nicht, ob Fournais direktes Mitglied war. Er führte jedoch eine Schattenexistenz in naher Nachbarschaft zu Absalon. Er muss wirklich im allerengsten Kreis gewesen sein.» Der Gladio-Kommandeur Harder, der von 1966 bis 1970 im NATO-Hauptquartier gearbeitet hatte und während dieser Zeit als Kontaktperson zwischen der NATO und Absalon fungierte, wurde angeblich Anfang der 70er-Jahre von Fournais in dieser Position abgelöst. «Als Fournais eine Spitzenposition bei der NATO erhielt, löste er Harder als Kontaktperson zwischen Absalon und der NATO ab», sagte Q.

Als Fournais 1990 mit den Vermutungen der Journalisten konfrontiert wurde, leugnete er nervös, dass er irgendwelche Verbindungen zur rechtsgerichteten Geheimarmeen hatte, und log mit der Aussage, dass die NATO absolut nicht an Stay-behind-Aktionen beteiligt gewesen sei: «Ich und der militärische Geheimdienst hielten zu Absalon einen Abstand von drei Metern. Absalon hatte keinen Kontakt irgendeiner Art zur NATO und dem dänischen militärischen Geheimdienst», behauptete Fournais. «Ich habe jedoch von Absalon gehört, insbesondere, weil Politiker betont haben, dass wir [vom dänischen Geheimdienst] auch ein Auge auf rechtslastige Gruppen werfen sollten. Wir überwachten und untersuchten Absalon aber nicht. Das wäre lächerlich gewesen.»[20] Tatsächlich wäre es außergewöhnlich gewesen, wenn Fournais, der Direktor des militärischen Geheimdienstes, das Absalon-Mitglied Fournais unter die Lupe genommen hätte, um über dessen angeblich illegale Aktivitäten zu berichten.

Innerhalb des dänischen militärischen Geheimdienstes FE war die Stay-behind-Armee in der geheimen Abteilung für verdeckte Aktionen angesiedelt, der Einheit für Special Operations (SO), die von Gustav Thomsen geleitet wurde. «Der FE hatte eine geheime Abteilung Special Operations (SO), deren Aufgaben nicht einmal den anderen Personen innerhalb des FE, sofern sie nicht dieser Abteilung angehörten, bekannt waren», enthüllte ein ehemaliger dänischer Geheimsoldat. «Wenn Abhörmikrofone installiert werden mussten, dann stellte die SO die Ausrüstung zur Verfügung. Der Chef der SO war Gustav Thomsen.»[21] Auch das anonyme ehemalige Absalon-Mitglied Q bestätigte, dass die dänische Stay-behind durch die SO mit dem militärischen Geheimdienst verbunden war: «Ich möchte keinen Namen nennen. Aber es stimmt. Durch sie [die SO] hatten wir den Kontakt.»[22] Der ehemalige Kommandeur der SO, Gustav Thomsen, war nicht so sehr davon angetan, über Staatsgeheimnisse zu sprechen, und erklärte 1990: «Ich ging 1975 in den Ruhestand. Seither sind viele Jahre vergangen. Ich erinnere mich an nichts.»[23]

Ohne eine offizielle Untersuchung durch das dänische Parlament blieben spezielle Ausbildungen und Operationen, die von der SO und Absalon durchgeführt wurden, weitgehend unbekannt. Doch wurden Vermutungen angestellt, dass geheime Operationen durchgeführt wurden, die – wie in anderen Ländern – auch die Überwachung der dänischen Kommunisten und linker Organisationen und das Anlegen von Personalakten zum Inhalt hatten. Auf der Grundlage ungenannter Quellen berichtete die dänische Presse, dass «Absalon neben anderen Aufgaben die Anordnung hatte, Informationen über linksgerichtete Organisationen zu sammeln».[24] Ende der 50er-Jahre verursachte der FE-Agent Arne Sejr in Dänemark einen Skandal, nachdem entdeckt wurde, dass er Abhörgeräte installierte und den prominenten führenden dänischen Kommunisten Alfred Jensens überwachte.[25] Angeblich waren diese und andere inländische Operationen mit der Unterstützung der SO und Absalon durchgeführt worden, obwohl die Geheimarmee schon zu dieser Zeit «alles unterließ, was die Aufmerksamkeit der Medien wecken könnte».[26] Nachdem sich Absalon anfangs der 50er-Jahre schlafend gestellt hatte, nahmen die inländischen Operationen gegen 1960 zu. Harder, der Kommandeur von Absalon, hatte angeblich Schwierigkeiten und «konnte in den 50er-Jahren nichts machen, damit Absalon gut funktionierte. Es dauerte bis 1960 und 1961, dass die Dynamik wieder zunahm», erzählte der ehemalige dänische Gladiator Q. «Dies passierte, nachdem 18 dänische Absalon-Mitglieder an einem Treffen im Hauptquartier der NATO teilgenommen hatten, das damals noch in Valenciennes in der Nähe von Paris beheimatet war.»[27]

Da die Geheimarmee im Dunkeln operierte, wurden die Spuren verwischt. Das einzige Mal, als die breitere Öffentlichkeit etwas von den inländischen Operationen von Absalon bemerkte, war im Jahr 1974. In diesem Jahr hatte

Absalon vergeblich versucht zu verhindern, dass eine Gruppe linksgerichteter Wissenschaftler Mitglieder der Leitung der dänischen Universität in Odense wurden, welche von der Geheimarmee als linkslastig einschätzt wurde. Als die Absalon-Operation aufflog, weckte dies viel Aufmerksamkeit bei den Medien und verursachte viel Medienrummel über diese «geheimnisvolle Untergrundorganisation». Zu dieser Zeit konnte niemand die Verbindungen zwischen der NATO, der CIA und dem internationalen Stay-behind-System aufdecken.[28] Nach dem Skandal an der Universität in Odense zog sich Absalon angeblich in den Untergrund zurück und baute Tarnorganisationen auf, die ihre Ideologie fördern sollten. «Dies [die Operation in Odense] bedeutet, dass Absalon sich aus der Öffentlichkeit zurückzog. Stattdessen wurde ein neuer Organismus mit dem Namen Pindsvinet (Igel) geschaffen, um die legitimen Ansichten von Absalon in der öffentlichen Debatte vorzubringen», erinnerte sich Q und erklärte, dass das Symbol des Igels gewählt wurde, um die ideologischen Verbindungen zur NATO zu unterstreichen: «Pindsvinet (Igel) ist der Name einer Operation von General Eisenhower, aber auch das Symbol der atlantischen Union. Die Verteidigung Dänemarks nach 1981 benutzte den Igel als Symbol.»[29]

Der nächste Schock für die dänische Geheimarmee kam schon vier Jahre später. Im Jahr 1978 wurde ein riesiges Waffenversteck der Stay-behind im benachbarten Norwegen entdeckt, und der norwegische Verteidigungsminister Rolf Hansen war gezwungen, vor dem norwegischen Parlament die Existenz einer geheimen NATO-Armee einzugestehen. Dies war ein höchst kritischer Moment für die geheime Stay-behind Absalon, da Enthüllungen in Norwegen leicht auch die Tarnung des dänischen Netzwerks auffliegen lassen könnten. Nach Aussagen des Absalon-Mitglieds Q wurde die Geheimarmee danach, in den Jahren 1978 und 1979, deutlich verkleinert. Zu dieser Zeit emigrierten der dänische Gladio-Chef Harder und sein Assistent Flemming Norgaard nach Spanien «und wurden dort immer älter», wie Q meint.[30] Q selbst vermutete, dass Absalon nach 1978 durch eine neue Organisation mit neuen Leuten ersetzt wurde. Der Wissenschaftler Nils Gleditzch vom Internationalen Institut für Friedensforschung in Oslo beobachtete 1990 mit Bezug auf die norwegischen Enthüllungen von 1978, dass «es ein wenig überraschend ist, dass niemand in den anderen NATO-Ländern diese Geschichte aufgriff und Fragen erhob, wie es denn in dieser Sache um das eigene Land steht».[31]

Harders Assistent Flemming Norgaard war, wie Q betonte, ein wichtiges

Mitglied des Absalon-Netzwerks und fungierte insbesondere als ein «wichtiger Geldsammler für die Organisation». Norgaard, der nach Frankreich emigriert war, wurde 1990 von dänischen Journalisten mit den Aussagen von Q konfrontiert. Norgaard bestätigte, ein Mitglied von Absalon gewesen zu sein, doch beharrte darauf, dass es zwischen Absalon und der verbrecherischen italienischen Geheimarmee Gladio keine Verbindung gegeben habe. Außerdem sei Jorgen Svenne eine wichtige Figur des inneren Kreises von Absalon gewesen, weil er hervorragende internationale Kontakte und enge Bindungen zur dänischen konservativen Partei hatte. «Svenne war die graue Eminenz, die sehr viel reiste», erinnerte sich Q an den verstorbenen Svenne. «Niemand wusste, was er wirklich machte. Doch diejenigen, die am auffälligsten in Erscheinung treten, sind jeweils kaum die wichtigsten.»[32]

Zur Zeit der Entdeckung der italienischen Gladio-Armee im Jahr 1990 war das dänische geheime Netzwerk immer noch aktiv, und deshalb war der dänische Verteidigungsminister gezwungen, vor dem überraschten und neugierigen Folketing (dem Parlament) Stellung zu nehmen. Am 21. November 1990 behauptete der Verteidigungsminister im ersten öffentlichen und offiziellen Statement über die dänische Geheimarmee, dass es nicht stimme, dass irgendeine von der NATO unterstützte CIA-Organisation in Dänemark errichtet worden sei. Danach sagte er zur Verwirrung der Parlamentarier: «Weitere Informationen über eine geheimdienstliche Operation im Fall einer Besetzung sind geheim, sogar streng geheim, und deshalb darf ich im dänischen Parlament keine weiteren Informationen geben.» Pelle Voigt, der Parlamentarier, der die Gladio-Frage aufgeworfen hatte, meinte, die Antwort des Verteidigungsministers sei «widersprüchlich und eine indirekte Bestätigung der Tatsache, dass auch Dänemark sein eigenes geheimes Netzwerk hatte».[33]

Als die Presse begann, ehemalige Minister zu befragen, fanden die Journalisten heraus, dass diese höchst widerwillig über diese heikle Affäre sprachen. Erling Brondum, Verteidigungsminister von 1973 bis 1975, behauptete 1990, dass «so viele Jahre vergangen sind. Der Name Absalon sagt mir nichts.»[34] Danach freute sich die Presse sehr darüber, dass sie aufzeigen konnte, wie Brondum 1974 vor dem Parlament den Namen «Absalon» benutzt hatte, an den er sich nicht mehr erinnern konnte, während er alle Anschuldigungen, die Verbindungen zwischen der dänischen Stay-behind und dem Verteidigungsministerium betrafen, zurückwies. Der Sozialdemokrat Poul Sogaard, dänischer Verteidigungsminister von 1978 bis 1982, erinnerte sich an seine

Amtszeit deutlicher und konstatierte unumwunden: «Ich kann mich gut an Absalon erinnern. Es war ein Kreis regulärer Offiziere», behauptete er. «Wenn dem Verteidigungsministerium die eine oder andere Ausrüstung fehlte, dann konnte Absalon Geld für die Anschaffung dieser Dinge zur Verfügung stellen. Dies wurde mir so von General Andersen gesagt.» General Andersen jedoch, der nach Sogaard an der Gladio-Verschwörung beteiligt war, veröffentlichte ein Dementi und erklärte der Presse: «Poul Sogaard muss sich bei seinen Erinnerungen irren. Der Name Absalon sagt mir absolut nichts.»[35]

Auf Verlangen des amtierenden Verteidigungsministers Enggaard wurde die Stay-behind 1990 zur weiteren Debatte an den Ausschuss des dänischen Parlaments verwiesen, der sich mit der Aufsicht über die dänischen Geheimdienste befasste und dessen Protokolle geheim und der Öffentlichkeit nicht zugängig sind. Somit wurden nur ausgewählte Parlamentarier informiert, während die Öffentlichkeit im Dunkeln gelassen wurde. «Alle Minister wussten von den Aktivitäten von Absalon. Dies ist zu 120 Prozent sicher. Wir hatten ein hochrangiges Mitglied eines Ministeriums, das wiederum in Kontakt zum Premierminister stand», unterstrich das ehemalige Stay-behind-Mitglied Q. «Was wir machten, war richtig. Doch nachdem so viele Jahre vergangen sind, ist es der Geschichte wegen richtig, nunmehr die wesentlichen Besonderheiten zu enthüllen.»[36]

14

Der geheime Krieg in Norwegen

Hitlers Armeen marschierten im April 1940 in Norwegen ein und besetzten das Land für die nächsten fünf Jahre bis zum Ende des Zweiten Weltkrieges. Ähnlich wie in den anderen Ländern Westeuropas beeinflusste diese traumatische Erfahrung das Verständnis für Sicherheitspolitik in Norwegen grundlegend und führte direkt zur Einrichtung eines Stay-behind-Netzwerks nach dem Krieg. Die Norweger, die heimlich die Stay-behind-Geheimarmee in ihrem Land aufbauten, waren zumeist Leute, die erlebt hatten, wie die Nazi-Truppen ihre schlecht vorbereitete Widerstandsbewegung im Zweiten Weltkrieg hinweggefegt hatten und nun befürchteten, dass der Kalte Krieg eine sowjetische Invasion mit sich bringen könnte. «Für Norwegen war es überhaupt keine Frage, ob eine Stay-behind-Organisation eingerichtet werden muss oder nicht. Es war nur eine Frage des Timings», beschrieben die norwegischen Stay-behind-Autoren Ronald Bye und Finn Sjue das Gefühl zu dieser Zeit. Immerhin bestand auch die NATO auf einem geheimen Netzwerk. «Wenn der Startschuss 1947/1948 noch nicht abgefeuert worden ist, dann sollte es mit dem Beitritt zur Nato im Jahr 1949 beginnen. Es war nämlich eine Bedingung für die Mitgliedschaft in der NATO, dass das Mitglied schon Einrichtungen für verdeckte Kriegsführung errichtet hat oder es in Kürze tun würde», erklären Bye und Sjue mit Bezug auf eine nicht datierte «NATO/SACEUR Directive for Unorthodox Warfare».[1]

Vilhelm Evang, der Direktor des norwegischen Geheimdienstes nach dem Zweiten Weltkrieg, und Jens Christian Hauge, der erste norwegische Verteidigungsminister nach dem Krieg, waren die beiden zentralen Figuren für den Aufbau der Geheimarmee und die Schaffung des Geheimdienstes Norwegian Intelligence Service (NIS) nach dem Krieg. Evang, ein Wissenschaftler, der in Oslo promoviert hatte, war dem kleinen Geheimdienst der norwegischen Regierung schon 1942 im Exil in London beigetreten, während Hauge im Krieg die norwegische militärische Widerstandsbewegung geführt hatte. Zurück in Norwegen baute Evang mit der Unterstützung von Hauge nach dem Krieg im Jahr 1946 den NIS auf und leitete ihn 20 Jahre lang als Direktor. Die amerikanischen Geheimdienste standen Evang wegen seiner bekannten Sympathien zu linken Politikern und insbesondere wegen seiner Mitgliedschaft in der kommunistischen Bewegung «Mot Dag» in seiner Jugend in den 30er-Jahren sehr kritisch gegenüber. 1966 musste Evang nach der sogenannten Lygren-Affäre den Geheimdienst verlassen.[2] Um ihm seinen Abgang etwas zu erleichtern, versetzte der norwegische Verteidigungsminister Evang als nationalen militärischen Repräsentanten ins NATO-Hauptquartier nach Frankreich. Er diente zuerst in Paris und dann bis 1969 in Brüssel. Evang verließ den öffentlichen Dienst, als er das Ruhestandsalter erreicht hatte, und starb 1983 im Alter von 74 Jahren.

Während seiner Zeit in London hatte Evang enge Bande zu den britischen Geheimdiensten geknüpft. Er teilte die Überzeugung der MI6-Offiziere, dass Norwegen nie wieder unter eine feindliche Besatzung fallen sollte, ohne darauf vorbereitet zu sein. Als Evang im Februar 1947 das Stay-behind-Netzwerk aufbaute, besuchte ihn ein ungenannter Gesprächspartner des MI6 mit «engen Beziehungen zu zentralen Verteidigungs- und Militärkreisen» – wahrscheinlich der Direktor des MI6 Sir Steward Menzies selbst – und präsentierte ihm den Stay-behind-Plan für Norwegen. Evang und Menzies stimmten darin überein, dass die Sowjetunion und die Verbreitung des Kommunismus in Westeuropa eine reale und aktuelle Gefahr darstellten. «Daher waren die Engländer stark am Aufbau einer Verteidigung in Ländern unter feindlicher Besetzung interessiert», notierte Evang in seinem Tagebuch. «Es hat den Anschein, als würden auch die Niederlande, Frankreich und Belgien eine mehr oder weniger feste Organisation für eine Untergrundarmee aufbauen.»[3]

Außer dem britischen MI6 war auch die amerikanische CIA direkt an den Operationen beteiligt, die zur Schaffung der norwegischen Geheimarmee führten. Bereits 1946 hatte Evang Major Kaj Martens nach New York geschickt, um Verbindung zu den sich entwickelnden amerikanischen Geheimdiensten zu knüpfen. Dann, im November 1947, nachdem die CIA gegründet war, besuchte Evang selbst die Vereinigten Staaten und diskutierte das Thema der geheimen unorthodoxen Kriegsführung wahrscheinlich mit Frank Wisner, dem Direktor des Büros für politische Koordination (Office of Policy Coordination, OPC) der CIA, welches das Stay-behind-Netzwerk in Westeuropa aufbaute. Wie in

Italien wurde die CIA letztlich wichtiger als der MI6, als die Macht der USA in dem Ausmaß zunahm, in dem die Macht des ehemaligen Imperiums Großbritanniens abnahm. «Die Kooperation mit den Vereinigten Staaten», beobachtet der norwegische Gelehrte Olav Riste, war «bei weitem der wichtigste Aspekt der ausländischen Beziehungen des NIS».[4] Um die geheime Operation zu koordinieren, trafen sich norwegische, britische und amerikanische Geheimdienstbeamte 1948 in London. Ein geheimdienstliches Memorandum beschreibt, dass im Verlauf des Treffens entschieden wurde, «in Norwegen einen Apparat aufzubauen, dessen Aufgabe es sein würde, im Fall einer völligen oder teilweisen feindlichen Besetzung über Funk oder auf anderen Wegen geheimdienstliche Berichte an ein Hauptquartier der Verbündeten im Inland oder im Ausland zu übermitteln». Das Memorandum stellt fest, dass der NIS stolz war, sowohl die CIA als auch den MI6 zu unterrichten, dass in einer geheimen NIS-Operation mit dem Decknamen SATURN eine derartige Geheimarmee bereits zusammengestellt worden sei. «Hauptmann Evang konnte unsere Verbündeten darüber informieren, dass bereits ein Apparat, der einem solchen Zweck dienen könnte, praktisch bereit war und zur Verfügung stehe.»[5]

Der norwegische Geheimdienstbeamte Alf Martens Meyer, der angeblich die Kontakte zur CIA sicherte, stand selbst auf der Gehaltsliste der CIA und «leitete grundsätzlich die meisten norwegischen geheimdienstlichen Operationen in den 50er- und 60er-Jahren», wie der ehemalige norwegische Geheimdienstoffizier und Autor Christian Christensen sagt.[6] «Es ist ebenfalls bewiesen, dass Martens Meyer und seine Mitarbeiter regelmäßige Kontakte zu ‹Undercover›-Repräsentanten des MI6 und der CIA in der britischen und der amerikanischen Botschaft in Oslo unterhielten», behaupteten in den 90er-Jahren die Journalisten Bye und Sjue, die sich mit Gladio befassten.[7] Ebenso wie in anderen Ländern zählte auch der Kauf von Funkstationen zu den größten und auffälligsten Investitionen der Geheimarmee. Evang bat in diesem Zusammenhang in einem vertraulichen Brief im Mai 1948 den Verteidigungsminister Haug um Geld, um damit 50 Funkstationen für die norwegische Stay-behind beschaffen zu können. «Die Funkgeräte werden sicher verstaut und werden nur aktiviert, wenn Teile des Landes von einer fremden Macht besetzt werden», erklärte Evang und hob hervor, dass die geheime NATO-Armee auch innerhalb des Landes genutzt werden kann, wenn keine Invasion vorliegt, aber die norwegischen Kommunisten einen Staatsstreich versuchen würden: «Im Fall eines internen Putsches können einzelne Funkgeräte nach einer speziellen Vereinbarung mit dem Stab des Verteidigungsministeriums in Betrieb genommen werden.» Evang betonte, dass die «Vorbereitungen für die Einrichtung dieses Netzwerks in guter Hand sind», und führte aus, dass «wir beabsichtigen, geeignete Personen zur Bedienung der Funkstationen auszuwählen, die sich während des letzten Krieges nicht an ähnlichen Untergrundaktivitäten beteiligt haben und die nicht als Funker bekannt sind».[8] Verteidigungsminister Hauge war mit der Entwicklung der streng geheimen Operation zufrieden und unterstützte die Finanzierung.[9]

Als er die inländische Funktion der geheimen Armee in seinem Brief an Hauge besonders erwähnte, betonte Evang auch, dass private Gruppen aus ausgewählten Branchen mit dem Einverständnis norwegischer Industrieller unter der Leitung des NIS ausgebildet wurden und sich zum Schutz vor «subversiven (kommunistischen) Aktivitäten in bestimmten Branchen nach Art der fünften Kolonnen bereithielten». Wahrscheinlich war sich Evang der potenziellen Gefahr bewusst, die solche private bewaffnete Gruppen darstellen, wenn sie nicht parlamentarisch kontrolliert werden, denn in einem Bericht an Verteidigungsminister Hauge vom Oktober 1948 bestand er darauf, dass die Gruppen unbedingt aus loyalen und disziplinierten Kollaborateuren bestehen müssen. Als Norwegen im April 1949 der NATO beitrat, wurden spezielle Poster gegen Aktivitäten von fünften Kolonnen gedruckt und an der Wand eines jeden militärischen Büros befestigt. Die Poster wiesen die militärischen Beamten an, als Präventivmaßnahme gegen fünfte Kolonnen mit der Polizei und den Geheimdiensten zu kooperieren. fünfte Kolonnen wurden als «Norweger oder Ausländer» definiert, «die innerhalb der Grenzen Norwegens durch illegale geheimdienstliche Tätigkeit, Planung und Durchführung von Sabotageakten, Attentate und so weiter für ausländische Mächte arbeiten». Nach Norwegens Beitritt zur NATO wurden Norweger und Ausländer, die festgenommen und gefangen gehalten wurden, in Listen erfasst, die von der Sicherheitspolizei aufbewahrt wurden.[10]

Hauge, der 1945 im jungen Alter von 30 Jahren Verteidigungsminister geworden war – hauptsächlich wegen seiner Verdienste als Anführer des militärischen Widerstandes während des Krieges –, unterstützte die Stay-behind-Armee nachhaltig, und in seinem ersten Plan zum Wiederaufbau des norwegischen Militärs nach dem Krieg betonte er im Frühjahr 1946 vor dem norwegischen Parlament, dass «im Licht unserer Erfahrungen während des Krieges ein entschlossener Wille, auch nach einer militärischen Niederlage und während einer Okkupation weiterzukämpfen, ein wesentlicher Teil der Bereitschaft eines kleinen Landes für einen Verteidigungsfall ist».[11] Hauge entschied, dass die Hauptfunkstation des NIS in der Region um Oslo aufgebaut und als Zentralstation des norwegischen Stay-behind-Kommunikationsnetzwerks dienen sollte, und befahl, dass im Landesinneren eine Reservestation aufgebaut werden muss.

Am 25. Oktober 1948 erließ der Verteidigungsminister Hauge eine Regierungsanordnung, die offiziell die norwegische Stay-behind gründete. In einem streng geheimen Brief im selben Monat befahl Hauge dem Chef des Verteidigungsstabs, Generalleutnant Ole Berg, «eine FO4 Bereitschaft» einzurichten. Berg wusste genau, was Hauge meinte, denn während des Zweiten Weltkrieges war «FO4» die Abteilung von Norwegens Verteidigungsoberkommando im Exil, die zusammen mit der britischen SOE mit der Planung und Durchführung von Sabotageakten und anderen Untergrundaktivitäten im besetzten Territorium beauftragt war. «Freie norwegische Behörden müssen Sabotageakte und Kleinkriege gegen Ziele von militärischer Bedeutung in den Gebieten Norwegens durchführen können, die vorübergehend feindlich besetzt sind (Kommunikationseinrichtungen, Industrieanlagen, militärische Lagerstätten, Hochspannungstransformatoren und so weiter)», befahl Hauge. «Es wird notwendig sein, derartige Maßnahmen als Teil einer bewaffneten Auseinandersetzung in Norwegen durchzuführen. Deshalb muss dieser Apparat schon in Friedenszeiten in hoher Bereitschaft sein.»[12]

Auf der Grundlage seiner eigenen Erfahrungen wünschte sich Hauge kleine Aktionsgruppen von zwei bis vier Mann, die Zugang zu geheimen Waffenverstecken mit Gewehren, Sprengstoffen, Funkgeräten und anderen Vorräten haben. Die Geheimsoldaten mussten aus der norwegischen Armee rekrutiert werden. Sie mussten die örtlichen Bedingungen ihres Einsatzbereiches kennen. Veteranen des norwegischen militärischen Widerstands aus dem Zweiten Weltkrieg sollten nur als Ausbilder Verwendung finden, denn sie könnten von einem eindringenden Feind und seinen Informanten am leichtesten identifiziert und eliminiert werden. Ein geheimes unabhängiges Funknetzwerk, wünschte Hauge, sollte den Kommunikationskanal für die Stay-behind bilden. Die Operation SATURN ging zügig voran, und die FO4-Bereitschaft war bald erreicht, worauf die norwegische Stay-behind den Namen Rocambole, oder kurz ROC, erhielt. «Die Philosophie hinter ROC gründete eindeutig auf den Lehren, die man aus der deutschen Besatzung vor einigen Jahren gezogen hat», fasste der Historiker Olav Riste die Gesinnung der ROC-Agenten zusammen.[13]

Im September 1952 führte das norwegische Verteidigungsministerium eine Bewertung der Geheimarmee durch und definiete in diesem Zusammenhang auch die Aufgaben der norwegischen Stay-behind-Geheimarmee. «ROCAMBOLE ist eine streng geheime militärische Organisation unter dem direkten Kommando des Defence Chief (Chef des Verteidigungsstabs), dessen Aufgabe es sein wird, vereinzelte Missionen von besonderer militärischer Bedeutung auf norwegischem Boden durchzuführen», beschrieb das Memorandum. «Es ist eine Bedingung, dass jede einzelne Aktion nur auf Anordnung des Chefs des Verteidigungsstabs durchgeführt wird und dass die Aufgabe von wenigen entschlossenen und kühnen Männern erledigt werden kann, die für derartige Missionen vorbereitet, ausgebildet und ausgerüstet sein müssen.» In Kriegszeiten hatte ROC entsprechend dem Dokument des Verteidigungsministeriums drei Hauptaufgaben: «1. Zerstörung materieller Ziele durch Sprengstoff oder auf anderem Weg, 2. vorübergehender Schutz von Anlagen oder Kommunikationseinrichtungen in Verbindung mit der Befreiung einer bestimmten Region, oder 3. andere Missionen wie die Organisation von größeren Gruppen, der Empfang von Luftlandetruppen und Nachschub aus der Luft, Aufklärung, besondere geheimdienstliche Aufgaben, Guerilla-Aktionen, Staatsstreiche, Attentate und so weiter.»[14] Inländische Kontrollmaßnahmen «im Fall eines inländischen Staatsstreiches», wie Evang sie vorhergesehen hat, oder Missionen «zum Schutz vor (kommunistischen) subversiven Aktivitäten fünfter Kolonnen» waren in diesem Dokument nicht aufgeführt, blieben aber wahrscheinlich dennoch gültig.

Das Hauptquartier von ROC wurde 1950 in einem Haus in Smestad eingerichtet, und im ganzen Land wurden Waffenverstecke angelegt, während ein Regierungsbunker in der Cort-Adeler-Straße mitten in Oslo als Zentralmagazin für Ausrüstungen von ROC bestimmt wurde. Jens Nordlie, ein Kumpane des Verteidigungsminister Hauge aus dem Widerstand im Krieg, wurde als erster Chef der norwegischen Stay-behind ROC ausgewählt. Bereits im Februar 1949 hatte sich Nordlie mit Beamten des MI6 in London getroffen, wo eine Übereinkunft erzielt wurde, um den Aufbau der norwegischen Geheimarmee ROC zu beschleunigen und die Absicht, «noch vor dem Jahresende 15 Fünf-Mann-Gruppen zusammenzustellen», bestätigt wurde.[15] Die Briten stellten die erforderliche Ausrüstung, einschließlich der Funkstationen und Sprengstoffe.

Im Fall eines Krieges und einer Besetzung Norwegens sollte England als Stay-behind-Hauptquartier fungieren. Angeblich gab es seitens der Norweger einige Zweifel, ob es wirklich klug war, den Briten die Namen des gesamten ROC-Personals zu überlassen, denn somit stand die Geheimarmee nicht nur unter norwegischer, sondern auch unter britischer Kontrolle. Die Zusammenarbeit von ROC mit der CIA war ebenso eng. Mit Zustimmung des Verteidigungsministers Hauge trafen sich die Leiter von ROC regelmäßig mit dem amerikanischen Beamten Harold Stuart, einem Repräsentanten des amerikanischen National Security Council (NSC). Informationen und Geld wurden ausgetauscht, und wahrscheinlich besaß auch die CIA Listen mit den Namen der ROC-Mitglieder.[16]

Eine Bestandsaufnahme aus dem Jahr 1949 zeigte, dass neun Gruppenleiter und sieben Funker eine Stay-behind-Ausbildung erhielten. Waffenverstecke wurden angelegt, die Waffen und Ausrüstung für die geheimen Gruppen enthielten, und auch Vorräte, die für zwölf Monate ohne Nachschub ausreichten. 1952 waren 32 ROC-Einheiten mit jeweils fünf Männern eingerichtet, und es war geplant, die Geheimarmee auf mindestens 40 Einheiten oder 200 feste Mitglieder auszubauen. Hauge lobte den ROC-Chef Nordlie für die erzielten Fortschritte, doch stellte er in Frage, ob nicht zu viele ROC-Einheiten im hohen Norden Norwegens stationiert wurden, einschließlich der sogenannten Finnmark-Region, die der Sowjetunion am nächsten liegt. «Es sind wahrscheinlich hauptsächlich ausländische Interessen, so etwa in Verbindung mit Bombenangriffen über die Finnmark gegen die Sowjetunion und weitere, die mit diesem starken Engagement in der Finnmark bedient werden», schrieb Hauge im März 1952 an Nordlie. «Im Licht einer allgemeinen Bedeutung von ROC bin ich geneigt zu glauben, dass wir im Süden Norwegens bessere Ergebnisse erzielen würden. Entsprechend diesen Überlegungen sollten wir deshalb aufpassen, dass wir unsere Ressourcen nicht falsch einsetzen, indem wir der Finnmark zu viel zuweisen.»[17]

Verteidigungsminister Hauge war sich der Tatsache sehr wohl bewusst, dass Washington und London strategische Interessen im nördlichen Norwegen verfolgten. Denn während des gesamten Kalten Krieges bewachte Norwegen die 192 Kilometer lange und nur spärlich besiedelte und eisige nördlichste Grenze der NATO zur Sowjetunion. Die strategische Bedeutung Norwegens für die NATO war – ähnlich wie die der Türkei im Süden –, dass das Land wie ein langer Arm um das neutrale Finnland herum weit in den Osten reichte und deshalb näher an Moskau war als jedes andere NATO-Land. Somit konnte das Land als Horchposten und Startbereich für Spionageflugzeuge der CIA und, zumindest potenziell, für NATO-Bomber dienen, wie Hauge in seinem Brief verdeutlichte. Die Vorbereitungen auf den Widerstand gegen einen ausländischen Besetzer jedoch waren laut Hauge im dichter besiedelten Süden Norwegens wesentlich nützlicher.

Hauge war nicht ganz damit zufrieden, wie die Geheimarmee finanziert wurde, und beharrte darauf, dass Norwegen einen zu großen Teil der Rechnung bezahlte. Entsprechend einer Übereinkunft zwischen den drei beteiligten Parteien wurden die Funkstationen für ROC von den USA und Großbritannien kostenfrei zur Verfügung gestellt, während Norwegen 50 Prozent der Kosten für andere Ausrüstung übernehmen und die gesamte Ausbildung bezahlen sollte. Hauge kam zum Schluss, «dass die Operationen unter den ROC-Absprachen ... mehr im Interesse der Alliierten als im Interesse Norwegens waren».[18] Hauge fand heraus, dass Norwegen für zwei Drittel der Kosten für ROC aufkommen musste, während die CIA und der MI6 den Rest übernahmen, und vor allem, dass die Ausgaben für ROC mehr als 50 Prozent des gesamten Haushaltes des norwegischen Geheimdienstes NIS verschlangen. Deshalb schlug Hauge 1950 in einem Memorandum vor, dass zusätzlich zu den Funkanlagen, die kostenlos zur Verfügung gestellt wurden, die USA und England, die so darauf drängten, in Norwegen eine Stay-behind einzurichten, auch die Kosten für die andere Ausrüstung übernehmen sollten. Norwegen würde im Gegenzug das ROC-Personal bezahlen und die Ausbildung übernehmen. Es scheint, dass die Vorschläge von Hauge im Weißen Haus und in London akzeptiert wurden, denn die Rechnung für Norwegen wurde reduziert. Im Jahr 1952 betrugen die Gesamtkosten für ROC 1,5 Millionen norwegische Kronen, die gleichmäßig unter den Geheimdiensten NIS, CIA und MI6 aufgeteilt wurden. Danach blieben die jährlichen Kosten anscheinend stabil, denn 13 Jahre später, im Haushalt 1965, betrug das Drittel, für das Norwegen aufzukommen hatte, 600 000 Kronen.[19]

Wie in allen Ländern Westeuropas waren die Informationen über die geheime antikommunistische Armee strikt auf das Need-to-know-Prinzip beschränkt. Während ROC aufgebaut wurde, fanden mindestens einmal wöchentlich Stabskonferenzen mit dem ROC-Chef Jens Nordlie und oft in Anwesenheit des NIS-Chefs Evang statt. Von Ende des Frühjahrs 1950 an nahmen auch die nationalen Repräsentanten der CIA und des MI6 regelmäßig an diesen norwegischen Gladio-Konferenzen teil. Kontakte zum norwegischen Verteidigungsministerium gab es nur vereinzelt und zumeist in der Form informeller Unterhaltungen zwischen Hauge und Evang oder Hauge und Nordlie. Nicht einmal die norwegische Sicherheitspolizei – vergleichbar mit dem amerikanischen FBI – wurde über die streng geheime Stay-behind informiert. Und wie in allen Gladio-Ländern wusste das norwegische Parlament, das die Bevölkerung Norwegens repräsentierte, nichts von der Geheimarmee.[20]

Während einer ROC-Konferenz im Oktober 1951 wurde das Thema der Berichterstattung an den Verteidigungsminister Hauge und auch an London und Washington ausdrücklich angesprochen. Nordlie schlug vor, dass Hauge regelmäßig nur eine kurze Zusammenfassung über die norwegische Stay-behind erhalten solle, «da angenommen werden muss, dass er mit Arbeit so sehr belastet ist, dass er nicht so viel Zeit aufbringen kann, um die allzu lange Zusammenfassung zu lesen».[21] Man kam überein, dass die CIA und der MI6 regelmäßig detaillierte Berichte über die Geheimarmee erhalten sollten, angeblich auch, um den beiden ausländischen Geheimdiensten eine Vorstellung «von der Ernsthaftigkeit und der harten Arbeit, die mit der Verteilung von mehr als 30 Tonnen Ausrüstung einhergeht», zu vermitteln, während Hauge die lange Zusammenfassung lediglich auf besonderen Wunsch erhielt. Im Januar 1952 trat Hauge zurück. Es ist nicht klar, wie und in welchem Umfang die nachfolgenden norwegischen Verteidigungsminister über das streng geheime ROC-Projekt informiert wurden.[22]

Im April 1949 gründete Norwegen zusammen mit elf weiteren Staaten die NATO und unterzeichnete den Nordatlantikpakt. Danach wurde die norwegische Geheimarmee verstärkt durch die Abteilung für spezielle Kriegsführung der militärischen Allianz koordiniert. Die schriftlichen Berichte des norwegischen Verteidigungsministeriums bezüglich ROC bestätigen, dass der Oberkommandeur der NATO für Europa (SACEUR) das sogenannte CPC einrichtete, um geheime Operationen zu planen und das europäische Stay-behind-Netzwerk zu leiten. Im April 1952 wurde der NIS-Direktor Evang informiert, dass der SACEUR dem CPC den Befehl erteilt hatte, Repräsentanten der Geheimdienste der NATO-Staaten in das CPC einzuberufen. Zusammen mit den anderen Chefs der europäischen Geheimdienste erhielt Evang am 7. Mai 1952 eine Einladung für eine CPC-Konferenz zur Unterrichtung über die Situation der Stay-behind und zur Diskussion der Beziehung von ROC zum CPC. Wahrscheinlich in Anwesenheit des SACEUR, des amerikanischen Generals Matthew Ridgeway von der amerikanischen Armee.

Vor der Konferenz nahm Evang Kontakt zu seinem dänischen Amtskollegen auf, um eine gemeinsame Vorgehensweise bei den zu erwartenden Fragen der NATO abzusprechen. Evang und der Chef des dänischen Geheimdienstes kamen überein, dem CPC zu verdeutlichen, dass die norwegische Geheimarmee ROC und die dänische Geheimarmee Absalon nur dann zum Einsatz kämen, «wenn eine völlige oder eine andauernde teilweise Besetzung vorliegen». Außer Frage stand, dass die Organisation auch für «normale Kämpfe» eingesetzt würde, wie Evang es nannte. Ein sehr vager Begriff, unter dem man auch nationale Unruhen oder einen Staatsstreich verstehen könnte.[24] Evang war besonders empfindlich, sobald es um eine mögliche Gefährdung der norwegischen Souveränität durch das amerikanisch dominierte CPC der NATO ging, wie seine Aufzeichnungen dieser Konferenz zeigen. «Darüber hinaus wurde Übereinstimmung erzielt, dass die Stay-behind vor allem ein Instrument war, das den nationalen Regierungen zur Verfügung stand, wo immer die Stay-behind gerade auch war, und dass ihre wichtigste Aufgabe war, den Kern für die Wiedereroberung vorübergehend verlorener Gebiete zu bilden.» Evang betonte in seinen Notizen, dass «es unsere Aufgabe ist, dafür zu sorgen, dass die jeweiligen Regierungen in letzter Instanz die Kontrolle über» die Geheimarmeen haben. «Es war klar, dass dies nur dann funktionierte, wenn man die Kommunikationswege kontrollierte und die Identität der einzelnen Funker niemandem bekannt war, mit Ausnahme einiger weniger ihrer Landsleute. Dieser Standpunkt darf jedoch in internationalen Diskussionen nicht dargelegt werden.»[25]

Im November 1952 präsentierte das CPC, das Zentrum der NATO für geheime Kriegsführung, ein grundlegendes Dokument, das unter den Leitern der nationalen Geheimdienste zirkulierte, um Stellungnahmen einzuholen. Der Plan des CPC hatte eine ganze Reihe von Aktivitäten zur verdeckten Kriegsführung zum Ziel, die von den nationalen Geheimdiensten und ihren Stay-behind-Armeen ausgeführt werden sollten. Die Planung und Vorbereitung einer solchen verdeckten Kriegsführung, worauf das CPC-Dokument bestand, musste von den nationalen Geheimdiensten und ihren Stay-behind-Einheiten durchgeführt werden. In Friedenszeiten hätte das CPC in enger Zusammenarbeit mit dem SACEUR die Verantwortung für die Koordination. In der «aktiven Phase», womit vermutlich mehrere mögliche Stufen von inländischen Staatsstreichen bis hin zu einer sowjetischen Invasion des Territoriums gemeint waren, würde der SACEUR die direkte Kontrolle solcher Abteilungen der nationalen Geheimdienste übernehmen, einschließlich der Stay-behind, die dann der NATO zur Verfügung stünden. Die norwegischen Repräsentanten waren besorgt, dass die Geheimarmee ein Instrument von Washington und London werden könnte. Deshalb bestand der NIS darauf, dass es eine Übereinkunft geben sollte, dass die norwegische Regierung «das Recht behält, in jeder erdenklichen politischen Situation in Norwegen handeln zu können», und auch das «uneingeschränkte Recht behält, die erforderlich erscheinenden geheimen Maßnahmen zu ergreifen, um die politische Kontrolle in Norwegen auszuüben».[26]

Die Idee einer geheimen Armee der CIA in Norwegen unter der Kontrolle eines amerikanischen SACEUR blieb für die Mehrheit der Beteiligten im norwegischen Geheimdienst inakzeptabel. «Während des letzten Krieges war die norwegische Regierung außerhalb der Landesgrenzen, doch die verfassungsmäßigen Gewalten blieben innerhalb des legalen Rahmens, und sie übte ihre Funktionen als Regierung während der gesamten Zeit der feindlichen Besatzung Norwegens aus», fasste ein an das CPC adressiertes NIS-Memorandum vom Januar 1953 die Erfahrungen aus dem Krieg zusammen. «Unter dem Einfluss dieser Erfahrungen betrachtet es die norwegische Regierung als selbstverständlich, dass sie die Verantwortung für die politische Führung im Land behalten sollte – auch in besetzten Gebieten des Landes.» Somit war der Vorschlag, dass im Ernstfall die NATO und der amerikanische SACEUR die Kontrolle der norwegischen Geheimarmee übernehmen sollten, ein höchst umstrittenes Thema. «Dass die Leitung der Widerstandsbewegung einem amerikanischen General und seinem internationalen Stab unterstehen sollte, würde im Land einen politischen Sturm entfachen, wenn dies vor einer Besetzung bekannt werden sollte – und nach der Besetzung würde es für die feindliche Propaganda eine ausgezeichnete Grundlage bieten», hielt das NIS-Memorandum fest.[27]

Trotz dieser norwegischen Bedenken hatten die CIA und der MI6 ein ansehnliches Ausmaß an Kontrolle über die norwegische Geheimarmee gewonnen. 1955 informierte Harbitz Rasmussen, ein führendes Mitglied des ROC, den NIS-Chef Evang in einem Memorandum, dass Kopien der Personalakten der geheimen ROC-Mitarbeiter in Washington und London hinterlegt wurden. Außerdem hatten die CIA und der MI6 auch die Informationen erhalten, die erforderlich waren, um die Funkkommunikation des Stay-behind-Netzwerks in Betrieb zu nehmen. Rasmussen beklagte diese Situation und betonte, dass die Informationen in versiegelten Umschlägen aufbewahrt würden. Er schlug vor, Evang sollte etwas unternehmen, um diese Umschläge wiederzuerlangen und sie dann unter «ausschließlich norwegischer Kontrolle» in Washington und London aufzubewahren, womit er die norwegischen Botschaften in den beiden Hauptstädten meinte.[28]

Ob Evang mit seinem Vorhaben Erfolg hatte, bleibt unklar, weil Dokumente dazu fehlen. Doch ist es eindeutig, dass Evangs Vertrauen in die Vereinigten Staaten 1957 erheblich erschüttert wurde, was sich zu einer akuten Krise zwischen dem norwegischen NIS, der CIA und der von den USA dominierten NATO auswuchs. Evang hatte die Nachricht bekommen, dass ein amerikanisches Mitglied aus den Headquarters der NATO Allied Forces Northern Europe (HQ AFNORTH) in Kolsas in Norwegen «ein außergewöhnliches Interesse an allgemeinem militärischem geheimdienstlichem Material zeigte und auch die Daten über norwegische Bürger bei AFNORTH übersetzt hatte, insbesondere die von Bürgern, die eine stark pazifistische und gegenüber der NATO negative Einstellung hatten». Die norwegischen Behörden nahmen den Amerikaner fest, und es wurde aufgedeckt, dass er auch hochrangige norwegische Beamte ausspioniert hatte und an einen namentlich bekannten Beamten des SHAPE berichtete. Evang war wütend und forderte, dass dieses Thema als erster Punkt auf der Tagesordnung der nächsten Konferenz des Stay-behind-Kontrollzentrums CPC am 19. November 1957 behandelt würde.

Deshalb war die Atmosphäre sehr gespannt, als sich die europäischen Geheimdienstdirektoren in der Avenue Deloison in Paris Neuilly trafen. Hauptmann Blaer, ein britischer Beamter, hatte den Vorsitz der CPC-Konferenz inne und leitete die Sitzung mit dem Hinweis ein, dass der NIS «außerordentlich besorgt sei über die Aktivitäten, die von Beamten in Kolsas ausgeübt wurden. Dies bereite SB (Stay-behind) Psywar und Counter Intelligence Sorgen.» Dann ergriff Evang selbst das Wort und warnte die NATO ernsthaft, ihre Hände von der norwegischen Stay-behind zu lassen: «Alles war ruhig, bis zum letzten Jahr, als wir feststellen mussten, dass es immer noch Beamte bei AFNORTH gibt, die für Psywar, E&E [Evasion and Escape = Ausweichen und Entkommen] arbeiten und sich in diesem Zusammenhang daran beteiligen, angesehene Personen auf die schwarze Liste zu setzen», erklärte Evang. «Wenn in Norwegen hochrangige Personen auf einer derartigen schwarzen Liste erscheinen, dann muss etwas falsch sein. Meine Regierung sieht dies ebenfalls in einem ernsthaften Licht, und ich habe den Auftrag, an internationalen Planungen nicht teilzunehmen, wenn derartige Aktionen fortgesetzt werden.» Der NIS-Chef Evang war sehr besorgt und drohte, dass Norwegen das CPC verlassen würde, wenn die NATO weiterhin heimlich die Souveränität ihrer Mitglieder verletze. «Soweit es Norwegen anbelangt, hat unser Interesse an der CPC-Planung als solcher seit 1954 ständig abgenommen, weil es darin für uns keine Zukunft gibt. Wir sind der Meinung, dass wir eine Stay-behind aufbauen, die im Inland zum Zweck der Befreiung von einer Besetzung Anwendung findet.»[29]

Brigadegeneral Simon, der Chef der Abteilung für spezielle Projekte der NATO im SHAPE, der auch die Verantwortung für das CPC trug, versuchte die norwegischen Repräsentanten zu beruhigen. Simon bestritt die Behauptungen in klassischer Weise, indem er eingestand, dass der fragliche Amerikaner in einer Abteilung für spezielle Projekte gearbeitet habe, leugnete aber, dass er den Auftrag gehabt habe, so zu handeln, wie Evang es soeben beschrieben hatte. Evang beharrte darauf, dass er sich nicht geirrt habe, und drohte, Norwegen aus dem geheimen CPC abzuziehen, bis die Angelegenheit in Ordnung gebracht worden sei. Die NATO und das Weiße Haus waren überrascht, als Evang seine Drohung wahrmachte und Norwegen aus den geheimen CPC-Konferenzen abzog. Mehrere hochrangige NATO-Beamte schrieben ihm und versuchten ihn zu überzeugen, seinen NIS wieder in das CPC zurückzubeordern. Am 14. Oktober 1958 traf sich Evang mit einem amerikanischen General, dem es gelang, den norwegischen Direktor zu überzeugen, seinen Geheimdienst und die Geheimarmee wieder in das CPC zurückzusenden. Vor der Rückkehr der norwegischen Geheimarmee ins NATO-Netzwerk verlangte Evang einen offiziellen Brief mit einer Entschuldigung, der die folgenden Hauptpunkte enthalten sollte: «a) Die Affäre wurde geklärt, b) SHAPE verspricht, keine weiteren Aktivitäten der kritisierten Art zu verfolgen, c) die dringende Bitte, Norwegen möge zurückkehren.»[30] Als der Brief einging, kehrte Norwegen mit seinem ROC wieder in das Stay-behind-Kommandozentrum CPC der NATO zurück, und der Streit war beendet.

Ist es wirklich ein ernsthaftes Sicherheitsrisiko, wenn eine streng geheime Armee innerhalb eines Staates existiert, die einesteils vom nationalen militärischen Geheimdienst und zum anderen Teil von ausländischen Mächten betrieben wird, die in einem Kalten Krieg spezielle Interessen vertreten? Oder beschützt eine solche Geheimarmee vielmehr den Staat vor einem großen Sicherheitsrisiko? Solche Fragen beschäftigten die norwegischen Stay-behind-Kommandeure während des Kalten Krieges ebenso wie die Beobachter quer durch Europa nach der Aufdeckung des geheimen Netzwerks im Jahr 1990. Offensichtlich war das Vertrauen in die Integrität und Zuverlässigkeit der Stay-behind-Sponsoren, die USA und Großbritannien, entscheidend. «Wir müssen unseren Verbündeten vertrauen!», beharrte der norwegische Stay-behind-Kommandeur Sven Ollestad auch noch nach dem CPC-Skandal. Doch angesichts der bekannten verdeckten Aktionen und Manipulationen von politischen Systemen durch die CIA und den MI6 während des Kalten Krieges auf der ganzen Welt fehlte den meisten norwegischen Beamten dieses Vertrauen. «Es war eine gespannte Atmosphäre» im Hauptquartier der norwegischen Stay-behind in Oslo an der Kreuzung von Gronlandsleiret und Platous Gate, so sagen Bye und Sjue, als die Frage diskutiert wurde, ob die Verbündeten eine gesamte und unabhängige Kontrolle über das geheime Netzwerk ausüben können sollten. Doch «der Boss, Oberstleutnant Sven Ollestad, hatte zu diesem Thema seine Meinung schon gebildet und den Befehl erteilt, den nationalen Sicherheitscode, der das gesamte norwegische Stay-behind-Netzwerk in Aktion setzen kann, an den MI6 weiterzuleiten». Die norwegische Geheimarmee «war damit nicht mehr unter der souveränen Kontrolle von Norwegen, und heftige Proteste von seinen engsten Mitarbeitern» waren die Folge. Die Proteste wurden jedoch ignoriert.[31]

Norwegische Journalisten entschieden während der politisch unruhigen Zeit der späten 60er-Jahre – charakterisiert durch Flower-Power, Anti-Gewalt-Bewegungen, Studentenproteste und Anti-Vietnam-Demonstrationen –, dass den Vereinigten Staaten nicht getraut werden könne, und veröffentlichten im Dezember 1967 ein streng geheimes undatiertes NATO-Dokument, um ihre Behauptungen zu unterstützen. «Im Fall inländischer Unruhen, welche die amerikanischen Truppen oder ihre Missionen beeinträchtigen könnten, etwa militärische Aufstände oder starker inländischer Widerstand gegen die Regierung muss die US-Armee alles in ihrer Macht Stehende tun, um derartige Unruhen durch den Einsatz eigener Ressourcen zu unterdrücken.» Das Dokument bezog sich insbesondere auf Westeuropa, und ganz besonders auf Norwegen, Griechenland, die Türkei, Westdeutschland, Frankreich, Italien, die Niederlanden, Belgien, Luxemburg und Dänemark. Die Vereinigten Staaten fürchteten wegen der massiven Anti-Vietnam-Demonstrationen, dass

Regierungen in Westeuropa, einschließlich Norwegen, sich gegen sie wenden könnten und die Funktionsfähigkeit der US-Streitkräfte und der NATO einschränken könnten. Das Dokument, unterzeichnet von J. P. McConnel, dem stellvertretenden Kommandeur der amerikanischen Streitkräfte in Europa, erklärte weiterhin sehr brisant, dass die Vereinigten Staaten unter bestimmten Umständen in einem europäischen NATO-Land intervenieren werden, um inländische Unruhen zu unterdrücken: «Wenn diese Initiativen nicht ausreichen oder die betreffende Regierung um Hilfe bittet, oder wenn der Kommandeur der Streitkräfte selbst zum Schluss kommt, dass die Regierung nicht in der Lage ist, selbst derartige Unruhen zu unterdrücken, dann können die amerikanischen Truppen auf eigene Initiative oder in Kooperation mit der betreffenden Regierung die erforderlichen Maßnahmen ergreifen.»[32] Ob an solchen Operationen auch die unter NATO-Kommando stehenden geheimen Stay-behind-Armeen beteiligt würden, bleibt unklar.

Eine solche Haltung des Weißen Hauses und des Pentagons in Washington gegenüber der Souveränität anderer Nationen stärkten nicht das Vertrauen, das gewisse Mitglieder der norwegischen Stay-behind in die NATO, die CIA und den MI6 gesetzt hatten. Und deshalb, ähnlich wie in der Situation im CPC-Kommandozentrum für Stay-behinds, kamen auf internationaler Ebene auch Bedenken gegen das ACC-Stay-behind-Kommandozentrum auf. ROC nahm zusammen mit den europäischen Geheimdiensten an den Konferenzen des mit dem SHAPE verbundenen Stay-behind-Kommando ACC der NATO teil, das norwegische Dokumente auch «Allied Clandestine Cooperations Groups» (ACCG) nannten. Der norwegische Historiker Riste sagt, dass in ACC-Dokumenten «ganz sicher ein halbes Dutzend Mal ausgeführt wurde: ‹Das Kommando und die Kontrolle wird immer von den jeweiligen nationalen Geheimdiensten ausgeübt›», während norwegische Dokumente kritisch anmerkten, dass «Zweifel aufkamen hinsichtlich der überlegenen Rolle, welche sich die ACCG SHAPE gegenüber der Souveränität Norwegens anmaßte.»[33]

Die norwegische Geheimarmee arbeitete wie die meisten Gladio-Armeen in Europa eng mit den britischen SAS-Spezialeinheiten und den amerikanischen Green Berets zusammen, da die norwegischen Gladiatoren in den USA und in England trainierten. Major Sven Blindheim, ein wichtiges Mitglied der norwegischen Geheimarmee, war selbst viele Jahre lang Ausbilder im «Kindergarten», dem Trainingszentrum der Briten in Fort Monckton in Großbritannien, wo auch die italienischen Gladiatoren ausgebildet wurden. Und Oberst Sven Ollestad hatte zusammen mit dem Ausbilder Sven Blindheim im Jahr 1952 bei der CIA Gladio-Ausbildungskurse in den Vereinigten Staaten absolviert, wahrscheinlich am amerikanischen Hauptquartier für verdeckte Kriegsführung in Fort Bragg und zusammen mit den Spezialkräften der Green Berets.[34]

Bye und Sjue sagen nach der Beurteilung der Sitzungsprotokolle, dass «das Wesentliche des Unterrichts der CIA in den ‹zehn geheimen Geboten› zusammengefasst werden kann», die ausdrücklich betonen, dass die Geheimarmeen sich sowohl an militärischer wie auch politischer Kriegsführung beteiligen. Nachdem die geheime Art der Operationen hervorgehoben wurde, stellte die Stay-behind-Lehre heraus, dass «1. Geheime Operationen eine Möglichkeit zur politischen und militärischen Kriegsführung sind. 2. Das Ziel der Staybehind es ist, eine ständige und permanente Fähigkeit zu Operationen sicherzustellen, also zu Sabotageakten, Spionage, Guerillaaktionen, Evakuierungen und Entkommen in Gebieten und Ländern, die unter sowjetische und kommunistische Kontrolle geraten können.» 3. Um diese Missionen durchführen zu können, müsse das Netzwerk wasserdicht sein: «Das Need-to-know-Prinzip ist heilig. Jede Verbindung/Person darf nur so wenig wie nötig über das Ganze Bescheid wissen, und jeder Verbindung/Person muss die Möglichkeit genommen werden, etwas über den anderen Teil der Organisation oder die anderen beteiligten Personen zu erfahren. 4. Parallele Einheiten in einer Staybehind-Organisation müssen voneinander getrennt bleiben und dürfen sich nur in den Hauptquartieren treffen, etwa im ACC und CPC, die mit dem SHAPE der NATO in Verbindung stehen. 5. Wenn ein potenzieller Agent in Betracht gezogen wird und dieser analysiert wird, um ihn eventuell zu rekrutieren – benutzen Sie alle möglichen und unmöglichen Quellen und Mittel der Kontrolle und Überprüfung: Polizei, Schulen, Vereine, Arbeitsplätze, Freunde, Verwandte, Nachbarn, Lauschangriffe, Hausdurchsuchungen. Der Kandidat muss ständig über lange Zeit hinweg überwacht werden, bevor er rekrutiert wird.»[35]

Ob amerikanische und britische Ausbilder und Mitglieder der Special Forces auch nach Norwegen kamen, um die geheime ROC-Armee auszubilden, wie sie es beispielsweise in Belgien und in der neutralen Schweiz getan haben, bleibt unklar. Nach Meinung des Historikers Riste war der norwegische Geheimdienst «bei jedem Vorschlag vorsichtig, der dazu führen könnte, dass Briten oder Amerikaner sich in die Arbeit auf norwegischem Boden einmischen könnten. Dies betraf unter anderem ein Hilfsangebot der amerikanischen Spezialeinheiten, die in Deutschland stationiert waren, oder der britischen SAS-Spezialeinheiten, zu deren Aufgaben die Unterstützung der Widerstandsgruppen in den NATO-Staaten gehörte».[36] Ebenfalls unklar bleibt, in welchem Umfang Norwegens Zusammenarbeit mit CIA, MI6, CPC und ACC der NATO sich änderte, nachdem im Jahr 1966 der NIS-Chef Evang, der wegen seiner linkslastigen Vergangenheit und seinen kritischen Feststellungen im CPC nie besonders beliebt war, durch Oberst Johan Berg abgelöst wurde. Angeblich verbesserten sich die Beziehungen.

Die ernsthafteste Bedrohung zur völligen Aufdeckung der norwegischen Gladio kam 1978, als ein norwegischer Polizist, der nach illegal hergestelltem Alkohol fahndete, über ein großes unterirdisches ROC-Waffenversteck stolperte, das mindestens 60 Waffen enthielt, darunter viele Maschinengewehre, 12000 Schuss Munition, Sprengstoffe und komplizierte Kommunikationsgeräte. Weil er nicht wusste, dass ein Stay-behind-Netzwerk existierte, meldete er seinen Fund, und die Nachricht gelangte an die Presse. «Wäre der Polizist vom Geheimdienst vernommen worden, wäre das Ganze wahrscheinlich vertuscht worden», argumentierte 1990 der Wissenschaftler Nil Gleditzch vom Internationalen Institut für Friedensforschung in Oslo.[37] Der Besitzer des Grundstücks, auf dem sowohl die illegale Alkoholbrennerei als auch das geheime Waffenversteck gefunden wurden, wurde als Hans Otto Meyer identifiziert, ein Angehöriger des norwegischen Geheimdienstes. Meyer wurde verhaftet, doch zur Überraschung der Ermittlungsbeamten wurde seine Behauptung, das Arsenal sei vom Geheimdienst für die Nutzung einer Widerstandszelle eingerichtet worden, letztlich bestätigt.

Als der Skandal offengelegt wurde, befasste sich das norwegische Parlament damit und war fassungslos, als es vom Verteidigungsminister Rolf Hansen erfuhr, dass nach dem Krieg ein geheimes Widerstandsnetzwerk aufgebaut worden war. Nach seinen Erklärungen hatte das Netzwerk seinen Ursprung in privaten Gruppen, die jedoch unter die Aufsicht des norwegischen Geheimdienstes gestellt wurden. Hansen war sich der heiklen Situation bewusst und behauptete, dass «das norwegische Netzwerk nicht der NATO oder anderen Ländern unterstand, und wies jegliche Beziehungen zur CIA von der Hand. Auf Einzelheiten wollte er jedoch nicht eingehen und sagte, die Aktivitäten dieser Organisation müssten geheim gehalten werden.»[38] Die Behauptungen Hansens von 1978 waren bestenfalls irreführend, schlimmstenfalls waren sie eine glatte Lüge. Doch mitten im Kalten Krieg vertraute die Mehrheit des

Parlaments Hansen und sah keinen Grund, das geheime Netzwerk zu untersuchen oder es aufzulösen, und die Geschichte wurde schnell begraben.

Durch Zufall kam der stärkste Beleg, der den Behauptungen Hansens, die CIA sei nicht an der geheimen Operation beteiligt, widersprach, noch im gleichen Jahr ans Tageslicht, als der ehemalige CIA-Direktor William Colby seine Memoiren veröffentlichte. In seinem Buch, das verfasst wurde, um das öffentliche Bild der diskreditierten CIA zu verbessern, beschrieb Colby stolz seine Beteiligung am Aufbau einer Geheimarmee im Norden Europas von 1951 bis 1953, einschließlich Norwegens, als er als junger Agent an der Botschaft in Stockholm war. «Die Situation war in jedem Land Skandinaviens anders», erklärte Colby. «Norwegen und Dänemark waren NATO-Verbündete, Schweden blieb bei der Neutralität, die es zwei Weltkriege überstehen ließ, und Finnland musste sich in seiner Außenpolitik vor der Sowjetmacht direkt an seiner Grenzen beugen. Somit bauten diese Länder ihre eigenen Stay-behinds auf und verließen sich darauf, dass sie aus dem Exil ihren Kampf fortsetzen konnten», enthüllte Colby mit ausdrücklichem Bezug auf Norwegen und Dänemark.[39]

«Diese Netze mussten mit den Plänen der NATO koordiniert werden, ihre Funkstationen mussten an den Ort eines künftigen Exils gebracht werden, und die spezialisierten Ausrüstungen mussten von der CIA gesichert und zum späteren Gebrauch heimlich in die verschneiten Verstecke gebracht werden», fuhr Colby fort, und bezüglich des neutralen Schweden und Finnland erklärte er: «In den anderen Ländern musste die CIA den Job allein erledigen oder bestenfalls mit ‹inoffizieller› einheimischer Hilfe, da die Politik dieser Regierungen es ihnen nicht gestattete, mit der NATO zusammenzuarbeiten, denn jede Enthüllung hätte den sofortigen Protest der dortigen kommunistischen Presse, der sowjetischen Diplomaten und der loyalen Skandinavier ausgelöst, die hofften, dass ihre Neutralität oder Nichteinmischung es ihnen ermöglichen würde, auch einen Dritten Weltkrieg unbeschädigt zu überstehen.»[40] Nach der Entdeckung der Waffenverstecke und den Eingeständnissen Colbys flog auch die norwegische Geheimarmee 1978 auf, und das gesamte europäische Netzwerk war von der Entlarvung bedroht. «Es war ein wenig überraschend, dass niemand in den anderen NATO-Staaten darauf einging und Fragen über das eigene Land aufwarf», kommentierte der Forscher Nil Gleditzch im Jahr 1990 die norwegischen Entdeckungen aus dem Jahr 1978.[41]

Als im November 1990 als Folge der italienischen Enthüllungen die norwegische Geheimarmee ROC wiederentdeckt wurde, beantwortete Erik Senstad, der Sprecher des Verteidigungsministeriums, die Fragen der Presse zu Gladio mit einem kurzen Satz: «Was Hansen sagte, gilt immer noch.»[42] Während die norwegische Bevölkerung mit Überraschung und Kritik reagierte, betonten Angehörige des norwegischen Militärs, dass es auch aus demokratischer Sicht richtig gewesen sei, die Armee innerhalb des Staates geheim zu halten. Konteradmiral Jan Ingebristen bestätigte der Presse 1990, dass die Stay-behind-Armee 1985 immer noch existierte, als er als Chef des Geheimdienstes des Norwegian Supreme Defence Command zurücktrat. Mitten in der öffentlichen Kritik beharrte Ingebristen darauf, dass es logisch und vernünftig war, dass Stay-behind-Einheiten streng geheim blieben und dass die Öffentlichkeit, die Medien und das Parlament nur durch Zufall davon erfahren würden: «Da ist nichts Verdächtiges dran. Aber diese Einheiten bleiben in einem besetzten Gebiet zurück, und deshalb ist es erforderlich, dass sie streng geheim bleiben.»[43]

Die norwegischen Journalisten Ronald Bye und Finn Sjue wollten mehr Einzelheiten über die norwegische Gladio wissen, und da es keine parlamentarische Untersuchung gab, interviewten sie zahlreiche ehemalige Angehörige des Geheimdienstes und veröffentlichten 1995 ihre Darstellung der norwegischen Geheimarmee unter dem Titel «Die geheime Armee Norwegens – Die Geschichte der Stay-behind».[44] Die gut informierte und kritische norwegische Bevölkerung ärgerte sich über die Vorstellung einer geheimen und mit der CIA in Verbindung stehenden Armee mitten in ihrem Staat vor allem deshalb, weil diese vom Parlament nicht kontrolliert wurde, was zu sehr scharfer Kritik führte. Um einen Vertrauensverlust zu verhindern, unternahm das norwegische Verteidigungsministerium den beispiellosen, jedoch weisen Schritt, ein Untersuchungsprojekt in Auftrag zu geben. Die Historiker Olav Riste und Arnfinn Moland vom angesehenen Internationalen Institut für Friedensforschung in Oslo wurden mit der delikaten Untersuchung der Geschichte der norwegischen Geheimarmee bis 1970 beauftragt und erhielten Zugang zum gesamten «archivierten Material und zu allen mündlichen Quellen, die für ihre Arbeit von Bedeutung sein könnten», wie die Bedingungen für das Projekt beschrieben wurden. Vor der Veröffentlichung wurde das Manuskript dem Verteidigungsministerium übergeben, damit es eventuelle Geheimhaltungsvorschriften aufheben, kleinere Streichungen vornehmen und das Manuskript zur Veröffentlichung freigeben konnte.

15

Der geheime Krieg in Deutschland

Das deutsche Parlamentsgebäude (Reichstag) in der Hauptstadt Berlin begann am Abend des 27. Februar 1933 gegen 21 Uhr hellauf zu brennen. Obgleich es Feuerwehrleuten gelang, große Teile des Gebäudes zu retten, starb das deutsche Parlament als solches und ebenso die deutsche Demokratie durch diesen Angriff. Adolf Hitler von der Nationalsozialistischen Deutschen Arbeiterpartei (NSDAP), der erst einen Monat vor dem mysteriösen Feuer deutscher Reichskanzler geworden war, beschuldigte die Kommunistische Partei Deutschlands (KPD) des Verbrechens. Zusammen mit dem Innenminister Wilhelm Frick, der ebenfalls der NSDAP angehörte, und dem NSDAP-Minister Hermann Göring, der für die Polizeikräfte verantwortlich war, verlor der Reichskanzler keine Zeit, und in den frühen Morgenstunden des nächsten Tages wurden 4000 politische Gegner und kritische Journalisten, unter ihnen viele Mitglieder der KPD und der Sozialdemokratischen Partei Deutschlands (SPD), verhaftet.

Nachdem die Kommunisten entfernt und viele Sozialdemokraten verhaftet waren, verabschiedete das deutsche Parlament einen Monat nach dem mysteriösen Brand mit einer Mehrheitsentscheidung gegen die Proteste der verbleibenden Sozialdemokraten ein weitreichendes neues Gesetz (Gesetz zur Behebung der Not von Volk und Reich), das tatsächlich das Parlament abschaffte und alle Macht auf die von Hitler geführte Exekutive übertrug. Noch im selben Monat wurden die ersten Konzentrationslager in Deutschland errichtet, und schon im April 1933 wurden sie mit mehr als 25 000 politischen Gegnern gefüllt, die von Hitlers Spezialtruppen, der Schutzstaffel (SS) und dem deutschen Geheimdienst Gestapo, festgenommen wurden. Das Feuer im Reichstag wurde dem holländischen Kommunisten Marinus van der Lubbe angelastet, der in der Nacht des Feuers im Gebäude verhaftet wurde. Er wurde vor

Gericht gestellt, zum Tode verurteilt und hingerichtet. Noch bevor das Verfahren gegen van der Lubbe begonnen hatte, kam eine britische Untersuchung zu dem Ergebnis, dass die NSDAP selbst den mysteriösen Feuerterror manipuliert hatte, um die völlige Kontrolle über den Staatsapparat zu erlangen. Hitler gelang es, Deutschland in eine Diktatur zu verwandeln, die von ihm selbst und der Nazi-Partei regiert wurde. Sechs Jahre später begann er den Zweiten Weltkrieg, der zu bisher ungeahnten Leiden und dem Tod von 60 Millionen Menschen führte und damit zu den dunkelsten Kapiteln in der Geschichte der Menschheit gehört. Als die Rote Armee die deutsche Hauptstadt einnahm und auf dem Reichstag die Flagge der Sowjetunion hisste, gab Hitler auf und tötete sich am 30. April 1945.[1]

«Der Aufbau der Stay-behind-Organisationen der NATO-Staaten begann schon kurz nach dem Ende des Zweiten Weltkriegs», bestätigte der offizielle Bericht der deutschen Regierung im Jahr 1990.[2] Nach der Niederlage Deutschlands im Jahr 1945 waren die chaotischen Nachkriegsjahre ideal für die Vereinigten Staaten, eine Stay-behind aufzubauen. Als Besatzungsmacht kontrollierten die amerikanischen Truppen das Territorium zusammen mit den französischen, britischen und sowjetischen Streitkräften in ihren entsprechenden Zonen. Vor allem der Vorrat an ausgeprägt antikommunistischen Männern, die in der Guerilla-Kriegsführung ausgebildet waren und Erfahrungen mit Waffen und Sprengstoffen hatten, war zahlreich. Und somit rekrutierten die Vereinigten Staaten ehemalige Nazis für das deutsche Stay-behind-Netzwerk. Mitten in den Gladio-Enthüllungen schockierte der private Fernsehsender RTL die deutsche Öffentlichkeit, als er in einem speziellen Gladio-Bericht aufdeckte, dass ehemalige Angehörige der gefürchteten SS, die unter Hitler die Kommunisten gejagt hatten, Teil des deutschen Gladio-Netzwerks waren.

Das streng geheime Konzept der Gesamtstrategie des amerikanischen Generalstabs vom 28. März 1949 hob hervor, dass Deutschland «über ein ausgezeichnetes Potenzial ausgebildeter Männer verfügt, die sowohl für den Untergrund als auch für geheime Armee-Reserven [Stay-behind-Einheiten] geeignet waren. Effektiver Widerstand konnte und sollte organisiert werden.[3] Auf Befehl des Pentagons in Washington spürte das neu gegründete amerikanische Gegenspionagekorps (CIC) deutsche Nazis auf und brachte sie zu den Nürnberger Prozessen, während das CIC auch heimlich ausgewählte Rechtsextremisten für die antikommunistische Armee rekrutierte. Diese Praxis des Pentagons wurde erst im Jahr 1986 aufgedeckt, als das amerikanische Justizministerium in einer großen Pressekonferenz – die seit den Tagen von Watergate die vielleicht größte Anzahl an Journalisten anzog – eingestand, dass die CIA in den Nachkriegsjahren einen hochrangigen Nazi rekrutiert hatte. Eine 600-seitige Studie, die von Allan Ryan für das Justizministerium zusammengestellt wurde, bestätigte, dass der SS- und Gestapo-Offizier Klaus Barbie 1947 vom CIC rekrutiert und danach vor den Ermittlern der Kriegsverbrechen versteckt wurde und später, im Jahr 1951, aus Europa über einen Schleichweg nach Argentinien verschwand.

Barbie wurde nicht gerettet, weil die Geheimdienstoffiziere der Vereinigten Staaten von seinem moralischen Lebenslauf beeindruckt waren, sondern weil er beim Aufbau des deutschen Stay-behind-Netzwerks sehr nützlich war. «Unter denen, die in den ersten Jahren für den Plan rekrutiert wurden», berichtete die britische Presse während der Gladio-Enthüllungen, «waren ein ehemaliger Obersturmbannführer, Hans Otto, und ein anderer kleinerer Fisch. Doch der Fang, der den ersten Preis verdiente, war Klaus Barbie, der als Anwerber für ehemalige Nazis und Mitglieder des Bundes Deutscher Jugend (BDJ) fungierte.» Barbie, der während des Krieges als ‹Schlächter von Lyon› bekannt war, war von 1943 bis 1944 für die Ermordung von mindestens 4000 Widerstandskämpfern und Juden verantwortlich, ebenso wie für die Deportation weiterer 15 000 in die Konzentrationslager, wo sie meist getötet wurden. Barbie wurde schon bald nach dem Krieg in Abwesenheit von einem französischen Gericht wegen Verbrechens gegen die Menschlichkeit zum Tode verurteilt, da Zeugen ihn als sadistischen Folterer beschrieben, der Männer, Frauen und Kinder mit seiner Peitsche und einem deutschen Schäferhund in Angst und Schrecken versetzte.

Das amerikanische Justizministerium gab die Verwendung Barbies für den Aufbau der Stay-behind-Geheimarmeen während der Pressekonferenz von 1986 nicht preis und betonte fälschlich, dass neben Barbie «kein anderer Fall aufgedeckt wurde, wo ein vermutlicher Nazi-Kriegsverbrecher auf einem Schleichweg am Kriegsverbrecherprozess vorbeigeschleust wurde oder wo ein Schleichweg benutzt wurde, um eine Person auszuschleusen, die entweder von der Regierung der USA oder der Regierung eines der Verbündeten nach dem Krieg gesucht wurde».[5] Diese Behauptung war falsch, da der prominenteste Nazi, der vom CIC rekrutiert wurde, nicht Barbie, «der Schlächter von Lyon» war, sondern Hitlers General Reinhard Gehlen. General Gehlen begann seine

Geheimdienstkarriere unter Hitler, als er im April 1942 Chef der Fremden Heere Ost (FHO) wurde und die Aufgabe hatte, die Sowjetunion zu bekämpfen. «Gehlen erhielt die meisten seiner Informationen durch seine Rolle als einer der schrecklichsten Gewalttäter des Krieges: Folter, Verhöre und Mord durch Verhungern von etwa 4 Millionen sowjetischen Kriegsgefangenen», fand der amerikanische Historiker Christopher Simpson in seiner detaillierten Beschreibung der amerikanischen Rekrutierung von Nazis heraus.[6] Gehlen war sich der Tatsache wohl bewusst, dass seine Kriegsverbrechen ihm die Ehre eingebracht hatten, auf der schwarzen Liste des sowjetischen Geheimdienstes NKVD zu erscheinen. Als er erkannte, dass Deutschland den Krieg verlieren würde, stellte er sicher, dass er nicht in die Hände der Russen fallen würde, indem er sich am 20. Mai 1945 freiwillig dem amerikanischen CIC ergab.

General Gehlen ging recht in der Annahme, dass die Daten, die er während seiner Folterungen über die Sowjetunion und ihre Kommunisten gesammelt hatte, für die USA von größter Bedeutung waren. Zusammen mit einer kleinen Gruppe höherer Offiziere hatte er deshalb am Ende des Krieges die umfangreichen FHO-Daten über die UdSSR auf Mikrofilm gebannt, verpackte die Filme in wasserdichte Stahltrommeln und vergrub diese heimlich auf Bergwiesen in den österreichischen Alpen. Nach mehreren Wochen der Internierung durch das CIC kam er mit US-General Edwin Luther Siber in Kontakt, dem er sein Geheimnis verriet. Der amerikanische General war so beeindruckt, dass er Gehlens Karriere in den kommenden Jahren förderte. Er stellte Gehlen hochrangigen US-Geheimdienstbeamten vor, auch General Walter Bedell Smith, damals der ranghöchste Geheimdienstoffizier der amerikanischen Armee in Europa und später, von 1950 bis 1953, Direktor der CIA. Siber stellte Gehlen auch General William Donovan vor, dem Chef des Office of Strategic Services (OSS) der amerikanischen Armee, und auch Allen Dullen vom OSS, dem späteren CIA-Direktor, ebenso wie Frank Wisner vom OSS, dem späteren Chef des OPC der CIA, welches das europäische Stay-behind-Netzwerk aufbaute.

Mit Gehlens Hilfe gruben die Amerikaner die FHO-Mikrofilme in Österreich aus, und im August 1945 schickte Siber Gehlen mit seinen Daten per Schiff nach Washington, um dort angehört zu werden. Präsident Truman war beeindruckt und ernannte Gehlen zum Chef des ersten deutschen Geheimdienstes nach dem Krieg, der diesen mit vielen Mitarbeitern aus seinem Nazi-Netzwerk aufbaute. Vielsagend wurde diese Gruppe auch Organisation Gehlen genannt (ORG). «Am Ende gelang es Gehlen und mehreren Hundert anderen seiner ranghohen deutschen Offiziere Erfolg bei den Verhandlungen mit den Amerikanern und den Briten ... General Gehlen jedoch erwies sich als der wertvollste von allen», zu diesem Schluss kommt der Historiker Simpson.[8] Mit der finanziellen und materiellen Hilfe der USA wurde das Hauptquartier der ORG zunächst in Oberursel in der Nähe von Frankfurt errichtet und dann in der Ausbildungsanlage der ehemaligen Waffen-SS in Pullach in der Nähe von München untergebracht, wo heute noch das Hauptquartier des deutschen Geheimdienstes Bundesnachrichtendienst (BND) liegt. Heimlich unterzeichneten die CIA und die ORG Kooperationskontakte, und James Critchfield, ein ranghoher Beamter der CIA, wurde nach Deutschland entsandt. Von den Deutschen wurde Critchfield «Herr Marschall» genannt. Er überwachte Gehlens Dienst und stellte sicher, dass er die Namen der 150 wichtigsten Mitarbeiter Gehlens erhielt. Für jeden von ihnen legte die CIA eine Akte an. So war der deutsche Geheimdienst fest in amerikanischen Händen.

Erhard Dabringhaus, der von 1948 bis 1949 für den amerikanischen CIC gearbeitet hatte, erinnerte sich in einer Dokumentation über Gladio, wie er selbst an der Rekrutierung von Nazis teilgenommen hatte, eine Tätigkeit, die ihm sehr missfiel. «1948 war ich Spezialagent des CIC, das war unser Gegenspionagecorps im besetzten Deutschland», erklärte der pensionierte Dabringhaus. «Ich war in Augsburg stationiert, und da ich fließend Deutsch sprechen konnte, wurde ich beauftragt, ein Netzwerk deutscher Informanten zu betreuen, unter denen auch Klaus Barbie war ... später entdeckte ich, dass er von den Franzosen wegen Mordes gesucht wurde», erklärte Dabringhaus vor laufender Kamera, «und das berichtete ich meinen Vorgesetzten, doch diese sagten mir, ich solle mich nett und ruhig verhalten. ‹Er ist immer noch wertvoll, und wenn er keinen Wert mehr für uns hat, werden wir ihn den Franzosen ausliefern.› Ich dachte, ich würde befördert, wenn ich ihnen von Barbie berichtete, und sie sagten mir, ich solle den Mund halten!»[9]

Der ehemalige amerikanische CIC-Offizier Dabringhaus, der jetzt in Florida in den USA lebt, erklärte, wie mehrere deutsche Nazis auf Befehl der Amerikaner Waffenverstecke in Deutschland eingerichtet hatten. «Oberst Günter Bernau war ein Agent, ein Informant, der für den militärischen Geheimdienst in Stuttgart arbeitete. Wir [vom amerikanischen CIC] hatten ihm ein Haus besorgt, einen Unterschlupf in Ludwigsburg, und dort traf ich ihn dreimal in der Woche, und er brachte uns Informationen über Kommunisten und erzählte uns, was auch immer wir hören wollten.» Das Ziel der Vereinigten Staaten war es, den Kommunismus zu bekämpfen, ganz gleich mit welchen Mitteln, erzählte Dabringhaus, obwohl er selbst von Bernau wenig begeistert war: «Er war sicherlich ein überzeugter Nazi. Eines Tages saß ich in seinem Büro und öffnete sein Fotoalbum mit Bildern aus dem Krieg, und in der Mitte des Albums war ein nettes Bild von Adolf Hitler. Mehrere andere hochrangige SS-Offiziere besuchten ihn in seinem Unterschlupf, den wir ihm zur Verfügung gestellt hatten, und er erzählte mir, dass für den Fall, dass er irgendeine Hilfe brauchte, er mit einem Telefonanruf Kontakt zu 200 ehemaligen SS-Anführern zwischen Hamburg und München aufnehmen könnte.»

Bernau, so sagte Dabringhaus, war eine zentrale Figur beim Aufbau der deutschen Stay-behind-Armee: «Ich erinnere mich, dass er mich an eine bestimmte Stelle führte. Wir gruben, und da waren Gewehre, Kleinwaffen, Granaten, alle hübsch rostsicher verpackt, und er sagte: ‹Wir haben davon Tausende, die über das ganze Land verstreut sind.› Das machte mich ein wenig misstrauisch, und ich berichtete darüber, worauf meine US-Vorgesetzten sagten: ‹Nun, wir wissen das. Sie arbeiten alle für uns für den Fall, dass die Kommunisten durch den Eisernen Vorhang kommen.›» Hochrangige amerikanische Beamte erklärten gemäß dem Need-to-know-Prinzip dem CIC-Offizier nicht die Einzelheiten der geheimen Stay-behind-Armee, doch dieser hatte genug erfahren, um zu verstehen, dass dies ein streng geheimes Projekt war, an dem viele Nazis beteiligt waren: «Ein ehemaliger General, ein SS-General, Paul Hauser, war ein häufiger Besucher in Bernaus Haus, und sie arbeiteten zusammen mit Handschuhen an gewissen Programmen, von denen wir überhaupt nichts wussten, und ich wurde nicht einmal gebeten, mehr darüber herauszufinden. Jemand muss dieses Netzwerk schon zu dieser Zeit betrieben haben.»[10]

Als der Gladio-Skandal 1990 aufkam, erklärte ein ehemaliger Beamter des NATO-Geheimdienstes, der nicht wollte, dass sein Name puliziert wurde, dass die Abteilung für verdeckte Aktionen der CIA unter Frank Wisner «das gesamte Spionagesystem, das von Hitlers Spionage-Chef Reinhard Gehlen geleitet wurde, übernommen hatte, um die deutsche Geheimarmee aufzubauen. Das ist sehr wohl bekannt, weil Gehlen der geistige Vater der Stay-behind in Deutschland war und seine Rolle auch dem westdeutschen Bundeskanzler Konrad Adenauer von Anfang an bekannt war.» Nach den Aussagen des NATO-Offiziers hatten der amerikanische Präsident Truman und der deutsche Bundeskanzler «im Mai 1955 ein Geheimprotokoll mit den Vereinigten Staaten über Westdeutschlands Beitritt in die NATO unterzeichnet, in dem vereinbart wurde, dass die Westdeutschen Behörden von der aktiven gesetzlichen Verfolgung bekannter Rechtsextremisten Abstand nehmen würden. Weniger bekannt ist, dass andere deutsche Politiker von der Existenz geheimer Widerstandspläne erfahren durften. Einer davon war der damalige Staatssekretär und ehemalige hochrangige Nazi Hans Globke.»[11]

In Deutschland wurde 1952 eines der von Rechtsextremen dominierten amerikanischen Netzwerke mit dem Namen «Bund Deutscher Jugend» (BDJ) und sein Stay-behind «Technischer Dienst» (TD) entdeckt. Klaus Barbie hatte beim Aufbau dieser deutschen Stay-behind-Geheimarmee BDJ-TD eine führende Rolle gespielt.[12] Als die Sache aufflog, schoben die Amerikaner die Schuld den Deutschen in die Schuhe. Die *New York Times* berichtete am 10. Oktober 1952 unter dem Titel «Deutsche Saboteure missbrauchen das amerikanische Vertrauen», dass die USA sich an der Kriegsausbildung von deutschen Guerillas beteiligten und dass «zuverlässige amerikanische Beamte hier heute privat bestätigten, die Vereinigten Staaten hätten die geheime Ausbildung junger Deutscher und auch die vieler ehemaliger Soldaten finanziell unterstützt, damit diese im Fall eines Krieges mit der Sowjetunion als Guerilla-Kämpfer eingreifen können.» Die amerikanische Zeitung berichtete, dass die «gestrige Entdeckung im hessischen Landesparlament und die Bekanntmachung durch die Schlagzeilen auf den Titelseiten der deutschen Presse das amerikanische Ministerium und die Armee beträchtlich in Verlegenheit gebracht hat», vor allem, weil «entdeckt wurde, dass die geplanten Guerilla-Gruppen an politischen Aktivitäten beteiligt waren. Ihre Anführer ... erstellten Schwarze Listen von Personen, die liquidiert werden sollten, da sie im Fall eines Krieges gegen die Russen als unzuverlässig erachtet würden.» Deshalb wurden «mehrere gemeinsame deutsch-amerikanische Krisensitzungen abgehalten, weil viele amtierende Sozialdemokraten, einschließlich Regierungsbeamter, ebenso auf der Liste standen wie Kommunisten».

Die frühe Entdeckung eines Teils der deutschen Stay-behind-Geheimarmee verursachte auf beiden Seiten des Atlantiks einen großen Skandal, und Newsweek berichtete in den Vereinigten Staaten am 20. Oktober 1952, dass die CIA eine Gruppe von Stay-behinds in Deutschland organisiert habe. Interessant jedoch war, dass das deutsche Nachrichtenmagazin *Der Spiegel* am 29. Oktober korrekt berichtete, dass Stay-behind-Netzwerke außer in

Deutschland auch in zahlreichen anderen Ländern Westeuropas existierten: «Die BDJ-Affäre hat in den verschiedenen Hauptquartieren des amerikanischen Geheimdienstes große Unruhe ausgelöst. Der ‹Technische Dienst› in Deutschland ist eine Abteilung eines umfassenden Partisanennetzwerks, das von den Vereinigten Staaten unterstützt wird und sich über ganz Europa verteilt.» Weiter berichtete *Der Spiegel,* ist «dieses Netzwerk in Frankreich, Belgien, den Niederlanden, Luxemburg, Italien und auf der iberischen Halbinsel besonders gut entwickelt. In Frankreich wurde diese Organisation bereits 1948 mit der Unterstützung des Sozialistenführers Jules Molch gegründet.»

Was war geschehen, und wer hat die Tarnung auffliegen lassen? Am 9. September 1952 war der ehemalige SS-Offizier Hans Otto nach einem ganz persönlichen Entschluss in Hessen ins Frankfurter Polizeipräsidium zur Kriminalpolizei gegangen, um eine Aussage zu machen. Gemäss den Aufzeichnungen der deutschen Regierung «erklärte er, einer politischen Widerstandsgruppe anzugehören, deren Aufgabe es war, im Fall eines russischen Vormarsches Sabotageakte durchzuführen und Brücken zu sprengen». Nach den Aussagen Ottos, den diese terroristischen Vorbereitungen befremdeten, «wurden etwa 100 Mitglieder der Organisation politisch geschult, und in der Bedienung von amerikanischen, russischen und deutschen Waffen und in der Anwendung militärischer Taktik unterwiesen. Die Mitglieder dieser Organisation waren hauptsächlich ehemalige Offiziere der Luftwaffe, des Heeres oder der Waffen-SS.» Die offiziellen deutschen Mitschriften halten fest: «Obwohl offiziell neofaschistische Neigungen nicht erforderlich waren, traf dies jedoch auf die meisten Mitglieder der Organisation zu. Die Mittel zur Finanzierung, wurden von einem amerikanischen Bürger namens Sterling Garwood zur Verfügung gestellt.» Außer dem Warten auf eine sowjetische Invasion hatte die deutsche Geheimarmee auch inländische Aufgaben zu verrichten: «Was die Inland-Politik anbelangt, waren die Taktiken der Organisation gegen die KPD [Kommunistische Partei Deutschlands] und die SPD [Sozialdemokratische Partei Deutschlands] gerichtet.»[13]

Die «Organisation», über die Otto sprach, war ein Teil des deutschen Staybehind-Netzwerks, doch mit aller Wahrscheinlichkeit stellte sie zu dieser Zeit nicht das gesamte deutsche Netzwerk dar. Die Abteilung wurde irreführend BDJ genannt, ein Akronym für «Bund Deutscher Jugend», obwohl das Durchschnittsalter der Mitglieder bei 42 Jahren lag. Schon vor Ottos Zeugenaussage war der BDJ für seinen Antikommunismus wohlbekannt. Es war jedoch nicht bekannt, dass der BDJ eine Tarnorganisation für den sogenannten Technischen

Dienst (TD) war, der als streng geheime deutsche paramilitärische Stay-behind aufgebaut werden war, bestehend aus ehemaligen Nazis, bezahlt von den Vereinigten Staaten und mit Waffen und Sprengstoffen ausgerüstet. Nach den deutschen Statistiken zählte der BDJ, der über ganz Westdeutschland verbreitet war, offiziell 17000 Mitglieder, während nach den Untersuchungen der deutschen Regierung der TD nur etwa 2000 Mitglieder hatte.[14]

Ottos Aussage führte 1952 zu einer großen polizeilichen Untersuchung. In der Nähe von Waldmichelbach, einem kleinen romantischen Dorf im Odenwald im Bundesland Hessen, wurde das Ausbildungszentrum der Stay-behind entdeckt. Das Zentrum in Waldmichelbach wurde erst im Juni 1951 in Betrieb genommen, und vor dieser Zeit wurden die Mitglieder der deutschen Stay-behind direkt auf dem amerikanischen Truppenübungsplatz in Grafenwöhr in der Oberpfalz, einem Regierungsbezirk Bayerns, ausgebildet.[15] Nach seinem Standort wurde das Ausbildungszentrum von Insidern «Wamiba» genannt, bestand im Wesentlichen aus einem Haus mit einer unterirdischen Schießanlage und einem Bunker ganz in der Nähe. Alles lag völlig unverdächtig in einem Seitental, einen halben Kilometer von der Landstraße entfernt. Dorfbewohner erinnerten sich, «dass die Amerikaner dort drüben Schießübungen abhielten oder so was Ähnliches».[16]

Otto gab den deutschen Behörden zu Protokoll, dass der Kontakt des BDJ-TD zur CIA zu einem großen Teil über einen mysteriösen Amerikaner lief, den er Mr. Garwood nannte. Garwood, wahrscheinlich von der CIA, unterrichtete die Mitglieder des TD regelmäßig im Odenwald, und wiederholt bestand er darauf, dass die ganze Stay-behind eine streng geheime Organisation sei und dass niemand niemandem jemals davon erzählen dürfe. Das, so scheint es, wurde sehr ernst genommen. Denn als einmal der Verdacht aufkam, dass ein TD-Mitglied eines anderen Bundeslandes, aus Bayern, «einen Fragebogen bei einer anderen Widerstandsorganisation ausfüllte, wurde die Ermordung dieses Mitglieds innerhalb des TD ernsthaft in Betracht gezogen», wie Otto mit einer gewissen Empörung hervorhob.[17] «Ich habe nicht den Eindruck, dass Mr. Garwood solchen Methoden gegenüber irgendwelche Einwände hatte», gab Otto den deutschen Behörden zu Protokoll. «Er lehrte uns beispielsweise, wie man jemanden tötet, ohne eine Spur zu hinterlassen, wenn man ihn einfach mit Chloroform bewusstlos macht, ihn in sein Auto setzt und einen Schlauch benutzt, um die Abgase des Autos ins Wageninnere zu leiten. Er lehrte uns auch gewisse Vernehmungstechniken, wie man Gewalt anwenden kann, ohne Spuren zu hinterlassen.» Otto wurde auch in Foltertechniken unterrichtet: «Beispielsweise muss man jemandem, den man vernehmen will, die Augen verbinden. Dann muss man ein Stück Fleisch in der Nähe grillen, während man ein Stück Eis auf eine bestimmte Stelle des Körpers der Person drückt, die vernommen werden soll. Die Kombination aus der Kälte des Eisstückes und dem Geruch von verbranntem Fleisch hinterlässt bei der zu vernehmenden Person den Eindruck, dass sie mit glühendem Metall bearbeitet wird.»[18]

Otto erklärte, dass Garwood für das Geld und den größten Teil der Ausrüstung sorgte. Etwa 130 Männer wurden im Wamiba-Zentrum ausgebildet, fast alle waren Rechtsextreme. Das Programm umfasste Vernehmungstechniken, Schießen, die Anwendung von Sprengstoffen, das Aufstellen von Fallen, Kommunikation per Funk und Tötungsmethoden. Höchst interessant ist, dass das TD-Mitglied Otto auch ausführlich über eine selten diskutierte, doch sehr existenzielle und zentrale Frage sprach, nämlich über die Frage der Stay-behind, ob die Geheimsoldaten im Fall einer sowjetischen Invasion tatsächlich bereit seien, sich hinter die feindlichen Linien zurückfallen zu lassen. Aus einer militärstrategischen Perspektive gesehen, ist es ganz klar, dass die langfristigen Überlebenschancen einer Stay-behind bei einer Okkupation, speziell einer sowjetischen Okkupation, sehr gering sind. Die kriegserfahrenen Nazi-Offiziere des TD waren sich dessen voll bewusst, und Otto wies in seiner Aussage ausdrücklich daraufhin, dass die meisten TD-Mitglieder nicht besonders begeistert davon waren, wirklich zurückzubleiben und zu versuchen, unter einer sowjetischen Besetzung zu überleben: «Die Vorstellung der Amerikaner war es, dass sich alle Mitglieder von den Sowjets überrennen ließen und diese dann als Partisanen agierten. Der Plan der Amerikaner konnte jedoch von [TD-Chef] Peters nicht realisiert werden, weil alle Männer, die sich für diese Organisation interessierten, im Fall einer sowjetischen Invasion unter allen Umständen in den Westen fliehen wollten.»[19]

Zwei Tage nach Ottos Aussage, am 13. September 1952, wurde die Wamiba-Zentrale der Stay-behind von der deutschen Polizei gestürmt und geschlossen. Büros und private Wohnungen von TD-Mitgliedern wurden ebenfalls gestürmt und für weitere Untersuchungen versiegelt. Die Stay-behind-Mitglieder wurden verhaftet. Waffen, Sprengstoffe und Munition wurden konfisziert, ebenso jede Menge Papiere. Eine der konfiszierten Akten war von besonderem Interesse. Zur Überraschung der Ermittlungsbeamten enthielt sie die Namen von Personen, die am Tag X eliminiert werden sollten: «Diese Liste enthielt die

Namen der Personen, die eliminiert werden sollten. Die Liste war nicht vollständig, weil daran immer noch gearbeitet wurde», fand die deutsche Polizei heraus und wies darauf hin, dass das TD-Mitglied Hans Breitkopf die Liste für das Bundesland Hessen erstellt hatte.[20] Das TD-Mitglied Otto Rietdorf, der den Namen Proskriptionsliste vorgeschlagen hatte, erklärte: «Ich habe den Begriff Proskription aus der Lektüre russischer Literatur, die diesen Begriff benutzt, um bestimmte Vorbereitungen gegen den Westen zu beschreiben. Nach dem russischen Gebrauch müssen die Personen auf der Liste jedoch in Sicherheit gebracht werden. Und was das in Russland bedeutet, scheint doch klar zu sein.» Rietdorf fügte hinzu, dass die CIA über die Vorgehensweise informiert war: «Mr. Garwood war sich dieser Dinge voll bewusst.» Auch das TD-Mitglied Hans Otto bestätigte, dass «diese Informationsberichte und die persönlichen Berichte vom BDJ und dem TD an die Amerikaner weitergeleitet wurden». Die Amerikaner, die diese Daten sammelten, waren angeblich «Dr. Walter» und wiederum Garwood. Die deutsche Untersuchung dieser frühen Geheimarmee kam zu dem offiziellen und genauen Ergebnis: «Entsprechend dieser Aussage wurde für den Fall X Gewalt gegen inländische Ziele geplant.»[21] Ob die Variable «X» sich nur auf den Tag der Invasion bezog oder auch auf bestimmte Gelegenheiten wie etwa Massendemonstrationen oder einen Erdrutschsieg linker Parteien bei Wahlen, konnte nicht geklärt werden.

Die «Proskriptionsliste» der deutschen Gladio enthielt viele bekannte deutsche Kommunisten und auch gemäßigte Sozialdemokraten, von denen zu dieser Zeit viele aktive Politiker oder Journalisten waren, etwa Heinrich Zinnkann, der sozialdemokratische Innenminister Hessens, der Sozialdemokrat Hans Jahn, der Vorsitzende der deutschen Eisenbahnergewerkschaft, Emile Carlebach von der *Frankfurter Rundschau* und viele andere. Der deutsche Journalist und Gladio-Autor Leo Müller berichtet, dass, nachdem die «Proskriptionsliste» gefunden wurde, «die Überraschung so groß war, dass die meisten mit Unglauben reagierten.»[22] «Die Anführer des TD des BDJ hielten es für eine ihrer wichtigsten Aufgaben, die ihrer Meinung nach ‹linken› deutschen Politiker im Fall eines sowjetischen Angriffs zu liquidieren», fand der amerikanische Historiker Christopher Simpson heraus. «Die deutschen Kommunisten standen auf der Todesliste des TD auf den ersten zehn Plätzen. Ihnen folgten die führenden Vertreter der westdeutschen SPD. Der TD hatte geplant, mehr als 40 führende Funktionäre der Sozialdemokraten zu ermorden, darunter Erich Ollenhauer, den seit 1952 amtierenden Parteivorsitzenden.» Simpson entdeckte, dass die Vereinigten Staaten während des Kalten Krieges der deutschen Linken nicht trauten, und deshalb gab es ausgebildete Geheimagenten des BDJ, die «die SPD infiltrierten und die Parteiführung ausspionierten, so dass sie schneller töten konnten, wenn die Zeit gekommen war».[23]

Die Regierung des Bundeslandes Hessen fand es unglaublich und völlig inakzeptabel, dass das Weiße Haus in Washington Neonazis, die über Killerlisten verfügten, auf denen die angesehensten Bürger des Landes standen, in Deutschland heimlich ausgebildet und ausgerüstet hatte. Darauf folgten in Hessens Hauptstadt Wiesbaden hitzige Debatten. Die empfindliche politische Beziehung zwischen Deutschland und den USA nach dem Krieg war schwer beschädigt, und nervöse Konferenzen auf hoher Ebene zwischen deutschen und amerikanischen Beamten folgten, in denen den Deutschen klar gemacht wurde, dass die USA der stärkere Partner in der Allianz waren. Der deutsche Bundeskanzler Konrad Adenauer behauptete, von der ganzen Affäre nichts gewusst zu haben, während die Amerikaner versuchten, so viel wie nur möglich zu vertuschen. Donelly, der amerikanische Botschafter in Deutschland, erklärte, dass diese Organisation im Zusammenhang mit dem Koreakrieg aufgebaut wurde, und fügte hinzu, dass das Netzwerk ohnehin genau in diesem Monat aufgelöst werden sollte, völlig unabhängig von der Aussage Ottos, und dass tatsächlich die Zahlungen bereits im August 1952 eingestellt worden seien. Dies war natürlich blühender Unsinn, und TD-Mitglieder gaben zu Protokoll, dass sie ihr Geld auch noch im September erhalten hätten.

Paul Lüth, ein ranghohes Mitglied des BDJ-TD und Kontaktmann der CIA, kontrollierte den Geldfluss, der aus den USA strömte, wie die nachfolgende Untersuchung ergab.[24] Lüth traf sich regelmäßig mit Amerikanern, um Bericht zu erstatten, und fertigte von all seinen schriftlichen Berichten über wichtige Themen vier Kopien an, die er der CIA aushändigte.[25] Als die deutsche Stay-behind-Geheimarmee entdeckt wurde, wurde Lüth von den Amerikanern versteckt, konnte nicht festgenommen werden und verschwand spurlos. Neben Lüth hatte auch Erhard Peters eine führende Position in der deutschen Geheimarmee inne. Als enger Schulfreund von Lüth wurde Peters wegen seiner herausragenden Kenntnisse über Funkkommunikation und über Guerillakrieg Führer des TD. Er fühlte sich geschmeichelt, als das Netzwerk mit «Organisation Peters» bezeichnet wurde, und um seinen Status zu unterstreichen, kaufte er einen schneidigen Mercedes 170 V und ein BMW-Cabriolet. Als die Tarnung seiner Geheimarmee aufflog, konnte auch er nicht festgenommen werden, denn «er hatte sich unter den Schutz der Amerikaner begeben», wie der Untersuchungsbericht darlegte. Später tauchte Lüth wieder auf, und zwar vor der deutschen Polizei, nachdem er «den Amerikanern sein Ehrenwort gegeben hatte, nichts zu enthüllen». Nach seinen Angaben hatte das Weiße Haus ihm und anderen kompromittierten TD-Nazis die Möglichkeit angeboten, in die USA zu emigrieren, was er jedoch abgelehnt hatte.[26] Vor der Polizei gab Lüth zu, er habe viele Akten verbrannt, die Berichte über den TD für die Amerikaner enthielten.

Für Deutschland war der BDJ-TD-Skandal keine Sache der Bundesländer, sondern eine nationale Angelegenheit. Als Wiesbaden von der (damaligen) Bundeshauptstadt Bonn Hilfe erwartete, wurde die hessische Landesregierung bald eines Besseren belehrt. Nach langen Diskussionen mit den Amerikanern vertuschten ranghohe Funktionäre der CDU und die Regierung Adenauer die Angelegenheit und verhinderten eine Untersuchung. Man wollte sich nicht mit den Amerikanern anlegen. Am 30. September gab es in Deutschland einen juristischen Aufschrei, als das Bundesverfassungsgericht in Karlsruhe urteilte, dass alle verhafteten Mitglieder der Gladio-TD freizulassen sind. Die hessische Polizei wurde zuvor weder informiert noch konsultiert. Und während die beiden Anwälte Schrübbers und Wagner, welche die kritische Erklärung veröffentlicht hatten, einen ansehnlichen Karrieresprung machten, kamen die Gladiatoren frei. Hessens Ministerpräsident August Zinn kommentierte ärgerlich: «Die einzige juristische Erklärung für diese Haftentlassung kann sein, dass die Leute in Karlsruhe [das Verfassungsgericht] einer amerikanischen Anweisung folgten.»[27]

Zinn war so wütend, dass er sich entschied, den Skandal vor sein Landesparlament zu bringen, ohne Rücksicht auf den sehr starken amerikanischen Druck, der ihn davon abbringen sollte. Erst dadurch wurden am 8. Oktober 1952 die deutsche Öffentlichkeit sowie die Presse in Deutschland und im Ausland erstmals über die Existenz von geheimen deutschen Nazi-Stay-behind-Armeen informiert, die von den Vereinigten Staaten finanziert wurden. «Herr Präsident, sehr geehrte Damen und Herren», sprach Zinn sein Parlament an diesem Tag an, «nach einem Treffen, das ich am 3. Oktober mit dem Bundeskanzler Dr. Adenauer hatte, und einer Rücksprache, die ich heute Morgen in meinem Büro mit Mr. Reeber führte, dem Stellvertreter des amerikanischen Hochkommissars, muss ich das Haus über Folgendes unterrichten: Am 9. September 1952», erklärte Zinn mit sehr ernster Mine, «erfuhr eine Außenstelle des hessischen Verfassungsschutzamtes von einer geheimen Organisation, die 1950/1951 von den Anführern des BDJ unter der Bezeichnung TD, ‹Technischer Dienst›, gegründet wurde.» Zinn informierte seine verblüfften Zuhörer, dass «die Organisation als politische, bewaffnete Widerstandsbewegung angelegt war, eingerichtet mit Wissen und Kooperation des BDJ-Vorsitzenden Paul Lüth. Gerhard Peters war der Leiter dieser Organisation.» Es war das erste Mal, dass die Politiker von einer geheimen Stay-behind-Armee erfuhren, und Zinn erklärte, dass «dieser TD des BDJ die Aufgabe hatte, eine Partisanenorganisation zu gründen, die, entsprechend den ursprünglichen Plänen, im Fall einer sowjetischen Invasion hinter den feindlichen Linien bleiben sollte und Sabotageakte durchführen sollte, etwa die Sprengung von Brücken und Angriffe auf Lager.»

Nach diesen Ausführungen über das klassische Muster der Stay-behind-Geheimarmeen berichtete Zinn über den Rückhalt aus den USA und die inländische Dimension der Geheimarmee, als er erklärte, dass «die Organisation im Inland laut dem Geständnis eines der Hauptbeteiligten und dem konfiszierten Material auf die KPD zielte und vor allem auf die SPD. Nachdem die Organisation entdeckt wurde, folgten am 18. September sofortige Festnahmen und Konfiszierungen», berichtete Ministerpräsident Zinn seinem Parlament. «Doch am 1. Oktober ordnete der Oberbundesanwalt die Freilassung der Verdächtigen an, da die Organisation auf Anordnung der amerikanischen Geheimdienste geschaffen wurde», worauf ein Aufschrei durch das Parlament ging. Nach den Parlamentsprotokollen wurde «Hört! Hört!» oder «Unerhört!» gerufen. Als die Parlamentarier sich wieder beruhigt hatten, fuhr Zinn fort: «Nach der Aussage eines führenden Mitglieds des TD waren auch Liquidationen geplant», worauf ein noch lauterer Aufschrei durch das Parlament ging: «Hört! Hört! So weit sind wir schon wieder gekommen!» Zinn sprach weiter: «Im Odenwald, in Waldmichelbach, wurde ein Ausbildungszentrum errichtet, und die Mitglieder der Organisation waren zumeist ehemalige Offiziere der Luftwaffe, des Heeres und der Waffen-SS!» Wiederum geriet das Parlament in helle Aufregung, denn alle Anwesenden hatten den Zweiten Weltkrieg mitgemacht und riefen nun: «Hört euch das an! Unglaublich!»

Zinn erklärte, dass die Agenten zwischen 35 und 50 Jahre alt waren und «die Organisation finanziell großzügig unterstützt wurde. Die konfiszierten

Dokumente lassen vermuten, dass sie monatlich etwa 50 000 DM erhielt.» Worauf die Parlamentarier riefen: «Woher kam das Geld!?» Zinn sagte, dass «das Geld durch fingierte Aufträge einer angeblichen amerikanischen Stelle in die Firma floss», und erklärte weiter, dass «die selbe Organisation auch im Inland eine Aufgabe hatte ... Nach der Aussage eines führenden Mitglieds sollten ausgewählte ‹politisch unzuverlässige› Personen im Fall X eliminiert werden», was einen neuen Sturm der Entrüstung im Parlament auslöste, und es wurden Stimmen laut, die riefen: «Das heißt töten! Unglaublich!» Zinn war sich sehr wohl bewusst, welchen Sturm er damit auslöste, und fuhr feierlich fort, dass «es interessant zu wissen ist, dass es nur 15 Karteiblätter über Kommunisten gibt, jedoch 80 Blätter über führende Sozialdemokraten ... der hessische Innenminister Heinrich Zinnkann von der SPD wurde verdächtigt, Verbindungen zu den Kommunisten zu haben», was neben Empörung auch Gelächter im Parlament auslöste. «Nach den Aussagen wurde viel geheimes Material zerstört, einiges Material wurde von einem amerikanischen Verbindungsmann gesammelt, aber das ist nun ebenfalls unzugänglich. Das Geld und die Waffen wurden von einem Amerikaner zur Verfügung gestellt, der auch die Ausbildung überwachte», worauf die Parlamentarier wiederum «Hört! Hört!» riefen.

Zinn war jedoch immer noch nicht fertig: «Besonders wichtig scheint mir die Feststellung, dass derartige geheime Organisationen außerhalb jeder deutschen Kontrolle die Basis für illegale inländische Aktivitäten sind. Diese traurige Erfahrung musste unser Volk bereits vor 30 Jahren durchmachen. Und genau diese Eigenschaften trug auch diese Organisation.» Eine scharfe Kritik, die vom Parlament mit Beifall aufgenommen wurde, und Stimmen riefen: «Richtig! Das ist richtig!» «Mr. Reeber von den Vereinigten Staaten stimmte heute Morgen mit mir überein», sprach Zinn weiter, «dass solche Organisationen der Ausgangspunkt für innenpolitischen Terror sind ... Er drückte mir gegenüber sein Bedauern aus und verurteilte die Organisation scharf ... Er versprach nicht nur einen umfassenden Bericht zur Aufklärung der ganzen Affäre, sondern auch, dass verhindert würde, dass derartige Phänomene noch einmal vorkämen.»[28]

Natürlich wurde die deutsche Gladio nicht aufgelöst, wie die Entdeckungen von 1990 zeigten. Wann immer möglich, wurden Spuren verwischt, und die Amerikaner versicherten, dass sie natürlich niemals Rechtsextreme unterstützen würden. Der ehemalige amerikanische Hochkommissar McCloy erklärte im Oktober 1952, dass die Amerikaner die Nazis nicht bewaffnen würden und dass «während all dieser Jahre, die ich in Deutschland verbracht habe, unsere Ziele und Bemühungen immer darauf gerichtet waren, alle demokratischen Kräfte in Deutschland zu stärken und sowohl die Kommunisten als auch die Neonazis wie auch die Rechtsextremen zu bekämpfen.» McCloy hob hervor, «dass es deshalb undenkbar ist, dass ein verantwortungsvoller Amerikaner solche Aktivitäten unterstützt haben kann, wie sie von Ministerpräsident Zinn berichtet worden sind. Diese Tatsache muss der Wahrheit und der Freundschaft zuliebe deutlich gemacht werden.»[29] Trotz dieser Versprechungen entschied das hessische Parlament, das Phänomen durch den hessischen Innenminister gründlich untersuchen zu lassen, der mit einer starken demokratischen Leistung 1953 einen drei Bände umfassenden Bericht vorlegte.[30]

Vier Jahrzehnte später erinnerte sich der ehemalige CIA-Offizier Thomas Polgar, der 1981 nach einer 30-jährigen Karriere bei der CIA in den Ruhestand ging, sehr wohl an den deutschen Gladio-Skandal, weil er anfangs der 50er-Jahre in Deutschland stationiert war und in den frühen 70er-Jahren nach Deutschland zurückkehrte, um Ray Cline als Chef der deutschen Niederlassung abzulösen. «Der Bund Deutscher Jugend war eine rechtsradikale Organisation, die in lockerer Verbindung zu einer politischen Partei in Hessen stand, und es wurde vermutet, dass diese Leute motiviert und bereit gewesen wären, in den Untergrund zu gehen, hätte die sowjetische Armee tatsächlich Westdeutschland ganz oder teilweise überrannt», sagte Polgar in den 90er-Jahren. «Als die Geschichte aufflog, gab es eine riesige Aufregung, und es schien wünschenswert, dass [der amerikanische] General Truscott den involvierten Personen persönlich erklärt, was geschehen war, und wir erklärten es zunächst Konrad Adenauer.» Dies konnte, wie wir gesehen haben, das Problem nicht lösen, und Polgar erinnert sich, dass «wir es dann General Matthew Ridgeway erklärten, der damals Chefkommandeur der NATO war. Am wichtigsten war, dass wir Ministerpräsident Georg Zinn in Hessen aufklärten, der selbst auch auf dieser Liste stand. Truscott vermittelte dem Ministerpräsidenten, dass diese Aktion nicht autorisiert war, genauer gesagt, dass diese Übung nur auf dem Papier stattfand, von der er allerdings nichts wusste, doch sollte das keinesfalls so interpretiert werden, dass das Vertrauen in Ministerpräsident Zinn in irgendeiner Art in Frage gestellt wurde.»[31]

Dass geheime Stay-behind-Zellen nicht nur im Bundesland Hessen existierten, sondern auch in anderen Teilen Deutschlands, wurde von Dieter von

Glahn nach den Enthüllungen von 1990 bestätigt. «Unsere Mission und unsere Organisation waren identisch mit dem, was nun über Gladio bekannt wurde», erklärte von Glahn.[32] Von Glahn ist eine schillernde Figur der militanten deutschen antikommunistischen Szene. Während des Zweiten Weltkriegs war er aus einem sowjetischen Kriegsgefangenenlager geflohen, und nach dem Krieg war er im norddeutschen Bremen der geheimen Stay-behind-Armee als BDJ-TD-Mitglied beigetreten. «Zur Zeit des Koreakrieges», erklärte von Glahn in seiner Autobiografie im Jahr 1994, «waren die Amerikaner sehr besorgt, dass etwas Ähnliches auch in Deutschland geschehen könnte.» Deshalb «entschlossen sich die Amerikaner, für den Tag X, den Tag der Invasion der Roten Armee, eine zuverlässige deutsche Truppe aufzubauen. Diese sollte an amerikanischen Waffen, die aus Waffenverstecken stammten, ausgebildet werden und im Fall eines Angriffs sofort in den Untergrund gehen.» Von Glahn berichtete, dass «der BDJ lediglich die Tarnung war, so etwas wie der offizielle Arm einer antikommunistischen Organisation. Der inoffizielle Arm Technischer Dienst oder ‹Organisation Peters›, wie er nach seinem Anführer auch genannt wurde, war der wirklich kämpfende Kern» und existierte in vielen Teilen Deutschlands. «Somit wurde der TD ein wichtiger Teil der deutsch-amerikanischen antisowjetischen Verteidigung. Die Amerikaner waren hauptsächlich an ehemaligen Angehörigen der Wehrmacht interessiert», auch an ihm selbst. «Da meine antikommunistische Einstellung gut bekannt war, wurde ich rekrutiert. Offiziell war ich der Leiter des BDJ in Oldenburg in Ostfriesland. Inoffiziell war ich der Leiter des TD für den gesamten Bereich Oldenburg und Bremen-Ostfriesland [in Norddeutschland].»[33]

Von Glahn berichtete in seinen Memoiren stolz, dass das deutsche «FBI», das Bundesamt für Verfassungsschutz (BfV), von den geheimen Stay-behind-Armeen wusste und sie deckte. «Ich arbeitete ... mit Neubert vom BfV eng zusammen», erinnerte sich von Glahn an den antikommunistischen Kampf, der sie verband. «Nachts hängten wir regelmäßig Plakate auf und überklebten damit die Plakate der Kommunisten ... auch enttarnten wir einige Oldenburger Geschäftsleute, die mit den Kommunisten kollaborierten. Hier kam es auch oft zu gewalttätigen Zusammenstößen.» «Das war die Zeit, in der ich überall Untergruppen des BDJ gründete», mit der Unterstützung der CIA, die in Waldmichelbach und auf dem Truppenübungsplatz Grafenwöhr Trainings veranstaltete. «Ich selbst habe an diesen Lehrgängen mehrmals teilgenommen. Die Mitglieder erhielten einen kakifarbenen amerikanischen Kampfanzug, wir durften uns nur mit dem Vornamen ansprechen, kamen aus dem gesamten Bundesgebiet, und es wurde uns verboten, anderen zu sagen, wo wir wohnten. Wir waren dort praktisch wochenlang völlig vom Rest der Welt isoliert.» Die Gladiatoren erhielten «eine intensive Ausbildung für den Tag X. Zu dieser Zeit wurden in allen Teilen Deutschlands amerikanische Waffenverstecke eingerichtet. In meinem Bereich kannten nur mein Stellvertreter und ich die genauen Standorte der Waffenverstecke ... unser Waffenlager war in einem kleinen Wald gut vergraben.»[34]

Nicht nur das deutsche Stay-behind-Netzwerk, sondern auch der deutsche Geheimdienst ORG und sein Stab überlebten 1952 die Entdeckung von Teilen der deutschen Gladio fast ohne einen Kratzer, weil sie von der mächtigen CIA geschützt wurden. General Reinhard Gehlen blieb im Amt, und 1956 änderte die «Organisation Gehlen» ihren Namen und wurde nun «Bundesnachrichtendienst» (BND) genannt. Als der CIA-Direktor Allan Dulles einmal gefragt wurde, ob er sich nicht schämte, mit dem Nazi Gehlen zusammengearbeitet zu haben, antwortete er: «Ich weiß nicht, ob er ein Schurke ist. In den Geheimdiensten gibt es wenige Heilige ... Außerdem, man musste ihn ja nicht zu sich in den Klub einladen.»[35] Als sogar die deutsche Regierung unter dem konservativen Kanzler Kurt Georg Kiesinger und dem sozialdemokratischen Vizekanzler und Außenminister Willy Brandt begann, seinem kompromittierten Geheimdienst BND zu misstrauen, wurde der BND zum ersten Mal in seiner Geschichte gründlich untersucht.

Der folgende «Mercker-Bericht» war angeblich «für den BND ein Schreckens-Dokument, das bis heute hinter Schloss und Riegel ist», berichtete die deutsche Presse noch 1995. «Die darin enthaltenen Erkenntnisse über den BND sind erschütternd: ‹Eine korrupte Organisation.›[36] Reinhard Gehlen, der in der Untersuchung der Regierung scharf angegriffen wurde, durfte diesen Bericht nicht einmal lesen. Und die deutschen Sozialdemokraten, die mit Willy Brandt zum ersten Mal nach dem Krieg an der Regierung beteiligt waren, schämten sich für den Ober-Nazi innerhalb der Regierung so sehr, dass Gehlen nach der Übergabe des Mercker-Berichts und einer bemerkenswert langen Karriere (mehr als 20 Jahre) als Leiter des deutschen Geheimdienstes am 1. Mai 1968, dem Tag der Arbeit, in die Wüste geschickt wurde. Um das Weiße Haus nicht zu verärgern, wurde Gehlen durch Gerhard Wessel ersetzt, der nach 1945 als westdeutscher Militärattaché in Washington gedient hatte und seither die Verbindungen zur CIA und NSA pflegte.

Es ist nicht bekannt, ob der geheime Mercker-Bericht auch Angaben über die Stay-behind-Aktivitäten der ORG und des BND enthält, doch die Hinweise, die nach den Gladio-Untersuchungen von 1990 ans Licht kamen, lassen vermuten, dass dies der Fall ist. Der Kurzbericht der deutschen Regierung über den BND und seine Stay-behind-Geheimarmee vom Dezember 1990 behauptet, dass 1968 eine legale Grundlage für die deutsche Stay-behind geschaffen wurde, also nur wenige Monate nachdem der Mercker-Bericht verfasst wurde: «Im Dezember 1968 hatte der Kanzleramtsminister in Artikel 16 der ‹Allgemeinen Vorschriften für den BND› ausdrücklich festgestellt, dass Vorbereitungen für den Verteidigungsfall getroffen werden sollen.» Wahrscheinlich entschied die Regierung zu dieser Zeit, die Stay-behind-Geheimarmee weiter zu betreiben, doch wollte sie die Operation gesetzlich absichern. «Diese Vorschrift lautet: ‹Der BND führt die erforderlichen Vorbereitungen und Planungen für den Verteidigungsfall durch, in allgemeinen Fragen in Übereinstimmung mit dem Kanzleramtsministerium.›[37] Der deutsche Journalist und Gladio-Autor Leo Müller fragte sich 1990, «wie viel geheimbündlerische, antidemokratische Substanz auch in den späteren Stay-behind-Aktivitäten des Bundesnachrichtendienstes erhalten blieb, als diese im Oktober 1990 aufgedeckt wurde?»[38]

Ob die Ablösung Gehlens und die Einführung des neuen Gesetzes die dominante Rolle der CIA in der deutschen Stay-behind minderte, bleibt zweifelhaft. Das ehemalige deutsche Gladio-Mitglied Dieter von Glahn stellte in seinem Buch fest, dass letztlich die CIA das Sagen hatte: «Ich schrieb ganz absichtlich von Geheimdiensten im Plural, denn später wurden wir auf Anordnung der Amerikaner mit dem Geheimdienst der Organisation Gehlen zusammengelegt.» Von Glahn berichtet, dass, obwohl Gehlen die Schlüsselfigur der deutschen Stay-behind war, das Oberkommando immer noch bei den Vereinigten Staaten blieb: «Diese Organisation war nach ihrem Gründer benannt worden, nach General Gehlen ... Er baute in Pullach bei München eine hervorragende Geheimdienstzentrale auf», berichtet von Glahn und betont, dass «der Technische Dienst TD in ständigem Kontakt mit den Vertretern der Organisation Gehlen war. Die militärische Vorbereitung für den Tag X jedoch blieb fest in der Hand der Amerikaner.»[39] Als die Tarnung der deutschen Geheimarmee 1952 aufflog, wurde von Glahn und anderen ein Exil in den Vereinigten Staaten angeboten, um sie vor weiteren deutschen Ermittlungen zu schützen. «Mir, ebenso wie anderen Mitgliedern des TD, die in ein Verfahren verwickelt waren, wurde angeboten, in die USA geflogen zu werden. Ich habe dies ausführlich mit meiner Frau besprochen ... doch ich entschied, dass ich kein Emigrant werden wollte. Mein Platz war hier in Deutschland.»[40]

Im Mai 1955 wurde Deutschland Mitglied der NATO. Genau wie die anderen geheimen Stay-behind-Armeen wurde das deutsche Netzwerk über den Geheimdienst BND in die Planungen der NATO für die verdeckte Kriegsführung eingebunden. Der offizielle Stay-behind-Bericht der deutschen Regierung, 1990 von Lutz Stavenhagen verfasst, bestätigte, dass, «um ihre Planungen unter der militärischen Führung der NATO durchzuführen, die Geheimdienste am 1952 geschaffenen sogenannten Coordinating and Planning Committee (CPC) beteiligt wurden. Zur Koordination ihrer Zusammenarbeit, wurde das sogenannte Allied Coordination Committee (ACC) gegründet.» Die deutsche Regierung bestätigte weiterhin, dass der «BND seit 1959 reguläres Mitglied des CPC und des ACC war». In einem unklugen Versuch, den Schaden im Regierungsbericht zu mindern, wurde jedoch fälschlich behauptet, dass beide «Koordinationskomitees nie Teil der NATO-Struktur waren und es auch heute nicht sind», während die belgische Untersuchung der Stay-behind aufdeckte, dass sowohl CPC als auch ACC vom SACEUR der NATO eingerichtet wurden, eine Position, die immer ein amerikanischer General einnahm und in direkter Verbindung zum SHAPE der NATO stand. Der deutsche Regierungsbericht versuchte indessen, die Souveränität der deutschen Geheimarmee hervorzuheben, und beharrte darauf, dass «die Tatsache, dass der BND Mitglied dieser Einheiten war, nichts an der Tatsache ändert, dass die Stay-behind kein Teil der NATO, sondern eine eigene Organisation des BND ist. Es gab keine, und es gibt auch heute keine untergeordnete Beziehung der einzelnen Dienste gegenüber den Gremien.»[41]

«Die Kooperation mit Geheimdiensten der Partner wurde bilateral durchgeführt, aber auch multilateral unter der Koordination des ACC», erklärte der deutsche Bericht der Regierung die internationale Dimension der geheimen Stay-behind-Armee. «Partner in dieser Kooperation sind neben der Bundesrepublik: Belgien, Dänemark, Frankreich, Großbritannien, Italien, Luxemburg, Norwegen und die USA.» Der Bericht besagt, dass diese Kooperation aus «beispielsweise gemeinsamen Übungen, dem Erwerb einer einheitlichen Funkausrüstung, dem Erfahrungsaustausch in der Ausbildung, der Vereinheitlichung der nachrichtendienstlichen Terminologie und anderen Angelegenheiten» bestand.[42] Die dominante Präsenz von Rechtsradikalen in den

Geheimarmeen wollte Stavenhagen nicht kommentieren. Hinsichtlich der Anzahl von Gladiatoren, die während des Kalten Krieges in Deutschland operiert hatten, erklärte er: «Gegen Ende der 50er-Jahre bestand die Organisation aus etwa 75 hauptamtlichen Mitarbeitern.» «Die Anzahl der Geheimdienstmitarbeiter lag zeitweise bei bis zu 500 Personen. 1983 wurde das Personal auch darin ausgebildet, Sabotageakte in feindlich besetzten Gebieten gegen Angreifer durchzuführen und Widerstandseinheiten zu organisieren und zu führen.»

Die deutsche Regierung wurde nach dem Bericht von der Existenz der Geheimarmee erst «in den Jahren nach 1974 informiert (im Rahmen einer Erörterung des gesamten Konzepts des BND für den Verteidigungsfall). Man kann jedoch davon ausgehen, dass mündliche Informationen über die Grundlagen der Stay-behind auf der Ebene von Richtlinien schon zuvor weitergegeben wurden.» Denn die deutsche Legislative verfügt über ein parlamentarisches Gremium, das verpflichtet ist, bestimmte Geheimnisse zu wahren, und das in den 80er-Jahren über die Stay-behind informiert wurde, als für die Beschaffung der Harpoon-Funkgeräte zusätzliche Mittel bereitgestellt werden mussten: «Im Zusammenhang mit dem Kauf einer neuen Funkanlage wurde das Vertrauensgremium über deren Verwendung für die Stay-behind informiert.»[44] Die Harpoon-Funkanlagen, wie weitere Recherchen enthüllten, wurden im Auftrag der Stay-behind-Zentrale der NATO ACC von der deutschen Firma AEG Telefunken, einer Tochtergesellschaft der Daimler Holding, entwickelt und produziert. Der deutsche Geheimdienst BND fungierte als Vermittler und kaufte das System bei AEG Telefunken, weil das ACC geheim bleiben musste und nicht selbst als Käufer auftreten konnte. Der BND hatte insgesamt 854 Harpoon-Stationen bestellt, für die er 130 Millionen DM bezahlen musste. Der BND behielt davon nur Sender im Wert von 20 Millionen DM und verkaufte den Rest an andere nationale Stay-behind-Armeen in ganz Europa, auch an die Schweizer Geheimarmee P26. Das Harpoon-System befriedigte die zu dieser Zeit höchsten technologischen Ansprüche und war in der Lage, verschlüsselte Funknachrichten über eine Entfernung von 6000 Kilometern hinweg zu senden und zu empfangen, und verband die verschiedenen Stay-behinds untereinander und auch über den Atlantik hinweg.[45]

Da Deutschland ein geteiltes Land war, waren während des Kalten Krieges der westdeutsche Geheimdienst BND, der stark an die amerikanische CIA gebunden war, und der ostdeutsche Staatssicherheitsdienst, kurz Stasi, im Ministerium für Staatssicherheit (MfS), das eng an das sowjetische KGB gebunden war, ständig in geheime Schlachten verwickelt, in Spionageaffären und die Infiltration auf der anderen Seite der Berliner Mauer. Die Operationen wurden durch die Tatsache erleichtert, dass beide, die Mitglieder der Stasi und die des BND, in der Regel Deutsche waren, fließend Deutsch sprachen und eine gemeinsame Kultur teilten. Mit einer auf Erfahrung gestützten Überzeugung nannten sowohl die CIA als auch der MI6 den BND den «löchrigen Geheimdienst».[46] Und das führende deutsche Nachrichtenmagazin *Der Spiegel* kam nach dem Kalten Krieg zu dem Schluss: «Das KGB und die Stasi in Ostberlin konnten Maulwürfe bis in die höchsten Positionen in Pullach [Zentrale des BND] einschleusen und hatten Zugang zum gesamten Stab ... Der BND war für seine Gegner auf diesem Feld lediglich eine Lachnummer.»[47]

Hinsichtlich der Stay-behind stellt sich somit die Frage, wie gut die Stasi und somit auch Moskau informiert waren. Die verfügbaren Belege weisen zumindest darauf hin, dass Ostdeutschland Ende der 70er-Jahre sehr gut informiert war. Eine dokumentierte undichte Stelle im BND über Stay-behind betrifft die tragische Biografie der Sekretärin Heidrun Hofer, die in der Abteilung IV des BND in München arbeitete, welche die deutsche Stay-behind leitete. Heidrun Hofer hatte Zugang zu streng geheimen Dokumenten und sah auch NATO-Dokumente der höchsten NATO-Geheimhaltungsstufe «cosmic». Was genau sie der Stasi und dem KGB verraten hat, ist bis heute unklar. Doch ist gesichert, dass sie Informationen über ein streng geheimes deutsches Stay-behind-Kommandozentrum weitergegeben hat, das als Exil für die Regierung außerhalb Deutschlands im Atlantik geplant war. Nachdem es jedoch entdeckt war, wurde es an anderer Stelle für 100 Millionen DM neu gebaut.

Hofer gab ihre Informationen unwissentlich weiter. Als Tochter eines konservativen deutschen Offiziers wurde sie direkt vom KGB ins Visier genommen, das einen Mann nach Argentinien schickte, der dort Kontakte zu rechtsgerichteten Deutschen knüpfen und sich einen entsprechenden Ruf aufbauen sollte. Nach einer gewissen Zeit sollte er nach Deutschland zurückkehren und Heidrun einen Heiratsantrag machen. Ihr Vater mochte «Hans» wegen seiner rechtslastigen Vergangenheit und stimmte zu. Nach der Hochzeit beichtete «Hans» Heidrun, dass er für eine rechtsgerichtete konservative Organisation arbeitet und verblüffte sie mit seinen Kenntnissen über den BND. Heidrun fühlte sich als Teil einer Verschwörung und lieferte «Hans» alle verfügbaren Informationen.

Nur langsam erkannte die BND-Gegenspionage den KGB-Maulwurf. Im Dezember 1976 stürmten Einheiten der BND-Gegenspionage ihre Wohnung, nachdem Hofer sechs Jahre lang unwissentlich für das KGB gearbeitet hatte. Hans gelang es, durch eine Hintertür zu flüchten, während Heidrun festgenommen und des Hochverrats angeklagt wurde. Als sie informiert wurde, dass «Hans» ein KGB-Spion ist, war der Schock für die rechtsgerichtete Frau enorm. Während der Vernehmung durch den BND in München sprang sie angeblich von der sechsten Etage aus dem Fenster und versuchte so, sich das Leben zu nehmen. Schwer behindert überlebte sie und erhielt danach Sozialhilfe. Das Verfahren gegen sie wurde 1987 wegen Verjährung eingestellt.[48] Ein zweites und höher platziertes Leck im BND während des Kalten Krieges war Joachim Krase, stellvertretender Chef des BND, der 1988 starb. Krase stand auf der Gehaltsliste der Stasi und, wie die britische Presse behauptete, «gab alles über Gladio und Stay-behind weiter. So viel zu diesem Geheimnis, von dem die Russen schon die ganze Zeit wussten.»[49]

Als nach dem Fall der Berliner Mauer Deutschland wiedervereint wurde, wurde die Stasi aufgelöst, während der BND seine Operationen ausweitete. Originaldokumente aus den Archiven, deren Geheimhaltung aufgehoben wurde, bestätigten nun, dass der ostdeutsche Geheimdienst über die Stay-behind sehr gut informiert war. Während eines NATO-Manövers im Jahr 1979 hatte die Abhörabteilung der Stasi die Geheimarmee entdeckt, die sie in den folgenden Jahren in allen Einzelheiten ausforschte, als sie den Code der BND-Stay-behind-Agenten knackte, und mehr als 50 Stay-behind-Standorte in Deutschland identifizierte, die über ganz Deutschland verteilt, jedoch an der Grenze zu Ostdeutschland und der Tschechoslowakei konzentriert waren.

Generalmajor Horst Männchen, der Direktor der Stasi-Abteilung III und somit verantwortlich für die Abhöraktionen, informierte 1984 die Minister der ostdeutschen Regierung ausführlich über das Stay-behind-Netzwerk des BND. «Auf der Grundlage der Analyse geheimer Funksignale des BND, die wir decodieren konnten, ... haben wir zuverlässige Einzelheiten über besondere BND-Agenten gesammelt.» Der Bericht von Männchen, datiert vom 3. August 1984, erklärte weiter, dass diese speziellen BND-Agenten, die von der Stasi «roll-over agents» (Überrollagenten) genannt wurden, sich auf eine Invasion der Staaten des Warschauer Paktes vorbereiteten und ausgebildet wurden, subversive Aktionen im Rücken des Feindes durchzuführen. Diese Geheimagenten, hob Männchen hervor, «stellen deshalb eine Gefahr für erfolgreiche

Operationen der Streitkräfte des Warschauer Paktes dar», sollten deshalb schnellstmöglich identifiziert werden, damit sie «im Fall eines militärischen Konfliktes» sofort neutralisiert werden könnten.[50]

In einem weiteren Bericht vom 6. November 1984 stellte Männchen ganz richtig dar, dass innerhalb des BND «diese speziellen Agenten als Stay-behind bezeichnet werden» und dass ihre Einrichtung auf die NATO-Planungen gegen eine Erstschlag-Invasion der Streitkräfte des Warschauer Paktes zurückgeht. Männchen erklärte, dass auch Frauen Teil des Stay-behind-Netzwerks seien und dass ein ganzer Satz geheimer Funksignale, die von der BND-Zentrale an Stay-behind-Agenten gesendet wurden, von der Stasi decodiert wurde. «Diese Agenten sind männliche und weibliche Bürger Westdeutschlands, sie leben auf dem Territorium Westdeutschlands, viele entlang der Grenze zu Ostdeutschland und der Tschechoslowakei. Sie kennen ihr Einsatzgebiet gut und operieren allein oder in Dreier- oder Vierergruppen und führen Aufträge im Umkreis von 40 Kilometern um ihren Wohnort durch. Soweit wir bisher wissen, kommunizieren 16 bis 20 Agenteneinheiten regelmäßig mit dem BND. Die Gesamtzahl der Agenten wird nach Quellen innerhalb des BND auf 80 geschätzt.» Männchen schloss daraus, dass diese Spezialagenten des BND «gefährlich» seien und die Stasi versuchen solle, möglichst viele zu identifizieren.[51]

Im folgenden Bericht kam die Stasi zum Schluss, dass die gesammelten Daten «eindeutig darauf hinweisen, dass der BND der Ausbildung und der Bereitschaft dieser Spezialagenten große Bedeutung beimisst». Funksignale, die von der Stasi aufgefangen wurden, wiesen auch darauf hin, dass die deutsche Stay-behind gute Verbindungen hatte und dass sie mit «NATO-Geheimdiensten» auf Sardinien (Italien), in Huy (Belgien) und in Lille und Grenoble (Frankreich) kommunizierten.[52] Durch genaue Beobachtung der Funksignale des BND gelang es der Stasi auch, die Installation des neuen Harpoon-Systems in Westdeutschland zu entdecken, und so berichtete die Stasi am 22. Mai 1984, dass die Spezialagenten neuere und schnellere Kommunikationsmittel benutzten.[53] Ein sehr detaillierter elfseitiger Bericht über die BND-Stay-behind hielt mit Bedauern fest, dass die neuen und schnelleren Kommunikationsmittel die Funksignale innerhalb von weniger als 3 Sekunden absetzen können, was es für die Stasi schwieriger macht, die Stay-behind-Agenten des BND zu lokalisieren.[54]

Als das geheime deutsche Netzwerk 1990 aufgedeckt wurde, konzentrierte sich die Presse auf fassbare Spuren der mysteriösen Organisation und fragte die deutsche Regierung, ob sich Gladio-Waffenlager in Deutschland befänden. «Zur Unterstützung von Widerstandseinheiten in besetzten Gebieten hatten die alliierten Geheimdienste in der frühen Phase der Stay-behind-Organisationen geheime Waffenverstecke angelegt. Diese enthielten unter anderen Dingen Ersatzteile für Funkgeräte, Medikamente, Gold und Schmuck für Transaktionen auf dem Schwarzmarkt und einige Pistolen», bestätigte die deutsche Regierung, doch überraschend ist, dass man danach irreführend behauptete, dass «diese Waffenverstecke der Stay-behind-Einheit des BND bis 1972 aufgelöst wurden. Die Pistolen wurden vernichtet. Die heutige Ausrüstung und Ausbildung der geheimdienstlichen Verbindungen sind strikt auf den Auftrag der Informationsgewinnung und Schleusung ausgerichtet. Zur Ausrüstung gehören ein spezielles Funkgerät, aber keine Sprengmittel und keine Waffen.»[55]

Deutsche Journalisten hatten den Verdacht, dass der Regierungssprecher Lutz Stavenhagen die Presse in die Irre geführt hatte, als er andeutete, dass 1972 alle Waffenverstecke aufgelöst wurden, denn es war wohl bekannt, dass bis in die frühen 80er-Jahre in Deutschland mysteriöse Waffenverstecke gefunden wurden. Die bekannteste Entdeckung hatte sich am 26. Oktober 1981 ereignet, als Waldarbeiter in der Nähe von Uelzen in der Lüneburger Heide zufällig über ein großes Waffenlager im Boden gestolpert waren, in dem sich Gewehre und andere Kampfinstrumente befanden. Nach dieser sensationellen Entdeckung wurde der Forstaufseher und Rechtsextremist Heinz Lembke verhaftet. Später führte er die Polizei zu einem gewaltigen vernetzten Arsenal, das aus 33 unterirdischen Waffenverstecken bestand. «Diese entdeckten Waffenverstecke wurden sofort dem Rechtsextremisten Lembke zugeschrieben», wurde 1991 in einem anonymen, jedoch gut informierten Artikel über Gladio vom österreichischen Verteidigungsministerium kommentiert. «Doch diese hervorragende Lösung hatte einen Fehler. Das Waffenversteck enthielt neben automatischen Waffen, chemischen Kampfmitteln [Arsen und Zyankali] und etwa 14 000 Schuss Munition auch 50 Panzerabwehrrohre, 156 kg Sprengstoff und 230 Sprengkörper sowie 258 Handgranaten. Bemerkenswert ist, dass ein Staat mit extremen Sicherheitsvorkehrungen gegen Terroristen den Diebstahl oder das Verschwinden einer solch großen Menge Kriegsmaterial nicht bemerkt haben sollte.»[56]

Der amerikanische Journalist Jonathan Kwitny erwähnte in seinem Artikel «Die geheimen Armeen der CIA in Europa» den österreichischen Gladio-Artikel und schloss daraus, «dass Deutschlands Stay-behind-Programm einen zweiten Skandal erlitten hatte, ähnlich dem von 1952, der jedoch nie publik wurde.» Denn die 1981 entdeckten Waffenverstecke wurden zu einer «militärischen Ausbildung einer Jugendgruppe zurückverfolgt, die vom verhafteten Rechtsextremisten Heinz Lembke geführt wurde. Zu dieser Zeit wurde Lembke als verrückter Extremist charakterisiert, der im Wald heimlich Truppen ausbildete.» Kwitny hatte jedoch realisiert, dass er nicht der Einzige war, der das Lembke-Arsenal mit der BND-Stay-behind in Verbindung brachte, denn auch die österreichische Gladio-Veröffentlichung hatte die Behauptung diskreditiert, dass Lembke nur ein verrückter und selbstständig handelnder Extremist sei. «Der Herausgeber der Gladio-Publikation des österreichischen Verteidigungsministeriums, der General im Ruhestand Franz Freistaetter, sagt, dass er den Artikel, in dem behauptet wird, dass Lembke Stay-behind-Waffenverstecke benutzt habe, um seine Neonazi-Truppen auszubilden, persönlich überprüfte und daran glaubt, obgleich der Autor auf seiner Anonymität bestand.»[57]

Sowohl der Artikel von Kwitny als auch des österreichischen Verteidigungsministerium über Gladio scheinen mit Recht zu behaupten, dass die Lembke-Waffenverstecke ein Teil der deutschen Stay-behind waren. Unter den Dokumenten, die 1952 sichergestellt wurden, als die BDJ-TD-Stay-behind entdeckt wurde, befand sich auch ein Plan des BDJ-TD für den Tag X, den Tag der Invasion. Darauf war ausgeführt, dass die Lüneburger Heide der Treffpunkt der norddeutschen Stay-behind sein sollte, falls es zu einer Invasion kommen sollte: «Bereichsleiter wurden angewiesen herauszufinden, wo Lkws in großer Anzahl geparkt sind. Im Fall von X müssen diese Lkws von Mitgliedern sofort konfisziert werden, falls erforderlich mit Gewalt, die sie dann zu speziellen BDJ-Treffpunkten in Städten und Dörfern fahren müssen», lautete die BDJ-TD-Anordnung. «Von dort aus sollen die Lkws die Mitglieder zum norddeutschen Treffpunkt in der Lüneburger Heide bringen.»[58]

Die Entdeckung der Lembke-Waffenverstecke im Oktober 1981 war in Deutschland ein Skandal für sich. Die Affäre wurde jedoch noch brisanter, als einige Quellen angaben, dass die Arsenale nicht einfach schlafend für einen entfernten Tag einer sowjetischen Invasion ruhten, sondern dass Lembke das Arsenal benutzt haben könnte, um rechtsradikale Freunde auszustatten, die ein Jahr vor der Entdeckung des Arsenals diese tödlichen Waffen bei einem

Terroranschlag in München benutzt hatten. Diese weitreichende Behauptung wurde vom deutschen Journalisten Klaus Harbart erhoben, der glaubt, dass Gladio «das Schwert in der Hand von Rechtsradikalen» war. Harbat berichtet, dass «Spuren des Bombenanschlags auf das Münchner Oktoberfest zum Waldhüter Lembke nach Niedersachsen führen». Harbart ist überzeugt, dass die Bomben und die Strategie der Spannung nicht auf Italien begrenzt waren, sondern bis ins Herz von Deutschland reichten.[59]

Der Bombenanschlag von München ist das größte terroristische Bombenmassaker in Deutschlands Geschichte nach dem Krieg. Um 22.20 Uhr am Abend des 26. September 1980 explodierte eine Bombe mitten auf dem beliebten Münchner Oktoberfest. Wie jedes Jahr hatten sich Zigtausende von Besuchern versammelt, um die schönsten zwei Wochen des Jahres zu feiern. Die Bombe hinterließ eine blutige Spur, 13 Menschen wurden getötet, 213 Menschen verwundet, viele davon schwer. Deutschland und die Stadt München waren schockiert. Die polizeilichen Ermittlungen ergaben, dass deutsche Rechtsextremisten diese Schreckenstat verübt hatten. Die Spur der Bombe führte zu Neonazi-Gruppen, unter denen auch die «Wehrsportgruppe Hoffmann» war. Gundolf Köhler, ein 21-jähriger Rechtsextremist und Mitglied der Wehrsportgruppe Hoffmann, hatte nach den polizeilichen Ermittlungen die Münchner Bombe gelegt. Experten erklärten, dass die Bombe, die aus speziell präparierten Handgranaten in einem Feuerlöscher bestand, mit bemerkenswertem Expertenwissen gebaut wurde, und Zweifel kamen auf, ob Köhler eine solche Bombe selbst gebaut haben könne. Köhler konnte nicht befragt werden, denn er wurde selbst von der Bombe zerfetzt und war eines der 13 Todesopfer.

Ignaz Platzer, der an diesem schicksalhaften Tag das Oktoberfest besuchte und bei diesem Anschlag seine zwei Kinder verlor, sagte 1996 der deutschen Tageszeitung *Die Süddeutsche,* dass der Hintergrund des rechtsextremen Netzwerks, das für diesen Terroranschlag verantwortlich war, niemals untersucht wurde. «Sie haben nun seit Jahren die Wiederaufnahme des Ermittlungsverfahrens verlangt. Glauben Sie nicht, dass Gundolf Köhler der Täter war?», fragte der Journalist Platzer. «Nein, zu viele Anzeichen sprechen dagegen. Weshalb sollte jemand, der so etwas plant, einen Ausweis mit sich tragen, anhand dessen er sofort identifiziert werden konnte? Zumindest war er nicht allein», antwortete der Vater der Opfer. «Ich habe lange Zeit gekämpft, um zu erfahren, wer es wirklich war oder wer die Leute waren, die dahintersteckten. Ich musste jedoch lernen, dass ich auf diese Frage niemals eine ehrliche Antwort bekommen werde.» Worauf der Journalist nachfragte: «Sie haben aufgehört, eine Aufklärung zu fordern?» Worauf Platzer den Schluss zog: «Ich habe angefangen zu verstehen, dass man nur in Schwierigkeiten kommt, wenn man beharrlich bleibt.»[60]

Einige der Schwierigkeiten könnten aus der Tatsache hergeleitet werden, dass der Münchner Anschlag die Polizei zu Lembkes Waffenverstecken führte, die wiederum zur deutschen Stay-behind-Armee führten und die wiederum zur NATO, der größten militärischen Allianz der Welt und zur stärksten Supermacht der Welt, zu den USA. Selbst wenn die USA, die NATO und der BND nichts mit dem Münchner Terroranschlag zu tun hatten, so würde die Entdeckung einer Geheimarmee, die mit Rechtsextremisten in Verbindung stand, sehr ernsthafte Fragen aufgeworfen haben. Beispielsweise, wie gut die Geheimsoldaten und ihre Waffenlager von den demokratischen deutschen Institutionen kontrolliert wurden.

Bereits einen Tag nach dem Terroranschlag hatte die Polizei, die dieses Verbrechen untersuchte, Informationen erhalten, dass Lembke die Rechtsextremisten versorgt hatte. «Herr Lembke zeigte uns verschiedene Sprengstoffarten, Zünder, Lunten, Plastiksprengstoff und militärischen Sprengstoff», verriet Raymund Hörnle, ein Mitglied der Wehrsportgruppe Hoffmann, der Polizei bei seiner Vernehmung. «Er sagte, er habe viele Waffenverstecke voll mit derartigem Material und dass er eine Menge davon zur Verfügung stellen könne ... Herr Lembke sagte uns, dass er Leute im Gebrauch von Sprengstoffen und explosiven Geräten ausbilde.»[61] Nach den Polizeiprotokollen war Lembke somit nicht nur für die Ausbildung deutscher Gladiatoren zuständig, sondern unterstützte auch deutsche Rechtsterroristen. «Ich habe von Helmut Meyer gehört, dass man von Herrn Lembke Sprengstoff bekommen kann», sagte auch die Rechtextremistin Sibylle Vorderbrügge nach dem Massaker aus. «Lembke zeigte uns verschiedene Sprengstoffe ... Er sagte uns, dass er mehrere Waffenverstecke im Wald habe.»[62]

Trotz dieser Zeugenaussagen durchsuchte die Polizei das Gebiet nicht und grub nicht nach den geheimen Waffenverstecken Lembkes, so dass ein weiteres Jahr verging, bis Waldarbeiter zufällig über das geheime Waffenarsenal der Gladio stolperten und ihre Existenz danach nicht länger geleugnet werden konnte. Doch wiederum wurde die entscheidende Verbindung zwischen dem Münchner Terroranschlag und den Waffenverstecken der Stay-behind nicht weiter verfolgt. Dies trotz der Tatsache, dass Frau Dr. Däubler-Gmelin von der Sozialdemokratischen Partei Deutschlands am 25. November 1981 im nationalen Parlament, dem Bundestag, die brisante Frage gestellt hatte: «Können Sie uns sagen, ob nach der Entdeckung der Waffenverstecke und der Verhaftung von Herrn Lembke neue Erkenntnisse ... über den Bombenanschlag von München gewonnen werden konnten?» Die Frage war gut, aber die Antwort war schlecht. Für die Regierung antwortete Staatssekretär von Schoeler: «Es gibt keine Verbindung.»[63]

Diese Regierungserklärung vertuschte die Gladio-Verbindung, weil die Existenz der Stay-behind-Armee geheim bleiben musste. Sie widersprach auch den Zeugenaussagen der Rechtsextremisten gegenüber der Polizei. Sofort nach der Entdeckung der geheimen Waffenverstecke am 26. Oktober 1981 stürmte die deutsche Polizei Lembkes Haus und sicherte ein Magazin für G3-Gewehre und eine Rolle mit Luntenmaterial für Bomben. Doch schien der Rechtsextremist Lembke selbst unberührbar zu sein, und er wurde nicht festgenommen. Lembke wurde 1937 im ostdeutschen Stralsund geboren und hatte den sogenannten Sozialismus der DDR aus erster Hand kennengelernt. Im Alter von 22 Jahren floh er nach Westdeutschland, wo er sich rechtsextremistischen Kreisen anschloss und bald allseits bekannt wurde. Er wurde Anführer des rechtsextremen «Bund Vaterländischer Jugend» (BVJ), wo er als Chefideologe faschistische Slogans ersann wie etwa diesen: «Ein Kerl, den man aufhängen sollte, ist ein Deutscher, der denkt wie ein Jude.» Ähnlich wie der BDJ, der 1952 verboten wurde, wurde auch diese rechte Allianz 1962 verboten. Doch Lembke verließ den rechtsextremen Weg nicht. 1968 versuchte er als Kandidat der rechten NPD in den Landtag von Niedersachsen zu kommen. Doch gelang es ihm nicht, Politiker zu werden, und er beteiligte sich an gewalttätigen Kämpfen gegen deutsche antifaschistische Aktivisten. Dafür wurde er verurteilt, bis ein übergeordnetes Gericht ihn ganz mysteriös für «nicht schuldig» befand.

Nur wenige Wochen nach der Entdeckung der Waffenverstecke wurde Lembke festgenommen und eingesperrt. Allerdings aus einem anderen Grund. Er wurde beschuldigt, sich gesetzwidrig geweigert zu haben, in einem Verfahren gegen seinen Freund, den rechtsradikalen Anführer der deutschen terroristischen Gruppe «Deutsche Aktionsgruppen» Manfred Roeder, auszusagen. Im Gefängnis änderte Lembke plötzlich seine Meinung, und er erklärte, dass er aussagen werde, sowohl im Fall Roeder als auch zu den Waffenverstecken und zu vielen anderen Angelegenheiten, von denen er wusste. Lembke bestand darauf, dass er nur vor dem Staatsanwalt aussagen werde, der ihn erfolglos im Fall Roeder vernommen hatte. Dem Antrag wurde stattgegeben, und der Ermittler fuhr sofort zu Lembke ins Gefängnis. Dort redete Lembke letztlich doch und enthüllte in allen Einzelheiten alle 33 Waffenverstecke, von denen bis dahin nur einige gefunden worden waren. An diesem Abend sagte Lembke dem Staatsanwalt, dass er ihm am nächsten Tag sagen würde, wer die Waffen und die Sprengstoffe nutzen sollte. Am nächsten Tag, dem 1. November 1981, wurde Lembke an einem Seil hängend in seiner Zelle gefunden.[65]

Der Fall Lembke wurde danach den örtlichen Ermittlern in Niedersachsen entzogen und dem Bundeskriminalamt in Bonn übergeben. Dieses juristisch erstaunliche Vorgehen führte den niedersächsischen Innenminister Möcklinghoff dazu, von einem «kriminellen Trick» zu sprechen.[66] Ein Jahr später, am 3. Dezember 1982, schloss Bonn den Fall Lembke ab, ohne dass eindeutige Ergebnisse über die Verbindung zwischen den geheimen Waffendepots und dem Anschlag von München erzielt wurden, und es wurde entschieden, dass Lemke ein «privater Fall» sei. Die Ermittler behaupteten in ihrem Abschlussbericht, dass «es keine ausreichenden Hinweise gibt, die vermuten lassen, dass Lembke die verfassungsmäßige Ordnung der Bundesrepublik Deutschland durch Sprengstoffanschläge oder Mordtaten erschüttern wollte». Der Abschlussbericht ging nur so weit, einzugestehen, dass Lembke höchstwahrscheinlich eine Invasion aus dem Osten befürchtet habe, gegen die er einen «Partisanenkrieg» führen wollte, und kam zum Schluss, «dass die gefundenen Kampfmittel von ihm über Jahre hinweg gesammelt und vergraben wurden, damit er im Fall einer Invasion, die er befürchtete, Widerstand leisten konnte».[67]

Viele betrachteten dies als eine sehr erstaunliche Folgerung, denn das Gericht fand, «dass von den Aktivitäten Lembkes nicht eine so große Gefahr ausging, wie zuvor befürchtet wurde. Denn diese waren nicht gegen die öffentliche Ordnung im Lande gerichtet.» Gleichzeitig schien das Gericht jedoch die Strategie des Stay-behind verstanden zu haben, als es erklärte, dass Lembke eine «Operation Werwolf» geführt habe. Denn dies war ein Verweis auf die Stay-behind-Netzwerke der Nazis, die Werwolf genannt wurden, weil auch die deutschen Soldaten in vielen Ländern geheime Waffenverstecke zurückließen, als sie am Ende des Zweiten Weltkriegs den Rückzug antraten. Als mythologische Figur in der deutschen Literatur bezeichnet der Werwolf ein menschliches Wesen, das sich in der Nacht in einen tödlichen Wolf verwandelt, der bis zum Morgen Menschen angreift und tötet. Das Gericht fand, dass «der Forstaufseher vielmehr einige Vorbereitungen für den Fall getroffen hat, dass Kommunisten an die Macht kämen, und dann ein «Werwolf» aktiv werden könnte».[68] Da Lembke selbst tot war, konnte er zu diesen Erkenntnissen keine Stellung nehmen. Eine Reihe rechtsgerichteter Freunde Lembkes erhielten bescheidene Strafen. Und aus den gewaltigen Waffenverstecken konnte nur die Herkunft von drei Waffen geklärt werden. Eine Privatfirma, die für die Bundeswehr und die NATO Waffen produzierte, hatte sie geliefert.

Wegen der bestätigten Verbindungen zu Rechtsextremisten und vermuteten Verbindungen zum Terroranschlag in München hatte Deutschland große Schwierigkeiten, als es zur Untersuchung und Klärung seiner Stay-behind-Geschichte kam. Der Parlamentarier Manfred Such aus der Fraktion der Grünen hatte nach der Aufdeckung der Geheimarmeen in ganz Europa am 5. November 1990 an die Regierung von Helmut Kohl eine formelle Anfrage gestellt, welche die vermutete Existenz von Gladio-Strukturen in Deutschland betraf. Der deutsche Regierungssprecher Hans Klein erklärte danach zur Erheiterung und Verwunderung von Parlamentariern und Journalisten, dass «die deutsche Gladio *keine* geheime Kommandotruppe oder Guerilla-Einheit sei, wie behauptet wurde», dass er aber wegen der strengen Geheimhaltungspflicht nicht auf Einzelheiten eingehen könne.[69] Kleins Statement verursachte bei den oppositionellen Sozialdemokraten und Grünen einen Aufschrei. Der Parlamentarier Hermann Scheer, Verteidigungsexperte der SPD, kritisierte, dass dieses mysteriöse rechte Netzwerk sehr wohl eine Art von «Ku-Klux-Klan» sein könnte, das eher für Aktionen gegen die Demokratie in Friedenszeiten gedacht war als für eine eher unwahrscheinliche Invasion der Sowjets. Um die Tatsachen herauszufinden, beantragte Scheer eine sofortige und gründliche juristische Anfrage auf höchster Ebene zur Schattenarmee der NATO durch den Generalbundesanwalt, «weil die Existenz einer bewaffneten militärischen Geheimorganisation außerhalb jeglicher Kontrolle durch Regierung oder Parlament mit der Verfassung nicht vereinbar ist und deshalb nach dem Strafrecht verfolgt werden muss».[70] Scheer betonte, dass die Ermittlungen schon sehr bald begonnen werden müssen, «um zu vermeiden, dass Vertuschungen die Spuren verwischen».[71]

Der Ruf der deutschen Sozialdemokraten nach einer vollständigen Untersuchung von Gladio löste sich plötzlich in Luft auf, als herauskam, dass ihre Minister, während sie im Amt waren, auch an der Verschwörung beteiligt waren. Als die deutschen Sozialdemokraten kurz vor den anstehenden Wahlen im Dezember 1990 aus taktischen Gründen vor weiteren Untersuchungen der Stay-behind zurückschreckten, drängte nur noch die 1980 gegründete Grüne Partei auf eine ordentliche Untersuchung und Klärung, weil sie nicht belangt werden konnte, da sie bis zu diesem Zeitpunkt noch nie Regierungsverantwortung getragen hatte. Die Forderung der Grünen Partei, über die Stay-behind-Affäre offen im Parlament zu diskutieren, wurde jedoch von der Allianz der Konservativen und den Sozialdemokraten, der CDU/CSU, FDP und SPD, abgelehnt, die einen gewaltigen Skandal befürchteten. Die Debatte wurde in eine Sitzung verlegt, die am 22. November 1990 hinter verschlossenen Türen in der geheim tagenden Parlamentarischen Kontrollkommission (PKK) stattfand. Hier informierte Volker Foertsch, der letzte Stay-behind-Direktor des BND, die Parlamentarier, dass die geheime Einheit aufgelöst würde. Die Grüne Partei hatte kein Mitglied in dieser wichtigen Kommission und beklagte sich, dass die PKK, die den deutschen Geheimdienst BND überwachte, eine Gruppe war, die bekannt dafür war, «dass sie öfter etwas vertuscht, als dass sie etwas aufklärt».[72] Als Journalisten versuchten, von Eberhard Blum, Gehlens persönlichem Assistenten und Direktor des BND von 1983 bis 1985, mehr Informationen zu bekommen, erklärte dieser: «Gladio? So etwas hat es in Deutschland nie gegeben.»[73]

Die Grüne Partei war nicht bereit, diese Niederlage hinzunehmen, und stellte eine formelle Anfrage an die Regierung. «Ende Oktober bestätigte der jetzt amtierende italienische Ministerpräsident Giulio Andreotti vor dem Parlament einen Bericht über die Existenz eines geheimen NATO-Dienstes mit dem Decknamen Gladio», begann die Anfrage, und dann wurde konkret gefragt: «Wurde ein derartiger, mit der NATO in Verbindung stehender übernationaler Geheimdienst auch in Deutschland aktiv?» Dr. Lutz Stavenhagen, Staatsminister in der Regierung Helmut Kohl und Verantwortlicher für den Geheimdienst BND, beantwortete diese Frage schlicht und ergreifend mit der Lüge: «Nein.» Außerdem wollten die Abgeordneten der Grünen wissen: «Welche Vereinbarungen mit welchem Inhalt hat die deutsche Regierung beim Eintritt in die NATO, oder später, genau abgeschlossen, die derartige Aktivitäten solcher Dienste ermöglichen würden?» Stavenhagen blieb seiner Linie treu und behauptete: «Die deutsche Regierung hat derartige Vereinbarungen nicht getroffen.» Die Parlamentarier fragten weiter: «In welchen genauen Beziehungen zur NATO stand oder steht dieser Nachrichtendienst, der in der Bundesrepublik Deutschland und/oder anderen NATO-Staaten aktiv war?» Worauf Stavenhagen antwortete: «Wegen der Antwort auf die erste Frage ist diese Frage gegenstandslos.» Letztlich fragte die Grüne Partei: «Ist die Regierung bereit, die Fragenden aus eigener Initiative genauer zu informieren, sobald für die Bundesrepublik Deutschland relevante Informationen in diesem Zusammenhang zur Verfügung stehen? Und für den Fall, dass die Regierung dazu nicht bereit ist, weshalb nicht?» Darauf entgegnete Stavenhagen: «Diese Frage kann nur beantwortet werden, wenn solche Dokumente verfügbar sind. Denn die Antwort hängt von den Bedingungen ab, unter denen solche Dokumente verfügbar werden.»[74]

Die Grünen Abgeordneten waren verärgert, konnten aber nichts unternehmen. Die Regierung von Bundeskanzler Helmut Kohl von der Christlich Demokratischen Union (CDU), die seit 1982 im Amt war, hatte entschieden, eine Reihe von Lügen anzubieten, um ihre Position bei den ersten Wahlen im vereinten Deutschland nicht zu gefährden, die am 2. Dezember 1990 abgehalten wurden. Erst ein Tag nach den Wahlen, die zu einem Sieg für Kohl geführt hatten, am Montag, dem 3. Dezember 1990, schickte Lutz Stavenhagen schnell ein vierseitiges Fax über die deutsche Stay-behind mit dem Titel «Bericht der Bundesregierung über die Stay-behind-Organisation des BND» an die Medien, in dem er im Gegensatz zu seinen früheren Erklärungen bestätigte, dass auch in Deutschland eine geheime, mit der NATO in Verbindung stehende Stay-behind existiert habe: «Die Einheiten der von den alliierten Geheimdiensten auf deutschem Territorium bis 1955 aufgebauten Nachrichtenbeschaffungs- und Schleusungsorganisation wurden 1956 vom BND übernommen.» Die Regierung bestätigte zudem, dass die Geheimarmee immer noch aktiv sei: «Im Augenblick arbeiten 104 Personen im Zusammenhang mit der Stay-behind mit dem BND zusammen.» Der Bericht hielt zudem fest, dass die Parlamentarische Kontrollkommission (PKK), die mit der Kontrolle des BND beauftragt ist, über die relevanten Einzelheiten am 22. November informiert worden war, und kam zur Schlussfolgerung: «Infolge der weltpolitischen Veränderungen hatte der BND bereits im Sommer 1990 vorgesehen, die Stay-behind-Organisation aufzulösen. Nach Vereinbarungen mit den Verbündeten wird die Auflösung bis zum April 1991 vollzogen.»[75]

Während der BND der Öffentlichkeit versicherte, dass die Geheimarmee aufgelöst worden sei und dass keine geheimen Waffenverstecke im Land existierten, kam dieses Thema am 17. August 1995 noch einmal auf. An diesem Tag führte Peter Naumann, ein 43-jähriger Chemiker und Experte im Bombenbau, die überraschte Polizei vor laufenden Kameras zu insgesamt 13 Waffenverstecken, die er nach eigenen Aussagen während der letzten 17 Jahre in Niedersachsen und Hessen errichtet hat. Die Arsenale enthielten Waffen, Munition und etwa 200 Kilogramm Sprengstoff. Interessant jedoch ist, dass Naumann ein Freund von Lembke war und der Polizei bestätigte, dass die meisten seiner Waffen aus Lembkes Waffenversteck übernommen wurden.[76]

Es ist überraschend, dass es trotz der bestätigten Verbindungen zu Rechtsterroristen keine parlamentarische Untersuchung der deutschen Geheimarmee gab, geschweige denn einen detaillierten öffentlichen Bericht. «Was die demokratische Transparenz anbelangt, liegt Deutschland in Europa derzeit an letzter Stelle», folgerte der Enthüllungsjournalist Leo Müller in seinem kurzen Buch über Gladio.[77] Andere Enthüllungsjournalisten, die über die Gladio-Geschichte in Deutschland berichtet haben, wie Ulrich Stoll von der öffentlich-rechtlichen Fernsehanstalt ZDF, glauben, dass diese Affären noch lange nicht vorüber sind. Als Stoll Ende 2002 Stasi-Berichte über die Stay-behind erhielt, deren Geheimhaltung aufgehoben wurde, folgerte er, dass «die Recherchen über Gladio fortgesetzt werden müssen».[78]

16

Der geheime Krieg in Griechenland

Unter Benito Mussolinis faschistischem Regime hatten italienische Truppen 1940 im Zweiten Weltkrieg Griechenland angegriffen, stießen aber auf massiven Widerstand der griechischen Bevölkerung und wurden besiegt. Hitler, der die Niederlage Mussolinis mit Unmut verfolgt hatte, schickte 1941 deutschen Truppen, die das Land eroberten und es unter die Kontrolle der Achsen-Mächte brachten. Die Griechen organisierten noch einmal eine gewaltige Widerstandsoperation, und während des gesamten Krieges hatten die deutschen Truppen große Schwierigkeiten, das Land unter Kontrolle zu behalten. Wie in Italien und in Frankreich wurde auch in Griechenland die stärkste Widerstandsbewegung von den Kommunisten dominiert. ELAS, die Volksbefreiungsarmee, wurde auf Initiative der griechischen kommunistischen Partei KKE einige Monate nach der deutschen Invasion gegründet. Deren Partisanen reichten aber quer durch das politische Spektrum, und viele Frauen, Priester und sogar einige Erzbischöfe kämpften in ihren Reihen. EAM, der politische Flügel der Volksbefreiungsarmee, wurde ebenfalls von den Kommunisten dominiert. Von sieben Millionen Einwohnern waren bis zu zwei Millionen Mitglied der EAM, während 50 000 Griechen aktiv in den Reihen der ELAS-Armee kämpften.

ELAS war der Dorn im Fleisch der Nazis und rang den deutschen Besatzern das Land buchstäblich wieder aus der Hand. Bei seinen Operationen wurde die ELAS durch die britische Geheimarmee SOE unterstützt, deren Offiziere ELAS auf dem Boden berieten und sie mit Waffen und Munition versorgten. Viele persönliche Freundschaften entwickelten sich zwischen den ELAS-Widerstandskämpfern und den britischen Verbindungsoffizieren. Doch die Waffenbrüder wurden unvermittelt getrennt, als der englische Premierminister Winston Churchill im März 1943 entschied, alle Unterstützung für ELAS einzustellen, weil er befürchtete, dass Griechenland nach der Niederlage der

Achsenmächte unter kommunistische Kontrolle geraten könnte. Heimlich schickte Churchill seinen Außenminister Anthony Eden im Oktober 1943 zu Stalin, um die Aufteilung des Balkans zu besprechen. Das Abkommen, das auf Jalta zementiert wurde, gewährte Großbritannien und den USA freie Hand in Griechenland, während Bulgarien und Rumänien unter den Einfluss der Sowjetunion fallen sollten.

Um die Macht der griechischen Kommunisten und Sozialisten zu minimieren, plante London, nach dem Krieg den griechischen König zusammen mit einer rechtsgerichteten Regierung wieder einzusetzen. Die entscheidende Anweisung des britischen Außenministeriums vom 20. März 1943, welche die Wende signalisierte, betonte, dass die «SOE sich immer solchen Gruppen zuwenden sollte, die bereit waren, den griechischen König und die Regierung zu unterstützen, aber auch Druck ausüben sollte auf solche Gruppen, die möglicherweise gegen die Monarchie waren, und diesen klar machen, dass der griechische König und die Regierung die volle Unterstützung der englischen Regierung und ihrer Majestät genießen würden».[1] Doch der König war unter vielen Griechen überhaupt nicht beliebt, weil er mit dem faschistischen Diktator Metaxas kooperiert hatte. Angeregt durch Mussolini und Hitler hatte Metaxas während seiner Regierungszeit Ende der 30er-Jahre den faschistischen Gruß eingeführt, den steif ausgestreckten rechten Arm, aber auch eine brutale Geheimpolizei. Doch London blieb dabei und forderte eine konservative Politik, und im Oktober 1943 zog man im Außenministerium sogar eine «Politik in Betracht, die EAM mit allen in unserer Macht stehenden Mitteln anzugreifen und zu schwächen» – ein Konzept, das jedoch aufgeschoben wurde, denn es war «wahrscheinlich, dass damit militärische Vorteile geopfert und die eigenen Absichten gefährdet werden könnten, wenn die EAM [dadurch] politisch gestärkt würde».[2]

Die Wende der Briten war für ELAS schockierend, und die Schwierigkeiten nahmen zu, als ehemalige Nazi-Kollaborateure und rechtsgerichtete Spezialeinheiten, wie beispielsweise die faschistischen X-Bands des zypriotischen Soldaten George Grivas, mit britischer Unterstützung anfingen, ELAS-Widerstandskämpfer zu jagen und zu töten. Churchill, der die Schlacht aus der Ferne beobachtete, bemerkte jedoch, dass die X-Bands wegen der völlig fehlenden Unterstützung durch die Bevölkerung nie mehr als 600 Griechen zählten und ELAS die stärkste Guerilla des Landes blieb. In diesem Zusammenhang entschied er 1944, dass etwas getan werden müsse, um zu verhindern, dass die griechischen Kommunisten in Machtpositionen gelangen. Deshalb ordnete

Churchill an, dass eine neue griechische rechtsgerichtete Geheimarmee aufgestellt werden muss, worauf, wie der Journalist Peter Murtagh berichtet, eine «neue griechische Armee eingerichtet wurde, die verschiedentlich Greek Mountain Brigade [Griechische Gebirgsjäger], Hellenic Raiding Force [Hellenische Überfalltruppe] oder LOK, das griechische Akronym für Lochos Oreinon Katadromon, genannt wurde». Da ihr Ziel die Kommunisten und die Sozialisten waren, schloss die Einheit «fast alle Männer aus, deren Ansichten von moderat konservativ bis linksgerichtet reichten. Unter britischer militärischer Überwachung und auf Churchills ausdrücklichen Befehl wurde die Einheit mit Royalisten und Anti-Republikanern besetzt.»[3]

Feldmarschall Alexander Papagos wurde der erste Kommandeur der Hellenic Raiding Force. Mit britischer Unterstützung rekrutierte er Rechtsextreme für sein Netzwerk und kämpfte gegen ELAS.[4] Da ELAS sowohl gegen die deutschen Nazi-Besetzer als auch gegen die von den Briten gesponserte Hellenic Raiding Force kämpfte, befürchtete Churchill ein PR-Desaster, sollte die britische Öffentlichkeit erfahren, dass London heimlich die Faschisten gegen die griechischen Kommunisten unterstützte. Im August 1944 wies er deshalb die BBC an, «jegliches Verdienst irgendeiner Art» von ELAS unerwähnt zu lassen, wenn über die Befreiung von Griechenland berichtet wird.[5] Doch nur wenige Wochen später sicherte ELAS den Sieg über die deutschen Besatzer, und Hitler war gezwungen, seine Truppen auch aus Griechenland abzuziehen. Churchill forderte sofort, dass die Widerstandsbewegung die Waffen niederlegen müsse, eine Anweisung, der ELAS bereit war zu folgen, wenn dies auch für den einzigen verbliebenen Gegner auf dem Feld gelte, nämlich für die von den Briten gesponserte Hellenic Raiding Force.

Da sich Großbritannien aber weigerte, die rechtsgerichtete Geheimarmee zu entwaffnen, fand am 3. Dezember 1944 in Athen eine große demokratische Demonstration gegen die britische Einmischung in die Nachkriegsregierung von Griechenland statt, die von der EAM organisiert wurde, gerade einmal sechs Wochen nachdem die deutschen Besatzungstruppen aus dem Land getrieben worden waren. Die Organisatoren der Demonstration hatten deutlich gemacht, dass die Griechen gegen die Briten mit friedlichen Mitteln kämpfen wollten, indem sie die Demonstration zum Auftakt eines Generalstreiks erklärten. Kurz nach elf Uhr am Morgen dieses Tages ging eine Gruppe von 200 bis 600 griechischen Demonstranten auf den Syntagma-Platz in Athen, den Hauptplatz vor dem griechischen Parlament. Diese kleine Gruppe, worunter sich auch Frauen und Kinder in einer fröhlichen Stimmung befanden, war Teil einer größeren Gruppe von etwa 60 000 Teilnehmern, die aber durch eine Blockade der Polizei aufgehalten wurde. Als die kleine Gruppe auf den Platz schlenderte, traf sie auf eine Reihe bewaffneter Männer, eine zusammengewürfelte komische Mischung aus Polizisten und Gangstern, unter denen wahrscheinlich auch Männer der Hellenic Raiding Force waren. Britische Truppen und Polizisten mit Maschinengewehren waren auf Hausdächern positioniert. Die Atmosphäre war gespannt.

Plötzlich und ohne Vorwarnung wurde aus der friedlichen Demonstration ein Massaker. Es ertönte das Kommando: «Schießt auf die Bastarde!» Und ein Kugelhagel traf die unbewaffneten Demonstranten, die in alle Richtungen flüchteten. Angeblich ging das Massaker etwa eine Stunde lang weiter. 25 Demonstranten verloren dabei ihr Leben, darunter auch ein sechsjähriger Junge, 148 Personen wurden verwundet. Kurz nach dem Morden traf die Hauptgruppe der Demonstranten ein. Auf eine bemerkenswerte Art beherrscht machten die 60 000 Demonstranten trotz ihrer Bestürzung einen friedlichen und ernsthaften Rundgang zwischen den Leichen und ihren Mitdemonstranten. Transparente, auf denen stand, dass die Briten sich aus den Angelegenheiten der Griechen heraushalten sollten, wurden in das Blut der Getöteten getaucht. Viele trugen amerikanische und griechische Flaggen. Einige trugen die rote Fahne der Sozialisten. Nur sehr wenige trugen den Union Jack von Großbritannien. In London sah sich Churchill einem verärgerten House of Commons gegenüber, das von ihm eine Erklärung für dieses barbarische Vorgehen verlangte. Zwar gestand er ein, dass dies eine «schockierende Sache» gewesen sei, doch betonte Churchill, dass es ebenso dumm sei, so viele unbewaffnete Kinder zu einer Demonstration mitzunehmen, während die ganze Stadt voller bewaffneter Männer war. Die Rolle der geheimen rechtsgerichteten Armee im Syntagma-Massaker wurde nicht untersucht.[6]

Nach dieser Machtdemonstration setzten die Briten den König wieder ein, und ELAS übergab den Briten die Waffen gegen das Versprechen demokratischer Wahlen, die im März 1946 abgehalten wurden. Da die griechische kommunistische Partei und das linke Zentrum wegen der britischen Besetzung des Landes unklugerweise die Wahlen boykottierten, ging die Rechte erfolgreich aus den Wahlen hervor. Eine Folge schwacher britischer Marionetten-Regierungen mit konservativen und rechten Tendenzen folgte. Davon überzeugt, dass die Griechen unter die Kontrolle des brutalen sowjetischen

Diktators Stalin fallen würden, wenn die griechische Linke an die Macht käme, nahm die Regierung weiterhin Mitglieder der EAM fest, von denen viele in berüchtigten Gefangenenlagern auf den Inseln gefoltert wurden.

1945 feierten die meisten Länder der Welt das Ende des Zweiten Weltkriegs, und – damit sich eine derartige Tragödie nicht noch einmal wiederholt – die Vereinten Nationen wurden gegründet. Griechenland blieb jedoch ein Schlachtfeld, und schon ein Jahr nach dem Zweiten Weltkrieg begann der Kalte Krieg. Als der Unmut der griechischen Linken wuchs, bewaffnete sich ein Teil davon und verschanzte sich in den Bergen. Im Herbst 1946 begann ein Bürgerkrieg gegen die Briten und die einheimische Rechte. England, vom Zweiten Weltkrieg noch erschöpft, konnte das Land nicht länger kontrollieren und bat 1947 die USA um Hilfe. Der CIA-Experte William Blum berichtet, dass «die Beamten in Washington sehr wohl wussten, dass die neue Regierung, die sie ‹als Kunden› hatten, bestechlich war und die Menschenrechte missachtete, so dass sogar ausgemachte amerikanische Anti-Kommunisten entsetzt waren».[7] Als jedoch das kommunistische Jugoslawien die griechische Linke mit Waffen unterstützte und das Land «rot» zu werden drohte, konnte Präsident Truman im März 1947 mit seiner berühmten «Truman-Doktrin» den US-Kongress überzeugen, in Griechenland einzugreifen. Griechenland war das erste Land, in das die Vereinigten Staaten während des Kalten Krieges mit ihren Truppen eindrangen, entsprechend ihrer Strategie, den Kommunismus weltweit zu bekämpfen. In den folgenden Jahrzehnten weiteten die USA diesen globalen Kampf gegen den Kommunismus auf verdeckte oder offene Invasionen aus, z.B. in Korea, Guatemala, Iran, Kuba, Vietnam, Kambodscha, Nicaragua, Panama.

Mit ein paar ideologischen Zaubertricks bezeichnete Truman das korrupte und rechtslastige Regime in Athen plötzlich als «demokratisch» und tat deren Opposition als «Terroristen» ab, als amerikanische Streitkräfte mit schwerem militärischem Geschütz in Griechenland landeten. Die linken Partisanen, die etwa 20 000 Männer und Frauen zählten, waren in den Bergen verstreut und standen einer sechsfachen Überzahl gegenüber, nachdem sich die amerikanischen Spezialtruppen mit den Hellenic Raiding Forces und anderen Einheiten der griechischen Rechten vereint hatten. Als Stalin bemerkte, dass der Bürgerkrieg in Griechenland zu einer Konfrontation der Supermächte führen könnte, wurde Jugoslawien 1948 aus dem Sowjet-Block ausgeschlossen, wodurch der Waffennachschub für die griechischen Partisanen ausblieb. Deren

Situation wurde geradezu hoffnungslos, als die Hellenic Raiding Force, die unter amerikanischem Kommando operierte, hervorragend ausgerüstet wurde und an Stärke gewann. Die Vereinigten Staaten begannen heimlich die «Operation Torch» und verwendeten chemische Kampfmittel, um die griechischen Partisanen zu besiegen, und schütteten Tausende von Litern Napalm auf Griechenland. Ende 1948 brach der griechische Widerstand, der auf eigenem Boden die deutschen Nazis und die britischen Truppen besiegt hatte, zusammen. «Das Ende des Bürgerkriegs bedeutete den totalen Sieg der griechischen Rechten und ihrer Schutzherren, den Vereinigten Staaten.»[8]

Die geheime antikommunistische Armee Hellenic Raiding Force wurde auch nach dem Sieg der Amerikaner und der griechischen Rechten nicht aufgelöst, sondern blieb aktiv, um die griechische Opposition zu kontrollieren. 1952 trat Griechenland der NATO bei, und bis dahin «wurde es zu einem äußerst zuverlässigen Verbündeten der Vereinigten Staaten geformt. Es war standhaft antikommunistisch und gut in das System der NATO integriert.»[9] Heimlich kooperierten die CIA und die griechische Armee, die zusammen die Hellenic Raiding Force unter Feldmarschall Alexander Papagos unterhielten, indem sie diese ausbildeten und ausrüsteten. Die geheime antikommunistische Armee war ein höchst wertvolles Gut zur politischen Beeinflussung der Situation im Land. Die heimliche Zusammenarbeit zwischen dem amerikanischen Geheimdienst, dem griechischen Militär und der griechischen Regierung wurde wiederholt durch geheime Dokumente bestätigt, von deren Existenz die griechische Öffentlichkeit erst während der Gladio-Entdeckungen von 1990 erfuhr. Darunter war ein Dokument über die griechische Geheimarmee mit dem Datum vom 25. März 1955, das für die CIA vom amerikanischen General Trascott, dem Stabschef des griechischen Militärs Konstantin Dovos und auch vom griechischen Premierminister Alexander Papagos unterzeichnet wurde.[10] Die beteiligten Parteien bestätigten die Vereinbarung über die griechische Geheimarmee am 3. Mai 1960.[11]

Gemäß Murtagh war der Betrieb der Hellenic Raiding Force ein großes Projekt der CIA in Griechenland. «Mitte der 50er-Jahre half die CIA dabei, die Truppe zu versorgen und auszurüsten, und gestaltete sie nach dem Vorbild der schon bestehenden Eliteeinheiten der amerikanischen Truppen, der britisch-amerikanischen Delta Force und Englands SAS-Spezialeinheiten. Unter der Leitung der CIA wurden Angehörige der Raiding Force mit grünen Berets ausgestattet, lange bevor die eigenen Green Berets der amerikanischen Armee gegründet wurden.» Wie in allen westeuropäischen Ländern blieben die Kontakte zu den britischen und amerikanischen Spezialtruppen sehr herzlich. Griechische Offiziere waren sehr stolz, dass sie für diese Spezialeinheit ausgewählt wurden, nachdem sie im Ausland eine Spezialausbildung erhalten hatten. Murtagh berichtet ganz richtig, dass die griechische Geheimarmee durch die CIA auch mit der NATO in Verbindung stand und somit auch mit der Stay-behind-Zentrale ACC in Brüssel. «Die Raiding Force verdoppelte sich, als der griechische Zweig des heimlichen paneuropäischen Netzwerks in den 50er-Jahren von der NATO und der CIA aufgebaut wurde, das vom Allied Coordination Center des NATO-Hauptquartiers in Brüssel kontrolliert wurde.» Außer für inländische Kontrollaufgaben wurde die Hellenic Raiding Force auch für die klassischen Stay-behind-Aufgaben ausgebildet. «Die Vorstellung hinter dem Netzwerk war, dass es als Stay-behind-Truppe nach einer sowjetischen Invasion in Europa agieren würde. Es würde Guerilla-Aktivitäten zwischen den sowjetisch besetzten Ländern koordinieren und die Verbindung zu Regierungen im Exil herstellen. Die Beteiligten wären Mitglieder der Geheimpolizei, der Geheimdienste und zivile Freiwillige der eroberten Staaten. Der griechische Zweig des Netzwerks war auch als Operation Sheepskin bekannt.»[12] Da die Raiding Force oder LOK bereits 1944 von den Briten gegründet wurde, ist sie damit vermutlich die älteste Stay-behind-Armee Europas.

Die Existenz der Geheimarmee wurde vom ehemaligen CIA-Agenten Philip Agee bereits in seinem Buch «Dirty Work: The CIA in Western Europe» aufgedeckt, wofür er von der CIA und dem Pentagon heftig kritisiert wurde. Agee, der für die CIA in den 50er-Jahren in Lateinamerika tätig war, verließ den Geheimdienst 1969 aus moralischen Gründen und kritisierte danach öffentlich die terroristischen Operationen und die Menschenrechtsverletzungen der CIA in vielen Ländern und gab sowohl Operationen als auch Namen aktiver CIA-Agenten preis. Jahre bevor die geheimen Gladio-Armeen in Italien entdeckt wurden, enthüllte Agee, dass «paramilitärische Gruppen unter der Leitung von CIA-Offizieren in den 60er-Jahren in ganz Europa agiert haben». Er betonte, dass «vielleicht keine Aktivität der CIA so leicht mit der Möglichkeit interner Subversion in Verbindung gebracht werden könnte wie die Operationen der Geheimarmeen in Europa».[13]

Was Griechenland betraf, hatte die CIA nach Agee eine entscheidende Rolle gespielt. Ein griechisch-amerikanischer CIA-Agent rekrutierte mehrere

Gruppen griechischer Bürger für, wie die CIA es nannte, «eine Kerngruppe, die eine Armee von Bürgern gegen die Bedrohung linker Staatsstreiche sammeln sollte.» Jede der verschiedenen Gruppen war so ausgebildet und ausgerüstet, dass sie als autonome Guerilla-Einheit agieren konnte. Jede Gruppe war in der Lage, mit minimaler Leitung von außerhalb oder auch ohne diese, den Guerillakampf zu beginnen. Die Kontrolle der Geheimarmee blieb bei der CIA und griechischen Offizieren, denen die Amerikaner vertrauten. Die Mitglieder jeder Gruppe wurden von der CIA für militärische Vorgehensweisen ausgebildet. Soweit man feststellen kann, wurden die meisten paramilitärischen Gruppen in zwei Ausbildungslagern trainiert: eines in der Nähe von Volos und das zweite auf dem Berg Olympos. Nach den einführenden Ausbildungsabschnitten übten diese Gruppen in entlegenen Gebieten in Pindos und den Bergen in der Nähe von Florina. Wie bei allen Geheimarmeen in Westeuropa, die von der CIA geleitet wurden, wurden die Einheiten mit leichten Waffen ausgerüstet, die in Waffenverstecken verborgen waren. «Diese Guerilla-Gruppen waren mit automatischen Waffen, aber auch mit kleinen Minenwerfern für die Berge ausgerüstet. Die Waffen wurden an verschiedenen Orten aufbewahrt. Der größte Teil der militärischen Vorräte war im Boden und in Höhlen versteckt. Jedes Mitglied dieser paramilitärischen Gruppen wusste, wo diese versteckten Waffen verborgen waren, damit sie sich ohne Befehle an einem bestimmten Ort mobilisieren konnten.»[14]

Wegen der Beteiligung so vieler Personen musste das Need-to-know-Prinzip auf mehrere Gruppen ausgeweitet werden, was es wiederum sehr schwierig machte, die Armee und ihre Verbindungen zur CIA streng geheim zu halten. «Ständig entwickelten sich Probleme mit der Geheimhaltung dieses Projekts. Ein CIA-Offizier nannte es einen Albtraum», beschrieb es Agee und hob hervor: «Die paramilitärische Gruppe wurde, soweit man weiß, nie aufgelöst. In den Augen ranghoher CIA-Beamter waren die Gruppen unter der Leitung des paramilitärischen Zweigs eine langfristige ‹Versicherung› für die Interessen der Vereinigten Staaten in Griechenland, die man als Hilfe oder zur Leitung eines Sturzes einer schlecht führbaren griechischen Regierung nutzen konnte. Schlecht führbar natürlich im Sinne von amerikanischen Manipulationen.»[15] Die CIA investierte Millionen in die geheime griechische Armee und baute einen ganzen Komplex von Hütten und Ausbildungszentren in der Nähe des Berges Olymp im östlichen Mittelgriechenland, wo die Angehörigen der Hellenic Raiding Force von CIA-Ausbildern in einer Reihe von Fertigkeiten unterrichtet wurden, unter anderem im Skifahren, im Fallschirmspringen und im Flaschentauchen.[16] Ungefähr 800 geheime Waffenverstecke wurden im ganzen Land eingerichtet, während die Geheimarmee angeblich ungefähr 1500 Offiziere zählte, die 2000 weitere rekrutieren mussten, um der Hellenic Raiding Force einen Kern von 3500 Elitesoldaten zu verschaffen.[17]

Der von Agee erwähnte griechisch-amerikanische CIA-Agent, der beim Aufbau und Betrieb der geheimen griechischen Armee eine zentrale Rolle gespielt hatte, war Thomas Karamessines. Wie viele seiner Kollegen von der CIA hatte auch Karamessines während des Zweiten Weltkriegs im amerikanischen Office of Strategic Services (OSS) der amerikanischen Geheimdienste gedient. Wegen seiner festen antikommunistischen Überzeugungen und seiner griechischen Herkunft wurde er im Januar 1946 als Militärattaché getarnt an die amerikanische Botschaft in Griechenland versetzt. Während des Bürgerkriegs baute er Kontakte zu britischen und griechischen Sicherheitsbeamten und auch zu Angehörigen der Hellenic Raiding Force auf. Nachdem 1947 die CIA gegründet war, um den OSS zu ersetzen, baute Karamessines das griechische Hauptquartier der CIA auf, das auf der fünften Etage des blassen monolithischen Tamiongebäudes unweit des Syntagmaplatzes lag. Innerhalb weniger Jahre beschäftigte die CIA-Niederlassung mehr als 100 Vollzeitagenten, von denen die meisten, wie Karamessines selbst, ebenfalls Amerikaner griechischer Herkunft waren. So wurde Athen zur Drehscheibe aller Aktivitäten der CIA auf dem Balkan und im Mittleren Osten bis hin zum Iran.

Karamessines war an der geheimen Kriegsführung und den antikommunistischen CIA-Armeen direkt beteiligt, bis er 1958 nach Rom versetzt wurde, wo er als Chef der Niederlassung die italienische Gladio und den Kampf gegen die italienischen Kommunisten kontrollierte. 1962 war Karamessines gezwungen, Rom zu verlassen, da er im Mittelpunkt der Gerüchte stand, er sei an dem nicht aufgeklärten Tod des italienischen Industriellen und ENI-Chefs Enrico Mattei beteiligt gewesen. Zurück in den Vereinigten Staaten wurde der Kalte Krieger Karamessines Chef der verdeckten Aktionen bei der CIA und zum stellvertretenden Direktor der Planung befördert. Auch in den USA setzte Karamessiness seinen geheimen Krieg fort, und nach dem Attentat auf Präsident Kennedy im Jahr 1963 wurde er beschuldigt, Spuren verwischt und sensible Dokumente zerstört zu haben.

Karamessines sorgte dafür, dass die CIA den griechischen militärischen Geheimdienst KYP nicht nur finanzierte, sondern auch kontrollierte, und dies trotz der Tatsache, dass dieser wiederholt in Folterungen verwickelt war. «Bei übereinstimmenden Zielen und Absichten, und natürlich mit unserem Geld, war es für ihn einfach, mit ihnen zu arbeiten», erinnerte sich später ein ehemaliger Agent, der in Griechenland stationiert war. «Der KYP war sehr gut, wenn es darum ging, griechische Kommunisten auszuquetschen, aber auch solche Personen, die mit den Sowjets flirteten.»[18] Der KYP unterhielt Horchposten, die auf den bulgarischen und den russischen Funkverkehr gerichtet waren, und schickte die Tonbänder in die Vereinigten Staaten, wo sie vom US-Geheimdienst NSA decodiert wurden. Die Beobachtung der griechischen Opposition und der CIA ergab 15 Tonnen Informationen und 16,5 Millionen einzelne Akten über Griechen, die als Bedrohung für den Staat angesehen wurden. Als die Lagerung der Papiere zu einem Problem wurde, stellte die CIA dem KYP ein Computersystem zur Verfügung. Was rückblickend wie eine Ironie der Geschichte betrachtet werden kann, ist, dass die erste Demokratie der Neuzeit, nämlich die USA, die erste Demokratie des Altertums, nämlich Griechenland, mit den ersten Computern ausstattete, um die Bevölkerung zu kontrollieren. Der Chef des KYP war von der neuen Maschine sehr begeistert und lud die Presse ein, sie zu besichtigen. Als er neben der ziemlich großen und schweren Computeranlage stand, prahlte er: «In Griechenland können Sie nun friedlich schlafen, weil diese wunderbare Errungenschaft der amerikanischen Wissenschaft niemals schläft», worauf er, um die Qualität des Systems zu demonstrieren, den Knopf für «Staatsfeinde» drückte, worauf der Bildschirm zur großen Verlegenheit des KYP eine Datei über einen der anwesenden Journalisten zeigte.[19]

Während die CIA zusammen mit der Hellenic Raiding Force, dem KYP und der lokalen Oligarchie die griechische Linke und die Kommunisten kontrollierte, blieben die demokratischen Wahlen die einzige Gefahr für die damaligen Machtverhältnisse. Laughlin Campbell, der Chef der CIA-Station in Griechenland von 1959 bis 1962, war sehr besorgt, dass bei den nationalen Wahlen im Oktober 1961 die Linke einen Sieg erringen könnte. Deshalb wurden viele Menschen entweder terrorisiert oder mit Geld bestochen, damit sie nach den Anweisungen des Geheimdienstes KYP abstimmten. In einigen Dörfern holten die Kandidaten der CIA und der Armee mehr Stimmen, als es Wahlberechtigte gab. Die CIA war erfolgreich, und letztlich errang das links angehauchte Zentrum gerade einmal ein Drittel der Stimmen und 100 Sitze im Parlament. Ihr Vorsitzender, George Papandreou, protestierte gegen diesen

Wahlbetrug, ließ ihn später durch eine unabhängige Kommission untersuchen, die den Betrug bestätigte, und kündigte einen unerbittlichen Kampf gegen die Regierung an.

Mit starker Unterstützung durch die Bevölkerung hatte Papandreou den Mut, den Kampf gegen die CIA und den KYP aufzunehmen, und zwang 1963 den von den USA unterstützten Premierminister Constantine Karamanlis zurückzutreten. Die Spannungen nahmen zu, als die Union des Zentrums bei den folgenden Wahlen 42 Prozent der Wählerstimmen erhielt und 138 der 300 Sitze im Parlament. Papandreou, der Vorsitzende der nun stärksten Partei, wurde im Februar 1964 zum Premierminister gewählt. Zum ersten Mal seit der Besetzung durch Hitler sah sich die griechische Rechte der Situation ausgesetzt, dass sie einen ernsthaften Machtverlust hinnehmen musste. Papandreou hatte vier Jahre an der Regierung auf sicher, eine Entwicklung, die «Schockwellen durch das rechtsgerichtete Establishment schickte. Viele, einschließlich mehrerer wichtiger Berater, glaubten, dies signalisiere, dass das Land auf dem Weg zu einer kommunistischen Übernahme war. Das aber wollten sie unbedingt verhindern.»[20] Der Premierminister Papandreou musste beseitigt werden.

Jack Maury, der den CIA-Chef Campbell in Athen abgelöst hatte und nun die CIA-Station in Griechenland leitete, erhielt den Auftrag, Papandreou zu beseitigen. Maury legte sich ganz offen ein arrogantes Image zu, indem er auffällige Anzüge und riesige goldene Ringe trug und ein großes amerikanisches Auto fuhr – «größer als das des Botschafters», worauf er immer wieder stolz hinwies. So demonstrierte der Chef der CIA-Niederlassung seine Macht in der Öffentlichkeit. Im Hintergrund hingegen konspirierte er heimlich mit König Konstantin, Royalisten und rechtsgerichteten Offizieren der griechischen Armee, der Stay-behind-Geheimarmee und dem Geheimdienst. Und im Juli 1965 manövrierte er George Papandreou mittels eines königlichen Vorrechts aus dem Amt.[21] Nach diesem leisen Putsch folgten einige kurzlebige Regierungen, während die Geheimarmee, vom KYP-Offizier Konstantin Plevris beraten, sich an einem heimlichen Kampf beteiligte, der das politische Klima beeinflussen sollte. Mehrere Bomben explodierten im Land. 1965 wurde die Gorgopotamosbrücke durch eine Bombe in die Luft gejagt, gerade zu der Zeit, als sich die politische Linke und Rechte zusammentaten, um sich gemeinsam an ihren Widerstand gegen die Nazis zu erinnern, insbesondere an ein bestimmtes erfolgreiches Ereignis, als sie die Deutschen davon abhalten konnten, eine Brücke zu sprengen. Der Terroranschlag forderte fünf Todesopfer und fast 100 Verwundete, von denen viele schwer verletzt wurden. «Nun, wir waren offiziell ausgebildete Terroristen», erklärte später einer der an dieser Stay-behind-Aktionen beteiligten Offiziere und hob hervor, dass sie sehr mächtige Unterstützung hatten.[22]

Die Unterstützung kam von Lyndon Johnson und seiner Administration in Washington, der bereits im Zusammenhang mit dem Zypernkrieg der griechischen Regierung klargemacht hatte, wer das Sagen hat. Im Sommer 1964 bestellte Präsident Johnson den griechischen Botschafter Alexander Matsas ins Weiße Haus und sagte ihm, dass das Zypernproblem durch die Aufteilung in einen griechischen und einen türkischen Teil gelöst werden müsse. Als Matsas den Plan ablehnte, brüllte Johnson: «Dann hören Sie mir gut zu, Herr Botschafter, vergessen Sie Ihr Parlament und Ihre Verfassung. Amerika ist ein Elefant. Zypern ist eine Fliege. Griechenland ist eine Fliege. Wenn die beiden Fliegen weiterhin den Elefanten jucken, dann könnten beide durch den Rüssel des Elefanten zerquetscht werden, endgültig zerquetscht.» Die griechische Regierung, beharrte Johnson, muss die Anordnungen des Weißen Hauses befolgen. «Wir zahlen den Griechen eine ganze Menge guter Dollars, Herr Botschafter. Wenn Ihr Premierminister mir etwas über Demokratie erzählen will, über das Parlament und die Verfassung, dann könnte es sein, dass er, sein Parlament und seine Verfassung nicht lange überleben.»[23]

Als Matsas konsterniert stammelte: «Ich muss gegen Ihr Verhalten protestieren», brüllte Johnson weiter: «Und vergessen Sie nicht, dem alten Papa – wie heißt er doch gleich – zu erzählen, was ich Ihnen gesagt habe. Denken Sie daran, ihm das zu sagen, hören Sie!», worauf Matsas den Wortlaut der Unterredung an Papandreou telegrafierte. Als der amerikanische Geheimdienst NSA die Nachricht auffing, klingelte Matsas' Telefon. Der Präsident war am Apparat: «Versuchen Sie, bei mir auf die schwarze Liste zu kommen, Herr Botschafter? Wollen Sie, dass ich mich wirklich über Sie ärgere? Das war eine private Unterredung, die Sie mit mir hatten. Sie hatten keinen Auftrag, alles, was ich Ihnen gesagt habe, wortwörtlich weiterzugeben. Passen Sie auf, was Sie tun.»[24] Klick. Die Leitung war tot.

Andreas, der Sohn von George Papandreou, wurde mit Abscheu Zeuge der Manipulationen und des geheimen Krieges in seinem Land. Nachdem er als Student mit einer trotzkistischen Gruppe kokettiert hatte, verließ Andreas Griechenland und ging in den 30er-Jahren in die USA, um den Repressionen der Diktatur Metaxas zu entgehen. Er wurde amerikanischer Staatsbürger, machte eine blühende Karriere als Wirtschaftswissenschaftler, promovierte und wurde Dekan der wirtschaftswissenschaftlichen Fakultät der University of California in Berkeley. Während des Zweiten Weltkriegs diente er in der amerikanischen Marine und wurde nach dem Krieg von der CIA angeworben, um in der Abteilung für die Politik des Mittelmeerraums zu arbeiten. Als er begann, die Rolle der Vereinigten Staaten in Griechenland besser zu verstehen, beendete er seine Verbindungen zur CIA. Ende der 50er-Jahre kehrte er nach Griechenland zurück und wurde einer der bekanntesten und heftigsten Kritiker der Vereinigten Staaten. In einem Stil, der an Fidel Castro erinnerte, attackierte der junge Papandreou in flammenden Reden die Einmischung der USA in griechische Angelegenheiten, die NATO, die Korruption des Königs, die konservativen Parteien und das griechische Establishment.

Das Pentagon und die CIA waren schockiert, als sie sahen, dass noch ein zweiter Papandreou ihre Macht in Griechenland herausforderte. Und Murtagh berichtete, dass «es schwierig sei, das Ausmaß zu untertreiben, mit dem der Sohn des ehemaligen Premierministers von den Rechten und der CIA gehasst wurde».[25] 1964 wurde Andreas Papandreou Erster Staatsminister und entdeckte, dass der griechische Geheimdienst KYP routinemäßig ministerielle Gespräche abhörte und die Fakten an die CIA weiterreichte. Wütend entließ er zwei leitende Offiziere des KYP und versuchte sie durch zuverlässigere Offiziere zu ersetzen, denen er auftrug, jegliche Zusammenarbeit mit der CIA einzustellen. Doch, wie Papandreou sich später erinnerte, kam der neue KYP-Direktor «um Entschuldigung bittend zurück und sagte, er könne das nicht machen. Die gesamte Ausrüstung sei amerikanisch und werde von der CIA oder von Griechen unter Aufsicht der CIA kontrolliert. Zwischen den beiden Geheimdiensten gebe es keinen Unterschied. Sie duplizierten Funktionen in gegenseitigem Einvernehmen. Tatsächlich seien sie eigentlich ein einziger Geheimdienst.»[26]

Als Papandreou den KYP herausforderte, suchte ihn Norbert Anshutz, der amerikanische stellvertretende Missionschef, auf und riet ihm, seine Anordnungen an den KYP rückgängig zu machen. Andreas Papandreou weigerte sich und wies den US-Beamten aus seinem Büro, worauf Anshutz ärgerlich warnte, dass «dies Folgen haben wird».[27] Der militärische Staatsstreich kam in der Nacht vom 20. auf den 21. April 1967, einen Monat vor den anberaumten Wahlen, für die Meinungsforscher, auch diejenigen der CIA, einen überwältigenden Sieg des linksgerichteten Zentrums von Georges und Andreas Papandreou vorhergesagt hatten. Die Geheimarmee Hellenic Raiding Force begann den Putsch, der auf der Grundlage des Prometheus-Plans durchgeführt wurde, einem von der NATO entworfenen Komplott, das im Fall eines kommunistischen Aufstands ausgeführt werden sollte. Im Fall einer Gegenwehr war Prometheus eindeutig: «Zerschlagen Sie, ohne zu zögern, jeglichen feindlichen Widerstand.»[28] Gegen Mitternacht übernahm die Hellenic Raiding Force die Kontrolle über das griechische Verteidigungsministerium, das aus Bewunderung für die Amerikaner «Pentagon» genannt wurde.

Die Mitglieder der Geheimarmee trafen auf geringen Widerstand, und unter dem Kommando von Oberstleutnant Costas Aslanides, einem ausgebildeten Fallschirmjäger, wurde das Gebäude gesichert. Als die Anführer das Pentagon kontrollierten, begann die zweite Phase des Plans. Im Dunkel der Nacht rollten Panzer mit Scheinwerfern in die Hauptstadt, und unter dem Kommando des Brigadegenerals Sylianos Pattakos belagerten sie das Parlament, den königlichen Palast und die Rundfunk- und Kommunikationszentren. Pattakos führte seine Kolonne auf genau dem Weg in die Stadt, den auch die Deutschen benutzt hatten, als sie im April 1941 Athen eroberten. Gelegentlich hielten die Panzer an, und die Offiziere schauten sich nach einer Gegenwehr um. Doch es gab keine. Athen schlief.

Auch der 78-jährige George Papandreou schlief in dieser Nacht in seinem bescheidenen, weiß gestrichenen Haus in Kastri, ein wenig außerhalb der Hauptstadt. Die Vorgehensweise war – wie bei jedem Militärputsch – erschreckend einfach. Bewaffnete Männer klopften an seine Tür, Papandreou wurde festgenommen und in einem von zwei Militärfahrzeugen, die vor dem Haus standen, weggefahren. Gleichzeitig brachen acht Männer in das Haus von Andreas Papandreou ein, sieben mit aufgesetzten Bajonetten, einer mit einem Maschinengewehr. Danach folgte ein Tumult, und Andreas entkam auf das Dach, doch ein Soldat fand seinen 14-jährigen Sohn, hielt die Pistole an den Kopf des Jungen und zwang den jüngeren Papandreou, aufzugeben. Innerhalb von fünf Stunden wurden mehr als 10 000 Leute von militärischen Gruppen festgenommen und in «Aufnahmelager» gebracht, genau wie es in detaillierten Plänen vorgegeben war.

Oberst Yannis Ladas, der 47-jährige Direktor der griechischen Militärpolizei, zeigte sich ein Jahr später in einem Interview stolz auf die Präzision und die Geschwindigkeit, mit welcher der NATO-Plan umgesetzt wurde. «Innerhalb von 20 Minuten konnten alle Politiker, alle Männer und alle Anarchisten, die auf der Liste standen, zusammengetrieben werden ... es war ein sehr einfacher, teuflischer Plan.»[29] Als die griechische Bevölkerung am nächsten Morgen erwachte, stellte sie zuerst fest, dass die Telefone nicht funktionierten, und bald danach, dass die Militärs die Kontrolle übernommen hatten. Um 6 Uhr am Morgen erklärte Oberst George Papadopoulos über die Medien, dass er die Macht übernommen habe, um die Demokratie, die Freiheit und das Wohlergehen zu sichern. Elf Artikel der Verfassung wurden außer Kraft gesetzt. Nun konnten Menschen an Ort und Stelle und ohne Haftbefehl festgenommen und vor ein Militärgericht gebracht werden. Demonstrationen und Streiks wurden verboten und Bankkonten wurden eingefroren. Der neue Regent, George Papadopoulos, hatte seit 1952 als Verbindungsoffizier des KYP zur CIA gearbeitet, und innerhalb des KYP war er als Vertrauter des Chefs der CIA-Station, Maury, bekannt. Doch nicht alle Offiziellen der Vereinigten Staaten waren mit dem brutalen Vorgehen der CIA einverstanden. Tage nach dem Putsch kritisierte der amerikanische Senator Lee Metcalf die Administration von Präsident Johnson scharf, als er auf dem Kapitol die griechische Junta als «ein Militärregime, bestehend aus Kollaborateuren und Nazi-Sympathisanten ... [die] amerikanische Hilfe erhalten» bezeichnete.[30] Und der amerikanische Botschafter in Athen, Philips Talbot, beklagte sich bei Maury eine Woche nach dem brutalen Machtwechsel, dass der amerikanische Putsch «eine Vergewaltigung der Demokratie» darstelle. Maury antwortete: «Wie kann man eine Hure vergewaltigen?»[31]

Wegen der direkten Beteiligung der Hellenic Raiding Force kann der griechische Militärputsch als «Gladio-Putsch» bezeichnet werden. Nur in einem anderen Land, nämlich in der Türkei, waren die geheimen antikommunistischen Armeen ebenso in Staatsstreiche verwickelt. In Italien führte das Gladio-Netzwerk im Juni 1964 einen «stillen Putsch» durch, als der General De Lorenzo, der Vertraute der CIA, im Rahmen der Operation «Piano Solo» mit Panzern, bewaffneten Mannschaftswagen, Jeeps und Granatwerfern nach Rom kam, während die NATO-Streitkräfte ein großes Manöver in dieser Gegend durchführten, was dazu führte, dass die sozialistischen Minister still und leise ihre Ämter niederlegten. Der amerikanische Historiker Bernard Cook betonte ganz richtig, dass «der Plan Solo dem folgenden Prometheus-Plan auf das Haar glich, der von Oberst George Papadopoulos im Jahr 1967 angewendet wurde, um in Griechenland eine Militärregierung zu errichten. Mit der Absicht, Italien zu destabilisieren und den Vormarsch der Linken zu verhindern, war Operation Solo nichts anderes als eine Blaupause von Gladio.»[32] Der Militärexperte Collin stimmt dem zu, dass, «was De Lorenzo im Sinn hatte, ein Plan war, der in seinen Abläufen dem glich, der nur wenige Jahre später von Oberst Papadopoulos in Griechenland erfolgreich ausgeführt wurde».[33]

Die griechische Junta festigte ihre Macht durch willkürliche Festnahmen und Folterungen, so wie es sie in Westeuropa seit dem Ende des Zweiten Weltkrieges nicht mehr gegeben hatte. Die meisten Personen, die in den ersten fünf Stunden nach dem Putsch festgenommen wurden, wurden später in Polizei- und Armeezellen verlegt. Kommunisten, Sozialisten, Künstler, Akademiker, Journalisten, Studenten, politisch aktive Frauen, Priester, einschließlich ihrer Familien und Freunde, wurden gefoltert. Ihre Fuß- und Fingernägel wurden herausgerissen. Ihre Füße wurden mit Stöcken geschlagen, bis die Haut abfiel und die Knochen gebrochen waren. Scharfe Gegenstände wurden in die Vagina geschoben. Dreckige Lappen, oft in Urin getränkt, und manchmal auch in Exkremente, wurden in den Hals gesteckt, bis die Opfer fast erstickten. Rohre wurden in den Anus gesteckt und mit hohem Druck Wasser hineingepumpt, auch wurden Elektroschocks am Kopf verabreicht.[34] «Wir alle hier sind Demokraten», betonte Inspektor Basil Lambro, der Chef der Geheimpolizei in Athen, gegenüber seinen Opfern. «Jeder, der hierherkommt, spricht. Und du wirst unsere Erfolgsliste nicht verunzieren.» Der sadistische Folterknecht machte seinen Opfern klar: «Wir sind die Regierung, und du bist nichts. Die Regierung ist nicht allein. Hinter der Regierung stehen die Amerikaner.» Wenn er in guter Stimmung war, tat er auch seine Analyse zur Weltpolitik kund: «Die ganze Welt besteht aus zwei Teilen, den Russen und den Amerikanern. Wir sind die Amerikaner. Sei dankbar, dass wir dich nur ein wenig gefoltert haben. In Russland würde man dich umbringen.»[35]

Die italienische Rechte und ihre Geheimsoldaten waren beeindruckt, wie effizient die Griechen zusammen mit der CIA die Linken besiegt hatten. Im April 1968 luden griechische Militärs etwa 50 italienische Rechtsradikale, auch den berüchtigten Stefano Delle Chiaie, ein, nach Griechenland zu kommen, um es sich selbst anzusehen. Nach ihrer Rückkehr nach Italien intensivierten die Geheimsoldaten die Gewalt und begannen Bomben an öffentlichen Plätzen zu legen, die Hunderte verwundeten und töteten und wofür sie die italienischen Kommunisten verantwortlich machten. Die griechische Junta war beeindruckt, wie effizient ihre italienischen Freunde das Land in die Richtung eines Staatsstreichs lenkten, und am 5. Mai 1969 schickte Papadopoulos ein Telegramm, um ihnen zu gratulieren: «Seine Exzellenz, der Premierminister bemerkt, dass die Bemühungen, die die nationale griechische Regierung seit einiger Zeit aufbringt, beginnen, Wirkung zu zeigen.»[36]

Die griechische Militärdiktatur brach letztlich wegen mangelnder internationaler Unterstützung zusammen, nachdem deren Anführer sich an einem ausländischen imperialistischen Abenteuer beteiligt und 1974 einen Putsch auf Zypern finanziell unterstützt hatten, wobei sie versuchten, die legitimierte, leicht links gerichtete Regierung des Erzbischofs Makarios durch ein Marionettenregime zu ersetzen. Die türkischen Truppen marschierten im Gegenzug auf der Insel ein, und Wellen von Gewalt folgten. Tausende wurden getötet, und das Land wurde in einen nördlichen türkischen Teil und einen südlichen griechischen Teil aufgeteilt. Die Anführer der griechischen Militärregierung wurden festgenommen und vor Gericht gestellt, wobei Papadopoulos wegen Hochverrats zum Tode verurteilt wurde, ein Urteil, das später in lebenslängliche Haft umgewandelt wurde. In einer Volksabstimmung wurde die griechische Monarchie abgeschafft, und eine neue Verfassung wurde verabschiedet.

Nach seiner Entlassung aus den Gefängniszellen der Junta und Jahren des Exils in Kanada und Schweden kehrte Andreas Papandreou nach dem Fall der Militärregierung nach Griechenland und in die Politik zurück. Er gründete die Partei Pan Hellenic Socialist Movement (PASOK), gewann die Wahlen von 1981, und als Premierminister bildete er die erste sozialistische Regierung der Nachkriegsgeschichte. Noch im selben Jahr wurde Griechenland Vollmitglied der Europäischen Union, doch Papandreou behielt seinen radikalen Stil bei und drohte wiederholt mit dem Austritt Griechenlands aus der NATO. Dazu kam es zwar nie, doch sechs Jahre vor seinem Tod wurde Andreas Papandreou Zeuge der Aufdeckung des Gladio-Netzwerks in Italien und war der erste ausländische Staatschef, der bestätigte, dass auch in Griechenland eine solche Armee existiert hatte. Damit überquerte der Skandal die Grenze Italiens und begann die Regierungen auf dem ganzen europäischen Kontinent in Verlegenheit zu bringen. Am 30. Oktober 1990 sagte Andreas Papandreou der griechischen Tageszeitung *Ta Nea,* dass er 1984, als er als amtierender Premierminister, eine geheime NATO-Armee – ähnlich der italienischen Gladio – in Griechenland aufgedeckt hatte und diese sofort auflösen ließ. Der ehemalige griechische Verteidigungsminister Nikos Kouris bestätigte, dass die griechische Geheimarmee während des gesamten Kalten Krieges aktiv war. «Unsere geheime Struktur entstand 1955», behauptete Kouris, «mit einem Vertrag zwischen dem Chef des griechischen Geheimdienstes und der CIA. Als ich von diesem inakzeptablen Pakt erfuhr ..., informierte ich Andreas Papandreou ... und der Befehl wurde erteilt, Red Sheepskin aufzulösen.»[37]

Leidenschaftliche Forderungen der sozialistischen Opposition nach einer parlamentarischen Untersuchung der griechischen Geheimarmee folgten Ende 1990, wurden jedoch von der amtierenden konservativen Regierung und der konservativen Neuen Demokratischen Partei abgelehnt. Verteidigungsminister Ioannis Varvitsiotis war gezwungen, vor dem Parlament zu bestätigen, dass die Informationen, die Papandreou gegeben hatte, richtig waren und dass die CIA und örtliche Kommandos tatsächlich ein geheimes Netzwerk aufgebaut hatten, eine Operation unter dem Decknamen Sheepskin, die angeblich «bereits 1988 aufgelöst wurde[38].» Danach betonte der griechische Minister für öffentliche Sicherheit, Yannis Vassiliadis, dass die Polizei keine Fantasien untersuchen werde, wie solche, die die Operation Sheepskin mit inländischem Terrorismus in Verbindung bringen. Wie viele andere in Europa hob der Minister in seinen Antworten gegenüber Journalisten die Stay-behind-Funktion der griechischen Geheimarmee hervor und leugnete kategorisch die inländische Kontrollfunktion: «Sheepskin war einer von 50 NATO-Plänen, die vorsahen, dass dann, wenn ein Land von einem Feind besetzt wird, ein organisierter Widerstand bestehen sollte. Sheepskin sah geheime Waffenverstecke vor und auch Offiziere, die den Kern eines Guerillakrieges bilden konnten. Mit anderen Worten, es war, national gesehen, ein gerechtfertigter Vorgang.»[39] Als die Forderungen nach einer Untersuchung dennoch intensiver wurden, drängte Verteidigungsminister Varvitsiotis darauf, dass eine parlamentarische Untersuchung der griechischen Geheimarmee nicht erforderlich sei, denn er selbst werde sich dieser delikaten Affäre in seinem Verteidigungsministerium annehmen. Varvitsiotis betraute einen General mit dieser möglicherweise explosiven Untersuchung, der in der NATO und als griechischer Militärattaché in Washington gedient hatte. Noch bevor der Bericht über die griechische Stay-behind fertiggestellt war, konnte Varvitsiotis seinen Ministerkollegen versichern: «Die Regierung hat nichts zu befürchten.»[40]

17

Der geheime Krieg in der Türkei

Die Geschichte der Geheimarmee in der Türkei ist brutaler als die jeder anderen Stay-behind in Westeuropa. Eng verbunden mit der nationalistischen Bewegung der ethnischen Türken reichen die Wurzeln der Gewalt bis zum Beginn des 20. Jahrhunderts zurück. Während des Ersten Weltkriegs zerbrach das große und stolze Ottomanische Reich und wurde 1923 durch die wesentlich kleinere türkische Republik ersetzt. Fast die gesamte Bevölkerung blieb muslimisch, doch kam es zu gewalttätigen Zusammenstößen entlang der Trennungslinien der ethnischen Gruppen: zwischen muslimischen Türken, muslimischen Kurden und christlichen Armeniern. Die türkische Gruppe, die 80 Prozent der Bevölkerung ausmachte und auch die regierende Elite in der neuen Hauptstadt Ankara stellte, versuchte einen homogenen Staat zu schaffen, indem sie gegen die beiden anderen ethnischen Gruppen vorging. Während die insgesamt etwa 12 Millionen Kurden durch den Zerfall des osmanischen Reiches und die neuen nationalen Grenzen abgetrennt wurden und heute in Teilen von Syrien, des Irans und Iraks leben, blieb die Mehrheit in der südöstlichen Türkei, wo die kurdische Bevölkerung fast 20 Prozent der Bevölkerung der neuen Republik ausmachte. In den Jahren nach dem Ersten Weltkrieg wurden die Armenier zum Ziel eines türkischen Genozids, so dass von etwa 2 Millionen Armeniern, die im Ottomanischen Reich lebten, nur etwa 200 000 überlebten. Zur selben Zeit erlitten auch die Kurden große Verluste, und der gewalttätige Konflikt zwischen den Türken und Kurden setzt sich auch im 21. Jahrhundert fort.

Die konfliktreiche Geburt des neuen türkischen Staates traf auch die türkische kommunistische Partei. 1921 wurde die gesamte Führung der neu gegründeten kommunistischen Partei gemeuchelt, und die Partei war während des gesamten Jahrhunderts verboten. Die nationalistischen Türken kritisierten weiterhin die Tatsache, dass wegen des Falls des Ottomanischen Reichs viele ethnische Türken nach dem Ersten Weltkrieg gezwungen waren, als «gefangene Türken» außerhalb der Grenzen des neuen türkischen Staates zu leben. Ihre Ideologie beruhte auf der sogenannten pantürkischen Bewegung, die bereits im 19. Jahrhundert danach strebte, alle türkischen Völker in einer türkischen Nation zu vereinen, die sich vom westlichen China bis nach Spanien erstrecken sollte. Nach dem Fall des Ottomanischen Imperiums lebten viele dieser «gefangenen Türken» in der neuen kommunistischen Sowjetunion und auf Zypern. Die Zerstörung der Sowjetunion und des Kommunismus wurde für die Türken, die sich in der pantürkischen Bewegung vereinten, ein großes Ziel.

Obwohl die Türkei während des Zweiten Weltkriegs offiziell neutral war, schlug sie sich letztlich auf die Seite der Sieger und erklärte 1945 Deutschland den Krieg, doch die Unterstützung für Hitler und Mussolini war unter den Nationalisten der pantürkischen Bewegung sehr stark. Unter dem Einfluss von Rassentheorien der faschistischen Bewegung in Deutschland betonten die Pantürken zunehmend die Bande des türkischen Volkes, forderten einen «homogenen Staat» und predigten eine Doktrin der rassischen Überlegenheit.[1] Die deutsche Invasion in der Sowjetunion im Jahr 1941 wurde von der pantürkischen Bewegung ganz offen mit Begeisterung begrüßt. Und 1942, als man den Fall von Stalingrad vorhersah, konzentrierten pantürkische Organisationen Truppen an der kaukasischen Grenze, um von der Niederlage der Sowjetunion zu profitieren.[2] Die Enttäuschung war weit verbreitet, als die Sowjetunion, anstatt einen Zusammenbruch zu erleiden, als Siegermacht aus dem Zweiten Weltkrieg hervorging. Erst als die Sowjetunion ein halbes Jahrhundert später, im Jahr 1991, zusammenbrach, sorgten pantürkische Organisationen dafür, dass in Aserbaidschan, an der Ostgrenze der Türkei, ein Regime an die Macht kam, das die pantürkische Idee unterstützte.[3]

Nach dem Ende des Zweiten Weltkriegs hatte es für die Vereinigten Staaten in Bezug auf die Türkei die größte Priorität, das Land fest in das westliche antikommunistische Verteidigungssystem einzubinden. Wegen seiner geografischen Lage war die Türkei ein strategisch äußerst wertvolles Territorium. Während des Zweiten Weltkriegs und auch danach diente die Türkei als wichtiger «Balkon» für Operationen der USA und der NATO in den Öllländern des Mittleren Ostens und der kaukasischen Region, insbesondere während des ersten Golfkriegs im Jahr 1991. Außerdem stellte die Türkei während des

Kalten Krieges den östlichsten Landposten der NATO dar. Niemand sonst, auch nicht Norwegen im Norden, lag näher an Moskau, und deshalb wurde die Türkei mit hochtechnischem Gerät ausgestattet und als Horchposten benutzt.

Da die Türkei außerdem ein Drittel der Grenzen der NATO-Staaten zu den Ländern des Warschauer Pakts bewachte, wurde die türkische Elite ein ausgezeichneter Abnehmer für Verteidigungsgüter der amerikanischen Rüstungsindustrie und erhielt von den USA Hilfen in Milliardenhöhe. Von den Vereinigten Staaten während des Kalten Krieges bewaffnet, baute die Türkei die größte Armee in Europa und nach den Vereinigten Staaten die zweitgrößte Armee innerhalb der NATO auf. In einem gefährlichen Schachzug stationierten die USA im Jahr 1961 in der Türkei sogar auf die Sowjetunion gerichtete Atomraketen. Doch der sowjetische Generalsekretär Nikita Chruschtschow kopierte ein Jahr später diese waghalsige Strategie und stationierte auf die USA gerichtete Atomraketen auf Kuba. Darauf folgte die Kubakrise, welche die Welt an den Rand eines Atomkriegs brachte. Präsident Kennedy löste die Krise friedlich, indem er versprach, die geheimen Jupiter-Raketen aus der Türkei abzuziehen, und Chruschtschow im Gegenzug zusagte, seine Atomraketen von Kuba ebenfalls wieder abzuziehen.[4]

Um die Türkei fest innerhalb der NATO zu integrieren, entschieden die Vereinigten Staaten, die dominante und gewalttätige pantürkische Bewegung für ihre eigenen Zwecke zu nutzen. In diesem Prozess, den die pantürkische Bewegung zu ihrem Vorteil nutzte, spielte der rechtsradikale Oberst Alparsan Türks eine zentrale Rolle. Während des Zweiten Weltkrieges war Oberst Türks die Kontaktperson der deutschen Nazis in der Türkei. Erstmals wurde er 1944 international bekannt, als er und 30 andere festgenommen wurden, weil sie an einer antikommunistischen Demonstration teilgenommen hatten. Überzeugt von den Theorien der rassischen Überlegenheit im Allgemeinen und der Überlegenheit der Türken im Besonderen, zitierte Oberst Türks in vielen seiner Reden im Verlauf seiner Karriere aus Hitlers Buch *Mein Kampf*.

Nach dem Krieg stellte er 1948 Kontakte zur CIA her, und während dieser Zeit begann er angeblich auf Anordnung der CIA eine geheime antikommunistische Stay-behind-Armee in der Türkei aufzubauen. Als die Zusammenarbeit mit den Vereinigten Staaten intensiver wurde, reiste der charismatische Oberst Türks sehr oft zwischen seinem Heimatland und den Vereinigten Staaten hin und her und etablierte enge Kontakte zur CIA und zum Pentagon. Von 1955 bis 1958 diente er in Washington in der türkischen Militärmission für die NATO.[5]

Als die Türkei am 4. April 1952 der NATO beitrat, hatte Türks bereits eine türkische Geheimarmee aufgebaut. Deren Hauptquartier nannte sich Tactical Mobilisation Group (Seferberlik Taktik Kurulu, STK) und lag im Gebäude der CIA-Organisation American Yardim Heyeti (amerikanische Hilfsdelegation – JUS-MATT) im Distrikt Bahcelievler der türkischen Hauptstadt Ankara. Die Tactical Mobilisation Group wurde 1965 umstrukturiert und in Special Warfare Department (Ozel Harp Dairesi, OHD) umbenannt, der Name, unter dem das Kommandozentrum der türkischen Geheimsoldaten während der Gladio-Enthüllungen von 1990 bekannt wurde. Wegen dieser Enthüllung musste die Abteilung für Special Warfare noch einmal den Namen wechseln und wird heute Special Forces Command (Ozel Kuvvetler Komutanligi, OKK) genannt.[6]

Unter der Überschrift «The Origins of Gladio in Turkey» berichtete der *Intelligence Newsletter* mit Sitz in Paris 1990, dass er im Besitz eines der erst kürzlich von der Geheimhaltung entbundenen originalen Strategiedokumente sei, das die Grundlage für die Schaffung des westeuropäischen Stay-behind- oder Gladio-Netzwerks bildete: «Streng geheime übergreifende Strategiekonzepte des Generalstabs der amerikanischen Streitkräfte, vom 28. März 1949. In einem begleitenden Dokument, JSPC 891/16, Abteilung Tab B, wird speziell auf die Türkei eingegangen und hervorgehoben, wie die pantürkische Bewegung von den Vereinigten Staaten strategisch instrumentalisiert werden könnte. Nach diesem Dokument aus dem Pentagon ist die Türkei ein «extrem günstiges Territorium zur Einrichtung von Guerilla-Einheiten und von Reserven der Geheimarmeen. Politisch sind die Türken streng nationalistisch und antikommunistisch, und die Anwesenheit der Roten Armee in Turkmenistan wird dazu führen, dass die Nationalgefühle hochkochen.» Danach berichtete der *Intelligence Newsletter* richtig, dass die türkische Geheimarmee als Konter-Guerilla bezeichnet und von der Abteilung für spezielle Kriegsführung betrieben wird sowie aus fünf Teilen besteht: «Ausbildungsgruppe, einschließlich Vernehmung und Techniken der psychologischen Kriegsführung; Spezialeinheit, seit 1984 spezialisiert auf antikurdische Operationen; Spezialabteilung und spezielle Operationen auf Zypern; Koordinationsgruppe, auch Drittes Büro genannt; und die Verwaltung.»[7]

Trotz der Namensänderungen während der Zeit des Kalten Krieges blieben die Aufgaben der von der CIA finanzierten Abteilung für spezielle Kriegsführung gleich und bestanden aus gewaltsamer geheimer unorthodoxer Kriegsführung in einer Reihe von Operationen entsprechend der Anordnungen der führenden Militärs. In einer klassischen Operation zur Erzeugung von Spannungen warfen türkische Agenten der Stay-behind, Abteilung für spezielle Kriegsführung, am 6. September 1955 eine Bombe in ein Haus in Thessaloniki in Griechenland, das als Mustafa-Kemal-Museum genutzt wurde und deshalb von allen Türken hoch geschätzt wurde. Die türkischen Stay-behind-Agenten hinterließen kaum eine Spur und beschuldigten die griechische Polizei dieser Tat. Diese Aktion unter falscher Flagge funktionierte, und die türkische Regierung und die türkische Presse schoben die Schuld für diese Tat auf die Griechen. Kurz danach, am 6. und 7. September 1955, demolierten von der Konter-Guerilla angefeuerte fanatische türkische Gruppen Hunderte von griechischen Häusern und Geschäften in Istanbul und Izmir. Dabei wurden 16 Griechen getötet, 32 verwundet und 200 griechische Frauen vergewaltigt.[8]

Offiziell lautete die Aufgabe der Abteilung für spezielle Kriegsführung und ihrer Konter-Guerilla: «Im Fall einer kommunistischen Besetzung oder einer kommunistischen Rebellion Guerilla-Methoden und alle möglichen Untergrundaktivitäten anzuwenden, um die Besetzung zu beenden.»[9] Doch als die Funktion der Stay-behind mit inländischen Kontrolloperationen und Aktivitäten unter falscher Flagge vermischt wurde, wurde es immer schwieriger, die Konter-Guerilla von klassischen Terroristen zu unterscheiden. Eine militärische Übereinkunft zwischen der CIA und der türkischen Regierung unter Adnan Menderes von 1959 betonte die inländischen Aufgaben der Geheimarmee und führte aus, dass die Geheimsoldaten «auch für den Fall einer internen Rebellion gegen das Regime aktiv werden sollten».[10]

Wenn die geheime CIA-Armee tatsächlich dazu ausgebildet wurde, einen Staatsstreich zu verhindern, dann ohne Erfolg. Denn am 27. Mai 1960 erlebte die Türkei einen Militärputsch, als 38 Offiziere, darunter auch der Verbindungsoffizier zur CIA, Oberst Türks, die Regierung stürzten und den Premierminister Adnan Menderes verhafteten. Selahattin Celik, ein Experte für geheime Kriegsführung, behauptete später, die Abteilung für spezielle Kriegsführung sei bei weitem keine Truppe gewesen, die aufgestellt worden war, um die türkische Demokratie zu schützen, sondern zählte im Gegenteil zu den größten Bedrohungen für die türkische Demokratie, denn hinter geheimen

Mauern hatte das türkische Militär wiederholt gegen das gewählte Parlament konspiriert. Bevor sie in die streng geheime Abteilung für spezielle Kriegsführung versetzt wurden, traten die Generäle offiziell in den Ruhestand, um danach fast unsichtbar dieser geheimen Kommandostelle zu dienen.[11] «Die wichtigste Funktion der Abteilung für spezielle Kriegsführung waren die drei Staatsstreiche», folgert Celik.[12]

Während die genaue Rolle, welche die Vereinigten Staaten beim Putsch von 1960 spielten, unklar bleibt, lassen die heute verfügbaren Dokumente vermuten, dass das Weiße Haus den Putsch tolerierte, denn schon zuvor wurde versichert, dass dadurch die Mitgliedschaft der Türkei in der NATO nicht gefährdet würde. «Obwohl die Vereinigten Staaten über den Staatsstreich informiert waren – und wegen der bilateralen Abkommen hätten sie sogar die Möglichkeit gehabt, dagegen einzuschreiten –, unternahmen sie nichts», bemerkten Fikret Aslan und Kemal Bozay in ihrer Analyse der pantürkischen Bewegung. «Sie wussten, dass die meisten Putschisten nicht gegen die USA und die NATO waren.»[13] Die türkischen Putschisten hielten ihr Versprechen, und sofort nach dem Putsch betonte der neue Machthaber der Türkei, General Gürsel, in der Öffentlichkeit: «Die Türkei bleibt der westlichen Allianz treu.»[14] Auch Selahattin Celik, Experte für geheime Kriegsführung, berichtet, dass die Vereinigten Staaten schon lange unterrichtet waren, bevor der Putsch durchgeführt wurde. «Ein Offizier namens Samet Kuscu nahm 1957 zur amerikanischen Botschaft in Istanbul Kontakt auf und berichtete dort, dass es zu einem Staatsstreich kommen würde, und nannte auch die Namen der Offiziere, die den Putsch durchführen würden.»[15]

Nach dem Putsch wurde Oberst Türks, der Kontaktmann zur CIA, zur rechten Hand und zum persönlichen Sekretär von General Gürsel. Der verhaftete Premierminister Adnan Menderes wurde zusammen mit vier politischen Führungspersonen getötet, während 449 leitende Politiker und Beamte verhaftet und zu schwerer Haft verurteilt wurden. Danach entstanden unter den 38 Offizieren, die den Putsch durchgeführt hatten, Meinungsverschiedenheiten über das weitere Vorgehen. Während Oberst Türks unbedingt seine pantürkische Vision weiterverfolgen wollte und mit zwölf weiteren Offizieren ein autoritäres Regime befürwortete, war die Mehrheit der am Putsch beteiligten Offiziere überzeugt, dass eine neue Verfassung beschlossen werden müsste und Neuwahlen stattfinden müssten, um im Land wieder Recht und Ordnung herstellen zu können. Oberst Türks wurde wegen seiner radikalen Überzeugungen von der politischen Bühne entfernt und als Militärattaché an die türkische Botschaft nach Neu Delhi in Indien versetzt. Die verbleibenden Offiziere entwarfen eine neue Verfassung, die im Juli 1961 von der Bevölkerung in einer Abstimmung akzeptiert wurde.

Oberst Türks konnte seine Begeisterung für die pantürkische Vision, die ihn sein ganzes Leben lang inspirierte, nicht ablegen, und im Mai 1963, nach seiner Rückkehr aus Indien, versuchte er zusammen mit dem Offizier Talat Aydemir ein weiteres Mal die Regierung zu stürzen. Der Putsch schlug fehl, und Aydemir wurde zum Tode verurteilt, während Oberst Türks gefangen genommen und später wegen «Mangels an Beweisen» wieder freigelassen wurde.[16] Oberst Türks ging sofort nach seinem misslungenen Putsch wieder in die Politik, als er den Vorsitz der traditionalistischen rechten Partei Republikanische Bauern übernahm. 1965 gründete er die rechtsradikale Partei Millietci Hareket Partisi (MHP). Die Gründung der MHP bot Oberst Türks die Grundlage für die Macht, die er in den kommenden Jahrzehnten ausüben sollte. Fern von demokratischen Grundregeln führte Oberst Türks eine rechtsextreme bewaffnete Gruppe als «Jugendorganisation» der MHP, die berüchtigten Grauen Wölfe (Bozkurt). Auf der Grundlage der pantürkischen Bewegung leiteten die Grauen Wölfe ihren Namen und ihr Kennzeichen – den Kopf eines grauen Wolfs – von der Sage ab, dass graue Wölfe die Türken aus Asien in ihr Heimatland Anatolien geführt hätten. Da 80 Prozent der Bevölkerung der Türkei zur ethnischen Gruppe der Türken zählen, konnte Oberst Türks mit seiner nationalistischen und rechtsextremen Ideologie die Herzen von Millionen gewinnen. Alle, die die Grauen Wölfe nicht bewunderten, fürchteten sie.

Die Grauen Wölfe waren alles andere als eine Jugendorganisation. Sie waren ein brutales Netzwerk ausgebildeter und bewaffneter Männer, die bereit waren, Gewalt anzuwenden, um die pantürkische Ideologie voranzubringen. Die Überzeugung der Grauen Wölfe wurde in *Bozkurt,* der offiziellen Zeitschrift der Organisation, auf folgende Weise beschrieben: «Wer sind wir? Wir sind die Mitglieder des Grauen Wolfs (Bozkurtcu). Was ist unsere Ideologie? Der Türkismus des Grauen Wolfs. Was ist das Credo der Bozkurtcu? Sie glauben an die Überlegenheit der türkischen Rasse und der türkischen Nation. Was ist die Quelle dieser Überlegenheit? Das türkische Blut.» Die Wurzeln der Bewegung gehen zurück auf den Zerfall des Ottomanischen Imperiums und die Aufteilung der Türken auf mehrere Staaten. Weiter wird in der Zeitschrift auch auf den pantürkischen Kampf eingegangen: «Sind die Bozkurtcu Pantürken? Ja!

Es ist das heilige Ziel der Bozkurt-Türken, dafür zu sorgen, dass der türkische Staat zu einer Nation mit 65 Millionen Bürgern heranwächst. Welche Begründung haben wir dafür? Schon vor langer Zeit haben die Bozkurtcu ihre Prinzipien zu diesem Thema erklärt: Wenn man kein Recht bekommt, dann nimmt man es sich selbst.» Um ihre Ziele zu erreichen, wurden die Grauen Wölfe speziell in der Anwendung von Gewalt ausgebildet: «Krieg? Ja, Krieg, wenn es erforderlich ist. Krieg ist ein großes und heiliges Prinzip der Natur. Wir sind die Söhne von Kriegern. Die Bozkurtcu sind davon überzeugt, dass Krieg, Militarismus und Heldentum das höchstmögliche Ansehen und Lob erhalten sollten.»[17]

Diese nationale faschistische Bewegung wurde von der CIA instrumentalisiert und unterstützt, um in der Türkei ihre eigene Geheimarmee zu verstärken. Nach der Entdeckung der geheimen Stay-behind-Armeen der NATO in ganz Westeuropa wurde 1990 in der Türkei enthüllt, dass der CIA-Verbindungsoffizier Türks bei den Grauen Wölfen sehr intensiv rekrutiert hatte, um die geheime Stay-behind-Armee, die in der Türkei Konter-Guerilla genannt wurde, mit Personal zu versorgen. Doch wegen der breiten Unterstützung, deren die Grauen Wölfe sich erfreuten, und wegen ihrer bekannten Brutalität hatten sogar noch im Jahr 1990 nur wenige Menschen in und außerhalb der Türkei den Mut, dieses Thema freimütig anzusprechen. Unter denen, die es wagten, war General Talat Turhan. 1960 war Turhan zusammen mit anderen Offizieren am Staatsstreich beteiligt, vier Jahre später wurde er im Range eines Generals aus der türkischen Armee entlassen. Nach dem Putsch von 1971 versuchten die Militärs ihn zu beseitigen, und die Konter-Guerilla folterte ihn, da er weiter über die dunkelsten Geheimnisse des türkischen Sicherheitssystems sprach. Schon damals erklärte er: «Dies ist die geheime Truppe der NATO-Länder», doch im Kalten Krieg wollte dies niemand hören.

Turhan überlebte die Folterungen durch die Konter-Guerilla-Geheimarmee und widmete sein Leben den Nachforschungen über diese mysteriöse Konter-Guerilla und die verdeckten Aktionen in der Türkei und veröffentlichte drei Bücher zu diesem Thema.[19] «Als 1990 entdeckt wurde, dass Italien eine ‹Gladio› genannte Untergrundorganisation hatte, die von der NATO organisiert und von der CIA kontrolliert und finanziert wurde und die mit Terrorakten im eigenen Land in Verbindung gebracht wurde», erinnerte sich Turhan, «traten türkische und ausländische Journalisten an mich heran und veröffentlichten meine Erklärungen, da sie wussten, dass ich in diesem Bereich 17 Jahre lang geforscht habe.»[20] Turhan beharrte darauf, dass in Anbetracht einer Reihe nicht geklärter Attentate in der Türkei eine umfassende Untersuchung der Konter-Guerilla und ihrer Verbindungen zur CIA durch den türkischen Geheimdienst und das Verteidigungsministerium äußerst dringlich sei. Doch nach drei Staatsstreichen durch die Militärs war es für die Türken bereits selbstverständlich, dass bewaffnete militärische und paramilitärische Truppen wie auch der Geheimdienst in ihrer Gesellschaft eine große Rolle spielen. Deshalb wurde auch noch nie eine derartige Untersuchung durchgeführt. «In der Türkei werden die mit Gladio vergleichbaren Spezialeinheiten von der Öffentlichkeit Konter-Guerilla genannt», erklärte Turhan und drängte auf eine Untersuchung durch die Europäische Union. Er beklagte sich, dass «trotz all meiner Bemühungen und der Initiativen politischer Parteien, demokratischer Massenorganisationen und der Medien die Konter-Guerilla bisher immer noch nicht untersucht wurde».[21]

Dass die Grauen Wölfe Mitglieder der Konter-Guerilla waren, musste Turhan in den berüchtigten Folterkammern der Villa Ziverbey im Istanbuler Distrikt Erenköy am eigenen Leib feststellen. Schon seit den 50er-Jahren wurde die Villa für «Verhöre» von Menschen aus ehemals sozialistischen Ländern, insbesondere aus Jugoslawien und Bulgarien, benutzt. Dabei erhielt die antikommunistische Konter-Guerilla ihre erste Ausbildung in Foltertechniken. Auch in den folgenden Jahren wurden die dunklen Zimmer der Villa sehr ausgiebig genutzt, als die Konter-Guerilla Hunderte von Menschen ermordete oder ihnen dauerhafte Körperschäden zufügte. «In der Foltervilla in Erenköy in Istanbul verband mir das Folterteam des zurückgetretenen Offiziers Eyüp Ozalkus, Chef des Vernehmungsteams, zum Kampf gegen den Kommunismus die Augen und fesselte mich an Händen und Füßen», erinnerte sich Turhan. «Dann sagte man mir, ich sei nunmehr in den Händen einer Einheit der Konter-Guerilla, die unter dem Oberkommando der Armee, jedoch außerhalb des Gesetzes und der Verfassung handelt. Sie sagten mir, dass sie mich als ihren Kriegsgefangenen betrachteten und ich zum Tode verurteilt sei.»[22] Die Beschreibung seiner traumatischen Erfahrungen war für Turhan die wichtigste Therapie zur Verarbeitung dessen, was er durchleben musste: «In dieser Villa war ich einen Monat lang an Händen und Füßen gefesselt und an ein Bett gekettet. Ich wurde in einer Art und Weise gefoltert, die sich ein normaler Mensch nur sehr schwer vorstellen kann», berichtete er. «Unter diesen Umständen wurde ich zum ersten Mal mit dem Namen Konter-Guerilla vertraut gemacht», worauf er dann auch die direkte Beteiligung der Grauen Wölfe erfuhr: «Die Folterknechte, die sich selbst Konter-Guerilla nannten, bestanden hauptsächlich aus Männern des türkischen Geheimdienstes MIT und der Grauen Wölfe. Obwohl diese Fakten auf der Tagesordnung des Parlaments standen, wurden sie bis heute [1997] nicht geklärt.»[23]

Angeregt durch die pantürkische Bewegung und die Vorstellung einer rassischen Überlegenheit der Türken dienten viele Angehörige des türkischen militärischen Geheimdienstes MIT (Milli Istihbaarat Teskilate = Nationaler Geheimdienst) in der Konter-Guerilla und konnten von ihren Kollegen von den Grauen Wölfen kaum unterschieden werden. Die Recherchen zur Staybehind in der Türkei ergaben, dass sowohl der MIT als auch die Einheiten der Konter-Guerilla institutionell vereint waren, weil beide von der berüchtigten und heimlich durch die CIA gesponserten Abteilung für spezielle Kriegsführung in Ankara kommandiert wurden. Zu den speziellen Methoden der Kriegsführung, die von der Abteilung für spezielle Kriegsführung gelehrt und vom MIT und der Konter-Guerilla ausgeführt wurden, zählten «Attentate, Bombardements, bewaffnete Raubüberfälle, Folter, Überfälle, Entführungen, Bedrohungen, Provokationen, militärische Ausbildung, Geiselnahme, Brandstiftung, Sabotage, Propaganda, Desinformation, Gewalt und Erpressung».[24]

Der MIT hatte 1965 den Geheimdienst MAH (Milli Amele Hizmet = Organisation für nationale Sicherheitsangelegenheiten) ersetzt. Beide wurden von militärischem Personal dominiert und waren stark von der CIA abhängig. Während des Kalten Krieges bestand ein Drittel der Funktionäre des MIT aus ehemaligen Offizieren des Militärs. Nach dem Gesetz musste der Direktor des MIT, der vom Generalstab oder der Abteilung für spezielle Kriegsführung bestellt wurde, Angehöriger der Streitkräfte sein. Während des Kalten Krieges kritisierten zivile Beamte wiederholt den beherrschenden Einfluss der CIA auf den MIT und andere türkische Geheimdienste, ebenso wie deren berüchtigte Gewohnheit, sich heimlich in die Politik einzumischen.

Handbücher für militärische Einsätze des Pentagons, so auch das streng geheime FM 30-31, betonten ausdrücklich, dass die enge Zusammenarbeit zwischen dem amerikanischen und dem türkischen Geheimdienst ein wesentlicher Bestandteil des amerikanischen Einflusses auf das Land war. «Der Erfolg interner Maßnahmen zur Stabilisierung, die im Zusammenhang mit Strategien zur internen Verteidigung gefördert werden, sind zu einem großen Teil von der Verständigung zwischen dem amerikanischen Personal und dem des Gastgebers abhängig», erklärte das Handbuch, das für Agenten der amerikanischen Geheimdienste und der Spezialtruppen verfasst wurde. Das Handbuch hob hervor, wie die CIA und andere amerikanische Geheimdienste im Gastgeberland unauffällig bleiben, indem sie die schmutzige Arbeit den örtlichen Geheimdiensten überlassen: «Wie gut auch immer die Verständigung zwischen dem amerikanischen Personal und dem des Gastgeberlandes sein mag, die Option, Agenten des Gastgeberlandes für die Aktionen zu gewinnen, ist eine wesentlich zuverlässigere Grundlage für die Lösung von Problemen des amerikanischen militärischen Geheimdienstes. Deshalb ist die Rekrutierung von höheren Dienstgraden des Geheimdienstes des Gastgeberlandes von besonderer Bedeutung.»[25]

In Übereinstimmung mit den Anweisungen des Field Manuals FM 30-31 wurden die Kontakte zwischen dem türkischen und amerikanischen Militär und den Geheimdiensten intensiv gepflegt. Zwischen 1950 und 1979 wurden 19 193 Türken nach dem Military Assistance Program und dem International Military Education and Training Program von den Amerikanern ausgebildet.[26] «Was die Rekrutierung von Langzeitagenten anbelangt, verdienen die Angehörigen der folgenden Kategorien besondere Beachtung», stellte das Handbuch FM 30-31 ausdrücklich fest: «Offiziere, die Gelegenheit hatten, sich mit den amerikanischen militärischen Ausbildungsprogrammen vertraut zu machen, insbesondere solche, die direkt in den USA ausgebildet wurden.»[27] Die CIA war bei der Durchdringung des Netzes der türkischen Geheimdienste so erfolgreich, dass sogar leitende Offiziere des MIT zugaben, dass sie vom Weißen Haus abhängig waren. Sabahattin Savasman, der stellvertretende Direktor des MIT, erklärte 1977, nachdem er der Kooperation mit der CIA beschuldigt und deshalb verhaftet wurde, dass eine derartige Anklage lächerlich und in Unkenntnis der grundlegendsten Fakten des türkischen Sicherheitssystems sei.

«Die CIA hat eine Gruppe von mindestens 20 Personen, die mit dem MIT zusammenarbeiten und die innerhalb des MIT zu den höchsten Rängen zählen», erklärte Savasman. «Sie sichern sowohl den Austausch geheimdienstlicher Informationen als auch die Zusammenarbeit bei gemeinsamen Operationen innerhalb und außerhalb der Türkei.» Die Zusammenarbeit, wie er bestärkte, hatte nicht während seiner Amtszeit begonnen: «Unser Geheimdienst hat mit der CIA schon seit den 50er-Jahren zusammengearbeitet ... Die gesamte technische Ausrüstung, die wir verwenden, wurde uns von der CIA zur Verfügung gestellt. Ein großer Teil unseres Personals wurde von der CIA im Ausland ausgebildet. Auch das Hauptquartier des MIT wurde von der CIA errichtet.» Eindrucksvoll ist, dass die CIA auch für die Ausrüstung für Folterungen gesorgt hatte: «Die gesamte Ausrüstung der Vernehmungsräume von den einfachsten bis hin zu den komplexesten Instrumenten stammt von der CIA. Ich weiß das, weil ich selbst direkt damit gearbeitet habe.» Der MIT war von der CIA völlig abhängig, vor allem aber, weil die CIA alles bezahlt hat, wie Savasman betonte: «Die Kosten für Operationen innerhalb und außerhalb der Türkei gingen auf das Konto der CIA.»[28]

Celik, der Experte für geheime Kriegsführung, hob hervor, dass der «Geheimdienst die gesamte Gesellschaftsstruktur durchdrungen hatte», und behauptete, dass «das Netz der Geheimdienste die einflussreichste Macht in der Türkei darstellt ... Die Anzahl der beschäftigten Personen wurde in der Türkei niemals veröffentlicht. Doch Schätzungen lassen vermuten ..., dass es insgesamt mehrere Hunderttausend waren.»[29] Wegen dieses starken amerikanischen Einflusses auf das türkische Sicherheitssystem blieben Untersuchungen der Operationen der CIA und des MIT eine Seltenheit. Duane Clarridge, Jahrgang 1932 und vielleicht der mächtigste Chef der CIA-Niederlassung in Istanbul während des Kalten Krieges, lobte in seinen 1997 veröffentlichten Memoiren *An Agent for all Seasons* ausdrücklich den MIT-Agenten Hiram Abas für seine Dienste. Nach seinen eigenen Angaben «stand ihm Abas näher als sein eigener Bruder». Clarridge betonte, dass «Hiram einzigartig war. In seiner Zeit war er der beste Beschaffer geheimdienstlicher Informationen in der Türkei. Alle Mitglieder der ausländischen Geheimdienste, die ihn kannten, waren der gleichen Meinung. Letztlich wurde er Assistent des Vorsitzenden des türkischen Geheimdienstes; er war der erste Zivilist, der diese Position innehatte.»

Abas wurde in den USA für verdeckte Aktionen ausgebildet und erreichte als MIT-Agent erstmals in Beirut einen größeren Bekanntheitsgrad, wo er von 1968 bis 1971 mit dem israelischen Geheimdienst Mossad kooperierte und zahlreiche blutige Anschläge auf Palästinenser durchführte. Sabahattin Savasman, der stellvertretende Direktor des MIT, bestätigte vor Gericht, dass «Hiram Abas an gemeinsamen Operationen mit der CIA teilnahm, wobei er ein ansehnliches Gehalt und hohe Prämien bezog, als er linksgerichtete Jugendliche in den Palästinenserlagern zum Ziel hatte und für die Ergebnisse, die er im Rahmen dieser Aktionen erzielte, ein Kopfgeld erhielt».[30] Nach seiner Rückkehr in die Türkei wurde er wegen seiner guten Verbindungen zur

CIA in der Hierarchie des MIT ständig befördert, beteiligte sich aber weiterhin an heiklen Terroroperationen. Er erlitt auch keinen Karriereknick, als sein Mentor und Chef der CIA-Niederlassung Clarridge versetzt wurde, um die CIA-Niederlassung in Italien zu leiten. Clarridge blieb in Kontakt mit Abas, als er 1981 unter Ronald Reagan und dem CIA-Chef Bill Casey diente. Zu dieser Zeit arbeitete Clarridge im Hauptquartier der CIA in den Vereinigten Staaten in der Abteilung Lateinamerika, als er in die Finanzierung der Contras in Nicaragua verwickelt wurde, eine Aktion, die er vor dem amerikanischen Kongress leugnete, als es um den Iran-Contra-Skandal ging.

In der Türkei war das sogenannte Kizildere-Massaker vom 30. März 1972 eine der geheimen Operationen, bei denen der türkische CIA-Agent Abas eine führende Rolle spielte. Abas führte die Aktion zusammen mit dem MIT-Agenten Mehmet Eymür aus, der später zum Leiter der Abteilung Gegenspionage des MIT befördert wurde. Eymür erinnerte sich an diesen Tag: «Am Nachmittag trafen wir zusammen mit Nurettin Ersin, einem Generalleutnant im Dienst des MIT, der auch die Ankara-Abteilung leitete, in Unye ein.» Die Agenten folterten, um den genauen Ort zu erhalten, an dem sich militante Linke aufhielten. «Der zu dieser Zeit Dienst tuende Repräsentant des MIT leitete die erforderlichen Gespräche, beauftragte die Angehörigen des MIT mit der Befragung und befahl der Gendarmerie, je nach den Ergebnissen der Vernehmung, die Festnahmen und die Erstürmung zu übernehmen.»

Unter den Festgenommenen war der Linke Cayan. «Cayan und seine Freunde sangen ihre Lieder weiter und störten die Soldaten von Zeit zu Zeit», erinnerte sich Eymür. «Sie erkannten uns an unserer zivilen Bekleidung. Sie versuchten uns mit Ausdrücken wie ‹Uncle Sams Männer› und ‹faschistische MIT-Männer› zu verärgern. Wir waren etwa 150 bis 200 Meter von ihnen entfernt. Wir gaben ihnen auch eine Antwort. Sie versuchten, die Soldaten zu beeinflussen, als sie riefen, dass sie den Befehlen faschistischer Generäle keine Folge leisten sollten.»[31] Im darauf folgenden Massaker wurden neun Linke getötet. Davon überzeugt, dass Gewaltanwendung erforderlich war, um einige der größten Probleme der Türkei zu lösen, beschrieb der MIT-Agent Eymür später stolz in seinen Memoiren, wie gut er zusammen mit der Konter-Guerilla bei den Folter-Vernehmungen in der Villa Ziverbey gewesen sei.[32] Aus Rache massakrierte die militante türkische Linke «Uncle Sams Mann» Abas, worauf der ehemalige Chef der CIA-Niederlassung Clarridge noch einmal in die Türkei kam, um das Grab von Abas zu besuchen.[33]

Celik, der Experte für die türkische Konter-Guerilla, betonte, dass, obwohl die Vereinigten Staaten hinter der Gründung der türkischen Konter-Guerilla standen und sowohl den MIT als auch die Abteilung für spezielle Kriegsführung sponserten, es zu einfach wäre, zu unterstellen, dass das Weiße Haus während des Kalten Krieges die militärischen Kräfte in der Türkei völlig kontrolliert habe. «Das ist zu stark vereinfacht», betonte Celik, «die Konter-Guerilla als reines Produkt der USA zu sehen, die ausschließlich amerikanische Befehle ausführte.»[34] Wegen des Pantürkismus, der hauptsächlichen Ideologie, die den türkischen Geheimsoldaten eingeflößt wurde, kann die geheime Stay-behind der NATO nicht einfach mit anderen Stay-behinds in Westeuropa verglichen werden. «Die türkische Konter-Guerilla ist nicht identisch mit einer der anderen NATO-Länder», unterstrich Celik. «Es wäre falsch, die gleiche Definition zu verwenden, denn damit würde sie falsch eingestuft.» Vor allem die Gewaltanwendung der türkischen Konter-Guerilla, aber auch deren Einbettung in den Staat könnte schnell unterschätzt werden, «weil die Konter-Guerilla in der Türkei einen Mechanismus darstellt, der den gesamten Staat durchdrungen hat».[35] Der türkische Verteidigungsminister General Hasan Esat Isik hob den Einfluss des Weißen Hauses hervor und kritisierte scharf die Subversion der türkischen Souveränität durch die von der CIA gesponserte Konter-Guerilla: «Die Idee kam aus den Vereinigten Staaten. Die Finanzierung ebenso ... Man kann überhaupt nicht verstehen, wie man einen Punkt erreichen kann, an dem man einer ausländischen Macht gestattet, Organisationen in der Türkei zu beobachten, sie zu beeinflussen und sie zu formen.»[36]

Die Ausbildung der Konter-Guerilla wurde an zahlreichen Orten in der ganzen Türkei, aber auch im Ausland durchgeführt. Zu den paramilitärischen Ausbildungszentren gehörten die Schulen in Ankara, Bolu, Kayseri Buca in der Nähe von Izmir, Canaccale und nach 1974 auch auf Zypern. In der Schule in den Bergen von Bolu wurde die Konter-Guerilla zusammen mit amerikanischen Spezialkräften, auch mit Green Berets, die auf den Vietnamkrieg vorbereitet wurden, ausgebildet. Ausgewählte Offiziere der Konter-Guerilla wurden in den USA in der School of the Americas (SOA) unterrichtet. Das berüchtigte Ausbildungszentrum für Spezialtruppen und Terroristen wurde 1946 in Panama eröffnet und zog 1984 ins Fort Benning der US-Armee um, das etwa 85 Meilen südöstlich von Atlanta im Bundesstaat Georgia liegt. Diese Schule, an der neben Stay-behind-Offizieren, wie sich herausstellte, etwa 60 000

Lateinamerikaner ausgebildet wurden, kam als Brutstätte für Gewalt zu Weltruhm. Joseph Blair, Major der US-Army, der drei Jahre lang an der SOA unterrichtete, erinnerte sich mit einigem Bedauern: «Offizieren wurde gelehrt, dass sie [Leute] mitnehmen, sie in den Rückraum eines Busses werfen und ihnen in den Hinterkopf schießen könnten.»[37]

Die Ausbildung der Geheimsoldaten aus Europa an der SOA umfasste ideologische Indoktrination, bei welcher den Mitgliedern der Stay-behind «Filme präsentiert wurden, in denen die Aggression und die Subversion der Kommunisten gezeigt wurde», erzählt der Forscher Celik. Angeblich war das SOA-Terrorausbildungszentrum in den USA fast identisch mit den Terrorschulungszentren der Al Kaida von Osama bin Laden in Afghanistan, was die vermittelten Methoden anbelangt. «Sie lernen in Matamoros unter der Aufsicht der Green Berets, wie man mit Sprengstoffen umgeht, und man bringt ihnen bei, wie man jemanden still und leise tötet, ihn mit dem Messer ersticht oder ihn erwürgt.»[38] Zu den Unterrichtshandbüchern zählte auch das berüchtigte und streng geheime Field Manual 30-31 zusammen mit den Anhängen FM 30-31A und FM 30-31B, das von amerikanischen Terrorismusexperten des Pentagon-Geheimdienstes DIA verfasst und in zahlreiche Sprachen übersetzt wurde.[39] Auf etwa 140 Seiten bietet das Handbuch in einer nichts beschönigenden und eindeutigen Sprache Ratschläge für Aktionen im Bereich von Sabotage, Bombardierung, Tötungen, Folter, Terror und Wahlfälschungen.

Der vielleicht heikelste Rat, den FM 30-31 erteilt, ist die Anordnung an die Geheimsoldaten, in Friedenszeiten Gewaltakte auszuführen und diese dann den Kommunisten anzulasten, um somit ein Klima der Furcht und der Wachsamkeit zu erzeugen. Alternativ werden die Geheimsoldaten unterrichtet, wie man linke Bewegungen unterwandert und sie dazu drängt, Gewalt anzuwenden: «Es kann Zeiten geben, in denen die Regierungen der Gastgeberländer angesichts einer kommunistischen Subversion Passivität oder Unentschlossenheit erkennen lassen und nach der Einschätzung der amerikanischen Geheimdienste nicht mit hinreichender Effektivität reagieren», beschreibt das Handbuch die Situation, in der eine sogenannte Aktion unter falscher Flagge angewendet werden muss. «Der amerikanische militärische Geheimdienst muss die Mittel zur Verfügung stellen, spezielle Operationen in Gang zu setzen, um die Regierungen der Gastgeberländer und die öffentliche Meinung von der Realität der Gefahr eines Aufruhrs zu überzeugen. Um dieses Ziel zu erreichen, sollte der Geheimdienst der amerikanischen Streitkräfte versuchen, in die

Gruppe der Aufrührer einzudringen. Die dafür eingesetzten Agenten haben die Aufgabe, unter den radikalsten Elementen des Aufruhrs spezielle Aktionsgruppen zu bilden.» Die Agenten mussten dann innerhalb der Bewegung des Feindes die Gewalt eskalieren lassen, auf die wiederum die regulären Einsatzkräfte und die Konter-Guerilla reagieren konnten. «In einem Fall, in dem es unmöglich ist, solche Agenten erfolgreich in die Führung der Aufständischen einzuschleusen, kann es sinnvoll sein, linksextreme Organisationen zu instrumentalisieren, um die oben beschriebenen Ziele zu erreichen.»[40]

FM 30-31 betonte als wichtigsten Punkt, dass die Beteiligung des Pentagons unter allen Umständen strikt geheim bleiben muss. Nur solche Personen, die gegen den revolutionären Aufstand agieren, sollen von der Beteiligung der US-Armee über die internen Angelegenheiten eines verbündeten Landes in Kenntnis gesetzt werden. Die Tatsache, dass die Beteiligung von Truppen des amerikanischen Militärs tiefer reicht, darf unter keinen Umständen bekannt werden.»[41] Um das Need-to-know-Prinzip des FM 30-31 und seiner Anhänge auf möglichst wenige Personen zu begrenzen, werden, wie das Handbuch betont, die Kopien ausschließlich an die Personen ausgegeben, die auf dem Verteiler stehen. Am besten sollte keine schriftliche Spur hinterlassen werden. «Wann immer möglich sollen detaillierte Anweisungen auf der Grundlage dieses Anhangs nur mündlich weitergegeben werden. Der extrem sensible Charakter dieser Angelegenheit muss betont werden.»[42]

Doch da Geheimnisse nie für immer Geheimnisse bleiben, kündigte 1973 die türkische Zeitung *Baris* mitten in einer ganzen Reihe mysteriöser Gewaltakte, welche die türkische Gesellschaft schockiert hatte, die Veröffentlichung des Handbuchs FM 30-31 an. Danach verschwand der Journalist, der in den Besitz des geheimen Handbuches gekommen war, und niemand hörte jemals wieder von ihm. Trotz der offenkundigen Gefahr veröffentlichte Talat Tarhan zwei Jahre später eine türkische Übersetzung des streng geheimen FM 30-31, worauf Veröffentlichungen des amerikanischen Terror-Handbuchs auch in Spanien und in Italien erschienen.[43] Nach der Entdeckung der geheimen NATO-Armeen in ganz Europa begannen einige Forscher das FM 30-31 zu besprechen, da es scheinbar viel mit den Stay-behind-Armeen zu tun hatte. Das US-Außenministerium – auch als Reaktion auf die in diesem Buch vorgelegten Forschungsresultate – versuchte sich vom FM 30-31 zu distanzieren und erklärte, es sei eine sowjetische Fälschung. Doch Allan Francovich präsentierte ranghohen amerikanischen Beamten in seinem dreiteiligen Dokumentarfilm über Gladio in der BBC eine Kopie des FM 30-31B. Ray Cline, der stellvertretende Direktor für Spionage der CIA in den 60er-Jahren, bestätigte: «Dies ist ein authentisches Dokument.» William Colby, CIA-Direktor von 1973 bis 1976 und eng in die Operation Gladio und die Stay-behinds in zahlreichen Ländern Westeuropas verwickelt, war sehr unwillig, die dunkle Seite seines Landes zu sehen, und behauptete vor laufenden Kameras: «Davon habe ich nie etwas gehört.» Auch der Propaganda-Experte der CIA, Michael Leeden, scheute dieses sensible Dokument und behauptete, dies sei eine sowjetische Fälschung. Licio Gelli jedoch, der italienische Freimaurer und Anführer der antikommunistischen P2, erzählte Francovich ganz offen: «Die CIA gab es mir.»[44]

In den 70er-Jahren kam in der Türkei eine Phase der Gewalt auf, wie man sie in diesem Ausmaß seit den 20er-Jahren nicht mehr erlebt hatte, nachdem am 12. März 1971 die militärische Rechte der Türkei ihren zweiten Putsch nach dem Zweiten Weltkrieg durchgeführt hatte. Das Jahrzehnt nach dem Putsch war gekennzeichnet durch extrem gewalttätige Konflikte mit der Konter-Guerilla, den Grauen Wölfen und dem MIT, die, geschützt vom Militär und der politischen Rechten, gegen die politische Linke kämpfte und das Land nahe an einen Bürgerkrieg brachte. Insgesamt forderte der Terror der 70er-Jahre schätzungsweise 5000 Todesopfer, wobei rechtsradikale Kommandos für die Mehrzahl der Morde verantwortlich waren. Eine Statistik für das Jahr 1978 verzeichnet 3319 faschistische Übergriffe, bei denen es zu 831 Todesopfern und 3121 Verwundeten kam.

Beobachter bemerkten, dass die reaktionärste Interessengruppe der türkischen Streitkräfte, die Luftwaffe, schon vor dem Putsch von 1971 einen Repräsentanten nach Washington geschickt hatte. Dies taten die Militärs auch vor dem dritten Putsch neun Jahre später. Während vor dem Putsch von 1971 Muhsin Batur, der Kommandeur der türkischen Luftwaffe, Washington besucht hatte, machte der Luftwaffenkommandeur Tahsin Sahinkaya 1980 die gleiche Reise.[46] Der amtierende türkische Außenminister Ihsan Caglayangil, von 1965 bis 1971 und von 1975 bis 1978 im Amt, erinnerte sich später so an den Putsch: «Am 12. März war die CIA zugegen, und das in starker Besetzung.» Ohne die CIA direkt seiner und der Amtsenthebung anderer Minister während des Putsches zu beschuldigen, dachte Caglayangil über die intimen Verbindungen der CIA mit dem MIT und der Geheimarmee der Konter-Guerilla nach: «Wie wird die CIA die Sache angehen? Die CIA macht es über die natürlichen Verbindungen, die sie hat. Ich spreche vom psychologischen Einfluss, den sie auf die Geheimdienste ausübt. Die CIA kann sich in meinem Geheimdienst aussuchen und bedienen – ohne Erlaubnis und ohne Hindernisse.»[47]

Oberst Talat Turhan klagte die Vereinigten Staaten an, dass sie das Klima der Brutalität aufheizten, unter dem die Türkei in den 70er-Jahren zu leiden hatte, als man die Abteilung für spezielle Kriegsführung, die Konter-Guerilla und den MIT aufbaute und sie entsprechend dem FM 30-31 ausbildete. «Fast alle Vorschläge in dieser Direktive, von denen die meisten meiner Meinung nach nicht mit der Verfassung und den Gesetzen vereinbar sind, wurden nach den Militärputschs vom 12. März 1971 und vom 12. September 1980 umgesetzt», kritisierte Turhan und betonte, «dass diese Direktiven unserer Verfassung widersprechen und ganz deutlich die Politik der Intervention des amerikanischen Geheimdienstes beweisen.»[48]

Als die Konter-Guerilla ihre Operationen ausweitete, bemerkte auch Bulent Ecevit, der 1973 türkischer Premierminister wurde, die Existenz der heimlichen Gewalt. Nach seiner eigenen Aussage war er überrascht, als er 1974 erstmals von der Existenz der sogenannten Abteilung für spezielle Kriegsführung erfuhr. Seine Überraschung wuchs, als die heimliche Abteilung ihn um Mittel bat, die angeblich für ein neues Hauptquartier gebraucht wurden. Als Ecevit wissen wollte, wie lange die geheimnisvolle Abteilung für spezielle Kriegsführung und ihre Geheimarmee schon existierte und wer diese bisher finanziert hat, informierte ihn der Kommandeur der türkischen Armee, General Semih Sancar, dass die Vereinigten Staaten die Einheit seit den Nachkriegsjahren finanzierten und Ecevit den Rat gegeben hatten, nicht zu genau auf diese Angelegenheit zu sehen, weil er damit eines der größten Staatsgeheimnisse anfassen würde.[49]

Ecevit befolgte den Rat von General Sancar nicht und untersuchte den Staatshaushalt. Doch hier fand er keine Organisation mit dem Namen «Abteilung für spezielle Kriegsführung». Wegen seiner Beharrlichkeit wurde er danach einem militärischen Stay-behind-Debriefing unterzogen. «Es gibt eine gewisse Anzahl freiwilliger Patrioten, deren Namen geheim gehalten werden, die in dieser Abteilung ihr Leben lang angestellt sind. Sie haben in verschiedenen Teilen des Landes verborgene Waffenlager.» Ecevit spürte die Gefahr sehr wohl und befürchtete, dass diese sogenannten Patrioten einem rechtsradikalen Programm folgten und ihre Waffen auch gegen inländische Ziele richten könnten. Doch als er die Realitäten in der Türkei anerkennen musste, das heißt die Vorherrschaft des militärischen Apparates über den zivilen Staatsapparat, stimmte er widerwillig der Geheimoperation zu, stellte die finanziellen Mittel zur Verfügung und diskutierte diese Angelegenheit nie mit den Vereinigten Staaten.[50]

Die Bedenken Ecevits waren jedoch sehr wohl begründet, denn die Konter-Guerilla beteiligte sich tatsächlich an inländischem Terrorismus. 1977 ereignete sich ein schreckliches Massaker. Während der Terrorjahre der 70er-Jahre hatten die großen Gewerkschaften der Türkei am traditionellen Tag der Arbeit am 1. Mai einen Protestmarsch zum größten Platz Istanbuls, dem Taskim-Platz, organisiert. 1976 hatten sich wegen des zunehmenden inländischen Terrors 100 000 Menschen zu einer friedlichen Demonstration versammelt. Und im Jahr 1977 waren mindestens 500 000 Menschen auf dem Platz versammelt. Der Schrecken begann gegen Sonnenuntergang, als Scharfschützen auf den Dächern der den Platz umgebenden Häuser auf die Rednertribüne feuerten. Die Menge geriet in Panik. 38 Menschen wurden getötet, Hunderte wurden verletzt. Das Schießen dauerte 20 Minuten lang, und dennoch schritten mehrere Tausend anwesende Polizisten nicht dagegen ein.

Der türkische CIA-Agent Hiram Abas, der dem CIA-Mann Clarridge «näher stand als sein eigener Bruder», war während des Terroranschlags am ersten Mai persönlich anwesend.[51] Das Hotel International, von dem aus die Schüsse abgefeuert wurden, gehörte dem Unternehmen ITT, das bereits 1973 in die Finanzierung des Staatsstreichs gegen den Präsidenten Allende in Chile verwickelt war und mit der CIA auf gutem Fuß stand. Drei Tage vor dem 1. Mai wurde das Hotel von Gästen geleert, und es wurden keine Reservierungen akzeptiert. Am 1. Mai betrat eine Gruppe von Ausländern das Hotel. Nach dem Terroranschlag wurde das Hotel von einer anderen Hotelkette übernommen, und der Name wurde in «Marmara-Hotel» geändert. Während der folgenden Untersuchung verschwanden entscheidende Video- und Audioaufzeichnungen ganz plötzlich.[52]

Als Bulent Ecevit von dem Massaker hörte, ging er zu Präsident Fahri Koruturk und sagte ihm, er glaube, dass die Konter-Guerilla in den Terror verwickelt sei. «Koruturk leitete meine Befürchtungen an den damaligen Premierminister Süleyman Demirel weiter», der Ecevit im Amt gefolgt war und, nachdem er die Nachricht gehört hatte, «sehr aufgeregt reagierte», aber nicht in der Lage war, die Abteilung für spezielle Kriegsführung herauszufordern.[53] Hinsichtlich der Konter-Guerilla blieb Ecevit wachsam. Einmal, auf einer Dinner-Party, sprach er mit einem hochrangigen Offizier des türkischen Militärs in der Osttürkei und erfuhr von ihm, dass er für die Abteilung für spezielle Kriegsführung gearbeitet hatte. Ecevit ergriff die Gelegenheit und sagte dem General: «Ich habe tiefes Misstrauen bezüglich der zivilen Ausweitung dieser Abteilung.» Der General versicherte ihm: «Die Zivilisten arbeiten sehr ehrlich, sehr loyal. Es gibt nichts, wovor man sich fürchten muss.» Ecevit blieb beharrlich: «Nehmen wir nur einmal an, rein hypothetisch, dass es möglich ist, dass einer dieser lebenslangen Patrioten zu einem späteren Zeitpunkt Chef der Partei Nationale Aktion MHP wird, die gerade in dieser Stadt in rechtsradikale Terroraktionen verwickelt ist.» «Ja, das ist der Fall», antwortete der General. Dann fügte er hinzu: «Aber er ist ein sehr netter Mann.»[54]

Durch Ecevit ermutigt, verfolgte der stellvertretende Staatsanwalt in Ankara, Dogan Oez, die Spur und untersuchte die Verbindungen zwischen Oberst Türks' rechtsradikaler Partei MHP, der Konter-Guerilla-Geheimarmee, der Abteilung für spezielle Kriegsführung und dem Terror, unter dem die Türkei in den 70er-Jahren zu leiden hatte. In seinem Abschlussbericht sagte er, dass «militärische und zivile Geheimdienste hinter all diesen Angelegenheiten steckten. Die Konter-Guerilla untersteht der Abteilung für spezielle Kriegsführung (Oezel Harp Dairesi).» Außerdem war auch der nationale Geheimdienst MIT direkt in die Terroranschläge verwickelt, während «all diese Aktivitäten von Mitgliedern und Kadern der MHP geführt werden».[55] Der Staatsanwalt hatte das Geheimnis entdeckt und richtig beschrieben, wurde aber danach am 24. März 1978 ermordet. Sein Mörder, der Graue Wolf Ibrahim Ciftci, gestand das Verbrechen und führte die Juristen an der Nase herum, als er behauptete, er sei unfassbar. Tatsächlich hob das höchste Militärgericht das Urteil immer auf, wenn er von einem zivilen Gericht verurteilt wurde. Den Zivilgerichten blieb nichts anderes übrig, als zu Protokoll zu geben: «Der Mord an Staatsanwalt Dogan Oez ist eine belegte Tatsache. Doch können wir gegen die Entscheidung des Militärgerichts keinen Einspruch erheben. Der Angeklagte wird freigelassen.»[56]

Noch mehr als Ciftci zählte Abdullah Catli, ebenfalls ein Mitglied der Grauen Wölfe, in den 70er-Jahren zu den berüchtigtsten Konter-Guerillas. Er erlernte seine Kampfmethoden in Straßengangs, wurde bei den Grauen Wölfen zu einem brutalen Aggressor und agierte als Mitglied der Konter-Guerilla unter der Leitung der Abteilung für spezielle Kriegsführung. Nach dem Militärputsch von 1971 stieg Catli schnell in der Hierarchie auf, und 1978 stand er in der Hierarchie schon an zweiter Stelle. In diesem Jahr musste er aber in den Untergrund gehen, weil die Polizei ihn mit dem Mord an sieben linken Aktivisten in Verbindung gebracht hatte. Mit der Unterstützung anderer rechtsextremer Terroristen nahm Catli Verbindung zum berüchtigten italienischen Rechtsterroristen Stefano Delle Chiaie auf, und zusammen reisten sie nach Lateinamerika und in die Vereinigten Staaten.[57] In enger Verbindung zu den Terrorakten in der Türkei und im Ausland pflegte Catli ausgezeichnete Kontakte zur türkischen Elite. Am 3. November 1996 starb er bei einem Verkehrsunfall zusammen mit ranghohen Beamten des türkischen Staates.

Ein weiterer gefürchteter Grauer Wolf war Haluk Kirci, der von seinen Kollegen nach dem Diktator von Uganda «Idi Amin» genannt wurde. Idi Amin hatte in den 70er-Jahren Tausende von Menschen brutal töten lassen. Im Alter von 20 Jahren und als Student an der Universität von Ankara war Kirci ein glühender Anhänger der antikommunistischen, pantürkischen Ideologie von Alparsan Türks. Am 8. Oktober 1978 führte er das Massaker von Bahcelievler aus, wobei er sieben Studenten der linken, jedoch nicht militanten türkischen Arbeiterpartei (TIP) exekutierte. Kirci, der international wegen Massenmordes gesucht wurde, erinnerte sich später in seinen Memoiren an dieses Massaker: «Ich ging hin, holte die beiden aus dem Auto und legte sie mit dem Gesicht nach unten auf den Boden. Dann feuerte ich jeweils drei Kugeln in ihren Kopf. Dann gingen wir zurück in die Wohnung. Die anderen fünf lagen bewusstlos auf dem Boden ... Erst versuchte ich einen von ihnen mit einem Kabel zu erwürgen, doch das funktionierte nicht. Dann erstickte ich ihn mit einem Handtuch.»[59] Als Catli, der Anführer der Grauen Wölfe, 1996 bei dem Unfall von Susurluk starb, waren Kirci und eine Gruppe von Leibwächtern im Auto hinter Catlis Mercedes. Als er Catli schwer verletzt im Mercedes liegen sah, geriet Kirci in Panik und rief eine Reihe führender Grauer Wölfe an, bat sie um Hilfe und rief: «Der Chef ist schwer verwundet. Er stirbt.» Doch es war vergeblich. Catli starb, und Kirci übernahm die Führung der Grauen Wölfe.[60]

Ein weiteres berühmtes Mitglied der Grauen Wölfe und der Konter-Guerilla war Ali Agca. Agca wurde weltberühmt, als er am 13. Mai 1981 auf dem Petersplatz in Rom auf Papst Johannes Paul II. schoss. Der Papst wurde schwer verwundet, aber er überlebte. Während seiner Studentenjahre in den späten 70er-Jahren war Agca ein wohlbekannter militanter Faschist, der angeblich bei einer seiner wenigen gewalttätigen Aktionen, einem Angriff auf ein Wohnheim linker Studenten, zwei Studenten in die Beine schoss. Sein Ruf in terroristischen Kreisen war so fürchterlich, dass Linke ihn bei mehreren Gelegenheiten zu töten versuchten. Zusammen mit Catli war Agca am 1. Februar 1979 auch an der Ermordung des bekannten türkischen Journalisten, Abdi Ipekci, Chefredakteur der Zeitung *Milliyet,* beteiligt. Ipekci machte sich wegen des inländischen Terrors der türkischen Rechten und der Unterstützung durch die CIA große Sorgen. Angeblich hatte er den Chef der CIA-Niederlassung, Paul Henze, gedrängt, diese Gewalt zu stoppen. Ipekci gehörte zu den türkischen Journalisten, die ihr Leben aufs Spiel setzten, weil sie die dunkelsten Staatsgeheimnisse und die Wurzeln der Gewalt enthüllen wollten. Zu diesen zählte auch Ugur Mumcu. Im Verlauf seiner Folterung informierte man ihn: «Wir sind die Konter-Guerilla. Nicht einmal der Präsident der Republik kann uns etwas anhaben.» Doch Mumcu stellte die Konter-Guerilla in der Tageszeitung *Cumhuriyet* weiterhin bloß, worauf er 1993 durch eine Autobombe getötet wurde.[61]

Nach dem Attentat auf den Chefredakteur Ipekci wurde Agca festgenommen, und er gestand das Verbrechen schnell ein. Als er dem Gericht drohte, «die wirklich verantwortlichen Parteien zu nennen», war dieses Signal so eindeutig, dass es einer Gruppe Grauer Wölfe am nächsten Tag gelang, Agca durch acht Kontrollstellen aus einem Hochsicherheitsgefängnis zu schmuggeln. Nach seinem Attentat auf den Papst wurde er wieder inhaftiert. Bei seinen Aussagen im September 1985 in Rom enthüllte Catli, dass er Agca mit gefälschten Dokumenten ausgestattet und ihm die Pistole gegeben hatte, mit der Agca den Pontifex verwundete. Wären die Grauen Wölfe in der Folge des Attentats auf den Papst einer gründlichen Untersuchung unterzogen worden, wäre mit großer Wahrscheinlichkeit auch die türkische Stay-behind Konter-Guerilla aufgedeckt worden. Dies geschah aber nicht, da die CIA, um die Aufmerksamkeit zu zerstreuen, den russischen Geheimdienst KGB beschuldigte, die Grauen Wölfe für diese Operation rekrutiert zu haben.[62]

Als Ecevit, der sich wegen der brutalen Operationen der türkischen Konter-Guerilla schon lange Sorgen machte, 1977 Premierminister wurde, beklagte er sich beim Stabschef der Armee, Kenan Evren: «Während der Vorfälle in Kizildere, so behauptet man, sei die Abteilung für spezielle Kriegsführung eingesetzt worden. Ich sorge mich um diese zivile Organisation. Es gibt keine Möglichkeiten, zu erfahren oder zu kontrollieren, was aus einem jungen Rekruten wird, nachdem er 20 Jahre lang in einer solchen Organisation gedient hat.» Darauf antwortete Evren angeblich: «Es gibt nichts, worüber Sie sich sorgen sollten. Damit kommen wir zurecht.» Danach erklärte Ecevit in der Öffentlichkeit, dass «wir allen türkischen Streitkräften Respekt erweisen und sie bei ihrem Anliegen unterstützen, sich aus der Politik herauszuhalten».[63]

General Evren hatte die Kritik von Premierminister Ecevit nicht geschätzt. Der Militärputsch kam am 12. September 1980, als Evren die Macht ergriff, während die Allied Mobile Force der NATO ihr Manöver «Anviel Express» durchführte.[64] Vor Gericht behauptete ein Rechtsextremist später ganz plausibel, dass die Massaker und der Terror der 70er-Jahre eine Strategie gewesen seien, um das Land zu destabilisieren und Evren und die militärische Rechte an die Macht zu bringen: «Die Massaker waren eine Provokation des MIT. Mit den Provokationen des MIT und der CIA wurde der Boden für den Putsch vom 12. September bereitet.»[65] Später wurde festgestellt, dass General Evren zur Zeit des Putsches der Abteilung für spezielle Kriegsführung vorstand und die Geheimarmee der Konter-Guerilla kommandierte. Als General Evren seinen Kampfanzug gegen einen zivilen Anzug tauschte und sich selbst zum Präsidenten der Türkei machte, wurden alle terroristischen Angriffe ganz plötzlich eingestellt.[66]

Als der Putsch in der Türkei stattfand, war Präsident Jimmy Carter gerade in der Oper. Als er davon hörte, rief er Paul Henze an, den ehemaligen Chef der CIA-Niederlassung in der Türkei, der Ankara kurz vor dem Putsch verlassen hatte, um in Washington Präsident Carters Sicherheitsberater der Abteilung Türkei in der CIA zu werden. Am Telefon erzählte Carter dem CIA-Mann Henze, was dieser schon lange wusste: «Ihre Leute haben gerade einen Staatsstreich durchgeführt!»[67] Der Präsident hatte Recht. Paul Henze hatte am Tag nach dem Putsch seinen Kollegen bei der CIA in Washington triumphierend erklärt: «Unsere Jungs haben es geschafft!»[68] Nach den Aussagen des Konter-Guerilla-Experten Celik «war Henze der Chefarchitekt des Staatsstreichs vom 12. September 1980».[69] Jahre später kommentierte Präsident Carter, dass «sich die Türkei vor der *Bewegung vom 12. September* [sic!] hinsichtlich ihrer Verteidigung in einer kritischen Situation befunden hatte. Nach der Intervention in Afghanistan und dem Sturz der iranischen Monarchie war die Stabilisierung in der Türkei eine Erleichterung für uns.»[70]

Carters nationaler Sicherheitsberater Zbigeniev Brzezinski unterstützte die Position von Henze. Während einer Diskussion im Nationalen Sicherheitsrat zur Situation im Iran, wo 1979 Chomeini die Macht übernommen hatte, brachte Brzezinski seine Meinung zum Ausdruck, dass «für Brasilien und die

Türkei eine Militärregierung die beste Lösung ist».[71] Die internationale Presse berichtete am Tag nach dem Putsch, dass ein Sprecher des Außenministeriums in Washington «bestätigt hat, dass die Vereinigten Staaten vor dem Staatsstreich der Militärs informiert wurden, dass diese die Macht übernehmen würden». Türkische Offiziere des Militärs erklärten, dass das türkische Militär nicht intervenieren würde, wenn sie zuvor nicht das Einverständnis Washingtons hätten.[72]

Zur Zeit des Militärputsches gab es in der Türkei etwa 1700 Organisationen der Grauen Wölfe mit ungefähr 200 000 registrierten Mitgliedern und einer Million Sympathisanten.[73] Sie waren ein wertvolles Mittel für die Operationen im Rahmen der Strategie der Spannung in den 70er-Jahren, die den Weg für den Putsch bereiteten. Nun stellten sie ein Sicherheitsrisiko dar, und General Evren verbot die rechtsextreme Partei Nationale Aktion MHP, um seine Macht zu festigen, und verhaftete Oberst Türks und andere Mitglieder der MHP wie auch viele Graue Wölfe. In der Anklageschrift gegen die MHP vom Mai 1981 warf die Militärregierung 220 Mitgliedern der MHP und ihren Partnerorganisationen die Verantwortung für 694 Morde vor.[74]

Trotz der Verhaftung blieb Oberst Türks sehr populär, und als er am 4. April 1997 in einem türkischen Krankenhaus an einem Herzversagen verstarb, kamen eine halbe Million Menschen zu seinem Begräbnis. Der islamische Premierminister Necmettin Erbakan erklärte, dass Türks die neuere Geschichte der Türkei weitgehend geprägt habe, «dass er, bis zu seinem Tod das politische Leben in der Türkei weitgehend gekennzeichnet hat und wegen seiner loyalen Dienste höchstes Lob verdient hat.» Die Außenministerin Tansu Ciller erweiterte das Lob, als sie hinzufügte, dass «Türks eine historische Persönlichkeit war. Er verdient einen besonderen Platz in unserer demokratischen Geschichte. Ich hatte zu ihm immer hervorragende Kontakte.» Der ehemalige Polizeipräsident Kemal Yazicoglu betonte: «Mein Leitwolf! Von dir habe ich alles gelernt!»[75]

Nach zahlreichen Festnahmen füllten sich die türkischen Gefängnisse mit Terroristen der Grauen Wölfe, worauf Agenten des MIT ihre ehemaligen Waffenbrüder besuchten und ihnen ein attraktives Angebot machten: die Entlassung aus dem Gefängnis und ein gesichertes Einkommen, wenn sie bereit wären, im Südosten der Türkei gegen die kurdische Minderheit zu kämpfen.[76] Viele akzeptierten die Bedingung und begannen die linksorientierte und militante kurdische PKK zu bekämpfen, die 1984 zu den Waffen gegriffen hatte, nachdem in den vorhergehenden Jahren Tausende von ihnen gefoltert worden waren. Als der Hass und die Gewalt auf beiden Seiten zunahmen, zog sich der Konflikt dahin. Angeblich war auch die türkische Stay-behind Konter-Guerilla in den Krieg verwickelt, der auf beiden Seiten insgesamt 25 000 Todesopfer forderte und Millionen von Kurden zur Umsiedlung zwang. Bei diesem Konflikt wurde Ankara mit Gewehren, Hubschraubern und Düsenjagdflugzeugen von den USA unterstützt. Die Familien der Opfer waren nicht erfreut, als der amerikanische Präsident Bill Clinton die Türkei «wegen ihrer kulturellen Vielfalt als ein leuchtendes Beispiel für die Welt» bezeichnete.[77]

Bis heute zählt die Beteiligung der Stay-behind der NATO an den Kämpfen gegen die Kurden zu den bestgehüteten Geheimnissen in der Türkei und in Washington. Major Cem Ersever, ein ehemaliger Kommandeur der türkischen paramilitärischen Einheiten, die gegen die PKK aktiv waren, beschrieb später in seinem Buch ganz offen, wie die Konter-Guerilla und andere paramilitärische Einheiten geheime Kriegsführung und Terror gegen die PKK anwendeten. Ersever enthüllte auch, wie seine Terroreinheiten reich wurden, indem sie entlang der «Heroin-Autobahn» ganz privat Steuern erhoben, da die Drogen aus Afghanistan auf ihrem Weg in den Westen durch die Türkei geschleust werden mussten. Zu den Operationen, die Ersever enthüllte, zählten Aktionen unter falscher Flagge, bei denen die Konter-Guerilla, verkleidet als Kämpfer der PKK, Dörfer angriff und die Menschen wahllos vergewaltigte und exekutierte. Dies schwächte die Sympathie für die PKK in dieser Region, und die Bevölkerung wendete sich gegen sie. Everser bestätigte, dass ehemalige Graue Wölfe und andere Rechtsextreme direkt in den Gefängnissen für die Todesschwadrone der Stay-behind rekrutiert wurden. Darunter waren auch gefangene Deserteure der PKK und radikale Islamisten. Ersever hatte die Situation korrekt beschrieben, aber musste dafür einen hohen Preis zahlen: Nach der Veröffentlichung seines Buches im November 1993 wurde er nach der klassischen Guerilla-Methode exekutiert: Er wurde gefoltert, und es wurde ihm in den Kopf geschossen. Sein Leichnam wurde mit hinter seinem Rücken gefesselten Händen gefunden.[78]

Die türkische Geheimarmee Konter-Guerilla blieb auch noch nach der Entdeckung der geheimen Stay-behind-Armeen der NATO in Westeuropa aktiv. Die Paramilitärs waren wie ein Krebsgeschwür so tief in das türkische System eingebettet, dass sie nicht einfach aufgelöst werden konnten. Nach den Enthüllungen des italienischen Premierministers Giulio Andreotti über die geheime Armee der NATO musste auch die türkische Militärregierung Stellung nehmen. Am 3. Dezember 1990 reagierten General Dogan Beyazit, der Präsident der operativen Abteilung (Harekat Dairesi) des türkischen Militärs, und General Kemal Yilmaz, Chef der türkischen Spezialeinheiten (Ozel Kuvvetler), auf den öffentlichen Druck und veröffentlichten eine Presseerklärung. Darin gestanden sie die Existenz geheimer NATO-Truppen in der Türkei ein und erklärten, dass die geheime Truppe von der Abteilung für spezielle Kriegsführung (Ozel Harp Dairesi) geleitet wurde. Sie hatte die Aufgabe, «im Fall einer kommunistischen Invasion den Widerstand zu organisieren».[79]

Die Generäle betonten, dass die Mitglieder des türkischen Gladio-Netzwerkes allesamt gute «Patrioten» seien. Damit bestätigten die Generäle offiziell den Bericht des Journalisten Mehmet Ali Birand, der schon am 13. November 1990 in der unabhängigen türkischen Tageszeitung *Milliyet* berichtet hatte, dass auch die Türkei eine geheime Gladio-Armee hatte. Birand zitierte den ehemaligen Premierminister Bulent Ecevit, der gesagt hat, dass die geheime Truppe zuerst von den Vereinigten Staaten gegründet worden sei und dass «die Gruppe aus patriotischen Freiwilligen besteht. Sie wurden speziell ausgebildet, um, für den Fall, dass das Land besetzt wird, eine Konter-Guerilla-Operation in Gang zu setzen.»[80] Außer Ecevit hatte auch Jacques Santer, der Premierminister von Luxemburg, am 13. November aufgedeckt: «Der Name der Geheimorganisation in der Türkei ist Konter-Guerilla.»[81] Auch der ehemalige CIA-Direktor William Colby bestätigte: «Da die Türkei Mitglied der NATO ist, ist die Existenz einer solchen Organisation sehr wahrscheinlich.»[82] Wie immer bestand Colby darauf, dass es das Ziel sei, den Kommunismus zu bekämpfen, und dies trotz der Tatsache, dass die türkische kommunistische Partei während des gesamten Kalten Krieges verboten war: «Um zu verhindern, dass die Türkei in die Hände von Kommunisten fällt, werden antikommunistische Organisationen unterstützt.»[83]

In der Schweiz titelte die *Neue Zürcher Zeitung:* «Zweifel an der Glaubwürdigkeit des Staates. Die Entlarvung einer Geheimarmee in der Türkei». Und sie berichtete, dass die Konter-Guerilla ihr Hauptquartier im Gebäude des amerikanischen militärischen Geheimdienstes DIA in der Türkei hatte.[84] Das deutsche Nachrichtenmagazin *Der Spiegel* hob in einem langen Beitrag die Parallelen zwischen der griechischen und der türkischen Gladio hervor und berichtete, dass in beiden Ländern die Stay-behind-Truppen in Staatsstreiche verwickelt waren. Das deutsche Magazin betonte, dass die Truppen der Konter-Guerilla der Abteilung für spezielle Kriegsführung direkt am Militärputsch von 1980 beteiligt waren, ähnlich wie das Gladio-Netzwerk Griechenlands im Jahr 1967.

Doch während die internationale Presse über die Frage grübelte, wie direkt die NATO und das amerikanische Pentagon die Terroranschläge in der Türkei unterstützt hatten, blockierten die in der Türkei regierenden Militärs 1990 alle weiteren Untersuchungen. Es gab keinen parlamentarischen Ausschuss zur Untersuchung der Konter-Guerilla und auch nicht der Abteilung für spezielle Kriegsführung. Die regierenden Militärs weigerten sich auch, die Fragen des Parlaments und der Minister zu beantworten, und der türkische Verteidigungsminister Giray, der einen Monat vor dem Gladio-Skandal entlassen worden war, beharrte darauf, dass «Ecevit besser sein verdammtes Maul gehalten hätte [sic]».[85]

1992 versicherte General Kemal Yilmaz, der Kommandeur der Abteilung für spezielle Kriegsführung, gegenüber den Journalisten, dass «die Abteilung bei Operationen zur Sicherheit gegen bewaffnete Mitglieder der PKK in den südöstlichen Provinzen der Türkei immer noch aktiv ist».[86] Da die Konter-Guerilla ihre Operationen fortsetzte, vermerkte sogar das amerikanische Außenministerium 1995 in seinem Menschenrechtsbericht, dass in der Türkei «prominente glaubwürdige Menschenrechtsorganisationen, kurdische Führer und einheimische Kurden versicherten, dass die Regierung Morde an Zivilisten verschweigt oder sogar selbst verübt». Der Bericht des Außenministeriums besagt, dass Menschenrechtsorganisationen über die weit verbreitete und glaubhafte Überzeugung berichteten, dass eine Gruppe der Konter-Guerilla in Verbindung mit den Sicherheitskräften zumindest einige «mysteriöse Morde» begangen habe.[87] Die New Yorker Journalistin Lucy Komisar hatte 1990 versucht, von demokratischen Institutionen ihres Landes weitere Informationen zu erhalten: «Über die Rolle, die Washington spielte, wollte das Pentagon keine Auskunft geben, auch nicht, ob es der Abteilung für spezielle Kriegsführung immer noch finanzielle oder andere Hilfsmittel zur Verfügung stellt. Tatsächlich wollte man dazu überhaupt keine Fragen beantworten», fand Komisar heraus. «Beamte sagten mir verschiedentlich, dass sie davon nichts wüssten, dass dies schon zu lange her sei, als dass es darüber noch irgendwelche Aufzeichnungen gebe, oder dass das, was ich da beschreibe, eine Operation der CIA sei, über die sie keine Informationen zur Verfügung stellen könnten. Ein Historiker des Pentagon sagte: ‹Oh, Sie meinen die Stay-behind-Operation. Das ist geheim.›»[88]

Wenn das Pentagon gehofft hatte, dass diese heikle Affäre über die geheimen Armeen in Westeuropa im Allgemeinen und in der Türkei im Besonderen vorübergehen werde, dann irrte es sich. Der Fall kam durch einen außergewöhnlichen Unfall wieder ans Tageslicht. Am 3. November 1996 stieß ein zu schnell fahrender schwarzer Mercedes mit einem Traktor zusammen und überschlug sich auf einer entlegenen Autobahn in der Nähe des türkischen Dorfes Susurluk, etwa 160 Kilometer südlich von Istanbul. Drei der vier Insassen starben: ein hochrangiger Polizeibeamter, Husseyin Kocadag, der die türkischen Truppen kommandierte, die gegen Aufstände eingesetzt wurden, Abdulla Catli, ein verurteilter Flüchtiger, der wegen Mordes und Drogenschmuggels gesucht wurde und die Grauen Wölfe anführte, sowie Catlis Freundin Gonca Us, eine ehemalige türkische Schönheitskönigin, die zu einer Killerin der Mafia wurde. Der einzige Überlebende war Sedat Bucak, ein rechtsextremes Mitglied des türkischen Parlaments und Bandenchef, dessen bewaffnete Miliz von der türkischen Regierung finanziert wurde, um die Kurden zu bekämpfen. Ein Polizist, ein Parlamentarier, ein Drogenschmuggler und eine Killerin waren eine ungewöhnliche Kombination von Insassen, wie die Presse sofort bemerkte. Der ehemalige Premierminister Ecevit kommentierte vor dem Parlament ganz richtig, dass «der Unfall die dunklen Verbindungen innerhalb des Staates offenbart».[89]

Nach diesem Unfall wurde die Türkei Zeuge der möglicherweise stärksten Bewegung gegen die Konter-Guerilla und gegen korrupte Regierungsbeamte, als Abend für Abend um 21 Uhr verärgerte Menschenmengen danach riefen, «das Land von den Banden zu säubern». Wochenlang wurden die Presse und das Fernsehen von diesem Skandal und den neuesten Enthüllungen über den korrupten «Susurluk-Staat» beherrscht. Fast 100 000 Arbeiter gingen in einem Protestmarsch durch die türkische Hauptstadt und forderten die Wahrheit über die Stay-behind-Soldaten, während die Leute auf der Straße bei Meinungsumfragen ihre Überzeugung zum Ausdruck brachten, dass das türkische Rechtssystem nicht ordentlich funktioniere und die Regierung korrupt sei. Sie sagten, dass die Gewalt und die geheimen Operationen sie krank und müde machten. Millionen folgten der landesweiten Protestaktion «Eine Minute der Dunkelheit für eine völlige Aufklärung», und zum Zeichen ihres Protestes schalteten sie einen Monat lang pünktlich um 21 Uhr alle Lichter aus und verdunkelten somit ganze Städte.[90]

Die *Washington Post* griff die Geschichte von Susurluk und dessen Verbindungen zur Konter-Guerilla auf und berichtete, dass «es Menschen gibt, die ganz persönliche Albträume haben, Geschichten von Morden, von Folterungen, Entführungen und anderen Verbrechen, die gegen sie oder ihre Familien begangen wurden». Und in einem weiteren Satz erklärte die Zeitung, dass die Vereinigten Staaten «die Menschenrechtsverletzungen, die von der Regierung begangen wurden, kritisierten».[91] Die *New York Times* kommentierte unterdessen: «Nun, da fast täglich neue Informationen auftauchen und die Presse und die Öffentlichkeit von fast nichts anderem mehr sprechen, lassen die Beweise vermuten, dass offiziell sanktionierte Kriminalität Ebenen erreicht hat, die niemand vermutet hätte.»[92]

Der türkische Präsident Suleyman Demirel bestätigte vor der Presse das Offensichtliche, als er erklärte, dass es «höchst ernsthafte Behauptungen» gibt, nach denen innerhalb des türkischen Staates «eine Abteilung für spezielle Operationen in der Generaldirektion für Sicherheitsfragen existiert. Einige Mitglieder des Stabes sind in Drogenhandel, Glücksspielbetrügereien, Erpressung und Morde verwickelt... Dies sind Mörder, die nach Anweisungen des Staates arbeiten.»[93] Premierminister Erbakan betonte: «Man kann innerhalb des Staates keine Banden dulden. Niemand darf etwas Illegales tun, ohne eine Ausnahme. Nichts, auch keine Kämpfe gegen die PKK, können die Verbrechen entschuldigen. Wenn es solche Vorkommnisse gibt, wenn es diese Banden gibt, gleichgültig welcher Art, dann müssen sie aufgelöst werden.»[94] Die Presse griff den Geheimdienst scharf an und erklärte, dass der «MIT sich nicht nur an Repressionen und Terror gegen das Volk beteiligt. Er ist in jede Art schmutziger Geschäfte verwickelt, wie etwa in Drogenhandel, Erpressung und Prostitution ... Der MIT trägt die Verantwortung für die Verschwundenen, für die Massaker und für Folterungen.»[95]

Zusammen mit dem MIT geriet auch die CIA in die Schusslinie, als die Presse die intimen Beziehungen zwischen den beiden Geheimdiensten beleuchtete. Mitten in der zunehmenden Kritik erklärte der Staatssekretär Sommez Koksal: «Weshalb sollte sich der MIT entschuldigen? Der MIT würde so etwas nicht von sich aus tun, ohne sich der Erlaubnis einer politischen Behörde zu versichern. Der MIT ist ein Staatsorgan.»[96] Im Parlament betonte Fikri Saglar von der Republikanischen Volkspartei (CHP), dass «die Verbindungen zwischen illegalen rechtsextremen Organisationen und den türkischen Sicherheitsbehörden zur Gladio zurückverfolgt werden müssen... Wenn die Operationen von Gladio, der mit der NATO in Verbindung stehenden Organisation gegen Aufstände innerhalb des türkischen Sicherheitssystems nicht untersucht werden, dann wird die wahre Ursache der Korruption der Sicherheitsbehörden nie wirklich aufgedeckt. Es ist erforderlich, das Kommando der Spezialeinheiten zu untersuchen, das zuvor Abteilung für spezielle Kriegsführung des Stabschefs genannt wurde.»[97]

Der Vorschlag war klug, doch ihm wurde nicht gefolgt, weil vor allem die internationale Dimension der Kriminalität ein zu heißes Eisen war, und das Parlament entschied, lediglich den Susurluk-Skandal zu untersuchen. Im Januar 1998 hatte der neue Premierminister Mesut Ylmaz das Vergnügen, Millionen von Fernsehzuschauern in der Türkei über die Ergebnisse der siebenmonatigen parlamentarischen Untersuchung zum Susurluk-Skandal zu informieren. «Dies ist die Anatomie einer unglaublichen Schweinerei», erklärte er und bestätigte, dass «ein Exekutionskommando durch den Staat abgesichert wurde.» Er schloss, indem er eingestand, dass «alle Teile des Staates sich dessen bewusst waren, was hier vorging».[98] Als das Parlament unentschlossen blieb, schloss die türkische Menschenrechtskommission (IHD), dass «gemäß der Fakten, die nach dem Unfall von Susurluk bekannt wurden, etwa 3500 Verbrechen auf das Konto der Konter-Guerilla gehen, die mit der Unterstützung des Staates begangen wurden und die von diesem Staat bis heute gedeckt werden», worauf im Mai 1998 auf Akin Birdal, den Präsidenten des IHD, geschossen wurde, dieser jedoch schwer verletzt überlebte.[99] Der Forscher Martin Lee, der sich auf faschistische Bewegungen konzentrierte, fand heraus, dass «von den Vereinigten Staaten gesponserte Stay-behind-Agenten in der Türkei und in mehreren Staaten Westeuropas ihre Fertigkeiten nutzten, um Gegner im eigenen Land anzugreifen und gewalttätiges Chaos anzurichten. Einige dieser Angriffe sollten rechtsgerichtete Militärputschs auslösen.» Lee meinte, dass die Türken nicht in der Lage sind, ohne die Kooperation des Weißen Hauses und des Pentagons den Terror zu durchleuchten. Und er kam zum Schluss: «Auf der anderen Seite des Atlantiks, in Washington, muss die US-Regierung erst noch die Verantwortung für den türkischen ‹Frankenstein› übernehmen, den die amerikanischen Strategen des Kalten Krieges geschaffen haben. Als er zur Susurluk-Affäre befragt wurde, sagte ein Sprecher des amerikanischen Außenministeriums, dass dies eine interne türkische Angelegenheit sei. Jeden weiteren Kommentar verweigerte er.»[100]

Schlussfolgerung

«Umsichtige Vorsorge oder Quelle des Terrors?», fragte die internationale Presse pointiert, als die geheimen Stay-behind-Armeen der NATO nach den Enthüllungen über Gladio Ende des Jahres 1990 in ganz Westeuropa entdeckt wurden.[1] Nach langjährigen Recherchen ist für mich als Historiker die Antwort eindeutig: Die Geheimarmeen waren beides.

Die geheimen Stay-behind-Armeen der Nato waren eine kluge Vorsichtsmaßnahme, wie die verfügbaren Dokumente und Aussagen belegen. Auf der Grundlage der Erfahrungen aus dem Zweiten Weltkrieg und der schnellen und traumatischen Besetzung der meisten europäischen Länder durch deutsche und italienische Truppen fürchteten militärische Experten die Sowjetunion und waren überzeugt, dass eine Stay-behind-Armee von strategischem Wert sein könnte, wenn besetztes Gebiet befreit werden sollte. Hinter den feindlichen Linien hätte die Geheimarmee den Widerstandwillen der Bevölkerung stärken können, bei einem bewaffneten nationalen Widerstand hätte sie bei der Führung und der Organisation helfen können. Sie hätte Sabotageakte durchgeführt, die Besatzungstruppen beunruhigt, abgeschossene befreundete Piloten ausgeschleust und für die Regierung im Exil geheimdienstliche Informationen gesammelt.

Aus der Furcht vor einer möglichen Invasion nach dem Zweiten Weltkrieg entschieden deshalb hochrangige Beamte der europäischen Regierungen der europäischen militärischen Geheimdienste, in der NATO ebenso wie in der CIA und dem MI6, dass ein geheimes Widerstandsnetzwerk schon in Zeiten des Friedens aufgebaut werden müsse. Auf einer unteren Ebene der Hierarchie teilten Bürger und militärische Offiziere in vielen Ländern Westeuropas diese Einschätzung, traten dem geheimen Netzwerk bei und trainierten heimlich für den Notfall. Diese Vorbereitungen waren nicht auf die 19 NATO-Staaten beschränkt, sondern auch die vier neutralen Staaten in Westeuropa, nämlich Österreich, Finnland, Schweden und die Schweiz, gehörten dazu. Rückblickend wurde offensichtlich, dass diese Furcht unbegründet war und die Ausbildung und das Training sinnlos waren, weil die Invasion der Roten Armee niemals stattfand. Doch damals gab es diese Sicherheit nicht. Verblüffend ist, dass die Tarnung des Netzwerks während des gesamten Kalten Krieges funktionierte, trotz wiederholter Versuche zur Enttarnung in vielen Ländern, und dass das Netzwerk erst in dem Augenblick ganz aufflog, als der Kalte Krieg beendet wurde und die Sowjetunion zusammenbrach.

Die geheimen Stay-behind-Armeen der NATO waren jedoch auch eine Quelle des Terrors, was die nun verfügbaren Beweise ebenfalls zeigen. Es ist dieses zweite Charakteristikum der Geheimarmeen, welches auch ich als Wissenschaftler scharf kritisieren muss und das auch in der Zukunft noch weiter untersucht und recherchiert werden muss. Bis heute weisen die Quellen darauf hin, dass die Regierungen der Vereinigten Staaten und Großbritanniens nach dem Krieg nicht nur eine sowjetische Invasion befürchteten, sondern auch Angst vor kommunistischen und sozialistischen Parteien hatten. Das Weiße Haus und Downing Street befürchteten, dass in mehreren Staaten Westeuropas, vor allem aber in Italien, Frankreich, Belgien, Finnland und Griechenland, die Kommunisten in einflussreiche Positionen in der Exekutive kommen und die militärische Allianz NATO von innen her zerstören könnten, indem sie militärische Geheimnisse an die Sowjetunion verraten würden. In diesem Sinn trat das Pentagon zusammen mit der CIA, dem MI6 und der NATO in einen geheimen Krieg ein und benutzte die Stay-behind-Armeen als Instrument, um die Demokratien Westeuropas von innen her zu manipulieren und zu kontrollieren, was aber weder die europäische Bevölkerung noch die Regierungen wissen durften. Diese Strategie führte zu Terror und Angst, ebenso zur «Erniedrigung und Misshandlung demokratischer Institutionen», wie die europäische Presse ganz richtig kritisierte.[2]

Experten des Kalten Krieges werden bemerken, dass die Operation Gladio und die Stay-behind-Armeen der NATO ein ganz neues Licht auf die Frage der Souveränität in Westeuropa werfen. Nun ist es eindeutig, dass damals, als der Kalte Krieg Europa teilte, Brutalität und Terror zur Kontrolle der Bevölkerung auf beiden Seiten des Eisernen Vorhangs angewendet wurden. Soweit es Osteuropa anbelangt, war diese Tatsache schon lange bekannt, lange bevor sie auch von Moskau eingestanden wurde. Nachdem die Rote Armee 1968 gnadenlos die sozialen Reformen in Prag zerschlagen hatte, erklärte der sowjetische Präsident Leonid Breschnew in Moskau in seiner berüchtigten «Breschnew-Doktrin», dass den Ländern Osteuropas nur eine «begrenzte Souveränität» zugestanden wird. Soweit es Westeuropa anbelangt, wurde die Illusion von Souveränität und Unabhängigkeit erst später erschüttert, ja vielen ist bis heute nicht klar, wie stark auch die europäischen Länder manipuliert wurden. Die Fakten über die Operation Gladio und die Stay-behind-Armeen der NATO zeigen eine subtilere und verdecktere Strategie zur Manipulation und zur Eingrenzung der Souveränität, die von Land zu Land sehr unterschiedlich war. Dennoch war es eine Einschränkung der Souveränität. Die Stay-behind-Armeen funktionierten, weil es keine sowjetische Invasion gab, als «Zwangsjacke» für Demokratien in Westeuropa, ja, man könnte sie daher auch als die Breschnew-Doktrin Washingtons bezeichnen.

Die strategische Begründung, die NATO von innen her zu schützen, kann nicht so leicht beiseite gewischt werden. Doch die Manipulation durch Washington und London, deren Umfang für viele in der Europäischen Union auch heute noch schwer zu glauben ist, hat eindeutig die gesetzlichen Regeln verletzt. In einigen Operationen der Stay-behind-Soldaten wurden zusammen mit den Geheimdiensten linksgerichtete Politiker beobachtet und Akten über sie angelegt, ebenso wurde antikommunistische Propaganda betrieben. Bei anderen Operationen kam es zu Blutvergießen. Tragisch war es, dass sich die geheimen Krieger mit rechtsextremen Terroristen zusammentaten, eine Kombination, die – in verschiedenen Ländern, zumindest in Belgien, Italien, Frankreich, Portugal, Spanien, Griechenland und der Türkei – zu Terroranschlägen, Folterungen, Staatsstreichen und anderen Gewalttaten führte. Die meisten dieser staatlich gesponserten Operationen erfreuten sich, wie die darauf folgenden Vertuschungen zeigten, der Ermutigung und des Schutzes ausgewählter hochrangiger Regierungsbeamter und militärischer Offiziere in Europa und den Vereinigten Staaten. Angehörige des Sicherheitsapparates und der Regierung auf beiden Seiten des Atlantiks, die es selbst verschmähen, mit Rechtsterrorismus in Verbindung gebracht zu werden, müssen in der Zukunft mehr Klarheit und Verständnis in diese tragischen Dimensionen des geheimen Kalten Krieges in Westeuropa bringen.

Es kann nicht hingenommen werden, dass Steuergelder dafür verwendet werden, Bürger zu töten, welche selber diese Steuern einbezahlt hatten, im Vertrauen, der Staat werde ihnen Sicherheit bieten und Verbrechen aufklären.

Die Fakten über Gladio zeigen, dass die Legislative nicht in der Lage war, die versteckteren Zweige der Exekutive zu kontrollieren, und es in den Demokratien auf beiden Seiten des Atlantiks keine parlamentarische Kontrolle der Geheimdienste gibt oder, wenn es sie gibt, sie nicht funktioniert. Schon lange ist bekannt, dass totalitäre Staaten eine ganze Reihe unterschiedlicher, weitgehend unkontrollierter Geheimdienste und Geheimarmeen unterhielten. Doch solche ernsthafte Fehlfunktionen auch in zahlreichen Demokratien zu entdecken ist zumindest überraschend.

In der Debatte um die demokratische Kontrolle von Geheimarmeen argumentieren militärische Beamte nach der Aufdeckung der Operation Gladio und des Stay-behind-Netzwerks der NATO zu Recht, dass es niemals so etwas wie eine «transparente Stay-behind-Armee» geben kann, denn eine solche würde im Fall einer Invasion sofort aufgedeckt und deren Angehörige würden nach einer Invasion von den Eindringlingen sofort getötet. Parlamentarier und Verfassungsjuristen hatten indes ebenfalls Recht, wenn sie betonten, dass bewaffnete Truppen und die Geheimdienste in einer Demokratie jederzeit transparent, verantwortlich, kontrolliert und durch zivile Repräsentanten des Volkes überwacht sein müssen, da sie die mächtigsten Instrumente eines Staates darstellen.

Der unlösbare Konflikt zwischen zwingender Transparenz und zwingender Geheimhaltung, der genau am Kern des Gladio-Phänomens liegt, weist direkt auf die umfassende Frage, wie viel Geheimhaltung der Exekutive in einer Demokratie gewährt werden sollte. Urteilt man nach den Belegen zu Gladio, wo fehlende Transparenz und Verantwortlichkeit zu Korruption, zu Missbrauch und Terror führte, dann ist die Antwort eindeutig. Der Exekutive sollte keine Verschwiegenheit gewährt werden, und sie sollte jederzeit von der Legislative kontrolliert werden. Denn eine geheime Regierung, wie sie sich in den Vereinigten Staaten und in Teilen Westeuropas manifestiert hat, kann zu Missbrauch und sogar zu Staatsterrorismus führen. «Das Anwachsen der Vorgehen unserer Geheimdienste deutet auf ein fundamentales Versagen unserer Institutionen hin», hatte der amerikanische Senator Frank Church bereits in den 70er-Jahren sehr klug nach eingehenden Untersuchungen verdeckter Aktionen der CIA notiert. Gladio wiederholt diese Warnung mit aller Macht.

Es kann kaum überbetont werden, dass die Gründung einer Geheimarmee und eines Geheimdienstes, die niemandem Rechenschaft schuldig sind, ein ernsthaftes Risiko darstellt, das jede Demokratie zu vermeiden versuchen sollte. Zu den Risiken zählt nicht nur unkontrollierte Gewalt gegen gesellschaftliche Gruppen, sondern auch die Massenmanipulation ganzer Länder oder Kontinente. Zu den weitestreichenden Ergebnissen der Untersuchungen über den geheimen Krieg zählt die Tatsache, dass das Stay-behind-Netzwerk, da es zu keiner Invasion kam, zur Verbreitung von Angst und Schrecken unter der Bevölkerung instrumentalisiert wurde. Die Geheimarmeen fungierten in einigen Fällen als fast perfekte Manipulationssysteme, welche die Ängste hochrangiger Offiziere des Militärs im Pentagon und in der NATO auf die Bevölkerung Westeuropas übertrugen. Europäische Bürger waren, wie die Strategen im Pentagon es sahen, wegen ihres eingeschränkten Vorstellungsvermögens nicht in der Lage, die reale und allgegenwärtige Gefahr des Kommunismus wahrzunehmen, und mussten deshalb manipuliert werden. Indem die Geheimarmeen zusammen mit überzeugten rechtsradikalen Terroristen unschuldige Bürger auf Marktplätzen oder in Supermärkten töteten und die Verbrechen dann den Kommunisten in die Schuhe schoben, machten sie die Ängste der Strategen des Pentagons zu den Ängsten der europäischen Bürger.

Die destruktive Spirale von Manipulation, Angst und Gewalt endete nicht mit dem Zerfall der Sowjetunion und der Entdeckung der Geheimarmeen im Jahr 1990, sondern gewann ganz im Gegenteil an Eigendynamik. Seit den teuflischen terroristischen Angriffen auf die Bevölkerung der Vereinigten Staaten am 11. September 2001 und dem Beginn des so genannten «Krieges gegen den Terrorismus» dominieren Furcht und Gewalt nicht nur die Schlagzeilen auf der ganzen Welt, sondern auch das Bewusstsein von Millionen. Im Westen wurde der «schlimme Kommunist» des Kalten Krieges schnell durch den «schlimmen Islamisten» ersetzt. Fast 3000 Zivilisten wurden am 11. September getötet, und mehrere Tausend wurden bisher in den von den USA angeführten Kriegen in Irak und Afghanistan getötet, wobei ein Ende noch nicht abzusehen ist.

Ein solches Umfeld der Furcht ist, wie Gladio belegt, ideal geeignet, um die Massen auf beiden Seiten zu radikalisieren. Da Terroranschläge in der Regel fast alle Spuren verwischen, eignen sie sich ideal für die Manipulation. Osama bin Laden und sein Al-Kaida-Netzwerk manipulierte Millionen von Moslems, vor allem junge männliche Erwachsene, eine radikale Position einzunehmen und der Gewalt zu vertrauen. Auf der anderen Seite haben das Weiße Haus und die Regierung von George Bush junior die Spirale der Gewalt und Furcht immer weiter gedreht und ließen Millionen von Christen und

Atheisten glauben, dass es notwendig und gerecht sei, andere Menschen zu töten, um die eigene Sicherheit zu erhöhen.

Doch die Sicherheit der Menschen wird nicht verbessert, sondern ganz im Gegenteil – sie nimmt ab, wenn die Atmosphäre voller Manipulation, Terror und Furcht ist. Wo die Manipulationen und die Gewalt ihren Ursprung haben und wohin dies noch führen soll, ist derzeit schwierig zu analysieren. Hitler und die Nazis profitierten nach dem mysteriösen Berliner Reichstagsbrand im Jahr 1933 außerordentlich von der Manipulation und der Furcht, worauf das Dritte Reich und der Zweite Weltkrieg folgten. Der Krieg gegen den Terrorismus begann im Jahr 2001, und wiederum haben radikale Kritiker argumentiert, dass das Weiße Haus das Attentat vom 11. September, den größten terroristischen Anschlag der Geschichte, aus geostrategischen Gründen manipuliert habe.[3] Ob dies so war, kann heute nicht abschliessend beurteilt werden.

Da viele Menschen auf der ganzen Welt das vage Gefühl haben, dass es so nicht weitergehen kann, suchen sie nach einer Strategie, um aus der Spirale der Gewalt, der Furcht und der Manipulation auszusteigen. In Europa bildet sich die übereinstimmende Überzeugung heraus, dass der Terrorismus nicht durch einen Krieg besiegt werden kann, da dieser die Gewaltspirale nur weiter dreht. Deshalb ist der Krieg auch nicht Teil der Lösung, sondern Teil des Problems. Außerdem scheinen auch immer raffiniertere hochtechnische Instrumente – vom Retina-Scanner bis hin zum Smart Container – nicht in der Lage zu sein, potenzielle Ziele vor Terroranschlägen zu schützen. Noch mehr Technik könnte sogar die künftigen Herausforderungen vergrößern, wenn sie für terroristische Zwecke und asymmetrische Kriegsführung genutzt wird. Dies ist eine Entwicklung, die seit der Erfindung von Dynamit im 19. Jahrhundert zu beobachten ist. Noch mehr Technik und noch mehr Gewalt werden wahrscheinlich die vor uns liegenden Herausforderungen nicht lösen können.

Eine mögliche Ausstiegsstrategie aus der Spirale von Furcht, Manipulation und Gewalt könnte sich auf den einzelnen Menschen und dessen Bewusstsein selbst konzentrieren. Da jeder einen freien Willen hat, kann man sich auf die gewaltlose Lösung bestimmter Konflikte konzentrieren und einen Dialog der Verständigung und Vergebung fördern, um extremistische Einstellungen zu mindern. Der Einzelne kann sich von Furcht und Manipulation befreien, indem er sich ganz bewusst auf die eigenen Gefühle konzentriert, auf seine Gedanken, seine Worte und Handlungen achtet und dabei immer friedliche Lösungen anstrebt. Da es unwahrscheinlich ist, dass mehr Geheimnisse und mehr

Blutvergießen die vor uns liegenden Probleme lösen können, scheint das neue Jahrtausend die richtige Zeit zu sein, mit solch einer Bewusstseinsveränderung zu beginnen, die sowohl auf die Welt als auch für den einzelnen Menschen nur positive Auswirkungen haben kann.

Nachwort

von Prof. Albert A. Stahel
Institut für Strategische Studien, Wädenswil

Daniele Ganser setzt sich in seinem Buch mit den geheimen Streitkräften der NATO-Staaten auseinander, die von 1947 bis 1991 in verschiedene verdeckte Operationen verwickelt waren und während dieser Zeitperiode Anschläge ausgeführt haben.

Verschiedene Anschläge, die während der Zeitperiode des Kalten Krieges erfolgten, sind damals mit Hilfe der Manipulation der Medien den terroristischen Kampfgruppen wie den Brigate Rosse in Italien in die Schuhe geschoben worden. In Tat und Wahrheit erfolgten diese Anschläge durch Kampfgruppen, die im Auftrag ziviler und militärischer Geheimdienste der europäischen NATO-Staaten operierten. Die Anschläge haben in Italien in den 70er-Jahren beinahe als Rechtfertigung für die Erklärung des Kriegsrechts und des Sturzes der damaligen Regierungen gedient. Zumindest konnten in Westeuropa aufgrund dieser Anschläge Hausdurchsuchungen gemacht und Telefonverbindungen abgehört werden, was sonst nicht bewilligt worden wäre. In diesem Sinne ist der Ausdruck des Staatsterrors beinahe zulässig.

Der Autor hat seine Untersuchungen auf die europäischen NATO-Staaten ausgerichtet. Leider konnte er bis anhin das Bestehen solcher Organisationen in den damals neutralen Staaten Europas, der Schweiz, Österreich, Finnland, Schweden und Irland, nicht umfassend untersuchen. Dies trifft auch für die unzähligen Organisationen in den USA zu, die entweder unter der Schirmherrschaft des Pentagons oder der CIA zur damaligen Zeit und bis heute operierten. Bekannt ist selbstverständlich, dass in der Schweiz bis 1989 eine geheime Organisation «P26» existierte, deren Auftrag die Führung des Widerstandes in einer besetzten Schweiz gewesen war. Die Angehörigen der P26 wurden vom MI6 ausgebildet. Offenbar müssen aber die CIA und der MI6 auch in Österreich, Schweden und Finnland solche Organisationen errichtet, finanziert und ausgebildet haben, deren Beziehungen zur NATO bis jetzt noch ungeklärt geblieben sind. In einem zukünftigen Buch wird sich der Autor hoffentlich auch dieser dunklen Seite der europäischen Geschichte zuwenden.

Daniele Ganser hat die Daten zu diesem Buch in den Jahren 1998 bis 2001 erarbeitet, also noch vor dem 11. September 2001. Zur damaligen Zeit nahmen die USA den Terrorismus des Osama bin Laden noch nicht ganz ernst und hatten dem Saudi den «War on Terror» noch nicht erklärt. Obwohl aus der Zeit des Kalten Krieges die Terrororganisationen Brigate Rosse in Italien und Rote Armee Fraktion in der Bundesrepublik Deutschland teilweise noch in Erinnerung waren, vergaß doch die breite Öffentlichkeit in zunehmendem Maße ihre Angst und Furcht vor den gezielten Anschlägen dieser historischen Kampfgruppen. Erst recht waren die erwähnten NATO-Organisationen und ihre Hintermänner unbekannt. Nicht bekannt war auch die Tatsache, dass gerade diese Organisationen für verschiedene «terroristische» Anschläge bis zum Ende des Kalten Krieges verantwortlich gewesen waren und dass diese Organisationen durch die unbekannten Geheimausschüsse ACC und CPC der NATO koordiniert wurden.

Daniele Ganser gebührt die Anerkennung und der Dank, dass durch seine unermüdlichen wissenschaftlichen Untersuchungen auch diese dunkle Seite der Geschichte der NATO und damit Europas nun bekannt ist.

Wädenswil, im Februar 2008

Chronologie

1940
In England gründet Premierminister Winston Churchill die geheime Stay-behind-Armee Special Operations Executive (SOE), um in Europa unterstützende Widerstandsbewegungen zu lancieren und um subversive Operationen in feindlich besetzten Gebieten durchzuführen. Nach dem Ende des Zweiten Weltkriegs wurden die Stay-behind-Armeen auf der Grundlage der Erfahrungen und Strategien der SOE und der Beteiligung ehemaliger SOE-Offiziere gegründet.

1944
London und Washington sind sich darin einig, dass es wichtig ist, Westeuropa vom Kommunismus zu befreien. In Griechenland wird die erste Stay-behind-Armee unter dem Namen LOK errichtet. Als in Athen eine große kommunistische Demonstration gegen die amerikanische Einmischung in die erste Regierung der Nachkriegszeit stattfindet, erschießen geheime Soldaten 25 Demonstranten, und 148 werden verwundet.

1945
In Finnland entdeckt der kommunistische Innenminister eine Stay-behind-Armee und löst sie auf.

1947
In den Vereinigten Staaten gründet Präsident Harry Truman den NSC und die CIA. Die Abteilung für verdeckte Aktionen der CIA, das OPC unter Frank Wisner, stellt in Westeuropa Stay-behind-Armeen auf.

1947

In Frankreich deckt der Innenminister Edouard Dépreux die Existenz einer geheimen Stay-behind-Armee in Frankreich auf, die den Decknamen «Plan Bleu» trägt.

1947

In Österreich wird eine geheime Stay-behind-Armee aufgedeckt, die von den Rechtsextremisten Soucek und Rössner geführt wurde. Kanzler Körner begnadigt die Angeklagten unter mysteriösen Umständen.

1948

In Frankreich wird das «Western Union Clandestine Commitee» (WUCC) gegründet, um die unorthodoxe geheime antikommunistische Kriegsführung zu koordinieren. Nach der Gründung der NATO im folgenden Jahr wird das WUCC unter der Bezeichnung «Clandestine Planning Committee» (CPC) in die militärische Allianz integriert.

1949

Die NATO wird gegründet, und das europäische Hauptquartier wird in Frankreich errichtet.

1951

In Schweden und Finnland unterstützt der in der Stockholmer Niederlassung stationierte CIA-Agent William Colby die Ausbildung von Stay-behind-Armeen, ebenso wie in den NATO-Ländern Norwegen und Dänemark.

1952

In Deutschland meldet der ehemalige SS-Offizier Hans Otto der Kriminalpolizei von Frankfurt in Hessen die Existenz der faschistischen deutschen Stay-behind-Armee BDJ-TD. Die verhafteten Rechtsextremisten werden unter mysteriösen Umständen für nicht schuldig befunden.

1953

In Schweden verhaftet die Polizei den Rechtsextremisten Otto Hallberg und entdeckt die schwedische Stay-behind-Armee. Hallberg wird freigelassen, und die Klagen gegen ihn werden auf mysteriöse Weise fallen gelassen.

1957
In Norwegen protestiert Vilhelm Evang, der Direktor des Geheimdienstes NIS, energisch gegen die inländische Subversion seines Landes durch die Vereinigten Staaten und die NATO und zieht die norwegische Stay-behind-Armee vorübergehend aus den Konferenzen des CPC ab.

1958
In Frankreich gründet die NATO das ACC zur Koordination der geheimen Kriegsführung und der Stay-behind-Armeen. Als die NATO 1966 aus Frankreich ausgewiesen wird und sich im neuen Hauptquartier in Brüssel etabliert, wird das ACC unter dem Decknamen SDRA11 im belgischen militärischen Geheimdienst SGR verborgen. Das Hauptquartier bleibt in der Nähe der NATO.

1960
In der Türkei führt das Militär, unterstützt von den Geheimarmeen, einen Staatsstreich aus und tötet den Premierminister Adnan Menderes.

1961
In Algerien gründen Mitglieder der französischen Stay-behind und Offiziere aus dem französischen Krieg in Vietnam die illegale OAS, und mit der Unterstützung der CIA putschen sie ohne Erfolg gegen die französische Regierung von de Gaulle.

1964
In Italien ist die Stay-behind-Armee in einen stillen Staatsstreich verwickelt, als General Giovanni De Lorenzo in der Operation Solo eine Gruppe sozialistischer Minister zwingt, die Regierung zu verlassen.

1965
In Österreich entdeckt die Polizei ein Waffenversteck der Stay-behind in einer alten Mine in der Nähe von Windisch-Bleiberg und zwingt die britischen Behörden, eine Liste der Standorte der anderen 33 Waffenverstecke des MI6 in Österreich auszuhändigen.

1966

In Portugal baut die CIA Aginter Press auf, die unter der Leitung von Hauptmann Yves Guerin Serac eine geheime Stay-behind unterhält und die Mitglieder in Techniken der verdeckten Aktionen ausbildet, wozu auch Bombenterrorismus, stille Mordanschläge, Techniken der Subversion, heimlicher Kommunikation und Infiltration und Kriegsführung in den Kolonien zählen.

1966

In Frankreich zwingt Präsident Charles de Gaulle die NATO, Frankreich zu verlassen. Als die militärische Allianz nach Brüssel umzieht, werden geheime NATO-Protokolle enthüllt, die angeblich Rechtsextremisten in antikommunistischen Stay-behind-Armeen schützen.

1967

In Griechenland übernimmt die Stay-behind-Armee Hellenic Raiding Force die Kontrolle über das Verteidigungsministerium und beginnt einen Staatsstreich, nach dem eine rechtsextremistische Diktatur eingesetzt wird.

1968

In Schweden verrät ein britischer MI6-Agent, der stark in die Stay-behind-Armeen verwickelt ist, das Netzwerk an den sowjetischen Geheimdienst KGB.

1969

In Mosambik ermordet die portugiesische Stay-behind-Armee Aginter Press Eduardo Mondlane, den Vorsitzenden der Mozambique Liberation Party und Anführer der FRELIMO-Bewegung.

1970

In Spanien werden rechtsextreme Terroristen, darunter Stefano Delle Chiaie von der Stay-behind-Armee Gladio, von Francos Geheimpolizei angeheuert. Sie waren nach einem abgebrochenen Staatsstreich aus Italien geflohen, während dessen der Rechtsextremist Valerio Borghese der Geheimarmee befahl, das Innenministerium in Rom zu besetzen.

1971
In der Türkei findet ein Militärputsch statt, und das Militär übernimmt die Macht. Die Stay-behind-Armee Konter-Guerilla ist in inländischen Terror verwickelt und ermordet Hunderte.

1972
In Italien explodiert eine Autobombe in der Nähe des Dorfes Peteano und tötet drei Carabinieri. Der Terror, der zunächst der Linken angelastet wird, kann später zum rechtsextremen Terroristen Vinzenzo Vinciguerra zurückverfolgt werden und führt fast zwanzig Jahre später zur Entdeckung der italienischen Stay-behind mit dem Decknamen Gladio.

1974
Bei einem Terroranschlag während einer antifaschistischen Demonstration in Brescia werden acht Menschen getötet und 102 Menschen verletzt, ein Terroranschlag auf den Eisenbahnzug «Italicus Express» von Rom nach München tötet 12 Menschen und verletzt 48 Menschen.

1974
In Dänemark versucht die geheime Stay-behind-Armee Absalon vergeblich zu verhindern, dass eine Gruppe linker Akademiker an der Leitung der Universität von Odense beteiligt wird, worauf die Geheimarmee aufgedeckt wird.

1974
In Italien wird General Vito Miceli, Chef des militärischen Geheimdienstes, wegen subversiver Verschwörung gegen den Staat verhaftet und deckt während der Gerichtsverhandlung die Stay-behind-Armee der NATO auf.

1976
In Deutschland wird die BND-Sekretärin Heidrun Hofer festgenommen, nachdem sie die Geheimnisse der deutschen Stay-behind-Armee ihrem Mann preisgab, der Spion des sowjetischen Geheimdienstes KGB war.

1977
In der Türkei greift die Stay-behind-Armee Konter-Guerilla eine Demonstration von 500 000 Menschen in Istanbul an, indem sie das Feuer auf die Rednertribüne eröffnet, wobei 38 Menschen getötet und Hunderte verletzt werden.

1977
In Spanien führt die Geheimarmee unter Mithilfe italienischer Rechtsterroristen das Atocha-Massaker in Madrid aus, wie auch einen Anschlag auf eine der spanischen kommunistischen Partei nahestehende Anwaltskanzlei, bei dem fünf Menschen getötet werden.

1978
In Norwegen entdeckt die Polizei ein Waffenversteck der Stay-behind und verhaftet Hans Otto Meyer, der die norwegische Geheimarmee aufdeckt.

1978
In Italien wird der ehemalige Premierminister und Vorsitzende der DCI, Aldo Moro, in Rom von einer bewaffneten geheimen Truppe als Geisel genommen und 55 Tage später ermordet. Er war gerade dabei, eine Koalitionsregierung zu bilden, an der auch die italienische kommunistische Partei beteiligt werden sollte.

1980
In Italien explodiert im Warteraum der zweiten Klasse auf dem Bahnhof von Bologna eine Bombe, wobei 85 Menschen den Tod finden und weitere 200 Menschen schwer verletzt werden. Ermittlungsbeamte verfolgen die Spur des Verbrechens zu Rechtsterroristen zurück.

1980
In der Türkei führt General Kenan Evren, der Kommandeur der Stay-behind-Armee Konter-Guerilla, einen Militärputsch durch und ergreift selbst die Macht.

1981
In Deutschland wird ein riesiges Waffenarsenal der Stay-behind in der Nähe der Ortschaft Uelzen in der Lüneburger Heide entdeckt. Rechtsextreme Terroristen haben vermutlich dieses Arsenal im vorhergehenden Jahr für das Attentat auf dem Münchner Oktoberfest genutzt, bei dem 13 Menschen getötet und 213 Menschen verletzt wurden.

1983
In den Niederlanden finden Spaziergänger in einem Wald in der Nähe der Ortschaft Velp ein großes Waffenversteck, und die Regierung ist gezwungen zu bestätigen, dass die Waffen mit der NATO-Planung für verdeckte Kriegsführung zu tun haben.

1984
In der Türkei kämpft die Stay-behind-Armee Konter-Guerilla gegen die Kurden und tötet und foltert auch in den folgenden Jahren Tausende.

1984
In Italien enthüllt der rechtsextreme Terrorist Vincenzo Vinciguerra vor Gericht die Operation Gladio und die Verwicklung der Stay-behind-Armee der NATO in Terrorakte in Italien, die angelegt waren, die Kommunisten zu diskreditieren. Er wurde zu «lebenslänglich» verurteilt und ins Gefängnis verbracht.

1985
In Belgien attackiert eine Geheimarmee im Bezirk Brabant Supermärkte und schießt wahllos auf Käufer. Dabei werden 28 Menschen getötet und viele verwundet. Die Ermittlungen bringen den Terror mit einer Verschwörung in Verbindung, an welcher die belgische Stay-behind SDRA8, die belgische Gendarmerie SDRA6, die belgische rechtsradikale Gruppe WNP und die DIA, der Geheimdienst des Pentagons, beteiligt sind.

1990
In Italien entdeckt der Richter Felice Casson in den Archiven des italienischen militärischen Geheimdienstes in Rom Dokumente über die Operation Gladio und zwingt den Premierminister Giulio Andreotti vor dem Parlament die Exis-

tenz einer Geheimarmee im Staat zu bestätigen. Als Andreotti darauf beharrt, dass Italien nicht das einzige Land ist, das an der Verschwörung beteiligt ist, werden auch die anderen antikommunistischen Geheimarmeen in ganz Westeuropa aufgedeckt.

1990

In der Schweiz erklärt Oberst Herbert Alboth, ein ehemaliger Kommandeur der Schweizer Stay-behind-Armee P26, in einem vertraulichen Brief an das Verteidigungsministerium, dass er bereit ist, «die ganze Wahrheit» aufzudecken. Danach wird er erstochen mit seinem eigenen Bajonett in seinem Haus gefunden. Der detaillierte parlamentarische Bericht über die Schweizer Geheimarmee wird der Öffentlichkeit am 17. November präsentiert.

1990

In Belgien trifft sich das mit der NATO verbundene ACC am 24. und 25. Oktober unter dem Vorsitz des belgischen Generals Van Calster, des Direktors des belgischen militärischen Geheimdienstes SGR.

1990

In Belgien leugnet die NATO kategorisch die Unterstellungen von Premierminister Andreotti hinsichtlich der Beteiligung an der Operation Gladio und an verdeckter Kriegsführung in Westeuropa. Am nächsten Tag erklärt die NATO, dass das Leugnen vom Vortag falsch war, weigerte sich jedoch, weitere Fragen zu beantworten.

1990

In Belgien verurteilt die Europäische Union die NATO und die Vereinigten Staaten in einer Resolution scharf wegen der Manipulation europäischer Politik durch die Stay-behind-Armeen.

1991

In Schweden decken die Medien auf, dass im neutralen Finnland eine Stay-behind-Armee existierte, zudem ein Exil in Schweden. Die finnische Verteidigungsministerin Elisabeth Rehn nennt die Enthüllungen «ein Märchen», fügt aber vorsichtig hinzu: «oder zumindest eine unglaubliche Geschichte, von der ich nichts weiß».

1991

In den Vereinigten Staaten reicht das Nationale Sicherheitsarchiv an der George Washington Universität im Interesse der öffentlichen Information und Forschung eine FOIA-Anfrage bezüglich der Stay-behind-Armeen der CIA ein. Die CIA weist die Anfrage mit der Standardantwort zurück: «Die CIA kann die Existenz oder Nichtexistenz von Aufzeichnungen zu Ihrer Anfrage weder bestätigen noch in Abrede stellen.»

1995

In England enthüllt das in London befindliche Imperial War Museum in der Dauerausstellung «Secret Wars» neben einer großen Kiste voller Sprengstoffe, dass der MI6 und der SAS in ganz Westeuropa Stay-behind-Armeen aufgestellt haben.

1995

In Italien stellt die Senatskommission unter dem Vorsitz des Senators Giovanni Pellegrino im Rahmen der Untersuchung der Operation Gladio und der Ermordung des ehemaligen Premierministers Aldo Moro eine FOIA-Anfrage bei der CIA. Die CIA lehnt die Anfrage ab und antwortet: «Die CIA kann die Existenz oder Nichtexistenz von Aufzeichnungen zu Ihrer Anfrage weder bestätigen noch in Abrede stellen.»

1996

In Österreich werden von der CIA angelegte Waffenverstecke gefunden. Für die österreichische Regierung stellt Oliver Rathkolb von der Universität in Wien eine FOIA-Anfrage bezüglich der Stay-behind-Armeen bei der CIA. Die CIA lehnt die Anfrage ab und antwortet: «Die CIA kann die Existenz oder Nichtexistenz von Aufzeichnungen zu Ihrer Anfrage weder bestätigen noch in Abrede stellen.»

2001

Der Autor bittet die NATO um Dokumente zu den Stay-behind-Armeen und speziell um Mitschriften der Konferenzen des ACC und des CPC. Lee McClenny, der Vorsitzende der Medien- und Pressestelle leugnet, dass die NATO in die Operation Gladio verwickelt gewesen sei, und behauptet, dass keine Mitschriften der Konferenzen des ACC und des CPC existieren.

2001
Der Autor stellt eine FOIA-Anfrage bei der CIA, die jedoch mit dem Kommentar abgelehnt wird: «Die CIA kann die Existenz oder Nichtexistenz von Aufzeichnungen zu Ihrer Anfrage weder bestätigen noch in Abrede stellen.» Der Autor erhebt Einspruch gegen die Entscheidung und argumentiert, es sei unklug, «der CIA ihre Stimme und die Möglichkeit zum Diskurs zur Entdeckung von Gladio zu entziehen, der unabhängig davon geführt wird, ob die CIA entscheidet, sich daran zu beteiligen oder nicht». Die CIA akzeptiert den Einspruch und informiert den Autor, dass der Agency Release Panel, der die Anfrage «in der Reihenfolge ihres Eingangs» behandelt, der Reihenfolge entsprechend antworten wird. Allerdings lägen derzeit 315 Eingaben vor, die zuerst abgearbeitet werden müssten.

Auch sechs Jahre später hatte die CIA die wissenschaftlichen Fragen des Autors noch immer nicht beantwortet.

Anmerkungen

Einführung

1) Britische Tageszeitung *The Times*, 19. November 1990.
2) Britische Tageszeitung *The Observer*, 18. November 1990.

Kapitel 1: Ein terroristischer Angriff in Italien

1) Britische Tageszeitung *The Observer*, 18. November 1990.
2) O'Shaugnessy, Hugh: *Gladio: Europe's best kept secret.* Es waren Agenten, die zurückbleiben («stay behind») mussten, falls die Rote Armee Westeuropa überrennen würde. Aber das Netzwerk, das mit den besten Absichten eingerichtet wurde, degenerierte in einigen Ländern zu einer Fassade für Terrorismus und äußerst rechte politische Agitation. In: Britische Tageszeitung *The Observer*, 7. Juni 1992.
3) Die Forscher über Geheimdienste Fabrizio Calvi und Frederic Laurent produzierten die wahrscheinlich beste Dokumentation über den Terror auf der Piazza Fontana: *Piazza Fontana: Storia di un Complotto*, gesendet am 11. Dezember 1997 um 18.50 Uhr im italienischen staatlichen Fernsehen Rai Due. Die französische Version *L'Orchestre Noir: La Strategie de la tension* wurde in zwei Teilen am Dienstag, dem 13. Januar 1998, und am Mittwoch, dem 14. Januar 1998, um 20.45 Uhr auf dem französischen Kanal *Arte* gesendet. In ihrer Dokumentation befragen sie sehr viele Zeugen, auch die Richter Guido Salvini und Gerardo D'Ambrosio, die jahrelang die Massaker untersuchten, aber auch die Rechtsextremisten Stefano Delle Chiaie, Amos Spiazzi, Guido Giannetti, Vincenzo Vinciguerra und Hauptmann Labruna sowie den ehemaligen Premierminister Giulio Andreotti und Victor Marchetti und Marc Wyatt von der CIA.
4) Zitiert aus Giovanni Fasanella und Claudio Sestrieri mit Giovanni Pellegrino, *Segreto di Stato. La verità da Gladio al caso Moro* (Turin: Einaudi Editore, 2000), Einführung.
5) Francovich, Allan: *Gladio: The Puppeteers.* Zweite von insgesamt drei Dokumentationen von Francovich über Gladio, gesendet auf BBC 2 am 17. Juni 1992.
6) Willan, Philip: *Terrorists «helped by CIA» to stop rise of left in Italy.* In: Britische Tageszeitung *The Guardian*, 26. März 2001. Willan ist Experte für die amerikanischen verdeckten Aktionen in Italien. Er veröffentlichte das sehr wertvolle Buch *Puppetmasters. The Political Use of Terrorism in Italy* (London: Constable, 1991).
7) *Senato della Repubblica Italiana. Commissione parlamentare d'inchiesta sul terrorismo in Italia e sulle cause della mancata individuazione dei responsabili delle stragi: Il terrorismo, le stragi ed il contesto storico politico.* Der Abschlussbericht der Kommission wurde unter diesem Titel 1995 veröffentlicht.
8) Britische Nachrichtensendung *Newsnight* auf BBC 1 am 4. April 1991.
9) Britische Tageszeitung *The Observer*, 7. Juni 1992.

10) Vulliamy, Ed.: Secret agents, freemasons, fascists ... and a top level campaign of political «destabilisation»: «Strategy of tension» that brought carnage and cover-up. In: Britische Tageszeitung *The Guardian,* 5. Dezember 1990.
11) Britisches Politik-Zeitschrift *Statewatch,* Januar 1991.
12) Brozzu-Gentile, Jean-François: *L'affaire Gladio* (Paris: Editions Albin Michel, 1994), S. 105.
13) Italienische Politik-Zeitschrift *Europeo,* 16. November 1990.
14) Vulliamy, Ed.: Secret agents, freemasons, fascists ... and a top level campaign of political «destabilisation»: «Strategie of tension» that brought carnage and cover-up. In: Britische Tageszeitung *The Guardian,* 5. Dezember 1990.
15) Ungenannter Autor: Spinne unterm Schafsfell. In Südeuropa war die Guerillatruppe besonders aktiv – auch bei Militärputschen in Griechenland und der Türkei? In: Deutsches Nachrichtenmagazin Der Spiegel, Nr. 48, 26. November 1990.
16) Coglitore, Mario (Hrsg.): *La notte die Gladiatori. Omissioni e silenzi della Repubblicca* (Padua: Calcusa Edizioni, 1992), S. 131.
17) Zitat aus Coglitore: Gladiatori, S. 132.
18) Eine hervorragende Biografie Andreottis schrieb Igel, Regine: *Andreotti. Politik zwischen Geheimdienst und Mafia* (München: Herbig Verlag, 1997).
19) Britische Tageszeitung *The Guardian,* 5. Dezember 1990.
20) Müller, Leo: *Gladio – das Erbe des Kalten Krieges. Der Nato-Geheimbund und sein deutscher Vorläufer* (Hamburg: Rowohlt, 1991), S. 26.
21) Eine detaillierte Beschreibung der Abfolge der Ereignisse bieten die italienischen Zeitungen *La Repubblica, Corriere della Sera,* und *La Stampa* vom 24. Oktober 1990.
22) Ungenannter Autor: 50 000 seek truth about secret team. In: Kanadische Tageszeitung *The Toronto Star,* 18. November 1990.
23) Ferraresi, Franco: *A secret structure codenamed Gladio.* In: Italian Politics. A Review, 1992, S. 30. Ferraresi zitiert direkt aus dem Dokument, das Andreotti der parlamentarischen Untersuchungskommission aushändigte. Die italienische Tageszeitung *L'Unita* veröffentlichte sowohl die erste als auch die zweite Version von Andreottis Dokument in einer Sonderausgabe vom 4. November 1990. Auch Jean-François Brozzu-Gewntile gibt den vollen Text von Adreotti «Il SID parallelo – Operazione Gladio» (in einer französischen Übersetzung) wieder. Siehe Gentile, Gladio, Anhang.
24) Ferraresi: *Gladio,* S. 30, wörtliches Zitat aus dem Andreotti-Dokument.
25) Padre Guicianos Aussage vor seiner Kirche in Allan Francovich, *Gladio: The Puppeteers.* Zweite der insgesamt drei Dokumentationen über Gladio von Francovich, gesendet auf BBC 2 am 17. Juni 1992.
26) Ferraresi: *Gladio,* S. 31, wörtliches Zitat aus dem Andreotti-Dokument.
27) Ebda.
28) Wie in Ferraresi: *Gladio,* S. 31 zitiert.
29) Bobbio, Norberto: wie in Ferraresi, *Gladio,* S. 32 zitiert.
30) Müller: *Gladio,* S. 27.
31) Britische Tageszeitung *The Observer,* 18. November 1990.
32) Internationale Nachrichtenagentur Reuters, 18. November 1990.
33) Ferraresi: *Gladio,* S. 32.
34) Britische Zeitschrift *The Economist,* 30. März 1991.
35) Senato della Repubblica. Commissione parlamentare d'inchiesta sul terrorismo in Italia e sulle cause della mancata individuazione dei responsabili delle stragi: Stragi e terrorismo in Italia dal dopoguerra al 1974. Relazione del Gruppo Democratici di Sinistra l'Ulivo. Rom, Juni 2000. Wie in Philip Willan, US supported anti-left terror in Italy zitiert. Report claims Washington used a strategy of tension in the cold war to stabilise the centre-right. In: Britische Tageszeitung The Guardian, 24. Juni 2000.

2 Ein Skandal schockiert Westeuropa

1) Zur Koalition zählten Kuwait, die Vereinigten Staaten, Saudi-Arabien, Großbritannien, Frankreich, die Niederlande, Ägypten, Syrien, Oman, Katar, Bahrein, die Vereinigten Arabischen Emirate, Israel, Afghanistan, Bangladesch, Kanada, Belgien, Tschechoslowakei, Deutschland, Honduras, Italien, Niger, Rumänien und Südkorea. Am 29. November 1990 erließ der Sicherheitsrat der Vereinten Nationen mit der Resolution 678 ein Ultimatum und autorisierte die Truppen mit Kuwait zu kooperieren und *alle erforderlichen Mittel anzuwenden ..., um den Weltfrieden und die internationale Sicherheit in der Region wieder herzustellen, sollte der Irak sich bis zum 15. Januar 1991 nicht aus Kuwait zurückziehen*. Als Saddam Hussein das Ultimatum der UN verstreichen ließ, begann am 17. Januar 1991 unter der Führung der Vereinigten Staaten die Operation Desert Storm mit einem massiven Angriff, dem am 24. Februar die Invasion der alliierten Landstreitkräfte folgte. Die irakischen Truppen wurden schnell besiegt, und am 27. Februar 1991 war Kuwait City befreit. Am folgenden Tag wurden alle Kämpfe der Koalition beendet. Schätzungsweise starben dabei 100 000 irakische Soldaten, während die Koalition etwa 370 Tote zu beklagen hatte. Am 3. März 1991 akzeptierte der Irak den Waffenstillstand, und Saddam Hussein blieb an der Macht.
2) Müller, Leo: *Gladio – das Erbe des Kalten Krieges. Der Nato-Geheimbund und sein deutscher Vorläufer* (Hamburg: Rowohlt, 1991), S. 27.
3) Ungenannter Autor: *Spinne unterm Schafsfell. In Südeuropa war die Guerillatruppe besonders aktiv – auch bei Militärputschen in Griechenland und der Türkei?* In: Deutsches Nachrichtenmagazin *Der Spiegel*, Nr. 48, 26. November 1990.
4) Presse- und Informationsamt der Bundesregierung: Pressemitteilung Nr. 455/90, durch Hans Klein 14. November 1990. Siehe auch Müller, *Gladio*, S. 30.
5) Ungenannter Autor: *Das Blutige Schwert der CIA. Nachrichten aus dem Kalten Krieg: In ganz Europa gibt es geheime NATO-Kommandos, die dem Feind aus dem Osten widerstehen sollen. Kanzler, Verteidigungsminister und Bundeswehrgeneräle wussten angeblich von nichts. Die Spuren führen nach Pullach, zur «stay-behind organisation» des Bundesnachrichtendienstes.* In: Deutsches wöchentlich erscheinendes Nachrichtenmagazin *Der Spiegel*, 9. November 1990.
6) Zitiert in Müller: *Gladio*, S. 14.
7) Ebda. S. 75.
8) Ungenannter Autor: *Das Blutige Schwert der CIA. Nachrichten aus dem Kalten Krieg: In ganz Europa gibt es geheime NATO Kommandos, die dem Feind aus dem Osten widerstehen sollen. Kanzler, Verteidigungsminister und Bundeswehrgenerale wussten angeblich von nichts. Die Spuren führen nach Pullach, zur «stay-behind organisation» des Bundesnachrichtendienstes.* In: Deutsches wöchentlich erscheinendes Nachrichtenmagazin *Der Spiegel*, 9. November 1990.
9) Zitiert in Willems, Jan de (Hrsg.): *Gladio* (Brüssel, Editions EPO, 1991), S. 13.
10) Willems: *Gladio*, S. 13.
11) Senat de Belgique: Enquête parlamentaire sur l'existence en Belgique d'un réseau de renseignements clandestin international. Rapport fait au nom de la commission d'ênquete par MM Erdman et Hasqeuin. Brüssel. 1. Oktober 1991.
12) Willems: *Gladio*, S. 14.
13) Internationale Nachrichtenagentur *Associated Press*, 11. November 1990.
14) Müller: *Gladio*, S. 30.
15) Französische Tageszeitung *Le Monde*, 13. November 1990. Siehe auch die Schweizer *Wochenzeitung* vom 14. Dezember 1990.
16) Brozzu-Gentile, Jean-François: *L'affaire Gladio* (Paris, Editions Albin Michel, 1994), S. 140.
17) Französische Tageszeitung *Le Monde*, 14. November 1990. Internationale Nachrichtenagentur *Reuters*, 12. November 1990. Britische Tageszeitung *The Guardian*, 14. November 1990.
18) Vergleiche Gentile: *Gladio*, S. 141.
19) Britische Tageszeitung *The Guardian*, 14. November 1990.
20) Norton Taylor, Richard: *Secret Italian unit «trained in Britain»*. In: Britische Tageszeitung *The Guardian*, 17. November 1990.

21) O'Shaugnessy, Hugh: *Gladio: Europe's best kept secret.* Es waren Agenten, die zurückbleiben («stay behind») mussten, falls die Rote Armee Westeuropa überrennen würde. Aber das Netzwerk, das mit den besten Absichten eingerichtet wurde, degenerierte in einigen Ländern zu einer Fassade für Terrorismus und weit rechte politische Agitation. In: Britische Tageszeitung *The Observer*, 7. Juni 1992.
22) Internationale Nachrichtenagentur *Associated Press*, 14. November 1990. Der gesamte Text von Lubbers Brief an das Parlament wird auf Holländisch in der holländischen Tageszeitung *NRC Handelsblatt* in der Ausgabe vom 14. November 1990 nachgedruckt: «*Brief premier Lubbers «geheime organisatie»*. Er ist auch als Kamerstuk Nr. 21895 in den offiziellen Papieren des niederländischen Parlaments enthalten.
23) Internationale Nachrichtenagentur *Associated Press*, 14. November 1990.
24) In voller Länge zitiert in der Luxemburger Tageszeitung *Luxemburger Wort*, 17. November 1990.
25) Britische Tageszeitung *The Guardian*, 10. November 1990.
26) Portugiesische Tageszeitung *Diario De Noticias*, 17. November 1990.
27) Guerra, Joao Paulo: «*Gladio*» *actuou em Portugal*. In: Portugiesische Tageszeitung *O Jornal*, 16. November 1990.
28) *Calvo Sotelo asegura que Espana no fue informada, cuando entro en la OTAN, de la existencia de Gladio. Moran sostiene que no oyo hablar de la red clandestina mientras fue ministro de Exteriores.* In: Spanische Tageszeitung *El Pais*, 21. November 1990.
29) Dänische Tageszeitung *Berlingske Tidende*, 25. November 1990.
30) Internationale Nachrichtenagentur Associated Press, 14. November 1990.
31) Celik, Serdar: Turkey's Killing Machine: The Contra Guerrilla Force. Online: (http://www.ozgurluk.org/mhp/0061.html). Seine Quelle: Interview mit dem Präsidenten des türkischen Generalstabs Dogan Gures. In: Türkische Tageszeitung *Milliyet*, 5. September 1992.
32) Komisar, Lucy: Turkey's terrorists: A CIA legacy lives on. In: The Progressive, April 1997.
33) Ebda.
34) Probe, Hugh: Turkey Promoted Dutch Squads and Drug Trafficking. Prime Minister's Probe of 1996 Car Crash Scandal Excoriates Rival Mrs Ciller. In: Amerikanische Zeitschrift *Wall Street Journal*, 26. Januar 1998.
35) Die Mitglieder der EU waren im November 1990: Frankreich, Deutschland, Italien, Belgien, die Niederlande, Luxemburg, Dänemark, Irland, Großbritannien, Griechenland, Spanien und Portugal.
36) Debatten des Europäischen Parlaments, 22. November 1990. Offizielle Protokolle.
37) Ebda.
38) Ebda.
39) Ebda.
40) Ebda.
41) Resolution des Europäischen Parlaments zur Gladio-Affäre, 22. November 1990.

3 Das Schweigen der NATO, der CIA und des MI6

1) Britische Tageszeitung *The European*, 9. November 1990.
2) Ebda. Es scheint, dass der NATO-Beamte, der die Korrektur ausfertigte, Robert Stratford war. Vergleiche: Regine Igel, *Andreotti. Politik zwischen Geheimdienst und Mafia* (München, Herbig Verlag, 1997), S. 343.
3) Britische Tageszeitung *The Observer*, 18. November 1990.
4) Britische Tageszeitung *The Guardian*, 10. November 1990.
5) Ebda. 30. Januar 1992.
6) Ebda. 16. Januar 1991.
7) Internationale Nachrichtenagentur *Reuters*, 15. November 1990.
8) Nicht genannter Autor. *Gladio. Un misterio de la guerra fria. La trama secreta coordinada por mandos*

de la Alianza Atlantica comienza a salir a la luz tras cuatro decadas de actividad. In: Spanische Tageszeitung *El Pais*, 26. November 1990.

9) Nicht genannter Autor. *El servicio espanol de intelligencia mantiene estrechas relaciones con la OTAN. Serra ordena indagar sobre la red Gladio en Espana.* In: Spanische Tageszeitung *El Pais*, 16. November 1990.

10) Schmidt Eenboom, Erich: *Schnüffler ohne Nase. Der BND. Die unheimliche Macht im Staate* (Düsseldorf: Econ Verlag, 1993), S. 365.

11) Portugiesische Tageszeitung *Expresso*, 24. November 1990.

12) Ebda.

13) Internationaler Nachrichtendienst *Reuters*, 13. November 1990. Britische Tageszeitung *The Independent*, 16. November 1990.

14) Internationaler Nachrichtendienst *Associated Press*, 14. November 1990. Internationaler Nachrichtendienst *Reuters*, 12. November 1990, Internationaler Nachrichtendienst *Reuters*, 15. November 1990.

15) Britische Wochenzeitung *The Independent on Sunday*, 21. Juni 1998. Rezension eines Buches über Nixon (Nixon in Winter) von Nixons ehemaliger Recherchenassistentin Monica Crowley.

16) Dies waren: 1951–1952 *General Dwight D. Eisenhower, US Army*; 1952–1953 General *Matthew B. Ridgway, US Army*; 1953–1956 *General Alfred M. Gruenther, US Army*; 1956–1962 *General Lauris Norstad, US Air Force*; 1963–1969 *General Lyman L. Lemnitzer, US Army*; 1969–1974 *General Andrew J. Goodpaster, US Army*; 1974–1987 *General Bernards W. Rogers, US Army*; 1987–1992 *General John R. Galvin, US Army*; 1992–1993 *General John M. Shalikashvili, US Army*; 1993–1997 *General George A. Joulwan, US Army*; 1997–2000 *General Wesley K. Clark, US Army.*

17) Kwitny, Jonathan: *The CIA's Secret Armies in Europe.* In: *The Nation*, 6. April 1992, S. 445.

18) Deutsches Nachrichtenmagazin *Der Spiegel*, Nr. 47. S. 20, 19. November 1990.

19) Cedomi, Pietro: *Services Secrets, Guerre Froide et «stay behind» Part III. Repertoire des resaux S/B.* In: Belgische Zeitschrift *Fire! Le Magazin de l'Homme d'Action*, November/Dezember 1991, S. 82.

20) Belgische parlamentarische Untersuchungskommission über Gladio, Zusammenfassung in der britischen Zeitschrift *Statewatch*, Januar/Februar 1992.

21) Willan, Philip: *Puppetmasters. The Political Use of Terrorism in Italy* (London: Constable, 1991), S. 27.

22) Rowse, Arthur: *Gladio: The Secret US War to Subvert Italian Democracy.* In: *Covert Action Quarterly*, Nr. 49, Sommer 1994, S. 3.

23) Zitat aus Willan: *Puppetmasters*, S. 27.

24) Coglitore, Mario (Hrsg.): *La Notte dei Gladiatori. Ommissioni e silenze della Repubblica* (Padua: Calusca Edizioni, 1992), S. 34. *Es bleibt eine bewiesene Tatsache, dass die NATO-Protokolle mit Sicherheit existieren, weil de Gaulle sie ausdrücklich am 7. März 1966 anprangerte und das Parlament von Westdeutschland erst kürzlich eingestand, dass sie existieren* (Ebda.).

25) Britische Zeitschrift Searchlight, Januar 1991.

26) Inzerilli, Paolo: *Gladio. La Verità negata* (Bologna: Edizioni Analisi, 1995), S. 61.

27) Inzerilli: Gladio, S. 62.

28) Serravalle, Gerardo: *Gladio* (Rom: Edizione Associate, 1991), S. 78.

29) Ebda., S. 79.

30) Ebda., S.78.

31) Belgische parlamentarische Untersuchungskommission über Gladio, Zusammenfassung in der britischen Zeitschrift *Statewatch*, Januar/Februar 1992.

32) Inzerilli: *Gladio*, S. 63.

33) Ebda.

34) Van Ussel, Michel: *Georges 923, Un agent du Gladio belge parle. Témoignage* (Brüssel: Editions La Longue Vue, 1991), S. 139.

35) Inzerilli: *Gladio*, S. 64.

36) E-Mail von Anne-Marie Smith vom Archiv der NATO an den Autor am 18. August 2000.

37) Brief des Schweizer Missionschefs bei der NATO, Botschafter Anton Thalmann, an den Autor, datiert vom 4. Mai 2001.

38) Brief von Lee McClenny, dem Pressechef der NATO, an den Autor, datiert vom 2. Mai 2001.

39) Ebda.

40) *Presidential Directive, National Security Decision Memorandum 40, Responsibility für the Conduct, Supervision and Coordination of Covert Action Operations, Washington, den 17. Februar 1970. Gezeichnet: Richard Nixon.*

41) Den wahrscheinlich besten weltweiten Überblick über die verdeckten Aktionen der CIA seit dem Zweiten Weltkrieg finden Sie bei Blum, William: *Killing Hope. US Military and CIA interventions since World War II* (Maine: Common Courage Press, 1995).

42) Von der Homepage www.terrorism.com.

43) Die drei Kommissionen waren das Komitee des Senats unter dem Vorsitz von Frank Church, das Komitee des House of Representatives unter dem Vorsitz von Ottis Pike und die Murphy-Kommission von Präsident Ford.

1. *Report of the House Select Committee on Intelligence [Pike Committee], Ninety-fourth Congress,* veröffentlicht von Village Voice, New York City, Februar 1976.

2. *Report of the Commission on the Organizasation of the Government for the Conduct of Foreign Policy [Murphy Commission], US Government Printing Office, Washington DC, June 1975.*

3. *Final Report of the United States Senate Select Committee to Study Governmental Operations with Respect to Intelligence Activities [Church Committee], US Government Printing Office, Washington DC, April 1976.*

Der vermutlich beste der drei Berichte, der *Final Report of the United States Senate Select Committee to Study Governmental Operations with Respect to Intelligence Activities*, besteht aus sechs Büchern. Buch eins konzentriert sich auf «Foreign and Military Intelligence», CIA, verdeckte Aktionen und das Problem der demokratischen Kontrolle der Geheimdienste. In Buch zwei mit dem Titel *Intelligence Activities and the Rights of the Americans* enthüllt der Church-Bericht, wie die NSA und das FBI die Privatsphäre amerikanischer Bürger verletzt haben. Buch drei, mit dem Titel *Supplementary Detailed Staff Reports on the Intelligence Activities and the Rights of the Americans,* erweitert die Analyse von Buch zwei und weist darauf hin, dass «Counter Intelligence» eine Fehlbezeichnung für «domestic covert action» ist. Buch vier trägt den Titel *Supplementary Detailed Staff Reports on Foreign and Military* und präsentiert eine Geschichte der CIA von 1946 bis 1975. Buch fünf, mit dem Titel *The Assassination of President John F. Kennedy and the Performance of the Intelligence Agencies,* untersucht, ob die amerikanischen Geheimdienste sich verschworen haben, um das JFK-Attentat als Mysterium zu bewahren. Das sechste Buch mit dem Titel *Supplementary Reports on Intelligence Activities* handelt von der historischen Entwicklung und Organisation der bundesstaatlichen Geheimdienste von 1776 bis 1976.

44) Olmsted, Kathryn: *Challenging the Secret Government: The Post-Watergate Investigations of the CIA and FBI* (Chapelhill: University of North Carolina Press, 1996), S. 9.

45) Britische Tageszeitung *The Independent*, 1. Dezember 1990.

46) Kwitny, Jonathan: *The CIA's Secret Armies in Europe.* In: *The Nation*, 6. April 1992, S. 445.

47) Rowse, Arthur: *Gladio: The Secret US War to Subvert Italian Democracy.* In: *Covert Action Quarterly*, Nr. 49, Sommer 1994.

48) FOIA-Anfrage: CIAs «Operation Gladio», eingereicht von Malcolm Byrne am 15. April 1991. FOIA-Anfrage Nummer 910113.

49) Italienische Tageszeitung *Corriere della Sera*, 29. Mai 1995.

50) Österreichisches Politik-Magazin *Zoom*, Nr. 4/5, 1996: *Es muss nicht immer Gladio sein: Attentate, Waffenlager, Erinnerungslücken*, S. 6.

51) Bericht betreffs US Waffenlager, Österreichisches Bundesministerium für Inneres, Generaldirektor für die öffentliche Sicherheit. Mag. Michael Sika. 28. November 1997. Wien, S. 10.

52) Brief der CIA vom 28. Dezember 2000 an den Autor bezüglich der FOIA-Anfrage Nummer F-2000–02528.

53) Brief vom 23. Januar 2001 des Autors an Mrs. Dyer bei der CIA.
54) Brief vom 7. Februar 2001 von Kathryn I. Dyer, Koordinatorin für Information und Geheimhaltung der CIA an den Autor.
55) Internationale Nachrichtenagentur Associated Press, 14. November 1990.
56) Britisches Fernsehen: BBC Newsnight, 4. April 1991, 22.30 Uhr, Gladio-Bericht des Journalisten Peter Marshall.
57) Ebda.
58) Imperial War Museum, London. Ausstellung «Secret Wars». Vom Autor am 20. Mai 1999 besichtigt. Am 4. Juni 1999 traf der Autor Mark Siemens von der Forschungsabteilung des Museums, der für die Ausstellung «Secret Wars» verantwortlich war und betonte, dass die britische Geheimarmee SOE während des Zweiten Weltkriegs direkter Vorgänger der Gladio-Stay-behinds war, aber andererseits keine Möglichkeit sah, vom MI6 weitere Fakten über dieses Phänomen zu erhalten.
59) Smith, Michael: *New Cloak, Old Dagger: How Britain's Spies Came in from the Cold* (London: Gollancz, 1996), S. 117. Auf der Grundlage von Interviews mit Simon Preston am 11. Oktober 1995 und mit Michael Giles am 25. Oktober 1995.
60) Smith: *Dagger*, S. 117.
61) Ebda., S. 118.

4 Der geheime Krieg in Großbritannien

1) Fleming, Denna Frank: *The Cold War and its Origins 1917–1960* (New York, 1961), S. 4.
2) Vergleiche Fleming: *Cold War.*
3) Die Zahlen wurden entnommen aus Wilson, Andrew: *Das Abrüstungsbuch: Analysen, Zusammenhänge, Hintergründe* (Hamburg: Hoffmann und Campe, 1984), S. 38. Vergleiche die amerikanischen Verluste: 300 000 Soldaten getötet, 600 000 verletzt. Keine zivilen Opfer. Gesamtzahl der Toten des Zweiten Weltkriegs 60 Millionen (ebda.).
4) Vergleiche Falin, Valentin: *Die Zweite Front* (München: Bömer Knaur, 1995).
5) Mackenzie, W. J. M.: *History of the Special Operations Executive: Britain and the Resistance in Europe* (London: British Cabinet Office, 1948), S. 1153 und 1155. Unveröffentlichtes Original des Public Records Office London, Veröffentlichung von Frank Cass steht bevor.
6) Mackenzie: *Special Operations Executive*, S. 2.
7) Ein früher Funktionär der SOE, Lt. Col. Holland, *ein Offizier mit persönlichen Erfahrungen in verdeckter Kriegsführung in Irland und in Indien ... und einer lebensnahen Einschätzung der Techniken und Möglichkeiten.* Zitiert in Mackenzie, *Special Operations Executive*, S. 9.
8) Neben der Abteilung D des MI6 zwei weitere britische Organisationen im subversiven Bereich, die 1938 gegründet wurden. Eine davon war eine Abteilung des Generalstabs beim War Office, bekannt als GS(R) und später als MI(R), die sich auf das Studium der Techniken verdeckter Kriegsführung konzentrierte. Die andere, nach ihrem Hauptquartier in London Electra House EH genannt, spezialisierte sich auf «schwarze», nicht zuzuordnende Propaganda in Europa. Vergleiche David Stafford, *Britain and European Resistance 1940–1945: A Survey of the Special Operations Executive* (Oxford: St. Antony's College, 1980), S. 19–21.
9) Bunyan, Tony: *The History and Practice of the Political Police in Britain* (London: Quartet Books, 1983), S. 265.
10) Wilkinson, Peter: *Foreign Fields: The Story of an SOE Operative* (London: Tauris Publishers, 1997), S. 100.
11) Imperial War Museum, vom Autor im Mai 1999 besucht.
12) Wilkinson: *Fields*, S. 101.
13) Stafford: *Resistance*, S. 20.
14) Brief von Minister Hugh Dalton an Außenminister Halifax vom 2. Juli 1940. Zitiert in M. R. D. Foot: *An Outline History of the Spezial Operative Executive 1940–1946* (London: British Broadcasting Corporation, 1984), S. 19.

15) *Statewatch Background Document, File Nr. 0391: GLADIO.* Januar 1991. Auch online: http://users.patra.hol.gr/~cgian/gladio.html. Vergleichen Sie die Rolle von Gubbins auch in der belgischen Zeitschrift *Fire! Le Magazin de l'Homme d'Action*, September/Oktober 1991, S. 77.
16) Cookridge, E. H.: *Inside SOE. The Story of Special Operations in Western Europe 1940–45* (London: Arthur Barker Ltd., 1966), S. 13.
17) Mackenzie: *Special Operations Exevutive*, S. 1152.
18) Ebda., Seiten 1153 und 1155.
19) Stafford: *Resistance*, in Nachwort, S. 203.
20) Kluiters, Frans: *De Nederlandse inlichtingen en veiligheidsdiensten* (1993), S. 309.
21) Stafford: *Resistance*, in Zusammenfassung, S. 211.
22) Faligot, Roger und Kauffer, Rémi: *Les maîtres espions. Histoire Mondial du Renseignement. Vol. 2. De la guerre froide à nos jours* (Paris: Editions Laffont, 1994), S. 53
23) Smith, Michael: *New Cloak, Old Dagger: How Britain's Spies Came in from the Cold* (London: Gollancz, 1996), S. 117. Auf der Grundlage von Interviews mit Simon Preston am 11. Oktober 1995 und mit Michael Giles am 25. Oktober 1995.
24) Francovich, Allan: *Gladio: The Ringmasters.* Erste von drei Gladio-Dokumentationen, gesendet auf BBC 2 am 10. Juni 1992.
25) De la Billiere, Michael: *Looking for Trouble* (London: Harper Collins, 1994), S. 150. Dieses Werk ist eine Autobiografie von Billiere und seiner Zeit im SAS.
26) Internationale Nachrichtenagentur *Associated Press*, 14. November 1990.
27) *The Unleashing of Evil*, produziert von Richard Norton Taylor, der auch für den *Guardian* umfangreich über die Gladio-Enthüllungen von 1990 berichtete. Gesendet von der BBC am 29. Juni 1988. Ankündigung in der britischen Tageszeitung *The Guardian* am selben Tag: *British Soldiers used Torture* (*Britische Soldaten folterten).*
28) Der SAS-Offizier John Pilger wird angesehener Enthüllungsjournalist. Die britische Tageszeitung *The Guardian* vom 16. Oktober 1990. Die Reagan-Administration war wütend, als die Korrespondenz zwischen dem Rechtsanwalt des Kongresses Jonathan Winer aufdeckte, dass die Vereinigten Staaten Pol Pot zwischen 1980 und 1986 nach dem Motto «der Feind meines Feindes ist mein Partner» mit 85 Millionen Dollar finanziert hatte (John Pilger in der britischen Tageszeitung *The Guardian* vom 6. Oktober 1990). Die Briten waren nicht weniger betreten. 1990 leugnete die britische Premierministerin Thatcher nach plausiblen Dementis, trotz der Aussage des SAS-Offiziers, die britische Beteiligung an der Ausbildung von Truppen der Roten Khmer. Letztlich gestand das britische Verteidigungsministerium in einem Prozess wegen Verleumdung gegen John Pilger im Jahr 1991 ein, dass Großbritannien geholfen habe, Verbündete der roten Khmer ausgebildet zu haben (die britische Tageszeitung *The Guardian* vom 20. April 1993).
29) De Boucherville, Joseph Paul: International Cooperation in the Use of Elite Military Forces to Counter Terrorism: The British and American Experience, with special reference to their respective experiences in the evolution of low intensity operations (1992), S. 200 (Dissertation an der London School of Economics and Political Science, unveröffentlicht), Brief von Carver an Boucherville Taillon, datiert vom 24. Dezember 1985.
30) Britische Zeitschrift *Lobster*, Dezember 1995.
31) Britische Monatszeitschrift *Searchlight*, Januar 1991.
32) Norton-Taylor, Richard: UK trained secret Swiss force. In: britische Tageszeitung *The Guardian*, 20. September 1991.
33) Frieden, Urs: Die England Connection. PUK EMD: P26 Geheimarmist Hürlimann im Manöver. In: *Schweizer Wochenzeitung*, 30. November 1990.
34) Schweizer Bundesrat: Schlussbericht in der Administrativuntersuchung zur Abklärung der Natur von allfälligen Beziehungen zwischen der Organisation P26 und analogen Organisationen im Ausland. Kurzfassung für die Öffentlichkeit. 19. September 1991, S. 4–5.
35) Ebda., S. 2.
36) Britische Zeitschrift *Searchlight*, Januar 1991.

37) Der Broccoli-Brief vom 1. Oktober 1951 mit dem Titel «Organizzazione informativa operativa nel territorio nazionale suscettibile di occupazione nemica» in einem wichtigen Gladio-Dokument. Der italienische parlamentarische Untersuchungsausschuss zitiert daraus. Eine gute Zusammenfassung findet man in Coglitore, Mario: La notte die Gladiatori. Omissioni e silenzi della Repubblica (Padua: Calusca Edizioni, 1992), S. 132–133. Auch das italienische Politik-Magazin *Espresso,* im Besitz des originalen Broccoli-Dokuments, zitiert in seiner Ausgabe vom 18. Januar 1991 ausführlich aus diesem Brief.
38) Coglitore: *Gladiatori,* S. 133.
39) Cedomi, Pietro: Services Secrets, Guerre Froide et «stay-behind. Part III»: La Mise en Place des Reseaux. In: belgische Zeitschrift Fire! Le Magazin de l'Homme d'Action, September/Oktober 1991, S. 80.
40) Francovich, Allan: Gladio: The Ringmasters. Erste von drei Gladio-Dokumentationen, gesendet auf BBC 2 am 10. Juni 1992.
41) Enquête parlamentaire sur l'existence en Belgique d'un réseau de renseignments clandestin international, rapport fait au nom de la commission d'enquête par MM. Erdman et Hasquin. Dokument des Senats, Sitzungsperiode von 1990–1991. Brüssel, S. 212–213.
42) Ebda., s. 213. Auch in der britischen Tageszeitung *The Observer* vom 7. Juni 1992 zitiert.
43) Zitiert in Riste, Olav: *The Norwegian Intelligence Service 1945–1970* (London: Frank Cass, 1999), S. 16.
44) Kanger, Thomas und Hedin, Oscar: Erlanders hemliga gerilla. I ett ockuperat Sverige skulle det nationella notstandet ledas fran Äppelbo skola i Dalarna. In: schwedische Tageszeitung *Dagens Nyheter,* 4. Oktober 1998.
45) Britische Tageszeitung *The Guardian,* 4. November 1990.
46) O'Shaugnessy, Hugh: *Gladio: Europe's best kept secret.* Es waren Agenten, die zurückbleiben («stay behind») mussten, falls die Rote Armee Westeuropa überrennen würde. Aber das Netzwerk, das mit den besten Absichten eingerichtet wurde, degenerierte in einigen Ländern zu einer Fassade für Terrorismus und weit rechte politische Agitation. In: Britische Tageszeitung *The Observer,* 7. Juni 1992.
47) Britisches Fernsehen: BBC Newsnight, 4. April 1991, 22.30 Uhr Bericht über Gladio des Journalisten Peter Marshall.
48) Ebda.
49) Nachruf in der britischen Tageszeitung *The Independent* vom 28. April 1997.
50) Francovich, Allan: Gladio: The Ringmasters. Erste von insgesamt drei Gladio-Dokumentationen von Francovich, gesendet auf BBC 2 am 17. Juni 1992; und Gladio: The Foot Soldiers. Dritte der Gladio-Dokumentationen, gesendet von BBC 2 am 24. Juni 1992.
51) Britische Tageszeitung *The Times,* 28. Juni 1992.

5 Der geheime Krieg in den Vereinigten Staaten von Amerika

1) Colby, William: *Honourable Men: My life in the CIA* (New York: Simon&Schuster, 1978), S. 100.
2) Trohan, Walter in der amerikanischen Tageszeitung *The Chicago Tribune,* 9. Februar 1945.
3) Berichtet in Andrew, Christopher: For the President's Eyes Only: Secret Intelligence and the American Presidency from Washington to Bush (New York: HarperCollins, 1995), S. 164.
4) Shoemaker, Christopher: The NSC staff: counselling the council (1991), S. 1.
5) Prados, John: Keepers of the Keys: A history of the National Security Council from Truman to Bush (New York: William Morow, 1991), S. 567. Zuvor veröffentlichte John Prados das lesenswerte Buch Presidents' Secret Wars: CIA and Pentagon Covert Operations since World War II (New York: William Morow, 1986). Zu dieser Zeit waren die geheimen Armeen in Europa noch nicht entdeckt worden, und das Buch enthält keine Hinweise auf Gladio.
6) Etzold, Thomas und Gaddis, John: *Containment: Documents on American Policy and Strategy 1945–1950* (New York: Columbia University Press, 1978), S. 12.
7) Willan, Philip: *Puppetmasters: The Political Use of Terrorism in Italy* (London: Constable, 1991), S. 20.

8) Zitiert in Andrew: *Eyes Only*, S. 171.
9) Andrew: *Eyes Only*, S. 171.
10) Darling, Arthur: *The Central Intelligence Agency: An Instrument of Government.* To 1950. (University Park: Pennsylvania State University Press, 1990), S. 245.
11) Darling: *Agency*, S. 246.
12) NSC 10/2: National Security Council Directive on Office of Special Projects, 18. Juni 1948. Ehemals streng geheim. In ganzer Länge enthalten in Etzold and Gaddis, *Containment*, S. 125. Die grundlegende Bedeutung von NSC 10/2 für die geheimen antikommunistischen Armeen in Westeuropa wurde von fast allen Wissenschaftlern, die sich mit Gladio beschäftigten, erkannt. Vergleiche Jan de Willems (Hrsg.), Gladio (Brüssel, Editions EPO, 1991), S. 145; Mecklenburg, Jens (Hrsg.): *Gladio: Die geheime Terrororganisation der Nato* (Berlin: Elefanten Press, 1997). S. 17 und 51; Leo Müller, *Gladio – das Erbe des kalten Krieges. Der Nato-Geheimbund und sein deutscher Vorläufer* (Hamburg: Rowohlt, 1991), S. 63.
13) Zitiert in Andrew: *Eyes Only*, S. 171. Allen Dulles, Direktor der CIA von 1953 bis 1961, erinnerte Truman privat, dass er der Verantwortung für die amerikanischen verdeckten Aktionen in Griechenland, der Türkei, in Italien oder auf den Philippinen nicht entkommen könne. An den Rechtsberater der CIA schrieb Dulles zu diesem Thema, dass Mr. Truman zu keinem Zeitpunkt einen anderen Standpunkt einnahm, als er zum Ausdruck brachte (ebda.).
14) Andrew: *Eyes Only*, S. 198.
15) Moscow Embassy Telegram Nr. 511: The Long Telegram, 22. Februar 1946. In: Etzold und Gaddis, *Containment*, S. 63.
16) Kennan, George: wie in Etzold und Gaddis, *Containment*, S. 125 zitiert.
17) United States Senate. Final Report of the Select Committee to Study Governmental Operations with respect to Intelligence activities. Book IV: Supplementary detailed staff reports on foreign and military intelligence, S. 36.
18) Smith, Harris: *OSS. The Secret History of America's First Central Intelligence Agency* (Berkeley, University of California Press, 1972), S. 36.
19) Powers, Thomas: *The Man Who Kept the Secrets: Richard Helms and the CIA* (London: Weidenfeld and Nicolson, 1980), S. 37. Es scheint keine Biografie von Frank Wisner zu geben. Die am häufigsten publizierte Quelle über ihn bleibt somit die Biografie über Richard Helms von Powers. Helms diente zuerst unter Wisner in der Abteilung für verdeckte Aktionen und folgte Wisner 1958, als dieser zum Chef der verdeckten Aktionen der CIA befördert wurde.
20) Powers: *Helms*, S. 32.
21) Darling: *Agency*, S. 279.
22) Cedomi, Pietro: Services Secrets, Guerre Froide et «stay behind» Part III. Répertoire des résaux S/B. In: Belgische Zeitschrift *Fire! Le Magazin de l'Homme d'Action*, November/Dezember 1991, S. 78.
23) Powers: *Helms*, S. 48. Die gleichen Zahlen finden Sie bei Andrew: *Eyes Only*, S. 193.
24) Montague, Ludwell: *General Walter Bedell Smith as Director of Central Intelligence* (University Park: Pennsylvania University Press, 1992), S. 209. Dies wäre höchstwahrscheinlich ein gutes Buch, wäre es von der CIA nicht so sehr zensiert worden. In jedem zweiten Absatz findet man «eine Zeile gelöscht», «drei Absätze gelöscht», «sieben Zeilen gelöscht» und so weiter. In diesem Zusammenhang bemerkte der hervorragende amerikanische Schriftsteller Mark Twain vor einem Jahrhundert in seinem Buch Following the Equator (1897): «Wir verdanken es der Güte Gottes, dass wir diese drei unsäglich wertvollen Dinge haben: Redefreiheit, Gewissensfreiheit und die Klugheit, niemals eine davon auszuüben.»
25) Montague: *Smith*, S. 213.
26) Colby: *Honourable Men*, S. 83.
27) Ebda., S. 81 und 82.
28) Ebda., S. 83.
29) Dieses Dokument, das der Autor fand, war zuvor im Zusammenhang mit den Gladio-Entdeckungen

nicht diskutiert worden, sondern ist eindeutig von direkter Bedeutung für Untersuchungen des Gladio-Kommandozentrums CPC. Memorandum vom 3. Januar 1957 von Generalleutnant Leon W. Johnson, dem amerikanischen Repräsentanten beim ständigen NATO-Militärausschuss, an die amerikanischen Stabschefs beim Vereinigten Generalstab über heimliche nachrichtendienstliche Tätigkeiten. Dieses war früher streng geheim, die Geheimhaltung wurde jedoch 1978 aufgehoben. Aufgefunden durch eine Durchsuchung der Declassified Documents Reference per Computer an der LSE (London School of Economics an Political Science) in London.

30) Als «counter-insurgency» (Konter-Aufruhr) in der Administration Kennedy zu einem Modewort wurde, beeilten sich alle Sparten des amerikanischen Militärs «Special Operation Units» einzurichten. Die Navy gründete beispielsweise die SEAL-Teams (sea, air, land), die ausgebildet wurden, mit Fallschirmen ins Meer zu springen, wobei sie Tauchausrüstung trugen, und ausgerüstet waren, dass sie Schiffe sprengen konnten und ausgebildet wurden, auch an Land zu kämpfen, sobald sie das Wasser verlassen hatten.

31) Bank, Aaron (Colonel): *From OSS to Green Berets: The Birth of Spezial Forces* (Novato: Presidio Press, 1986) S. 175–176.

32) Bank: *Special Forces,* S. 168–169.

33) Belgische Zeitschrift *Fire! Le Magazin de l'Homme d'Action,* November/Dezember 1991, S. 84. Auch im österreichischen Politik-Magazin *Zoom,* Nr. 4/5, 1996: Es muss nicht immer Gladio sein: Attentate, Waffenlager, Erinnerungslücken, S. 61.

34) Mecklenburg: *Gladio,* S. 50.

35) Serravalle, Gerardo: *Gladio* (Rom: Edizioni Associate, 1991), S. 90.

36) Powers: *Helms,* S. 89.

37) Britische Monatszeitschrift *Searchlight,* Januar 1991.

38) Cedomi: Pietro: Services Secrets, Guerre Froide et «stay behind» Part II. La Mise en Place des Reseaux. In: Belgische Zeitschrift *Fire! Le Magazin de l'Homme d'Action,* September/Oktober 1991, S. 77.

39) Powers: *Helms,* S. 77.

40) Simpson, Christopher: *Blowback. America's Recruitment of Nazis and its Effects on the Cold War* (London: Weidenfeld and Nicolson, 1988), S. 289. Powers: *Helms,* S. 77.

41) Ansprache von Richard Helms, Direktor der CIA, beim Begräbnis von Frank Gardiner Wisner, 1909–1965. Aufgefunden durch das computergestützte System Declassified Documents Reference.

42) Kwitny, Jonathan: An International Story. The CIA's Secret Armies in Europe. In: amerikanische Zeitschrift *The Nation,* 6. April 1992, S. 444–448, S. 445.

43) Britische Tageszeitung *The Times,* 7. Mai 1996.

44) Clark, Ramsey: *The Fire this Time: US War Crimes in the Gulf* (New York: Thunder's Mouth Press, 1992), S. 31.

45) Clark: *Fire,* S. 32.

46) Resolution des Europäischen Parlaments zur Gladio-Affäre, 22. November 1990.

47) Amerikanische Tageszeitung *The Washington Post* vom 14. November 1990. Der einzige andere Artikel der Washington Post, der das Schlüsselwort «Gladio» benutzte, erschien am 8. August 1993, wiederum nur über Italien. In Europa war die Berichterstattung über Gladio wesentlich verbreiteter. Die beiden Artikel der *Washington Post* stehen 39 Artikeln über Gladio im gleichen Zeitraum in zahlreichen anderen Ländern der britischen Tageszeitung *The Guardian* gegenüber.

48) Britische Tageszeitung *The Independent,* 1. Dezember 1990.

6 Der geheime Krieg in Italien

1) Während bestätigt wurde, dass die PCI starke finanzielle Unterstützung aus Moskau erhalten hatte, geht die historische Debatte zur genauen Beziehung zwischen der PCI und der sowjetischen Kommunistischen Partei während des Kalten Krieges weiter. Sergio Romano, der italienische Botschafter in der Sowjetunion von 1985 bis 1989, berichtete, dass bis in die späten 70er-Jahre der größte Teil des finanziellen Vermögens der italienischen Kommunistischen Partei von der sowjetischen kommunistischen Partei zur Verfügung gestellt wurde. Recherchen zu den Verbindungen zwischen der PCI

und Moskau sind in englischer Sprache verfügbar: Barth-Urban, Joan: *Moscow and the Italien Communist Party: From Togliatti to Berlinguer* (Ithaca: Cornell University Press, 1986). Cervetti, Gianni: *L'Oro di Mosca: La verità sui Finanziamenti Sovietici al PCI Raccontata dal Diretto Protagonista* (Mailand: Baldini & Castoldi, 1993, 2. Aufl. 1999), und Rima, Valerio: *Oro da Mosca. I Finanziamenti Sovietici al PCI dalla Rivoluzione d'Ottobre al Crollo dell'URSS* (Mailand: Mondadori, 1999).

2) *Senato della Repubblica. Commissione Parlamentare d'Inchiesta sul terrorismo in Italia e sulle cause della mancata individuazione dei responsibilità delle stragi: Il terrorismo, le stragi ed il contesto storico politico.* Redatta dal Presidente della Commissione, Senatore Giovanni Pellegrino, Roma 1995, S. 20. Dieser Bericht des italienischen Senats zählt sicherlich zu den maßgeblichsten Dokumenten über Gladio und amerikanische verdeckte Aktionen in Italien im Allgemeinen. Gladio, Terrorismus und lange Zeit ungeklärte Massaker werden untersucht. Um keine Verwechslung mit dem ebenso wertvollen Bericht des Senats, entstehen zu lassen, der im Jahr 2000 präsentiert wurde, wird er im Weiteren als *Bericht des italienischen Senats von 1995 über Gladio und die Massaker* bezeichnet.

3) Italienische Zeitschrift *Panorama*, 10. Februar 1976. Zitiert im Bericht des italienischen Senats von 1995 über Gladio und die Massaker, S. 13.

4) Faenza, Roberto: *Gli Americani in Italia* (Mailand: Editore Feltrinelli, 1976), S. 10–13. Die Verbindung zwischen den Vereinigten Staaten und der Mafia wurden bereits 1951 durch eine Untersuchung des Senats unter Vorsitz des Senators Kefauver aufgedeckt. Vergleiche *US Senate Special Committee, Hearings on Organised Crime and Interstate Commerce*, Teil 7, S. 1181 (1951). Der italienische Historiker Roberto Faenza war einer der ersten Analysten, der die enormen Auswirkungen der amerikanischen verdeckten Aktionen auf Italien untersuchte. Sein erstes Buch zu diesem Thema, das er zusammen mit Marco Fini verfasste, erschien 1976 und konzentrierte sich auf die ersten Nachkriegsjahre und trug den einfachen Titel: *Gli Americani in Italia.* Das Vorwort zu diesem Buch lautete: *Für viele Menschen auf der ganzen Welt, einschließlich der Durchschnittsbürger in den Vereinigten Staaten, war es wirklich hart und schmerzlich, langsam aber sicher die Tatsache zu verstehen, dass die Vereinigten Staaten von Amerika die konservativste und die am stärkten gegen Revolutionen kämpfende Macht auf dieser Welt sind. Doch genau dies ist die Situation, wie die geheimen Interventionen der amerikanischen Regierung in die internen Angelegenheiten der italienischen Bevölkerung in diesem Buch hervorragend geschildert werden ... Es ist genau das Bild, wie es bereits durch andere Studien über Griechenland, Iran, Guatemala, die Dominikanische Republik und viele andere Länder enthüllt wurde ... Es ist schwierig, sich selbst von diesen schrecklichen Fakten zu überzeugen.*

5) Britische Tageszeitung *The Observer*, 10. Januar 1993. Bezugnahme auf die im Januar 1993 auf BBC 2 ausgestrahlte Fernsehdokumentation: *Allied to the Mafia.*

6) Mackenzie, W. J. M.: *History of the Special Operations Executive: Britain and the resistance in Europe* (London: British Cabinet Office, 1948), S. 842 und 853. Unveröffentlichtes Original des Publics Records Office London, die Veröffentlichung bei Frank Cass steht bevor. Auf dem Schauplatz im Pazifik und ganz besonders auf den Philippinen wurde während des Zweiten Weltkrieges die gleiche Strategie angewendet, als die linke Guerilla von den Vereinigten Staaten zunächst unterstützt und danach geschwächt wurde. Japan hatte die Philippinen im Januar 1942 eingenommen. Die Vereinigten Staaten unterstützten und bildeten auf den Philippinen Partisanen aller politischen Orientierungen gegen die japanische Besatzungsmacht aus. Darunter war auch die starke linke Partisanenbewegung Huk, eine starke Kraft der sozialen Revolution. Doch wie in Italien und in Griechenland wurden die Waffenbrüder verraten. Als die Japaner besiegt waren, entwaffneten die Vereinigten Staaten die Guerilla und die Huk wurden in Anwesenheit von amerikanischen Offizieren bis mindestens 1945 niedergemetzelt. Der amerikanische Historiker Gabriel Kolko kommentiert: *Die Führung der Huk erwartete naiv, dass sie von den Amerikanern toleriert würde.* Vergleiche Kolko, Gabriel: *Century of War Politics, Conflict, and Society since 1914* (New York: The New Press, 1994), S. 363.

7) Harris, Geoffrey: *The Dark Side of Europe: The Extreme Right Today* (Edinburgh: Edinburgh University Press, 1994), S. 3 und 15.

8) Francovich, Allan: *Gladio: The Ringmasters*. Erste von drei Gladio-Dokumentationen, gesendet auf BBC 2 am 10. Juni 1992.
9) Blum, William: *Killing Hope: US Military and CIA Interventions since World War II* (Maine: Common Courage Press, 1995), S. 28.
10) Lee, Martin: *The Beast Reawakens* (Boston: Little Brown and Company, 1997), S. 100.
11) Dunnage, Jonathan: *Inhibiting Democracy in Post-War Italy: The Police Forces, 1943–48*. In: Italian Studies, 51, 1996, S. 180.
12) Christie, Steward: Stefano Delle Chiaie (London: Anarchy Publications, 1984), S. 6.
13) Ebda., S. 4.
14) Mangold, Tom: *Cold Warrior: James Jesus Angleton; The CIA's Master Spy Hunter* (London: Simon & Schuster, 1991), S. 20. Es ist unglücklich, dass Angletons Biograph Mangold überhaupt keine Einzelheiten über Angletons Arbeit mit den Faschisten in den Jahren nach 1945 nennt und nicht erwähnt, wie Angleton Borghese rettete.
15) Corson, William: *The Armies of Ignorance: The Rise of the American Intelligence Empire* (New York: The Dial Press, 1977), S. 298 und 299. Da die Operation geheim war, war auch das Geld schmutzig und musste zuerst gewaschen werden. Corson erklärt, dass dies erfolgte, indem man zuerst 10 Millionen in bar aus dem Economic Stabilization Fund entnahm, sie durch Überweisungen auf verschiedenen Konten wusch und von dort aus an verschiedene Tarnorganisationen der CIA «spendete».
16) Christie: *Delle Chiaie*, S. 175.
17) Fleming, Denna Frank: *The Cold War and Its Origins 1917–1960* (New York: Doubleday, 1961), S. 322.
18) Powers, Thomas: *The Man Who Kept the Secrets: Richard Helms and the CIA* (London: Weidenfeld and Nicolson, 1980), S. 30.
19) Britische Tageszeitung *The Guardian*, 15. Januar 1992.
20) Während der Ersten Republik Italiens war der militärische Geheimdienst wegen wiederholter Skandale mehrmals gezwungen, seinen Namen zu ändern. Seit der Gründung im Jahr 1949 bis zum ersten großen Skandal im Jahr 1965 wurde der italienische militärische Geheimdienst SIFAR genannt, von 1965 bis 1977 operierte er mit fast demselben Personal unter dem Namen SID. Nach einem weiteren Skandal wurde der SID in zwei neue Zweige aufgeteilt, die auch heute noch tätig sind. Der zivile Zweig wurde dem Innenministerium unterstellt und operierte unter dem Namen SISDE (Servicio Informazione Sicurezza Democratica), während der militärische Zweig dem Verteidigungsministerium unterstellt blieb und unter dem Namen SISMI operierte. Die Direktoren des italienischen militärischen Geheimdienstes während der Ersten Republik waren: General Giovanni Carlo (1949–1951, SIFAR), General Umberto Broccoli (1951–1953, SIFAR), General Ettore Musco (1953–1955, SIFAR), General Giovanni De Lorenzo (1956–1962, SIFAR), General Egidio Viggiani (1962–1965, SIFAR), General Giovanni Allavena (1965–1966, SID), General Eugenio Henke (1966–1970, SID), General Vito Miceli (1970–1974, SID), General Mario Casardi (1974–1978, SID), General Guiseppe Santovito (1978–1981, SISMI); General Nino Lugaresi (1981–1984 SISMI), Admiral Fulvio Martini (1984–1991, SISMI), Sergio Luccarini (1991, SISMI), General Luigi Ramponi (1991–1992, SISMI), General Cesare Pucci (1992–1993, SISMI).
21) Willan, Philip: *Puppetmasters. The Political Use of Terrorism in Italy* (London: Constable, 1991) S. 34.
22) Coglitore, Mario (Hrsg.): *La Notte dei Gladiatori. Omissioni e Silenzi della Repubblicca* (Padua: Calcusa Edizioni, 1992), S. 34.
23) Britische Tageszeitung *The Observer*, 18. November 1990.
24) Bericht des italienischen Senats von 1995 über Gladio und die Massaker, S. 49.
25) Coglitore: *Gladiatore*, S. 133.
26) Cedomi, Pietro: *Services Secrets, Guerre Froide et «stay behind» Part III. Repertoire des Résaux S/B*. In: Belgische Zeitschrift *Fire! Le Magazin de l'Homme d'Action*, November/Dezember 1991, S. 80.
27) Britische Tageszeitung *The Observer*, 7. Juni 1992.
28) Dieses Dokument wurde 1994 von der Geheimhaltung entbunden und verursachte in Italien verbreitete Kritik. Vergleiche: Italienische Tageszeitung *La Stampa*, 27. November 1994.

29) Colby, William: *Honourable Men: My life in the CIA* (New York: Simon&Schuster, 1978), S. 110.

30) Faenza, Roberto: *Il malaffare. Dall'America di Kennedy all'Italia, a Cuba, al Vietnam* (Mailand: Editore Arnoldo Mondadori, 1978), S. 312.

31) Die Existenz des Dokuments wurde während der Gladio-Enthüllungen von 1990 aufgedeckt. Bericht des italienischen Senats von 1995 über Gladio und die Massaker, S. 25.

32) Italienische Zeitschrift *Europeo*, 18. Januar 1991. Die italienische parlamentarische Kommission wusste nur von der Existenz des Dokuments von 1956 über Gladio, weil sie in Besitz eines Dokuments über Gladio vom 1. Juni 1959 kam, das sich in präzisen Sätzen auf das andere Dokument bezieht und besagt, dass es mit 26. November 1956 datiert ist und in der italienischen Version den Titel *Accordo fra il Servizio Informazioni Italiano ed il Servizio Informazioni USA relativo alla Organizzazione ed all'Attivita della Rete Clandestina Oost-Occupazione (stay-behind) Italo-Statunitense* [Übereinkunft zwischen SIFAR und der CIA hinsichtlich der Organisation und Aktivität des geheimen italienisch-amerikanischen Netzwerks nach der Besetzung (stay-behind)]. Das Original des Dokuments von 1959 finden Sie in Coglitore, *Gladiatori*, S. 118–130.

33) Belgische Zeitschrift *Fire*, Januar 1992, S. 59.

34) Ebda., S. 62

35) Francovich, Allan: *Gladio: The Puppeteers*. Zweite von insgesamt drei Dokumentationen von Francovich über Gladio, gesendet auf BBC 2 am 17. Juni 1992.

36) Colby: *Honourable Men*, S. 128.

37) Ebda., S. 109–120.

38) Dieses Dokument wurde aus Faenza: *Malaffare*, S. 313 zitiert. Der italienische Historiker Roberto Faenza recherchierte in den 70er-Jahren in den amerikanischen Archiven, und indem er sich auf FOIA berief, gelangte er an das Dokument Demagnetize, das zum ersten Mal *diese schwere Abweichung des italienischen Geheimdienstes aufdeckte.*

39) Stato Maggiore della Difesa Servizio Informazioni delle Forze Armate. Ufficio R – Sezione SAD: Le forze speciali del SIFAR e l'operazione GLADIO. Roma, 1 Giugno 1959. Dieses Dokument wurde 1990 von Richter Felice Casson in den Archiven von SIRAR in Rom entdeckt, und er begann mit den Enthüllungen über Gladio in Italien und darüber hinaus. Das Dokument finden Sie in Coglitore, *Gladiatore*, S. 118–130.

40) Colby: *Honourable Men*, S. 136.

41) Telegramm vom Außenminister an die amerikanische Botschaft in Rom am 18. Oktober 1961. Zitiert in Faenza: *Malaffare*, S. 311. Faenza bietet eine sehr gute Analyse zu Kennedys Plan, Italien für die Linke zu öffnen. Vergleiche: Faenza, *Malaffare*, S. 307–373 («L'apertura a sinistra»).

42) Zitiert in Igel, Regine: *Andreotti. Politik zwischen Geheimdienst und Mafia* (München: Herbig Verlag, 1997), S. 49. Ihre undatierte Quelle ist das amerikanische Magazin *New Statesman*.

43) Faenza: *Malaffare*, S. 310.

44) Igel: *Andreotti*, S. 50.

45) Faenza: *Malaffare*, S. 356.

46) Mecklenburg, Jens (Hrsg.): *Gladio: Die geheime Terrororganisation der Nato* (Berlin: Elefanten Press, 1997), S. 30. Und Coglitore, *Gladiatori*, S. 185. Ein ehemaliger General des SID war es, der im Rahmen von Vernehmungen im Zusammenhang mit dem Propaganda-Due-Skandal (kurz P2) aufdeckte, dass diese Angreifer Gladiatoren waren.

47) Brozzu-Gentile, Jean François: *L'Affaire Gladio* (Paris: Editions Albin Michel, 1994), S. 77. Und Faeza, *Malaffare*, S. 315. Siehe auch Willan, *Puppetmasters*, S. 84.

48) Bericht des italienischen Senats von 1995 über Gladio und die Massaker, S. 85.

49) Ebda.

50) Stato Maggiore della Difesa. Servizio Informazioni delle Forze Armate. Uffizio R – Sezione SAD: Le forze speziale del SIFAR e l'operazione GLADIO. Roma, 1 Giugno 1959. Dieses Dokument ist enthalten in Coglitore, *Gladiatori*, S. 118–130. Untersuchungen von Piano Solo ließen vermuten, dass 731 Personen deportiert werden sollten, während die Kommission des Senats zur Untersuchung der Operation Gladio herausfand, dass eher zwischen 1100 und 1200 einflussreiche Leute im Hauptquartier von Gladio CAG auf Sardinien gefangen gehalten werden sollten. Skandalöserweise weigerte sich der militärische Geheimdienst die Verbotsliste der parlamentarischen Kommission zur Verfügung zu stellen. *Dies ist eine sehr ernste Situation, denn man kann davon ausgehen, dass die Liste die Namen von Parlamentariern und politischen Funktionären enthält, und die Veröffentlichung würde jeder Behauptung die Grundlage entziehen, dass die Ereignisse von 1964 behutsame Operationen waren, um öffentliche Unruhen zu verhindern*, folgerten die Senatoren. Siehe *Bericht des italienischen Senats von 1995 über Gladio und die Massaker*, S. 89.

51) Eine gute Beschreibung des Putsches ist enthalten in: Collin, Richard: *The De Lorenzo Gambit: The Italian Coup Manque of 1964* (Beverly Hills: Sage, 1976). Collin, der seinen Universitätsabschluss in Harvard machte, gab in Maryland Vorlesungen, spezialisierte sich auf militärische Affären und diente als Stabsoffizier des US Secretary of the Army, später als Berater der saudi-arabischen Truppen, und bietet in seinem 60-seitigen Buch eine bemerkenswert gute Beschreibung der Operation «Piano Solo». Leider sagt er fast nichts über die Rolle, die die Vereinigten Staaten im Hintergrund spielte.

52) Collin: *Coup*, S. 60.

53) Ebda. Seine Quelle ist die italienische Zeitschrift *Avanti!*, 26. Juli 1964.

54) Coglitore: *Gladiatori*, S. 186. Siehe auch Willan, *Puppetmasters*, S. 85.

55) Bericht des italienischen Senats von 1995 über Gladio und die Massaker, S. 87. Cook, Bernard: *The Mobilisation of the Internal Cold War in Italy*. In: History of European Ideas. Band 19, 1994, S. 116.

56) Ferraresi, Franco: *A Secret Structure Codenamed Gladio*. In: Italian Politics. A Review, 1992, S. 41. Der stille Gladio-Putsch wäre ohne die Arbeit von Enthüllungsjournalisten nie aufgedeckt worden. Beginnend im Frühjahr 1967 informierte der Journalist Raffaele Jannuzzi (der später für die Sozialisten ins Parlament einzog) die überraschte italienische Öffentlichkeit, dass sie nur knapp einem Staatsstreich entkommen war (Complotto al Quirinale, *Espresso*, 14. Mai 1967). De Lorenzos Versuch, den Journalisten durch eine Verleumdungsklage zum Schweigen zu bringen, führte zu kontraproduktiven Ergebnissen, da in der Folge viele Beweise ans Tageslicht kamen, dass die Regierung letztlich gezwungen war, eine Untersuchung «der Ereignisse von 1964» zu bewilligen. (*Italienischer Senat. Commissione parlamentare d'inchiesta sugli eventi del giungo-luglio 1964*. Die Ergebnisse wurden in zwei Bänden [Großer und kleiner Bericht] 1971 in Rom veröffentlicht).

57) *Relazione della Commissione parlamentare d'inchiesta sugli eventi del giungo-luglio 1964 (*Rom 1971), S. 307. Vergleiche Igel, *Andreotti*, S. 53.

58) *Commissione parlamentare d'inchiesta sugli eventi del giungo-luglio 1964. Relazione minoranza, Roma 1971, S. 307.* Vergleiche Igel, *Andreotti*, S. 53.

59) Zitiert in Igel*: Andreotti*, S. 52.

60) Nachdem der italienische Richter Carlo Palermo Verbindungen von Licio Gelli zu Rechtsterroristen aufgedeckt hatte, ordnete er das Anti-Terror-Büro von SISMI an, ihm bei seinen Untersuchungen zu helfen. Am 16. April 1983 präsentierte das Anti-Terror-Büro des SISMI Einzelheiten zu den geheimen Tätigkeiten der Vereinigten Staaten. Dies war vielleicht das erste Mal, dass die Einheit seine Pflicht erfüllte, und es war bezeichnend, dass das Anti-Terror-Büro des SISMI danach sofort geschlossen wurde. Die viel versprechende Karriere von Emilio Santillos, dem Direktor des Anti-Terror-Büros des SISMI, endete plötzlich sofort nach dem Bericht, während auch die Biografien seiner ermittelnden Kollegen eine tragische Wende nahmen. Der SISMI-Oberst Florio starb bei einem mysteriösen Autounfall, der SISMI-Oberst Serrentiono quittierte den Dienst aus gesundheitlichen Gründen, Major Rossi beging Selbstmord und nur Major Antonio de Salvo verließ das Anti-Terror-Büro bei guter Gesundheit und trat den Freimaurern bei. Zitiert in: Igel, *Andreotti*, S. 232.

61) Britische Tageszeitung *The Observer*, 21. Februar 1988.

62) Senato della Repubblica Italiana, Relazione della Commissione Parlamentare d'Inchiesta Sulla Loggia P2, Roma 1984.

63) Ein Interview mit Willan. Zitiert in Willan, *Puppetmasters*, S. 55.

64) Igel: *Andreotti*, S. 229.

65) Zitat aus der britischen Zeitschrift *The New Statesman*, 21. September 1984.

66) O'Shaugnessy, Hugh: *Gladio. Europe's best kept secret.* Es waren Agenten, die zurückbleiben («stay

behind») mussten, falls die Rote Armee Westeuropa überrennen würde. Aber das Netzwerk, das mit den besten Absichten eingerichtet wurde, degenerierte in einigen Ländern zu einer Fassade für Terrorismus und weit rechte politische Agitation. In: Britische Tageszeitung *The Observer*, 7. Juni 1992.

67) Gentile: *Gladio*, S. 28.
68) Ebda.
69) Britische tägliche Nachrichtensendung *Newsnight* auf BBC1 am 4. April 1991.
70) Willan: *Puppetmasters*, S. 41.
71) Bericht des italienischen Senats von 1995 über Gladio und die Massaker, S. 97.
72) Ebda., S. 164.
73) Willan: *Puppetmasters*, S. 97. Buscetta sagte gegenüber Falcone im Dezember 1984 aus. Später wurde der mutige Falcone von der Mafia ermordet.
74) Liggio vor dem Assisengericht in Reggio Calabria. Zitat aus Willan: *Puppetmasters*, S. 97.
75) Willan: *Puppetmasters*, S. 94.
76) Colby: *Honourable Men*, S. 395.
77) Vergleiche beispielsweise McNamara, Robert: *In Retrorespect: The Tragedy and Lessons of Vietnam* (New York, Random House, 1995).
78) Willan: *Puppetmasters*, S. 93.
79) Britisches Politik-Magazin *Statewatch*, Januar 1991.
80) Gentile: *Gladio*, S. 105.
81) Britisches Politik-Magazin *Statewatch*, Januar 1991 und Gentile Gladio, S. 19.
82) Italienisches Politik-Magazin *Europeo*, 16. November 1990.
83) Francovich, Allan: *Gladio: The Puppeteers*. Zweite von insgesamt drei Dokumentationen von Francovich über Gladio, gesendet auf BBC 2 am 17. Juni 1992.
84) Ebda.
85) Die Ergebnisse in den folgenden Jahren bei den Wahlen zum italienischen Parlament für die drei dominierenden Parteien DCI, PCI und PSI:

	DCI in %	PCI in %	PSI in %	PCI + PSI in %
1968	39,1	26,9	14,5	41,4
1972	38,7	27,1	9,6	36,7
1976	38,7	34,4	9,6	44,0
1979	38,3	30,4	9,8	40,2
1983	32,9	29,9	11,4	41,3
1987	34,3	26,6	14,3	40,9
1992	29,7	23,6	13,6	37,2
1994	aufgelöst	28,3	2,2	30,5

Quelle: http://www.aitec.it/paradisi/costituz/c_app.3.htm.

86) *Pike Report: Report of the House Select Committee on Intelligence [Pike Committee], Ninety-fourth Congress* (New York: Village Voice, 1976), S. 193 und 195.
87) *Garner, Joe: We interrupt this broadcast. The Events that stopped our lives. From the Hindenburg Explosion to the Death of John F. Kennedy jr.* (Naperville: Sourcebooks, 2000), S. 87.
88) Zitiert in Willan: *Puppetmasters*, S. 220.
89) Willan: *Puppetmasters*, S. 325.
90) Zitiert in Willan: *Puppetmasters*, S. 219.
91) Bericht des italienischen Senats von 1995 über Gladio und die Massaker, S. 294 und 295.
92) Ebda., S. 294.
93) Britische Tageszeitung *The Guardian*, 16. Januar 1991.
94) Internationale Nachrichtenagentur *Associated Press*, 20. November 1990.

95) BBC-Reporter Peter Marshall im Interview mit Serravalle für den Sonderbericht über Gladio am 4. April 1991.

96) Francovich, Allan: *Gladio: The Puppeteers.* Zweite von insgesamt drei Dokumentationen von Francovich über Gladio, gesendet auf BBC 2 am 17. Juni 1992.

97) Bericht des italienischen Senats von 1995 über Gladio und die Massaker, S. 242 und 364.

98) *Senato della Repubblica. Commissione parlamentare d'inchiesta sul Terrorismo in Italia e sulle cause della mancata individuazione dei responsabili delle stragi: Stragi e terrorismo in Italia dal dopoguerra al 1974.* Relazione del Gruppo Democratici di Sinistra l'Ulivo. Rom Juni 2000. Im Folgenden wird der Bericht als «Bericht des Senats über Gladio und die Massaker von 2000» zitiert. Die acht Mitglieder waren: On. Valter Bielli, On. Antonio Attili, On. Michele Cappella, On. Piero Ruzzante, Sen. Alessandro Pardini, Sen. Raffaele Bertoni, Sen. Graziano Cioni, Sen Angelo Staniscia. Wie bei Philip Willan zitiert, *US supported anti-left terror in Italy. Report claims Washington used a strategy of tension in the cold war to stabilise the centre-right.* In: Britische Tageszeitung *The Guardian*, 24. Juni 2000.

99) Bericht des Senats über Gladio und die Massaker von 2000, S. 41.

100) Ebda.

101) Ebda., S. 42.

102) Willan, Philip: *US supported anti-left terror in Italy. Report claims Washington used a strategy of tension in the cold war to stabilise the centre-right.* In: Britische Tageszeitung *The Guardian*, 24. Juni 2000.

103) Willan, Philip: *US supported anti-left terror in Italy. Report claims Washington used a strategy of tension in the cold war to stabilise the centre-right.* In: Britische Tageszeitung *The Guardian*, 24. Juni 2000.

7 Der geheime Krieg in Frankreich

1) Die Erste Französische Republik folgte der Französischen Revolution von 1789 und dauerte von 1792 bis 1799. Die Zweite Französische Republik folgte den europäischen Revolutionen und dauerte von 1848 bis 1852. Die Dritte Französische Republik begann 1886 und endete mit der Niederlage während des Zweiten Weltkriegs im Jahr 1940.

2) Rice-Maximin, Edward: *Accomodation and Resistance: The French Left, Indochina and the Cold War 1944–1954* (New York: Greenwood Press, 1986), S. 12.

3) Agee, Philip und Louis, Wolf Louis: *Dirty Work: The CIA in Western Europe* (Secausus: Lyle Stuart Inc., 1978), S. 182.

4) Zitiert in Rice-Maximin: *Resistance*, S. 95. Die Rede wurde am 28. Januar 1950 gehalten.

5) Vandenberg, Hoyt S.: Memorandum für Präsident Harry S. Truman. Central Intelligence Group, Washington, 26. November. Zunächst als streng geheim klassifiziert, heute in der Harry-Truman-Bibliothek.

6) Faligot, Roger und Krop, Pascal: *La Piscine. Les Services Secrets Français 1944–1984* (Paris: Editions du Seuil, 1985), S. 84.

7) Faligot, Roger und Kaufer, Rémi: *Les Maîtres Espions. Histoire Mondiale du Renseignement. Tome 2. De la Guerre Froide à Nos Jours* (Paris: Editions Laffont, 1994), S. 56.

8) Faligot und Krop: *Piscine*, S. 85.

9) Rice-Maximin: *Resistance*, S. 53.

10) Faligot und Krop: *Piscine*, S. 85.

11) Ebda., S. 86.

12) Faligot und Kaufer: *Espions*, S. 56.

13) Faligot und Krop: *Piscine*, S. 86.

14) Vandenberg, Hoyt S.: Memorandum für Präsident Harry S. Truman. Central Intelligence Group, Washington, 26. November. Zunächst als streng geheim klassifiziert, heute in der Harry-Truman-Bibliothek.

15) Barnes, Trevor: *The Secret Cold War: The CIA and American Foreign Policy in Europe, 1946–1956.* In: *The Historical Journal*, Vol. 24, Nr. 2, 1981, S. 413.

16) Zitiert in de Willems, Jan: *Gladio* (Brüssel: Editions EPO, 1991), S. 35.
17) Brozzu-Gentile, Jean-François: *L'Affaire Gladio* (Paris: Editions Albin Michel, 1994), S. 190.
18) Simpson, Christopher: *Blowback: America's Recruitment of Nazis and its Effects on the Cold War* (London: Weidenfeld and Nicolson, 1988), S. 127.
19) *Senato della Repubblica Italiana. Commissione parlamentare d'inchiesta sul terrorismo in Italia e sulle cause della mancata individuazione dei responsabili delle stragi: Il terrorismo, le stragi ed il contesto storico politico.* Redetta dal Presidente della Commissione, Senatore Giovanni Pellegrino. Roma 1995, S. 36.
20) Wall, Irwin: *The United States and the Making of Postwar France, 1945–1954* (Cambridge: Cambridge University Press, 1991), S. 150.
21) Faligot und Krop: *Piscine*, S. 88. Und Baud, Jacques: *Encyclopédie du Renseignement et des Services secrets* (Paris: Lavauzelle, 1997), S. 546.
22) Unbenannter Autor, *Spotlight: Western Europe: Stay-behind.* In: Französische Zeitschrift *Intelligence Newsletter. Le Monde du Renseignement*, 5. Dezember 1990.
23) Faligot und Krop: *Piscine*, S. 90.
24) Ebda., Interview mit Louis Mouchon. Ebda., *Piscine*, S. 89.
25) Faligot und Kaufer: *Espions*, S. 57.
26) Britische Wochenzeitung *The Economist*, 16 April 1994.
27) Kwitny, Jonathan: *The CIA's Secret Armies in Europe: An International Story.* In: *The Nation*, 6. April 1992, S. 446 und 447.
28) Ebda.
29) Ebda.
30) Italienische Zeitschrift *Europeo*, 18. Januar 1991.
31) Die italienische Tageszeitung *L'Unita* veröffentlichte das Dokument am 14. November in einer Sonderausgabe auf Italienisch.
32) Das Dokument wird zitiert in Faenzo, Roberto: *Il malaffare. Dall'America di Kennedy all'Italia, a Cuba, al Vietnam* (Mailand: Editore Arnoldo Monadori, 1978), S. 313.
33) Faenza: *Malaffare*, S. 313.
34) Gentile: *Gladio*, S. 144.
35) Französische Tageszeitung Le Monde, 16. November 1990. Und Cedoni, Pietro: *Services Secrets, Guerre Froide et «stay-behind. Part II»: La Mise en Place des Résaux.* In: Belgische Zeitschrift *Fire! Le Magazin de l'Homme d'Action*, September/Oktober 1991, S. 74–80.
36) Faligot und Krop: *Piscine*, S. 165.
37) Französische Tageszeitung *Le Monde*, 12. Januar 1998.
38) Porch, Douglas: *The French Secret Services: From the Dreyfus Affair to the Gulf War* (New York: Farrar, Straus and Giroux, 1995), S. 395.
39) Porch: *Secret Services*, S. 395.
40) Diese Beschreibung der Operation Ressurection stammt von Ph. Bernert aus seinem Buch *Roger Wybot et la bataille pour la DST.* Zitiert in Gentile: *Gladio*, S. 286.
41) Porch: *Secret Services*, S. 396
42) Ebda.
43) Ebda. S. 408.
44) Kwitny, Jonathan: *The CIA's Secret Armies in Europe: An International Story.* In: *The Nation*, 6. April 1992, S. 446 und 447.
45) Blum, William: *Killing Hope: US Military and CIA interventions since World War II* (Maine: Common Courage Press, 1995), S. 149.
46) Ebda.
47) Ebda.
48) Porch: *Secret Services*, S. 398.
49) Wie beispielsweise von Erwan Bergot, dem ehemaligen kommandierenden Offizier der 11th Demi Brigade Du Choc in seinen Memoiren *Le Dossier Rouge. Services Secrets Contre FLN* (Paris: Grasset Publishers, 1976) enthüllt.

50) Erich Schmidt Eenboom schrieb in den 90er-Jahren über Gladio und die geheimen französischen Terror-Operationen in seinem unveröffentlichten neunseitigen Essay *Die «Graue» und die «Rote» Hand. Geheimdienste in Altenstadt.* Beide Zitate ebda., S. 3 und 7. Zu den französischen terroristischen Operationen gegen die FLN in Deutschland zählen: das Attentat auf Ait Acéne, den Generalsekretär der FLN mit einem Maschinengewehr am 5. November 1958 in Bonn. Attentat auf das FLN-Mitglied Abd el Solvalar durch einen einzelnen Schuss aus nächster Nähe auf dem Bahnhof von Saarbrücken am 19. Januar 1959. Attentat auf Lorenzen, einen Freund des Hamburger Waffenherstellers Otto Schlüter, durch eine Bombenexplosion in Schlüters Geschäftshaus am 28. September 1956. Am 3. Juni 1957 überlebte Schlüter ein Attentat, doch dabei wurde seine Mutter getötet (ebda.).

51) Britische Zeitung *Sunday Times* , 12. Oktober 1997. Auch die französische Tageszeitung *Le Monde*, 17. Oktober 1996.

52) Einaudi, Jean-Luc: *La Bataille de Paris* (Paris: Seuil, 1991).

53) Schweizer *Wochenzeitung*, 14. Dezember 1990.

54) Britische Zeitung Sunday Times, 12. Oktober 1997. Auch die französische Tageszeitung *Le Monde*, 17. Oktober 1996.

55) Ebda.

56) Bale, Jeffrey M.: *Right wing Terrorists and the Extraparlamentary Left in Post World War 2 Europe: Collusion or Manipulation?* In: *Lobster Magazine* (UK), Nr. 2, Oktober 1989, S. 6.

57) Kwitny, Jonathan: *The CIA's Secret Armies in Europe.* In: *The Nation*, 6. April 1992, S. 446 und 447.

58) Porch: *Secret Services*, S. 409.

59) Ebda., S. 419.

60) Stato Maggiore della Difesa. Servizio Informazioni delle Forze Armate. Uffizio R – Sezione SAD: Le forze speziali del SIFAR e l'operazione GLADIO. Roma, 1. Giugno 1959. Das Dokument ist enthalten in: Coglitore, Mario (Hrsg.): *La Notte dei Gladiatori. Omissioni e Silenze della Repubblica* (Padua: Calusca Edizione, 1992), S. 118–130.

61) Belgischer parlamentarischer Untersuchungsausschuss zu Gladio, so wie in der britischen Zeitschrift *Statewatch* zusammengefasst, Januar/Februar 1992.

62) De Willems, Jan: *Gladio* (Brüssel, Editions EPO, 1991), S. 24.

63) Willems: *Gladio*, S. 81.

64) Zitat aus Willan, op. cit., S. 27.

65) Rowse, Arthur: *Gladio. The Secret US War to subvert Italian Democracy.* In: *Covert Action Quarterly*, Nr. 49, Sommer 1994, S. 3.

66) Baud: *Encyclopédie*, S. 546.

67) Porch: *Secret Services*, S. 439.

68) Ebda., S. 438.

69) Ebda., S. 395.

70) Ebda., S. 439.

71) Ebda., S. 437.

72) Ebda., S. 438, mit Bezug auf Foccarts Biograph Pierre Péan.

73) Ebda., S. 439.

74) Baud: *Encyclopédie*, S. 546 und französische Tageszeitung *Le Monde*, 16. November 1990.

75) Porch: *Sercret Services*, S. 446. Der Bericht der französischen parlamentarischen Kommission über SAC heißt: *Rapport de la Commission d'Enquête sur les Activités du Service d'Action Civique.* Assemblée Nationale. Seconde session ordinaire de 1981–1982, Nr. 955, (Alain Moreau, Paris 1982).

76) Intelligence Newsletter, 21. November 1990.

77) Porch: *Secret Services*, S. 590.

78) Ebda., S. 446.

79) Ebda., S. 404.

80) Kwitny, Jonathan: *The CIA's Secret Armies in Europe. An International Story.* In: *The Nation*, 6. April 1992, S. 446 und 447.

81) Französische Tageszeitung *Le Monde*, 14. November 1990. Internationale Nachrichtenagentur *Reuters*, 12. November 1990. Britische Tageszeitung *The Guardian*, 14. November 1990.

82) Zitiert in Gentile: *Gladio*, S. 141. Ebenfalls zitiert von der internationalen Nachrichtenagentur *Associated Press*, 13. November 1990.

8 Der geheime Krieg in Spanien

1) In seiner Einführung zu Mac Dougall, Ian: *Voices from the Spanish Civil War. Personal Recollections of Scottish Volunteers in Republican Spain, 1936–1939* (Edinburgh: Polygon, 1986).

2) Vallely, Paul: *Romancing the past: Sixty years ago, thousands of men and women went to fight in the Spanish Civil War. Are there any ideals for which we would take up arms today?* In: Britische Tageszeitung *The Independent*, 22. Juli 1996.

3) Catchcart, Brian: *They kept the red flag flying: It is 60 years since General Franco launched his assault on the Spanish Republic and thousands of young Britons joined the International Brigades to defend it. What drove them to leave homes, jobs and families, risking their lives? And what did they find when they returned?* In: Britische Wochenzeitung *The Independent on Sunday*, 21. Juli 1996.

4) Amerikanische Tageszeitung *The New York Times*, 16. Oktober 1936.

5) Hopkins, James: *Into the Heart of Fire. The British in the Spanish Civil War* (Stanford: Stanford University Press, 1998), S. 294.

6) Das Beispiel wurde der britischen Tageszeitung *The New Statesman* vom 26. April 1958 entnommen.

7) *Calvo Sotelo asegura que Espana no fue informada, cuando entro en la OTAN, de la existencia de Gladio. Moran sostiene que no oyo hablar de la red clandestina mientras fue ministro de Exteriores.* In: Spanische Tageszeitung *El Pais*, 21. November 1990.

8) Faligot, Roger und Kauffer, Rémi: *Les Maîtres Espions. Histoire mondial du renseignement. De la Guerre Froide à nos Jours* (Paris: Editions Laffont, 1994), S. 282.

9) Faligot und Kaufer: *Espions*, S. 284.

10) Eine gute Biographie über Franco finden Sie bei Preston, Paul: *The folly of appeasement: Franco: A Biography* (London: HarperCollins, 1993).

11) Faligot und Kaufer: *Espions*, S. 281–285.

12) *Calvo Sotelo asegura que Espana no fue informada, cuando entro en la OTAN, de la existencia de Gladio. Moran sostiene que no oyo hablar de la red clandestina mientras fue ministro de Exteriores.* In: Spanische Tageszeitung *El Pais*, 21. November 1990.

13) Faligot und Kaufer: *Espions*, S. 55.

14) De la Calle, Angel Luis: *Gladio: Ligacoes obscuras em Espanha.* In: Portugiesische Tageszeitung *Expresso*, 8. Dezember 1990.

15) Manola, Josef: Spaniens Geheimdienste vor der Durchleuchtung. Nähe zu Rechtsradikalen. In: *Der Standard*, 17. November 1990. Der Schweizer Gladio-Ermittler Richter Cornu behauptete später einfach, dass Moyen eine unglaubwürdige Quelle sei.

16) *Calvo Sotelo asegura que Espana no fue informada, cuando entro en la OTAN, de la existencia de Gladio. Moran sostiene que no oyo hablar de la red clandestina mientras fue ministro de Exteriores.* In: Spanische Tageszeitung *El Pais*, 21. November 1990.

17) Faligot und Kaufer: *Espions*, S. 285.

18) Cedomi, Pietro: *Services Secrets, Guerre Froide et «stay behind» Part III. Répertoire des Résaux S/B.* In: Belgische Zeitschrift *Fire! Le Magazin de l'Homme d'Action*, November/Dezember 1991, S. 83.

19) Stuart Christie, Martin Lee und Kevin Coogan: *Protected by the West's Secret Services, Hired by South American's Drug Barons, the Man they called «Shorty» Terrorised Two Continents.* In: Britische Zeitschrift *News on Sunday Extra*, 31. Mai 1987. Christie ist ein führender Experte zu Delle Chiaie. Vergleiche sein Buch Christie, Stuart: *Stefano Delle Chiaie* (London: Anarchy Publications, 1984).

20) Gonzales, Miguel: Un informe oficial italiano implica en el crimen de Atocha al «ultra» Cicuttini, relacionado con Gladio. El fascista fue condenado en el proceso que ha sacado a la luz la estructura secreta OTAN. In: Spanische Tageszeitung *El Pais*, 2. Dezember 1990.
21) *Senato della Repubblica. Commissione parlamentare d'inchiesta sul terrorismo in Italia e sulle cause della mancata individuazione dei responsibili delle stragi: Il terrorismo, le stragi ed il contesto storico politico.* Redatta dal presidente della Commissione, Senatore Giovanni Pellegrino, Roma 1995, S. 203.
22) De la Calle, Angel Luis: *Gladio: Ligacoes obscuras em Espanha.* In: Portugiesische Tageszeitung *Expresso*, 8. Dezember 1990. Und Gonzales, Miguel: Un informe oficial italiano implica en el crimen de Atocha al «ultra» Cicuttini, relacionado con Gladio. El fascista fue condenado en el proceso que ha sacado a la luz la estructura secreta OTAN. In: Spanische Tageszeitung *El Pais*, 2. Dezember 1990.
23) Internationale Nachrichtenagentur *Agence France Press*, 17. April 1998.
24) Serravalle, Gerardo: *Gladio* (Rom: Edizione Associate, 1991). Ein anderer italienischer General, der die Gladio-Armee von 1974 bis 1986 kommandierte, Paolo Inzerilli, schrieb ebenfalls ein etwas bedauerndes Buch. Inzerilli, Paolo: *La Verità negata* (Bologna: Edizioni Analisi, 1995).
25) Serravalle: *Gladio*, S. 81.
26) Ebda., S. 82.
27) Ebda., S. 82.
28) Cedomi, Pietro: *Services Secrets, Guerre Froide et «stay behind» Part III. Répertoire des Résaux S/B.* In: Belgische Zeitschrift *Fire! Le Magazin de l'Homme d'Action*, November/Dezember 1991, S. 83.
29) Manola, Josef: Spaniens Geheimdienste vor der Durchleuchtung. Nähe zu Rechtsradikalen. In: *Der Standard*, 17. November 1990.
30) *Spain says it never joined Gladio. TV says agents trained there. Reuters*, internationale Nachrichtenagentur, 23. November 1990.
31) *Calvo Sotelo asegura que Espana no fue informada, cuando entro en la OTAN, de la existencia de Gladio. Moran sostiene que no oyo hablar de la red clandestina mientras fue ministro de Exteriores.* In: Spanische Tageszeitung *El Pais*, 21. November 1990.
32) *Calvo Sotelo asegura que Espana no fue informada, cuando entro en la OTAN, de la existencia de Gladio. Moran sostiene que no oyo hablar de la red clandestina mientras fue ministro de Exteriores.* In: Spanische Tageszeitung *El Pais*, 21. November 1990.
33) *Germany to dissolve Gladio resistance network. Reuters*, internationale Nachrichtenagentur, 16. November 1990.
34) *IU recabara en Bruselas informacion sobre la red Gladio en Espania.* In: Spanische Tageszeitung *El Pais*, 20. November 1990.
35) *El servicio espanol de intelligencia mantiene estrechas relaciones con la OTAN.* Serra ordena indagar sobre la red Gladio en Espana. In: Spanische Tageszeitung *El Pais,* 16. November 1990.
36) *Spain says it never joined Gladio. TV says agents trained there. Reuters*, internationale Nachrichtenagentur, 23. November 1990.
37) *IU recabara en Bruselas informacion sobre la red Gladio en Espania.* In: Spanische Tageszeitung *El Pais*, 20. November 1990.
38) *Calvo Sotelo asegura que Espana no fue informada, cuando entro en la OTAN, de la existencia de Gladio. Moran sostiene que no oyo hablar de la red clandestina mientras fue ministro de Exteriores.* In: Spanische Tageszeitung *El Pais*, 21. November 1990.

9 Der geheime Krieg in Portugal

1) Palmer, John: *Undercover NATO Group «may have had terror links».* In: Britische Tageszeitung *The Guardian*, 10. November 1990.
2) Parenti, Michael: against Empire (San Francisco: City Light Books, 1995), S. 143.
3) Guerra, Joao Paulo: «*Gladio*» *actuou em Portugal.* In: Portugiesische Tageszeitung *O Jornal*, 16. November 1990.

4) *Senato della Repubblica. Commissione parlamentare d'inchiesta sul terrorismo in Italia e sulle cause della mancata individuazione dei responsibili delle stragi: Il terrorismo, le stragi ed il contesto storico politico.* Redatta dal presidente della Commissione, Senatore Giovanni Pellegrino, Roma 1995, S. 204 und 241.
5) Commissione parlamentare d'inchiesta sul terrorismo in Italia e sulle causa della mancata individuazione dei responsabili delle stragi. 12. Sitzung, 20. März 1997. URL: www.parlamento.it/parlam/bicam/terror/stenografici/steno12.htm.
6) Commissione parlamentare d'inchiesta sul terrorismo in Italia e sulle causa della mancata individuazione dei responsabili delle stragi. 9. Sitzung, 12. Februar 1997. URL: www.parlamento.it/parlam/bicam/terror/stenografici/steno9.htm.
7) Bale, Jeffrey M.: *Right-wing Terrorists and the Extraparlamentary Left in Post World War 2 Europe: Collusion or Manipulation?* In: Britische Zeitschrift *Lobster*, Nr. 2, Oktober 1989, S. 6.
8) Französische Zeitschrift *Paris Match,* November 1974. Zitiert in: Christie, Stuart: *Stefano Delle Chiaie* (London: Anarchy Publications, 1984), S. 27.
9) Koch, Egmont und Schröm, Oliver: *Deckname Aginter. Die Geschichte einer faschistischen Terrororganisation* (unveröffentlichtes Essay von 17 S., ohne Datumsangabe, ca. 1998, S. 4).
10) Siehe Christie: *Delle Chiaie,* an verschiedenen Stellen.
11) Ebda., S. 29.
12) Dieses Dokument wurde angeblich nach der potugiesischen Revolution von 1974 im ehemaligen Büro von Guerin-Serac gefunden. Es ist im belgischen Wörterbuch des Terrorismus enthalten, das in Belgien von Manuel Abramowicz verfasst wurde. Siehe den Eintrag «Guerain-Serac» in: Le dictionaire des Années de Plomb Belges. Im Internet: www.users.skynet.be/avances/idees.htm.
13) Zitiert in Christie: *Delle Chiaie,* S. 32. Auch in *Lobster,* Oktober 1989, S. 18.
14) Ebda., S. 30.
15) Guerra, Joao Paulo: *«Gladio» actuou em Portugal.* In: Portugiesische Tageszeitung *O Jornal,* 16. November 1990.
16) Ebda., und Christie: *Delle Chiaie,* S. 30.
17) *Senato della Repubblica. Commissione parlamentare d'inchiesta sul terrorismo in Italia e sulle cause della mancata individuazione dei responsibili delle stragi: Il terrorismo, le stragi ed il contesto storico politico.* Redatta dal Presidente della Commissione, Senatore Giovanni Pellegrino, Roma 1995, S. 20.
18) Fabrizio Calvi und Frederic Laurent produzierten eine bemerkenswerte Dokumentation über das Massaker mit dem Titel: *Piazza Fontana: Storia di un Complotto,* gesendet am 11. Dezember 1997 um 20.50 Uhr im italienischen staatlichen Fernsehen Rai due. Die französische Version *L'Orchestre Noir: La Strategie de la Tension* wurde in zwei Teilen am 13. Januar 1998 und am 14. Januar 1998 um 20.45 Uhr auf dem französischen Kanal *Arte* gesendet. In ihrer Dokumentation befragen sie sehr viele Zeugen, auch die Richter Guido Salvini und Gerardo D'Ambrosio, die jahrelang die Massaker untersuchten, aber auch die Rechtsextremisten Stefano Delle Chiaie, Amos Spiazzi, Guido Giannetti, Vincenzo Vinciguerra und auch Offiziere wie Hauptmann Labruna sowie den ehemaligen Premierminister Giulio Andreotti von der DCI. Weiterhin interviewten sie Victor Marchetti und Marc Wyatt von der CIA.
19) Commissione parlamentare d'inchiesta sul terrorismo in Italia e sulle causa della mancata individuazione dei responsabili delle stragi. 9. Sitzung, 12. Februar 1997. URL: www.parlamento.it/parlam/bicam/terror/stenografici/steno9.htm.
20) Willan, Philip: *Terrorists «helped by CIA» to stop rise of left in Italy.* In: Britische Tageszeitung *The Guardian,* 26. März 2001. Willan ist Experte für die amerikanischen verdeckten Aktionen in Italien. Er veröffentlichte das sehr wertvolle Buch *Puppetmasters. The Political Use of Terrorism in Italy* (London: Constable, 1991).
21) Italienische Tageszeitung *La Stampa,* 22. Juni 1996.
22) Scott, Peter Dale: *Transnational Repression: Parafascism and the US.* In: Britische Zeitschrift *Lobster,* Nr. 12, 1986, S. 16.

23) Guerra, Joao Paulo: *«Gladio» actuou em Portugal.* In: Portugiesische Tageszeitung *O Jornal,* 16. November 1990.
24) Koch und Schröm: *Aginter,* S. 8.
25) Zitiert in Christie: *Delle Chiaie,* S. 28.
26) Commissione parlamentare d'inchiesta sul terrorismo in Italia e sulle causa della mancata individuazione die responsabili delle stragi. 9. Sitzung, 12. Februar 1997. URL: www.parlamento.it/parlam/bicam/terror/stenografici/steno9.htm.
27) Koch und Schröm: *Aginter,* S. 11–12.
28) Portugiesische Tageszeitung *Expresso,* 17. November 1990.
29) Portugiesische Tageszeitung *Diario De Noticias,* 17. November 1990.
30) Unbenannter Autor: *Ministro nega conhecimento da rede Ggladio. Franco Nogueira disse ao DN que nem Salazar saberia da organizacao.* In: Portugiesische Tageszeitung *Diario De Noticias,* 17. November 1990.
31) Ebda.
32) Ungenannter Autor: Manfred Wörner explica Gladio. Investigadas ligacoes a extrema-direita. In: Portugiesische Tageszeitung *Expresso,* 24. November 1990.
33) Guerra, Joao Paulo: *«Gladio» actuou em Portugal.* In: Portugiesische Tageszeitung *O Jornal,* 16. November 1990.

10 Der geheime Krieg in Belgien

1) *Enquête parlamentaire sur l'existence en Belgique d'un réseau de renseignements clandestin international, rapport fait au nom de la commission d'enquête par MM. Erdman et Hasquin.* Document Senat, session de 1990–1991. Brüssel, S. 24. Im Folgenden zitiert als *Gladio-Bericht des Belgischen Senats von 1991.* Nach der Entdeckung der geheimen Stay-behind-Armeen in Westeuropa im Jahr 1990 hatte der sozialistische belgische Parlamentarier Dirk van der Maelen einen Antrag im belgischen Parlament eingebracht, in dem die Gründung eines Parlamentsausschusses zur Untersuchung des geheimen Netzwerks gefordert wurde. Der Senat entsprach dem Antrag mit 143 Ja-Stimmen, einer Nein-Simme und fünf Enthaltungen. Mit 19 Senatoren unter dem Vorsitz von Senator Roger Lallemand tagte der belgische Untersuchungsausschuss 57 Mal und zeichnete die Aussagen von 37 Personen auf. Zu diesen zählten drei Minister, der Stabschef der Armee, der Polizeichef, der Chef des Geheimdienstes SGR, mehrere ehemalige Chefs des SGR, mehrere Ausbilder der SGR und besonders Personal der Gladio-Abteilungen SDRA8 und STC/Mob der SGR. Es wurden aber auch Zeugen gehört, die anonym bleiben wollten. *Bestimmte Anhörungen dauerten fünf oder sechs Stunden. Sie fanden in völliger Stille statt.* Am 1. Oktober 1991 präsentierte der belgische Senatsausschuss zu Gladio seinen 250 S. umfassenden Abschlussbericht und beendete seine Arbeit. Zusammen mit dem Bericht des italienischen Senats und dem Bericht über die P26 des Schweizer Parlaments stellt der belgische Bericht eine solide demokratische Leistung dar und zählt zu den besten Ermittlungen zum Netzwerk der Stay-behind.
2) *Gladio-Bericht des Belgischen Senats von 1991,* S. 33.
3) Ebda., S. 148 und 149.
4) Ebda., S. 29.
5) Ebda.
6) Ebda., S. 24 und 25.
7) Mackenzie, W. J. M.: *History of the Special Operations Executive: Britain and the Resistance in Europe* (London: British Cabinet Office, 1948), S. 976. Unveröffentlichtes Original des Public Records Office London, Veröffentlichung von Frank Cass steht bevor.
8) Mackenzie: *Special Operations Executive,* S. 981.
9) Francovich, Allan: *Gladio: The Ringmasters.* Erste von drei Gladio-Dokumentationen, gesendet auf BBC 2 am 10. Juni 1992.
10) Ebda.
11) Weitere Einzelheiten zu Lahauts Meuchelmord finden Sie in den Recherchen von Verhoyen, Etienne

und Van Doorslaer, Rudi: *L'Assassinat de Julien Lahaut. Une Histoire de l'Anticommunisme en Belgique* (Anvers: EPO Press, 1987).

12) Der Brief befindet sich in voller Länge in *Gladio-Bericht des Belgischen Senats von 1991,* S. 212–213.
13) *Gladio-Bericht des Belgischen Senats von 1991,* S. 213. Ebenfalls zitiert in der britischen Tageszeitung *The Observer*, 7. Juni 1992.
14) Ebda., S. 18.
15) Kluiters, Frans: *De Nederlandse inlichtingen en veiligheidsdiensten* (1993), S. 311.
16) De Willems, Jan: *Gladio* (Brüssel, Editions EPO, 1991), S. 147.
17) Kluiters: *Nederlandse*, S. 311. Willems: *Gladio*, S. 147.
18) *Gladio-Bericht des Belgischen Senats von 1991,* op. cit. S. 18.
19) Zitiert in Willems: *Gladio*, S. 147.
20) Ebda., S. 148.
21) Ebda., S. 149.
22) *Gladio-Bericht des Belgischen Senats von 1991,* S. 22.
23) Ebda., S. 20 und 21.
24) Van Ussel, Michel: *Georges 923, Un Agent du Gladio belge parle. Témoignage* (Brüssel: Editions La Longue Vue, 1991), S. 150.
25) Britische Zeitschrift *Statewatch*, Januar 1992.
26) *Gladio-Bericht des Belgischen Senats von 1991,* S. 22.
27) Britische Zeitschrift *Statewatch*, Juli/August 1992.
28) *Gladio-Bericht des Belgischen Senats von 1991,* S. 6, 29,30. Und Van Ussel, Michel: *Georges 923*, S. 19–27.
29) Ebda., S. 38.
30) Ebda., S. 58.
31) Ebda., S. 55.
32) Ebda.
33) Zitiert in *Gladio-Bericht des Belgischen Senats von 1991,* S. 25.
34) Ebda.
35) Ebda., S. 137.
36) Ebda., S. 62.
37) Van Ussel, Michel: *Georges 923*, S. 141.
38) *Gladio-Bericht des Belgischen Senats von 1991,* S. 57.
39) Van Ussel, Michel: *Georges 923*, S. 81.
40) *Gladio-Bericht des Belgischen Senats von 1991,* S. 61.
41) Francovich, Allan: *Gladio: The Ringmasters.* Erste von drei Gladio-Dokumentationen, gesendet auf BBC 2 am 10. Juni 1992.
42) Van Ussel, Michel: *Georges 923*, S. 79.
43) Ebda., S. 59.
44) Ebda., S. 86.
45) Ebda., S. 51 und 107.
46) *Gladio-Bericht des Belgischen Senats von 1991,* S. 28.
47) Ebda., S. 33.
48) Ebda., S. 37.
49) Ebda., S. 45.
50) Ebda., S. 59.
51) Ebda., S. 47.
52) Ebda., S. 45.
53) Ebda., S. 66.
54) Ebda., S. 44.
55) Ebda., S. 47.
56) Van Ussel, Michel: *Georges 923*, S. 43.

57) Ebda., S. 57.

58) *Gladio-Bericht des Belgischen Senats von 1991,* S. 78.

59) O'Shaugnessy, Hugh: *Gladio: Europe's best kept secret.* Es waren Agenten, die zurückbleiben («stay behind») mussten, falls die Rote Armee Westeuropa überrennen würde. Aber das Netzwerk, das mit den besten Absichten eingerichtet wurde, degenerierte in einigen Ländern zu einer Fassade für Terrorismus und weit rechte politische Agitation. In: Britische Tageszeitung *The Observer*, 7. Juni 1992.

60) *Gladio-Bericht des Belgischen Senats von 1991,* S. 47–48.

61) Francovich, Allan: *Gladio: The Foot Soldiers.* Dritte der insgesamt drei Gladio-Dokumentationen von Francovich, gesendet von BBC 2 am 24. Juni 1992.

62) Ebda.

63) Ebda.

64) Ebda.

65) Ebda.

66) O'Shaugnessy, Hugh: *Gladio: Europe's best kept secret.* Es waren Agenten, die zurückbleiben («stay behind») mussten, falls die Rote Armee Westeuropa überrennen würde. Aber das Netzwerk, das mit den besten Absichten eingerichtet wurde, degenerierte in einigen Ländern zu einer Fassade für Terrorismus und weit rechte politische Agitation. In: Britische Tageszeitung *The Observer*, 7. Juni 1992.

67) Abramowicz, Manuel: Le Dictionnaire des années de plomb belges. Im Internet: Im Internet: www.users.skynet.be/avances/idees.htm. Weitere Einzelheiten über CCC finden Sie auch bei Velpen, Jos Vander: *Les CCC – L'Etat et le terrorisme* (Anvers: EPO Dossier, 1988).

68) Francovich, Allan: *Gladio: The Foot Soldiers.* Dritte der insgesamt drei Gladio-Dokumentationen von Francovich, gesendet von BBC 2 am 24. Juni 1992.

69) Zitiert in Willems: *Gladio*, S. 13.

70) Chronologie der Verbrechen, die den Killern von Brabant zugeschrieben werden:

Datum	**Ort (alle in Brabant)**	**Opfer**	**Ziel**
14.8.1982	Maubeuge	1 Verwundeter	Angriff auf Lebensmittelgeschäft
30.9.1982	Wavre	1 Toter, 3 Verwundete	Angriff auf Waffengeschäft
30.9.1982	Hoeilaart	2 Verwundete	Schüsse auf Mitglieder der BSR
23.12.1982	Brüssel	1 Toter	Angriff auf das Hotel Chevaliers
9.1.1983	Mons	1 Toter	Angriff auf einen Taxifahrer
25.2.1983	Uccle	1 Verwundeter	Angriff auf einen Supermarkt (Delhaize)
3.3.1983	Hal	1 Toter, 1 Verwundeter	Angriff auf ein Lebensmittelgeschäft (Colruyt)
10.9.1983	Temse	1 Toter, 1 Verwundeter	Angriff auf ein Textilgeschäft
17.9.1983	Nijvel	3 Tote, 1 Verwundeter	Angriff auf ein Lebensmittelgeschäft (Colruyt)
17.9.1983	Braine-l'Alleud	1 Verwundeter	Feuergefecht mit der Polizei
2.10.1983	Ohain	1 Toter	Angriff auf ein Restaurant
7.10.1983	Beersel	1 Toter, 3 Verwundete	Angriff auf einen Supermarkt (Delhaize)
1.12.1983	Anderlues	2 Tote	Angriff auf ein Juweliergeschäft

Datum	Ort (alle in Brabant)	Opfer	Ziel
27.9.1985	Braine-l'Alleud	3 Tote, 1 Verwundeter	Angriff auf einen Supermarkt (Delhaize)
27.9.1985	Overijse	5 Tote, 1 Verwundeter	Angriff auf einen Supermarkt (Delhaize)
9.11.1985	Aalst	8 Tote, 9 Verwundete	Angriff auf einen Supermarkt (Delhaize)

Zitiert nach: *Chambre des Résprésentants de Belgique: Enquête parlamentaire sur les adaptions nécessaires en matière d'organisation et de fonctionnement de l'appareil policier et judicaire, en fonction des difficultées surgies lors de l'enquête sur «les tueurs du Brabant». Rapport fait au nom de la commission d'enquête par MM. Renaat Landuyt et Jean-Jacques Viseur.* Brüssel, 14. Oktober 1997, S. 21–22.

71) Francovich, Allan: *Gladio: The Foot Soldiers.* Dritte der insgesamt drei Gladio-Dokumentationen von Francovich, gesendet von BBC 2 am 24. Juni 1992.
72) Warren, Marcus: *The Slaughter that Still Hunts Belgium.* In: Britische Wochenzeitung *Sunday Telegraph*, 26. November 1995.
73) *Gladio-Bericht des Belgischen Senats von 1991,* S. 100.
74) Ebda., S. 153.
75) Ebda., S. 141.
76) Ebda., S. 53.
77) Ebda., S. 54. Vergleiche auch: Johnson, Boris: *Secret war over identities of Gladio agents.* In: Britische Tageszeitung *The Daily Telegraph*, 19. März 1991.
78) *Gladio-Bericht des Belgischen Senats von 1991,* S. 54.
79) Ebda., S. 51
80) Britische Zeitschrift *Statewatch*, Mai/Juni 1996.
81) *Chambre des Réprésentants de Belgique: Enquête parlamentaire sur les adaptions nécessaires en matière d'organisation et de fonctionnement de l'appareil policier et judicaire, en fonction des difficultées surgies lors de l'enquête sur «les tueurs du Brabant». Rapport fait au nom de la commission d'enquête par MM. Renaat Landuyt et Jean-Jacques Viseur.* Brüssel, 14. Oktober 1997.
82) Palmer, John: *Trial Fuels Claims of Right-Wing Belgian Terrorist Conspiracy.* In: Britische Tageszeitung *The Guardian*, 28. Januar 1988.
83) Francovich, Allan: *Gladio: The Foot Soldiers.* Dritte der insgesamt drei Gladio-Dokumentationen von Francovich, gesendet von BBC 2 am 24. Juni 1992.
84) Ebda.
85) Ebda.
86) Ebda.
87) Davison, Phil: *A Very Right-Wing Coup Plot Surfaces in Belgium.* In: Britische Wochenzeitung *The Independent on Sunday*, 24. Januar 1990.
88) Vulliamy, Ed.: *Secret agents, freemasons, fascists ... and a top level campaign of political «destabilisation»: «Strategie of tension» that brought carnage and cover-up.* In: Britische Tageszeitung *The Guardian*, 5. Dezember 1990.
89) Willems: *Gladio*, S. 151.
90) Internationale Nachrichtenagentur *Reuters*, 1. Oktober 1990 und 25. Januar 1988.
91) Francovich, Allan: *Gladio: The Foot Soldiers.* Dritte der insgesamt drei Gladio-Dokumentationen von Francovich, gesendet von BBC 2 am 24. Juni 1992.
92) Ebda.
93) Davison, Phil: *A Very Right-Wing Coup Plot Surfaces in Belgium.* In: Britische Wochenzeitung *The Independent on Sunday*, 24. Januar 1990.
94) Abramowicz, Manuel: Le Dictionnaire des années de plomb belges. Im Internet: Im Internet: www.users.skynet.be/avances/idees.htm.

95) Francovich, Allan: *Gladio: The Foot Soldiers.* Dritte der insgesamt drei Gladio-Dokumentationen von Francovich, gesendet von BBC 2 am 24. Juni 1992.

96) Abramowicz, Manuel: Le Dictionnaire des années de plomb belges. Im Internet: Im Internet: www.users.skynet.be/avances/idees.htm.

97) Francovich, Allan: *Gladio: The Foot Soldiers.* Dritte der insgesamt drei Gladio-Dokumentationen von Francovich, gesendet von BBC 2 am 24. Juni 1992.

98) Ebda.

99) Ebda.

100) Ebda.

101) Ebda.

102) Ebda.

103) Ebda.

104) O'Shaugnessy, Hugh: *Gladio: Europe's best kept secret.* Es waren Agenten, die zurückbleiben («stay behind») mussten, falls die Rote Armee Westeuropa überrennen würde. Aber das Netzwerk, das mit den besten Absichten eingerichtet wurde, degenerierte in einigen Ländern zu einer Fassade für Terrorismus und äußerst rechte politische Agitation. In: Britische Tageszeitung *The Observer,* 7. Juni 1992.

105) Francovich, Allan: *Gladio: The Foot Soldiers.* Dritte der insgesamt drei Gladio-Dokumentationen von Francovich, gesendet von BBC 2 am 24. Juni 1992.

106) Ebda.

107) Abramowicz, Manuel: *Le Dictionnaire des années de plomb belges.* Im Internet: Im Internet: www.users.skynet.be/avances/idees.htm.

11 Der geheime Krieg in den Niederlanden

1) Koedijk, Paul: *De Geheimste Dienst. Gladio in Nederland. De geschiedenis van een halve eeuw komplot tegen de vijand.* In: *Vrij Nederland,* 25. Januar 1992, S. 9. Informationen über die holländische Stay-behind stammen im Folgenden fast ausschließlich aus zwei Beiträgen von Paul Koedijk aus dem Niederländischen Institut für Kriegsdokumentation in Amsterdam. Mit der Hilfe von Interviews mit ehemaligen Mitgliedern der holländischen Stay-behind und der Arbeit im Archiv gelang es Koedijk etwas Licht in die Geschichte der holländischen Geheimarmee I&O zu bringen, doch sind vermutlich noch weitere Recherchen erforderlich, vor allem zur geheimnisvollen Abteilung O des Netzwerks.

2) Koedijk: *Geheimste Dienst,* S. 9.

3) Kluiters, Frans: *De Nederlandse inlichtingen en veiligheidsdiensten* (Gravenhage: Sdu, 1993), S. 304.

4) Koedijk: *Geheimste Dienst,* S. 9.

5) Offiziell wurde das BVD durch einen königlichen Erlass im August 1949 gegründet. Während der ersten vier Nachkriegsjahre gab es einiges Gerangel um die Strukturen des holländischen Inlandsgeheimdienstes, wobei zunächst die Gründung des BVN (Bureau Nationale Veiligheid) im Jahr 1945 grundsätzlich die Aufgabe hatte, nach dem Sieg der Alliierten deutsche Agenten, die in den Niederlanden zurückgeblieben waren, zu demaskieren. Danach wurde das BVN im Frühjahr 1946 umstrukturiert und arbeitete für kurze Zeit unter dem Namen CVD (Central Veiligheidsdienst), bis es dem BVD letztlich im August 1949 gelang, sich sowohl gegen BNV als auch CVD durchzusetzen, und so zum holländischen Inlandsgeheimdienst wurde.

6) Während des größten Teils seiner Geschichte arbeitete der IBD im Dunkeln, und nur selten zieht er die Aufmerksamkeit der Öffentlichkeit, der Parlamentarier, der Forschung oder der Medien auf sich. Diese Situation änderte sich plötzlich in den 60er-Jahren, nachdem eine vermasselte Spionage-Affäre in der Sowjetunion zur Festnahme und Inhaftierung der holländischen «Touristen» Evert Reydon und Louw de Jager führte. Mehrere Jahre später führten eine Reihe von Skandalen, unter denen auch inländische Aktionen waren, zu einer dermaßen starken Kritik am IDB, dass Premierminister Lubbers letztlich diesen Geheimdienst auflöste. Weitere Einzelheiten finden sie bei Wiebes, Cees und de Graaf, Bob: *Villa Maarheeze. Der niederländische Auslandsgeheimdienst* (Den Gaag, Dutch Govern-

ment Printing Office, 1992). Wiebes und Graaf sahen sich vielen Schwierigkeiten ausgesetzt, als sie für ihr Buch recherchierten. Ehemalige und aktive Geheimdienstbeamte wurden ausdrücklich davor gewarnt, mit den Autoren zu sprechen. Mehrmals mussten die Autoren vor Gericht gehen und das holländische Gesetz über die Informationsfreiheit bemühen, um den Widerstand des holländischen Kabinetts zu überwinden, um an Dokumente zu kommen und letztlich ihr eigenes Buch veröffentlichen zu dürfen. Mehr als 150 Interviews wurden mit Angehörigen des Geheimdienstes geführt, doch daraus resultierte die wahrscheinlich beste verfügbare Geschichte des IDB. Wiebes und Graaf bekamen auch Dokumente zu Gesicht, die zu den frühen Wurzeln der holländischen Gladio führten, und veröffentlichten ihr Buch zu diesem Thema. Vergleiche de Graaf, Bob und Wiebes, Cees: *Gladio der vrije jongens: een particuliere geheime dienst in Koude Oorlogstijd* (Gravenhage: Sdu, 1992).

7) Koedijk: *Geheimste Dienst*, S. 10.
8) Koedijk, Paul: *Dossier Gladio. Nederland was voorbereid opeen nieuwe oorlor.* In: Vrij Nederland, 11. Juli 1992, S. 34.
9) Kluiters: *Nederlandse*, S. 306
10) Koedijk: *Geheimste Dienst*, S. 13.
11) Kluiters: *Nederlandse*, S. 310.
12) Koedijk: *Dossier Gladio*, S. 36
13) Ebda.
14) Ebda.
15) Ebda.
16) Kluiters, *Nederlandse*, S. 314.
17) Koedijk, *Geheimste Dienst*, S. 10.
18) Ebda., S. 11.
19) Koedijk, *Dossier Gladio*, S. 34.
20) Kluiters: *Nederlandse*, S. 306.
21) Ebda.
22) Koedijk: *Geheimste Dienst*, S. 12.
23) Kluiters: *Nederlandse*, S. 308.
24) Koedijk: *Dossier Gladio*, S. 35.
25) Ebda.
26) Koedijk: *Geheimste Dienst*, S. 11.
27) Ebda., S. 12.
28) Kluiters: *Nederlandse*, S. 311.
29) Koedijk: *Geheimste Dienst*, S. 12.
30) Kluiters: *Nederlandse*, S. 311.
31) Koedijk: *Geheimste Dienst*, S. 12.
32) Ebda., S. 11.
33) Ebda.
34) Ebda., S. 12.
35) Ebda S. 13.
36) Kluiters: *Nederlandse*, S. 308.
37) Koedijk: *Dossier Gladio*, S. 34.
38) Ebda., S. 35.
39) Koedijk: *Geheimste Dienst*, S. 12.
40) Ebda.
41) Ebda.
42) Ebda.
43) Koedijk: *Dossier Gladio*, S. 37.
44) Koedijk: *Geheimste Dienst*, S. 13.
45) Beide Zitate aus Koedijk: *Dossier Gladio*, S. 36.

46) Ebda.
47) Koedijk: *Geheimste Dienst,* S. 8.
48) Internationale Nachrichtenagentur *Associated Press,* 14. November 1990. Der gesamte Text des Briefes von Lubbers wurde in der Tageszeitung *NRC Handelsblad* vom 14. November 1990 nachgedruckt: «Brief Premier Lubbers ‹geheime organisatie›». Ebenfalls enthalten ist der Brief als Kamerstuk Nr. 21895 unter den offiziellen Papieren des holländischen Parlaments.
49) Internationale Nachrichtenagentur Associated Press, 14. November 1990.
50) Ebda.
51) Ebda., 21. November 1990.
52) Britische Tageszeitung *The Guardian,* 5. Dezember 1990.
53) Britisches Politik-Magazin *Statewatch* September/Oktober 1993 als Zitat aus der holländischen Tageszeitung *Dagblad* vom 7. September 1993.
54) Internationale Nachrichtenagentur *Reuters,* 14. Dezember 1993, als Zitat der holländischen Tageszeitung *NCR Handelsblad.*

12 Der geheime Krieg in Luxemburg

1) Alle Daten stammen aus den Erklärungen des luxemburgischen Premierministers Jacques Santer vor dem Parlament am 14. November 1990. In voller Länge zitiert in der Luxemburger Tageszeitung *Luxemburger Wort* vom 15. November 1990.

13 Der geheime Krieg in Dänemark

1) Hoj, Iver: *Ogsa Danmark havde hemmelig haer efter anden verdenskrig.* Dänische Tageszeitung *Berlingske Tidende,* 25. November 1990. Der Journalist Iver Hoj bot uns mit diesem Artikel höchstwahrscheinlich die auch heute noch beste Informationsquelle über die dänische Stay-behind-Armee.
2) Hoj, Iver: *Ogsa Danmark havde hemmelig haer efter anden verdenskrig.* Dänische Tageszeitung *Berlingske Tidende,* 25. November 1990.
3) Ebda.
4) Ebda.
5) Colby, William: *Honourable Men: My life in the CIA* (New York: Simon & Schuster, 1978), S. 82 und 83.
6) Hoj, Iver: *Ogsa Danmark havde hemmelig haer efter anden verdenskrig.* Dänische Tageszeitung *Berlingske Tidende,* 25. November 1990.
7) Ebda.
8) Ebda.
9) Ebda.
10) Zitiert in Andersen, Jacob: *Mere mystik om dansk Gladio.* Dänische Tageszeitung *Information,* 26. November 1990.
11) Hoj, Iver: *Ogsa Danmark havde hemmelig haer efter anden verdenskrig.* Dänische Tageszeitung *Berlingske Tidende,* 25. November 1990.
12) Andersen, Jacob: *Mere mystik om dansk Gladio.* Dänische Tageszeitung *Information,* 26. November 1990.
13) Hoj, Iver: *Ogsa Danmark havde hemmelig haer efter anden verdenskrig.* Dänische Tageszeitung *Berlingske Tidende,* 25. November 1990.
14) Ebda.
15) Andersen, Jacob: *Mere mystik om dansk Gladio.* Dänische Tageszeitung *Information,* 26. November 1990.
16) Hoj, Iver: *Ogsa Danmark havde hemmelig haer efter anden verdenskrig.* Dänische Tageszeitung *Ber lingske Tidende,* 25. November 1990.
17) Ebda.
18) Thomsen, Henrik: *CIA sendte vaben til Danmark.* Dänische Tageszeitung *Jyllands Posten,* 22. April 1991.

19) Dänische Tageszeitung *Extrabladet* zitiert in Andersen, Jacob: *Mere mystik om dansk Gladio.* Dänische Tageszeitung *Information*, 26. November 1990
20) Hoj, Iver: *Ogsa Danmark havde hemmelig haer efter anden verdenskrig.* Dänische Tageszeitung *Berlingske Tidende*, 25. November 1990.
21) Ebda.
22) Ebda.
23) Ebda.
24) Andersen, Jacob: *Mere mystik om dansk Gladio.* Dänische Tageszeitung *Information*, 26. November 1990.
25) Thomsen, Henrik: *CIA sendte vaben til Danmark.* Dänische Tageszeitung *Jyllands Posten*, 22. April 1991.
26) Andersen, Jacob: *Mere mystik om dansk Gladio.* Dänische Tageszeitung *Information*, 26. November 1990.
27) Ebda.
28) Ebda.
29) Ebda.
30) Hoj, Iver: *Ogsa Danmark havde hemmelig haer efter anden verdenskrig.* Dänische Tageszeitung *Berlingske Tidende*, 25. November 1990.
31) Internationale Nachrichtenagentur *Associated Press*, 14. November 1990.
32) Hoj, Iver: *Ogsa Danmark havde hemmelig haer efter anden verdenskrig.* Dänische Tageszeitung *Berlingske Tidende*, 25. November 1990.
33) Ebda.
34) Ebda.
35) Ebda.
36) Ebda.

14 Der geheime Krieg in Norwegen

1) Bye, Ronald und Sjue, Finn: *Norges Hemmelige Haer – Historien om Stay Behind* (Oslo: Tiden Norsk Verlag, 1995), S. 39.
2) Mrs. Lygren, die als Sekretärin an der norwegischen Botschaft in Moskau arbeitete, wurde von der norwegischen Sicherheitspolizei, geleitet von Asbjorn Bryhn, am 14. September 1965 wegen des Verdachts festgenommen, sie habe für die Sowjets gearbeitet. Die Verhaftung erfolgte, nachdem der ehemalige KGB-Agent Anatolyi Golitsyn im Jahr 1961 zu den Amerikanern übergelaufen war und gegenüber James Jesus Angleton, dem Meister der Agentenjäger der CIA, von einer namentlich nicht genannten Doppelagentin an der norwegischen Botschaft gesprochen hatte. Bryhn und der NIS-Chef Evang hatten nie gut zusammengearbeitet, und Bryhn, der Chef der Sicherheitspolizei, hatte den Geheimdienstchef Evang nicht informiert, bis die Operation beendet war, etwa zur gleichen Zeit, als man auch den Zeitungen einen Tipp gegeben hatte. Das machte Evang wütend, da er von Lygrens Unschuld überzeugt war, und er sah ganz richtig ein Kommunikationsproblem zwischen der Polizei und dem Stab des Geheimdienstes. Wie sich herausstellte, waren die Verdächtigungen gegenüber Lygren tatsächlich grundlos, und am 15. Dezember 1965 wurde sie aus dem Gefängnis entlassen. Wahrscheinlich beruhte Golitsyns Information, die von den Amerikanern an die Norweger weitergeleitet worden war, auf einer Verwechslung. Eine andere Frau, Gunvor Galtung Haavik, die früher an der norwegischen Botschaft in Moskau gearbeitet hatte, wurde danach unter Beobachung gestellt. Für Evang war dies jedoch Geschichte. Die Verwechslung von Lygren hatte Bryhn bloßgestellt, der dann zusammen mit Evang 1966 sein Amt aufgeben musste.
3) Zitiert in Riste, Olav: *The Norwegian Intelligence Service 1945–1970* (London: Frank Cass, 1999), S. 16.
4) Riste: *Norwegian Intelligence Service*, S. 226.
5) Ebda., S. 17.

6) Nach dem ehemaligen norwegischen Geheimdienstoffizier und Autor Christian Christensen, zitiert von der internationalen Nachrichtenagentur *Reuters*, 4. November 1988. 1997 wurde enthüllt und bestätigt, dass der CIA-Agent Alf Martens Meyer in den Jahren, bevor die USA offen den Krieg begannen, auch norwegische Schiffskapitäne für verdeckte Missionen in Nordvietnam rekrutiert hatte. Jorgen Kosmo, der 1997 norwegischer Verteidigungsminister war, sagte, dass, wenn Meyers Leute den südvietnamesischen Truppen und von Amerikanern ausgebildeten Kommandos geholfen hätten, 1963 und 1964 ihre Überfälle in Nordvietnam durchzuführen, dann wären diese Missionen eine eindeutige Verletzung norwegischen Rechts gewesen (britische Tageszeitung *The Guardian*, 1. Mai 1997).
7) Bye und Sjue: *Hemmelige Haer*, S. 67.
8) Riste: *Norwegian Intelligence Service*, S. 16.
9) Bye und Sjue: *Hemmelige Haer*, S. 56.
10) Riste: *Norwegian Intelligence Service*, S. 28.
11) Ebda., S. 16.
12) Ebda., S. 19.
13) Ebda., S. 34.
14) Ebda., S. 19.
15) Ebda., S. 20.
16) Ebda.
17) Ebda., S. 40.
18) Wie Riste zusammenfasst, ebda., S. 37.
19) Ebda., S. 37 und 53.
20) Ebda., S. 35.
21) Ebda., S. 36.
22) Ebda.
23) Ebda., S. 43.
24) Ebda.
25) Zitiert in Riste. Ebda., S. 43.
26) Ebda., S. 44.
27) Ebda.
28) Ebda., S. 46.
29) Ebda., S. 47.
30) Ebda., S. 48.
31) Bye und Sjue: *Hemmelige Haer*, S. 145.
32) Müller, Leo: *Gladio. Das Erbe des Kalten Krieges. Der NATO-Geheimbund und sein deutscher Vorläufer* (Hamburg: Rowohlt, 1991), S. 46. Und Brozzu-Gentile: *L'Affaire Gladio* (Paris: Editions Albin Michel, 1994), S. 199. Der genaue Titel des geheimen NATO-Dokuments lautet: *Supplement Nr. 13 to the documents of the civil affairs Oplan Nr. 100-1.* Eine Datierung ist nicht verfügbar, doch nach logischer Schlussfolgerung muss es vor 1968 gewesen sein.
33) Riste: *Norwegian Intelligence Service*, S. 33.
34) Faligot, Roger und Kauffer, Rémi: *Les Maîtres Espions. Histoire Mondial du Renseignement. Tome 2. De la Guerre Froide à nos Jours* (Paris: Editions Laffont, 1994), S. 62.
35) Bye und Sjue: *Hemmelige Haer*, S. 62. Ihre Quelle ist die Autobiografie von Sven Blindheim: *Offiser i krig og fred* (Offizier in Krieg und Frieden).
36) Riste: *Norwegian Intelligence Service*, S. 33.
37) Internationale Nachrichtenagentur *Associated Press*, 14. November 1990. Mehrere Texte in Zeitungen, Magazinen und Büchern über die Gladio-(Wieder-)Entdeckungen in den 90er-Jahren berichteten über die norwegischen Enthüllungen im Jahr 1978. Vergleiche: Britische Tageszeitung *The Guardian*, 15. November 1990. *Searchlight* Nr. 187, Januar 1991, S. 4. Müller: *Gladio*, S. 59.
38) Internationale Nachrichtenagentur *Associated Press*, 14. November 1990.
39) Colby, William: *Honourable Men: My life in the CIA* (New York: Simon & Schuster, 1978), S. 82 und 83.

40) Colby: *Honourable Men*, S. 82 und 83.
41) Internationale Nachrichtenagentur *Associated Press*, 14. November 1990.
42) Ebda.
43) Ebda.
44) Bye, Ronald und Sjue, Finn: *Norges Hemmelige Haer – Historien om Stay Behind* (Oslo: Tiden Norsk Verlag, 1995).
45) Olav Riste und Arnfinn Moland veröffentlichten ihr Buch *Strengt Hemmelig: Norsk etterretningsteneste 1945–1970* im Jahr 1997. Sie berichten über die Geschichte der norwegischen Gladio bis 1970, einem Datum, nach dem relevante Recherche-Ergebnisse wahrscheinlich noch aktive Beamte kompromittiert hätten. Im Jahr 1999 wurde Olav Ristes Buch als englische Übersetzung bei Frank Cass in London unter dem Titel *The Norwegian Intelligence Service 1945–1970* veröffentlicht und präsentiert vermutlich immer noch die zuverlässigsten Informationen über die norwegische Stay-behind, die bis heute zur Verfügung steht.

15 Der geheime Krieg in Deutschland

1) Zur Diskussion um die Akteure hinter dem Brand des Deutschen Reichstags im Jahr 1933 vergleichen Sie bitte Bahar, Alexander und Kugel, Wilfried: *Der Reichstagsbrand. Wie Geschichte gemacht wird* (Berlin: Quintessenz Verlag, 2000).
2) *Bericht der Bundesregierung über die Stay-behind-Organisation des Bundesnachrichtendienstes.* Vier S. verfasst von Lutz Stavenhagen, Bonn, 3. Dezember 1990. Im Folgenden zitiert als «Deutscher Stay-behind-Bericht von 1990».
3) Französische Zeitschrift *Intelligence Newsletter*, 19. Dezember 1990.
4) Britische Zeitschrift *Searchlight*, Januar 1991.
5) Simpson, Christopher: *Blowback. America's Recruitment of Nazis and its Effects on the Cold War* (London: Weidenfeld and Nicolson, 1988), Prolog. Es ist bemerkenswert, dass die amerikanische Presse der Vertuschungspolitik des Justizministeriums folgte und die Vorkommnisse als Ausnahmen bezeichnete. United Press International titelte beispielsweise am nächsten Tag: «BARBIE IST DIE AUSNAHME, NICHT DIE REGEL», und in der Sendung Nightline des TV-Senders ABC erklärte Ryan, dass die USA *arglos Barbie rekrutierten und sich seiner Rolle in Frankreich nicht bewusst waren ... [und dass] der Fall Barbie nicht typisch sei»*. Bei Nachfragen ließ sich Ryan weiter zum Thema aus und sagte, dass es *sehr wahrscheinlich keine anderen Nazi-Offiziere gab, auf die man sich so verlassen konnte wie auf Klaus Barbie ... [und] dies ist alles.* (Ebda.)
6) Simpson: *Blowback*, S. 44.
7) Ebda., S. 42.
8) Ebda., S. 40.
9) Francovich, Allan: *Gladio: The Ringmasters*. Erste von drei Gladio-Dokumentationen, gesendet auf BBC 2 am 10. Juni 1992.
10) Ebda.
11) Britische Zeitschrift *Searchlight*, Januar 1991.
12) Ebda.
13) Müller, Leo: *Gladio – das Erbe des Kalten Krieges. Der Nato-Geheimbund und sein deutscher Vorläufer* (Hamburg: Rowohlt, 1991) S. 72. Der deutsche Journalist Leo Müller bietet in seinem frühen Buch über das Gladio-Netzwerk der NATO sicherlich die beste Beschreibung der Ereignisse von 1952 in Deutschland. Das Zitat der Aussage von Hans Otto ist im sogenannten BDJ-TD-Bericht enthalten, den die Regierung von Hessen der Öffentlichkeit nach dem Skandal zugänglich machte.
14) Von Glahn, Dieter: *Patriot und Partisan für Freiheit und Einheit* (Tübingen, Grabert, 1994), S. 58.
15) Andere Truppenlager, so etwa das Ausbildungszentrum der deutschen Fallschirmjäger in der Nähe

des bayerischen Altenstadt, kooperierten ebenfalls mit deutschen Stay-behind-Einheiten. Vergleiche: Schmidt Eenboom, Erich: *Die «Graue» und die «Rote» Hand. Geheimdienste in Altenstadt, in den 90er-Jahren.* Unveröffentlicht.

16) Müller: *Gladio*, S. 123.
17) Ebda., S. 124, Zitat aus dem BDJ-TD-Bericht.
18) Ebda., Zitat aus dem BDJ-TD-Bericht.
19) Ebda., S. 130, Zitat aus dem BDJ-TD-Bericht.
20) Ebda., S. 128, Zitat aus dem BDJ-TD-Bericht.
21) Ebda., S. 129 und 130, Zitat aus dem BDJ-TD-Bericht.
22) Ebda., S. 133.
23) Simpson: *Blowback*, S. 181. Und Mecklenburg, Jens (Hrsg.): *Gladio: Die geheime Terrororganisation der Nato* (Berlin: Elefanten Press, 1997), S. 74. Mecklenburg zählte zu den wenigen, die in der zweiten Hälfte der 90er-Jahre die weit reichenden Auswirkungen des Phänomens Gladio erkannten, und veröffentlichte eine Reihe von Essays über die Stay-behind-Armeen in mehreren Ländern Westeuropas.
24) Müller: *Gladio*, s. 94, Zitat aus dem BDJ TD-Bericht.
25) Ebda., S. 107, Zitat aus dem BDJ TD-Bericht.
26) Ebda., S. 136 und 143.
27) Blum, William: *Killing Hope. US Military and CIA interventions since World War II* (Maine: Common Courage Press, 1995), S. 64. In seinen gründlichen Recherchen über die CIA bemerkte Blum sehr richtig, dass «diese Operation in Deutschland ... ein Teil eines größeren Netzwerks war – genannt ‹Operation Gladio› –, das von der CIA und den europäischen Geheimdiensten mit ähnlichen Geheimarmeen in ganz Westeuropa geschaffen wurde».
28) Rede von Zinn vor dem hessischen Landtag am 8. Oktober 1952. Nachdruck in Müller, *Gladio*, S. 146–152.
29) Zitiert in Glahn: *Patriot*, S. 67. Glahn, Mitglied des TD, merkt an, dass diese amerikanische Erklärung «in Bezug auf den TD höchst unzufrieden stellend» war.
30) Der Ermittlungsbericht mit dem Titel *Der Technische Dienst des Bundes Deutscher Jugend*, der vom hessischen Innenminister 1953 präsentiert wurde, umfasste drei Bände. Er bestand aus einem ausführlichen Bericht von 121 S. (Band 1), mit zwei Anhängen, einer davon umfasste 200 S. und enthielt Dokumente und Personalia, ein weiterer mit 300 S. enthielt Kopien von Briefen, Listen, Berichte und Entscheidungen (Band 2 und 3). Ohne die belgischen, italienischen und Schweizer Berichte zu Stay-behind der 90er-Jahre geringschätzen zu wollen, kann durchaus gesagt werden, dass dieser BDJ-TD-Bericht vielleicht die einzige angemessene Untersuchung darstellt, die jemals nach der Entdeckung eines Gladio-Netzwerks folgte.
31) Francovich, Allan: *Gladio: The Ringmasters.* Erste von drei Gladio-Dokumentationen, gesendet auf BBC 2 am 10. Juni 1992.
32) Österreichische politische Zeitschrift *Zoom*, Nr. 4/5, 1996: *Es muss nicht immer Gladio sein: Attentate, Waffenlager, Erinnerungslücken*, S. 6. Auch Harbart, Klaus: *Gladio – ein Schwert in rechter Hand.* In: *Der Rechte Rand*, Nr. 10, Januar 1991, S. 4.
33) Glahn: Patriot, S. 41–42.
34) Ebda., S. 43-47.
35) Simpson: *Blowback*, S. 260.
36) Ungenannter Autor: *Schnüffler ohne Nase. Die Pannen und Pleiten des Bundesnachrichtendienstes in Pullach.* In: Deutsches Nachrichtenmagazin *Der Spiegel*, Nr. 17, 1995.
37) Deutscher Stay-behind-Bericht von 1990.
38) Müller: *Gladio*, S. 109.
39) Glahn: *Patriot*, S. 48.
40) Ebda., S. 74.
41) *Deutscher Stay-behind-Bericht von 1990.*
42) Ebda.

43) Ebda.
44) Ebda.
45) Mecklenburg: *Gladio*, S. 64.
46) Britische Zeitschrift *The Economist*, 27. Oktober 1990.
47) Ungenannter Autor: *Schnüffler ohne Nase. Die Pannen und Pleiten des Bundesnachrichtendienstes in Pullach.* In: Deutsches Nachrichtenmagazin *Der Spiegel*, Nr. 17, 1995.
48) Müller: *Gladio*, S. 20. Und Schmidt Eenboom, Erich: *Schnüffler ohne Nase. Der BND. Die unheimliche Macht im Staate* (Düsseldorf: Econ Verlag, 1993), S. 376.
49) Britische Tageszeitung *The Observer*, 16. Dezember 1990.
50) MfS Hauptabteilung III. Bericht des Generalmajors Männchen an den Genossen Generalleutnant Neiber, Berlin, 3. August 1984. Geheimhaltung aufgehoben.
51) MfS Hauptabteilung III. Bericht des Generalmajors Männchen an den Genossen Generalleutnant Neiber, Berlin, 3. August 1984. Geheimhaltung aufgehoben.
52) MfS streng vertraulich. Information G/02069/13/02/84. Relevante Funkverbindungen von Sonderagenten und der Partnerdienste des BND sowie der NATO-Geheimdienste. Geheimhaltung aufgehoben.
53) MfS Hauptabteilung III. Schnellautomatische Funksendungen im Funknetz der Überrollagenten des BND mit einer neuen Übertragungsapparatur. Berlin. 22. Mai 1984. Geheimhaltung aufgehoben.
54) MfS Hauptabteilung III. Gegenwärtiger stand bei der Bearbeitung des Funkverbindungssystems des BND zu Überrollagenten. Berlin. 5. Juli 1985. Geheimhaltung aufgehoben.
55) *Deutscher Stay-behind-Bericht von 1990.*
56) Anonym. Österreichische Zeitschrift *Österreichische Militärische Zeitschrift*, Heft 2, 1991, S. 123.
57) Kwitny, Jonathan: *The CIA's Secret Armies in Europe.* In: *The Nation*, 6. April 1992. S. 446.
58) Mecklenburg: *Gladio*, S. 78.
59) Harbart, Klaus: *Gladio – ein Schwert in rechter Hand.* In: *Der Rechte Rand*, Nr. 10, Januar 1991, S. 5.
60) Deutsche Tageszeitung *Süddeutsche Zeitung*, 27. September 1996.
61) Mecklenburg: *Gladio*, S. 82.
62) Ebda.
63) Mitschriften des deutschen Parlaments. Deutscher Bundestag, 66. Sitzung, Bonn. 25. November 1981.
64) Zitiert in Mecklenburg: *Gladio*, S. 79.
65) Harbart, Klaus: *Gladio – ein Schwert in rechter Hand.* In: *Der Rechte Rand*, Nr. 10, Januar 1991, S. 5.
66) Ebda.
67) Ebda., S. 6.
68) Mecklenburg: *Gladio*, S. 83.
69) Presse- und Informationsamt der Bundesregierung. Pressemitteilung Nr. 455/90, durch Hans Klein, 14. November 1990. Siehe auch Müller: *Gladio*, S. 30.
70) Zitiert in Müller: *Gladio*, S. 14.
71) Ungenannter Autor: *Das Blutige Schwert der CIA. Nachrichten aus dem Kalten Krieg: In ganz Europa gibt es geheime NATO-Kommandos, die dem Feind aus dem Osten widerstehen sollen. Kanzler, Verteidigungsminister und Bundeswehrgenerale wussten angeblich von nichts. Die Spuren führen nach Pullach, zur «stay-behind organisation» des Bundesnachrichtendienstes.* In: Deutsches wöchentlich erscheinendes Nachrichtenmagazin *Der Spiegel*, 9. November 1990.
72) Ungenannter Autor: *Das Blutige Schwert der CIA. Nachrichten aus dem Kalten Krieg: In ganz Europa gibt es geheime NATO-Kommandos, die dem Feind aus dem Osten widerstehen sollen. Kanzler, Verteidigungsminister und Bundeswehrgenerale wussten angeblich von nichts. Die Spuren führen nach Pullach, zur «stay-behind organisation» des Bundesnachrichtendienstes.* In: Deutsches wöchentlich erscheinendes Nachrichtenmagazin *Der Spiegel*, 9. November 1990.

73) Mecklenburg, *Gladio*, S. 48.
74) Kleine Anfrage der Abgeordneten Such, Frau Birthler, Hoss, Frau Dr. Vollmer und der Fraktion der GRÜNEN. *Tätigkeit eines NATO-Geheimdienstes auch in der Bundesrepublik Deutschland?* Drucksache 11/8452. Inklusive Antworten von Dr. Lutz G. Stavenhagen, MdB, Staatsminister beim Bundeskanzler, Beauftragter für die Nachrichtendienste. Bonn, 30. November 1990.
75) Deutscher Stay-behind-Bericht von 1990.
76) Österreichische politische Zeitschrift *Zoom*, Nr. 4/5, 1996: *Es muss nicht immer Gladio sein: Attentate, Waffenlager, Erinnerungslücken*, S. 110. Und: *Reuters*, 17. August 1995.
77) Müller: *Gladio*, S. 19.
78) Stoll, Ulrich: *Gladio: Späte Spuren einer NATO-Geheimarmee.* In: Leif, Thomas (Hrsg.): *Mehr Leidenschaft zur Recherche. Skandalgeschichten und Enthüllungsberichte. Ein Handbuch zur Recherche und Informationsbeschaffung* (Wiesbaden: Westdeutscher Verlag, 2003), S. 184.

16 Der geheime Krieg in Griechenland

1) Mackenzie, W. J. M.: *History of the Special Operations Executive: Britain and the Resistance in Europe* (London: British Cabinet Office, 1948), S. 1153 und 1155. Unveröffentlichtes Original des Public Records Office London, Veröffentlichung von Frank Cass steht bevor.
2) Mackenzie: *Special Operations Executive*, S. 722–723.
3) Der britische Journalist des Guardian Peter Murtagh verfasste eine leidenschaftliche Abrechnung mit dem angelsächsischen Verrat des griechischen Widerstands und der Lähmung der griechischen Demokratie während des Kalten Krieges. Auf der Grundlage erst kürzlich veröffentlichter Dokumente und Interviews mit mehreren amerikanischen und britischen Diplomaten und CIA-Angehörigen trägt sein Buch – nomen est omen – den Titel *The Rape of Greece. The King, the Colonels and the Resistance* [*Die Vergewaltigung Griechenlands. Der König, die Obristen und der Widerstand*] (Simon & Schuster, 1994), S. 29.
4) Ungenannter Autor: *Spinne unterm Schafsfell. In Südeuropa war die Guerillatruppe besonders aktiv – auch bei Militärputschen in Griechenland und der Türkei?* In: Deutsches Nachrichtenmagazin *Der Spiegel*, Nr. 48, 26. November 1990. Und Müller, Leo: *Gladio – das Erbe des Kalten Krieges. Der Nato-Geheimbund und sein deutscher Vorläufer* (Hamburg: Rowohlt, 1991), S. 55.
5) Murtagh: *Rape*, S. 30.
6) Ebda., Vergleichen Sie auch «Concise History of Greece» (Cambridge University Press, 1992), verfasst von Professor Richard Clogg, der behauptet, dass *undisziplinierte Polizisten auf dem Platz der Verfassung mitten in der Stadt auf die Demonstration schossen, wobei es zu etwa 15 Todesopfern kam*, S. 137.
7) Blum, William: *Killing Hope. US Military and CIA interventions since World War II* (Maine: Common Courage Press, 1995), S. 36.
8) Murtagh: *Rape*, S. 39.
9) Blum: *Killing Hope*, S. 38.
10) Müller: *Gladio*, S. 55. Und Mecklenburg, Jens (Hrsg.): *Gladio: Die geheime Terrororganisation der Nato* (Berlin: Elefanten Press, 1997), S. 19.
11) Baud, Jacques: *Encyclopédie du Renseignement et des Services Secrets* (Paris: Lavauzelle, 1997), S. 546.
12) Murtagh: *Rape*, S. 41.
13) Agee, Philip und Louis, Wolf Louis: *Dirty Work: The CIA in Western Europe* (Secausus: Lyle Stuart Inc., 1978), S. 154.
14) Agee: *Dirty Work*, S. 155 und 156.
15) Ebda.
16) Murtagh: *Rape*, S. 42.
17) Österreichisches Politik-Magazin *Zoom*, Nr. 4/5, 1996: *Es muss nicht immer Gladio sein: Attentate, Waffenlager, Erinnerungslücken*, S. 73.
18) Murtagh: *Rape*, S. 43.
19) Ebda., S. 44.

20) Ebda., S. 71.
21) Blum: *Killing Hope*, S. 216.
22) Ungenannter Autor: *Spinne unterm Schafsfell. In Südeuropa war die Guerillatruppe besonders aktiv – auch bei Militärputschen in Griechenland und der Türkei?* In: Deutsches Nachrichtenmagazin *Der Spiegel*, Nr. 48, 26. November 1990.
23) Murtagh: *Rape*, S. 90.
24) Ebda.
25) Ebda., S. 102.
26) Zitiert in Blum: *Killing Hope*, S. 217.
27) Ebda., S. 118.
28) Murtagh: *Rape*, S. 114.
29) Ebda., S. 118.
30) Simpson, Christopher: *Blowback. America's Recruitment of Nazis and its Effects on the Cold War* (London: Weidenfeld and Nicolson, 1988), S. 81.
31) Agee: *Dirty Work*, S. 154.
32) Cook, Bernard: *The Mobilisation of the Cold War in Italy*. In: *History of European Ideas*. Bd. 19, 1994, S. 116. Cook setzt «eine Blaupause von Gladio» in Anführungszeichen, da er aus Grinsborg, Paul: *A History of Contemporary Italy: Society and Politics, 1943–1988* (New York: Penguin, 1990), S. 277 zitiert.
33) Collin, Richard: *The De Lorenzo Gambit: The Italian Coup Manque of 1964* (Berverly Hills: Sage, 1976), S. 40.
34) Siehe Amnesty International, Folterungen in Griechenland: Der erste Folter-Prozess im Jahr 1975. London 1977. Passim. Auch Blum: *Killing Hope*, S. 218–220 und Mutagh: *Rape*, S. 1–9.
35) Murtagh: *Rape*, S. 6.
36) Brozzu-Gentile, Jean-François: *L'Affaire Gladio* (Paris: Editions Albin Michel, 1994), S. 41, 42 und 90. Angeblich druckte die britische Tageszeitung *The Observer* das Telegramm der griechischen Obersten vom 15. Mai 1969 an ihre italienischen Freunde zu dieser Zeit in einer ihrer Ausgaben. Gentile gibt jedoch nicht an, in welcher Ausgabe. Die Reise der italienischen Faschisten mit Verbindungen zu Gladio zu den griechischen Obersten wird auch im italienischen parlamentarischen Bericht über Gladio und die Massaker erwähnt: *Senato della Repubblica. Commissione parlamentare d'inchiesta sul terrorismo in Italia e sulle cause della mancata individuazione dei responsibili delle stragi: Il terrorismo, le stragi ed il contesto storico politico.* Redatta dal Presidente della Commissione, Senatore Giovanni Pellegrino, Roma 1995, S. 206.
37) Gentile: *Gladio*, S. 137.
38) Palmer, John: *Undercover NATO Group «may have had terror links»*. In: Britische Tageszeitung *The Guardian*, 10. November 1990.
39) Internationale Nachrichtenagentur *Associated Press*, 14. November 1990.
40) Unbenannter Autor: *Spinne unterm Schafsfell. In Südeuropa war die Guerillatruppe besonders aktiv – auch bei Militärputschen in Griechenland und der Türkei?* In: Deutsches Nachrichtenmagazin *Der Spiegel*, Nr. 48, 26. November 1990.

17 Der geheime Krieg in der Türkei

1) Herman, Edward und Brodhead, Frank: *The Rise and Fall of the Bulgarian Connection* (New York: Sheridan Square Publications, 1986), S. 45. In ihrer hervorragenden Studie über den Propaganda-Erfolg der CIA, wobei die Schuld des Schusses auf den Papst fälschlich dem KGB zugeschrieben wurde, bieten Herman und Brodhead eine sehr wertvolle Analyse der Grauen Wölfe und ihres ideologischen Hintergrundes.
2) Ebda., *Bulgarian Connection*, S. 45.
3) Im Jahr 1992 besuchte Alparsan Türks seine lange vermissten Brüder in Aserbaidschan, im östlichen Nachbarstaat der Türkei, der nach dem Fall des gefürchteten sowjetischen Imperiums kurz zuvor unabhängig geworden war. In Baku wurde Türks wie ein Held empfangen. Er unterstützte

die Kandidatur von Abulfex Elcibey, einem Sympathisanten der Grauen Wölfe, der anschließend zum Präsidenten von Aserbaidschan gewählt wurde und einen nahen Verbündeten der Grauen Wölfe zu seinem Innenminister ernannte.

4) Die Jupiter-Raketen in der Türkei waren technisch veraltet und wurden durch mobile Polaris-Unterseeboote ersetzt, die mit Nuklearraketen bestückt waren. Vergleiche: Ganser, Daniele: *Reckless Gamble. The Sabotage of the United Nations in the Cuban conflict and the missile crisis of 1962* (New Orleans: University Press of the South, 2000), S. 138.

5) Aslan, Fikret und Bozay, Kemal: *Graue Wölfe heulen wieder. Türkische Faschisten und ihre Vernetzung in der BRD* (Münster: Unrast Verlag, 1997), S. 69. Aufgrund der Tatsache, dass Deutschland Gastgeber der größten Gesellschaft von Türken und Kurden im Exil ist, wurde wertvolle Literatur über den geheimen Krieg in der Türkei in deutscher Sprache veröffentlicht. Aslan und Bozay bieten mit ihrem Buch wahrscheinlich eines der besten Neuerscheinungen in einer Fremdsprache über die Grauen Wölfe und den türkischen Faschismus. Das Buch enthält auch ein Essay von Serdar Celik und eines von Talat Turhan.

6) Celik, Selahattin: *Türkische Konterguerilla. Die Todesmaschinerie* (Köln: Mesopotamien Verlag, 1999), S. 44. Celik ist neben Offizier Talat Turhan der führende türkische Wissenschaftler, der sich mit der türkischen Gladio Konter-Guerilla befasst. Sein Werk erschien ursprünglich 1995 in türkischer Sprache unter dem Titel *Olüm Makinasi Türk Kontergerillasi.* Celik, der selbst Kurde ist, studierte an der Universität von Ankara und arbeitete als Journalist und Autor. Seine Schwester und sein Bruder und drei seiner Cousins wurden von der Konter-Guerilla ermordet, und er selbst befindet sich in Gefahr. Obwohl er die Fakten peinlich genau untersuchte, gesteht er ein, dass die Massaker an seiner Familie zu einer gewissen Voreingenommenheit und zu einer kritischen Betrachtungsweise gegenüber der türkischen Stay-behind geführt haben: *Ich habe dieses Werk nicht als unabhängige und neutrale Person verfasst. Ich habe Vorurteile. Ich habe dieses Buch als Sohn des kurdischen Volkes geschrieben, das gegen die Kriegsmaschinerie des türkischen Regimes um sein Überleben und um ein Leben in Frieden kämpft ... Wie können wir das Verbrechen der systematischen Vernichtung der kurdischen Intellektuellen begreifen und kommunizieren? Ein Verbrechen, das in diesem Ausmaß neben Kurdistan nur in Chile stattfand.* (*Türkische Konterguerilla*, S. 354). Unter seinem Künstlernamen Serdar Celik veröffentlichte er auch eine 10-seitige Zusammenfassung seines Buches in englischer Sprache im Internet mit dem Titel: *Turkey's Killing Machine: The Contra Guerrilla Force* (http://www.ozgurluk.org/mhp/0061.html.) Im Folgenden werde ich sowohl aus seinem Buch (*Türkische Konterguerilla*) als auch aus seinem Artikel im Internet (*Turkey's Killing Machine*) zitieren.

7) Ungenannter Autor: *The Origins of «Gladio» in Turkey.* In: Französische Zeitschrift *Intelligence Newsletter. Le Monde du Renseignement*, 19. Dezember 1990.

8) Celik: *Die Todesmaschinerie*, S. 50.

9) Türkische Zeitung *Cumhuriyet*, 17. November 1990.

10) Celik: *Türkische Konterguerilla*, S. 44. Die gleiche Information findet sich auch im österreichischen Politik-Magazin *Zoom*, Nr. 4/5, 1966: *Es muss nicht immer Gladio sein: Attentate, Waffenlager, Erinnerungslücken*, S. 74–75. Vergleichen Sie auch den wertvollen Beitrag von Olaf Goebel, *Gladio in der Türkei.* In: Mecklenburg, Jens: *Gladio: Die geheime Terrororganisation der Nato* (Berlin: Elefanten Press, 1997). S. 122–130. Goebel war der erste Forscher, der in einem Buch über Gladio ein Kapitel über die Türkei aufnahm. Vergleichen Sie auch: ungenannter Autor: *Spinne unterm Schafsfell. In Südeuropa war die Guerillatruppe besonders aktiv – auch bei Militärputschen in Griechenland und der Türkei?* In: Deutsches Nachrichtenmagazin *Der Spiegel*, Nr. 48, 26. November 1990.

11) Celik: *Türkische Konterguerilla*, S. 45.

12) Ebda., *Turkey's Killing Machine.*

13) Aslan und Bozay: *Graue Wölfe*, S. 55.

14) Ebda.

15) *Türkische Konterguerilla*, S. 51.

16) Aslan und Bozay: *Graue Wölfe*, S. 59.

17) Ebda., S. 50.

18) Müller, Leo: *Gladio – das Erbe des Kalten Krieges. Der Nato-Geheimbund und sein deutscher Vorläufer* (1991), S. 57; auch Olaf Goebel in Mecklenburg, Jens: Gladio, S. 128; auch Celik: *Türkische Konterguerilla*, S. 151.
19) Alle drei Bücher sind in türkischer Sprache verfasst, und bisher wurde keine Übersetzung gefunden. (1) Turhan, Talat: *Doruk Operasyonu*. Verlag: Cagloglu, Istanbul, 1989. In diesem Buch behandelt Turhan auf 170 S. den türkischen Geheimdienst MIT. (2) Turhan, Talat: *Ozel Savas, Teror ve Kontrgerilla*. Verlag: Kadkoy, Istanbul, 1992. In diesem Buch behandelt Turhan insbesondere die Konter-Guerilla, das Special Warfare Department (Ozel Harp Dairesi), die CIA, den MIT und Terrorismus. (3) Turhan, Talat: *Kontrgerilla cumhyriyeti: acklamalar, belgeler, gercecler*. Verlag: Tumzamanlaryaynclk, Istanbul, 1993. In diesem Buch behandelt Turhan wiederum die Konter-Guerilla. Ein weiteres wertvolles Buch in türkischer Sprache über die Konter-Guerilla wurde vom Journalisten Semih Hicylmaz verfasst: *Susurluk ve Kontrgerilla gercegi*, veröffentlicht bei Evrensel Basim Yayin, Istanbul 1997.
20) Ein deutsches Essay von Talat Turhan mit dem Titel *Die Konterguerilla-Republik* ist enthalten in Aslan und Bozay: *Graue Wölfe*, S. 101–111.
21) Aslan und Bozay: *Graue Wölfe*, S. 106.
22) Zitiert in Celik: *Türkische Konterguerilla*, S. 151.
23) Essay von Talat Turhan: *Die Konterguerilla-Republik*. In: Aslan und Bozay: *Graue Wölfe*, S. 102 und 103.
24) Celik: *Turkey's Killing Machine*. Celik zitiert aus der *Directive ST 31/15 for Operations against Irregular Forces*.
25) Igel, Regine: *Andreotti. Politik zwischen Geheimdienst und Mafia* (München: Herbig Verlag, 1997), S. 354.
26) Brodhead, Herman: *Bulgarian Connection*, S. 61.
27) Igel: *Andreotti*, S. 354.
28) Zitiert in Celik: *Türkische Konterguerilla*, S. 147.
29) Ebda., S. 145.
30) Die Zitate stammen aus der türkischen linksgerichteten Zeitschrift *Kurtulus*, Nr. 99, 19. September 1998. *Kurtulus* (Befreiung) wurde erstmals 1971 nach dem Militärputsch veröffentlicht und bietet seither kritische Informationen über den geheimen Krieg in der Türkei. Die Zeitschrift wurde verboten. Ihre Journalisten waren Ziel von Drohungen, Verhaftungen und Folter. Die Geschäftsräume der Zeitschrift waren Ziel von Bombenangriffen und die Druckerei wurde gezwungen, den Druck der Zeitschrift *Kurtulus* einzustellen. Ausgaben von Kurtulus waren auch im Internet erschienen.
31) Türkische Zeitschrift *Kurtulus*, Zitat von Mehmet Eymür, *Analiz*, S. 90–96.
32) Türkische Zeitschrift *Kurtulus* Nr. 99, 19. September 1998.
33) Komisar, Lucy: *Turkey's Terrorists: A CIA Legacy Lives On*. In: The Progressive, April 1997.
34) Celik: *Türkische Konterguerilla*, S. 46.
35) Ebda., S. 45.
36) Zitiert von Talat Turhan in Aslan und Bozay, *Graue Wölfe*, S. 110.
37) *The Guardian*, 25. November 1998. Zu den Absolventen der SOA zählten der ehemalige «Mann fürs Grobe» aus Panama, Manuel Noriega, der ehemalige argentinische Diktator Leopoldo Galtieri, Paul Cedras, die Anführer des Putsches von Haiti, der verstorbene Organisator der Todesschwadrone von San Salvador, Robert D'Aubuisson und General Hector Gramajo, der bekannte Architekt der völkermordenden «verbrannten Erde» in Guatemala. Jeder Siebte aus dem Kommandostab der gefürchteten chilenischen Geheimdienstes DINA Pinochets, der auch folterte, war Absolvent der SOA. Nach heftigen öffentlichen Protesten in den 90er-Jahren wurde SOA umbenannt in «Western Hemisphere Institute for Security Cooperation».
38) Celik: *Turkey's Killing Machine*.
39) Die Zahl 30 weist darauf hin, dass dieses Dokument als Dokument des amerikanischen militärischen Geheimdienstes DIA klassifiziert ist. Die DIA untersteht dem Kommando der US Joint

Chiefs of Staff bei der CIA mit ihrem Hauptquartier im Pentagon in Washington. Die DIA operiert in enger Koordination mit der CIA und verfügt über einen Jahrehaushalt von etwa 4,5 Milliarden $ und zählt zu den größten amerikanischen Geheimdiensten. Vergleichen Sie: Baud, Jacques: *Encyclopédie du renseignment et des services secrets* (Paris: Lavauzelle, 1997), S. 174.

40) Igel: *Andreotti*, S. 356–357.

41) Ebda., S. 346.

42) Ebda., S. 347.

43) Nach dem Zusammenbruch der Diktatur im Jahr 1976 veröffentlichte die spanische Zeitung *Triunfo* Exzerpte trotz heftiger Repressalien, um die Veröffentlichung zu verhindern, worauf am 27. Oktober 1978 Auszüge aus FM 30–31 auch in der italienischen Politik-Zeitschrift *L'Europeo* erschienen. Als die italienische Monatszeitschrift *Controinformazione* das amerikanische Terrorhandbuch druckte, wurde die Ausgabe konfisziert. Später, im Jahr 1981, als die Tarnung der antikommunistischen Freimaurerloge P2 von Licio Gelli aufgedeckt wurde, kam FM 30–31 noch einmal ans Tageslicht, und der italienische Untersuchungsbericht zu P2 war so mutig, es im Jahr 1987, noch drei Jahre vor der Entdeckung der geheimen Gladio-Armeen, zu veröffentlichen. In ihrem Buch über Giulio Andreotti und die amerikanische Subversion Italiens bietet Regine Igel die deutsche Übersetzung des gesamten Textes von FM 30–31 (Igel, *Andreotti*, Anhang, S. 345–358). Igels Quelle ist die englischsprachige Originalversion des FM 30–31B, so wie sie in den gesammelten Dokumenten der italienischen parlamentarischen Untersuchungskommission über die mit den USA in Verbindung stehende P2 enthalten ist: Commissione Parlamentare d'Inchiesta sulla Loggia Massonica P2. Allegati alla Relazione Doc. XXIII, n. 2–quter/7/1 Serie II, Vol. VII, Tomo I, Roma 1987, S. 287–298. Das Dokument FM 30–31B datiert vom 18. März 1970, Headquarters of the US Army, Washington DC, und ist unterzeichnet vom General der US Army W. C. Westmoreland.

44) Francovich, Allan: *Gladio: The Foot Soldiers*. Dritte der insgesamt drei Gladio-Dokumentationen von Francovich, gesendet von BBC 2 am 24. Juni 1992.

45) Britische politische Zeitschrift *Searchlight*, Nr. 47, Mai 1979, S. 6. Zitiert in Herman und Brodhead: *Bulgarian Connection*, S. 50.

46) Celik: *Türkische Konterguerilla*, S. 51 und 53. Nach seinem Ausscheiden im Jahr 1974 wurde Muhsin Batur Mitglied des Parlaments, was ihm die Immunität bei Strafverfolgung verschaffte.

47) Türkische Tageszeitung *Milliyet*, 23. März 1976. Zitiert in *Kurtulus*, 19. September 1998.

48) Turhan in Aslan und Bozay: *Graue Wölfe*, S. 109.

49) Komisar: *A CIA Legacy*.

50) Ebda.

51) Türkische Zeitschrift *Kurtulus* Nr. 99, 19. September 1998.

52) Türkische linksextreme Zeitschrift *Devrimci Sol* (Revolutionäre Linke), Mai 1998.

53) Celik: *Türkische Konterguerilla*, S. 41 und Komisar: *A CIA Legacy*.

54) Komisar: *A CIA Legacy*.

55) Türkische linksextreme Zeitschrift *Devrimci Sol* (Revolutionäre Linke), Mai 1998.

56) Ebda.

57) Celik erklärt in seinem Essay in Aslan und Bozay: *Graue Wölfe*: *Nunmehr wurde der Öffentlichkeit bekannt, dass Catli ein Top-Funktionär der türkischen Abteilung von Gladio war und dass er wahrscheinlich auch mit dem internationalen Gladio-Netzwerk in Verbindung stand. 1992 konnte er in Miami mit Delle Chiaie ungehindert die Grenze passieren und in die Vereinigten Staaten einreisen* (ebda., S. 134). Celik hat höchstwahrscheinlich das Datum verwechselt. Es war nicht 1992, sondern 1982.

58) Herausragend aus den Büchern über die türkische Gladio ist die Biografie über den Terroristen Catli, die vom Wissenschaftler Dogan Yurdakul und dem Journalisten Soner Yalcin verfasst wurde. Der Spitzname Catlis war «Reis», das ist das türkische Wort für Chef. *Reis: Gladio nun Türk Tetikcisi* (Ankara: Oteki Yay Nevi, 1997). Nach Catlis Tod gab auch seine Tochter Gokcen Catli bekannt, sie wolle eine Biografie über ihren Vater schreiben: *Gladio, Catkis Arbeit mit der CIA*, und *die wichtigen Ereignisse, die hinter der Bühne stattfanden.*

59) Zitiert in der Berliner Wochenzeitung *Jungle World*, 20. Januar 1999. Kirici wurde am 10. Januar 1999 in Istanbul wieder verhaftet. Seine Memoiren erschienen im Mai 1998.

60) Türkische Tageszeitung *Yeniyuzyil*, 18. Dezember 1996.

61) Komisar: *A CIA Legacy*.

62) Die beste Studie in diesem Zusammenhang ist sicherlich das Buch von Herman und Brodhead: *Bulgarian Connection*. Bei seiner Aussage in Rom im Jahr 1985 enthüllte Catli, dass der westdeutsche Geheimdienst BND an ihn herangetreten sei und ihm eine hohe Geldsumme angeboten habe, falls er den bulgarischen Geheimdienst und den KGB als Sponsoren mit Attentat der Grauen Wölfe auf den Papst ins Spiel bringen würde. 1990 gestand der ehemalige CIA-Analyst Melvin Goodman gegenüber dem Ausschuss für Nachrichtendienste des amerikanischen Senats, dass «die CIA keine Belege hat, die den KGB mit dem Anschlag auf den Papst in Verbindung bringen und lediglich Druck von den höheren Rängen der CIA dazu geführt hat, dass Berichte so «frisiert» wurden, dass die Theorie glaubwürdiger wurde, die Sowjets steckten hinter dem Mordanschlag auf den Papst. Bei ihren Ermittlungen entdeckte Herman und Brohead die türkische Gladio, als sie anmerkten: *Der wahrscheinlichste Weg der Verbindung der CIA zur türkischen Rechten verläuft über die Konter-Guerilla der Türkei, einen Zweig des Department for Special Warfare des türkischen Generalstabs... Das Hauptquartier war im selben Gebäude, in dem in Ankara die amerikanische Militärmission untergebracht war, und... die Ausbildung der Offiziere, die dieser Einheit angehören, beginnt in den USA und wird danach in der Türkei unter der Aufsicht von CIA-Offizieren und militärischen Beratern fortgesetzt»* (ebda., S. 61). Ihre Quelle für das frühe Verständnis der türkischen Gladio ist das sehr gute Buch: Roth, Jürgen und Taylan, Kamil: *Die Türkei – Republik unter Wölfen* (Bornheim: Lamur Verlag, 1981). Siehe auch Lee, Martin: *On the Trail of Turkey's Grey Wolves*. Ein sechsseitiges Essay im Internet: http://www.ozgurlik.org/mhp/story33.html.

63) Komisar, *A CIA Legacy*. In den späten 90er-Jahren wurde Bülent Ecevit unter Präsident Süleyman Demirel wieder Premierminister – bereits zum dritten Mal.

64) Mecklenburg, Jens (Hrsg.): *Gladio: Die geheime Terrororganisation der Nato* (Berlin: Elefanten Press, 1997). S. 128.

65) Türkische Zeitschrift *Kurtulus*, Nr. 99, 19. September 1998. Zitat von Günes, 3. September 1987.

66) Ungenannter Autor: *Spinne unterm Schafsfell. In Südeuropa war die Guerillatruppe besonders aktiv – auch bei Militärputschen in Griechenland und der Türkei?* In: Deutsches Nachrichtenmagazin *Der Spiegel*, 26. November 1990, S. 173–177.

67) Celik: *Turkey's Killing Machine*, Zitat aus Arcayurek, Cuneyit: *Coups and the Secret Services*, S. 190.

68) Ertugrul, Kurkcu: *Turkey: Trapped in a Web of Covert Killers*. In: *Covert Action Quarterly* Nr. 61, Sommer 1997. Auch im Internet: http://caq.com/CAQ/caq61/CAQ61turkey.html. Die Quelle Ertugruls ist Birand, Ali: 12 Eylul Saat 04:00 [12. September 1980, 12:04] Istanbul: Milliyet Publishers, 1985), S. 1.

69) Celik: *Türkische Konterguerilla*, S. 58.

70) Türkische Zeitschrift *Kurtulus* Nr. 99, 19. September 1998 mit einem Zitat aus der türkischen Tageszeitung *Cumhuriyet* vom 21. Juli 1988.

71) Celik: *Türkische Konterguerilla*, S. 53.

72) Deutsche Wochenzeitung *Zeitung am Sonntag*, 14. September 1980. Zitiert in Aslan und Bozay: *Graue Wölfe*, S. 78.

73) Herman und Brodhead: *Bulgarian Connection*, S. 50.

74) Ebda.

75) Aslan und Bozay: *Graue Wölfe*, S. 74 und 75.

76) Ibrahim Ciftci in einem Interview mit der türkischen Tageszeitung *Milliyet*, 13. Oktober 1996.

77) Zitiert von Vera Beaudin Saeedpour, Herausgeberin von *Kurdish Life* und *International Journal of Kurdish Studies*. URL: http://lbbs.org/Kurdish.htm.

78) Mecklenburg: *Gladio*, S. 125.

79) Celik: *Turkey's Killing Machine*. Seine Quelle ist ein Interview mit dem Präsidenten des türkischen Generalstabs Dogan Gures in der türkischen Tageszeitung *Milliyet* vom 5./6. September 1992.

80) Türkische Tageszeitung *Milliyet*, 13. November 1990.
81) Celik: *Türkische Konterguerilla*, S. 40.
82) Ebda.
83) Aslan und Bozay: *Graue Wölfe*, S. 15.
84) Schweizer Tageszeitung *Neue Zürcher Zeitung*, 5. Dezember 1990.
85) Komisar: *A CIA Legacy*.
86) Ebda.
87) Ebda.
88) Ebda.
89) Ebda.
90) Aslan und Bozay: *Graue Wölfe*, S. 139.
91) Couturier, Kelly: *Security Forces Alegedly Involved in Turkish Criminal Gang*. Amerikanische Tageszeitung *Washington Post*, 27. November 1996.
92) Kinzer, Stephen: *Scandal links Turkish Aides to deaths, drugs and terror*. Amerikanische Tageszeitung *New York Times*, 10. Dezember 1996.
93) Türkische Tageszeitung *Sabah*, 12. Dezember 1996.
94) Amerikanische Tageszeitung *New York Times*, 10. Dezember 1996.
95) Türkische Zeitschrift *Kurtulus*, 19. September 1998.
96) Türkische Tageszeitung *Radikal*, 10. Januar 1997.
97) Ertugrul, Kurkcu: *Turkey: Trapped in a Web of Covert Killers*. In: *Covert Action Quarterly* Nr. 61, Sommer 1997.
98) Pope, Hugh: *Turkey Promoted Death Squads and Drug Trafficking. Prime Minister's Probe of 1996 Car Crash Scandal Excoriates Rival Mrs. Ciller*. In: Amerikanische Zeitschrift *Wall Street Journal*, 26. Januar 1998. Der Artikel versäumt es, sowohl die Rolle der Vereinigten Staaten bei den türkischen Todesschwadronen als auch beim Gladio-Skandal zu erwähnen.
99) Schweizer Tageszeitung *Neue Zürcher Zeitung*, 13. Mai 1998. Und: *Eine Aktion der Konterguerilla. Der stellvertretende IHD-Vorsitzende Rechtsanwalt Osman Baydemir zum Anschlag auf Akin Birdal*. URL: www.nadir.org/nadir/periodika/kurdistan_report/9891/07.html.
100) Lee, Martin: *On the Trail of Turkey's Grey Wolves*. Ein sechsseitiges Essay im Internet: http://www.ozgurlik.org/mhp/story33.html. Der amerikanische Forscher Lee recherchierte ausgiebig über Neofaschismus und veröffentlichte ein Buch zu diesem Thema: *The Beast Reawakens* (Boston: Little Brown, 1997).

Schlussfolgerungen

1) Internationale Nachrichtenagentur *Reuters Western Europe*, 15. November 1990.
2) Arias, Juan: *El laberinto Italiano. Commocion por el desubrimiento de un «ejercito paralelo» de anticommunistas pagado por la CIA*. In: Spanische Tageszeitung *El Pais*, 11. November 1990.
3) Nach den Angriffen vom 11. September 2001 erhob der amerikanische Anwalt Stanley Hilton die weitreichende Behauptung, dass die Administration von Präsident George Bush es den Terroristen der Al Kaida ganz bewusst ermöglicht habe, die Vereinigten Staaten anzugreifen, um der gesamten Bevölkerung der USA Angst bis auf die Knochen einzujagen, um bürgerliche Freiheiten zu begrenzen und um das Land von der realen Gefahr zu überzeugen, die vom islamischen Terrorismus ausgeht – und die Weltgesellschaft von der Notwendigkeit von «Präventivkriegen». Diese sogenannte LIHOP-These (let it happen on purpose) stand seither der dominierenden SURPRISE-These gegenüber und führte sogar zu juristischen Maßnahmen. Im Juni 2002 reichte der Anwalt aus San Francisco im Namen von Familien von Opfern des 11. September 2001 eine Schadenersatzklage über 7 Milliarden Dollar ein und erklärte, dass nur juristische Instrumente und die Macht des Gesetzes in der Lage seien, die Operationen der geheimen Kriegsführung des Staates zu durchdringen. Vergleichen Sie: Ahmed, Nafeez M: Geheimsache 9/11. Hintergründe über den 11. September und die Logik amerikanischer Machtpolitik (München: Riemann Verlag, 2002), S. 229. Dies ist die Übersetzung des englischen Originals: The War of Freedom (Joshua Tree: Tree of Life Publications, 2002). Ahmed

vertritt mit seinen detaillierten Nachforschungen die These, dass die Bush-Administration die Angriffe vom 11. September 2001 absichtlich geschehen ließ, um das Land für Präventivkriege im Ausland [hinter sich] zu vereinen.

Verzeichnis ausgewählter Bücher

Anmerkung: Alle in diesem Buch verwendeten Quellen sind in den Endnoten enthalten. Dieses Verzeichnis führt ausschließlich Bücher auf, die sich mit der Operation Gladio oder anderen Stay-behind-Armeen befassen.

Agee, Philip und Louis, Wolf Louis: *Dirty Work: The CIA in Western Europe* (Secausus: Lyle Stuart Inc., 1978)

Bale, Jeffrey Mckenzie: *The «Black» Terrorist International: Neo-Fascist Paramilitary Networks and the «Strategie of Tension» in Italy, 1968–1974.* UMI Dissertation Services. UMI Numer 9529217 (Michigan: Ann Arbor, 1996)

Barbacetto, Gianni: *Il Grande vecchio. Dodici giudici raccontano le loro inchieste sui grande misteri d'Italia da piazza Fontana a Gladio* (Mailand: Baldini & Castoldi, 1963)

Baud, Jacques: *Encyclopédie du renseignement et des services secrets* (Paris: Lavauzelle, 1997)

Bellu, Giovanni Maria: *I giorni di Gladio* (Mailand: Sperling & Kupfer Editori, 1991)

Bettini, Emanuele: *Gladio. La repubblica parallela* (Mailand: Ediesse, 1996)

Blum, William: *Killing Hope. US Military and CIA interventions since World War II* (Maine: Common Courage Press, 1995)

Brozzu-Gentile, Jean-François: *L'affaire Gladio* (Paris: Editions Albin Michel, 1994)

Bye, Ronald und Sjue, Finn: *Norges Hemmelige Haer – Historien om Stay Behind* (Oslo: Tiden Norsk Verlag, 1995)

Celik, Selahattin: *Die Todesmaschinerie. Türkische Konterguerilla* (Köln: Mesopotamien Verlag, 1999)

Colby, William: *Honourable Men: My Life in the CIA* (New York: Simon&Schuster, 1978)

Collin, Richard: *The De Lorenzo Gambit: The Italian Coup Manque of 1964* (Beverly Hills: Sage, 1976)

De Lutiis, Giuseppe: *Il lato oscuro del potere. Associazioni politiche e strutture paramilitari segrete dal 1946 a oggi* (Rom: Editori Riuniti, 1996)

Fasanella, Giovanni e Sestrieri und Giovanni Claudio con Pellegrino: *Segreto di stato. La verità da Gladio al caso Moro* (Turin: Einaudi Editore, 2000)

Gijsels, Hugo: *Network Gladio* (Leuven: Utgeverij Kritak, 1991)

Graaf, Bob de und Wiebes, Cees: *Gladio der vrije jongens: een particuliere geheime dienst in Koude Oorlogstijd* (Gravenhage: Sdu, 1992)

Igel, Regine: *Andreotti. Politik zwischen Geheimdienst und Mafia* (München: Herbig Verlag, 1997)

Inzerilli, Paolo: *Gladio. La verità negata* (Bologna: Edizioni Analisi, 1995)

Laurent, Frédéric: *L'Orchestre noir* (Paris: Editions stock, 1978)

Mecklenburg, Jens (Hrsg.): *Gladio: Die geheime Terrororganisation der Nato* (Berlin: Elefanten Press, 1997)

Moroni, Promo, Coglitore, Mario und Scarso, Sandro (Hrsg.): *La notte dei Gladiatori. Omissioni e silenci della Repubblica* (Padua: Calusca Edizioni, 1992)

Müller, Leo: *Gladio – das Erbe des Kalten Krieges. Der Nato-Geheimbund und sein deutscher Vorläufer* (Hamburg: Rowohlt, 1991)

Pansa, Giampaolo: *Il Gladio e l'alloro: l'Esercito di Salo* (Mailand: Mondadori, 1991)

Peterlini, Hans Karl: *Bomben aus zweiter Hand. Zwischen Gladio und Stasi – Südtirols missbrauchter Terrorismus* (Bozen: Edition Raetia, 1992)

Prados, John: *President's Secret Wars: CIA and Pentagon Covert Operations since Wold War II* (New York: William Morrow Inc, York, 1986)

Rowse, Arthur: *Gladio: The Secret US War to Subvert Italian Democracy.* In: *Covert Action Quarterly*, Nr. 49, Sommer 1994

Serravalle, Gerardo: *Gladio* (Rom: Edizione Associate, 1991)

Van Ussel, Michel: *Georges 923, Un agent du Gladio belge parle. Témoignage* (Brüssel: Editions La Longue Vue, 1991)

Vinciguerra, Vincenzo: *Ergastolo per la libertà: Verso la verità sulla strategia della tensione* (Florenz: Arnaud, 1989)

Willan, Philip: *Puppetmasters. The Political Use of Terrorism in Italy* (London: Constable, 1991)

Willems, Jan de (Hrsg.): *Gladio* (Brüssel, Editions EPO, 1991)

Yalc, Soner und Doagan Yurdakaul: *Reis. Gladio nun Turk tetikcisi* (Ankara: Oteki Yay Nevi, 1997)

Index